T0169784

LE CYGNE NOIR

suivi de

FORCE ET FRAGILITÉ

NASSIM NICHOLAS TALEB

LE CYGNE NOIR

LA PUISSANCE DE L'IMPRÉVISIBLE

SUIVI DE

FORCE ET FRAGILITÉ

RÉFLEXIONS PHILOSOPHIQUES

ET EMPIRIQUES

Traduit de l'anglais
par Christine Rimoldy
avec la collaboration de l'auteur

Troisième tirage

PARIS
LES BELLES LETTRES
2022

*Pour consulter notre catalogue
et découvrir nos nouveautés
www.lesbelleslettres.com*

Le Cygne Noir
1ʳᵉ édition, 2008

Force et fragilité
1ʳᵉ édition, 2010

Le Cygne Noir suivi de Force et fragilité
1ʳᵉ édition, 2011

© *2020, pour la traduction française
Société d'édition Les Belles Lettres,
95, boulevard Raspail, 75006 Paris.*

ISBN : 978-2-251-45136-7

LE CYGNE NOIR

LA PUISSANCE DE L'IMPRÉVISIBLE

À Benoît Mandelbrot,
Grec parmi les Romains

PROLOGUE

Avant la découverte de l'Australie, l'Ancien Monde était convaincu que tous les cygnes sans exception étaient blancs – croyance d'autant plus inattaquable qu'elle semblait entièrement confirmée par des preuves empiriques. La vue du premier cygne noir dut donc être une surprise intéressante pour quelques ornithologues (et d'autres personnes extrêmement préoccupées par la couleur des oiseaux), mais là n'est pas l'important. En fait, cette histoire montre que notre apprentissage par l'observation ou l'expérience est sérieusement limité, et notre savoir, bien fragile ; une seule observation est capable d'invalider une affirmation générale découlant du spectacle millénaire, entériné des millions de fois, de cygnes blancs ; il suffit d'un seul (et très laid, paraît-il) oiseau noir[1].

Je dépasse cette question philosophique et logique à la fois pour plonger dans une réalité empirique – une réalité qui m'obsède

---

1. L'utilisation généralisée des téléphones portables avec appareil photo intégré m'a permis d'accéder à toute une série de photos de cygnes noirs envoyées par des lecteurs-voyageurs. Pour Noël dernier, j'ai également reçu une caisse de vin de Cygne Noir (ce n'est pas mon préféré), une cassette-vidéo (je ne regarde pas de vidéos) et deux livres. Je préfère les photos.

depuis l'enfance[2]. Ce que nous appelons ici « Cygne Noir » (avec un « c » et un « n » majuscules) est un événement qui présente les trois caractéristiques suivantes :

Premièrement, il s'agit d'une aberration[3] ; de fait, il se situe en dehors du cadre de nos attentes ordinaires, car rien dans le passé n'indique de façon convaincante qu'il ait des chances de se produire. Deuxièmement, son impact est extrêmement fort. Troisièmement, en dépit de son statut d'aberration, notre nature humaine nous pousse à élaborer après-coup des explications concernant sa survenue, le rendant ainsi explicable et prévisible.

Arrêtons-nous un instant pour résumer le triplet : rareté, impact extrêmement fort et prévisibilité rétrospective (mais pas prospective)[4]. Une poignée de Cygnes Noirs expliquent pratiquement tout dans ce monde, du succès des idées et des religions à la dynamique des événements historiques, et jusqu'à certains éléments de notre vie personnelle. Depuis la fin du Pléistocène, il y a environ dix mille ans, l'effet de ces Cygnes noirs s'accroît. Il a commencé à s'accélérer pendant la révolution industrielle, quand le monde s'est mis à se complexifier, tandis que les événements ordinaires, ceux que l'on étudie, dont on parle, et que l'on tente de prévoir en lisant les journaux, devenaient de plus en plus insignifiants.

Imaginez simplement combien votre compréhension du monde à la veille des événements de 1914 vous aurait été de peu de secours pour deviner ce qui allait se produire (ne trichez pas en recourant aux explications qu'un professeur d'Histoire à périr d'ennui vous avait enfoncées dans le crâne au lycée). *Quid* de l'ascension d'Hitler et de la guerre qui en découla ? *Quid* de la fin abrupte du bloc soviétique ?

---

2. J'ai employé la métaphore logique du cygne noir (sans majuscules) pour qualifier les Événements Cygne Noir (en majuscules), mais il ne faut pas confondre ce problème avec celui, logique, soulevé par de nombreux philosophes. En l'occurrence, il ne s'agit pas tant d'un problème d'exceptions que d'un problème lié au rôle considérable que jouent les événements extrêmes dans quantité de domaines de la vie. Qui plus est, ce problème logique concerne la possibilité de l'exception (cygne noir) ; le mien concerne le *rôle* joué par l'événement exceptionnel (Cygne Noir), qui conduit à l'affaiblissement de la prédictabilité ainsi qu'à la nécessité de s'aguerrir contre les Cygnes Noirs négatifs et de s'exposer aux Cygnes Noirs positifs.

3. Le terme statistique est « valeur aberrante » (N.d.T.).

4. L'événement extrêmement attendu *qui ne se produit pas* est également un Cygne Noir. Notez que, par symétrie, la survenue d'un événement hautement improbable équivaut à la non-survenue d'un événement hautement probable.

Quid de la montée du fondamentalisme islamique ? Du développement d'Internet ? Et de l'effondrement du marché boursier en 1987 ? (et de sa reprise plus inattendue) ? Engouements divers, épidémies, modes, idées, émergence de courants et d'écoles artistiques... tous ces événements obéissent à la dynamique du Cygne Noir. Et c'est le cas de toutes les choses importantes qui nous entourent, ou presque.

Cette combinaison de faible prévisibilité et d'impact puissant fait du Cygne Noir une grande énigme ; mais ce n'est pas encore la préoccupation majeure de cet ouvrage. Ajoutez à ce phénomène le fait que nous avons tendance à nous comporter comme s'il n'existait pas ! Et je ne veux pas dire simplement vous, votre cousin Joe et moi, mais pratiquement tous les « spécialiste des sciences humaines » qui, depuis plus d'un siècle, travaillent en croyant à tort que leurs outils sont capables de mesurer l'incertitude. Car l'application des sciences de l'incertitude aux problèmes du monde réel a eu des conséquences ridicules ; j'ai eu le privilège de l'observer dans les domaines de la finance et de l'économie. Allez demander à votre gestionnaire de portefeuille sa définition du « risque », et il y a fort à parier qu'il vous fournira une « mesure » qui *exclut* la possibilité du Cygne Noir – et dont, par conséquent, la valeur prédictive pour estimer tous les risques n'est pas supérieure à celle de l'astrologie (nous verrons la manière dont on camoufle l'escroquerie intellectuelle derrière des mathématiques). Ce problème est endémique dans les questions sociales.

L'idée centrale de ce livre concerne notre cécité face au hasard, et spécialement aux événements qui se démarquent particulièrement de nos attentes ; scientifiques ou non, « gros bonnets » ou individus lambda, pourquoi avons-nous tendance à voir l'arbre plutôt que la forêt ? Pourquoi persistons-nous à nous focaliser sur les détails au lieu d'envisager les événements importants susceptibles de se produire, et ce, malgré des preuves évidentes de l'influence considérable qu'ils peuvent avoir ? Et, si vous suivez mon raisonnement, pourquoi la lecture du journal amoindrit-elle en fait notre connaissance du monde ?

On voit aisément que la vie est l'effet cumulatif d'une poignée de chocs significatifs ; identifier le rôle des Cygnes Noirs de son fauteuil (ou de son tabouret de bar) n'est pas si difficile que cela. Faites l'exercice suivant. Examinez votre propre existence. Faites le compte des événements importants, des changements technologiques et des inventions qui ont eu lieu dans votre environnement depuis votre naissance, et comparez-les à ce qui était attendu avant leur apparition. Combien d'entre eux étaient planifiés ? Examinez maintenant votre vie personnelle – le choix de votre profession, ou la rencontre avec votre conjoint, votre départ de votre pays d'origine, les trahisons auxquelles vous avez été confronté, votre enrichissement ou paupérisation soudains. Combien de fois ces choses-là se sont-elles produites comme prévu ?

Ce qu'on ne sait pas

Dans la logique du Cygne Noir, *ce qu'on ne sait pas* compte beaucoup plus que ce qu'on sait[5]. Songez que nombre de Cygnes Noirs peuvent précisément être causés et exacerbés par leur caractère inattendu.

Voyez l'attentat terroriste du 11 septembre 2001 ; si l'on avait pu raisonnablement en concevoir le risque le 10 septembre, il ne serait pas arrivé. Si une telle éventualité avait été jugée digne d'attention, des chasseurs auraient tourné dans le ciel au-dessus des tours jumelles, les avions auraient eu des portes pare-balles fermées à clef, et l'attentat n'aurait pas eu lieu – point. Autre chose serait arrivé. Quoi ? Je l'ignore.

N'est-ce pas étrange de voir un événement se produire précisément parce qu'il n'était pas censé arriver ? Quel type de défense a-t-on contre cela ? Tout ce que l'on peut savoir (que New York est une cible facile pour les terroristes, par exemple) peut perdre son importance si notre ennemi sait qu'on le sait. Il est sans doute curieux que, dans un jeu stratégique tel que celui-là, ce qu'on sait puisse n'avoir vraiment aucune importance[6].

---

5. Le Cygne Noir est le résultat de limitations (ou de distorsions) épistémiques collectives et individuelles, surtout de la confiance en la connaissance ; ce n'est pas un phénomène objectif. L'erreur d'interprétation la plus grave que l'on fasse concernant mon Cygne Noir consiste à tenter de définir un « Cygne Noir objectif » qui ne changerait pas en fonction de l'œil de celui qui le regarde. Les événements du 11 septembre 2001 ont représenté un Cygne Noir pour les victimes, mais certainement pas pour ceux qui les ont perpétrés. J'aborde ce point de manière plus détaillée dans mon essai *Force et Fragilité. Réflexions philosophiques et empiriques*.

6. L'Idée de Force : pourquoi formulons-nous des théories conduisant à des projections et à des prévisions sans nous concentrer sur la solidité de ces théories et sur les conséquences des erreurs ? Il est beaucoup plus facile d'affronter le problème du Cygne Noir en se focalisant sur la force face aux erreurs plutôt que sur le fait d'améliorer les prédictions.

Cela s'applique à tous les secteurs d'activité. Songez au « secret » pour réussir un gros coup dans la restauration ; s'il était connu et évident, le premier venu en aurait déjà eu l'idée et il serait monnaie courante. Le prochain gros coup dans l'industrie de la restauration devra être une idée qui ne peut venir facilement à la population des restaurateurs. Il faudra qu'elle soit assez éloignée de ce que l'on attend. Plus la réussite de ce genre d'entreprise est inattendue, plus le nombre de concurrents est faible, et plus la réussite de la personne qui met en œuvre l'idée est importante. La même règle s'applique aux industries de la chaussure et du livre, ainsi qu'à n'importe quel type d'entreprise. Et elle vaut également pour les théories scientifiques – nul n'a intérêt à écouter des banalités. En général, le résultat d'une entreprise humaine est inversement proportionnel aux attentes.

Voyez le tsunami survenu en Asie du Sud en décembre 2004 ; si l'on s'y était attendu, il n'aurait pas causé autant de dégâts – les zones touchées auraient été moins peuplées, un système d'alerte aurait été mis en place. Ce qu'on sait ne peut pas vraiment faire de mal.

Experts et « costumes vides »

Étant donné la part que les aberrations occupent dans la dynamique des événements, *l'incapacité de les prévoir implique l'incapacité de prévoir le cours de l'Histoire.*

Pourtant, nous faisons comme si nous étions capables de prévoir les événements historiques ou, mieux encore, comme si nous étions capables de changer le cours de l'Histoire. Nous réalisons des prévisions sur trente ans des déficits de la sécurité sociale et des prix du pétrole sans nous apercevoir que nous sommes incapables de prévoir ceux de l'été prochain – la somme de nos erreurs de prévision sur les événements politiques et économiques est tellement monumentale qu'à chaque fois que je regarde les statistiques, je suis obligé de me pincer pour m'assurer que je ne suis pas en train de rêver. Ce n'est pas l'ampleur de nos erreurs de prévisions qui est surprenante, mais l'inconscience que nous en avons. Et cela devient plus inquiétant quand nous nous engageons dans des conflits mortels : les guerres sont fondamentalement imprédictibles (et nous ne le savons pas). Eu égard à cette compréhension erronée des liens de causalité entre politique et actions, il est facile de déclencher des Cygnes Noirs à cause d'un mélange d'ignorance et d'offensivité – comme un enfant jouant au « Petit Chimiste ».

Combinée à une inconscience généralisée de la situation, notre inaptitude à la prévision dans des contextes soumis au Cygne Noir conduit certains professionnels à se prendre pour des experts alors qu'ils ne le sont pas. Si l'on se base sur leurs résultats, ils n'en savent pas plus sur leur sujet que le commun des mortels, mais ils sont beaucoup plus doués pour inventer des histoires – ou, pire, pour nous enfumer avec des modèles mathématiques complexes. Ils sont en outre plus enclins à porter une cravate.

Les Cygnes Noirs étant imprédictibles, nous devons nous adapter à leur existence (au lieu de tenter naïvement de les prévoir). Il y a tant de choses que nous pouvons faire en nous concentrant sur l'anti-connaissance ou ce que nous ne savons pas. Entre autres nombreux avantages, on peut se mettre à accumuler les Cygnes Noirs liés à un heureux hasard (espèce positive) en s'exposant le plus possible à leur éventualité. De fait, dans certains domaines comme ceux des découvertes scientifiques et des investissements sur le capital risque, les bénéfices qu'on peut retirer de l'inconnu sont disproportionnés, puisque qu'on a généralement peu à perdre et beaucoup à gagner d'un événement rare. Nous verrons que, contrairement à ce que les sciences sociales ont pu observer, il n'y a quasiment pas de découverte ni de technologie d'importance qui ait été intentionnelle et planifiée – ce sont tout bonnement des Cygnes Noirs. La stratégie des découvreurs et des entrepreneurs consiste à moins se reposer sur une planification directive pour privilégier au maximum les tâtonnements et reconnaître les opportunités quand elles se présentent. C'est pourquoi je suis en désaccord avec les adeptes de Marx et d'Adam Smith : si l'économie de marché fonctionne, c'est parce qu'elle permet aux gens d'avoir de la chance grâce à un système de tâtonnements offensifs, et non grâce à la remise de récompenses ou d'encouragements financiers à la compétence. La stratégie consiste alors à procéder au maximum par tâtonnements et à essayer d'engranger autant d'occasions que possible d'être exposé à l'éventualité des Cygnes Noirs.

Apprendre à apprendre

Un autre obstacle lié à l'être humain provient d'une focalisation excessive sur ce qu'il sait: nous avons tendance à apprendre le particulier, non le général.

Qu'a-t-on appris du 11 septembre ? Que, eu égard à leur dynamique, certains événements se situent nettement en dehors du domaine du prévisible ? Nullement. Que la sagesse classique était structurellement faible ? Non plus. Qu'a-t-on réussi à comprendre ? On a appris des règles précises permettant d'éviter les proto-terroristes islamiques et les grands bâtiments. Nombre de gens ne cessent de me rappeler qu'au lieu de « théoriser » sur la connaissance, il importe de faire preuve de pragmatisme et de prendre des mesures concrètes. L'histoire de la ligne Maginot nous montre que nous sommes conditionnés pour le particulier. Après la Grande Guerre, les Français érigèrent un mur le long de la route que les Allemands avaient suivie pour les envahir – ce, afin d'éviter toute nouvelle invasion ; ce mur, Hitler n'eut (presque) aucun mal à le contourner. Les Français étaient excellents en histoire ; ils l'avaient simplement apprise un peu trop dans le détail. Ils étaient trop pragmatiques et bien trop concentrés pour assurer leur propre sécurité.

Nous n'apprenons pas spontanément que *nous n'apprenons pas ce que nous n'apprenons pas*. Le problème réside dans notre structure mentale : nous n'apprenons pas les règles, mais seulement et uniquement les faits. Nous ne semblons pas très doués pour assimiler les métarègles (par exemple, la règle selon laquelle nous avons tendance à ne pas apprendre les règles). Nous méprisons l'abstrait ; nous le méprisons passionnément.

Pourquoi ? Il est nécessaire à ce stade, comme c'est mon intention dans le reste de cet ouvrage, de prendre le contre-pied de la sagesse conventionnelle et de montrer à quel point elle est inapplicable à notre environnement moderne, complexe, et de plus en plus récursif[7].

Une question plus profonde se pose néanmoins : pourquoi notre esprit est-il fait ? C'est comme si nous ne disposions pas du bon manuel utilisateur. Notre esprit ne semble pas fait pour la pensée et l'introspection ; si c'était le cas, les choses seraient plus simples pour

---

7. « Récursif » signifie ici que le monde dans lequel nous vivons présente un nombre croissant de boucles de retours d'informations, qui font que les événements engendrent d'autres événements (par exemple : des gens achètent un livre parce que d'autres l'ont acheté), faisant ainsi boule de neige et créant des effets « le gagnant rafle tout » arbitraires et imprédictibles à l'échelle de la planète. Nous vivons dans un environnement où le flux d'informations, trop rapide, accélère ce genre d'épidémies. De la même façon, des événements peuvent survenir précisément *parce* qu'ils ne sont pas censés arriver. (Notre intuition est faite pour un environnement où les causes et les effets sont plus simples et les flux d'informations plus lents). Ce type de hasard ne dominait pas à l'époque du Pléistocène car la vie socioéconomique était beaucoup plus simple.

nous aujourd'hui, mais d'un autre côté, nous ne serions pas là en ce moment et je ne serais pas là pour en parler – mon ancêtre prédisposé aux scénarios alternatifs, introspectif et essentiellement porté sur la réflexion aurait été mangé par un lion tandis que son cousin privé de réflexion mais doué de réactions plus vives aurait couru se mettre à l'abri. Il faut tenir compte du fait que réfléchir prend du temps et implique généralement une grande dépense d'énergie, que nos prédécesseurs furent pendant plus de cent millions d'années des mammifères privés de réflexion et qu'au cours de cette époque, anomalie dans notre histoire, où nous faisons usage de notre cerveau, nous nous en servons pour des choses trop périphériques pour que cela ait une importance. Il est prouvé que nous réfléchissons beaucoup moins que nous le croyons – excepté, bien sûr, quand nous y réfléchissons.

UNE NOUVELLE FORME D'INGRATITUDE

Penser aux gens que l'histoire a maltraités est très attristant. Il y eut les *poètes maudits*[8] comme Edgar Allan Poe ou Arthur Rimbaud qui furent méprisés par la société puis encensés plus tard au point qu'on gava les élèves de leurs écrits (il existe même des écoles qui portent le nom de ces lycéens devenus célèbres qui avaient abandonné leurs études). Hélas, cette reconnaissance vint un peu trop tard pour doper la sérotonine des poètes en question ou les encourager à poursuivre ici-bas leur existence romantique. Il y a cependant des héros qui ont été traités plus durement encore – je veux parler de la catégorie extrêmement triste de ceux dont nous ignorons qu'ils furent des héros, qui nous sauvèrent la vie, nous aidèrent à éviter des catastrophes. Ils n'ont laissé aucune trace et n'avaient pas même conscience de l'importance de leur contribution. Nous nous souvenons des martyrs morts pour une cause connue de nous, jamais de ceux dont la contribution ne fut pas moins grande mais dont la cause nous est toujours inconnue – précisément parce qu'ils ont réussi. Notre ingratitude vis-à-vis des poètes maudits s'efface complètement devant cette autre forme bien plus terrible de méconnaissance : le sentiment d'inutilité éprouvé par le héros silencieux. Illustrons ce propos par la réflexion suivante.

---

8. En français dans le texte (N.d.T.).

Supposez qu'un législateur courageux, influent, intelligent, possédant une vision et de la ténacité, parvienne à promulguer une loi qui entre en vigueur sur toute la planète le 10 septembre 2010 ; cette loi impose que chaque cockpit soit équipé de portes pare-balles et constamment verrouillées (engendrant ainsi des coûts élevés pour les compagnies aériennes qui ont du mal à survivre), juste au cas où des terroristes décideraient d'attaquer le World Trade Center en avion. Je sais que cette idée est folle, mais ce n'est qu'une hypothèse (je sais qu'un législateur intelligent, courageux, possédant une vision et de la ténacité est une chose qui n'existe pas ; c'est l'objet de cette réflexion). La promulgation de lois n'est pas une mesure populaire parmi le personnel aérien, car elle lui complique la vie. Mais en l'occurrence, elle aurait certainement permis d'éviter le 11 septembre.

La personne qui a imposé des verrous sur les portes des cockpits ne se voit ériger aucune statue dans un jardin public – dans sa nécrologie, aucune mention, même brève, n'est faite de sa contribution; « Joe Smith, qui contribua à éviter la catastrophe du 11 septembre, est décédé des complications d'un cancer du foie. » Il se pourrait fort bien que le public, voyant à quel point sa mesure était superflue et dispendieuse, entreprenne de le flanquer à la porte avec l'aide assidue des pilotes des compagnies aériennes. *Vox clamantis in deserto.*[9] C'est déprimé, et avec un profond sentiment d'échec, qu'il prendra sa retraite. Il mourra avec l'impression de ne rien avoir fait d'utile. Je voudrais pouvoir me rendre à son enterrement, mais, lecteur, je n'arrive pas à le trouver. Et pourtant, Dieu sait qu'être reconnu peut faire battre le cœur ! Croyez-moi, cela déclenche une poussée de sérotonine même chez ceux qui affirment sincèrement ne pas croire à la reconnaissance et bien faire la différence entre le labeur et les fruits de ce labeur. Voyez comme le héros silencieux est récompensé : même son système hormonal conspire à ne pas lui faire de cadeau.

Revenons-en à présent au 11 septembre. Au lendemain de ces événements, à qui la reconnaissance est-elle allée? Aux gens que vous avez vus dans les média, à la télévision, accomplir des actes héroïques ou essayer de vous donner l'impression qu'ils se conduisaient en héros. Cette dernière catégorie inclut notamment le président de la Bourse de New York, Richard Grasso, qui a reçu une prime colossale (l'équivalent de plusieurs milliers de salaires moyens) pour avoir

---

9. La voix de celui qui crie dans le désert (N.d.T.).

« sauvé la Bourse ». Il avait suffi qu'il déclenche la sonnerie d'ouverture de la séance de la Bourse devant des caméras de télévision – télévision qui, nous le verrons, est un vecteur d'injustice et une cause majeure d'aveuglement face aux Cygnes Noirs.

De l'employé de banque qui évite une récession ou de celui qui vient « corriger » les erreurs de ses prédécesseurs et s'avère se trouver là pendant une reprise économique, qui est récompensé ? Et qui est le plus précieux : le politicien qui évite une guerre ou celui qui en initie une nouvelle (qu'il a la chance de gagner ?)

C'est l'inversion de logique que nous avons vu précédemment avec l'importance de ce que nous ne savons pas ; chacun sait qu'il vaut mieux prévenir que guérir, mais bien peu récompensent les actions de prévention. Nous portons au pinacle ceux qui ont laissé leur nom dans les livres d'histoire aux dépens de ces contributeurs dont les mêmes ouvrages ne disent rien. Nous autres êtres humains ne sommes pas seulement une race très superficielle (ce à quoi on peut remédier, dans une certaine mesure) ; nous sommes aussi très injustes.

La vie est très inhabituelle

Cet ouvrage traite de l'incertitude ; pour son auteur, l'événement rare *équivaut* à l'incertitude. Dire que nous avons besoin d'étudier en priorité les événements rares et extrêmes afin de comprendre les événements ordinaires peut sembler exagéré, mais je vais le clarifier comme suit. Il y a deux façons d'appréhender les phénomènes. La première consiste à exclure l'extraordinaire et à se concentrer sur le « normal ». L'observateur laisse de côté les aberrations et étudie les cas « ordinaires ». La seconde est de considérer que pour comprendre un phénomène, il faut commencer par prendre en compte les extrêmes – surtout si, comme le Cygne Noir, ceux-ci véhiculent un effet cumulatif extraordinaire.

Ce qui est habituel ne m'intéresse pas particulièrement. Si l'on veut se faire une idée du tempérament, de l'éthique et de l'élégance personnelle d'un ami, il faut l'observer à l'épreuve de circonstances difficiles, non à la lumière habituelle, flatteuse, du quotidien. Est-il possible d'estimer le danger que représente un criminel en regardant uniquement ce qu'il fait un jour *ordinaire* ? Peut-on comprendre la santé sans prendre en compte les maladies et les épidémies sauvages ? De fait, ce qui est normal est rarement déterminant.

Presque tous les événements de la vie sociale sont le résultat de chocs et de sauts rares mais significatifs ; et cependant, pratiquement toutes les études qui concernent ce secteur se concentrent sur ce qui est « normal », surtout avec la courbe en cloche et ses méthodes de déduction qui ne nous apprennent quasiment rien. Pourquoi ? Parce qu'elle ignore les phénomènes qui se démarquent sensiblement de ce à quoi l'on s'attend ; elle ne sait pas les traiter, et nous assure néanmoins que nous sommes parvenus à dompter l'incertitude. Dans ce livre, je la surnomme « GEI », « Grande Escroquerie Intellectuelle ».

Platon et le polard

Au début de la révolte des juifs, au premier siècle de notre ère, la raison essentielle de leur colère était que les Romains avaient tenu à placer une statue de Caligula dans le temple juif de Jérusalem et à mettre en retour une statue du dieu des juifs, Yahvé, dans les temples romains. Les Romains ne se rendaient pas compte que ce que les juifs (et par conséquent les monothéistes levantins) entendaient par *dieu* était une abstraction, une notion générale, qui n'avait rien à voir avec la représentation anthropomorphique, bien trop humaine, que les Romains avaient à l'esprit quand ils prononçaient le mot *deus*. Elément déterminant, le dieu des juifs ne se prêtait pas à une représentation symbolique. De la même façon, ce que nombre de gens vendent et étiquettent comme « inconnu », « improbable » ou « incertain » ne signifie pas la même chose pour moi ; ce n'est pas une catégorie concrète et précise, un domaine quadrillé par les polards, mais le contraire ; c'est le manque de connaissance (et les limites de celle-ci). C'est le contraire exact de la connaissance ; il faudrait apprendre à éviter d'employer des termes réservés à la connaissance pour décrire son contraire.

Ce que j'appelle « platonicité », en référence aux idées (et à la personnalité) du philosophe Platon, c'est notre tendance à confondre la carte avec le territoire, à nous concentrer sur des « formes » pures et clairement définies – qu'il s'agisse d'objets tels que les triangles, ou de notions sociales comme les utopies (sociétés fondées en fonction de quelque plan de ce qui « a un sens »), et même de nationalités. Lorsque ces idées et ces constructions mentales claires et nettes peuplent notre esprit, nous les privilégions par rapport à d'autres objets moins élégants, ceux dont la structure est plus désordonnée et moins souple (idée que je développerai progressivement tout au long de cet ouvrage).

La platonicité est ce qui nous fait croire que nous comprenons plus de choses que ça n'est réellement le cas. Mais cela ne se produit pas partout. Je ne suis pas en train de dire que les formes platoniques n'existent pas. Les modèles et les constructions, ces cartes intellectuelles de la réalité, ne sont pas toujours erronées ; elles ne le sont que dans certaines applications. La difficulté réside en cela que a) l'on ne sait pas à l'avance (mais seulement après que le fait se soit produit) à quel *endroit* la carte est erronée, et b) les erreurs peuvent être lourdes de conséquences. Ces modèles sont comparables à des médicaments potentiellement efficaces qui auraient des effets secondaires aléatoires mais très graves.

La fracture platonique est la frontière explosive où la tournure d'esprit platonique entre en contact avec le désordre de la réalité, où le fossé entre ce que l'on sait et ce que l'on croit savoir se creuse dangereusement. Et c'est là que naît le Cygne Noir.

Trop ennuyeux à écrire

On raconte que lorsque ses acteurs montraient du doigt un coffret à bijoux fermé, le réalisateur italien Luchino Visconti veillait à ce qu'il y ait réellement des bijoux à l'intérieur. C'était probablement un moyen efficace de permettre aux acteurs de vivre leur rôle. Mais je crois que l'attitude de Visconti était également dictée par un sens esthétique évident et un désir d'authenticité – d'une certaine manière, ce n'est pas bien de tromper le spectateur.

Ce livre est un essai qui expose une idée originale ; ce n'est ni un recyclage, ni une re-formulation des pensées d'autres personnes. Un essai est une méditation spontanée, pas un reportage scientifique. Que le lecteur m'excuse si j'ai glissé sur quelques sujets évidents parce que j'étais convaincu que ce que je trouvais trop ennuyeux à écrire serait probablement trop ennuyeux à lire pour lui (en outre, éviter l'ennui peut aider à éliminer ce qui n'est pas essentiel).

Parler ne coûte pas cher. Quelqu'un qui a suivi trop (ou peut-être pas assez) de cours de philosophie au lycée pourrait m'objecter que la vue d'un Cygne Noir n'invalide pas la théorie selon laquelle *tous les cygnes sont blancs* puisque cet oiseau noir n'est techniquement pas un cygne – la personne en question pourrait considérer que la blancheur est la propriété essentielle de cet oiseau. De fait, ceux qui lisent trop Wittgenstein (et les écrits sur les commentaires de l'œuvre de Wittgenstein) peuvent avoir l'impression que les problèmes de langage sont importants. Ils le sont sans doute pour accéder à une position de choix dans les départements de philosophie, mais nous, praticiens et décisionnaires en prise avec le monde réel, *les réservons à nos loisirs du week-end*. Comme je l'explique dans le chapitre intitulé « L'erreur de narration, ou l'incertitude du polard », malgré tout l'attrait intellectuel qu'elles peuvent présenter, ces subtilités n'ont pas de conséquences sérieuses pendant la semaine, comparées à des questions plus substantielles (mais négligées). N'ayant pas été confrontés à beaucoup de situations réelles où l'on est forcé de prendre des décisions dans l'incertitude, les gens qui fréquentent les salles de cours ne se rendent pas compte de ce qui est important et de ce qui ne l'est pas – y compris les universitaires spécialistes de l'incertitude (ou plutôt, *surtout* les universitaires spécialistes de l'incertitude). Ce que j'appelle « pratique de l'incertitude » peut être le piratage, la spéculation sur les denrées de première nécessité, le jeu professionnel, le fait de travailler dans certaines branches de la Mafia, ou simplement de monter des affaires en série. C'est pourquoi je peste contre le « scepticisme stérile », celui contre lequel on ne peut rien, et contre les problèmes de langage excessivement théoriques qui font que ce qu'on appelle avec dérision le « grand public » se sent très peu concerné par une grande partie de la philosophie moderne. (Dans le passé, les rares philosophes et penseurs qui ne parvenaient pas à subvenir à leurs besoins dépendaient du soutien d'un mécène. Aujourd'hui, les universitaires spécialistes des disciplines abstraites dépendent de l'avis de leurs pairs, sans aucun contrôle extérieur, ce qui donne de temps à autre le résultat catastrophique de transformer leurs activités en luttes isolées destinées à faire étalage de leur supériorité. Quels qu'aient été les inconvénients de l'ancien système, au moins avait-il l'avantage de garantir le maintien d'un *certain* niveau de pertinence).

Ayant découvert une incohérence dans ce livre, la philosophe Edna Ullmann-Margalit m'a demandé de justifier l'utilisation de la métaphore du Cygne Noir pour décrire l'inconnu, l'abstrait, l'incertain imprécis – corbeaux blancs, éléphants roses, ou citoyens évanescents d'une lointaine planète tournant autour de Tau Ceti. Elle m'a effectivement pris en défaut. Il y a une contradiction : ce livre est une histoire, et je préfère recourir à des histoires et à des images pour illustrer notre naïveté par rapport aux histoires et notre préférence pour la dangereuse compression de récits[10].

Seule une histoire peut en supplanter une autre. Les métaphores et les histoires sont (hélas) beaucoup plus puissantes que les idées ; elles sont également plus faciles à retenir et plus amusantes à lire. Si je dois me mettre à ce que j'appelle les disciplines narratives, le meilleur outil dont je dispose est une histoire.

Les idées vont et viennent, les histoires restent.

Pour conclure

Dans ce livre, l'ennemi à abattre n'est pas simplement la courbe en cloche et le statisticien responsable de son propre aveuglement, ou l'universitaire platonifié qui a besoin de théories pour se leurrer. C'est le besoin de « focaliser » sur ce qui a un sens pour nous. Vivre aujourd'hui sur cette planète nécessite beaucoup plus d'imagination que nous ne sommes programmés pour en avoir. Nous manquons d'imagination et la réprimons chez les autres.

Notez bien que, dans cet ouvrage, je ne compte pas sur l'abominable méthode consistant à assembler de manière sélective des « « preuves corroboratives ». Pour des raisons que j'explique dans le chapitre 5, je qualifie d'empirisme naïf une telle surabondance d'exemples – une succession d'anecdotes choisies pour coller avec une histoire ne constituent pas des preuves. Quiconque recherche des confirmations en trouvera suffisamment pour s'aveugler lui-même – et ses pairs avec, sans aucun doute[11]. L'idée du Cygne Noir est fondée sur la structure du hasard dans la réalité empirique.

---

10. Bien qu'on l'attribue couramment à Popper, Mill, Hume et à d'autres encore, la métaphore du cygne noir n'est absolument pas moderne. Je l'ai choisie parce qu'elle correspond à l'idée ancienne d' « oiseau rare. » Le poète latin Juvénal fait référence à un « oiseau aussi rare qu'un cygne noir » – *rara avis in terris nigroque simillima cygno.*

11. Apporter, pour étayer quelque démonstration, toute une série d'éloquentes citations confirmatoires émanant de figures d'autorité défuntes relève également de l'empirisme naïf. En cherchant bien, vous trouverez toujours quelqu'un qui a fait une déclaration qui sonne bien et confirme votre point de vue – et sur chaque sujet, on parvient à trouver un autre penseur décédé qui a dit exactement le contraire. Presque toutes les citations que je fais ici, excepté celles de Yogi Berra, émanent de gens avec lesquels je suis en désaccord.

Résumons-nous : dans cet essai (personnel), j'ose affirmer, envers et contre nombre de nos habitudes de pensée, que notre monde est dominé par l'extrême, l'inconnu et le très improbable (improbable, selon notre connaissance actuelle) – et pendant ce temps, nous ne cessons de nous livrer à des bavardages inutiles et de nous focaliser sur le connu et le répété. D'où la nécessité de prendre l'événement extrême comme point de départ, non de le considérer comme une exception à prendre pour quantité négligeable. Je fais aussi l'affirmation plus audacieuse (et plus ennuyeuse) qu'en dépit de notre évolution et de l'accroissement de notre savoir, ou peut-être à cause de cette évolution et de cet accroissement, l'avenir sera de moins en moins prédictible, alors que la nature humaine comme les « sciences » sociales semblent conspirer à nous dissimuler cette idée.

Organisation des chapitres

Le déroulement de ce livre suit une logique simple ; il va de ce que l'on peut qualifier de purement littéraire (du point de vue du fond et de la manière de le traiter) à ce que l'on peut considérer comme entièrement scientifique (du point de vue du fond, mais pas de la manière de le traiter). La psychologie sera surtout présente dans la première partie et au début de la deuxième ; les sciences naturelles et les sciences des affaires seront abordées principalement dans la seconde moitié de la deuxième partie et dans la troisième partie. La première partie, « L'anti-bibliothèque d'Umberto Eco », traite essentiellement de notre manière de percevoir les événements historiques et actuels et des déformations inhérentes à cette perception. La deuxième partie, « Les prévisions sont tout bonnement impossibles » concerne les erreurs que nous commettons en appréhendant l'avenir et les limitations tues de certaines « sciences » – et ce qu'il faut faire par rapport à ces limitations. La troisième partie, « Les Cygnes Gris de l'Extrêmistan » traite plus profondément de la question des événements extrêmes, explique comment la courbe en cloche (cette grande escroquerie intellectuelle) est générée, et passe en revue les idées en sciences naturelles et en sciences sociales qui sont regroupées sans discrimination sous l'étiquette « complexité ». La quatrième partie, « Fin », est très courte.

J'ai pris un plaisir inattendu à écrire ce livre – en fait, il s'est écrit tout seul – et j'espère que vous en aurez autant à le lire. J'avoue qu'après avoir été soumis aux contraintes d'une vie active dominée par les transactions, je suis devenu complètement « accro » à cette retraite dans le monde des idées pures. Après la publication de ce livre, je forme le projet de passer quelques temps loin du désordre des activités publiques afin de réfléchir en toute tranquillité à mon idée philosophique et scientifique.

PREMIÈRE PARTIE

L'ANTIBIBLIOTHÈQUE D'UMBERTO ECO, OU COMMENT NOUS RECHERCHONS LA VALIDATION DE NOTRE SAVOIR

L'écrivain Umberto Eco fait partie de cette poignée d'érudits au savoir encyclopédique et à l'esprit pénétrant qui ne sont pas ennuyeux. Il possède une vaste bibliothèque privée (contenant trente mille ouvrages), et classe ses visiteurs en deux catégories : ceux qui s'exclament : « Waouh !!! *Signore professore dottore* Eco, quelle bibliothèque vous avez là ! Combien de livres avez-vous lu parmi tous ceux-ci ? », et les autres – une infime minorité – qui comprennent qu'une bibliothèque privée n'est pas un appendice destiné à valoriser l'ego, mais un outil de recherche. Les livres que l'on a lus comptent beaucoup moins que ceux que l'on n'a pas lus. Une bibliothèque devrait contenir autant de *choses que vous ne savez pas* que vos moyens financiers, vos taux d'endettement et le marché actuellement tendu de l'immobilier vous permettent d'y mettre. En vieillissant, vous accumulerez davantage de connaissances et d'ouvrages, et le nombre croissant de livres non lus qui peupleront les étagères de votre bibliothèque vous regarderont d'un air menaçant. De fait, plus on sait de choses, plus les rangées de livres non lus s'agrandissent. Appelons « antibibliothèque » cet ensemble de livres non lus.

Nous avons tendance à considérer notre savoir comme une propriété personnelle qu'il nous faut protéger et défendre. C'est une parure qui nous permet de nous élever dans la hiérarchie. C'est pourquoi cette tendance à blesser la sensibilité de la bibliothèque d'Eco en se focalisant sur le connu est un penchant humain qui s'étend à notre fonctionnement intellectuel. Les gens ne se promènent pas avec des anticurriculum vitæ mentionnant les études ou les expériences professionnelles qu'ils n'ont pas faites (c'est à leurs concurrents de s'en charger), mais il serait bien qu'ils le fassent. De même qu'il nous faut prendre le contre-pied de la logique de la bibliothèque, nous nous appliquerons à prendre le contre-pied du savoir. Notez bien que le Cygne Noir vient de ce que nous nous méprenons sur la probabilité des surprises – ces livres non lus – parce que nous prenons un peu trop au sérieux ce que nous savons.

Qualifions le sceptique empirique d'« antisavant » : quelqu'un qui se concentre sur les ouvrages non lus et tente de ne pas considérer son savoir comme un trésor ou même un bien, voire comme un outil de valorisation de soi.

Les chapitres de cette partie portent sur la façon dont nous, les êtres humains, abordons la connaissance, et sur notre préférence pour l'anecdotique par rapport à l'empirique. Le chapitre 1 présente le Cygne Noir comme enraciné dans l'histoire de ma propre obsession. J'établirai une distinction majeure entre les deux formes de hasard dans le chapitre 3. Puis le chapitre 4 proposera un bref retour sur le problème du Cygne Noir dans sa forme originelle : notre tendance à généraliser à partir de ce que nous voyons. Je présenterai ensuite les trois facettes du même problème Cygne Noir : a) *l'erreur de confirmation*, ou notre propension à mépriser à tort la partie vierge de la bibliothèque (tendance à regarder ce qui confirme notre savoir, non notre ignorance), dans le chapitre 5 ; b) *l'erreur de narration*, ou comment nous nous leurrons avec des histoires et des anecdotes (chapitre 6) ; c) comment nos émotions viennent interférer avec notre capacité de déduction (chapitre 7) ; et d) *le problème de Diagoras*, ou les artifices auxquels l'histoire a recours pour nous cacher les Cygnes Noirs (chapitre 8). Quant au chapitre 9, il aborde l'erreur fatale consistant à construire de la connaissance à partir de l'univers ludique.

CHAPITRE 1

L'APPRENTISSAGE D'UN SCEPTIQUE EMPIRIQUE

Anatomie d'un Cygne Noir. – Le triplet de l'opacité. – Lire les livres à rebours. – Le rétroviseur. – Tout s'explique. – Il faut toujours parler au conducteur (avec prudence). – L'histoire ne rampe pas; elle fait des sauts. – « On ne s'y attendait tellement pas. » – Dormir douze heures d'affilée.

Ceci n'étant pas une autobiographie, je passerai sur les scènes de guerre. En fait, je le ferais même si c'était une autobiographie. Comme il m'est impossible de rivaliser avec les films d'action ou les mémoires d'aventuriers plus accomplis que moi, je m'en tiendrai à mes spécialités : le hasard et l'incertitude.

ANATOMIE D'UN CYGNE NOIR

Pendant plus de mille ans, la côte de la Méditerranée orientale, appelée « *Syria Libanensis* » ou « Mont-Liban », était parvenue à abriter au moins une dizaine de sectes, d'ethnies et de croyances – cela fonctionnait à merveille. L'endroit ressemblait plus aux grandes villes

de la Méditerranée orientale (appelée le Levant) qu'aux autres parties
situées à l'intérieur du Proche-Orient (il était plus facile de traverser
ce terrain montagneux par mer que par terre). Les villes levantines
étaient mercantiles par nature ; les relations étaient régies par un protocole clair, maintenant une paix propice au commerce, et les différentes communautés se fréquentaient sans difficulté. Ce millénaire
de paix ne fut interrompu que par quelques frictions occasionnelles
au sein des communautés chrétiennes et musulmanes, rarement entre
ces communautés elles-mêmes. Tandis que les villes étaient commer-
çantes et essentiellement hellénistes, les montagnes avaient été investies par toutes sortes de minorités religieuses qui affirmaient avoir fui
les orthodoxies byzantine et musulmane. Les montagnes constituent
un terrain idéal pour se mettre à l'abri du courant dominant, à l'exception près que l'ennemi est lui aussi un réfugié qui se bat pour le
même type de terres peu faciles à cultiver. La mosaïque de cultures
et de religions que l'on y trouvait était considérée comme un modèle
(relatif) de cohabitation : chrétiens de toutes sortes (maronites, armé-
niens, orthodoxes byzantins gréco-arabo-syriens, et même catholiques
byzantins, qui s'ajoutaient aux quelques catholiques romains, vestiges
des croisades) ; musulmans (chiites et sunnites), ainsi que quelques
juifs. On considérait comme un fait acquis que, dans cette région, les
gens apprenaient à devenir tolérants ; je me souviens qu'à l'école, on
nous enseignait que nous étions beaucoup plus sages et civilisés que
ces communautés balkaniques dont les membres, non contents de
s'abstenir de prendre des bains, étaient aussi la proie de luttes intesti-
nes. Évoluant à partir d'une tendance historique à l'amélioration des
conditions de vie et à la tolérance, les choses semblaient en équilibre
stable ; le terme « équilibre » était souvent employé.

Les deux côtés de ma famille étaient issus de la communauté gréco-
arabo-syrienne, dernier bastion byzantin au nord de la Syrie, qui comprenait ce que l'on appelle maintenant le Liban. Notez que, dans leurs
langues locales, les Byzantins s'appelaient eux-mêmes « Romains »
– « *Roumi* » (pluriel : « *Roum* »). Nous sommes originaires de la région
oléicole située au pied du Mont-Liban – nous avions tenu tête aux chrétiens maronites à l'intérieur des montagnes. Depuis l'invasion arabe
au VIIe siècle, nous commercions avec les musulmans dans une atmosphère paisible, à l'exception de périodes ponctuelles de harcèlement
de la part des chrétiens maronites libanais qui vivaient dans les montagnes, comme lors de la fameuse bataille d'Amioun, village de mes
ancêtres du Mont-Liban. Grâce à un accord byzantin (au sens littéral)

entre les dirigeants arabes et les empereurs byzantins, nous arrivions à payer des impôts aux deux camps et, de temps en temps, à obtenir la protection des deux. C'est ainsi que nous réussîmes à vivre relativement en paix pendant plus de mille ans ; notre dernier vrai problème ne furent pas les Arabes musulmans, mais les derniers croisés fomentant des troubles. Les Arabes, qui ne s'intéressaient, semble-t-il, qu'à la guerre (et à la poésie), et, plus tard, les Turcs ottomans, qui ne s'intéressaient, semble-t-il, qu'à la guerre (et au plaisir), nous abandonnaient l'activité commerciale, dénuée de tout intérêt, et celle, moins dangereuse, de la quête du savoir (telle que la traduction de textes grecs et araméens).

De l'avis général, le pays appelé Liban, auquel nous nous retrouvâmes subitement intégrés après la chute de l'Empire ottoman au début du XXe siècle, apparaissait comme un paradis de stabilité ; il était également découpé de manière à être majoritairement chrétien. Soudain, on réussit à faire croire aux gens à l'État nation en tant qu'entité[1]. Les chrétiens se persuadèrent qu'ils étaient à l'origine et au centre de ce que l'on appelle approximativement la culture occidentale avec, cependant, une fenêtre sur l'Orient. Cas classique de pensée statique, nul ne prit en compte les différentiels de natalité entre les différentes communautés, et l'on supposa qu'il y aurait toujours une légère majorité de chrétiens. Les Levantins s'étaient vu accorder la nationalité romaine, ce qui permit à saint Paul, qui était syrien, de traverser librement l'Ancien Monde. Les gens se sentaient reliés à tout ce qui, selon eux, valait la peine que l'on s'y relie ; cette région était excessivement ouverte au monde, possédait un style de vie extrêmement raffiné, une économie prospère et un climat tempéré semblable en tous points à celui de la Californie, avec des montagnes couvertes de neige qui surplombaient la Méditerranée. Elle attira toute une série d'espions (tant soviétiques qu'occidentaux), des prostituées (blondes), des écrivains, des poètes, des trafiquants de drogue, des aventuriers, des joueurs compulsifs, des joueurs de tennis, des après-skieurs et des commerçants – toutes professions complémentaires les unes des autres. Nombre de gens se comportaient comme dans un vieux film de James Bond ou à l'épo-

---

1. Il est remarquable de constater avec quelle rapidité et quelle efficacité on peut bâtir une nationalité à l'aide d'un drapeau, de quelques discours et d'un hymne national.

que où les play-boys fumaient, buvaient et entretenaient des relations avec de bons tailleurs au lieu de se rendre à la salle de gym.

Mais la qualité principale du paradis était la suivante : les chauffeurs de taxi étaient réputés polis (même si, d'après ce que je me rappelle, ils ne l'étaient pas avec moi). Bien sûr, avec le recul, les gens ont sans doute conservé un souvenir beaucoup plus idyllique de cet endroit qu'il ne l'était en réalité.

J'étais trop jeune pour en goûter les plaisirs, alors que je devins un idéaliste rebelle et développai très tôt un goût pour l'ascétisme hostile aux signes ostentatoires de richesse, allergique à la quête de luxe manifeste de la culture levantine et à son obsession pour les choses monétaires.

Adolescent, j'avais hâte d'aller m'installer dans une métropole où les émules de James Bond seraient moins nombreux. Cependant, je me souviens qu'il y avait quelque chose de particulier dans l'air intellectuel. Je fréquentais le lycée français qui avait le taux de réussite le plus élevé au baccalauréat, y compris en français. On y parlait un français assez pur ; comme dans la Russie prérévolutionnaire, les classes patriciennes levantines chrétienne et juive (d'Istanbul à Alexandrie) parlaient et écrivaient un français classique considéré comme distingué. Les plus privilégiés étaient envoyés à l'école en France ; ce fut le cas de mes grands-pères – mon homonyme paternel en 1912, et le père de ma mère en 1929. Deux mille ans auparavant, mus par le même instinct de distinction linguistique, les snobs patriciens levantins n'écrivaient pas dans leur araméen vernaculaire, mais en grec (le Nouveau Testament fut rédigé dans le mauvais grec patricien de notre capitale, Antioche, ce qui poussa Nietzsche à s'exclamer que « Dieu parlait mal le grec »). Et après le déclin de l'hellénisme, ils adoptèrent l'arabe. C'est pourquoi, outre le qualificatif « paradis », cet endroit acquit aussi la réputation d'être un fabuleux carrefour entre ce que l'on désigne superficiellement comme la culture « orientale » et la culture « occidentale ».

Du fait d'accorder ses actes à ses paroles

Je forgeai ma philosophie à l'âge de quinze ans, lorsque je fus envoyé en prison pour avoir (prétendument) attaqué un policier avec une dalle de béton au cours d'une émeute étudiante – incident qui eut d'étranges conséquences puisque mon grand-père, alors ministre de l'Intérieur, fut la personne qui signa l'ordre d'écraser notre rébellion. Quand un des policiers qui avait reçu une pierre sur la tête se mit à paniquer et ouvrit le feu sur nous au hasard, l'un des émeutiers fut tué par une balle. Je me rappelle que j'étais au centre de l'émeute et que mon arrestation me procura une immense satisfaction, alors que mes amis redoutaient à la fois la prison et leurs parents. Nous fîmes tellement peur au gouvernement que l'on nous amnistia.

Il y eut des avantages évidents à me montrer capable d'agir conformément à mes opinions sans faire le moindre compromis pour ne pas « offenser » ou déranger autrui. J'étais en rage et me moquais de ce que mes parents (et mon grand-père) pensaient de moi. Du coup, ce sont eux qui eurent très peur de moi, si bien que je ne pus me permettre de reculer ni même d'hésiter. Si, au lieu de défier ouvertement l'autorité, je leur avais caché ma participation à l'émeute (comme beaucoup de mes amis) et que j'avais été découvert, je suis certain que j'aurais été traité comme le mouton noir. C'est une chose de défier superficiellement l'autorité en s'habillant de manière anticonformiste – ce que les scientifiques sociaux et les économistes appellent *« cheap signaling[2] »* ; c'en est une autre de se montrer déterminé à traduire ses convictions en actes.

Mes idées politiques ne dérangeaient pas trop mon oncle paternel Dédé (celles-ci vont et viennent) ; ce qui le rendait fou, c'était que je m'en serve comme prétexte pour m'habiller de façon négligée. Pour lui, l'inélégance d'un membre de la famille proche constituait l'offense suprême.

La nouvelle de mon arrestation eut un autre avantage majeur : elle me permit d'éviter d'arborer les signes extérieurs de rébellion que les adolescents manifestent d'ordinaire. Je découvris qu'il était beaucoup plus efficace d'afficher un comportement sympathique et « raisonnable » si l'on se montrait déterminé à aller au-delà du simple verbiage ; on peut se permettre d'être compréhensif, laxiste et courtois si, de temps à autre, au moment où les autres s'y attendent le moins mais que les circonstances le justifient parfaitement, on fait un procès à quelqu'un, on lamine un ennemi – juste pour montrer que l'on est capable d'accorder ses actes à ses paroles.

---

2. Littéralement, « signalement bon marché » *(N.d.T.)*.

Le « paradis » envolé

Après quelques tirs de balles et éclats d'obus, le « paradis » libanais s'envola soudain. Quelques mois après ma période d'emprisonnement, et au terme de treize siècles d'une cohabitation ethnique remarquable, un Cygne Noir surgi de nulle part transforma le paradis en enfer. De plus le dernier épisode sanglant intercommunautaire datait de 1860. Une guerre civile acharnée éclata entre les chrétiens et les musulmans ainsi que les réfugiés palestiniens qui se rangèrent aux côtés de ces derniers. Comme la zone de combat était située au centre de la ville et que la plupart des affrontements avaient lieu dans les quartiers résidentiels (mon lycée ne se trouvait qu'à quelques centaines de mètres de la zone de combat), le choc fut particulièrement violent. Le conflit dura plus d'une décennie et demie ; je n'entrerai pas dans les détails ; il est probable que les tirs d'artillerie et autres armes puissantes transformèrent en une spirale infernale de guerres en représailles ce qui, à l'âge de l'épée, n'aurait été qu'une situation tendue.

Outre la destruction des bâtiments (à laquelle il s'avéra facile de remédier avec l'aide de quelques entrepreneurs motivés, politiciens corrompus et porteurs d'obligations naïfs), la guerre écailla sensiblement le vernis de sophistication qui, pendant trois mille ans, avait fait des villes levantines un centre permanent d'extrême raffinement intellectuel. Les chrétiens avaient quitté la région depuis l'époque ottomane – ceux qui émigrèrent en Occident changèrent leur prénom et s'intégrèrent à leur nouvel environnement. Leur exil s'accéléra. Le nombre de personnes cultivées chuta au-dessous d'un seuil critique. Brusquement, l'endroit se transforma en vide abyssal. La fuite des cerveaux est un phénomène difficile à inverser, et lorsqu'elle se produit, un pan de l'ancienne société, avec tout son raffinement, peut être perdu à jamais.

La nuit étoilée

La prochaine fois que vous serez victime d'une panne d'électricité, essayez de vous consoler en regardant le ciel. Vous ne le reconnaîtrez pas. Pendant la guerre, les coupures de courant étaient fréquentes à Beyrouth. Avant que les gens n'acquièrent leurs propres générateurs, l'absence de pollution légère faisait qu'un côté du ciel demeurait clair la nuit – le côté le plus éloigné de la zone de combat. Privés de télévision, les Beyrouthins prenaient leur voiture pour aller contempler les jets de lumière émanant des combats nocturnes. Manifestement, ils préféraient courir le risque d'être soufflés par un éclat d'obus plutôt qu'affronter la monotonie d'une morne soirée.

On voyait donc les étoiles avec une grande clarté. Au lycée, j'avais appris que les planètes se trouvaient en état d'*équilibre*, et qu'il n'y avait par conséquent aucun risque que les étoiles s'abattent sur nous à l'improviste. Cela me rappelait étrangement les histoires que l'on nous racontait sur « la stabilité historique unique » du Liban. L'idée même d'équilibre considéré comme acquis me dérangeait. Je regardais les constellations dans le ciel sans savoir que penser.

L'histoire et le triplet de l'opacité

L'histoire est opaque. On voit le déroulement des événements, non le script qui les produit – le générateur de l'histoire. Il y a quelque chose de foncièrement incomplet dans notre compréhension de ces événements, car on ne voit pas ce qui se trouve à l'intérieur de la boîte, le fonctionnement du mécanisme. Ce que j'appelle le générateur des événements historiques diffère des événements eux-mêmes, tout comme les pensées des dieux ne peuvent être déchiffrées en se fondant uniquement sur leurs actes ; il y a de fortes chances pour que l'on se méprenne sur leurs intentions.

Ce décalage évoque la différence entre la nourriture que l'on voit sur la table au restaurant et ce qui se passe dans les cuisines (la dernière fois que j'ai pris un brunch dans un restaurant chinois que je ne nommerai pas, situé dans Canal Street au centre de Manhattan, j'ai vu un rat sortir des cuisines).

L'esprit humain qui entre en contact avec l'histoire souffre des trois maux suivants, que j'ai regroupés sous l'expression *triplet de l'opacité* :

a) l'illusion de comprendre, ou comment chacun croit qu'il sait ce qui se passe dans un monde plus complexe (ou aléatoire) qu'il n'en a conscience ;

b) la déformation rétrospective, ou comment on ne peut évaluer les choses qu'après qu'elles se sont produites, comme si on les voyait dans un rétroviseur (l'histoire paraît plus claire et plus structurée dans les livres que dans la réalité empirique) ; et

c) la surestimation des informations factuelles et le handicap que représentent les figures d'autorité et les personnes instruites, en particulier quand elles créent des catégories – quand elles « platonifient ».

Personne ne sait ce qui se passe

Le premier terme du triplet réside dans la croyance maladive que le monde dans lequel nous vivons est plus facilement compréhensible et explicable, et donc plus prédictible, qu'il ne l'est réellement.

Les adultes me répétaient constamment que ce n'était qu'« une question de jours » avant que la guerre, qui finit par durer près de dix-sept ans, ne se termine. Comme l'atteste le nombre de gens qui restaient assis à attendre la fin du conflit dans des chambres d'hôtels et d'autres quartiers temporaires à Chypre, en Grèce, en France et ailleurs, ils semblaient avoir toute confiance en ces prévisions. Un de mes oncles ne cessait de me rappeler que les riches palestiniens qui s'étaient réfugiés au Liban quelque trente ans auparavant voyaient cet exil comme une solution « toute temporaire » (soixante après, la plupart de ceux qui sont encore en vie y résident encore). Pourtant, quand je lui demandais s'il en serait de même avec la guerre qui déchirait notre pays, il me répondait : « Non, bien sûr que non. Cet endroit est différent ; il l'a toujours été. » D'une certaine manière, ce qu'il percevait chez les autres ne semblait pas s'appliquer à lui.

Cet aveuglement de l'exilé d'âge moyen par rapport à la durée de son expatriation est une maladie très répandue. Plus tard, quand je décidai d'échapper à l'obsession des exilés pour leurs racines (celles-ci imprègnent un peu trop leur personnalité), c'est précisément pour éviter les pièges d'une nostalgie dévorante que j'étudiai la littérature de l'exil. Ces exilés semblaient être devenus prisonniers de leur souvenir d'une terre originelle idyllique – assis en compagnie d'autres otages du passé, ils évoquaient le bon vieux pays en mangeant leur cuisine traditionnelle sur fond de musique populaire de chez eux. Ils ne cessaient d'élaborer des scénarios alternatifs, imaginant ce qui aurait pu se passer pour empêcher ces ruptures historiques, tels que « si le shah n'avait pas nommé cet incompétent au poste de Premier ministre, nous serions encore là-bas ». C'était comme si la rupture historique avait une cause spécifique dont l'élimination aurait pu permettre d'éviter la catastrophe. J'ai interrogé tous les expatriés que j'ai pu trouver pour savoir comment ils se comportaient en exil. Presque tous réagissent de la même manière.

On entend quantité d'histoires à propos de réfugiés cubains qui, dans les années 1960, après l'instauration du régime castriste, débarquèrent à Miami pour « l'affaire de quelques jours » sans avoir eu le temps de finir de boucler leurs valises ; et de réfugiés iraniens à Paris et

Londres qui fuirent la République islamique en 1978 en pensant que leur absence serait de courte durée. Plus d'un quart de siècle après, certains attendent toujours de rentrer chez eux. Nombre de Russes qui, à l'instar de Vladimir Nabokov, quittèrent leur pays en 1917, allèrent s'installer à Berlin dans l'éventualité, peut-être, d'un retour rapide. Nabokov lui-même passa toute sa vie dans des logements temporaires, dans un mélange de luxe et d'indigence, et finit ses jours au Montreux Palace, sur le lac de Genève.

S'il y avait bien sûr des vœux pieux dans toutes ces erreurs de prévision, et un espoir aveugle, il y avait aussi un problème de connaissance. De toute évidence, la dynamique du conflit libanais avait été imprévisible, et pourtant, il y avait une constante dans le raisonnement des gens qui observaient les événements : ceux qui se sentaient concernés par le problème semblaient pratiquement tous convaincus de comprendre ce qui arrivait. Il ne se passait pas un seul jour sans que se produise quelque chose qui déjoue complètement leurs prévisions, mais ils ne parvenaient pas à comprendre qu'ils ne l'avaient pas prévu. Avant de survenir, la plupart des événements auraient semblé complètement fous. Pourtant, *après* qu'ils s'étaient produits, ce n'était plus autant le cas. Cette plausibilité rétrospective incite à oublier la rareté et la probabilité de l'événement. Par la suite, je retrouvai exactement la même illusion de compréhension dans les situations de réussite en affaires et sur les marchés financiers.

L'histoire ne rampe pas, elle fait des sauts

Plus tard, lorsque je formulai mes idées sur la perception des événements aléatoires et repassai dans mon souvenir les événements de la guerre, j'acquis la nette impression que notre esprit est une fabuleuse machine à expliquer capable de donner un sens à presque tout, de bâtir des explications pour toutes sortes de phénomènes, et généralement incapable d'accepter l'idée d'imprédictibilité. Ces événements étaient inexplicables, mais des gens intelligents se croyaient capables d'en fournir des explications convaincantes – après coup. Qui plus est, plus la personne était intelligente, plus l'explication semblait juste. Le plus inquiétant, c'était que toutes ces croyances et tous ces récits semblaient logiques et dénués de toute incohérence.

Je quittai donc adolescent l'endroit appelé Liban, mais, comme nombre de personnes de ma famille et de mes amis y étaient restées, je continuai à y revenir pour leur rendre visite, surtout pendant les hostilités. La guerre n'était pas continue : il y avait des périodes de combat interrompues par des solutions « permanentes ». C'est pendant les périodes de troubles que je me sentais le plus proche de mes racines et avais le plus besoin de revenir et de manifester mon soutien à ceux que j'avais laissés derrière moi, et qui étaient souvent démoralisés par les départs – et envieux de leurs amis des beaux jours qui pouvaient s'en aller chercher ailleurs une sécurité financière et personnelle, et qui ne revenaient que pour les vacances au cours de ces accalmies temporaires. Quand j'étais à l'étranger et que des gens mouraient au Liban, j'étais incapable de travailler ou de lire, mais paradoxalement, quand je me trouvais *dans* le pays, j'étais moins préoccupé par les événements et arrivais à poursuivre mes activités intellectuelles sans me sentir coupable. Il est intéressant de noter que pendant la guerre, les gens faisaient énormément la fête et qu'ils développèrent un goût plus démesuré encore pour les produits de luxe, rendant ainsi les séjours là-bas très attractifs malgré les combats.

Il y avait quelques questions délicates. Comment aurait-on pu prévoir que des gens qui semblaient des modèles de tolérance pourraient devenir du jour au lendemain les pires barbares ? Pourquoi un revirement aussi brutal ? Au départ, je pensais que, contrairement à d'autres conflits, la guerre du Liban était peut-être réellement impossible à prévoir, et que les Levantins étaient une race trop difficile à comprendre. Par la suite, quand je me mis à analyser tous les grands événements de l'histoire, je réalisai petit à petit que leur irrégularité n'était pas une caractéristique locale.

Le Levant avait pour ainsi dire toujours fabriqué en série des événements importants que personne ne voyait venir. Qui avait prédit la montée du christianisme et sa position de religion dominante dans le bassin méditerranéen, et plus tard dans le monde occidental ? Les chroniqueurs romains de l'époque n'avaient même pas remarqué l'apparition de cette nouvelle religion – les historiens de la chrétienté sont stupéfaits par l'absence de témoignages. Peu de gros bonnets semblaient avoir pris suffisamment au sérieux les idées d'un juif apparemment hérétique pour croire qu'il passerait à la postérité. Il n'existe qu'une seule référence contemporaine à Jésus de Nazareth – dans *La Guerre des Juifs* de Flavius Josèphe – qui fut peut-être ajoutée par la suite par un scribe pieux. *Quid* de la religion concurrente qui fit son apparition sept siècles plus tard ? Qui avait prévu qu'en quelques années seulement, un groupe de cavaliers étendrait son empire et la loi islamique du sous-continent indien à l'Espagne ? Plus encore que l'ascension du christianisme, ce fut l'extension de l'islam (la troisième édition, si je puis m'exprimer ainsi) qui fut marquée par l'imprévisibilité la plus totale ; nombre d'historiens qui se sont penchés sur le sujet ont été époustouflés par la rapidité du changement. Georges Duby, entre autres, a exprimé sa stupéfaction devant la vitesse à laquelle près de dix siècles d'hellénisme levantin avaient été effacés « d'un coup d'épée ». Paul Veyne, qui occupa plus tard la même chaire d'histoire au Collège de France, a parlé à juste titre de religions se propageant « comme des best-sellers » – comparaison qui traduit bien l'idée d'imprédictibilité. Ce genre de rupture dans la chronologie des événements ne facilitait guère le métier d'historien : l'étude détaillée du passé n'apprend pas grand-chose sur l'esprit de l'histoire ; elle donne seulement l'illusion de la comprendre.

L'histoire et les sociétés ne rampent pas, elles sautent ; elles vont de fracture en fracture, et sont soumises dans l'intervalle à quelques vibrations. Et pourtant, nous (et les historiens avec nous) nous plaisons à croire au prédictible, à une légère progression graduelle.

Je fus frappé – et c'est une pensée qui ne m'a jamais quitté depuis – par le fait que nous ne sommes qu'une grande machine à regarder en arrière, et que les êtres humains sont extrêmement doués pour se bercer d'illusions. Chaque année qui passe renforce ma croyance dans cette déformation.

« Cher journal intime » : de l'histoire se déroulant à rebours

Les événements se présentent à nous sous un jour déformé. Prenez la nature des informations : parmi les millions, peut-être même les trilliards, de faits insignifiants qui dominent avant qu'un événement ne se produise, seul un petit nombre se révélera pertinent par la suite pour permettre de comprendre ce qui s'est passé. Parce que votre mémoire est limitée et sélective, vous serez enclin à vous rappeler uniquement les informations qui collent ultérieurement avec les faits – à moins que vous ne soyez comme Funes, le personnage de la nouvelle éponyme de Jorge Luis Borges, *Funes, le mémorieux*, qui n'oublie rien et semble condamné à vivre avec le fardeau de toutes les informations qu'il a accumulées et n'a pas assimilées (il ne parvient pas à vivre très longtemps).

Voici comment je me retrouvai exposé pour la première fois à la déformation rétrospective. Si, pendant mon enfance, j'avais été un lecteur vorace mais irrégulier, je passai la première période de la guerre

dans un sous-sol, plongé corps et âme dans toutes sortes de livres.
L'école avait fermé et les obus pleuvaient. Les sous-sols sont d'un ennui
mortel. Mon souci premier était de trouver un moyen de lutter contre
l'ennui et le prochain livre à lire[3] – même si être forcé de lire parce
que l'on n'a rien d'autre à faire est moins agréable que le faire de son
propre gré. Comme je voulais devenir philosophe (c'est toujours le
cas), j'eus le sentiment qu'il me fallait investir en étudiant de force les
idées des autres. Les circonstances me motivèrent à me plonger dans
des récits théoriques et généraux de guerres et de conflits en essayant
de pénétrer les ressorts intimes de l'histoire, de m'introduire dans les
rouages de cette grande machine qui génère les événements.

Curieusement, l'ouvrage qui m'influença n'était pas écrit par un
penseur mais par un journaliste ; il s'agit de *À Berlin, journal d'un correspondant américain 1934-1941*. Correspondant pour la radio, Shirer
était célèbre pour son livre *Le Troisième Reich, des origines à la chute*. Je
réalisai que ce journal offrait une perspective inhabituelle. J'avais déjà
lu (ou lu des choses concernant) les travaux de Hegel, Marx, Toynbee,
Aron et Fichte sur la philosophie de l'histoire et ses caractéristiques,
et je croyais avoir une vague idée des notions de dialectique, si tant
est qu'il y ait eu quoi que ce soit à comprendre dans ces théories. Je
n'y entendais pas grand-chose, excepté que l'histoire avait une certaine logique et que l'évolution des choses passait par des contradic-
tions (ou des opposés) qui permettaient à l'humanité d'accéder à des
formes supérieures de société – ce genre de notions. Cela me rappelait furieusement toutes les théories que j'entendais autour de moi sur
la guerre du Liban. Aujourd'hui, je continue à surprendre les gens qui
me posent la question inepte de savoir quels livres ont « façonné ma
pensée » en leur répondant que c'est ce livre-là qui m'en apprit le plus
(bien que fortuitement) sur la philosophie et l'histoire théorique – et
comme nous le verrons, sur la science aussi, puisqu'il m'enseigna la
différence entre les processus de prolepse *(forward process)* et d'analepse *(backward process)*.

De quelle façon ? Pour le dire simplement, le journal prétendait
décrire les événements au moment où ils se produisaient, pas après.
Je me trouvais dans un sous-sol et j'entendais l'histoire se dérouler

---

3. Benoît Mandelbrot, qui fit de la guerre une expérience similaire, à peu près
au même âge mais près de quarante ans avant moi, a gardé le souvenir de longs et
pénibles moments d'ennui ponctués d'instants de peur extrême.

au-dessus de moi (le bruit des éclats d'obus me tenait éveillé toute la nuit). J'étais un adolescent qui se rendait à l'enterrement de ses anciens camarades de jeu. Je faisais l'expérience d'un déroulement non théorique de l'histoire, et je lisais un auteur qui semblait la vivre à mesure qu'elle se produisait. Je m'efforçais de créer mentalement une sorte de film de l'avenir et je m'apercevais que ce n'était pas si évident que cela. Je réalisai que si je devais me mettre à écrire plus tard sur ces événements, ils sembleraient plus... historiques. Il y avait une différence entre l'avant et l'après.

Le journal intime était censé être rédigé sans que Shirer sache ce qui allait se passer ensuite, à un moment où les informations auxquelles il avait accès n'étaient pas influencées par les événements ultérieurs. On y trouvait ici et là quelques commentaires extrêmement éclairants, notamment sur la conviction des Français qu'Hitler était un phénomène transitoire ; cela explique leur manque de préparation et la rapidité avec laquelle ils furent ensuite obligés de capituler. À aucun moment on ne pressentait l'ampleur du désastre final.

Notre mémoire étant éminemment instable, un journal intime apporte des faits indélébiles consignés de manière plus ou moins immédiate ; il permet ainsi de fixer une perception à chaud des événements, et de les étudier plus tard dans leur propre contexte. Encore une fois, ce qui importait était la méthode que l'auteur prétendait employer pour décrire l'événement, non son déroulement. En fait, il est probable que Shirer et ses réviseurs aient quelque peu triché ; en effet, l'ouvrage fut publié en 1941, et il semblerait que le travail des éditeurs ait consisté davantage à proposer des textes destinés au grand public qu'à restituer une peinture fidèle des vues de l'auteur dépouillées de toute déformation rétrospective. (Par « tricher », j'entends : supprimer, au moment de la publication, des éléments qui manquaient de pertinence par rapport à ce qui s'était passé, et valoriser par là même ceux qui pouvaient intéresser le public. Le processus de révision peut en effet engendrer de sérieuses altérations, surtout quand l'auteur se voit attribuer ce que l'on appelle « un bon réviseur »). Toutefois, ma rencontre avec l'ouvrage de Shirer me donna une idée du fonctionnement de l'histoire. On pourrait supposer que les gens qui vécurent le début de la Seconde Guerre mondiale sentaient que quelque chose de capital était en train de se produire ; il n'en est rien[4].

---

4. L'historien Niall Ferguson a montré qu'en dépit de tous les récits officiels racontant comment on s'était acheminés vers la Grande Guerre et évoquant la

Le journal intime de Shirer se révéla pour moi un programme de formation à la dynamique de l'incertitude. Je voulais devenir philosophe, sans savoir à l'époque comment la plupart des philosophes professionnels gagnaient leur vie. Au lieu de quoi cette idée me mena à l'aventure (ou plutôt, à la pratique aventureuse de l'incertitude) ainsi qu'à la recherche statistique et scientifique.

Éducation dans un taxi

Je vais maintenant présenter comme suit le troisième élément du triplet, la malédiction de l'apprentissage. J'ai observé de près mon grand-père, qui fut ministre de la Défense, et plus tard ministre de l'Intérieur et Premier ministre adjoint au début de la guerre, avant le déclin de son rôle politique. Malgré sa position, il ne semblait pas en savoir plus sur ce qui allait se passer que Mikhail, son chauffeur. Cependant, contrairement à mon grand-père, Mikhail se bornait essentiellement à répéter « Dieu le sait », déléguant ainsi la tâche de comprendre à une instance supérieure.

Je remarquai que des personnes très intelligentes et bien informées ne faisaient pas mieux que les chauffeurs de taxi en termes de prévision, mais il y avait néanmoins une différence cruciale. Les chauffeurs de taxi ne croyaient pas comprendre autant de choses que les gens cultivés – clairement, ce n'étaient pas eux les experts, et ils le savaient. Personne ne savait quoi que ce soit, mais les penseurs de l'élite croyaient en savoir plus que les autres parce qu'ils appartenaient à l'élite, et que si l'on appartient à l'élite, on est forcément plus savant que ceux qui n'en font pas partie.

Ce n'est pas seulement la valeur des connaissances, mais aussi celle des informations, qui peut être mise en doute. Je m'aperçus que presque tout le monde était au courant des événements dans leurs moindres détails. Les contenus des différents journaux se recoupaient tellement

---

« montée des tensions » et l'« intensification de la crise », le conflit fit l'effet d'une surprise. Ce n'est que rétrospectivement que les historiens qui regardent le passé le considérèrent comme inévitable. Pour étayer sa position, Ferguson recourt à un argument empirique habile : il observe le prix des titres impériaux, qui inclut normalement les attentes des investisseurs concernant les besoins financiers du gouvernement et la diminution de l'attente d'un conflit potentiel, puisque les guerres entraînent de graves déficits. Or, le prix de ces titres ne reflétait pas une telle attente. Notez que cette analyse montre aussi que l'étude des prix peut permettre de bien comprendre l'histoire.

que plus on lisait, moins on avait d'informations. Mais tous les gens avaient tellement hâte de connaître chaque fait qu'ils lisaient chaque document dès son impression et écoutaient chaque station de radio comme si le prochain bulletin d'informations allait leur apporter LA réponse. Ils devenaient des encyclopédies vivantes capables de dire qui avait rencontré qui et quel homme politique avait dit quoi à quel autre (et sur quel ton: « Était-il plus aimable que d'habitude? »). Et tout cela pour rien, cependant

REGROUPEMENTS

Pendant la guerre du Liban, j'ai également remarqué que les journalistes avaient tendance à se regrouper, pas nécessairement autour des mêmes opinions, mais souvent autour du même cadre d'analyse. Ils attachent la même importance aux mêmes ensembles de circonstances et divisent la réalité en catégories semblables – ce qui, une fois de plus, est l'expression de la platonicité, du désir de diviser la réalité en formes claires et nettes. Ce que Robert Fisk appelle le « journalisme d'hôtel » n'a fait qu'accroître cette contagion intellectuelle. Alors qu'avant, les journalistes considéraient le Liban comme faisant partie du Levant, c'est-à-dire des pays de la Méditerranée orientale, il se mit soudain à faire partie du Moyen-Orient, comme si quelqu'un avait réussi à le transporter plus près du sable d'Arabie Saoudite. Située à environ une centaine de kilomètres de mon village dans le nord du Liban et possédant quasiment la même cuisine, les mêmes églises et les mêmes habitudes, l'île de Chypre fut brusquement intégrée à l'Europe (naturellement, à force de l'entendre, on finit des deux côtés par le croire). Et alors qu'avant, on faisait la distinction entre les pays méditerranéens et les pays non méditerranéens (c'est-à-dire entre l'huile d'olive et le beurre), dans les années 1970, c'est entre l'Europe et le reste du monde que cette distinction fut soudain établie. L'islam constituant le gros morceau entre les deux, personne ne sait où situer les chrétiens (ou les juifs) arabophones dans cette histoire. La catégorisation est nécessaire aux êtres humains, mais elle devient pathologique quand les catégories sont considérées comme définitives et empêchent les gens de prendre en compte le caractère flou des frontières, sans parler de réviser leurs catégories. C'était la contagion la coupable. Si l'on choisissait cent journalistes indépendants d'esprit capables de voir les choses quand ils se retrouvaient tout seuls, on obtenait cent opinions différentes. Mais le processus consistant à faire travailler ces gens de manière identique entraînait une restriction considérable de leur gamme d'opinions – ils avaient tous le même avis et identifiaient les mêmes causes. Ainsi, pour quitter un instant le Liban, tous les reporters font aujourd'hui référence aux « *roaring eighties* », supposant par là même que cette décennie-là avait quelque chose d'essentiellement différent. Et pendant la bulle Internet à la fin des années 1990, les journalistes utilisaient tous des indicateurs aberrants qui montraient la qualité d'entreprises que tout le monde voulait acheter mais qui n'avaient aucune valeur[5].

Si vous voulez comprendre ce que je veux dire quand je parle du caractère arbitraire des catégories, voyez la situation de la politique polarisée. La prochaine fois qu'un Martien visitera la Terre, essayez de lui expliquer pourquoi les personnes favorables à l'élimination d'un fœtus dans le sein de sa mère sont également opposées à la peine capitale. Ou pourquoi celles qui acceptent l'avortement sont censées être pour une taxation élevée mais contre une armée forte. Pourquoi faut-il que les gens qui sont pour la liberté sexuelle soient contre la liberté économique individuelle ?

L'absurdité des regroupements m'apparut alors que j'étais très jeune. Dans cette guerre civile au Liban, il s'avéra par quelque farce du sort que les chrétiens devinrent favorables au marché libre et au système capitaliste – c'est-à-dire à ce qu'un journaliste appellerait « la droite » – et que les islamistes devinrent socialistes, obtenant le soutien des régimes communistes (la *Pravda*, organe officiel du régime communiste, les baptisa « les combattants de l'oppression », mais par la suite, quand les Russes envahirent l'Afghanistan, ce furent les Américains qui cherchèrent à s'associer à Ben Laden et à d'autres musulmans du même acabit).

Le meilleur moyen de démontrer le caractère arbitraire des catégories et de l'effet de contagion qu'elles engendrent est de se rappeler que ces regroupements se sont souvent inversés au cours de l'histoire. L'alliance qui existe aujourd'hui entre les fondamentalistes chrétiens et le *lobby* israélien serait sans doute une énigme pour un intellectuel du XIXᵉ siècle – à l'époque, les chrétiens étaient antisémites et les

---

5. Nous verrons au chapitre 10 que certains tests quantitatifs judicieux ont été effectués pour démontrer cette grégarité ; ils montrent que sur quantité de questions, l'écart qui existe entre les opinions est considérablement plus faible que celui qui sépare la moyenne des opinions de la vérité.

musulmans protégeaient les juifs, qu'ils préféraient aux chrétiens. Les libertaires étaient de gauche. Ce qui m'intéresse en tant que probabiliste, c'est qu'un événement aléatoire fait qu'un groupe qui défendait au départ une cause quelconque va s'allier avec un autre groupe qui en défend une autre, provoquant ainsi la fusion et l'unification des deux partis... jusqu'à la surprise de la séparation.

La catégorisation conduit toujours à minimiser la complexité réelle des choses. C'est la manifestation du générateur de Cygnes Noirs, cette indéboulonnable platonicité que j'ai définie dans le Prologue. Or, réduire le monde qui nous entoure peut avoir des conséquences explosives car cela exclut certaines sources d'incertitudes et nous conduit à nous méprendre sur la nature du monde. Ainsi, vous pouvez croire que l'islam radical (et ses valeurs) est votre allié dans la lutte contre la menace du communisme et contribuer à leur essor jusqu'à ce qu'ils envoient deux avions au centre de Manhattan.

C'est quelques années après le début de la guerre du Liban, à l'époque où je fréquentais la Wharton School[6] – j'avais alors vingt-deux ans – que me vint l'idée des marchés efficients, selon laquelle il est impossible de retirer des bénéfices des titres, puisque ces outils ont automatiquement pris en compte l'ensemble des informations disponibles. Il peut donc s'avérer inutile d'informer les acheteurs, particulièrement un homme d'affaires, puisque les prix incluent déjà toutes ces informations, et que les partager avec des millions d'acheteurs ne vous procure aucun avantage réel. Il y a de fortes chances pour qu'au moins un acheteur parmi les centaines de millions qui ont lu ces informations ait déjà acquis ce titre, faisant ainsi grimper son prix. À partir de ce moment-là, je cessai complètement de lire les journaux et de regarder la télévision, ce qui me permit de dégager énormément de temps (environ une heure et demie par jour, assez pour lire plus d'une centaine de livres supplémentaires par an, ce qui, au bout de deux décennies, commence à faire une quantité importante d'ouvrages). Mais ce ne fut pas l'unique raison pour laquelle je m'imposai la règle d'éviter les journaux; comme nous allons le voir plus loin, fuir le caractère toxique de l'information a d'autres avantages. En fait, ce fut à l'origine un prétexte majeur pour éviter de me tenir au courant des

---

6. Fondée en 1881 par Joseph Wharton, industriel et entrepreneur américain, c'est la plus ancienne école de management des États-Unis et aujourd'hui l'une des plus réputées *(N.d.T.)*.

menus faits du monde des affaires – prétexte parfait, puisque ce dernier ne me paraissait absolument pas intéressant ; je le trouvais sans élégance, terne, vaniteux, cupide, non intellectuel, égoïste et ennuyeux.

Où le spectacle a-t-il lieu ?

Pourquoi quelqu'un qui projette de devenir « philosophe » ou « philosophe scientifique de l'histoire » s'inscrirait-il dans une école d'économie, et non des moindres – à la Wharton School ? Cela m'échappe encore. Là-bas, je m'aperçus qu'il n'y avait pas qu'un homme politique sans importance (et son chauffeur philosophe Mikhail) dans un petit pays antédiluvien qui ne savait pas ce qui se passait. Après tout, dans les petits pays, les habitants sont censés *ne pas savoir* ce qui se passe. Ce que je découvris, c'est que dans l'une des plus prestigieuses écoles d'économie du monde, dans le pays le plus puissant de l'histoire mondiale, les cadres des plus grandes entreprises venaient parler de leur métier et qu'il était possible qu'eux non plus ne sachent pas ce qui se passait – en fait, c'était selon moi bien plus qu'une simple possibilité. Je ressentis viscéralement le poids de l'arrogance épistémique de la race humaine[7].

Je devins obsessionnel. À cette époque, je commençai à prendre conscience de mon sujet – « l'événement hautement improbable et lourd de conséquences ». Et il n'y avait pas que les cadres bien habillés et bourrés de testostérone qui se laissaient généralement berner par les manifestations de chance en série, mais des personnes très instruites. Cette découverte fit évoluer mon Cygne Noir qui, de problème d'individus chanceux ou malchanceux en affaires, devint un problème de connaissance et de science. Je pense non seulement que certains résultats scientifiques ne sont d'aucune utilité dans la vraie vie parce qu'ils sous-estiment l'impact de ce qui est hautement improbable (ou nous conduisent à ne pas en tenir compte), mais aussi que nombre d'entre eux sont susceptibles de générer des Cygnes Noirs. Il ne s'agit pas seulement d'erreurs taxonomiques qui peuvent vous faire recaler à un examen d'ornithologie. Je commençais à percevoir les conséquences de cette idée.

---

7. Je réalisai alors que la grande force de l'économie de marché est que les cadres d'entreprise n'ont pas besoin de savoir ce qui se passe.

QUATRE KILOS PLUS TARD

Le 19 octobre 1987, quatre ans et demie après avoir été diplômé de Wharton (et pris quatre kilos), je rentrais chez moi dans l'Upper East Side après avoir quitté les bureaux du Crédit Suisse First Boston dans le centre-ville de Manhattan. Je marchais lentement, comme frappé d'hébétude.

Ce jour-là, un événement financier traumatisant s'était produit : la baisse de marché la plus importante de l'histoire (moderne). C'était d'autant plus choquant que cela arrivait à une époque où nous pensions disposer de moyens suffisamment sophistiqués avec tous ces économistes platonifiés au discours intelligent (et aux équations bidons basées sur la courbe en cloche) pour empêcher, ou du moins prévoir et contrôler les séismes. Cette baisse n'était même pas une réaction à une nouvelle patente. Elle sortait du cadre de tout ce que l'on aurait pu imaginer la veille – si j'en avais émis l'hypothèse, on m'aurait traité de fou. Elle méritait l'appellation « Cygne Noir », mais je ne connaissais pas encore l'expression.

Sur Park Avenue, je tombai sur un de mes collègues, Demetrius ; je commençais à lui parler quand une femme extrêmement angoissée, perdant toute inhibition, s'immisça aussitôt dans la conversation : « Hé, vous deux, vous savez ce qui se passe ? » Sur le trottoir, les gens avaient l'air hébétés. Plus tôt, j'avais vu quelques adultes sangloter en silence dans la salle de marchés de First Boston. J'avais passé la journée à l'épicentre des événements en compagnie de gens abasourdis qui couraient dans tous les sens comme des lapins pris dans les phares d'une voiture. Quand je rentrai chez moi, mon cousin Alexis m'appela pour m'annoncer que son voisin s'était suicidé en se jetant par la fenêtre de son appartement. Cela ne me fit même pas frissonner ; cela me rappelait le Liban, de façon légèrement déformée : ayant été témoin de l'une et de l'autre, je fus frappé de voir que la détresse financière pouvait être plus démoralisante que la guerre (songez simplement que les problèmes financiers et leur cortège humiliations peuvent conduire au suicide, alors que la guerre ne semble pas le faire directement).

Je redoutai une victoire à la Pyrrhus : les événements m'avaient donné raison sur le plan intellectuel, mais je craignais de n'avoir que trop raison et de voir le système se désagréger sous mes pieds. Je ne voulais vraiment pas avoir raison *à ce point*. Je me souviendrai toujours du défunt Jimmy P. qui, voyant partir en fumée la valeur nette de sa richesse, continuait en plaisantant à moitié à supplier le prix qui s'affichait à l'écran d'arrêter de changer.

Mais je m'aperçus ici et là que je me souciais de l'argent comme d'une guigne. J'éprouvai la sensation la plus curieuse de ma vie, celle d'une trompette assourdissante me claironnant que j'avais bel et bien raison ; elle raisonnait tellement fort que tous mes os vibraient. Je n'ai plus jamais ressenti cela depuis et je ne pourrai jamais l'expliquer à ceux qui ne l'ont jamais vécu. C'était une sensation physique – une sorte de mélange de joie, de fierté et de terreur.

Et je sentais que les événements m'avaient donné raison ? Comment cela ?

Au cours de la première ou des deux premières années suivant mon arrivée à Wharton, j'avais développé une spécialité précise mais étrange, consistant à parier sur les événements rares et inattendus, ceux qui se situaient sur la « fracture platonique » et étaient considérés comme « inconcevables » par les « experts » platoniques. Souvenez-vous que la fracture platonique est le lieu où notre représentation de la réalité cesse de s'appliquer – mais à notre insu.

En effet, je choisis très tôt la voie de la « finance quantitative », dont je fis mon travail principal. Je devins *quant* et trader à la fois – un *quant* étant un scientifique industriel qui applique les modèles mathématiques de l'incertitude à des données financières (ou socio-économiques) et à des instruments financiers complexes. À cette exception près que j'étais *quant* à l'envers : j'étudiais les failles et les limites de ces modèles, en quête de la « fracture platonique » où ils tombent en panne. En outre, je me lançai dans le trading spéculatif, pas « du simple bla-bla », ce qui était rare pour les *quants* puisqu'ils ne pouvaient courir de risques – leur rôle, confiné à l'analyse, leur interdisant de prendre des décisions. J'étais convaincu que je n'avais absolument aucune compétence pour prédire les prix du marché mais que, de manière générale, les autres n'en avaient pas davantage – simplement, ils ne le savaient pas, ou qu'ils prenaient des risques énormes. La plupart des traders se contentaient de « ramasser des centimes face à un rouleau compresseur poursuivant inexorablement sa marche », s'exposant ainsi à l'événement rare à fort impact tout en dormant comme des bébés, inconscients du danger. Mon métier était le seul que l'on pouvait exercer si l'on pensait détester le risque, avoir conscience de celui-ci et être extrêmement ignorant.

De plus, outre l'immersion dans la pratique, le bagage technique qui accompagne le métier de *quant* (un mélange de mathématiques appliquées, d'ingénierie et de statistiques) se révéla très utile pour quelqu'un qui voulait devenir philosophe[8]. Premièrement, quand on passe vingt ans à travailler sur des données de manière empirique et à l'échelle de masse, et à prendre des risques basés sur ces études, on repère facilement dans l'étoffe du monde des éléments que le penseur « platonifié » est trop conditionné ou trop menacé pour voir. Deuxièmement, ce bagage me permit d'adopter une pensée formelle et systématique au lieu de me complaire dans l'anecdotique. Et enfin, la philosophie de l'histoire comme l'épistémologie (la philosophie de la connaissance) semblaient indissociables de l'étude des données de séries chronologiques, qui sont une succession de chiffres dans le temps, une sorte de document historique contenant des chiffres à la place de mots. Et les chiffres sont faciles à traiter sur ordinateur. L'étude des données historiques vous fait prendre conscience que l'histoire ne recule pas mais avance, et qu'elle est plus désordonnée que les récits que l'on en fait. L'épistémologie, la philosophie de l'histoire et les statistiques visent à comprendre des vérités, à rechercher les mécanismes qui les génèrent et à distinguer la régularité de la coïncidence sur les questions historiques. Ces deux disciplines s'interrogent sur ce que l'on sait, excepté qu'elles ne font pas partie de la même boutique, si je puis m'exprimer ainsi.

Les quatre lettres de l'indépendance

La nuit du 19 octobre 1987, je dormis douze heures d'affilée.

Il m'était difficile de faire part de mon sentiment que cet événement me donnait raison à mes amis que le krach avait tous frappés

---

8. Je me suis spécialisé dans les instruments financiers complexes appelés « produits dérivés », qui nécessitent l'utilisation des mathématiques avancées – mais dans lesquels les erreurs dues au fait de ne pas avoir utilisé les bonnes mathématiques sont les plus importantes. Le sujet me semblait suffisamment nouveau et intéressant pour que je lui consacre un doctorat. – Notez bien que je ne suis pas parvenu à faire carrière seulement en pariant sur les Cygnes Noirs – ils n'étaient pas assez nombreux pour que cela soit lucratif. D'un autre côté, j'ai pu éviter de m'y exposer en protégeant mon portefeuille de pertes importantes. Ainsi, pour éviter d'être tributaire du hasard, je me suis concentré sur les carences techniques entre instruments complexes et sur la façon d'exploiter ces opportunités sans s'exposer aux événements rares, avant que l'utilisation de technologies plus avancées par mes concurrents ne fasse disparaître ces carences. Plus tard dans ma carrière, j'ai découvert l'activité facile (et moins aléatoire) consistant à protéger les gros portefeuilles contre les Cygnes Noirs en leur proposant des solutions de type assurances.

d'une manière ou d'une autre. À l'époque, le montant des primes représentait une partie infime de ce qu'il est aujourd'hui, mais si First Boston, mon employeur, et le système financier survivaient jusqu'à la fin de l'année, je recevrais l'équivalent d'une bourse – ce que l'on appelle parfois de la « *f... you money*[9] » – en dépit de sa grossièreté, cette expression signifie que l'on a la possibilité de se comporter en gentleman victorien libre de tout esclavage. C'est un garde-fou psychologique : la somme n'est pas assez colossale pour vous rendre riche à pourrir, mais elle est suffisamment coquette pour vous donner la liberté d'opter pour une nouvelle activité sans vous préoccuper outre mesure de la gratification financière que vous en retirerez. Elle vous permet de ne pas prostituer votre esprit et vous libère de toute autorité extérieure (l'indépendance est une notion très personnelle : j'ai toujours été stupéfait de voir le nombre de gens que leurs revenus colossaux rendaient plus sycophantes à mesure qu'augmentait leur dépendance vis-à-vis de leurs clients et de leurs employés, et du fait de gagner encore plus d'argent). Bien qu'assez peu conséquente selon certains critères, cette somme me guérit littéralement de toute ambition financière, me donnant un sentiment de culpabilité à chaque fois que je me détournais de mes recherches pour partir en quête de prospérité matérielle. Remarquez que l'expression « *F... you* » procure la sensation jubilatoire de prononcer cette phrase ramassée *avant* de raccrocher le téléphone.

C'était l'époque où il était extrêmement courant chez les traders de casser des téléphones quand on perdait de l'argent. Certains détruisaient des chaises, des tables, ou tout ce qui pouvait faire du bruit. Un jour, à la Bourse de Chicago, un autre trader tenta de m'étrangler et il fallut l'intervention de quatre membres de la sécurité pour parvenir à le maîtriser. Il était fou de rage parce que je me trouvais sur ce qu'il appelait son « territoire ». Qui voudrait quitter un tel environnement ? Si on le compare à ces déjeuners dans une morne cafétéria de faculté en compagnie de professeurs aux manières distinguées évoquant les dernières rivalités au sein de leur département... Je restai donc dans la finance quantitative et le trading (j'y suis encore), mais m'organisai pour travailler un minimum – mais intensément (et en m'amusant) –, me concentrer uniquement sur les aspects les plus techniques

---

9. Littéralement, somme d'argent permettant d'envoyer son patron « se faire foutre » *(N.d.T.)*.

de mon métier, ne jamais assister aux « réunions », éviter la compagnie des « gagnants » et des hommes en costumes qui ne lisent jamais de livres, et prendre une année sabbatique en moyenne tous les trois ans pour combler les lacunes de ma culture scientifique et philosophique. Afin de distiller lentement mon unique idée, je voulais devenir un flâneur, un professionnel de la méditation, m'asseoir dans les cafés, ne rien faire, me décoller des bureaux et des organigrammes, dormir aussi longtemps que nécessaire, dévorer des livres, et n'avoir aucun compte à rendre à personne. Je voulais que l'on me laisse tranquille afin de pouvoir bâtir, petit peu par petit peu, tout un système de pensée fondé sur mon idée de Cygne Noir.

Philosophe de limousine

La guerre du Liban et le krach boursier de 1987 semblaient des phénomènes identiques. Il m'apparut évident que tout le monde ou presque était victime d'un blocage psychologique qui l'empêchait de reconnaître le rôle de tels événements : c'était comme si les gens ne parvenaient pas à voir ces mammouths, ou comme s'ils s'empressaient de les oublier. La réponse était limpide : c'était une cécité psychologique, peut-être même biologique ; le problème ne résidait pas dans la nature des événements, mais dans la façon dont on les percevait.

Je mets un terme à ce prélude autobiographique avec l'anecdote suivante. Je n'avais pas de spécialité clairement définie (en dehors de mon travail principal) et je n'en voulais pas. Quand on me demandait dans les cocktails ce que je faisais dans la vie, j'étais tenté de répondre : « Je suis un "sceptique empirique" et un lecteur-flâneur, quelqu'un de déterminé à approfondir une idée à l'extrême », mais je simplifiais les choses en disant que j'étais chauffeur de limousines.

Un jour, sur un vol transatlantique, je me retrouvai surclassé en cabine de première à côté d'une dame coûteusement vêtue, débordant d'énergie et ruisselant d'or et de bijoux qui, tout en lisant l'édition européenne du *Wall Street Journal*, ne cessait de manger des noisettes (régime pauvre en glucides, probablement) et insistait pour ne boire que de l'eau d'Évian. Quand elle s'aperçut que je lisais un ouvrage (en français) du philosophe et sociologue Pierre Bourdieu – qui, ironie du sort, traitait des signes de distinction sociale –, elle s'obstina à tenter d'engager la conversation en mauvais français. Je l'informai (en anglais) que j'étais chauffeur de limousine, en insistant fièrement sur le fait que je ne conduisais que des voitures « extrêmement haut de gamme ». S'ensuivit un silence glacial qui dura pendant tout le vol et qui, même si la tension entre nous était palpable, me permit de lire en paix.

CHAPITRE 2

LE CYGNE NOIR DE YEVGENIA

Lunettes roses et succès. – Comment Yevgenia cesse d'épouser des philosophes. – Je vous l'avais bien dit.

Il y a cinq ans, Yevgenia Nikolayevna Krasnova était une obscure romancière dont les ouvrages n'avaient jamais été publiés et qui possédait un parcours plutôt atypique. Neuroscientifique nourrissant un intérêt pour la philosophie (ses trois premiers maris étaient philosophes), elle se mit en tête, sa tête obstinée de Franco-Russe, d'exprimer ses recherches et ses idées sous une forme littéraire. Elle déguisa ses théories en histoires et les mêla à toutes sortes de commentaires autobiographiques. Elle évita les faux-fuyants journalistiques de la littérature non romanesque contemporaine (« Par un clair matin d'avril, John Smith quitta sa maison... »). Les dialogues étaient toujours rédigés en langue originale, et leur traduction mise en annexe comme des sous-titres de films. Yevgenia refusait de reproduire en mauvais anglais des conversations en mauvais italien[1].

Aucun éditeur ne lui aurait adressé la parole si l'époque n'avait manifesté un certain intérêt pour les rares scientifiques qui parvenaient à s'exprimer de manière à peu près compréhensible. Quelques édi-

---

1. Son troisième mari était un philosophe italien.

teurs acceptèrent donc de lui parler; ils espéraient qu'elle évoluerait et écrirait un « livre de vulgarisation sur la conscience ». On lui accorda suffisamment d'attention pour qu'elle bénéficie de la courtoisie des lettres de refus et des messages d'insultes occasionnels au lieu de se voir opposer un silence beaucoup plus insultant et humiliant.

Son manuscrit plongea les éditeurs dans la confusion. Elle ne pouvait même pas répondre à leur première question : « Est-ce une œuvre de littérature romanesque ou non romanesque? », ni au « Pour qui ce livre est-il écrit? » figurant sur les formulaires de remise des manuscrits aux maisons d'édition. « Il faut que vous compreniez qui est votre public », lui dit-on, et « les amateurs écrivent pour eux-mêmes, les professionnels pour les autres ». On l'enjoignit aussi à se conformer à un genre précis parce que « les libraires n'aiment pas être dans le vague; ils ont besoin de savoir où placer un livre dans leurs rayons ». Protecteur, un éditeur ajouta : « Ma chère amie, ceci ne se vendra qu'à dix exemplaires, en comptant ceux qu'achèteront vos ex-maris et les membres de votre famille. »

Cinq ans auparavant, Yevgenia avait participé à un célèbre atelier d'écriture et en était ressortie dégoûtée. « Bien écrire » semblait signifier obéir à des règles arbitraires que l'on considérait comme paroles d'évangile, confirmées par ce que l'on appelle « l'expérience ». Les écrivains qu'elle rencontra apprenaient à adapter ce qui avait eu du succès : ils essayaient tous d'imiter des nouvelles parues dans d'anciens numéros du *New Yorker* – sans se rendre compte que, par définition, la nouveauté ne peut généralement être modelée sur de l'ancien. Pour Yevgenia, même la « nouvelle » était un concept « suiveur ». Poliment mais fermement, l'animateur de l'atelier lui dit que son cas était complètement désespéré.

Yevgenia finit par poster sur le Web le manuscrit intégral de son livre principal, « *Une histoire récursive* ». Il attira l'attention de quelques lecteurs, dont le directeur roué d'une petite maison d'édition inconnue, lequel portait des lunettes cerclées de rose et s'exprimait dans un russe basique (tout en étant convaincu de le parler couramment). Il proposa à Yevgenia de la publier et accepta, comme elle le souhaitait, de ne rien changer à son texte. Pour compenser son refus d'accepter toute modification, il lui offrit une partie infime du pourcentage classique des *royalties* – il avait si peu à perdre. N'ayant pas le choix, elle accepta.

Il fallut cinq ans à Yevgenia pour passer de la catégorie « égomaniaque sans aucune raison, têtue et difficile » à la catégorie « persévérante, résolue, méticuleuse et farouchement indépendante ». Car son livre décolla lentement, devenant l'un de ces succès de l'histoire littéraire aussi importants qu'étranges, se vendant à des millions d'exemplaires et obtenant ce que l'on a coutume d'appeler l'éloge de la critique. Depuis, la start-up est devenue une grande société qui s'est dotée d'une réceptionniste (polie) pour accueillir les visiteurs quand ils pénètrent dans le hall. Le livre de Yevgenia a été traduit en quarante langues (y compris le français). On voit sa photo partout, et elle passe pour la pionnière d'une chose nommée « École universelle ». Les éditeurs ont désormais une théorie : « les camionneurs qui lisent des livres ne lisent pas des livres écrits pour les camionneurs » et « les lecteurs méprisent les écrivains qui se mettent à leur portée ». On estime aujourd'hui qu'un article scientifique peut dissimuler des banalités ou des informations sans pertinence derrière des équations et un jargon ; en exposant une idée dans sa forme brute, la prose universelle, elle, lui permet d'être jugée par le public.

Aujourd'hui, Yevgenia a cessé d'épouser des philosophes (ils sont trop chicaniers), et elle se cache de la presse. Dans les salles de cours, des universitaires en littérature dissertent sur les multiples indices de l'inévitabilité de ce nouveau style. On estime que la distinction entre romans et essais est trop archaïque pour résister aux défis de la société moderne. Il est tellement évident qu'il fallait remédier à la fragmentation entre l'art et la science ! Après coup, son talent saute tellement aux yeux !

Convaincus qu'ils auraient décelé sur-le-champ les qualités de son travail, nombre d'éditeurs qu'elle a rencontrés par la suite lui ont reproché de ne pas s'être adressée à eux. Dans quelques années, un universitaire en littérature écrira un essai intitulé « De Kundera à Krasnova », qui montrera comment l'œuvre de Yevgenia se retrouve en germe dans celle de Kundera, un précurseur qui mêla l'essai et le métacommentaire (Yevgenia n'a jamais lu Kundera, mais elle a vu l'adaptation cinématographique d'un de ses livres – il n'y avait pas de commentaire dans le film). Un éminent universitaire établira que l'influence de Gregory Bateson, qui injectait des passages autobiographiques dans ses articles de recherche universitaire, se retrouve à chaque page de l'ouvrage de la romancière (Yevgenia n'a jamais entendu parler de Bateson).

Le livre de Yevgenia est un Cygne Noir.

CHAPITRE 3

LE SPÉCULATEUR ET LA PROSTITUÉE

De la différence critique entre spéculateurs et prostituées. – Justice, injustice et Cygnes Noirs. – Théorie de la connaissance et des revenus professionnels. – Pourquoi l'Extrêmistan n'est pas le meilleur endroit à visiter, excepté, peut-être, si l'on est un gagnant.

Passer comme Yevgenia du deuxième sous-sol au niveau de superstar n'est possible que dans un seul environnement, que j'appelle l'Extrêmistan[1]. Je présenterai sous peu la différence essentielle qui existe entre l'Extrêmistan, province génératrice de Cygnes Noirs, et la calme et insipide province du Médiocristan, dans laquelle il ne se passe jamais rien.

LES MEILLEURS (PIRES) CONSEILS

Quand je repense à tous les « conseils » que les gens m'ont donnés, je constate que seuls un ou deux me sont restés à vie. Tous les autres n'étaient que des mots, et je me félicite de ne pas en avoir tenu compte. Pour la plupart, il s'agissait surtout de recommandations

---

1. J'ai le regret d'informer les lecteurs qui ont cherché Yevgenia Krasnova sur Google qu'il s'agit (officiellement) d'un personnage fictif.

telles que « sois mesuré et raisonnable dans tes affirmations », contredisant en cela l'idée du Cygne Noir, puisque la réalité empirique n'est pas « mesurée » et que sa version de « ce qui est raisonnable » ne correspond pas à la définition classique qu'en a le quidam moyen. Être authentiquement empirique consiste à refléter la réalité aussi fidèlement que possible ; être honorable implique de ne pas avoir peur de paraître excentrique, et des conséquences que cela entraîne. La prochaine fois que quelqu'un vous empoisonnera avec des conseils dont vous n'avez pas besoin, rappelez-lui poliment le destin du moine qu'Ivan le Terrible condamna à mort parce qu'il lui avait donné des conseils sans y avoir été invité (et des conseils moralisateurs, qui plus est). L'effet est quasi immédiat.

Avec le recul, le conseil le plus important que l'on m'ait donné était mauvais, mais paradoxalement, ce fut aussi celui qui eut le plus d'incidence, car il m'incita à me plonger plus profondément encore dans la dynamique du Cygne Noir. Je le reçus à l'âge de vingt-deux ans, un après-midi du mois de février, dans le couloir d'un immeuble situé au 3 400, Walnut Street, à Philadelphie, où j'habitais. Un étudiant en deuxième année à Wharton me dit de choisir une activité professionnelle « scalable » (ou sans plafonnement visible)[2], c'est-à-dire dans laquelle on n'est pas rémunéré sur une base horaire et par conséquent sujet aux limitations liées à la somme de travail effectuée. C'était une manière très simple d'établir une discrimination entre les professions, et, à partir de là, de généraliser une distinction entre les différents types d'incertitude – ce qui me conduisit au problème philosophique majeur, le problème de l'induction, équivalent technique de « Cygne Noir ». De l'impasse logique qu'il était, je pus ainsi transformer le Cygne Noir en une solution facile à mettre en œuvre, et, comme nous le verrons dans les chapitres suivants, l'ancrer dans l'étoffe du réel empirique.

Comment des conseils sur la carrière peuvent-ils mener à de telles idées sur la nature de l'incertitude ? Certaines professions telles que dentiste, consultant ou masseur professionnel ne sont pas scalables : le nombre de patients et de clients que vous pouvez recevoir sur une période de temps donné est plafonné. Si vous êtes prostituée, vous travaillez à l'heure et êtes (en général) payée à l'heure. De plus, votre présence est (je suppose) nécessaire pour dispenser les services que

---

2. C'est ainsi qu'il faut comprendre les termes « scalable », « non scalable », « scalabilité » tout au long de cet ouvrage *(N.d.T.)*.

vous proposez. Si vous ouvrez un restaurant à la mode, vous ferez, au mieux, régulièrement salle comble (à moins de franchiser votre établissement). Dans ce type de professions, quelle que soit l'importance de vos émoluments, votre revenu est sujet à la gravité. Il dépend plus de la constance de vos efforts que de la qualité de vos décisions. En outre, ce genre de travail est éminemment prévisible : il variera, mais pas au point que vous puissiez gagner plus en une seule journée que pendant le reste de votre vie. En d'autres termes, il ne sera pas sujet au Cygne Noir. Si elle avait été conseillère fiscale ou spécialiste des hernies, Yevgenia Nikolayevna n'aurait jamais pu franchir du jour au lendemain le gouffre séparant le monde des perdants de celui des superhéros (mais elle n'aurait pas été non plus une perdante).

Si vous vous débrouillez bien, d'autres professions vous permettent de multiplier votre rendement (et votre revenu) en fournissant peu d'efforts – ou du moins pas d'efforts supplémentaires. Toutefois, étant paresseux, considérant la paresse comme un atout, et aspirant à disposer d'un maximum de temps libre dans la journée pour méditer et lire, je tirai immédiatement (mais à tort) la conclusion suivante ; je distinguai « le concepteur », qui vend un produit intellectuel sous forme de transaction ou d'un travail quelconque, du « travailleur », qui vous vend son travail.

Si vous êtes concepteur, vous n'avez pas besoin de travailler dur, seulement de penser intensément. Que vous produisiez cent ou mille unités, votre travail est toujours le même. Dans le domaine du trading quantitatif, acheter cent actions nécessite la même somme de travail qu'en acheter cent mille ou même un million. C'est le même appel téléphonique, le même calcul, le même document légal, la même dépense d'énergie cérébrale, le même effort pour s'assurer que la transaction est correcte. De plus, vous pouvez travailler de votre baignoire ou d'un bar à Rome. Vous pouvez remplacer le travail par l'effet de levier ! Bon, d'accord, ma vision du trading était quelque peu erronée : on ne peut pas travailler d'une baignoire ; mais quand il est bien fait, ce boulot permet de dégager énormément de temps libre.

La même caractéristique s'applique aux musiciens ou aux acteurs de cinéma : vous laissez les ingénieurs du son et les projectionnistes faire le travail ; vous n'avez pas besoin d'être présent à chaque représentation pour assurer cette dernière. De même, un écrivain fournira le même effort pour attirer l'attention d'un seul lecteur que celle de plusieurs centaines de millions. J. K. Rowling, l'auteur des *Harry Potter*, n'est pas obligée de réécrire chaque volume de sa série à chaque fois que quelqu'un veut le lire. Mais il n'en va pas de même pour un boulanger : il doit cuire chaque baguette de pain sans exception pour satisfaire chaque client qui se présente dans sa boutique.

Ainsi, établir cette distinction entre l'écrivain et le boulanger, le spéculateur et le médecin, l'escroc et la prostituée, est une manière efficace de considérer le monde de la profession. Elle permet de faire la différence entre les professions dans lesquelles on peut ajouter des zéros à son revenu sans efforts supplémentaires, et celles qui nécessitent plus de travail et de temps (deux choses qui nous sont comptées) – autrement dit, celles qui sont soumises à la gravité.

PRENEZ GARDE AU SCALABLE

Mais pourquoi le conseil de mon condisciple était-il mauvais ?

S'il pouvait servir, et ce fut effectivement le cas, à classer l'incertitude et la connaissance, il était erroné s'agissant du choix d'une profession. Il s'est peut-être avéré payant pour moi, mais seulement parce que j'ai eu de la chance et que je me suis trouvé « au bon endroit au bon moment », comme on dit. Si je devais moi-même conseiller quelqu'un, je lui recommanderais de choisir une profession qui, précisément, ne soit pas scalable ! Une profession scalable n'est satisfaisante que si l'on réussit ; la concurrence y est beaucoup plus rude, elle génère des inégalités monumentales et est beaucoup plus aléatoire, avec des différences considérables entre les efforts que l'on fournit et les gratifications que l'on en retire – une poignée de gens peuvent détenir une grosse part du gâteau au détriment des autres, sans que ces derniers y soient pour quoi que ce soit.

Une catégorie de professions est gouvernée par le médiocre, le moyen et le modéré. Elle se compose de beaucoup de petits ruisseaux qui font de grandes rivières. L'autre catégorie comprend soit des géants, soit des nains – ou, plus précisément, un nombre infime de géants et un nombre considérable de nains.

Voyons à présent ce qui se cache derrière la formation des géants inattendus – la formation des Cygnes Noirs.

L'avènement de la scalabilité

Intéressons-nous un instant au sort de Giacomo, chanteur d'opéra à la fin du XIXᵉ siècle, avant l'invention des techniques d'enregistrement sonore. Disons qu'il donne une représentation dans une petite ville reculée du centre de l'Italie. Il y est à l'abri des ego démesurés de la Scala de Milan et autres grandes scènes d'opéra. Il n'est pas inquiet, car on fera toujours appel à ses cordes vocales à un endroit ou un autre de la région. Il n'est pas question qu'il exporte son art, ni que les grands manitous du lyrique exportent le leur et viennent menacer sa franchise locale. Comme il ne lui est pas encore possible de stocker son travail, il doit absolument être présent à chaque représentation, tout comme le barbier doit (encore) l'être aujourd'hui à chaque coupe de cheveux qu'on lui demande. Le partage du gâteau est donc inégal, mais un peu seulement – comme votre consommation de calories. Il se divise en quelques parts, et chacun a la sienne ; les grands manitous remplissent davantage les salles et sont plus souvent invités à chanter que le petit, mais il n'y a pas de quoi s'inquiéter outre mesure. Les inégalités existent, mais nous les qualifierons de *légères*. Il n'y a pas encore de scalabilité, de moyen de doubler l'assistance la plus nombreuse sans être obligé de chanter deux fois.

Songez maintenant aux conséquences du premier enregistrement musical ; cette invention fut la source d'une grande injustice. Notre capacité à reproduire et à répéter les représentations me permet d'écouter pendant des heures les *Préludes* de Rachmaninov en musique de fond sur mon ordinateur portable ; ils sont interprétés par le pianiste Vladimir Horowitz (on ne peut plus mort à l'heure qu'il est), et non par le musicien russe émigré du coin (encore en vie, lui), qui en est désormais réduit à donner, pour un prix quasi nul, des leçons de piano à des enfants généralement peu doués. Horowitz a beau être décédé, il met le pauvre diable au chômage. Je préfère écouter un CD de Vladimir Horowitz ou d'Arthur Rubinstein à 10,99 dollars que payer 9,99 dollars celui d'un lauréat inconnu (mais très talentueux) de la Juilliard School ou du Conservatoire de Prague. Si vous me demandez pourquoi je choisis Horowitz, je vous répondrai que c'est à cause de l'ordre, du rythme, de la passion, alors qu'il existe probablement pléthore de gens dont je n'ai jamais entendu et n'entendrai jamais parler – ceux qui n'ont pas réussi à monter sur scène –, mais qui sont peut-être tout aussi bons musiciens.

Conformément à la logique que je viens d'exposer, certains croient naïvement que le processus d'injustice a commencé avec le Gramophone. Je ne suis pas d'accord. Je suis convaincu qu'il a commencé beaucoup, beaucoup plus tôt, avec notre ADN, qui stocke des informations sur nous-mêmes et nous permet de reproduire notre représentation en notre absence en transmettant nos gênes à notre descendance. L'évolution est scalable : l'ADN qui gagne (par chance ou parce qu'il est parvenu à survivre) se reproduira à l'instar d'un best-seller ou d'un disque qui fait un succès, et sera diffusé un peu partout. L'autre ADN disparaîtra. Songez simplement à la différence qui existe entre nous, êtres humains (à l'exclusion des économistes financiers et des hommes d'affaires) et les autres organismes vivants sur notre planète.

De plus, je ne crois pas que la grande transition dans la vie sociale soit arrivée avec le Gramophone, mais le jour où quelqu'un eut l'idée géniale mais injuste d'inventer l'alphabet, nous permettant ainsi de stocker des informations et de les reproduire. Elle s'accéléra encore quand un autre inventeur eut l'idée encore plus dangereuse et inique de lancer une presse à imprimer, ce qui permit aux textes de traverser les frontières et provoqua ce qui finit par se transformer en écologie de type « le gagnant rafle tout ». Mais qu'y avait-il de si injuste dans la propagation des livres ? L'alphabet a permis aux histoires et aux idées d'être reproduites avec une extrême fidélité, sans aucune limite, et sans que l'auteur ait à dépenser d'énergie supplémentaire pour le faire. Il n'était même pas nécessaire qu'il soit en vie pour que ces reproductions puissent avoir lieu – la mort est souvent une bonne stratégie de carrière pour un écrivain. Cela implique que ceux qui, pour une raison ou pour une autre, commencent à attirer l'attention, parviennent rapidement à toucher plus d'esprits que d'autres et à déloger leurs concurrents des rayonnages. À l'époque des bardes et des troubadours, chacun avait un public. Le conteur, comme le boulanger ou l'artisan en chaudronnerie, avait un marché, et il était sûr que personne venu de loin ne pourrait le déloger de son territoire. Aujourd'hui, une minorité rafle presque tout, et il ne reste quasiment rien aux autres.

C'est en fonction du même mécanisme que l'avènement du cinéma délogea les acteurs du coin, privant ainsi les « petits » de leur activité. Il y a cependant une différence. Dans les professions impliquant une composante technique, pianiste ou neurochirurgien par exemple, le talent est facile à vérifier, car la subjectivité joue un rôle relativement limité ; c'est quand une personne que l'on considère comme un peu meilleure rafle tout qu'il y a injustice.

Dans le domaine artistique – au cinéma, mettons – les choses sont bien plus perverses. En général, c'est la réussite qui crée ce que l'on appelle « le talent » plutôt que l'inverse. Nombre de travaux empiriques ont été effectués sur le sujet, essentiellement par Art De Vany, penseur perspicace et original qui a étudié à fond l'incertitude sauvage au cinéma. Il a montré que, malheureusement, une bonne part de ce que l'on attribue aux compétences n'est qu'une attribution *a posteriori*. Il affirme que c'est le film qui fait l'acteur, et une bonne dose de chance non linéaire qui fait le film.

Dans la majorité des cas, le succès des films dépend des contagions. Celles-ci ne s'appliquent pas seulement aux films : elles semblent affecter une large gamme de produits culturels. Nous avons du mal à accepter que les gens ne tombent pas amoureux des œuvres d'art pour elles-mêmes, mais aussi pour avoir le sentiment d'appartenir à une communauté. Imiter nous permet de nous rapprocher des autres – c'est-à-dire d'autres imitateurs. C'est un moyen de combattre la solitude.

Cette discussion montre la difficulté de prédire le résultat des choses dans un environnement où il y a une forte concentration de réussites. Pour l'instant, contentons-nous de noter que la distinction entre les types de professions peut permettre de comprendre celle qui existe entre différents types de variables aléatoires. Examinons plus avant le problème de la connaissance, des inférences liées à l'inconnu et aux propriétés du connu.

SCALABILITÉ ET MONDIALISATION

Quand un Européen moyen snob (et frustré) expose ses stéréotypes sur les Américains, il les décrit souvent comme « incultes », « pas intellectuels » et « mauvais en maths » parce que, contrairement à ses compatriotes, les Américains ne s'intéressent pas aux équations en série et aux constructions que le quidam moyen qualifie de « grande culture » – connaître le voyage en Italie qui inspira Goethe (et fut pour nous d'une importance majeure) ou l'école de Delft, par exemple. Cependant, il est probable que l'auteur de ces affirmations soit accro à son iPod, porte des jeans et utilise Word, de Microsoft, pour coucher sur son PC ses pensées « culturelles », en s'interrompant de temps à autre pour effectuer des recherches sur Google. Eh bien, il s'avère que l'Amérique est actuellement bien, bien plus créative que ces nations peuplées de gens qui vont au musée et résolvent des équations. Elle est aussi beaucoup plus tolérante vis-à-vis des bricolages *bottom-up* et des tâtonnements non surveillés. En outre, la mondialisation a permis aux États-Unis de se spécialiser dans l'aspect créatif des choses, la production de concepts et d'idées, c'est-à-dire dans la partie scalable (c'est-à-dire sans plafonnement visible) des produits et, en exportant les emplois, de séparer de plus en plus les composants moins scalables et de les assigner aux personnes qui s'accommodent d'un paiement horaire. Concevoir une chaussure rapporte en effet plus que la fabriquer : Nike, Dell et Boeing peuvent être payés juste pour penser, organiser et optimiser leur savoir-faire tandis que leurs sous-traitants des pays en développement font le boulot de grouillot et que les ingénieurs des États cultivés et férus de mathématiques se chargent des corvées techniques ne nécessitant aucune créativité. L'économie américaine a considérablement tiré parti de la génération d'idées, ce qui explique pourquoi la perte d'emplois dans le secteur manufacturier peut s'accompagner d'une augmentation du niveau de vie. Clairement, l'inconvénient d'une économie mondiale dans laquelle on récompense les idées est qu'elle génère une plus grande inégalité parmi ceux qui les produisent, et fait la place plus belle aux opportunités et à la chance – mais je vais garder le débat socio-économique pour la troisième partie et me concentrer ici sur la connaissance.

VOYAGES À L'INTÉRIEUR DU MÉDIOCRISTAN

Cette distinction entre scalable et non-scalable nous permet d'établir une différence nette et précise entre deux types d'incertitude, deux formes de hasard.

Faisons l'hypothèse suivante. Supposez que vous rassembliez mille personnes choisies au hasard parmi la population et que vous les placiez debout côte à côte dans un stade. Vous pouvez même inclure des Russes (mais pas trop, s'il vous plaît, par égard pour les autres membres du groupe), des membres de la Mafia, d'autres qui n'y appartiennent pas, et des végétariens.

Prenez la personne la plus lourde que vous puissiez imaginer et ajoutez-la à cet échantillon. En supposant qu'elle pèse trois fois plus que la moyenne, entre deux cents et deux cent cinquante kilos, elle représentera rarement plus qu'une partie infime du poids de la population totale (dans ce cas-ci environ 0,5 %).

Vous pouvez même aller plus loin. Si vous choisissez l'être humain le plus lourd qui puisse exister biologiquement sur cette planète (et que l'on puisse encore qualifier d'être humain), il ne représentera pas, disons plus de 0,6 % de la population totale – une augmentation tout à fait négligeable. Et si vous avez dix mille personnes, la part qu'il représentera sera quasi inexistante.

Dans la province utopique du Médiocristan, chaque événement ne représente pas grand-chose pris individuellement – seulement collectivement. Je peux énoncer comme suit la loi suprême du Médiocristan : quand l'échantillon est large, aucun élément ne peut modifier de manière significative l'agrégat ou le tout. Même s'il reste impressionnant, le phénomène observé le plus important sera finalement insignifiant par rapport au tout.

J'emprunterai un autre exemple à mon ami Bruce Goldberg, celui de votre consommation de calories. Regardez combien vous en consommez par an – si vous appartenez à la catégorie des humains, près de huit cent mille. Il n'y a pas un seul jour, pas même un seul repas de Noël chez votre grand-tante qui puisse représenter une part importante de ce nombre. Même si vous tentiez de vous tuer en mangeant, les calories que vous consommeriez ce jour-là, à cette occasion, n'affecteraient pas sérieusement votre consommation annuelle.

Maintenant, si je vous disais qu'il est possible de rencontrer quelqu'un qui pèse plusieurs milliers de tonnes ou mesure plusieurs centaines de kilomètres, vous auriez parfaitement raison de me faire examiner le lobe frontal ou de me suggérer de me mettre à écrire des textes de science-fiction. Mais il existe un autre environnement dans lequel on ne peut exclure aussi facilement les variations extrêmes, et c'est à lui que nous allons maintenant nous intéresser.

Un étrange pays nommé Extrêmistan

Regardez par comparaison la valeur nette des mille personnes que vous avez alignées dans le stade. Ajoutez à ce groupe la personne la plus riche que vous puissiez trouver sur cette planète – disons Bill Gates, le fondateur de Microsoft. Supposez que sa valeur nette avoisine les 80 milliards de dollars, tandis que le capital total des autres tourne autour de quelques millions. Quelle part de la richesse totale représenterait-il ? 99,9 % ? De fait, tous les autres ne représenteraient pas plus qu'une simple erreur d'arrondi de sa valeur nette, la variation de son portefeuille personnel au cours de la seconde précédente. Pour que le poids d'une personne puisse représenter une telle part, il faudrait qu'elle pèse cinquante millions de livres !

Essayez de faire le même calcul pour les ventes de livres, par exemple. Rassemblez mille auteurs (ou mille personnes qui brûlent d'être publiées mais préfèrent dire qu'elles sont dans l'écriture plutôt que dans l'attente), et jetez un coup d'œil à leurs ventes. Puis ajoutez à ce groupe l'auteur vivant qui totalise (en ce moment) le plus grand nombre de lecteurs. Avec plusieurs centaines de millions d'exemplaires vendus, J. K. Rowling, l'auteur de la série des *Harry Potter*, écrasera les mille auteurs restants qui se partageront quelques centaines de milliers de lecteurs tout au plus.

Tentez également l'expérience avec les citations d'universitaires (la mention d'un universitaire par un autre dans une publication officielle), les références faites par les médias, le revenu, la taille d'une entreprise, et ainsi de suite. Comme il s'agit de questions créées par l'homme, appelons-les « sociales », en opposition aux questions physiques, comme le tour de taille.

En Extrêmistan, les inégalités sont telles qu'un seul et unique phénomène observé peut avoir un impact disproportionné sur l'agrégat ou le tout.

Ainsi, le poids, la taille et la consommation de calories sont originaires du Médiocristan, mais pas la richesse. Presque toutes les questions sociales relèvent de l'Extrêmistan. Pour le dire autrement, les quantités sociales ne sont pas de nature physique, mais informationnelle : on ne peut pas les toucher. L'argent qui se trouve sur un compte en banque est une chose importante, mais certainement pas physique. En tant que tel, il peut prendre n'importe quelle valeur sans nécessiter de dépense d'énergie. C'est juste un chiffre !

Notez qu'avant l'avènement de la technologie moderne, les guerres étaient un phénomène extrêmistanais. Il est difficile de tuer beaucoup de gens s'il faut qu'on les assassine tous en même temps. Aujourd'hui, avec les armes de destruction massive, il suffit d'un bouton, d'un cinglé ou d'une erreur minime pour faire exploser la planète.

Voyez ce que cela implique pour le Cygne Noir. L'Extrêmistan peut produire des Cygnes Noirs, et il le fait, puisque quelques-uns d'entre eux ont exercé une influence considérable sur l'histoire. Telle est l'idée principale de ce livre.

Extrêmistan et connaissance

Alors que cette distinction (entre Médiocristan et Extrêmistan) a des répercussions importantes tant sur la justice sociale que sur la dynamique des événements, voyons la manière dont elle s'applique à la connaissance, domaine où réside surtout sa valeur. Si un Martien venait sur Terre et entreprenait de mesurer les citoyens de cette heureuse planète, il pourrait sans problème s'en tenir à cent êtres humains pour se faire une bonne idée de la taille moyenne de ses habitants. Si vous vivez au Médiocristan, vous pouvez vous fier sans problème à vos mesures – à condition d'être sûr qu'elles se rapportent bien au Médiocristan. Vous pouvez également vous fier à *ce que vous avez appris* de ces données. La conséquence épistémologique est qu'avec le hasard de type médiocristanais, il n'est PAS POSSIBLE[3] d'avoir une surprise de type Cygne Noir telle qu'un seul et unique événement puisse dominer le tout. *Primo*, les cent premiers jours devraient vous apprendre tout ce que vous avez besoin de savoir sur ces données. *Secundo*, même si vous aviez une surprise, comme nous l'avons vu dans le cas de l'être humain le plus lourd, elle ne prêterait pas à conséquences.

Si vous avez affaire à des quantités relatives à l'Extrêmistan, vous aurez du mal à vous représenter la moyenne de n'importe quel échantillon puisqu'elle peut dépendre énormément d'un seul et unique phénomène observé. L'idée n'est pas plus compliquée que cela. En Extrêmistan, un seul élément peut facilement avoir un effet disproportionné sur le tout. Dans ce monde, on devrait toujours se méfier de la connaissance que l'on tire des données. C'est un test d'incertitude très simple qui permet de faire la distinction entre deux formes de hasard. Vu ?

Au Médiocristan, ce que l'on peut apprendre des données s'accroît très rapidement avec l'apport d'informations. En Extrêmistan au contraire, la connaissance augmente lentement et de manière imprévisible avec l'apport de nouvelles données, qui sont pour partie extrêmes, à une vitesse probablement inconnue.

Sauvage et modéré

En suivant la distinction que j'ai établie entre scalable et non-scalable, nous voyons se profiler clairement certaines différences entre Médiocristan et Extrêmistan. En voici quelques exemples.

Les questions qui semblent propres au Médiocristan (sujettes à ce que nous appellerons « hasard de type 1 ») : la taille, le poids, la consommation de calories, le revenu d'un boulanger, du propriétaire d'un petit

---

3. J'insiste sur ce PAS POSSIBLE parce que les chances que de tels cas se produisent sont de l'ordre d'une sur plusieurs trilliards de trilliards – autant dire quasiment nulles.

restaurant, d'une prostituée ou d'un orthodontiste; les gains réalisés au jeu, en admettant que la personne aille au casino et parie constamment la même somme, les accidents de voiture, les taux de mortalité, le QI (tel qu'on le mesure).

Les questions qui semblent propres à l'Extrêmistan (sujettes à ce que nous appellerons « hasard de type 2 ») : la richesse, le revenu, les ventes de livres par auteur, les citations de livres par auteur, l'identification de son nom comme étant celui d'un auteur connu, le nombre de fois où son nom est référencé sur Google, les populations urbaines, l'utilisation des termes d'un lexique, le nombre de personnes qui parlent chaque langue, les dégâts causés par les tremblements de terre, le nombre de morts occasionnés par la guerre, le nombre de morts dus à des attentats terroristes, la taille des planètes, la taille des entreprises, les détenteurs d'actions, les différences de taille d'une espèce à l'autre (prenez les éléphants et les souris), les marchés financiers (mais votre gestionnaire de portefeuille ne le sait pas), les prix des marchandises, les taux d'inflation, les données économiques. La liste pour l'Extrêmistan est bien plus longue que la précédente.

La tyrannie de l'accident

Une autre façon de reformuler cette distinction générale consiste à dire que le Médiocristan est le lieu où l'on doit subir la tyrannie du collectif, du routinier, de l'évident et du prévu, et l'Extrêmistan, celui où l'on est soumis à la tyrannie du singulier, de l'accidentel, de l'inédit et de l'imprévu. Vous aurez beau vous acharner, vous ne perdrez jamais beaucoup de poids en un seul jour; il faudra l'effet collectif de nombre de jours, de semaines, voire de mois. De même, si vous êtes dentiste, vous ne deviendrez jamais riche en un jour – mais, au cours de trente ans de pratique régulière, rigoureuse, assidue et motivée, vous pouvez arriver à très bien vous débrouiller. En revanche, si vous êtes sujet aux spéculations de type extrêmistanaises, vous pouvez gagner ou perdre toute votre fortune en l'espace d'une seule minute.

Le Tableau n° 1 résume les différences entre ces deux dynamiques, auxquelles je ferai référence dans le reste du livre; confondre la colonne de gauche avec celle de droite peut avoir des conséquences désastreuses (ou extrêmement heureuses).

Tableau n° 1

Médiocristan	*Extrêmistan*
Non scalable	Scalable
Hasard modéré ou de type 1	Hasard sauvage (voire extrêmement sauvage) ou de type 2
Le membre type de cette catégorie, ou celui qui s'en approche le plus, est le médiocre	Le membre type de cette catégorie, ou celui qui s'en approche le plus, est soit le géant, soit le nain, c'est-à-dire qu'il n'y a pas de membre type
Les gagnants remportent une petite part du gâteau	Effets « le gagnant rafle presque tout »
Exemple : public d'un chanteur d'opéra avant l'invention du Gramophone	Le public d'un artiste d'aujourd'hui
Se rencontrait plutôt à l'époque de nos ancêtres	Se rencontre plutôt dans notre monde moderne
Insensible au Cygne Noir	Sensible au Cygne Noir
Soumis à la gravité	Il n'y a pas de contrainte physique à la nature potentielle d'un chiffre
Correspond (généralement) à des quantités physiques, par exemple à la taille	Correspond à des chiffres, par exemple, la richesse
Aussi proche de l'égalité utopiste que la réalité le permet	Dominé par une inégalité extrême, de type « le gagnant rafle tout »
Le tout n'est pas déterminé par un seul et unique exemple ou par un seul et unique phénomène observé	Le tout sera déterminé par un petit nombre d'événements extrêmes
En observant un certain temps, on peut arriver à savoir ce qui se passe	On met longtemps à savoir ce qui se passe
Tyrannie du collectif	Tyrannie de l'accidentel
Il est facile de prédire l'avenir à partir de ce que l'on observe et de l'étendre à ce que l'on ne voit pas	Il est difficile de prédire l'avenir sur la base du passé
L'histoire rampe	L'histoire saute
Les événements sont distribués* en fonction de la « courbe en cloche » (la GEI) ou de ses variations	La distribution se fait entre les Cygnes « Gris » de Mandelbrot (souples d'un point de vue scientifique) et les Cygnes Noirs complètement rigides

* Ce que j'appelle ici « distribution des probabilités » est le modèle utilisé pour calculer les chances que les différents événements ont de se produire – leur distribution. Quand je dis qu'un événement est distribué en fonction de la « courbe en cloche », je veux dire que la courbe en cloche de Gauss (du nom de C. F. Gauss ; je reparlerai de lui plus tard) peut permettre de calculer les probabilités d'événements différents.

Ce tableau, qui montre que l'Extrêmistan est le lieu d'action privilégié du Cygne Noir, n'est qu'une grossière approximation – de grâce, ne le « platonifiez » pas ; ne le simplifiez pas plus qu'il n'est nécessaire.

Qui dit « Cygnes Noirs » ne dit pas forcément « Extrêmistan ». Certains événements peuvent être rares et lourds de conséquences, mais prédictibles, d'une certaine manière, surtout pour ceux qui y sont préparés et possèdent les outils pour les comprendre (au lieu d'écouter les statisticiens, économistes et autres charlatans dans le genre des partisans de la courbe en cloche). Ce sont des Cygnes Presque-Noirs. D'une certaine façon, ils sont souples d'un point de vue scientifique – connaître la fréquence à laquelle ils se produisent devrait atténuer l'effet de surprise ; ces événements sont rares mais attendus. J'appelle « hasard de Mandelbrot » cette espèce particulière de Cygnes « Gris » – catégorie incluant le hasard qui génère des phénomènes ordinairement connus sous les termes « scalable », « invariant à l'échelle », « lois de puissance », « lois de Pareto et de Zipf », « loi de Yule », « stabilité de Pareto », « stabilité de Lévy » et « lois fractales », que nous laisserons de côté pour le moment car ils feront l'objet d'un développement assez approfondi dans la troisième partie. Conformément à la logique de ce chapitre, ils sont scalables, mais vous pouvez en savoir un peu plus sur la manière dont ils le sont, car ils ont beaucoup de points communs avec les lois de la nature.

Même si ce n'est pas facile, il est toujours possible de rencontrer des Cygnes Noirs lourds de conséquences au Médiocristan. Comment ? On peut oublier qu'une chose est aléatoire, penser qu'elle est régie par le déterminisme, et avoir des surprises. On peut aussi se mettre des œillères et passer à côté d'une source d'incertitude sauvage ou modérée par manque d'imagination – la plupart des Cygnes Noirs résultent de cette maladie des œillères que nous aborderons au chapitre 9.

Vous venez de lire une présentation « littéraire » de la différence majeure que j'opère dans ce livre entre ce qui peut faire partie du Médiocristan et ce qui relève de l'Extrêmistan, et de vous voir proposer un tuyau pour les distinguer. Comme j'ai annoncé que nous examinerions ces questions plus en profondeur dans la troisième partie du livre, concentrons-nous à présent sur l'épistémologie pour comprendre comment cette distinction affecte notre connaissance.

CHAPITRE 4

MILLE ET UN JOURS,
OU COMMENT NE PAS ÊTRE UNE DUPE

Surprise, surprise. – Méthodes sophistiquées pour apprendre de l'avenir. – Sextus a toujours été en avance. - L'idée principale est de ne pas être une dupe. – Allons au Médiocristan, si nous arrivons à le trouver.

Ce qui nous ramène au problème du Cygne Noir dans sa forme initiale.

Imaginez une personne d'un certain niveau hiérarchique, qui travaille dans un environnement où la position hiérarchique a son importance – disons un ministère ou une très grande entreprise. Ce pourrait être un journaliste politique verbeux de *Fox News*[1] vissé devant vous au club de remise en forme (impossible d'éviter de regarder l'écran), un président de société discutant du « brillant avenir qui s'annonce », un médecin platonique ayant catégoriquement exclu l'utilité du lait maternel (parce qu'il ne voit pas ce qu'il contient de spécial), ou un professeur de Harvard que vos blagues laissent absolument de marbre. Il prend ce qu'il sait un peu trop au sérieux.

---

1. Chaîne d'information américaine privée et de droite *(N.d.T.)*.

Mettons qu'un jour, un petit plaisantin le surprenne pendant un moment de détente en lui chatouillant subrepticement les narines à l'aide d'une plume très fine. Quelle réaction sa dignité pleine de morgue opposerait-elle à cette surprise ? Comparez son attitude autoritaire au choc causé par le fait d'être touché par une chose totalement inattendue qu'il ne comprend pas. L'espace d'un bref instant, avant qu'il ne retrouve une contenance, vous verrez que son visage exprime le désarroi.

J'avoue avoir développé un goût incorrigible pour ce genre de plaisanterie au cours de ma première colonie de vacances. Introduite dans la narine d'un campeur endormi, la plume provoquait chez lui une panique soudaine. J'ai passé une partie de mon enfance à imaginer des variantes de ce tour : à la place d'une fine plume, on peut confectionner une sorte de cornet avec un mouchoir en papier. J'ai pratiqué cette variante-là sur mon frère cadet. Une plaisanterie tout aussi efficace consisterait à glisser un glaçon dans le col d'une personne au moment où elle s'y attend le moins – pendant un dîner officiel, par exemple. En prenant de l'âge, j'ai bien sûr été obligé de renoncer à ces plaisanteries, mais l'image d'une plume, ou celle d'un glaçon, me vient souvent à l'esprit malgré moi quand je m'ennuie à mourir au cours d'une réunion avec des hommes d'affaires à l'air sérieux (costumes sombres et esprits formatés) qui théorisent, expliquent, ou parlent d'événements aléatoires en truffant leur conversation de « parce que ». Je fais mentalement un gros plan sur l'un d'eux et j'imagine le glaçon glisser le long de son dos – il serait moins chic mais sûrement plus spectaculaire de remplacer le glaçon par une souris vivante, surtout si la personne est chatouilleuse et porte une cravate, laquelle obstruerait le chemin de la sortie normal du rongeur[2].

Les petits plaisantins sont capables de compassion. Je me souviens de mes débuts de trader ; j'avais environ vingt-cinq ans et l'argent commençait à devenir facile. Je prenais des taxis, et si le chauffeur parlait un anglais très sommaire et avait l'air particulièrement déprimé, je lui laissais un billet de cent dollars en guise de pourboire, juste pour lui causer un petit choc et me réjouir de sa surprise. Je le regardais déplier le billet et le considérer avec une certaine déception (un million de dollars aurait certainement été mieux mais ce n'était pas dans

---

2. Pour ma part, je ne crains rien puisque je ne porte jamais de cravate (excepté aux enterrements).

mes moyens). C'était aussi une expérience hédoniste simple : illuminer la journée de quelqu'un avec la bagatelle de cent dollars me faisait me sentir l'âme plus élevée. Je finis néanmoins par arrêter ; quand nous nous enrichissons et que nous nous mettons à prendre l'argent au sérieux, nous devenons tous radins et calculateurs.

Je n'ai pas besoin du destin pour me divertir à plus grande échelle : la réalité nous oblige si souvent à réviser nos croyances – et la plupart du temps, de façon tout à fait spectaculaire. En fait, toute la recherche de la connaissance consiste à prendre la sagesse conventionnelle et les croyances scientifiques admises et à les mettre en pièces avec de nouvelles preuves contre-intuitives, que ce soit à microéchelle (chaque découverte scientifique est une tentative de produire un micro-Cygne Noir) ou à plus grande échelle (comme avec la relativité de Poincaré et d'Einstein). Les scientifiques ont peut-être coutume de rire de leurs prédécesseurs, mais, eu égard à toute une série de dispositions mentales propres aux êtres humains, peu d'entre eux se rendent compte que dans le futur (proche, hélas !) quelqu'un d'autre rira à son tour de leurs croyances. Dans ce cas, mes lecteurs et moi sommes en train de rire de l'état *présent* de la connaissance sociale. Ces gros bonnets ne voient pas venir l'inévitable remaniement de leur travail, ce qui signifie qu'ils ne sont pas le genre de personnes dont on peut attendre qu'elles soient préparées à une surprise.

Comment tirer la leçon de la dinde

Le grand philosophe Bertrand Russell propose une variante particulièrement nocive du choc provoqué par la surprise de mon chauffeur de taxi lorsqu'il illustre ce que ses condisciples appellent le « Problème de l'Induction » ou « Problème de la Connaissance Inductive » (les majuscules indiquent qu'il s'agit d'un sujet sérieux) – cause indubitable de tous les problèmes dans la vie. Comment pouvons-nous *logiquement* partir d'exemples spécifiques pour aboutir à des conclusions générales ? Comment savons-nous ce que nous savons ? Comment savons-nous que ce que nous avons observé sur la base d'objets et d'événements donnés suffit à nous permettre de comprendre leurs autres propriétés ? Il y a des pièges inhérents à toute forme de connaissance tirée de l'observation.

Prenez une dinde que l'on nourrit tous les jours. Chaque apport de nourriture va la renforcer dans sa croyance que la règle générale de la vie est d'être nourrie quotidiennement par de sympathiques membres de la race humaine « soucieux de ses intérêts », comme le disent les hommes politiques. Le mercredi après-midi précédant Noël, quelque chose d'*inattendu* va arriver à la dinde, qui va l'amener à réviser ses croyances[3].

Le reste de ce chapitre va rendre brièvement compte du Cygne Noir dans sa forme originale : comment pouvons-nous connaître l'avenir en nous fondant sur ce que nous savons du passé ? Ou, plus généralement, comment pouvons-nous arriver à comprendre les propriétés de l'inconnu (infini) sur la base du connu (fini) ? Repensez à cette histoire de nourriture quotidienne : que peut apprendre une dinde sur ce que lui réserve le lendemain en se basant sur les événements de la veille ? Beaucoup de choses, peut-être, mais sans doute un peu moins qu'elle ne le croit, et c'est simplement ce « un peu moins » qui fait toute la différence.

Figure n° 1 : Mille et un jours d'histoire

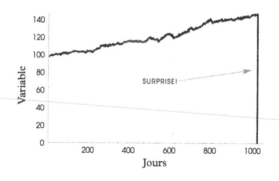

Une dinde avant et après Thanksgiving. L'histoire d'un processus sur mille jours ne nous apprend rien sur ce qui va arriver après. Cette projection naïve de l'avenir en se basant sur le passé peut s'appliquer à tout.

---

3. L'exemple original de Russell portait sur un poulet ; j'en livre ici la version nord-américaine améliorée.

Le problème de la dinde peut être généralisé à toute situation dans laquelle « la main qui vous nourrit peut être celle qui vous tord le cou ». Songez au cas des juifs allemands dont l'intégration en Allemagne n'avait fait que croître et embellir dans les années 1930, ou à ma description, au chapitre 1, de la façon dont la population libanaise se laissa endormir dans une fausse sécurité par une amitié et une tolérance mutuelle apparentes.

Allons un peu plus loin, et examinons l'aspect le plus *inquiétant* de l'induction : le fait d'apprendre de manière analeptique. Considérons qu'au lieu de n'avoir aucune valeur, l'expérience de la dinde puisse avoir une valeur *négative*. Cette volaille a appris par l'observation, comme on nous conseille à tous de le faire (après tout, c'est ce que l'on considère comme la méthode scientifique). Sa confiance augmentait en proportion du nombre de fois, de plus en plus important, où on la nourrissait amicalement, et son sentiment de sécurité s'accroissait alors même que l'échéance de sa mort approchait. Songez que c'est quand le risque était maximum que ce sentiment de sécurité était le plus fort ! Mais le problème est encore plus général que cela ; il touche la nature même de la connaissance empirique. Une chose a fonctionné dans le passé, jusqu'à ce que... Eh bien, contre toute attente, ce ne soit plus le cas, et que la leçon du passé se révèle, au mieux dénuée de pertinence ou fausse, et au pire, cruellement trompeuse.

La Figure n° 1 illustre le cas type du problème de l'induction tel qu'on le rencontre dans la vraie vie. On observe une variable hypothétique pour mille jours. Elle pourrait correspondre à tout (avec quelques légères modifications) : les ventes de livres, la pression artérielle, les crimes, votre revenu personnel, une action donnée, l'intérêt sur un prêt, la fréquentation dominicale d'une église orthodoxe grecque bien particulière. Vous tirez par la suite, *sur la seule base des données concernant le passé*, quelques conclusions concernant les propriétés de ce modèle avec des prévisions pour les mille, voire les cinq mille jours suivants. Le mille et unième jour, boom ! Voilà qu'un énorme changement se produit, auquel le passé n'avait absolument pas permis de se préparer.

Voyez la stupéfaction que provoqua la Grande Guerre. Après les guerres napoléoniennes, le monde avait connu une longue période de paix qui incitait tout observateur à croire en la disparition des conflits destructeurs. Et pourtant, surprise ! Cette guerre se révéla la plus meurtrière que l'humanité ait connue jusqu'alors.

Notez qu'après que l'événement a eu lieu, vous commencez à prévoir la possibilité que d'autres aberrations se produisent localement, c'est-à-dire, de connaître une surprise semblable à celle que vous venez de vivre, mais pas d'autres grands événements. Après le krach boursier de 1987, la moitié des traders américains se mit à attendre de pied ferme le prochain tous les ans au mois d'octobre – sans tenir compte du fait que le premier n'avait eu aucun précédent. Nous nous inquiétons trop tard – *a posteriori*. Le fait de prendre une observation naïve du passé pour quelque chose de définitif ou de représentatif du futur est la seule et unique raison de notre incapacité à comprendre le Cygne Noir.

Il pourrait sembler à un dilettante amateur de citations – c'est-à-dire à l'un de ces écrivains et universitaires qui émaillent leurs textes de formules émanant de figures d'autorité défuntes – que, selon la formule de Hobbes : «Tels antécédents, telles conséquences. » Que ceux qui croient aux bienfaits inconditionnels de l'expérience passée méditent sur ce petit bijou de sagesse attribué à un célèbre capitaine de vaisseau :

> Mais de toute ma carrière, je n'ai jamais connu d'accident [...] d'aucune sorte qui vaille la peine d'être mentionné. Pendant toutes ces années passées en mer, je n'ai vu qu'un seul navire en détresse. Je n'ai jamais vu de bateau échoué et je n'ai jamais échoué moi-même, ni été dans une situation difficile qui menaçait de tourner au désastre.
>
> (E. J. Smith, 1907, capitaine du *Titanic*.)

Le navire du capitaine Smith sombra en 1912 lors de ce qui devint le naufrage le plus commenté de l'histoire[4].

---

4. Les déclarations comme celle du capitaine Smith sont tellement courantes qu'elles ne sont même pas drôles. En septembre 2006, un fonds baptisé Amaranthe, du nom – ironie du sort – d'une fleur « immortelle », fut obligé de fermer après avoir perdu près de 7 milliards de dollars en quelques jours, soit la perte la plus impressionnante de toute l'histoire du *trading* (autre ironie du sort : j'ai partagé le même bureau que ses trader*s*). Quelques jours avant l'événement, la société avait fait une déclaration pour expliquer aux investisseurs qu'il ne fallait pas qu'ils s'inquiètent, car elle employait douze gestionnaires de risque – ces gens qui se servent de modèles du passé pour mesurer les risques de survenue d'un événement de ce genre. Même si la compagnie avait eu cent douze gestionnaires de risque, cela n'aurait pas fait grande différence ; elle aurait sauté quand même. Il est clairement impossible de fabriquer plus d'informations que le passé ne peut en fournir ; si vous achetiez cent exemplaires du *New York Times*, je ne suis pas sûr que cela vous aiderait à acquérir une connaissance progressive du futur. Nous ne connaissons tout simplement pas la quantité d'informations que recèle le passé.

Formés pour être ennuyeux

De même, songez à un directeur de banque dont l'établissement réalise des profits stables sur une longue période avant de tout perdre en un seul revers de fortune. Les banquiers de la catégorie « prêteurs » sont toujours replets, rasés de près et vêtus de la manière la plus rassurante et la plus monotone qui soit – costumes sombres, chemises blanches et cravates rouges. De fait, pour prendre en charge l'activité de prêt, les banques embauchent des gens ennuyeux qu'ils forment à le devenir encore plus. Mais ce n'est que pour l'effet. S'ils ont l'air extrêmement prudents, c'est parce que leurs prêts ne réservent que très, très rarement de mauvaises surprises. Il n'existe aucun moyen de mesurer l'efficacité de leur activité en l'observant pendant une journée, une semaine, un mois ou même… un siècle ! Durant l'été 1982, de grosses banques américaines perdirent presque tous leurs gains passés, soit tous les profits réalisés dans l'histoire de la banque américaine – absolument tout. Elles avaient prêté à des pays d'Amérique centrale et d'Amérique du Sud qui, tous en même temps – « fait exceptionnel » – ne purent honorer leur dette. Il suffit donc d'un seul été pour comprendre que tout cela était une affaire de dupes et que tous leurs gains provenaient d'un jeu très risqué. Et pendant tout ce temps, les banquiers avaient amené tout le monde, surtout eux-mêmes, à croire qu'ils étaient « extrêmement prudents ». Ils ne le sont pas ; ils sont juste incroyablement doués pour s'aveugler en évinçant la possibilité d'une perte considérable et dévastatrice. En fait, la supercherie se reproduisit dix ans plus tard, quand les grandes banques « sensibilisées aux problèmes des risques », se retrouvèrent une fois de plus sous pression, certaines d'entre elles, même, au bord de la faillite, après l'effondrement immobilier du début des années 1990 pour lequel l'industrie du crédit immobilier aujourd'hui défunte réclama un renflouement de plus d'un demi-trilliard de dollars aux frais du contribuable. La Réserve fédérale américaine protégea ces banques à notre détriment : quand les banquiers « extrêmement prudents » réalisent des profits, ce sont eux qui en bénéficient ; quand ils subissent des revers, c'est nous qui en assumons les frais.

Après avoir été diplômé de Wharton, je travaillai d'abord pour le Bankers Trust (aujourd'hui disparu). Oubliant un peu vite l'histoire de 1982, le bureau du président annonçait chaque trimestre les résultats de la société à la radio en expliquant à quel point ses employés étaient intelligents, rentables, prudents (et beaux). Il était évident que leurs profits n'étaient que du liquide emprunté à la destinée avec un délai de remboursement aléatoire. Je n'ai aucun problème avec la prise de risques, c'est juste que... de grâce, s'il vous plaît! Ne vous dites pas « extrêmement prudents » en traitant avec condescendance d'autres structures moins enclines que vous aux Cygnes Noirs.

Autre événement récent : la faillite quasi instantanée, en 1998, d'une société d'investissement financier (fonds alternatif) appelée Gestion de capital à long terme (GCLT), qui utilisait les méthodes et l'expertise en matière de risque de deux « prix Nobel d'économie », que l'on qualifiait de « génies » mais qui recouraient en fait à des mathématiques bidons de type courbe en cloche tout en réussissant à se convaincre eux-mêmes que c'était de la science de très grande qualité, faisant ainsi de tout l'*establishment* financier une bande de dupes. Une des pertes les plus importantes de toute l'histoire du trading se produisit quasiment en un clin d'œil, sans aucun signe avant-coureur (vous trouverez bien, bien plus d'informations sur ce sujet dans le chapitre 17) [5].

Un Cygne Noir est relatif à la connaissance

Du point de vue de la dinde, la privation de nourriture qui a lieu le mille et unième jour est un Cygne Noir. En revanche, ça n'en est pas un pour le boucher ; pour lui, cet événement n'est pas inattendu. On peut voir ici que le Cygne Noir est un problème de dupe. En d'autres termes, il se produit en fonction de l'attente que l'on en a. On s'aperçoit que l'on peut éliminer un Cygne Noir en recourant à ses connaissances (si l'on en est capable), ou en gardant l'esprit ouvert. Bien sûr, à l'instar des gens du GCLT, on peut créer des Cygnes Noirs avec les connaissances, en assurant aux gens qu'il est impossible qu'ils se

---

5. La tragédie essentielle de l'événement combinant impact élevé et faible probabilité vient de la disparité entre le temps que l'on prend à indemniser une personne et le temps nécessaire pour s'assurer qu'elle n'est pas en train de parier que l'événement rare n'aura pas lieu. Les gens sont encouragés financièrement à parier contre ce dernier, ou à profiter du système ; en effet, ils peuvent recevoir une prime reflétant leur performance annuelle alors qu'ils ne font en réalité que présenter des bénéfices illusoires qu'ils reperdront un jour. De fait, la tragédie du capitalisme est que, la qualité des bénéfices n'étant pas observable sur la base de données passées, les propriétaires des sociétés, c'est-à-dire les actionnaires, peuvent être menés en bateau par les directeurs qui font état des bénéfices apparents alors qu'ils prennent peut-être des risques cachés.

produisent – c'est ainsi que la connaissance transforme des citoyens moyens en dupes.

Notez qu'il n'est pas nécessaire que ces événements nous surprennent *instantanément*. Certaines fractures historiques que je mentionne au chapitre 1 ont duré quelques décennies – l'informatique, par exemple, qui a eu des effets importants sur la société sans que l'on remarque particulièrement le jour où elle a envahi nos vie. Certains Cygnes Noirs peuvent provenir de la lente accumulation de changements progressifs dans la même direction; c'est le cas des livres qui se vendent en grande quantité sur des années sans jamais figurer sur les listes des best-sellers, ou des technologies qui montent lentement mais sûrement. De même, l'augmentation des titres du Nasdaq à la fin des années 1990 a pris quelques années – mais cette croissance apparaîtrait encore plus nette si l'on devait en tracer une courbe historique longue. On devrait considérer les choses sur une échelle temps relative et non pas absolue; les tremblements de terre durent des minutes, le 11 Septembre a duré des heures, mais les changements historiques et les mises en œuvre technologiques sont des Cygnes Noirs qui peuvent prendre des décennies. En général, les effets des Cygnes Noirs positifs mettent un certain temps à se faire sentir, alors que les Cygnes Noirs négatifs se produisent extrêmement vite – il est beaucoup plus facile et rapide de détruire que de construire. (Pendant la guerre du Liban, la maison de mes parents à Amioun et celle de mon grand-père, dans un village proche, furent détruites en quelques heures seulement, plastiquées par les ennemis de mon grand-père qui contrôlaient la région. Il fallut sept mille fois plus de temps – deux ans – pour les reconstruire. Cette asymétrie des durées explique la difficulté à faire marche arrière dans le temps.)

Brève histoire du problème du Cygne Noir

Ce problème de dinde (ou problème de l'induction) est très ancien, mais pour une raison que j'ignore, votre professeur de philosophie à l'université du coin le qualifiera probablement de « problème de Hume ».

Les gens nous imaginent, nous les sceptiques et autres empiristes, comme moroses, paranoïaques et torturés dans le privé, ce qui est probablement l'exact opposé de ce que montre l'histoire (et mon expérience personnelle). À l'instar de nombreux sceptiques que je

fréquente, Hume était un homme jovial et un bon vivant en quête de
célébrité littéraire, de salons à fréquenter et de conversations divertissantes. Sa vie n'est pas dénuée d'anecdotes savoureuses. Un jour, il
tomba dans un marécage près de la maison qu'il se faisait construire
à Édimbourg. Eu égard à sa réputation d'athée parmi les gens du cru,
une femme refusa de l'aider à en sortir s'il ne récitait pas le *Notre Père*
et le *Credo* – ce qu'il fit, étant de nature pragmatique… mais pas avant
d'avoir débattu avec elle sur la question de savoir si les chrétiens avaient
l'obligation d'aider leurs ennemis. Hume paraissait peu avenant. « Il
affichait l'air préoccupé du savant que les personnes manquant de discernement jugent si souvent idiot », écrit un biographe.

Fait étrange à son époque, ce n'est pas pour les œuvres qui ont
fait sa réputation actuelle que Hume était le plus connu – il devint
riche et célèbre grâce à une histoire de l'Angleterre qui fut un best-
seller. En effet, l'ironie du sort veut que de son vivant, les œuvres
philosophiques pour lesquelles nous le connaissons aujourd'hui
« tombaient mort-nées des presses à imprimer », tandis que celles
qui faisaient sa célébrité à l'époque sont aujourd'hui plus difficiles
à trouver. Ses écrits sont d'une telle limpidité qu'il est largement
supérieur à presque tous les penseurs contemporains, et sans aucun
doute à tous les philosophes allemands inscrits au programme à
l'université. Contrairement à Kant, Fichte, Schopenhauer et Hegel,
Hume est le genre de penseur qui est *parfois* lu par la personne qui
fait référence à son travail.

J'entends souvent mentionner « le problème de Hume » en relation
avec celui de l'induction, mais ce problème est ancien, plus ancien
que cet intéressant Écossais, peut-être aussi ancien que la philosophie elle-même – probablement autant que les discussions d'oliveraies. Revenons maintenant au passé, puisque les Anciens formulaient
ce problème avec tout autant de précision.

Sextus Empiricus (hélas)

Écrivain farouchement antiuniversitaire et activiste antidogmatique, Sextus Empiricus officia près de mille cinq cents ans avant
Hume, et énonça le problème de la dinde avec une grande précision.
Nous savons très peu de chose de lui ; nous ignorons s'il était philosophe ou s'il s'apparentait davantage à un copiste de textes philosophiques aujourd'hui inconnus de nous. On suppose qu'il vécut
à Alexandrie au IIe siècle de notre ère. Il appartenait à une école de

médecine appelée « empirique » car ses membres mettaient en doute les théories et la causalité et s'appuyaient sur l'expérience passée pour les guider dans les traitements qu'ils prescrivaient, sans toutefois lui accorder une grande confiance. De plus, ils ne croyaient pas que l'anatomie révèle le fonctionnement du corps de manière si évidente que cela. On dit que le partisan le plus célèbre de l'école empirique, Ménodote de Nicomédie, qui fusionna empirisme et scepticisme philosophique, pratiquait la médecine comme un art, non comme une « science », et dissociait son exercice des problèmes de la science dogmatique. L'exercice de la médecine explique l'ajout d'« *Empiricus* » (« l'Empirique ») au nom de Sextus.

Sextus représenta et notifia les idées de l'école sceptique de Pyrrhon qui offriraient une certaine forme de thérapie intellectuelle résultant d'une suspension de la croyance. Êtes-vous confronté à l'éventualité d'une adversité ? Ne vous inquiétez pas. Qui sait, les choses pourraient tourner en votre faveur. Douter des conséquences d'une issue vous permettra de conserver un calme imperturbable. Les sceptiques de Pyrrhon étaient des citoyens dociles qui suivaient les coutumes et les traditions aussi souvent que possible, mais apprenaient à douter systématiquement de tout, atteignant ainsi un certain niveau de sérénité. Cependant, bien que de mœurs conservatrices, ils combattaient les dogmes avec fanatisme.

Parmi les œuvres qui nous restent de Sextus se trouve une diatribe portant le beau titre de *Adversos mathematicos*, qui pourrait en grande partie avoir été écrite hier soir !

Là où Sextus est surtout intéressant pour mes idées, c'est qu'il réalise dans sa pratique ce mélange rare de philosophie et de prise de décision. C'était un homme d'action, c'est pourquoi les universitaires classiques ne disent pas du bien de lui. Les méthodes de la médecine empirique, qui reposent sur des tâtonnements apparemment vains, joueront un rôle central dans mes idées sur les pronostics et les prévisions, et sur la façon de tirer parti du Cygne Noir.

Quand je décidai de voler de mes propres ailes en 1998, je baptisai « Empirica » mon laboratoire de recherche et société de trading, non pour les mêmes raisons antidogmatiques, mais à cause de la pensée bien plus déprimante qu'il avait fallu attendre quatorze siècles après les travaux de l'école de médecine empirique pour que la médecine change et devienne adogmatique, profondément sceptique, qu'elle se méfie des théorisations et se fonde sur des preuves ! La leçon à en tirer ? Avoir conscience d'un problème ne veut pas dire grand-chose – surtout quand il y a des intérêts particuliers et des institutions intéressées en jeu.

Algazel

Le troisième grand penseur à avoir traité le problème fut, au XIᵉ siècle, le sceptique arabophone Al-Ghazali, connu en latin sous le nom d'Algazel. Il surnommait « *ghabi* » une catégorie d'universitaires dogmatiques – littéralement, « les imbéciles » –, terme arabe plus amusant que « crétin » et plus parlant qu'« obscurantiste ». Algazel écrivit lui aussi son *Adversos mathematicos* sous la forme d'une diatribe intitulée *Tahafut al-falasifah*, que je traduirai par « L'incompétence de la philosophie ». Elle était dirigée contre l'école appelée « *falasifah* » – l'*establishment* intellectuel arabe était l'héritier direct de la philosophie classique de l'Académie, et il arrivait à la réconcilier avec l'islam à travers une argumentation rationnelle.

La critique de la connaissance « scientifique » par Algazel fut à l'origine d'un débat avec Averroès, philosophe médiéval qui, de tous les penseurs de son époque, fut finalement celui qui exerça l'influence la plus profonde (sur les juifs et les chrétiens, mais pas sur les musulmans). Malheureusement, ce débat fut finalement remporté par les deux. Peu de temps après, nombre de penseurs arabes religieux intégrèrent en l'exagérant le scepticisme d'Algazel par rapport à la méthode scientifique, préférant laisser à Dieu les considérations causales (c'était en fait une extrapolation de son idée). L'Occident épousa le rationalisme d'Averroès, fondé sur celui d'Aristote, qui survécut à travers saint Thomas d'Aquin et les philosophes juifs – lesquels se qualifièrent eux-mêmes pendant longtemps d'averroésiens. Nombre de penseurs déplorent que, sous l'influence d'Algazel, les Arabes aient ensuite abandonné la méthode scientifique. Algazel finit par nourrir le mysticisme soufi, dans lequel l'adepte tente d'entrer en communion avec Dieu, coupant tout lien avec les préoccupations d'ordre terrestre. Tout cela venait du problème du Cygne Noir.

Le sceptique, ami de la religion

Alors que les sceptiques anciens professaient l'ignorance érudite comme première étape d'une recherche honnête de la vérité,

les sceptiques tant musulmans que chrétiens de la fin du Moyen
Âge se servirent du scepticisme comme d'un outil permettant
d'éviter ce que nous nommons aujourd'hui la science. Croyance
à l'importance du problème du Cygne Noir, inquiétudes à propos du problème de l'induction et scepticisme peuvent rendre certains arguments religieux plus séduisants, bien que sous une forme
dépouillée, anticléricale et théiste. Cette idée de s'en remettre à
la foi, non à la raison, était connue sous le nom de fidéisme. Il y
a donc une tradition de sceptiques croyant aux Cygnes Noirs qui
trouvaient une consolation dans la religion ; le meilleur exemple en
est Pierre Bayle, érudit, philosophe et théologien protestant français qui, exilé en Hollande, bâtit une architecture philosophique
complète liée aux sceptiques pyrrhoniens. Ses écrits exercèrent une
influence considérable sur Hume, l'introduisant au scepticisme
ancien – au point qu'il reprit en bloc certaines idées de Bayle. Le
Dictionnaire historique et critique de Bayle fut l'ouvrage universitaire le plus lu au XVIIIᵉ siècle, mais comme nombre de mes héros
français (tel Frédéric Bastiat), Bayle ne semble pas faire partie du
cursus universitaire et est presque impossible à trouver en vieux
français. Il en va de même pour Nicolas d'Autrecourt, disciple
d'Algazel au XIVᵉ siècle.

De fait, on ignore que l'exposé le plus complet des idées du
scepticisme reste jusqu'à une période récente l'œuvre d'un puissant évêque catholique et auguste membre de l'Académie française.
C'est en 1690 que Pierre-Daniel Huet écrivit son *Traité philosophique de la faiblesse de l'esprit humain*, ouvrage remarquable qui fustige les dogmes et remet en question la perception humaine. Huet
présente des arguments extrêmement percutants contre la causalité,
déclarant, par exemple, que tout événement peut avoir un nombre
infini de causes possibles.

Huet et Bayle étaient tous deux des érudits qui passèrent leur vie
dans les livres. Huet, qui vécut jusqu'à quatre-vingt-dix ans, avait un
domestique qui le suivait avec un livre et lui faisait la lecture pendant
ses repas et ses pauses, afin d'éviter toute perte de temps. Il était considéré comme la personne la plus érudite de son temps. Permettez-moi
d'insister sur l'importance que j'attache à l'érudition. C'est un signe de
véritable curiosité intellectuelle, qui va de pair avec l'ouverture d'esprit et le désir de sonder les idées d'autrui. Surtout, un érudit peut
être insatisfait de son propre savoir, et cette insatisfaction est un merveilleux garde-fou contre la platonicité, les simplifications outrancières

du *manager* pressé ou le philistinisme de l'universitaire hyperspécialisé. De fait, le savoir universitaire sans érudition peut avoir des conséquences désastreuses.

Je ne veux pas être le dindon de la farce

Toutefois, promouvoir le scepticisme philosophique n'est pas exactement la mission de ce livre. Si la conscience du problème du Cygne Noir peut inciter au retrait et à un extrême scepticisme, je prends ici la direction diamétralement opposée. Je m'intéresse aux actes et au véritable empirisme. Ce livre n'a donc pas été écrit par un mystique soufi, ni par un sceptique au sens ancien, médiéval ou même (ainsi que nous le verrons) philosophique du terme, mais par un praticien dont l'objectif principal est de ne pas être une dupe quand il s'agit de choses importantes, point barre.

Hume était d'un scepticisme radical dans son cabinet de philosophie, mais, faute de parvenir à les mettre en pratique, il mettait ses idées de côté dans la vie quotidienne. C'est exactement le contraire que je fais ici : je suis sceptique sur les questions qui ont des répercussions dans le quotidien. D'une certaine manière, tout ce qui m'importe, c'est de prendre une décision sans être le dindon de la farce.

Cela fait vingt ans que l'on ne cesse de me demander : « Taleb, quand on a comme vous cette conscience extrême du risque, comment peut-on traverser la rue ? » ou que l'on me fait cette remarque plus stupide encore : « Vous nous demandez de ne prendre absolument aucun risque. » Je ne me fais bien évidemment pas le champion d'une complète phobie du risque (nous verrons que je suis favorable à une forme de prise de risques offensive) : tout ce que je vais vous montrer dans ce livre, c'est comment éviter de traverser la rue *les yeux bandés*.

Nous voulons vivre au Médiocristan

Je viens de présenter le problème du Cygne Noir sous l'angle historique : la difficulté majeure qu'il y a à généraliser à partir des informations dont on dispose ou à apprendre du passé, de ce que l'on connaît et voit. J'ai également présenté la liste des personnes que je considère comme les figures historiques les plus importantes.

Comme vous pouvez le voir, il est extrêmement commode pour nous de penser que nous vivons au Médiocristan. Pourquoi ? Parce que cela nous permet d'exclure les surprises de type Cygnes Noirs ! Si l'on vit au Médiocristan, ce problème n'existe pas ou n'a pas grande importance.

Une telle supposition éloigne comme par magie le problème de l'induction, qui accable l'histoire de la pensée depuis Sextus Empiricus. Le statisticien peut se passer de l'épistémologie.

Vœux pieux ! Nous ne vivons pas au Médiocristan, et le Cygne Noir nécessite une autre mentalité. Comme nous ne pouvons évacuer le problème, nous allons devoir le creuser davantage. Ce n'est pas une difficulté insurmontable – et nous pouvons même en retirer des avantages.

Cependant, notre cécité face au Cygne Noir soulève d'autres problèmes :

a. l'erreur de confirmation : nous nous focalisons sur des segments présélectionnés de ce que nous voyons et les généralisons à ce que nous ne voyons pas ;

b. l'erreur de narration : nous nous leurrons avec des histoires qui étanchent notre soif platonique de modèles différents ;

c. la nature humaine n'est pas programmée pour les Cygnes Noirs : nous faisons comme s'ils n'existaient pas ;

d. le problème de Diagoras : ce que nous voyons ne reflète pas nécessairement toute la réalité. L'histoire nous cache les Cygnes Noirs et nous donne une idée erronée des chances qu'ils ont de se produire ;

e. nous avons des œillères : nous nous focalisons sur des sources d'incertitude bien définies, sur une liste trop spécifique de Cygnes Noirs (au détriment des autres qui ne viennent pas facilement à l'esprit).

J'aborderai chacun de ces points dans les cinq chapitres qui suivent. Puis, dans la conclusion de la première partie, je montrerai qu'ils constituent en fait le *même* sujet.

CHAPITRE 5

CONFIRMATION... MON ŒIL!

*J'ai tellement de preuves. – Un titi peut-il (parfois) être un toto ?
– Corroboration... mon œil ! – L'idée de Popper.*

Dans la mesure où elle est ancrée dans nos habitudes et notre sagesse traditionnelle, la confirmation peut se révéler une dangereuse erreur.

Supposez que je vous dise que j'ai la preuve que le joueur de football O. J. Simpson (qui fut accusé d'avoir tué sa femme dans les années 1990) n'est pas un criminel. Je vous assure, j'ai pris le petit déjeuner avec lui l'autre jour et *il n'a tué personne*. Je suis sérieux, je ne l'ai pas vu tuer une seule personne. Cela ne *confirmerait*-il pas son innocence ? Si je vous disais une chose pareille, vous appelleriez sans doute un psy, une ambulance, ou peut-être même la police, car vous penseriez que j'ai passé trop de temps dans les salles de trading ou les cafés à ruminer cette question du Cygne Noir et que ma logique peut présenter un danger si imminent pour la société qu'il faut m'enfermer sur-le-champ.

Vous auriez la même réaction si je vous annonçais que j'ai fait un somme l'autre jour sur la voie ferrée à New Rochelle, dans l'État de New York, et que je n'ai pas été tué. Hé, regardez-moi, je suis vivant, vous dirais-je ; c'est bien la preuve qu'il n'y a aucun danger à s'allonger sur les voies de chemin de fer! Et pourtant, considérez la chose suivante. Regardez de nouveau le graphique n° 1 au chapitre 4; quelqu'un ayant été témoin des mille premiers jours de la dinde (mais pas du choc du mille et unième) vous dirait, et à juste titre, qu'il n'existe *aucune preuve* de *la possibilité* que des événements importants, c'est-à-dire des Cygnes Noirs, se produisent. Vous êtes toutefois susceptible de confondre cette assertion, surtout si vous ne faites pas attention, avec l'affirmation selon laquelle il existe *des preuves de l'impossibilité que des Cygnes Noirs se produisent.* Bien qu'importante, en fait, la distance logique entre ces deux affirmations vous semblera très restreinte, si bien qu'il est facile de substituer l'une à l'autre. Si vous réussissez d'ici dix jours à vous souvenir de la première, il est probable que vous vous rappellerez la seconde, erronée – c'est-à-dire qu'il existe *des preuves qu'il n'y a pas de Cygnes Noirs.* J'appelle cette confusion erreur de la flèche inversée, car ces affirmations ne sont PAS *interchangeables.*

Cette confusion entre les deux assertions participe d'une erreur de logique extrêmement banale (mais fondamentale) – mais nous ne sommes pas immunisés contre les erreurs de logique banales, et les professeurs et autres penseurs ne le sont pas particulièrement non plus (les équations complexes ne font généralement pas bon ménage avec la clarté d'esprit). À moins de faire un gros effort de concentration, il est probable que nous simplifierons involontairement le problème parce que notre esprit le fait couramment à notre insu.

Voilà qui mérite un examen plus approfondi.

Nombre de gens confondent l'affirmation « presque tous les terroristes sont musulmans » avec « presque tous les musulmans sont des terroristes ». Supposez que la première affirmation soit vraie, que 99 % des terroristes soient musulmans. Cela signifierait qu'environ 0,001 % des musulmans sont des terroristes, puisqu'il y a plus d'un milliard de musulmans et seulement, disons, dix mille terroristes – un seul sur cent mille. L'erreur de logique vous fait donc (inconsciemment) surestimer de près de cinquante mille fois les chances qu'un musulman choisi au hasard (âgé, disons, de quinze à cinquante ans) soit un terroriste!

Le lecteur verra peut-être l'injustice des stéréotypes inhérente à l'erreur de la flèche inversée. Aux États-Unis, les minorités des zones urbaines souffrent encore du même amalgame; même si la plupart des criminels sont issus de leur sous-groupe ethnique, la plupart des membres de leur sous-groupe ethnique ne sont pas des criminels, mais ils n'en subissent pas moins une discrimination de la part de gens qui devraient réfléchir davantage.

« Je n'ai jamais voulu dire que les conservateurs étaient généralement stupides. Je voulais dire que les gens stupides sont généralement conservateurs », déplorait un jour John Stuart Mill. C'est un problème chronique : si vous dites aux gens que la clé de la réussite n'est pas toujours affaire de compétence, ils entendront qu'elle n'est jamais affaire de compétence, mais toujours de chance.

Notre système de déduction, celui que nous utilisons dans la vie quotidienne, n'est pas adapté à un environnement complexe dans lequel une déclaration subit un changement significatif quand on modifie légèrement sa formulation. Songez que dans un environnement primitif, il n'existe pas de différence importante entre les deux assertions suivantes : « la plupart des tueurs sont des animaux sauvages » et « la plupart des animaux sauvages sont des tueurs ». Il y a une erreur ici, mais elle est quasiment insignifiante. L'évolution de notre intuition statistique n'a pas suivi celle d'un habitat dans lequel ces subtilités peuvent faire une grande différence.

Tous les titis ne sont pas des totos

« Tous les titis sont des totos. Vous avez vu un toto. Est-ce un titi ? » Pas obligatoirement, car « tous les totos ne sont pas des titis » ; les adolescents qui se tromperaient en répondant à ce genre de questions dans un test de QI pourraient bien se voir refuser l'accès au lycée. Cependant, quelqu'un d'autre pourra obtenir des scores très élevés à ces tests et être néanmoins parcouru d'un frisson d'anxiété si quelqu'un venu du mauvais côté de la ville entre dans l'ascenseur. Cette incapacité à transférer immédiatement la connaissance et la complexité d'une situation à une autre, ou de la théorie à la pratique, est une caractéristique très ennuyeuse de la nature humaine.

Appelons cela la « spécificité de domaine » de nos réactions. Par « spécificité de domaine », je veux dire que nos réactions, notre mode de pensée, nos intuitions, dépendent du contexte dans lequel la situation se présente, ce que les psychologues évolutionnaires appellent le « domaine » de l'objet ou de l'événement. La salle de classe est un domaine ; la vie réelle en est un autre. Nous ne réagissons pas à une information en fonction de sa valeur logique, mais de l'environnement qui l'entoure et de la façon dont elle se manifeste à notre système socio-émotionnel. Des problèmes de logique appréhendés d'une certaine façon dans une salle de classe peuvent être traités différemment dans la vie quotidienne – et ils le sont de fait.

Même exacte, la connaissance donne rarement lieu à des actions appropriées, parce que, si nous n'y prenons pas garde et même si nous sommes des experts, nous avons tendance à oublier ce que nous savons ou comment traiter correctement ce savoir. Il a été démontré qu'une fois lâchés sur le pavé, les statisticiens avaient tendance à laisser leur cerveau dans la salle de classe et à commettre les erreurs de déduction les plus grossières. En 1971, les psychologues Danny Kahneman et Amos Tversky soumirent des professeurs de statistique à des questions de statistiques qui n'étaient pas formulées comme telles. L'une d'elles ressemblait à cela (j'ai modifié l'exemple pour plus de clarté) : supposez que vous viviez dans une ville possédant deux hôpitaux – un grand et un petit. Un jour, 60 % des enfants nés dans un des deux hôpitaux sont des garçons. De quel hôpital peut-il s'agir ? Nombre de statisticiens commirent l'erreur (au cours d'une conversation ordinaire) de choisir le grand hôpital, alors qu'en fait, la base même des statistiques est que les larges échantillons sont plus stables et généralement moins fluctuants par rapport à la moyenne à long terme – en l'occurrence, 50 % pour chaque sexe – que les petits échantillons. Ces statisticiens auraient échoué à leurs propres examens. À l'époque où j'étais *quant*, j'ai recensé des centaines d'erreurs de déduction aussi graves que celle-là chez des statisticiens qui avaient oublié qu'ils l'étaient.

Pour prendre un autre exemple du ridicule que peut revêtir cette spécificité de domaine dans la vie quotidienne, allez donc faire un tour au Reebook Sports, luxueux club de remise en forme new-yorkais, et regardez le nombre de gens qui, après avoir monté un ou deux étages en empruntant l'escalier, se dirigent droit vers les StairMasters[1].

Cette spécificité de domaine de nos déductions et réactions fonctionne de deux façons : il y a certains problèmes que nous pouvons comprendre dans la pratique, mais pas dans les manuels scolaires ; et d'autres que nous parvenons mieux à saisir dans un livre de classe que dans la pratique. Les gens peuvent facilement réussir à résoudre un problème dans une situation sociale, mais être à la peine si ce problème leur est présenté sous la forme d'un problème de logique abstraite. Nous avons tendance à utiliser des outils mentaux différents

---

1 Appareils des salles de gym qui font faire un effort similaire à celui fourni lorsque l'on monte des escaliers.

– les fameux « modules mentaux » – en fonction des situations que nous rencontrons : notre cerveau ne possède pas d'ordinateur central universel qui dispose de règles logiques et les applique de manière équivalente à toutes les situations possibles.

Et comme je l'ai dit, nous pouvons très bien commettre une erreur de logique dans la réalité mais pas dans une salle de classe. C'est dans le dépistage du cancer que cette asymétrie est la plus manifeste. Prenez un médecin qui examinerait un patient dans le but de détecter chez lui des symptômes cancéreux ; généralement, on fait passer des tests aux patients qui veulent savoir s'ils sont guéris ou s'il y a « récurrence » de la maladie (le terme « récurrence » est en fait impropre ; il signifie simplement que le traitement n'a pas tué toutes les cellules cancéreuses et que ces cellules malignes non détectées ont commencé à se multiplier de manière incontrôlable). Comme les technologies actuelles ne permettent pas d'examiner chaque cellule du patient pour vérifier qu'elle n'est pas maligne, le médecin travaille sur un échantillon en scannant le corps avec autant de précision que possible. Puis il formule une hypothèse sur la base de ce qu'il n'a pas vu. Un jour, à la suite d'un examen de routine pour le dépistage du cancer, je fus sidéré d'entendre un médecin me déclarer : « Cessez de vous inquiéter, il y a des preuves de guérison. » « Pourquoi ? » demandai-je. « Il y a des preuves qu'il n'y a pas de cancer », me répondit-il. « Comment le savez-vous ? » l'interrogeai-je. « Le scan est négatif », répliqua-t-il. Et pourtant, il se disait partout médecin !

Un acronyme utilisé dans la littérature médicale est Pem, qui signifie « pas d'évidence de maladie ». Epm, « évidence qu'il n'y a pas de maladie », n'existe pas. Et pourtant, après avoir discuté de cette question avec de nombreux médecins, y compris ceux qui publient des articles sur leurs résultats, mon expérience personnelle est qu'au cours de la conversation, beaucoup succombent à l'erreur de la flèche inversée.

Dans les années 1960, en proie à l'arrogance scientifique qui avait cours alors, les médecins n'avaient que dédain pour le lait maternel qu'ils considéraient comme primitif, comme s'il pouvait être reproduit par leurs laboratoires – sans réaliser que ce lait pouvait contenir des composants utiles qui avaient pu échapper à leur compréhension scientifique – une simple confusion entre « absence de preuve » des avantages du lait maternel et « preuve de l'absence » de ces mêmes avantages (autre cas de platonicité, car « cela n'avait pas de sens » d'allaiter quand on pouvait tout simplement utiliser du lait en bouteille). Plus tard, nombre de gens payèrent le prix de cette naïve déduction : il s'avéra que ceux qui n'avaient pas été allaités quand ils étaient nourrissons étaient beaucoup plus exposés que les autres au risque de développer toutes sortes de problèmes de santé, notamment certaines formes de cancer – le lait maternel devait contenir des nutriments indispensables que nous ignorons encore aujourd'hui. Qui plus est, les avantages de l'allaitement pour les mères elles-mêmes – tels que la diminution des risques de cancer – furent également négligés.

Il en va de même pour les amygdales : leur ablation peut accroître les risques de cancer de la gorge, mais pendant des décennies, l'idée n'est jamais venue aux médecins que ce tissu « inutile » pouvait bel et bien avoir une utilité qui échappait à leur dépistage. *Idem* pour la fibre diététique présente dans les fruits et les légumes : dans les années 1960, les médecins la jugeaient inutile parce qu'ils ne voyaient pas de preuve immédiate de sa nécessité, et c'est ainsi qu'ils engendrèrent une génération entière de personnes qui se nourrissaient mal. Il s'avère que la fibre ralentit l'absorption des sucres dans le sang et débarrasse le système intestinal des cellules précancéreuses. À cause de ce simple genre de confusion déductive, la médecine a fait quantité de dégâts au cours de l'histoire.

Je ne suis pas en train de dire que les médecins ne doivent pas avoir de convictions – seulement qu'il faudrait éviter certains types de croyances définitives, fermées ; c'est, semble-t-il, ce que Ménodote et son école défendaient avec leur forme bien personnelle de médecine sceptique empirique qui évitait les théorisations. Si la médecine s'est améliorée, ce n'est pas le cas de nombreuses formes de connaissance.

Preuves

Par un mécanisme mental que j'appellerai empirisme naïf, nous avons naturellement tendance à rechercher les exemples qui confirment notre histoire et notre vision du monde – ils sont toujours faciles à trouver. Hélas, avec des outils et des imbéciles, tout peut être facile à trouver ; il suffit de prendre des exemples passés qui corroborent ses théories et de les considérer comme des preuves. Ainsi un diplomate vous montrera-t-il ce qu'il a « accompli », pas ce qu'il a échoué à réaliser. Les mathématiciens essaieront de vous convaincre que leur science est utile à la société en citant des exemples de cas où elle l'a effectivement été, sans parler de ceux où elle a occasionné une perte de temps ou, pire encore, de ces applications mathématiques qui ont infligé un coût très lourd à la société à cause de la nature hautement non empirique d'élégantes théories.

Même quand nous testons une hypothèse, nous avons tendance à rechercher les exemples où elle s'est avérée exacte. Bien sûr, il est facile d'en trouver confirmation ; il suffit de chercher ou de demander à un chercheur de le faire pour nous. Je peux trouver la confirmation de pratiquement tout, comme un chauffeur de taxi londonien habile pourra, même en période de congés, trouver la circulation qui lui permettra de faire monter le prix de la course.

Certains vont plus loin et me donnent des exemples d'événements que nous avons réussi à prévoir avec un certain succès – il en existe effectivement quelques-uns, comme le fait d'être allé sur la Lune et la croissance économique du XXIe siècle. On peut trouver quantité de « contre-preuves » aux points que je soulève dans ce livre, la plus convaincante étant que les journaux excellent à prévoir les programmes de cinéma et de théâtre. Regardez, j'avais prévu hier que le soleil se lèverait aujourd'hui... et c'est arrivé !

L'EMPIRISME NÉGATIF

La bonne nouvelle, c'est qu'il existe un moyen de contourner cet empirisme naïf. Ce que je dis, c'est qu'une succession de faits corroboratifs ne constitue pas *nécessairement* des preuves. Le fait de voir des cygnes blancs ne confirme pas que les cygnes noirs n'existent pas. Il y a cependant une exception : je sais quelle affirmation est erronée, mais pas nécessairement laquelle est vraie. Si je vois un cygne noir, je peux certifier que *tous les cygnes ne sont pas blancs* ! Si je vois quelqu'un tuer, je peux être pratiquement certain que c'est un criminel. Si je ne le vois pas tuer, je ne peux pas être certain qu'il est innocent. La même chose vaut pour le dépistage du cancer : la détection d'une seule tumeur maligne prouve que vous avez le cancer, mais l'absence d'une telle détection ne peut pas vous permettre de dire avec certitude que vous n'avez pas le cancer.

Ce sont les exemples négatifs, non la vérification, qui permettent de se rapprocher de la vérité ! Faire de faits observés une généralité nous induit en erreur. Contrairement à ce que veut la sagesse conventionnelle, une série de faits observés confirmatoires comme celle faite par la dinde n'augmente pas nos connaissances. Mais il y a des choses sur lesquelles je peux demeurer sceptique, et d'autres dont je peux être sûr qu'elles sont certaines. Du coup, les conséquences des faits observés sont partielles. Ce n'est pas beaucoup plus compliqué que cela.

Cette asymétrie est extrêmement commode. Elle nous dit que nous ne sommes pas obligés d'être complètement, mais seulement à moitié sceptiques. La subtilité de la vraie vie par rapport aux livres est que, quand on prend une décision, il suffit de s'intéresser à un seul côté de l'histoire : si vous cherchez à être *certain* qu'un patient a ou n'a pas le cancer, et non qu'il est en bonne santé, vous allez peut-être vous contenter d'inférences négatives, car elles vous apporteront la certitude que vous recherchez. Nous pouvons donc beaucoup apprendre des données – mais pas autant que nous le croyons. Il arrive qu'une profusion de données n'ait aucune importance, alors qu'à d'autres moments, une seule et unique information sera capitale. Certes, mille jours ne peuvent pas prouver que l'on a raison, mais un seul jour suffit à prouver que l'on a tort.

La personne qui fit valoir cette idée de semi-scepticisme partiel est sir Karl Raimund Popper, peut-être le seul philosophe de la science dont les écrits soient effectivement lus et débattus par les acteurs du monde réel (mais avec un enthousiasme plus modéré par les professionnels de la philosophie). Alors que j'écris ces lignes, une photographie en noir et blanc de Popper est accrochée au mur de mon bureau. C'est un cadeau que m'a offert à Munich l'essayiste Jochen Wegner, qui, comme moi, considère Popper comme tout « ce que nous avons » en termes de penseurs modernes – enfin, presque. Il écrit pour nous, pas pour les autres philosophes – « nous », les décisionnaires empiriques qui considérons l'incertitude comme notre discipline, et pensons que comprendre comment se comporter quand on dispose d'informations incomplètes constitue la tâche humaine la plus élevée et la plus urgente qui soit.

Popper élabora une théorie à grande échelle autour de cette asymétrie, fondée sur une technique appelée « falsification » (« falsifier » signifiant « réfuter ») destinée à faire la distinction entre la science et la non-science, et les gens se mirent immédiatement à couper les cheveux en quatre à propos de ses aspects techniques, quand bien même ce n'est pas la dimension la plus intéressante ni la plus originale des idées de Popper. Si cette idée d'asymétrie de la connaissance est à ce point prisée par les praticiens, c'est qu'elle est une évidence pour eux ; elle correspond à leur démarche. Le philosophe *maudit*[2] Charles

---

Sanders Peirce qui, à l'instar d'un artiste, n'accéda à la reconnaissance qu'après sa mort, élabora lui aussi une version de cette solution du Cygne Noir alors que Popper était encore au berceau – certains la baptisèrent même « l'approche Peirce-Popper ». Bien plus puissante et originale est chez Popper l'idée de société « ouverte », qui se fonde sur le scepticisme érigé en *modus operandi*, refusant les vérités définitives et leur résistant. En vertu des arguments que j'ai décrits dans le Prologue, il accusait Platon de nous fermer l'esprit. Mais l'idée majeure de Popper fut sa perception de l'imprévisibilité fondamentale, quasi totale et incurable du monde, que j'aborderai dans le chapitre sur les prévisions [3].

Bien sûr, il n'est pas facile de « falsifier », c'est-à-dire de déclarer que quelque chose est faux avec une certitude absolue. Des imperfections dans la méthode de vérification peuvent conduire à un « non » erroné. Le médecin qui dépiste les cellules cancéreuses peut avoir un matériel défectueux qui entraîne des illusions d'optique, ou être un économiste utilisateur de la courbe en cloche déguisé en médecin. Le témoin d'un crime peut être ivre. *Cependant, il n'en reste pas moins vrai que l'on est beaucoup plus sûr de ce qui est faux que de ce qui est vrai.* Toutes les informations n'ont pas la même importance.

Popper introduit le mécanisme des conjectures et des réfutations, qui fonctionne comme suit : vous formulez une conjecture (audacieuse) et vous vous mettez en quête de faits qui la réfutent. C'est une alternative à notre quête d'exemples confirmatoires. Si vous croyez que c'est facile, vous allez être déçu – peu d'êtres humains ont la capacité naturelle de le faire. J'avoue que je n'en fais pas partie ; non, cela ne m'est pas naturel.

Compter jusqu'à trois

Les scientifiques cognitifs ont étudié notre tendance naturelle à rechercher uniquement la corroboration ; ils appellent « biais de confirmation » cette vulnérabilité à l'erreur de corroboration. Certaines expériences montrent que les gens ne se focalisent que sur les livres lus de

---

3. La paternité de cette asymétrie ne revient ni à Peirce, ni à Popper. En 1878, le philosophe français Victor Brochard mentionna l'importance de l'empirisme négatif, comme si les empiristes le considéraient comme la démarche la plus efficace – c'est ce que les Anciens avaient compris implicitement. Les ouvrages épuisés réservent quantité de surprises.

la bibliothèque d'Umberto Eco. On peut vérifier une règle donnée soit directement, en examinant les cas où elle fonctionne, soit indirectement, en se concentrant sur ceux où elle ne fonctionne pas. Comme nous l'avons vu précédemment, les exemples infirmatoires sont beaucoup plus à même d'établir la vérité. Pourtant, nous sommes enclins à ne pas en avoir conscience.

À ma connaissance, la première expérience de ce phénomène a été réalisée par le psychologue P. C. Wason. Il a soumis à des sujets la suite à trois chiffres 2, 4, 6 en leur demandant d'essayer de deviner la règle qui la sous-tendait. À cet effet, la méthode consistait pour les participants à produire d'autres suites à trois chiffres, à laquelle le psychologue répondait par « oui » ou par « non », en fonction de leur pertinence par rapport à la règle. Une fois qu'ils étaient certains de leur réponse, les sujets formulaient la règle (remarquez la similarité de cette expérience avec la discussion, au chapitre 1, concernant la manière dont l'histoire se présente à nous ; supposant que l'histoire obéit à une certaine logique, nous ne voyons que les événements, jamais les règles, mais éprouvons le besoin de deviner comment elle fonctionne). La règle correcte était tout simplement « chiffres en ordre croissant ». Très peu de sujets la découvrirent, parce que pour y arriver, il fallait qu'ils proposent une série de chiffres en ordre décroissant (à laquelle le psychologue répondrait par « non »). Wason remarqua que les sujets avaient une règle en tête, mais qu'ils lui fournissaient des exemples visant à la confirmer au lieu d'essayer de proposer des suites de chiffres qui n'avaient aucune pertinence par rapport à leur hypothèse. Ainsi s'obstinaient-ils à essayer de confirmer la règle qu'ils avaient eux-mêmes fabriquée.

Cette expérience a inspiré toute une série de tests similaires, dont l'exemple suivant : on demanda aux sujets – soi-disant pour un autre type d'expérience – quelles étaient les questions à poser pour savoir si une personne était extravertie ou non. Il s'avéra que les sujets posaient essentiellement des questions auxquelles, si l'on répondait par « oui », étayeraient l'hypothèse concernée.

Il existe cependant des exceptions, parmi lesquelles les grands joueurs d'échecs ; on a démontré qu'ils se concentraient en fait sur les cas où un coup spéculatif aurait peu de chances d'aboutir alors que les bleus, eux, ne recherchent pas d'exemples falsificateurs, mais confirmatoires. Néanmoins, ne jouez pas aux échecs pour vous exercer au scepticisme. Selon les scientifiques, c'est la recherche de leurs propres faiblesses qui fait d'eux de bons joueurs d'échecs, non la pratique de ce jeu qui les transforme en sceptiques. De la même manière, quand le spéculateur George Soros fait un pari financier, il persiste à chercher des exemples qui réfuteraient sa théorie initiale. C'est peut-être cela la véritable confiance en soi : la capacité à regarder le monde sans avoir besoin d'y trouver des signes susceptibles de flatter son propre ego[4].

Malheureusement, la notion de corroboration est enracinée dans nos habitudes intellectuelles et notre discours. Voyez ce commentaire de l'écrivain et critique John Updike : « Quand Julian Jaynes [...] émet l'hypothèse qu'avant la fin du deuxième millénaire av. J.-C., les hommes n'avaient pas de conscience mais obéissaient automatiquement à la voix des dieux, nous sommes stupéfaits, mais forcés de suivre toutes les preuves qui corroborent cette remarquable thèse. » La thèse de Jaynes est peut-être exacte, mais, monsieur Updike, le problème central de la connaissance (et l'objet de ce chapitre) est que les preuves *corroboratives* n'existent pas.

« J'ai vu une autre Mini rouge ! »

Le point suivant illustre encore l'absurdité de la confirmation. Si vous croyez que voir un autre cygne blanc vous apportera la confirmation *que les cygnes noirs n'existent pas*, vous devez également, pour des raisons purement logiques, accepter que la vue d'une Mini Cooper rouge puisse confirmer la même chose.

Pourquoi ? Considérez simplement que l'assertion « tous les cygnes sont blancs » équivaut à *tous les objets qui ne sont pas blancs ne sont pas des cygnes*. Ce qui confirme cette dernière assertion doit pouvoir confirmer la première. Par conséquent, la vue d'un objet qui n'est ni blanc, ni un cygne devrait contribuer à cette confirmation. Connu sous le nom de paradoxe de Hempel ou paradoxe du corbeau, cet argument a été redécouvert par mon ami le mathématicien (pensant) Bruno Dupire au cours d'une de nos promenades méditatives intenses dans

---

4. Ce problème de confirmation se retrouve partout dans notre vie moderne, puisque la plupart des conflits s'enracinent dans le biais mental suivant : quand les Arabes et les Israéliens regardent le journal télévisé, ils voient des histoires différentes dans la même série d'événements. De même, les démocrates et les républicains examinent des parties différentes des mêmes données et ne parviennent jamais à faire converger leurs opinions. Une fois que notre esprit est habité par une certaine vision du monde, on va avoir tendance à considérer uniquement les exemples qui nous donnent raison. Paradoxalement, plus on a d'informations, plus on a l'impression que nos opinions sont justifiées.

Londres – une de ces discussions effrénées que nous avons en marchant, tellement effrénées que nous ne remarquons même pas la pluie. Désignant une Mini rouge, il s'écria : « Regarde, Nassim, regarde ! Les Cygnes Noirs n'existent pas ! »

Pas tout

Nous ne sommes pas assez naïfs pour croire qu'une personne est immortelle parce que nous ne l'avons jamais vue mourir, ou une autre innocente de tout meurtre parce que nous ne l'avons jamais vue tuer. Le problème de la généralisation naïve n'est pas une plaie universelle. Toutefois, ces éclairs intelligents de scepticisme inductif impliquent généralement des événements que nous avons rencontrés dans notre environnement naturel, des questions qui nous ont appris à éviter de généraliser bêtement.

Ainsi, quand on montre à un enfant la photo d'un membre d'un groupe et qu'on lui demande de deviner les caractéristiques de ses autres membres, qu'il n'a jamais vus, il est capable de sélectionner les caractéristiques à généraliser. Montrez à un enfant la photographie d'une personne en surpoids, dites-lui qu'elle appartient à une tribu et demandez-lui de décrire le reste de la population : il est (extrêmement) probable qu'il ne s'empressera pas de conclure que tous les membres de la tribu ont des problèmes de poids. Toutefois, il réagirait différemment à des généralisations impliquant la couleur de peau. Si vous montrez au même enfant des personnes à la peau sombre et lui demandez de décrire ses congénères, il supposera qu'ils ont le même teint.

Il semble donc que nous soyons dotés d'instincts inductifs particuliers et sophistiqués qui nous mettent sur la bonne voie. Contrairement à l'opinion professée par le grand David Hume et à celle de la tradition empiriste britannique selon laquelle « la croyance résulte de la coutume », car ils pensaient que seules notre expérience et les observations empiriques nous apprenaient à généraliser, des études sur le comportement des nourrissons ont permis de montrer que nous venons au monde dotés d'un mécanisme mental qui nous pousse à opérer des généralisations sélectives à partir de nos expériences (c'est-à-dire à acquérir de manière sélective une démarche inductive dans certains domaines, mais à demeurer sceptiques dans d'autres). Ce faisant, nous ne tirons pas seulement la leçon de mille jours, mais bénéficions, grâce à l'évolution, du savoir de nos ancêtres – qui fait partie de nos gènes.

Retour au Médiocristan

Et nous n'avons peut-être pas appris les choses correctement de nos ancêtres. J'émets ici l'hypothèse que nous avons probablement hérité des instincts permettant de survivre dans la région des Grands Lacs d'Afrique orientale d'où nous serions issus, mais ces instincts ne sont certainement pas adaptés à l'environnement postérieur à l'alphabéti-sation d'aujourd'hui – un environnement extrêmement information-nel et statistiquement complexe.

De fait, cet environnement est un peu plus complexe que nous (et nos institutions) semblons le réaliser. Pourquoi? Étant Extrêmistan, le monde moderne est dominé par les événements rares – très rares. Comme il peut produire un Cygne Noir après des milliers et des mil-liers de cygnes blancs, nous devons suspendre notre jugement plus longtemps que nous ne sommes enclins à le faire. Comme je l'ai dit au chapitre 3, il est – biologiquement – impossible de tomber sur des êtres humains qui mesurent plusieurs centaines de kilomètres; aussi notre intuition exclut-elle ces éventualités. Mais les ventes d'un livre ou l'ampleur des événements sociaux ne suivent pas de telles règles. Il faut beaucoup plus de mille jours pour accepter qu'un écrivain ne soit pas doué, qu'un marché ne s'effondre pas, qu'une guerre ne se pro-duise pas, qu'un projet soit sans avenir, qu'un pays soit « notre allié », qu'une société ne fasse pas faillite, qu'un analyste financier travaillant dans une société de courtage ne soit pas un charlatan ou qu'un voi-sin ne nous attaquera pas. Jadis, les êtres humains étaient capables de déductions beaucoup plus exactes et rapides.

En outre, les sources de Cygnes Noirs se sont aujourd'hui multi-pliées à un point tel qu'il est devenu impossible de les mesurer[5]. Dans l'environnement primitif, elles se limitaient à rencontrer de nouveaux

---

5. Il est clair que les événements météorologiques et géodésiques (tels que tor-nades et tremblements de terre) n'ont pas beaucoup changé au cours du dernier millénaire; ce qui a changé, en revanche, ce sont leurs conséquences socio-économi-ques. Aujourd'hui, un tremblement de terre ou un ouragan entraîne nécessairement des conséquences économiques de plus en plus graves – ce, à cause des imbrications qui existent entre les entités économiques et de l'intensification des « effets de réseaux » que nous aborderons dans la troisième partie. Des choses qui avaient autrefois des conséquences modérées ont aujourd'hui un impact important. Le tremblement de terre de Tokyo en 1923 provoqua une chute d'environ un tiers du PNB japonais. En extrapolant à partir de la tragédie de Kobe en 1994, on peut facilement déduire qu'un nouveau tremblement de terre à Tokyo coûterait beaucoup plus cher que son prédécesseur (voir les travaux de D. Zajdenweber).

animaux sauvages ou de nouveaux ennemis, et à de brusques changements météorologiques. Ces événements étaient suffisamment récur-
rents pour que l'on en ait conçu une peur innée. Cet instinct-là, qui
nous permet de faire des déductions assez rapides et d'avoir des œillères
(c'est-à-dire de nous focaliser sur un petit nombre de sources d'incertitudes ou de causes de Cygnes Noirs connus), demeure relativement
ancré en nous. En un mot, cet instinct est notre destin.

CHAPITRE 6

L'ERREUR DE NARRATION

*La cause du pourquoi. – Comment faire un cerveau dédoublé. –
Méthodes efficaces pour montrer le plafond du doigt. – La dopamine
vous aidera à gagner. – Je vais arrêter de rouler à moto (mais pas
aujourd'hui). – Empirique et psychologue à la fois ? Et depuis quand ?*

DES CAUSES DE MON REJET DES CAUSES

À l'automne 2004, j'assistai à une conférence sur l'esthétique et
la science à Rome, lieu le plus propice sans doute à un tel événement puisque l'esthétique y imprègne absolument tout, du comportement des gens à l'intonation de leur voix. Au déjeuner, un éminent
professeur d'une université du sud de l'Italie vint me saluer avec un
enthousiasme débordant. Le matin, je l'avais écouté faire son exposé
avec passion ; il était tellement charismatique, tellement convaincu
et convaincant que, bien qu'incapable de comprendre le quart de la
moitié de ce qu'il disait, j'étais tombé totalement d'accord avec lui.
Ma connaissance de l'italien étant plus adaptée au milieu des cocktails qu'à celui des manifestations intellectuelles et universitaires, je
n'avais réussi à saisir qu'une phrase par ci par là. À un moment de
son intervention, il était devenu tout rouge de colère, achevant de me
convaincre (ainsi que l'auditoire) qu'il avait raison.

Pendant le déjeuner, il fondit sur moi pour me féliciter d'avoir montré les effets de ces liens de causalité plus présents dans l'esprit humain que dans la réalité. La conversation prit un tour si animé que nous restâmes tous deux campés près du buffet, empêchant ainsi les autres délégués d'accéder aux plats. Il parlait français avec un accent (avec ses mains), je lui répondais dans un italien rudimentaire (avec mes mains), et nous faisions montre l'un et l'autre d'une telle vivacité que les autres convives n'osaient pas interrompre une conversation aussi importante et animée. Il fut dithyrambique sur mon précédent ouvrage sur le hasard, sorte de réaction de trader en colère face à l'incapacité de voir l'importance de la chance dans la vie et sur les marchés financiers, qui avait été publié en Italie sous le titre musical de *Giocati dal caso*[1]. J'avais eu la chance que mon traducteur en sache presque plus que moi sur le sujet, et le livre trouva un écho modeste auprès des intellectuels italiens. « J'admire beaucoup vos idées, mais je me sens floué. Ces idées sont aussi vraiment les miennes, et vous avez écrit le livre que j'avais (presque) l'intention d'écrire », me dit-il. « Vous êtes un homme chanceux ; vous avez présenté de manière tellement exhaustive les effets du hasard sur la société et l'importance exagérée qu'on accorde aux causes et aux effets. Vous montrez à quel point nous sommes stupides de tenter systématiquement d'*expliquer* à tout prix les compétences. »

Il fit une pause avant d'ajouter, plus calmement : « Mais, *mon cher ami*[2], permettez-moi de vous dire *quelque chose*[3] [il prononça ces deux mots très lentement, en tapotant de son pouce son index et son majeur] : si vous aviez grandi dans une société protestante où l'on vous apprend que les efforts sont liés aux récompenses et où l'on met l'accent sur la responsabilité individuelle, vous n'auriez jamais vu le monde de cette façon. Si vous avez pu voir la chance et dissocier les causes des effets, c'est bel et bien *à cause* de votre héritage orthodoxe de la Méditerranée orientale. » Et il se montra tellement convaincant que, l'espace d'un instant, je tombai d'accord avec cette interprétation.

Nous aimons les histoires, nous aimons résumer et simplifier, c'est-à-dire réduire la dimension des choses. Le premier problème de la nature humaine que nous allons examiner dans ce paragraphe est celui que je viens d'illustrer ci-dessus et que j'appelle l'« erreur de

---

1. Publié en France sous le titre *Le Hasard sauvage*, Les Belles Lettres, Paris, 2005 *(N.d.T.)*.

2. En français dans le texte *(N.d.T.)*.

3. En français dans le texte *(N.d.T.)*.

narration ». (C'est en fait une escroquerie, mais, par souci de politesse, je la qualifierai d'erreur.) Cette erreur est liée à notre propension à la surinterprétation et au fait que nous préférons les histoires compactes aux vérités brutes. Elle déforme considérablement notre représentation mentale du monde, et est particulièrement grave quand il s'agit d'événements rares.

Voyez comme mon intelligent nouvel ami italien, tout en partageant mon combat contre la surinterprétation et la surestimation des causes, était incapable de nous considérer, moi et mon travail, indépendamment d'une raison, d'une cause associée aux deux – comme autrement que faisant partie d'une histoire. Il fallait qu'il *invente* une cause. Qui plus est, il n'avait pas conscience d'être tombé dans le piège de la causation, et je n'en eus pas non plus immédiatement conscience moi-même.

L'erreur de narration concerne notre quasi-incapacité à observer des suites d'événements sans leur attribuer une explication, ou, ce qui revient au même, sans leur attribuer coûte que coûte un lien logique, une *flèche de relation*. Les explications permettent de lier les faits ; elles les rendent d'autant plus mémorables. Elles permettent de leur *donner plus de sens*. Là où cette propension peut être préjudiciable, c'est lorsqu'elle augmente notre *impression* de comprendre les choses.

À l'instar du précédent, ce chapitre couvre un seul et unique problème, mais dans des disciplines apparemment différentes. Bien qu'une de ses formes ait été étudiée de manière exhaustive par les psychologues, le problème de la narrativité n'est pas si « psychologique » que cela : quelque chose, dans la manière dont les disciplines sont conçues, masque le fait qu'il s'agit plus généralement d'un problème d'*information*. Alors que la narrativité vient d'un besoin biologique profond de réduire la dimensionalité, les robots seraient enclins au même processus de réduction. L'information *demande* à être réduite.

Afin de permettre au lecteur de s'y retrouver : en étudiant le problème de l'induction au chapitre précédent, nous avons examiné ce que l'on peut déduire de l'invisible, ce qui se trouve *à l'extérieur* de l'ensemble des informations à notre disposition. Ici, nous allons nous intéresser à ce que nous voyons, à ce qui se trouve *à l'intérieur* de cet ensemble d'informations, et examiner les déformations qui surviennent au cours de son traitement. Il y a beaucoup à dire sur le sujet, mais je vais l'aborder sous l'angle de la simplification du monde qui nous entoure par la narrativité et des effets occasionnés sur notre perception du Cygne Noir et de l'incertitude sauvage.

CERVEAUX DÉDOUBLÉS

Découvrir l'antilogique est une activité exaltante. Pendant quelques mois, vous avez la sensation émoustillante d'avoir pénétré dans un monde nouveau. Passé ce délai, la nouveauté s'étiole, et vos pensées reviennent à vos affaires courantes. Le monde redevient ennuyeux jusqu'à ce que vous trouviez un autre motif d'enthousiasme (ou que vous réussissiez à mettre un autre gros bonnet dans un état de rage folle).

Pour moi, cette antilogique accompagna la découverte – grâce à la littérature sur la cognition – que, contrairement à ce que tout le monde croit, ne pas théoriser est un acte en soi, et que théoriser peut correspondre à l'absence d'activité volontaire, l'option « par défaut ». Voir les faits (et se les rappeler) en suspendant son jugement et en résistant aux explications requiert un effort considérable. Et nous contrôlons rarement cette maladie de la théorisation : comme elle est essentiellement anatomique et fait partie intégrante de notre génétique, la combattre implique nécessairement de combattre son propre moi. Les préceptes des anciens sceptiques incitant à suspendre son jugement vont à l'encontre de notre nature. Parler ne coûte rien – problème inhérent à une philosophie dispensatrice de conseils, comme nous le verrons au chapitre 13.

Essayez de faire réellement preuve de scepticisme par rapport à vos interprétations et vous serez épuisé en un rien de temps ; de plus, vous vous sentirez humilié d'avoir résisté à la tentation de théoriser (il y a des trucs pour atteindre le véritable scepticisme ; mais, plutôt que de vous attaquer vous-même frontalement, il vous faut passer par la porte de derrière). Même d'un point de vue anatomique, notre cerveau ne peut rien voir sous une forme brute sans l'interpréter d'une manière quelconque. Nous n'en sommes peut-être même pas toujours conscients.

Rationalisation a posteriori. Dans le cadre d'une expérience, des psychologues demandèrent à des femmes de choisir parmi douze paires de bas nylon celles qu'elles préféraient, puis de donner les raisons de leur choix. Texture, « toucher » et couleur figuraient parmi les raisons invoquées. En fait, toutes ces paires de bas étaient identiques. Les femmes avaient donc fourni des explications *a posteriori*. Cela signifie-t-il que nous sommes plus doués pour expliquer que pour comprendre ? Voyons cela.

Une série d'expériences célèbres menées sur des patients au cerveau dédoublé nous apporte des preuves physiques – c'est-à-dire biologiques – convaincantes du caractère automatique de l'acte d'interprétation. Il semble y avoir en nous un organe désireux de tout comprendre – même s'il n'est pas facile de le mettre en évidence avec précision. Voyons comment on le détecte.

Les patients au cerveau dédoublé n'ont aucun lien entre les hémisphères droit et gauche de leur cerveau, ce qui empêche tout partage d'information entre les deux. Pour les chercheurs, ces patients sont des joyaux rares d'une valeur inestimable. On se trouve littéralement face à deux personnes différentes, avec lesquelles on peut communiquer séparément ; les différences entre les deux individus nous renseignent quelque peu sur la spécialisation de chaque hémisphère. Cette scission résulte généralement d'une intervention chirurgicale destinée à remédier à une affection alarmante – une grave épilepsie, par exemple ; non, les scientifiques des pays occidentaux (et de la plupart des pays orientaux) ne sont plus autorisés à couper des cerveaux humains en deux, fût-ce au nom de la connaissance et de la sagesse.

Mettons que vous incitiez une personne à effectuer une action ou une autre – lever le doigt, rire, ou s'emparer d'une pelle – afin de déterminer comment elle attribue une raison à son acte (alors que vous savez en réalité que cette action n'a pas d'autre raison que votre propre incitation à l'effectuer). Si vous demandez à l'hémisphère droit, en l'occurrence isolé du gauche, de faire l'action en question, puis à l'autre hémisphère de vous donner une explication, le patient offrira invariablement une interprétation quelconque : « Je montrais le plafond pour... », « J'ai vu quelque chose d'intéressant sur le mur » ; ou, si vous interrogez l'auteur de ce livre, je vous servirai mon habituel « parce que je suis originaire du village grec orthodoxe d'Amioun, au nord du Liban », etc.

Maintenant, si vous faites le contraire, c'est-à-dire que vous ordonnez à l'hémisphère gauche isolé d'effectuer une action et que vous interrogez l'hémisphère droit sur les raisons de cet acte, la personne vous répondra simplement : « Je ne sais pas. » Notez que c'est dans l'hémisphère gauche que résident généralement l'aptitude au langage et à la déduction. Je mets en garde le lecteur avide de « science » contre la tentation de construire une carte neuronale : tout ce que j'essaie de montrer, c'est le fondement biologique de cette tendance à la causalité, non son emplacement précis. Nous avons des raisons de douter de ces distinctions entre « cerveau droit » et « cerveau gauche » et des généralisations pop-scientifiques sur la personnalité. De fait, l'idée que le cerveau gauche contrôle le langage n'est peut-être pas si exacte que cela : le cerveau gauche semble se trouver plus précisément à l'endroit où réside la reconnaissance des règles, et peut-être ne contrôle-t-il le langage que dans la mesure où celui-ci a un attribut de reconnaissance des règles. Une autre différence entre les hémisphères est que le cerveau droit s'occupe de nouveauté. Il a tendance à voir une suite de faits (le détail, ou les arbres), tandis que le cerveau gauche perçoit les formes, la *Gestalt* (le général, ou la forêt).

Afin d'illustrer notre dépendance biologique aux histoires, voyez l'exemple suivant. Pour commencer, lisez ceci :

> A BIRD IN THE
> THE HAND IS WORTH
> TWO IN THE BUSH.

Vous ne remarquez rien de particulier ? Essayez encore[4].

Le neurologue Alan Snyder, qui enseigne à l'université de Sydney (et a l'accent de Philadelphie), a fait la découverte suivante. Si l'on désactive l'hémisphère gauche d'un droitier (pour être plus technique, si l'on envoie des pulsations magnétiques basse fréquence à l'intérieur des lobes fronto-temporaux de l'hémisphère gauche), on minimise les risques d'erreur lorsqu'il lira le proverbe ci-dessus. Notre propension à imposer du sens et des concepts inhibe notre conscience des détails qui constituent ces concepts. Néanmoins, si l'on supprime leur hémisphère gauche, les gens deviennent plus réalistes – ils sont capables de mieux dessiner et leurs dessins sont plus ressemblants. Leur esprit arrive mieux à voir les objets en eux-mêmes, débarrassés de toute théorie, narration et de tout préjugé.

Pourquoi est-il difficile d'éviter l'interprétation ? Un élément de réponse essentiel est que, comme nous l'avons vu avec la vignette de l'universitaire italien, les fonctions du cerveau opèrent souvent sans que nous en ayons conscience. En effectuant d'autres activités considérées comme automatiques et indépendantes de notre contrôle – respirer, par exemple – on interprète sacrément !

Pour quelles raisons la non-théorisation occasionne-t-elle une *dépense* d'énergie beaucoup plus importante que la théorisation ? D'abord, à cause du caractère impénétrable de l'activité. Comme je l'ai dit, celle-ci se produit essentiellement à notre insu : si vous ne savez pas que vous êtes en train de tirer une conclusion, comment pouvez-vous vous

---

4. Le mot « *The* » revient deux fois.

en empêcher à moins de conserver une vigilance constante ? Et n'est-il pas un peu fatigant de devoir rester continuellement aux aguets ? Essayez pendant une après-midi et vous verrez.

Un peu plus de dopamine

Outre l'histoire de l'interprète cerveau gauche, nous avons d'autres preuves physiologiques de cette quête de formes ancrée en nous ; ce, parce qu'aujourd'hui, nous connaissons mieux le rôle des neurotransmetteurs, ces substances biochimiques qui transmettent les signaux à des endroits différents du cerveau. Il apparaît que la perception des formes augmente avec la concentration de la dopamine chimique dans le cerveau. En outre, la dopamine régule l'humeur et fournit au cerveau un système de gratification interne (sans surprise, on la trouve en concentrations légèrement plus élevées dans l'hémisphère gauche que dans l'hémisphère droit des droitiers). Il s'avère qu'une concentration plus élevée de dopamine diminue le scepticisme et accroît la propension à détecter les formes ; une piqûre de L-Dopa, substance utilisée pour traiter les patients atteints de la maladie de Parkinson, semble augmenter ces tendances et diminuer la suspension de la croyance. La personne devient alors sujette à toutes sortes de tocades telles que l'astrologie, les superstitions, l'économie et la lecture du tarot.

En fait, au moment même où j'écris ces lignes, on annonce le procès imminent d'un médecin auquel un de ses patients réclame plus de 200 000 dollars – somme qu'il aurait soi-disant perdue au jeu. Ce patient affirme en effet que son traitement contre la maladie de Parkinson l'a poussé à aller parier des sommes folles au casino. Il s'avère qu'un des effets secondaires du L-Dopa est de transformer en joueurs compulsifs une petite mais significative minorité de patients. Cette tendance étant liée au fait qu'ils voient ce qu'ils croient être des séries prévisibles de nombres aléatoires, cela illustre la *relation entre la connaissance et le hasard*. Cela montre aussi que certains aspects de ce que l'on nomme « connaissance » (et que j'appelle, moi, « narration ») sont une maladie.

Une fois encore, je précise au lecteur que je ne me focalise pas sur la dopamine en tant que *raison* de notre surinterprétation ; je cherche plutôt à montrer qu'il existe une corrélation physique et neurale à cette opération et que notre esprit est en grande partie victime de notre incarnation physique. À moins de parvenir à tromper la vigilance du corps, notre esprit est pareil à un détenu, captif de notre biologie ;

c'est notre manque de contrôle sur ces déductions que je souligne. Demain, quelqu'un peut découvrir un autre fondement organique ou chimique à notre perception des formes, ou contrer ce que j'ai dit de l'interprète cerveau gauche en montrant le rôle joué par une structure plus complexe ; mais cela n'annulerait pas l'idée que la perception de la causation a un fondement biologique.

La règle d'Andreï Nikolaïevich

Notre tendance à la narration a une autre raison encore plus profonde, et elle n'est pas psychologique. Elle a à voir avec les effets de l'ordre sur le stockage et la récupération des informations dans tout système, et elle vaut la peine d'être expliquée ici en raison de ce que je considère comme les problèmes centraux de la probabilité et de la théorie de l'information.

Le premier problème réside en cela *qu'obtenir des informations coûte cher*.

Le second problème est que *stocker des informations coûte tout aussi cher* – autant que l'immobilier à New York. Plus une suite de mots ou de symboles est ordonnée, non aléatoire, structurée et plus elle fait l'objet de narrations, plus il est facile de la stocker dans son esprit et de la coucher sur le papier de façon à ce que nos petits-enfants puissent la lire un jour.

En fin de compte, manipuler et récupérer des informations coûte cher.

Avec une telle profusion de cellules cérébrales – cent milliards (au moins) –, le grenier est extrêmement vaste ; les difficultés ne proviennent donc sans doute pas de limitations dans la capacité de stockage ; ce sont peut-être de simples problèmes d'indexation. Votre mémoire consciente, ou mémoire active, peine à retenir un malheureux numéro de téléphone à plus de sept chiffres. Modifiez légèrement les métaphores et imaginez votre conscience comme un bureau à la Bibliothèque nationale : quel que soit le nombre de livres qu'elle contient et rend accessible à la consultation, la taille de votre bureau impose certaines limitations de traitement. La compression est vitale pour l'exécution d'un travail conscient.

Imaginez une suite de mots accolés l'un à l'autre de façon à constituer un livre de 500 pages. Si les mots sont purement aléatoires, choisis dans le dictionnaire de façon totalement imprévisible, vous ne serez pas en mesure de résumer, de transférer ou de réduire les dimensions de ce livre sans en perdre une partie significative. Il vous faut 100 000 mots pour emporter avec vous le message exact de 100 000 mots aléatoires lors de votre prochain voyage en Sibérie. À présent, imaginez le contraire : un livre contenant uniquement la répétition de la phrase suivante : « Le président de *[indiquez ici le nom de votre société]* est un type chanceux qui s'est avéré se trouver au bon endroit au bon moment et qui s'attribue la réussite de la société sans tenir compte une seconde du facteur chance », qui reviendrait 10 fois par page pendant 500 pages. Le contenu intégral du livre pourrait être correctement compressé – comme je viens juste de le faire – en 37 mots (au lieu de 100 000) ; on pourrait le reproduire avec une totale fidélité à partir de ce seul noyau. Si l'on trouve la structure, la logique de la série, on n'a plus besoin de la mémoriser. Il suffit de la stocker. Et comme nous pouvons le voir ici, une structure est évidemment plus compacte qu'une information brute. Vous avez regardé dans le livre et trouvé une *règle*. C'est ainsi que le grand probabiliste Andreï Nikolaïevich Kolmogorov définit les degrés aléatoires ; c'est ce que l'on appelle la « complexité de Kolmogorov ».

Nous autres, membres de la variété humaine des primates, avons un besoin dévorant de règles parce qu'il nous faut réduire la dimension des choses afin qu'elles puissent entrer dans notre crâne. Ou, plutôt – malheureusement – afin que nous puissions nous les *enfoncer* dans le crâne. Plus l'information est aléatoire, plus la dimensionalité est importante et par conséquent difficile à résumer. Plus on résume, plus on introduit d'ordre, moins il y a de hasard. En conséquence, *la condition qui nous fait simplifier les choses est aussi celle qui nous incite à penser que le monde est moins aléatoire qu'il ne l'est réellement.*

Et le Cygne Noir est ce qu'on laisse de côté quand on essaie de simplifier.

Les entreprises tant artistiques que scientifiques résultent de notre besoin de réduire les dimensions et d'imposer un ordre aux choses. Songez au monde qui vous entoure, saturé de millions de milliards de détails. Essayez de le décrire, et vous serez tenté de créer un fil conducteur dans ce que vous exposez. Roman, histoire, mythe ou conte... tous quatre ont la même fonction : ils nous évitent d'être confrontés à la complexité du monde et nous protègent du hasard. Les mythes mettent de l'ordre dans le désordre de la perception humaine et ce que nous ressentons comme le « chaos de l'expérience humaine »[5].

---

5. Le romancier parisien Georges Perec essaya de rompre avec la narration et d'écrire un livre aussi vaste que le monde. Il dut se lancer dans un récit exhaustif de

De fait, le sentiment de perte de contrôle de (la capacité à « donner un sens » à) notre environnement s'accompagne de nombreux troubles psychologiques graves.

Là encore, nous sommes affectés par la platonicité. Il est intéressant de constater que c'est exactement le même désir d'ordre qui anime les recherches scientifiques – c'est juste que, contrairement à l'art, l'objectif (avoué) de la science est d'accéder à la vérité, non de donner un sentiment d'organisation ou de permettre au chercheur de se sentir mieux. Nous avons tendance à utiliser la connaissance comme une thérapie.

Une meilleure façon de mourir

Afin de vous faire une idée du pouvoir de la narration, considérez la déclaration suivante : « Le roi mourut et la reine mourut » ; comparez-la à : « Le roi mourut, et ensuite la reine mourut de chagrin. » Proposé par le romancier E. M. Forster, cet exercice montre la différence entre une simple succession d'informations et une intrigue. Notez cependant le petit problème qui se pose ici : bien que l'on ait ajouté des informations dans la seconde déclaration, on a, de fait, réduit la dimension du message total. D'une certaine manière, la seconde phrase est bien plus légère à porter et plus facile à se rappeler ; nous avons maintenant une seule information au lieu de deux. Ayant moins d'efforts à faire pour nous en souvenir, nous pouvons aussi la vendre aux autres, c'est-à-dire mieux la commercialiser en tant que *packaged idea* » (« idée en conserve »). Voilà, en un mot, la définition et la fonction d'une narration.

Pour voir comment la narration peut conduire à une erreur d'évaluation des chances, faites l'expérience suivante. Donnez à quelqu'un une histoire policière bien écrite – un roman d'Agatha Christie, par exemple, avec plusieurs personnages pouvant tous être considérés comme l'assassin. Maintenant, interrogez la personne en question sur les probabilités qu'il y a, pour chaque personnage, d'avoir commis le crime. À moins de tenir une comptabilité exacte des pourcentages, leur somme devrait s'élever à bien plus de cent pour cent (et même

___

ce qui se passa sur la place Saint-Sulpice, à Paris, entre le 18 octobre et le 20 octobre 1974. Quand bien même, son récit ne s'avéra pas si exhaustif que cela, et il finit par revenir à la narration.

à bien plus de deux cents pour cent pour un bon roman). Plus on a affaire à un bon policier, plus ce nombre est élevé.

Souvenir de choses pas tout à fait passées

Notre tendance à percevoir – à imposer – la *narrativité* et la *causalité* sont des symptômes de la même maladie : la réduction de la dimension. De plus, comme la causalité, la narrativité possède une dimension chronologique et conduit à la perception du passage du temps. À l'instar de la narrativité, la causalité fait s'écouler le temps dans une seule et unique direction.

Mais mémoire et flèche du temps peuvent être confondues l'une avec l'autre. La narrativité peut gravement affecter le souvenir des événements passés ; voici comment : nous allons avoir tendance à nous rappeler plus facilement les faits de notre passé qui s'intègrent dans une narration, et à négliger ceux qui ne *paraissent* pas y jouer de rôle causal. Songez que, tout en nous remémorant les événements, nous avons connaissance de ce qui les a suivis. Quand on résout un problème, il est littéralement impossible d'ignorer les informations qui lui sont postérieures. Cette simple incapacité à nous rappeler, non la véritable suite d'événements, mais une suite reconstruite, fait qu'avec le recul, l'histoire paraîtra beaucoup plus explicable qu'elle ne l'était – ou ne l'est – réellement.

La sagesse conventionnelle veut que la mémoire soit pareille à un appareil d'enregistrement en série comme une disquette informatique. En réalité, la mémoire n'est pas statique, mais dynamique, à l'image d'un papier sur lequel de nouveaux textes (ou de nouvelles versions du même texte) seront continuellement enregistrés, grâce au pouvoir des informations ultérieures (mû par une remarquable intuition, Charles Baudelaire compara notre mémoire à un palimpseste, un type de parchemin sur lequel on peut effacer le premier texte pour en écrire un nouveau). La mémoire s'apparente plus à un mécanisme de révision dynamique n'agissant que dans son propre intérêt : on se souvient de la dernière fois que l'on s'est souvenu d'un événement, et, sans s'en rendre compte, *on modifie l'histoire à chaque fois que l'on s'en souvient.*

Nous faisons donc avancer nos souvenirs dans des directions causatives, les révisant involontairement et inconsciemment. Nous ne cessons de reraconter les événements passés à la lumière de ce qui nous paraît leur conférer après coup un sens logique.

Par un processus dit de « réverbération », un souvenir correspond au renforcement de connexions lié à une augmentation de l'activité cérébrale dans un secteur donné du cerveau – plus l'activité est intense, plus le souvenir est fort. Nous croyons que la mémoire est fixe, constante et connectée, mais tout cela est très loin de la vérité. Nous gardons un souvenir plus vivace de ce qui a un sens par rapport aux informations que nous recevons ultérieurement. Nous inventons certains souvenirs – sujet douloureux dans les cours de justice, où l'on a découvert qu'à force d'écouter des théories, certaines personnes inventaient des histoires de maltraitances d'enfants.

La narration du fou

Nous avons beaucoup trop de manières possibles d'interpréter les événements passés pour notre bien.

Prenez le comportement des personnes atteintes de paranoïa. J'ai eu le privilège de travailler avec des collègues qui cachaient des troubles paranoïaques qui se faisaient jour de temps à autre. Quand la personne est extrêmement intelligente, elle est capable de vous surprendre en interprétant la remarque la plus anodine qui soit de la manière la plus tirée par les cheveux, et cependant complètement plausible. Si je dis à un paranoïaque : « J'ai peur que... », en parlant d'une situation dans le monde qui est peu souhaitable, il peut prendre cette expression au sens littéral – que j'éprouve réellement de la peur – et cela déclenche chez lui un épisode de peur. Une personne souffrant de ces troubles est capable de rassembler les détails les plus insignifiants et de bâtir une théorie complexe et cohérente expliquant pourquoi il y a une conspiration contre elle. Et si vous rassemblez dix personnes traversant un épisode de psychose paranoïaque, elles livreront chacune dix interprétations différentes, et néanmoins cohérentes, des événements.

Quand j'avais environ sept ans, mon institutrice nous montra un tableau datant du Moyen Âge qui représentait un groupe de Français désargentés attablés autour d'un banquet organisé par un de leurs bienfaiteurs, un roi bienveillant, si je me souviens bien. Ils portaient leur bol de soupe à leurs lèvres. L'institutrice me demanda pourquoi ils avaient le nez plongé dans leur bol, et je répondis : « Parce qu'ils sont mal élevés. » « Faux, répliqua-t-elle. C'est parce qu'ils ont faim. » Bien que me sentant un peu idiot de ne pas y avoir pensé, je ne comprenais pas ce qui rendait une explication plus probable que l'autre, ou pourquoi nous n'avions pas tort tous les deux (l'explication la plus plausible semble être qu'il n'y avait pas ou peu de couverts à l'époque).

Par-delà ces déformations perceptuelles, il existe un problème de logique. Comment une personne peut-elle ne pas savoir de quoi elle parle tout en étant capable de soutenir un ensemble de points de vue parfaitement sains et cohérents qui correspondent aux faits observés et sont conformes à toutes les règles de logique possibles et imaginables? Songez que deux personnes peuvent défendre des croyances irréconciliables à propos des mêmes données. Cela signifie-t-il qu'il y a des familles d'explications possibles et que chacune peut être tout aussi parfaite et saine que l'autre? Certainement pas. On peut avoir un million de façons d'expliquer les choses, mais il n'existe qu'une seule et unique véritable explication – qu'elle soit ou non à notre portée.

Dans un article célèbre, le logicien W. V. Quine a montré qu'il existait des familles d'interprétations et de théories cohérentes sur le plan de la logique, qui pouvaient correspondre à une série de faits donnée. Cela devrait nous avertir qu'une simple absence de non-sens peut ne pas suffire à faire qu'une chose soit vraie.

Le problème de Quine réside dans les difficultés linguistiques que nous rencontrons face à toute déclaration dans une langue quelle qu'elle soit, simplement parce que chaque phrase pourrait être interprétée d'un nombre infini de façons. (Notez qu'en l'occurrence, quelqu'un ayant tendance à couper les cheveux en quatre pourrait trouver que les écrits de Quine ont plusieurs interprétations.) Je me demande comment il pourrait s'attendre à ce que nous comprenions ce point-ci d'un nombre non-infini de façons.)

Cela ne veut pas dire que l'on ne peut pas parler des causes; il existe des moyens d'échapper à l'erreur de narration. Comment? En faisant des conjectures et des expériences, ou, comme nous le verrons dans la deuxième partie (hélas), des prévisions vérifiables[6]. C'est ce que font les expériences de psychologie dont je parle ici: elles sélectionnent une population et effectuent un test. Les résultats devraient être valables pour le Tennessee, la Chine, et même la Russie.

---

6. Ces tests évitent à la fois l'erreur de narration et en grande partie le biais de confirmation, car ceux qui les réalisent sont obligés de prendre en compte les échecs et les réussites de leurs expériences.

Narration et thérapie

Si la narrativité nous fait voir les événements passés comme plus prédictibles, plus attendus et moins aléatoires qu'ils ne l'étaient en réalité, nous devrions pouvoir faire une thérapie afin de nous prémunir contre certaines mauvaises surprises du hasard.

Mettons qu'un événement désagréable, un accident de voiture par exemple, dont vous vous sentez indirectement responsable, vous laisse un goût amer tenace. Vous êtes torturé par l'idée que c'est à cause de vous que vos passagers ont été blessés; la pensée que vous auriez pu éviter l'accident ne vous quitte pas. Votre esprit ne cesse de jouer des scénarios alternatifs qui se rattachent à une idée principale : si vous ne vous étiez pas réveillé trois minutes plus tôt que d'habitude, vous auriez évité l'accident. Même si vous n'aviez pas l'intention de blesser vos passagers, votre esprit est hanté par le remords et la culpabilité. Les gens qui exercent des professions éminemment aléatoires (sur les marchés financiers, par exemple) sont susceptibles de faire plus souvent qu'à leur tour l'expérience de l'effet nocif des tourments que l'on éprouve quand on regarde en arrière : j'aurais dû vendre mon portefeuille quand il était au plus haut; j'aurais pu acheter cette action il y a des années pour une poignée de cacahuètes et aujourd'hui, je conduirais un cabriolet rose, etc. Si vous êtes vraiment du métier, vous pouvez avoir le sentiment d'avoir « commis une erreur », ou, pire, que « des erreurs ont été commises », quand vous n'avez pas fait ce qui serait revenu à acheter un billet de loterie à vos investisseurs, et vous éprouvez le besoin de vous excuser de la « légèreté » de votre stratégie d'investissement (c'est-à-dire, de ce qui vous apparaît rétrospectivement comme tel).

Comment vous débarrasser de cette blessure lancinante ? N'essayez pas d'éviter volontairement d'y penser : vous pouvez être quasiment sûr que cela vous reviendrait comme un boomerang. Une solution plus appropriée consiste à faire paraître l'événement plus inévitable. Écoute, cela devait arriver et il est inutile de se torturer pour cela. Comment y parvenir ? Eh bien, *grâce au récit*. Les patients qui passent chaque jour un quart d'heure à coucher leurs maux sur le papier se sentent mieux vis-à-vis de ce qui leur est arrivé. On se sent moins coupable de ne pas avoir évité certains événements; on s'en sent moins responsable. C'est comme si les choses étaient condamnées à se produire.

Comme nous le voyons, si vous exercez une profession où le hasard joue un rôle prépondérant, il y a des chances pour que vous subissiez l'épuisement lié à cette anticipation constante de vos actions passées au regard de ce qui s'est déroulé par la suite. Dans ces conditions, tenir un journal intime est le moins que vous puissiez faire.

AVOIR TORT AVEC UNE PRÉCISION INFINIE

Nous nourrissons une aversion invalidante pour l'abstrait.

En décembre 2003, le jour où Saddam Hussein fut capturé, *Bloomberg News* diffusa à 13 h 01 un flash d'informations avec le titre suivant : « AUGMENTATION DES BONS DU TRÉSOR AMÉRICAIN ; L'ARRESTATION DE SADDAM HUSSEIN POURRAIT NE PAS ENRAYER LE TERRORISME. »

À chaque fois que le marché fluctue, les médias se sentent obligés d'en donner la « raison ». Une demi-heure plus tard, ils durent faire une nouvelle annonce. Le prix des bons du Trésor américain avait chuté (comme il fluctue toute la journée, cela n'avait rien d'extraordinaire), et *Bloomberg News* invoqua une nouvelle raison : l'arrestation de Saddam (le même que précédemment). À 13 h 31, la société diffusa le bulletin suivant : « CHUTE DES BONS DU TRÉSOR AMÉRICAIN ; L'ARRESTATION DE HUSSEIN ACCÉLÈRE LA PERCEPTION DU RISQUE. »

Ainsi la même arrestation (la cause) expliquait-elle un événement et son contraire exact. Il est clair que c'est impossible ; ces deux faits ne peuvent pas être liés.

Les journalistes se rendent-ils chaque matin chez l'infirmière pour se faire administrer une piqûre de dopamine afin d'améliorer leurs capacités narratives ? (Notez que le mot « dope », qui désigne les substances illicites que les athlètes prennent pour améliorer leurs performances, a la même racine que « dopamine »).

Cela arrive tout le temps : une raison est invoquée pour vous faire avaler la nouvelle et rendre les choses plus concrètes. Après la défaite d'un candidat à une élection, on vous expliquera la « cause » du mécontentement des électeurs. Toute cause imaginable peut faire l'affaire. Cependant, les médias se donnent beaucoup de mal pour aller au bout du processus avec leurs bataillons de vérificateurs de faits. C'est comme s'ils voulaient avoir tort avec une précision infinie (au lieu d'accepter d'avoir approximativement raison, à l'instar d'un fabuliste).

Notez que, lorsque l'on rencontre une personne et que l'on ne dispose d'aucune information sur elle, on tend à se rabattre sur sa nationalité et son milieu d'origine, qui la définissent alors en premier lieu (c'est ce que l'universitaire italien avait fait avec moi).

Comment puis-je savoir que cette importance accordée aux origines est de la foutaise ? Eh bien, j'ai réalisé mon propre test empirique en vérifiant le nombre de traders levantins qui, ayant le même parcours que moi et vécu la même guerre, étaient devenus des empiristes sceptiques, et n'en ai trouvé aucun sur vingt-six. Ce truc de nationalité vous permet de fabriquer une belle histoire et satisfait votre soif d'imputer des causes à tout. C'est, semble-t-il, la décharge sur laquelle on déverse toutes les explications jusqu'à ce que l'on parvienne à en dénicher une plus évidente (un argument évolutionnaire qui « ait un sens », par exemple). De fait, les gens ont tendance à se leurrer avec leur manière de se voir en termes d'« identité nationale » – ce qui, comme l'ont montré soixante-cinq auteurs dans un article capital publié par *Science*, relève entièrement de la fiction. (Les « caractéristiques nationales » font peut-être un excellent thème pour le cinéma, aident probablement beaucoup en temps de guerre, mais ce sont des notions platoniques dépourvues de validité empirique – ce qui n'empêche pas les Anglais, par exemple, et même les autres, de croire à tort en un « tempérament national » anglais). D'un point de vue empirique, le sexe, la classe sociale et la profession semblent de meilleurs critères que la nationalité pour prévoir le comportement d'un individu (un Suédois ressemble plus à un Togolais qu'à une Suédoise ; un philosophe péruvien ressemble plus à un philosophe écossais qu'à un gardien de prison péruvien, et ainsi de suite).

L'erreur de narration ne tient pas aux journalistes, mais au public. Personne ne donnerait un centime pour une série de données statistiques abstraites rappelant un cours d'université soporifique. Nous voulons que l'on nous raconte des histoires, et il n'y a rien de mal à cela – sauf que nous devrions vérifier plus scrupuleusement si l'histoire en question présente des déformations importantes par rapport à la réalité. Serait-il possible que la fiction révèle la vérité alors que la non-fiction serait un repaire de menteurs ? Et que les fables et autres histoires soient plus proches de la vérité que les nouvelles télévisées dont le contenu a été vérifié en long, en large et en travers ? Songez simplement que les journaux tentent de véhiculer des faits irréprochables, mais qu'ils les intègrent à un récit de façon à donner une impression de causalité (et de connaissance). Ils vérifient les faits, pas l'intellect – hélas.

Il n'y a toutefois aucune raison de stigmatiser les journalistes. Les universitaires des disciplines narratives font la même chose, mais ils camouflent cela derrière un langage formel – nous y reviendrons au chapitre 10, consacré aux prévisions.

Outre la narration et la causalité, les journalistes et les intellectuels médiatisés spécialistes de la « petite phrase accrocheuse » ne concourent pas à simplifier le monde ; au contraire, ils le font presque toujours paraître beaucoup plus compliqué qu'il ne l'est réellement. La prochaine fois que l'on vous demandera de parler des événements mondiaux, plaidez l'ignorance, et avancez les arguments que je propose dans ce chapitre et qui jettent le doute sur la visibilité de la cause immédiate. On vous répliquera que « vous analysez trop » ou que « vous êtes trop compliqué » ; et pourtant, tout ce que vous aurez dit, c'est que vous ne savez pas !

Une science objective

Maintenant, si vous pensez que la science est un domaine abstrait exempt de spectaculaire et de déformations, j'ai là quelques informations qui risquent de vous faire déchanter. Les chercheurs empiriques ont découvert la preuve que les scientifiques étaient tout aussi sensibles aux narrations, aux titres accrocheurs et aux chutes « sexy » susceptibles de retenir l'attention et qu'ils les privilégient par rapport à des éléments plus substantiels. Eux aussi sont humains et attirent l'attention sur eux par le biais de formules à sensation. La façon de remédier à cette situation est de procéder à des métaanalyses d'études scientifiques, dans lesquelles un grand maître de la recherche lit attentivement l'intégralité de la littérature, y compris les articles dont on a le moins parlé, et en fait la synthèse.

CYGNE NOIR ET SPECTACULAIRE

Intéressons-nous maintenant à la façon dont la narration affecte notre compréhension du Cygne Noir. La narration et le mécanisme de prépondérance du spectaculaire qui lui est associé sont susceptibles d'altérer notre prévision des risques. Prenez l'expérience menée par Kahneman et Tversky, le binôme présenté au chapitre précédent : les sujets étaient des professionnels de la prévision ; on leur demanda d'imaginer les scénarios suivants et d'estimer les risques qu'ils se produisent effectivement :

a) une terrible inondation en Amérique faisant plus de mille morts ;

b) un tremblement de terre en Californie provoquant une inondation terrible et faisant plus de mille morts.

Les sondés estimèrent le premier événement *moins* probable. En revanche, un tremblement de terre en Californie est une cause que l'on peut facilement imaginer, ce qui augmente considérablement la disponibilité mentale – et donc la probabilité estimée – du scénario « inondation ».

De même, si je vous demandais le nombre de cas de cancers du poumon susceptibles de se déclarer dans le pays, vous donneriez un chiffre, mettons 500 000. Maintenant, si je vous demandais plutôt le nombre de cas de cancers du poumon susceptibles d'être *causés par* la tabagie, il y a des chances que vous avanceriez un chiffre beaucoup plus élevé (plus de deux fois plus élevé, je pense). L'ajout de ce « causés par » rend cette éventualité beaucoup plus plausible, et beaucoup plus *probable*. Le cancer dû à la tabagie semble plus probable que le cancer sans cause associée – une cause non spécifiée équivaut à pas de cause du tout.

Revenons à l'exemple de l'intrigue de E. M. Forster évoquée plus haut dans ce chapitre, en l'appréhendant, cette fois, du point de vue de la probabilité. Laquelle de ces deux déclarations semble la plus probable ?

a.   *Joe semblait avoir fait un mariage heureux. Il a tué sa femme.*

b.   *Joe semblait avoir fait un mariage heureux. Il a tué sa femme pour toucher son héritage.*

Il est clair qu'à première vue, c'est la seconde déclaration qui semble la plus probable, ce qui est une erreur de logique pure, puisque la première, plus large, peut admettre plus de causes, telles que il a tué sa femme parce qu'il est devenu fou, parce qu'elle le trompait à la fois avec le facteur et le moniteur de ski, parce qu'il a été victime d'une phase de psychose paranoïaque et l'a prise pour une professionnelle de la prévision financière.

Tout cela peut conduire à des pathologies dans notre processus de prise de décisions. Comment ?

Imaginez simplement, comme l'ont montré Paul Slovic et ses collaborateurs, qu'il y ait plus de chances pour que les gens paient une assurance contre le terrorisme qu'une assurance toute simple (couvrant, entre autres, les problèmes liés au terrorisme).

Les Cygnes Noirs que nous imaginons, dont nous discutons et nous inquiétons ne ressemblent pas à ceux susceptibles d'être des Cygnes

Noirs. Comme nous allons le voir maintenant, nous nous inquiétons pour les mauvais événements « improbables ».

Cécité face au Cygne Noir

La première question concernant le paradoxe de la perception des Cygnes Noirs est le suivant : comment se fait-il que *certains* Cygnes Noirs prennent une importance démesurée dans notre esprit alors que le sujet de ce livre est que, la plupart du temps, nous ne tenons pas compte des Cygnes Noirs ?

La réponse est qu'il existe deux types d'événements rares : a) les Cygnes Noirs faisant l'objet d'une narration – ceux qui sont présents dans les sujets de discussion actuels et dont vous êtes susceptibles d'entendre parler à la télévision, et b) ceux dont personne ne parle, car ils échappent aux modèles – ceux dont on aurait honte de parler publiquement parce qu'ils ne semblent pas plausibles. Je pense pouvoir dire sans trop m'avancer qu'il est totalement dans la nature humaine de surestimer les conséquences du Cygne Noir dans le premier cas, et de les sous-estimer gravement dans le second.

De fait, les personnes qui achètent des billets de loterie surestiment leurs chances de gagner parce qu'elles visualisent des gains extrêmement importants – en fait, elles sont tellement aveugles par rapport à ces chances qu'elles ne font quasiment pas la différence entre une chance sur mille et une chance sur un million.

Une grande partie de la recherche empirique s'accorde pour reconnaître ce schéma de surestimation et de sous-estimation des Cygnes Noirs. À l'origine, Kahneman et Tversky ont montré que les gens surréagissaient aux résultats à faible probabilité *quand on discutait de l'événement avec eux*, qu'on les incitait à en prendre conscience. Si l'on demande à quelqu'un : « Quelles sont les probabilités de mourir dans un accident d'avion ? » par exemple, il exagérera cette probabilité. Toutefois, Slovic et ses collègues ont découvert qu'en souscrivant à une police d'assurances, les gens ne tenaient absolument pas compte de ces événements hautement improbables. Ils appellent cela « préférer s'assurer contre de petites pertes probables » – au détriment des pertes moins probables mais d'un impact plus fort.

Enfin, après des années passées à rechercher des tests empiriques portant sur notre mépris pour l'abstrait, j'ai trouvé des chercheurs israéliens qui menaient les expériences que j'attendais. Greg Barron et Ido Erev apportent en effet la preuve expérimentale que les agents d'assurances sous-pondèrent les probabilités faibles qu'ils évaluent lors d'expériences séquentielles, quand les modèles probabilistes associés sont inconnus. Si vous plongez la main dans une urne contenant un nombre infime de boules rouges et un grand nombre de boules noires, et que vous n'avez pas la moindre idée de la proportion de boules rouges et de boules noires contenues dans cette urne, vous allez probablement sous-estimer le nombre de boules rouges. C'est seulement quand on vous indiquera la fréquence de leur apparition – en vous disant, par exemple, que 3 % des boules sont rouges – que vous surestimerez cette information en faisant votre pari.

J'ai passé beaucoup de temps à me demander comment nous pouvions être aussi myopes et court-termistes et arriver à survivre dans un environnement qui n'est pas entièrement de type Médiocristan. Un jour que je regardais la barbe grise qui me donne dix ans de plus et songeais au plaisir que j'éprouve à l'arborer, je réalisai la chose suivante. Le respect que nombre de sociétés vouent aux Anciens leur permet peut-être, d'une certaine manière, de compenser la mémoire à court terme qui est la nôtre. Le mot « sénat » vient de *« senatus »*, « âgé », en latin ; en arabe, *« sheikh »* signifie à la fois « membre de l'élite dirigeante » et « ancien ». Les anciens sont les dépositaires d'un savoir inductif complexe qui comprend des informations sur les événements rares. Ils sont capables de nous terrifier avec une histoire – ce qui explique pourquoi la pensée d'un Cygne Noir bien *spécifique* nous plonge dans un état de surexcitation. J'ai découvert avec fascination que cela valait aussi pour le règne animal : un article du magazine *Science* montre que, chez les éléphants, les matriarches jouent le rôle de superconseillères en matière d'événements rares.

Nous apprenons par la répétition – au détriment des événements qui ne sont jamais arrivés auparavant. Avant qu'ils arrivent, on ne tient absolument pas compte des événements qui ne se répètent pas, et après, on les surestime (pendant un temps). Après un Cygne Noir tel que le 11 septembre 2001, les gens s'attendent à le voir se reproduire alors qu'en fait, les chances que cela soit le cas ont sans doute été réduites. Nous nous plaisons à penser à des Cygnes Noirs *spécifiques* et connus alors qu'en fait, la nature même du hasard réside dans son abstraction. Comme je l'ai dit dans le Prologue, c'est la mauvaise définition d'un dieu.

L'économiste Hyman Minsky voit les cycles de prises de risques en économie comme obéissant à un schéma : stabilité et absence de crise encouragent la prise de risques, l'autosatisfaction, et nous rendent moins conscients des problèmes qui risquent de survenir. Puis une crise se produit, et les gens en état de choc redoutent d'investir leurs ressources. Chose étrange, Minsky et son école, qualifiés de « postkeynésiens », et leurs opposants, les économistes libertaires « autrichiens », ont la même analyse, à cela près que les premiers préconisent l'intervention gouvernementale pour lisser le cycle, tandis que les seconds estiment que l'on ne peut pas faire confiance à des fonctionnaires pour régler ce genre de problèmes. Alors que ces écoles de pensée semblent s'opposer, elles mettent l'une comme l'autre l'accent sur l'incertitude fondamentale et se situent en dehors des départements d'économie dominants dans les universités (même si elles sont largement suivies parmi les hommes d'affaires et autres personnes n'appartenant pas au monde universitaire). Nul doute que cette insistance sur l'incertitude fondamentale dérange les platonifieurs.

Tous les tests de probabilité que j'aborde dans ce chapitre sont importants ; ils montrent que nous nous laissons abuser par la rareté des Cygnes Noirs, mais pas par le rôle qu'ils jouent sur le tout – par leurs *répercussions*. Dans une étude préliminaire, le psychologue Dan Goldstein et moi avons soumis à des étudiants de la London Business School des exemples empruntés à deux domaines – le Médiocristan et l'Extrêmistan. Les critères que nous avons retenus étaient la taille, le poids et le nombre de visiteurs par site Internet. Les sujets ont bien réussi à deviner le rôle des événements rares dans un environnement de style Médiocristan. Mais, s'agissant de variables extérieures au Médiocristan, leur intuition leur a fait défaut ; preuve que nous ne sommes effectivement pas doués pour estimer intuitivement l'impact de l'improbable – par exemple l'importance d'un succès phénoménal par rapport au total de livres vendus. Dans un test, ils ont sous-estimé de 33 fois *l'effet* d'un événement rare.

À présent, voyons comment ce manque de compréhension des questions abstraites nous affecte.

L'attrait du spectaculaire

C'est un fait que les informations statistiques abstraites ont moins d'emprise sur nous que les anecdotes – aussi raffiné soit-on. En voici quelques exemples.

Le petit Italien. À la fin des années 1970, en Italie, un petit enfant qui commençait juste à marcher tomba dans un puits. L'équipe des secours ne parvint pas à l'en retirer et l'enfant resta au fond du puits, sanglotant désespérément. Naturellement, son sort émut l'Italie entière ; tout le pays était suspendu aux fréquents flashs d'informations. Les cris de l'enfant suscitèrent une culpabilité intense chez les sauveteurs et les reporters impuissants. Sa photo s'étala dans tous les magazines et tous les journaux, et il était difficile de se promener dans le centre de Milan sans penser à lui.

Pendant ce temps, la guerre civile faisait rage au Liban, avec quelques accalmies temporaires. Au beau milieu de leur désastre quotidien, les Libanais étaient eux aussi captivés par le sort de cet enfant – un petit Italien. À moins de dix kilomètres de là, la guerre faisait des morts, les citoyens vivaient sous la menace de voitures piégées, mais le sort de l'enfant italien était une des préoccupations majeures de la population du quartier chrétien de Beyrouth. « Regarde comme il est mignon, ce pauvre petit », me disait-on. Et quand il put enfin être sauvé, je suis sûr que la ville entière exprima son soulagement.

Comme disait Staline, qui en connaissait un rayon au chapitre de la mortalité : « Une mort est une tragédie, un million de morts est une statistique. » Les statistiques ne nous touchent pas.

Le terrorisme tue, mais le plus grand assassin reste l'environnement, responsable chaque année de près de treize millions de décès. Cependant, le terrorisme déclenche notre fureur, ce qui nous pousse à surestimer les risques d'un potentiel attentat terroriste – et à réagir plus violemment lorsque cela se produit. La violence des dégâts provoqués par l'homme nous touche beaucoup plus que ceux causés par la nature.

Central Park. Vous vous trouvez à bord d'un avion pour aller passer un week-end prolongé (et bien arrosé) à New York. Vous êtes assis à côté d'un vendeur d'assurances qui, comme tout vendeur, ne cesse de parler. En fait, c'est *ne pas parler* qui lui demande un effort. Il vous raconte que son cousin (avec qui il va passer le week-end), travaillait dans un cabinet d'avocats avec quelqu'un dont le frère jumeau du partenaire commercial du beau-frère a été agressé et tué à Central Park ; oui, Central Park, dans la fantastique ville de New York. Si sa mémoire est bonne, c'était en 1989 (nous sommes maintenant en 2008). La malheureuse victime n'avait que trente-huit ans ; il était marié et père de trois enfants, dont l'un souffrait d'un handicap de naissance et nécessitait un suivi spécial au Cornell Medical Center. Trois enfants, dont un nécessitant un suivi spécial, ont perdu leur père parce qu'il s'était bêtement rendu à Central Park.

Eh bien, il y a fort à parier que vous allez éviter Central Park pendant votre séjour. Vous savez que vous avez la possibilité de consulter les statistiques des crimes sur le Web ou dans n'importe quelle brochure au lieu d'écouter des informations purement anecdotiques délivrées par un vendeur atteint d'incontinence verbale. Mais c'est plus fort que vous. Pendant un temps, le nom de Central Park éveillera dans votre esprit l'image de ce pauvre homme allongé sur l'herbe sale, qui ne méritait vraiment pas ce qui lui est arrivé. Et il vous faudra beaucoup de données statistiques pour surmonter votre hésitation.

Balade à moto. De même, il y a beaucoup plus de chances que la mort d'un parent dans un accident de moto influence votre attitude par rapport à ce type de véhicule que le volume des analyses statistiques. On peut facilement trouver les statistiques d'accidents sur le Web, mais elles ne nous viennent pas spontanément à l'esprit. Notez que, personne dans mon entourage immédiat n'ayant été récemment victime d'un accident, je me déplace en ville avec ma Vespa rouge – j'ai beau avoir conscience de ce problème de raisonnement, je suis incapable d'y remédier.

Cela dit, je ne suis pas en désaccord avec ceux qui préconisent le recours à la narration pour capter l'attention d'autrui. De fait, notre conscience est peut-être liée à notre capacité de concocter une espèce de récit sur nous-mêmes. C'est juste que la narration peut être fatale quand elle est employée au mauvais endroit.

LES RACCOURCIS

Je vais à présent aller au-delà de la narration en abordant les attributs plus généraux de la pensée et du raisonnement qui se cachent derrière notre invalidante superficialité. Ces défauts de raisonnement ont été catalogués et recherchés par une importante tradition de recherche représentée par une école appelée la Society of Judgment and Decision Making (seule société académique et professionnelle dont je sois membre et fier de l'être ; ses réunions sont les seules qui ne provoquent chez moi ni tensions dans les épaules ni accès de colère). Elle est associée à l'école de recherche initiée par Daniel Kahneman, Amos Tversky et leurs amis, tels que Robyn Dawes et Paul Slovic. Elle se compose majoritairement de psychologues empiristes et de scientifiques cognitifs dont la méthodologie se conforme strictement à l'objectif de conduire sur les êtres humains des expériences de physique très précises et contrôlées et à cataloguer les réactions des gens en faisant le minimum de théorie. Ils recherchent les constantes. Notez que les psychologues empiristes utilisent la courbe en cloche pour estimer les erreurs présentes dans leurs méthodes de tests, mais comme nous le verrons de manière plus technique au chapitre 15, eu égard à la nature des expériences menées, c'est l'une des rares applications que la courbe en cloche puisse trouver en sciences sociales. Nous avons vu plus haut des expériences de ce genre avec l'inondation en Californie, et au chapitre 5, avec l'identification du biais de confirmation. Ces chercheurs ont réparti nos activités en (grosso modo) un mode de pensée double, dont ils qualifient les deux membres de « système 1 » et « système 2 », ou d'« expérientiel » et de « cogitatif ». La distinction est directe.

Le système 1, système expérientiel, est facile, automatique, rapide, opaque (nous ne savons pas que nous l'utilisons), traité en parallèle, et peut être sujet à erreurs. C'est ce que nous appelons « l'intuition », et il réalise en un clin d'œil ces prouesses devenues célèbres sous le terme *« blink »*, d'après le titre du best-seller de Malcolm Gladwell[7]. De par sa rapidité même, le système 1 est éminemment émotionnel. Il effectue des raccourcis dits « heuristiques », qui nous permettent de fonctionner rapidement et efficacement. Dan Goldstein qualifie ces raccourcis de « rapides et frugaux ». D'autres leur préfèrent les qualificatifs « rapides et sales ». Cela dit, ces raccourcis ont certainement des qualités puisqu'ils sont rapides, mais ils peuvent parfois nous induire gravement en erreur. Cette idée centrale a donné naissance à toute une école de recherche baptisée « approche des heuristiques et des biais » (l'heuristique correspond à l'étude des raccourcis, et « biais » signifie « erreur »).

Le système 2, système cogitatif, est ce que nous appelons normalement la réflexion. C'est celui dont on se sert dans une salle de classe, car il est laborieux, raisonné, lent, logique, séquentiel, progressif et conscient de lui-même (on peut suivre les étapes de son raisonnement). Il commet moins d'erreurs que le système expérientiel, et, comme on sait comment on est arrivé à son résultat, on peut revenir sur ses étapes et les corriger de manière adaptative.

---

7. Paru en français sous le titre *La Force de l'intuition. Prendre la bonne décision en deux secondes*, Robert Laffont, Paris, 2006 *(N.d.T.)*.

La plupart de nos erreurs de raisonnement viennent de ce que nous utilisons le système 1 alors que nous pensons utiliser le système 2. Comment ? Comme nous réagissons sans réfléchir ni faire preuve d'introspection, la principale caractéristique du système 1 est que nous n'avons pas conscience de l'utiliser !

Souvenez-vous de l'erreur de la flèche inversée, cette tendance que nous avons à confondre « pas de preuve de Cygnes Noirs » avec « preuve qu'il n'y a pas de Cygnes Noirs » ; elle montre le système 1 à l'œuvre. Vous devez faire un effort (système 2) pour surmonter votre première réaction ; il est clair que mère Nature vous pousse à recourir à la rapidité du système 2 pour vous tirer d'affaire et vous éviter de rester tranquillement assis à vous demander si le tigre qui est en train de vous sauter dessus est bien réel ou s'il s'agit d'une illusion d'optique. Vous détalez immédiatement, avant même d'avoir « conscience » de la présence du tigre.

Les émotions seraient l'arme employée par le système 1 pour nous diriger et nous forcer à agir rapidement. Cette arme est un moyen beaucoup plus efficace d'éviter le risque que le système cognitif. De fait, les neurobiologistes qui ont étudié le système émotionnel montrent qu'il réagit souvent à la présence d'un danger bien avant que nous ayons conscience de celui-ci – quelques millisecondes avant de nous apercevoir que nous sommes face à un serpent, nous avons peur et commençons à réagir.

Un des gros ennuis, avec la nature humaine, réside dans son incapacité à utiliser une bonne partie du système 2 ou à en faire une utilisation prolongée sans avoir à prendre de longues vacances à la plage. De plus, il nous arrive souvent d'oublier tout bonnement de nous en servir.

Prenez garde au cerveau

Notez que les neurobiologistes font en gros la même distinction que celle qui existe entre le système 1 et le système 2, à cette exception près qu'ils procèdent en termes d'anatomie. Ils distinguent ainsi certaines parties du cerveau – le cerveau *cortical*, auquel nous sommes censés recourir pour réfléchir et qui nous distingue des autres animaux, et le cerveau *limbique* aux réactions rapides, qui est le centre des émotions, et que nous avons en commun avec les autres mammifères.

Comme, en tant que sceptique empirique, je ne veux pas être le dindon de la farce, je ne veux pas me concentrer uniquement sur les organes spécifiques du cerveau, car on n'observe pas très bien les fonctions cérébrales. Certaines personnes essaient d'identifier ce que l'on appelle les corrélats neuraux de la prise de décision par exemple, ou même, en allant plus loin, les « substrats » neuraux de la mémoire. Le cerveau est un mécanisme sans doute plus complexe que nous ne le pensons : son anatomie nous a bernés à plusieurs reprises dans le passé. Nous pouvons cependant estimer les constantes en procédant à des expériences précises et approfondies sur la manière dont les gens réagissent dans certaines circonstances, et tenir compte de ce que nous voyons.

Pour prendre un exemple qui justifie que l'on considère avec scepticisme le fait de s'en remettre sans condition à la neurobiologie, et qui défend les idées de l'école de médecine empirique à laquelle appartenait Sextus, voyez l'intelligence des oiseaux. J'ai toujours lu dans des textes différents que le cortex était le lieu où les animaux « réfléchissaient », et que les créatures dotées du plus grand cortex étaient les plus intelligentes – ce qui est le cas des êtres humains, suivis des cadres bancaires, des dauphins et de nos cousins les singes. Eh bien, il s'avère que certains oiseaux comme les perroquets possèdent un niveau d'intelligence élevé, équivalent à celui des dauphins, mais que l'intelligence des oiseaux est en relation avec la taille d'une autre partie du cerveau, l'hyperstriatum. Avec son étiquette de « science dure », la neurobiologie peut parfois (quoique pas toujours) vous berner avec une déclaration « platonifiée » et réductrice. Je m'étonne de ce que les « empiristes », sceptiques sur les liens entre l'anatomie et la fonction, aient eu une telle idée – rien de surprenant à ce que leur école ait joué un rôle minime dans l'histoire intellectuelle. En tant que sceptique empirique, je préfère les expériences de la psychologie empirique aux IRM, fondées sur des théories de neurobiologistes, même si les premières paraissent moins « scientifiques » au public.

Comment éviter l'erreur de narration

Pour conclure, je dirai que notre compréhension erronée du Cygne Noir peut être attribuée en grande partie au fait que nous utilisons le système 1, c'est-à-dire la narration et le spectaculaire – ainsi que l'émotionnel –, qui nous impose un schéma erroné de la probabilité des événements. Nous ne sommes pas assez introspectifs au quotidien pour nous apercevoir que nous comprenons un peu moins ce qui se passe que ne le justifie une observation objective de notre vécu. En outre, nous avons tendance à oublier la notion de Cygne Noir tout de suite après en avoir connu un – car ils sont trop abstraits pour nous –, et préférons nous concentrer sur les événements précis et vivaces qui nous viennent facilement à l'esprit. Car les Cygnes Noirs nous inquiètent – mais pas ceux qui le devraient.

Permettez-moi d'introduire le Médiocristan dans cette réflexion. Au Médiocristan, les narrations semblent marcher – le passé cède généralement face à nos recherches ; ce n'est pas le cas en Extrêmistan, où la répétition n'existe pas et où il faut rester méfiant vis-à-vis du passé sournois et éviter la narration facile et évidente.

Ayant vécu essentiellement privé d'informations, j'ai souvent eu le sentiment de vivre sur une autre planète que mes pairs, ce qui peut parfois être extrêmement pénible. C'est comme si un virus contrôlait leur cerveau et les empêchait de voir les choses en marche – le Cygne Noir au coin de la rue.

Pour éviter les maux de l'erreur de narration, il faut privilégier l'expérimentation par rapport au récit, l'expérience par rapport à l'histoire et la connaissance clinique par rapport aux théories. Si un journal ne peut évidemment pas réaliser d'expériences, il peut en revanche préférer un article à un autre – il y a quantité de recherches empiriques à présenter et à utiliser comme base d'interprétation – comme je le fais moi-même dans ce livre. Être empirique ne signifie pas posséder un laboratoire au sous-sol de sa maison : c'est juste une tournure d'esprit qui privilégie une certaine forme de connaissance par rapport à d'autres. Je ne m'interdis pas d'employer le mot « cause », mais les causes dont je parle sont soit des spéculations téméraires (présentées comme telles), soit le résultat d'expériences – pas des histoires.

Une autre manière de procéder est de faire des prévisions et d'en tenir le compte.

Enfin, il y a peut-être une façon de se servir d'un récit – mais pour un motif légitime. Pour parvenir à ses fins, il faut employer les méthodes adéquates ; nous pouvons utiliser notre capacité de convaincre avec une histoire qui véhicule le bon message – c'est ce que font les conteurs, semble-t-il.

Jusqu'à présent, nous avons abordé deux mécanismes internes qui sous-tendent notre cécité face aux Cygnes Noirs : le biais de confirmation et l'erreur de narration. Dans les chapitres suivants, nous allons examiner un mécanisme externe : une lacune dans la façon dont nous recevons et interprétons les événements enregistrés, et une autre dans notre manière d'agir sur eux.

CHAPITRE 7

VIVRE DANS L'ANTICHAMBRE DE L'ESPOIR

Comment éviter les refroidisseurs d'eau. – Choisissez votre beau-frère. – Le livre préféré de Yevgenia. – Ce que les déserts peuvent et ne peuvent pas offrir. – De l'évitement de l'espoir. – « El desierto de los Tártaros ». – Les vertus du ralenti.

Supposez qu'à l'instar de Yevgenia, vos activités dépendent d'une surprise de type Cygne Noir – c'est-à-dire que vous soyez une dinde à l'envers. Les activités intellectuelles, scientifiques et artistiques appartiennent à la province de l'Extrêmistan, où il y a une forte densité de réussites composée d'un nombre infime de gagnants qui revendiquent une grosse part du gâteau. Cela semble valoir pour toutes les activités professionnelles que je trouve stimulantes et « intéressantes » (je suis encore à la recherche d'un seul contre-exemple, une activité stimulante qui pourrait se trouver au Médiocristan).

Reconnaître le rôle de cette concentration de réussite et agir en conséquence nous conduit à être punis deux fois : nous vivons dans une société où le mécanisme de gratification est fondé sur l'illusion de la régularité ; notre système de gratification hormonal a aussi besoin de résultats tangibles et réguliers. Lui aussi pense que le monde est stable et bien élevé – il succombe à l'erreur de confirmation. Le monde a changé trop vite pour notre composition génétique. Nous sommes devenus étrangers à notre environnement.

La cruauté des pairs

Chaque matin, vous quittez votre appartement exigu de l'East Village à Manhattan pour vous rendre à votre laboratoire de la Rockefeller University dans l'East Sixties. Vous rentrez chez vous tard le soir et, par pure politesse, vos relations sociales vous demandent si vous avez passé une bonne journée. Au laboratoire, les gens ont plus de tact. Bien sûr que vous n'avez pas passé une bonne journée ! Vous n'avez rien trouvé. Vous n'êtes pas réparateur de montres. Le fait que *vous n'ayez rien trouvé* est très important, car il fait partie du processus de la découverte – si, si ! Vous savez maintenant où *ne pas* chercher. Connaissant vos résultats, les autres chercheurs devraient éviter de faire l'expérience que vous avez réalisée vous-même – à condition qu'une revue spécialisée ait été assez intelligente pour considérer ce « rien trouvé » comme une information et la publier.

Pendant ce temps, votre beau-frère est commercial pour une société de Wall Street et ne cesse de percevoir des commissions élevées – élevées et régulières. « Il se débrouille très bien », entendez-vous, surtout de la bouche de votre beau-père, et le silence d'une nanoseconde qui suit sa remarque vous permet de vous apercevoir qu'il vient de faire une comparaison – involontaire, certes, mais il l'a faite quand même.

La période des vacances peut être terrible. Dans les réunions de famille, vous tombez sur votre beau-frère et détectez des signes de frustration qui ne trompent pas chez votre femme, saisie par la crainte fugitive d'avoir épousé un « *loser* », avant de se rappeler la logique de votre profession. Mais elle doit lutter contre son impulsion première. Sa sœur ne cessera de parler des travaux de rénovation qu'ils sont en train de faire, de leur nouveau papier peint. Sur le trajet du retour, votre femme sera un peu plus silencieuse que d'habitude. Et cette bouderie sera légèrement aggravée par le fait que la voiture que vous conduisez est un véhicule de location, car vous n'avez pas les moyens de payer un garage à Manhattan. Quelle serait la solution ? Émigrer en Australie pour espacer les réunions de famille, ou changer de beau-frère en épousant quelqu'un dont le frère a moins bien « réussi » ?

Ou faudrait-il que vous vous habilliez en hippie et versiez dans la provocation ? Cela pourrait marcher pour un artiste, moins pour un scientifique ou un homme d'affaires. Vous êtes piégé.

Vous travaillez sur un projet qui ne donne pas de résultats immédiats ou réguliers, alors que tout le monde autour de vous s'occupe de projets qui présentent exactement les caractéristiques inverses. Vous voilà dans de beaux draps ! Tel est le lot des scientifiques, des artistes et des chercheurs qui, au lieu de vivre dans une communauté isolée ou une colonie d'artistes, sont perdus dans la société.

Les résultats positifs en dents de scie, ceux qui rapportent gros ou ne rapportent rien du tout, sont la règle dans de nombreuses activités, celles investies d'une mission – comme chercher obstinément (dans un laboratoire malodorant) le remède, si difficile à trouver, contre le cancer, écrire (tout en vivant au jour le jour) un livre qui changera la vision du monde de ses lecteurs, faire de la musique ou peindre des icônes miniatures sur les métros de banlieue en considérant cela comme une forme d'art évoluée malgré les diatribes de l'« érudit » vieux jeu qu'est Harold Bloom.

Si vous êtes chercheur, vous allez devoir publier des articles mineurs dans des revues « prestigieuses » afin que vos pairs vous disent bonjour une fois de temps en temps quand vous les croiserez à des conférences.

Si vous dirigez une entreprise publique, tout se passait magnifiquement bien avant l'arrivée des actionnaires, quand vous et vos partenaires étaient les seuls propriétaires et que vous aviez affaire à des spécialistes du capital-risque qui comprenaient les résultats en dents de scie et la nature instable de la vie économique. Mais maintenant, il y a cet analyste financier dans une société au centre de Manhattan, un gars de trente ans à l'esprit lent, qui « juge » vos résultats et y voit tout un tas de choses qui n'existent pas. Il aime les gratifications financières régulières, et c'est bien la dernière chose que vous puissiez apporter.

Nombre de gens travaillent dur en ayant l'impression de bien faire leur boulot, sans parvenir néanmoins à afficher de résultats concrets avant longtemps. Pour survivre sans se démoraliser aux doses de cruauté que les autres leur assènent régulièrement, ils doivent avoir la capacité de supporter l'ajournement perpétuel de leur heure de gloire. Leurs cousins les considèrent comme des idiots, leurs pairs aussi – il leur faut bien du courage pour continuer ! Confirmation, validation, étudiants flagorneurs, prix Nobel ou prix Machinchose... Ils n'ont droit à rien de tout cela. La question « Ton année s'est bien passée ? » fait naître au plus profond d'eux une légère souffrance, supportable néanmoins ; car aux yeux d'un observateur extérieur, la quasi-totalité de leurs années sembleront perdues. Jusqu'à ce que... badaboum, l'événement inattendu se produise, qui leur apporte la grande revanche. Mais il peut aussi ne jamais se produire.

Croyez-moi, gérer les conséquences sociales de ce qui apparaît comme un échec constant n'est pas une mince affaire. Nous sommes des animaux sociaux ; l'enfer, c'est les autres.

Quand c'est le spectaculaire qui compte

Nos intuitions ne sont pas taillées pour les non-linéarités. Songez à la vie dans un environnement primitif où processus et résultat son étroitement liés. Vous avez soif ; le fait de boire vous apporte la satisfaction adéquate. Ou même dans un environnement qui n'est pas si primitif que cela, si vous vous lancez dans la construction d'un pont ou d'une maison en pierre, par exemple, plus vous travaillerez, plus vous obtiendrez de résultats apparents, si bien que votre moral se maintiendra grâce à ces retours visibles constants.

Dans un environnement primitif, c'est le spectaculaire qui compte. Cela vaut pour notre connaissance. Quand nous essayons de recueillir des informations sur le monde qui nous entoure, nous sommes généralement guidés par notre biologie, et notre attention se porte tout naturellement sur le spectaculaire – pas tant le pertinent que le spectaculaire. Quelque part, le système de guidage s'est trompé dans notre processus de coévolution avec notre habitat – il a été transplanté dans un monde où ce qui est important est souvent plat et ennuyeux.

De plus, nous pensons que si deux variables sont liées par une loi de cause à effet, l'application d'une loi uniforme à l'une doit TOUJOURS déterminer la réponse de l'autre. Notre système émotionnel est fait pour la causalité linéaire. Ainsi, si vous étudiez tous les jours, vous vous attendez à ce que les choses que vous apprenez soient proportionnelles au temps que vous passez à apprendre. Si vous avez l'impression que tout cela ne sert à rien, votre moral sera au plus bas. Cependant, la réalité moderne nous donne rarement le privilège de progresser de manière satisfaisante, linéaire et positive ; vous pouvez réfléchir à un problème pendant un an et ne rien apprendre du tout ; puis, à moins d'être découragé par l'absence de résultats et de laisser tomber, vous allez tout à coup avoir un éclair de compréhension.

La recherche a passé un certain temps à étudier cette notion de gratification ; la neurologie nous éclaire depuis un certain temps sur la tension qui existe entre les notions de gratification immédiate et de gratification différée. Préférez-vous un massage cette semaine, ou deux la semaine prochaine ? Eh bien, on sait maintenant que la partie logique de notre esprit, la partie « supérieure » qui nous différencie des animaux, est capable de surmonter notre instinct animal qui réclame des gratifications immédiates. Nous sommes donc un peu mieux que les animaux, après tout – mais sans doute pas terriblement. Et pas tout le temps.

Non-linéarités

La situation peut devenir un peu plus tragique – le monde est plus non linéaire que nous le croyons, et que les scientifiques voudraient le croire.

Avec les linéarités, les relations entre variables sont claires, nettes et constantes, et donc faciles à comprendre d'un point de vue platonique en une seule phrase, telle que : « Une augmentation de 10 % des comptes bancaires correspond à une augmentation de 10 % du revenu sur les intérêts et à une augmentation de 5 % de l'obséquiosité de notre chargé de clientèle. » Si vous avez plus d'argent à la banque, vous avez plus d'intérêts. Les relations non linéaires peuvent varier ; le meilleur moyen de les décrire est sans doute de dire qu'elles ne peuvent trouver d'expression verbale capable de leur rendre justice. Prenez la relation qui existe entre le plaisir et le fait de boire de l'eau. Si vous êtes assoiffé, une bouteille d'eau va sensiblement accroître votre sentiment de bien-être. Plus d'eau équivaut à plus de plaisir. Mais que se passera-t-il si je vous donne une citerne entière ? Il est clair que votre bien-être va vite devenir insensible à des quantités plus importantes. En effet, si je vous donnais le choix entre une bouteille et une citerne, vous préféreriez la bouteille – ce qui signifie que les quantités supplémentaires *amoindrissent* votre plaisir.

Ces relations non linéaires sont omniprésentes dans la vie. Les relations linéaires constituent vraiment une exception ; on ne s'y intéresse que dans les salles de classe et les livres de cours parce qu'elles sont plus faciles à comprendre. Hier après-midi, j'ai essayé de poser un regard neuf sur ce qui m'entourait pour recenser ce que je pouvais voir de linéaire pendant ma journée. Je n'ai rien trouvé – pas plus que quelqu'un qui chercherait des carrés ou des triangles ne pourrait en trouver dans la forêt tropicale – ou, comme nous le verrons dans la troisième partie, pas plus que quelqu'un qui chercherait un hasard de type courbe en cloche ne pourrait le trouver dans les phénomènes socio-économiques.

Vous jouez au tennis tous les jours sans faire un seul progrès, jusqu'à ce que tout à coup, vous vous mettiez à battre les pros.

Votre enfant n'a pas de difficultés d'apprentissage apparentes, et pourtant, il ne semble pas vouloir parler. L'institutrice insiste pour que vous commenciez à envisager « d'autres options », c'est-à-dire une thérapie. Vous tentez en vain de négocier avec elle (c'est elle qui est censée être l'« expert »). Puis, tout à coup, votre enfant se met à faire des phrases complexes, peut-être un peu trop complexes pour son âge ; je le répète : notion platonique, la progression linéaire, n'est pas la norme.

Le processus importe plus que les résultats

Nous privilégions le spectaculaire et l'extrêmement visible, et cela influence la manière dont nous jugeons les héros. Il y a peu de place dans notre conscience pour les héros qui ne produisent pas de résultats visibles – ou pour ceux qui se concentrent davantage sur le processus que sur les résultats.

Toutefois, ceux qui affirment accorder plus d'importance au premier qu'aux seconds ne disent pas toute la vérité – en supposant, bien sûr, qu'ils appartiennent à l'espèce humaine. On entend fréquemment ce demi-mensonge selon lequel les écrivains n'écrivent pas pour la gloire, que les artistes créent pour l'amour de l'art, parce que cette activité est « une récompense en soi ». Il est vrai que ce genre d'activités peut être une source inépuisable de satisfaction personnelle. Mais cela ne signifie pas que les artistes ne meurent pas d'envie d'attirer l'attention d'une manière ou d'une autre, ou qu'ils ne se porteraient pas mieux si on leur faisait un peu de publicité ; cela ne signifie pas que les écrivains ne se lèvent pas de bonne heure le samedi matin pour voir si *The New York Times Book Review* parle de leur travail, même s'il y a peu de chances que cela soit le cas, ou qu'ils ne continuent pas à jeter un coup d'œil à leur boîte aux lettres dans le but de voir si, depuis le temps qu'ils attendent, ils n'auraient pas reçu de réponse de tel ou tel grand magazine. Même un philosophe de la pointure de Hume dut garder le lit quelques semaines après que son chef-d'œuvre (qui, par la suite, fut connu comme sa version du problème du Cygne Noir) eut été éreinté par quelque crétin de critique – dont Hume savait qu'il avait tort et n'avait rien compris à ce qu'il voulait dire.

Là où les choses deviennent douloureuses, c'est quand vous voyez un de vos pairs, que vous méprisez, s'envoler à Stockholm pour recevoir le prix Nobel.

La plupart des gens qui se consacrent aux travaux que j'appelle « denses » passent le plus clair de leur temps à attendre le jour de gloire qui n'arrive (généralement) jamais.

Certes, cela détourne votre esprit des peccadilles de la vie – le cappuccino trop chaud ou trop froid, le serveur trop lent ou trop curieux, la nourriture trop ou pas assez épicée, la chambre d'hôtel trop chère qui ne ressemble pas exactement à la photographie du catalogue – toutes ces considérations s'envolent en fumée parce que votre esprit est accaparé par des choses beaucoup plus importantes et intéressantes. Mais cela ne veut pas dire qu'une personne qui n'est pas concernée par les préoccupations matérialistes devient insensible à d'autres souffrances, celles causées par le manque de respect. Ces chasseurs de Cygnes Noirs éprouvent souvent de la honte, ou sont amenés à en éprouver par les autres, parce qu'ils n'apportent pas de contribution à la société. « Tu as trahi ceux qui nourrissaient de grands espoirs pour toi », leur dit-on, augmentant ainsi leur sentiment de culpabilité. Le problème des résultats irréguliers n'est pas tant le manque de revenus financiers qu'ils occasionnent que la hiérarchie, la perte de dignité, les humiliations subtiles qu'ils obligent à endurer devant la machine à café.

Je nourris le grand espoir de voir un jour la science et les décisionnaires redécouvrir ce que les Anciens ont toujours su, c'est-à-dire que notre monnaie la plus chère est le respect.

Même sur le plan économique, ce ne sont pas les chasseurs individuels de Cygnes Noirs qui deviennent les plus riches. Le chercheur Thomas Astebro a montré que les gains liés aux inventions indépendantes (en tenant compte des habitants du cimetière) étaient bien moins élevés que ceux du capital-risque. Pour pouvoir fonctionner, les entrepreneurs doivent faire preuve d'un certain aveuglement par rapport aux probabilités ou être obsédés par leur propre Cygne Noir positif. L'investisseur en capital-risque *(« venture capital »)* est celui qui ramasse les pépètes. L'économiste William Baumol appelle cela « un grain de folie ». Et cette expression peut s'appliquer à toutes les activités « denses » : quand on regarde les statistiques, on ne constate pas seulement que les spécialistes du capital-risque font mieux que les entrepreneurs, mais que les éditeurs font mieux que les écrivains, les marchands d'art mieux que les artistes, et la science mieux que les scientifiques (environ 50 % des études et des articles scientifiques et universitaires qui nécessitent des mois, parfois des années d'efforts, ne sont jamais vraiment lus). La personne impliquée dans des entreprises aussi risquées est payée dans une autre monnaie que le succès matériel : l'espoir.

Nature humaine, bonheur et gratifications irrégulières

Si vous le voulez bien, analysons l'idée centrale qui se cache derrière ce que les chercheurs appellent le bonheur hédoniste.

Faire près de un million de dollars sur une année alors que l'on n'a absolument rien gagné les années précédentes, ne procure pas le même plaisir que recevoir régulièrement cette somme pendant la même période, soit près de cent mille dollars par an pendant dix années de suite. La même chose vaut pour la situation contraire – percevoir une somme colossale la première année, et rien du tout pendant le reste de la période. D'une certaine manière, votre système de plaisir sera très vite saturé, et il ne prolongera pas le bonheur que procure le fait de voir une somme aussi élevée sur votre compte en banque. En effet, votre bonheur dépend beaucoup plus du nombre de sentiments positifs, de ce que les psychologues nomment les « affects positifs », que de leur intensité quand ils vous touchent. En d'autres termes, une bonne nouvelle est avant tout une bonne nouvelle ; bonne « comment » ? importe assez peu. Ainsi, pour mener une vie agréable, il faudrait répartir ces petits « affects » dans le temps de manière aussi égale que possible. Quantité de nouvelles relativement bonnes valent mieux qu'une seule et unique merveilleuse nouvelle.

Malheureusement, il peut même s'avérer pire pour vous de gagner dix millions de dollars, puis d'en reperdre dix, que de ne rien gagner du tout ! Bien sûr, vous pouvez finir avec un million (au lieu de rien du tout), mais il serait peut-être préférable que vous n'ayez rien du tout (en supposant, naturellement, que les récompenses financières soient importantes pour vous).

Ainsi, d'un point de vue strictement comptable, miser sur un seul gros gain ne paie pas. Mère Nature nous a conçus de telle manière que nous trouvons notre plaisir dans un flot régulier d'agréables petites – mais fréquentes – récompenses. Comme je l'ai déjà dit, il n'est pas nécessaire que ces récompenses soient importantes ; il suffit qu'elles soient fréquentes – un petit peu par ci et un petit peu par là. Songez que, des milliers d'années durant, nos principales sources de satisfaction étaient la nourriture et l'eau (et autre chose de plus intime) et que, même si nous en avons régulièrement besoin, nous arrivons rapidement à satiété.

Bien sûr, le problème est que nous ne vivons pas dans un environnement où les résultats sont réguliers – les Cygnes Noirs dominent en grande partie l'histoire humaine. Malheureusement, la stratégie adéquate pour notre environnement actuel n'offre probablement pas de récompense *intérieure* et de retour positif.

La même caractéristique, mais inversée, s'applique au malheur. Mieux vaut une souffrance concentrée entièrement sur une courte période plutôt qu'étalée sur une période plus longue.

Certains parviennent néanmoins à transcender l'asymétrie des joies et des peines, à échapper aux carences hédonistes, à se mettre hors jeu – et à vivre dans l'espoir. Comme nous allons le voir maintenant, il y a quelques bonnes nouvelles.

L'antichambre de l'espoir

Pour Yevgenia Krasnova, une personne pouvait aimer un livre, tout au plus quelques uns – plus était une forme de promiscuité. Ceux qui parlent des livres comme de marchandises ne sont pas sincères, de même que ceux qui collectionnent les relations peuvent être superficiels dans leurs amitiés. Un roman que vous aimez est semblable à un ami. Vous le lisez et le relisez, apprenant ainsi à mieux le connaître. Comme un ami, vous l'acceptez tel qu'il est sans le juger. Alors que l'on demandait à Montaigne « pourquoi » lui et l'écrivain Étienne de La Boétie étaient amis – le genre de question que l'on vous pose dans les cocktails comme si vous en connaissiez la réponse ou qu'il y avait une réponse à connaître –, il eut une réponse bien à lui : « Parce que c'était lui, parce que c'était moi. » De la même manière, Yevgenia affirme aimer ce livre *en particulier* « parce que c'est lui et parce que c'est moi ». Une fois, elle alla même jusqu'à claquer la porte d'un cours parce que l'enseignant avait analysé le livre en question, violant ainsi la règle de Yevgenia. On ne reste pas assis sans réagir quand les gens se mettent à analyser vos amis par le menu. Elle faisait une écolière extrêmement têtue, la petite Yevgenia.

Ce livre qu'elle a pour ami, c'est *Il deserto dei Tartari*[1] de Dino Buzzati, un roman qui était très connu en Italie et en France lorsqu'elle était enfant, mais dont, curieusement, personne dans

---

1. *Le Désert des Tartares* (N.d.T.).

son entourage aux États-Unis n'a entendu parler. Son titre anglais, *The Tartar Steppe*, a été mal traduit; c'est *The Desert of the Tartars* qui aurait convenu.

Yevgenia a rencontré *Il deserto* à l'âge de treize ans, dans la maison de campagne de ses parents, dans un petit village situé à deux cents kilomètres de Paris, où leurs ouvrages russes et français se multipliaient sans les contraintes de leur appartement parisien déjà plein à craquer. Elle s'ennuyait tellement à la campagne qu'elle ne parvenait même pas à lire. C'est alors qu'un après-midi, elle ouvrit ce livre et fut littéralement happée.

Ivre d'espoir

Giovanni Drogo est un jeune homme prometteur. Il vient d'être promu par l'académie militaire au grade de sous-lieutenant; pour lui, c'est le début de la vie active. Cependant, les choses ne tournent pas comme prévu: il est affecté, initialement pour quatre ans, dans un avant-poste éloigné, la forteresse Bastiani, qui protège la nation d'une probable invasion des Tartares en provenance du désert qui longe la frontière – une situation peu enviable. La forteresse est située à quelques jours de cheval de la ville; il n'y a absolument rien autour – pas le moindre signe de l'effervescence sociale à laquelle un homme de son âge pourrait aspirer. Drogo croit que son affectation dans cet avant-poste est temporaire, qu'il s'agit pour lui d'un moyen de faire son chemin avant de se voir proposer des situations plus alléchantes. Quand, par la suite, il retournera en ville avec son uniforme impeccablement repassé et sa silhouette athlétique, peu de femmes parviendront à lui résister.

Que va faire Drogo dans ce trou? Il découvre une échappatoire, un moyen d'être muté quatre mois seulement après son arrivée, et décide de la saisir.

Mais à la dernière minute, en regardant le désert par la fenêtre du bureau du médecin militaire, il choisit de rester. Quelque chose dans les murs du fort et le paysage silencieux le fascine. Peu à peu, l'attrait du fort et l'attente des assaillants, la grande bataille avec les féroces Tartares, deviennent sa seule raison d'être. L'atmosphère dans lequel baigne le fort est entièrement dominée par l'attente. Les autres hommes passent leur temps à regarder l'horizon en attendant le grand événement de l'attaque ennemie. Ils sont tellement concentrés qu'ils arrivent à repérer le moindre animal errant qui apparaît de loin en loin en bordure du désert, et croient à tort qu'il s'agit d'une attaque ennemie.

Et, comme de bien entendu, Drogo passe le reste de son existence à prolonger son séjour, retardant perpétuellement le début de sa vie en ville – trente-cinq ans de pur espoir, passés à la merci de l'idée qu'un jour, les attaquants finiront par surgir de ces collines lointaines qu'aucun être humain n'a jamais traversées, et lui permettront de montrer ce dont il est capable.

À la fin du roman, on voit Drogo mourir dans une auberge située au bord de la route, tandis que se produit enfin l'événement qu'il a attendu toute sa vie ; il l'a manqué.

Le doux piège de l'attente

Yevgenia a lu *Il deserto* quantité de fois ; elle a même appris l'italien (et peut-être épousé un Italien) afin de pouvoir lire la version originale du livre. Mais elle n'a jamais eu le courage d'en relire la fin douloureuse.

J'ai présenté le Cygne Noir comme une aberration, l'événement important que l'on n'attend pas. Mais imaginez le contraire : l'événement inattendu dont *on souhaite vraiment qu'il se produise*. Drogo est obsédé et aveuglé par l'éventualité d'un événement improbable ; cet événement rare est sa raison d'être. Quand elle tomba sur ce livre à l'âge de treize ans, Yevgenia était loin de se douter qu'elle passerait sa vie entière à jouer les Drogo dans l'antichambre de l'espoir, à attendre le grand événement, à se sacrifier pour lui et à refuser les étapes intermédiaires, les prix de consolation.

Tomber dans le doux piège de l'attente lui était égal ; pour elle, cette vie-là valait la peine d'être vécue ; oui, vivre dans la simplicité cathartique d'un seul et unique objectif valait vraiment la peine. Et il est vrai qu'il « faut prendre garde à ce que l'on souhaite » : peut-être était-elle plus heureuse de sa réussite avant le Cygne Noir qu'après.

Une des caractéristiques du Cygne Noir est une asymétrie des conséquences – positives ou négatives. Pour Drogo, les conséquences furent de passer trente-cinq ans dans l'antichambre de l'espoir à attendre quelques malheureuses heures de gloire accordées au hasard – et qu'il finit par manquer.

Quand on a besoin de la forteresse Bastiani

Remarquez qu'il n'y avait pas de beau-frère dans l'entourage social de Drogo. Il avait la chance d'avoir une mission dans laquelle il était entouré de camarades. Il appartenait à une communauté aux portes du désert dont les membres fixaient intensément l'horizon. Drogo avait l'avantage de faire partie d'une association de pairs et de pouvoir éviter tout contact social avec des personnes extérieures à cette communauté. Nous sommes des animaux de proximité, qui nous intéressons à notre environnement immédiat – quand bien même les gens qui vivent loin de nous nous considèrent comme de parfaits imbéciles. Ces *homo sapiens* sont des entités abstraites et lointaines dont nous n'avons cure parce que nous ne les rencontrons pas dans les ascenseurs et ne croisons pas leur regard. Dans certains cas, notre superficialité est un avantage.

C'est peut-être un poncif que nous avons besoin des autres pour quantité de choses, mais bien plus encore que nous ne le soupçonnons, surtout pour nous témoigner dignité et respect. En effet, l'histoire offre très peu de cas de personnes qui aient accompli des choses extraordinaires sans l'approbation de leurs pairs – mais nous sommes libres de choisir nos pairs. Si l'on regarde l'histoire des idées, on voit de temps à autre se former des écoles de pensée qui réalisent un travail inhabituel, peu prisé en dehors de l'école. On entend parler des stoïciens, des sceptiques académiques, des cyniques, des sceptiques pyrrhoniens, des esséniens, des surréalistes, des dadaïstes, des anarchistes, des hippies, des fondamentalistes. Une école offre à qui entretient des idées originales la possibilité d'être récompensé en se trouvant de la compagnie et en créant un microcosme isolé des autres. Ainsi les membres d'un groupe peuvent-ils être ostracisés ensemble – ce qui est mieux que de l'être tout seul.

Si vous vous lancez dans une activité sujette aux Cygnes Noirs, mieux vaut faire partie d'un groupe.

« EL DESIERTO DE LOS TÁRTAROS »

Yevgenia rencontra Nero Tulip dans le hall de l'hôtel Danieli à Venise. C'était un trader qui vivait entre Londres et New York. À l'époque, les traders travaillant à Londres se rendaient à Venise le vendredi à midi pendant la basse saison dans le simple but de parler à d'autres traders (de Londres).

Tandis que Yevgenia et Nero discutaient à bâtons rompus de la manière la plus naturelle qui soit, elle remarqua que, du bar où il était assis, son mari les observait, l'air mal à l'aise, tout en essayant de rester concentré sur les péroraisons d'un de ses amis d'enfance. Yevgenia réalisa alors qu'elle allait faire plus ample connaissance avec Nero.

Ils se revirent à New York, d'abord de manière clandestine. Professeur de philosophie, son mari avait trop de temps libre, si bien qu'il commença à surveiller de près son emploi du temps et se mit à devenir collant. Plus il devenait collant, plus Yevgenia se sentait étouffée, ce qui le rendait encore plus collant. Elle le plaqua, appela son avocat qui, à ce moment-là, s'attendait à avoir de ses nouvelles, et se mit à fréquenter Nero ouvertement et plus assidûment.

Se remettant d'un accident d'hélicoptère, celui-ci avait la démarche raide – après avoir enchaîné les succès, il était devenu un peu trop arrogant et s'était mis à prendre des risques physiques non calculés, tout en restant hyperprudent – voire, paranoïaque – sur le plan financier. Il avait passé des mois dans un hôpital londonien sans pouvoir bouger ni lire et écrire ou presque, à essayer de résister à la tentation de devoir regarder la télévision, à taquiner les infirmières et à attendre que ses os se ressoudent. Il peut dessiner de mémoire le plafond de sa chambre d'hôpital avec ses quatorze fissures, ainsi que l'immeuble blanc délabré de l'autre côté de la rue avec ses soixante-trois fenêtres ayant toutes besoin d'un sérieux nettoyage.

Comme Nero affirmait qu'il était à l'aise en italien quand il avait bu, Yevgenia lui offrit un exemplaire de *Il deserto*. Nero ne lisait pas de romans, prétendant qu'ils « sont amusants à écrire mais pas à lire ». Le livre resta donc un bon moment sur sa table de chevet.

Nero et Yevgenia étaient en quelque sorte le jour et la nuit. Yevgenia allait se coucher à l'aube après avoir passé la nuit à travailler sur ses manuscrits. Comme la plupart des traders, Nero se levait à l'aube, même le week-end. Il s'attelait pendant une heure à son opus, *Traité sur les probabilités*, après quoi il n'y touchait plus de toute la journée. Il y travaillait depuis dix ans et ne se sentait acculé à le terminer que quand sa vie était menacée. Yevgenia fumait ; soucieux de sa santé, Nero passait au moins une heure par jour dans un club de sport ou à la piscine. Yevgenia fréquentait des intellectuels et des bohémiens ; Nero se sentait surtout à l'aise avec des traders et des hommes d'affaires débrouillards, qui n'avaient jamais été à l'université et parlaient avec un accent de Brooklyn à couper au couteau. Yevgenia ne comprit jamais comment un adepte du classicisme doublé d'un polyglotte tel que

Nero pouvait fréquenter pareils individus. Pis encore, elle affichait vis-à-vis de l'argent ce mépris typique de la France sous la Ve République – sauf s'il se dissimulait derrière une façade intellectuelle ou culturelle – et elle avait beaucoup de mal à supporter ces types de Brooklyn aux doigts épais et poilus pourvus de comptes en banque démesurés. De leur côté, les amis rescapés de Brooklyn de Nero la trouvaient snob. (Depuis un certain temps, une des conséquences de la prospérité est la migration constante de gens débrouillards de Brooklyn vers Staten Island et le New Jersey.)

Nero aussi était élitiste, et à un degré insupportable, mais d'une manière différente. Il faisait la distinction entre ceux qui, originaires de Brooklyn ou non, étaient capables de voir une situation dans son ensemble et ceux qui n'y parvenaient pas, indépendamment de leur niveau de raffinement et d'instruction.

Quelques mois plus tard, après s'être débarrassé de Yevgenia (avec un soulagement extrême), il ouvrit *Il deserto* et fut happé par le livre. Yevgenia avait eu la prescience que, comme elle, Nero s'identifierait au protagoniste, Giovanni Drogo. Elle ne s'était pas trompée.

À son tour, Nero acheta des valises entières de la (mauvaise) traduction anglaise du livre et en remit un exemplaire à quiconque lui disait bonjour poliment, y compris son portier new-yorkais qui parlait à peine anglais, sans même songer à le lire. Nero fit montre d'un tel enthousiasme en lui expliquant l'histoire qu'il éveilla l'intérêt du portier, et dut commander pour lui la traduction espagnole, *El desierto de los Tártaros*.

Être saigné ou sauter, telle est l'alternative

Divisons le monde en deux catégories. Certaines personnes sont pareilles à la dinde, exposées à leur insu à une explosion majeure, tandis que d'autres jouent à l'inverse de la dinde en se préparant à des événements importants qui pourraient surprendre les autres. Dans certaines stratégies et certaines circonstances de la vie, on joue des dollars et l'on remporte toute une flopée de *pennies* en paraissant néanmoins gagner tout le temps. Dans d'autres, on risque toute une série de *pennies* pour remporter des dollars. Autrement dit, on parie soit que le Cygne Noir se produira, soit qu'il ne se produira jamais, deux stratégies qui requièrent deux états d'esprit complètement différents.

Nous avons vu que nous (les êtres humains) avions une préférence marquée pour les revenus modestes mais réguliers. Souvenez-vous du chapitre 4 : à l'été 1982, de grandes banques américaines ont perdu la quasi-totalité de leurs gains, et plus encore.

De même que certaines choses de nature extrêmistanaise sont extrêmement dangereuses mais n'apparaissent pas comme telles au préalable, puisqu'elles se cachent et diffèrent leurs risques, de même les dupes se croient-ils en « sécurité ». De fait, une caractéristique de l'Extrêmistan est de paraître moins dangereux à court terme qu'il ne l'est réellement.

Nero qualifiait de « douteuses » les activités exposées à de telles explosions, surtout parce qu'il se défiait de toutes les méthodes utilisées pour calculer leurs probabilités. Rappelez-vous qu'au chapitre 4, nous avons vu que la période comptable sur laquelle on évaluait les performances des sociétés était trop courte pour permettre de dire si oui ou non elles faisaient du bon boulot. Et, eu égard au caractère superficiel de nos intuitions, notre évaluation des risques est trop rapide.

Mais permettez-moi de vous présenter brièvement les théories de Nero. Il partait du banal point suivant : certains paris sur l'évolution des affaires dans lesquels on gagne gros mais rarement, tout en perdant peu mais souvent, valent la peine d'être conclus si ce sont les autres les dupes et si l'on a *la pêche personnelle et intellectuelle nécessaire* pour les conclure. Mais cette pêche est indispensable. En outre, il faut aussi supporter de s'entendre copieusement – et souvent impudemment – insulter par des personnes de son entourage. La plupart du temps, les gens admettent qu'une stratégie financière contenant une faible chance de succès n'est pas nécessairement mauvaise tant que la réussite est suffisamment importante pour la justifier. Mais pour toutes sortes de raisons psychologiques, ils ont du mal à mettre en œuvre cette stratégie, tout simplement parce qu'elle nécessite tout ensemble d'avoir la foi, d'être capable de supporter l'ajournement de la gratification et d'accepter de se faire cracher dessus par ses clients sans ciller. Et ceux qui, pour x raisons, perdent de l'argent, se mettent à arborer un air de chien battu, exacerbant le mépris de leur entourage.

Pour combattre ce contexte d'explosion potentielle déguisé en compétences, Nero se lança dans une stratégie qu'il baptisa « la saignée ». Vous perdez régulièrement, quotidiennement, pendant longtemps, sauf quand il se produit un événement quelconque qui vous rapporte une somme d'une valeur disproportionnée. D'un autre côté, il n'y a pas un seul événement qui puisse vous faire sauter – certains changements dans le monde sont susceptibles de générer des bénéfices extrêmement importants qui vous dédommagent de la saignée que vous avez subie pendant des années, parfois des décennies, voire des siècles dans certains cas.

De toutes les personnes qu'il connaissait, Nero était le moins prédisposé génétiquement à cette stratégie. Son cerveau était en tel désaccord avec son corps qu'il se trouvait dans une situation de conflit permanent. C'était son corps qui lui posait problème, avec la fatigue physique qu'il avait accumulée, due aux conséquences neurobiologiques de sa constante exposition à de petites pertes tout au long de la journée, genre supplice de l'eau à la chinoise. Nero s'aperçut que ces pertes allaient directement dans son cerveau émotionnel, contournant ses structures corticales supérieures, affectant peu à peu son hippocampe et affaiblissant sa mémoire. L'hippocampe est la structure censée contrôler la mémoire. C'est la partie la plus souple du cerveau, et celle qui, dit-on, absorbe tous les dégâts causés par des affronts répétés tels que le stress chronique dû aux sentiments négatifs que nous subissons chaque jour à petites doses – en opposition au « bon stress » déclenché par le tigre surgissant de temps à autre dans notre salon. On a beau rationaliser, l'hippocampe prend au sérieux l'assaut du stress chronique, entraînant une atrophie peut-être irréversible. Contrairement à ce que veut la croyance populaire, ces petits facteurs de stress apparemment anodins ne nous renforcent pas ; ils peuvent nous amputer d'une partie de nous-mêmes.

C'était son exposition à une quantité importante d'informations qui empoisonnait l'existence de Nero. Sa douleur devenait supportable s'il voyait uniquement les chiffres hebdomadaires, et non leur mise à jour minute par minute. Il gérait mieux ses émotions quand il s'agissait de son propre portefeuille que de celui de ses clients, car il n'était pas obligé de le surveiller en permanence.

Si son système neurobiologique était victime du biais de confirmation, réagissant au court terme et au visible, il pouvait berner son cerveau afin d'échapper à ses effets pervers en se concentrant uniquement sur le long terme. Il refusait de regarder toute impression de son bilan qui datât de moins de dix ans. En lui permettant de réaliser des bénéfices colossaux sur le peu de capital qu'il contrôlait, le krach boursier de 1987 apporta à Nero la maturité intellectuelle. Cet événement allait rendre à jamais positif l'ensemble de son bilan. En près de vingt ans de trading, Nero n'eut que quatre bonnes années. Pour lui, une seule était plus que suffisante. Tout ce qu'il lui fallait, c'était une bonne année par siècle.

Les investisseurs n'étaient pas un problème pour lui – ils avaient besoin de son assurance de trader et le rémunéraient bien. Il lui suffisait d'afficher un soupçon de mépris à l'égard de ceux dont il voulait se débarrasser, ce qui ne lui demandait pas beaucoup d'efforts. Non, Nero n'avait pas à se forcer : il n'avait pas une haute opinion de ces gens et laissait son corps s'exprimer librement, sans cesser de leur témoigner une courtoisie d'une outrance désuète. Après une longue suite de pertes, il veillait à ce qu'ils ne croient pas qu'il leur présentait ses excuses – et paradoxalement, ils ne l'en soutenaient que davantage. Les êtres humains croient tout ce qu'on leur raconte à condition de ne pas montrer le moindre signe de défiance ; à l'instar des animaux, ils sont capables de détecter la moindre faille dans la confiance que l'on affiche avant même qu'on l'ait exprimée soi-même. Le truc est d'avoir des manières aussi onctueuses que possible. Il est beaucoup plus facile d'exprimer la confiance en soi si l'on se montre excessivement poli et amical ; on peut contrôler les gens sans avoir à heurter leur sensibilité. Nero s'aperçut que le problème avec les hommes d'affaires était que si l'on affichait un comportement de « *loser* », ils nous traitaient comme tel – on fixait soi-même l'aune. Il n'existe pas de mesure absolue du bien et du mal. L'important n'est pas ce que l'on dit, mais la manière dont on le dit.

Face aux autres, il faut néanmoins cultiver la litote et afficher en permanence un calme olympien.

Quand il travaillait comme trader dans une banque, Nero dut affronter le classique formulaire d'évaluation des employés. Censé suivre l'évolution de leurs « résultats », ce document était sans doute destiné à éviter une baisse d'activité éventuelle de leur part. Nero trouvait cette évaluation absurde parce qu'elle ne jugeait pas tant la qualité des résultats d'un trader qu'elle ne l'encourageait à exploiter le système en travaillant pour des bénéfices à court terme au détriment d'explosions possibles – comme ces banques qui accordent des prêts stupides qui ont peu de chance de tourner au fiasco, parce que le préposé aux prêts vise sa prochaine évaluation trimestrielle. Un jour, au début de sa carrière, Nero s'assit donc et écouta très calmement l'évaluation de son « superviseur ». Quand celui-ci lui tendit le formulaire d'évaluation, Nero le déchira en petits morceaux sous ses yeux. Il le fit très lentement, accentuant ainsi le contraste entre la nature de son acte et la sérénité avec laquelle il déchirait le papier. Livide, le patron le regardait avec des yeux exorbités. Transporté par le sentiment de défendre ses convictions et par la beauté de son expression, Nero se concentrait sur cet acte lent, dénué de toute dramatisation. Ce mélange d'élégance et de dignité était exaltant. Il savait qu'on le renverrait ou qu'on le laisserait tranquille. On le laissa tranquille.

CHAPITRE 8

LA CHANCE INFAILLIBLE
DE GIACOMO CASANOVA :
LE PROBLÈME DE DIAGORAS

Le problème de Diagoras. – Comment les Cygnes Noirs réussissent à sortir des livres d'histoire. – Méthodes pour vous éviter la noyade. – Le noyé ne vote généralement pas. – Nous devrions tous être courtiers en Bourse. – Les témoins silencieux comptent-ils ? – L'étoile de Casanova. – New York est « tellement invincible ».

Une autre erreur dans la façon dont nous comprenons les événements réside dans le problème de Diagoras. L'histoire nous cache à la fois les Cygnes Noirs et la capacité de les générer.

HISTOIRE DES DÉVOTS QUI S'ÉTAIENT NOYÉS

Il y a plus de deux mille ans, l'orateur romain, auteur de belles lettres, penseur, stoïcien, politicien manipulateur et gentilhomme (généralement) vertueux Marcus Tullius Cicéron raconta l'histoire suivante. On montra à un certain Diagoras, un athée, des tablettes peintes représentant des dévots qui avaient prié et survécu à un naufrage qui leur était arrivé ensuite. Sous-entendu : prier protège de la noyade. Diagoras demanda alors : « Où sont les portraits de ceux qui avaient prié et qui sont morts ? »

Parce qu'ils étaient morts, précisément, ces dévots-là auraient été bien en peine de promouvoir leur expérience depuis les fonds sous-marins. Cette histoire pourrait inciter un observateur lambda à croire aux miracles.

Voilà ce que nous appelons « problème de Diagoras ». L'idée est simple, et néanmoins puissante et universelle. Alors que la plupart des penseurs tentent d'éclipser ceux qui les ont précédés, Cicéron éclipse tous les penseurs empiriques, ou presque, qui lui ont succédé, jusqu'à une période très récente.

Plus tard, mon superhéros, l'essayiste Michel de Montaigne, ainsi que l'empiriste Francis Bacon, firent référence à cette idée dans leurs œuvres respectives en l'appliquant à la formation des croyances erronées. « Et il en va ainsi de toute superstition, qu'il s'agisse de l'astrologie, des rêves, des mauvais présages, des jugements divins, et ainsi de suite », écrivait Bacon dans son *Novum Organum*. Naturellement, le problème est qu'à moins de nous être enfoncées dans le crâne de manière systématique ou d'être intégrées à notre mode de pensée, ces grandes observations s'effacent rapidement de notre mémoire.

Le problème de Diagoras concerne tout ce qui est lié à la notion d'histoire. Par « histoire », je n'entends pas seulement ces ouvrages érudits-mais-assommants que l'on trouve au rayon concerné des librairies (avec leur couverture ornée d'un tableau de la Renaissance pour attirer les clients). L'histoire, je le répète, c'est *toute succession d'événements vus avec l'effet de la postériorité*.

Ce biais s'étend à l'attribution de causes au succès des idées et des religions, à l'illusion de la compétence dans nombre de professions, au succès d'activités artistiques, au débat sur l'inné et l'acquis, aux erreurs commises dans l'utilisation de preuves devant un tribunal, aux illusions sur la « logique » de l'histoire – et bien sûr, et avec le plus d'acuité, à notre perception de la nature des événements extrêmes.

Vous vous trouvez dans une salle de classe en train d'écouter quelqu'un de suffisant, très digne et solennel (mais assommant), vêtu d'une veste en tweed (chemise blanche, cravate à pois) pontifier pendant deux heures sur les théories de l'histoire. Vous êtes trop paralysé par l'ennui pour comprendre ce dont il peut bien parler, mais vous entendez les noms de grandes pointures : Hegel, Fichte, Marx, Proudhon, Platon, Hérodote, Ibn Khaldoun, Toynbee, Spengler, Michelet, Carr, Bloch, Fukuyama, Machinkuyama, Truckuyama. Apparemment profond et cultivé, l'orateur semble veiller à ce qu'aucune baisse d'attention ne puisse faire oublier que son approche est « postmarxiste », « postdialectique », ou postquelque chose, quoi que cela puisse signifier. C'est alors que vous réalisez que ce qu'il dit repose en grande partie sur une simple illusion d'optique ! Mais cela ne fait aucune différence : il est tellement pris dans son discours que si vous remettiez en cause sa méthode, il vous jetterait encore plus de noms à la tête.

Il est tellement facile de ne pas regarder derrière soi quand on élabore des théories historiques. Toutefois, ce problème ne concerne pas seulement l'histoire, mais aussi la façon dont nous construisons des échantillons et rassemblons des preuves dans *tous les domaines*. Nous qualifierons cette déformation de « biais », c'est-à-dire de différence entre ce que l'on voit et ce qui existe réellement. Par « biais », j'entends une erreur systématique consistant à montrer en toute cohérence un effet plus positif ou plus négatif d'un phénomène, comme une balance afficherait invariablement quelques kilos de plus ou de moins par rapport à votre poids réel, ou un caméscope vous conférerait une ou deux tailles de plus. Ce biais a été redécouvert ici et là dans toutes les disciplines au cours du siècle dernier, puis souvent oublié par la suite (comme l'idée de Cicéron). De même que les adorateurs qui se sont noyés n'écrivent pas le récit de leur expérience (il vaut mieux être en vie pour le faire), les perdants de l'histoire, personnes ou idées, ne laissent pas de trace. Chose remarquable, les historiens et autres universitaires humanistes qui, entre tous, ont besoin de comprendre le problème de Diagoras, ne semblent pas avoir de mot pour le qualifier (et j'ai bien cherché !). Quant aux journalistes, laissez tomber ! Ce sont des fabricants en série de la déformation.

Le terme « biais » indique également la nature potentiellement quantifiable de la condition : on peut arriver à calculer la déformation et à la corriger en ne prenant pas seulement en compte les vivants, mais aussi les morts.

Le problème de Diagoras, c'est ce que les événements utilisent pour dissimuler leur caractère aléatoire, particulièrement l'aléatoire de type Cygne Noir.

Sir Francis Bacon est un personnage intéressant et attachant à bien des égards.

Il possédait une nature profondément sceptique, non académique, antidogmatique et empirique jusqu'à l'obsession, ce qui, pour quelqu'un de sceptique, de non académique, d'antidogmatique et d'empirique jusqu'à l'obsession tel que l'auteur de cet ouvrage est une qualité quasiment impossible à trouver chez les penseurs (tout le monde peut être sceptique ; n'importe quel scientifique peut être exagérément empirique – c'est la rigueur issue de l'alliance entre scepticisme et empirisme qui est difficile à atteindre). Le problème est que l'empirisme de Bacon voulait nous inciter à la confirmation, non à l'infirmation ; c'est pourquoi il introduisit le problème de la confirmation, cette maudite corroboration qui génère le Cygne Noir.

Le cimetière des lettres

On nous rappelle souvent que les Phéniciens ne produisirent aucune littérature, même s'ils auraient inventé l'alphabet. Les commentateurs parlent de leur philistinisme en se fondant sur cette absence d'héritage écrit, affirmant que leur race ou leur culture les poussait à s'intéresser davantage au commerce qu'aux arts. En conséquence, l'invention de l'alphabet par les Phéniciens servit davantage la cause peu élevée de la comptabilité commerciale que celle, plus noble, de la production littéraire. (Je me rappelle avoir trouvé sur les étagères de la bibliothèque d'une maison de campagne que j'avais louée un livre d'histoire, piqué de moisissure, par Will et Ariel Durant, qui décrivait les Phéniciens comme « une race de commerçants ». Je fus tenté de le jeter dans la cheminée.) En fait, il semble aujourd'hui que les Phéniciens aient pas mal écrit, mais sur un type de papier périssable qui ne résista pas aux outrages biodégradants du temps. Avant que les copistes et les auteurs n'utilisent le parchemin au IIe ou IIIe siècle, le taux de mortalité des manuscrits était élevé. Ceux qui ne furent pas copiés pendant cette période disparurent purement et simplement.

Ne pas prendre en compte le problème de Diagoras est un fait endémique à notre façon de comparer les talents, surtout dans les activités présentant les caractéristiques de ce fichu syndrome du « gagnant rafle tout » que nous avons vu au chapitre 3. Nous pouvons sans doute apprécier ce que nous voyons, mais trop interpréter les récits de réussite ne sert à rien car nous n'avons jamais toutes les informations.

Ainsi, rappelez-vous l'effet du « gagnant rafle tout » : voyez le nombre de gens qui se disent écrivains mais sont (« temporairement » seulement…) préposés au fonctionnement des rutilantes machines à cappuccino chez Starbucks. L'inégalité dans ce secteur est plus grande qu'en médecine, par exemple, car on voit rarement un médecin servir des hamburgers. Je peux donc en déduire qu'il est tout à fait possible d'estimer les résultats de tous les représentants de la population de cette dernière profession en me fondant sur l'échantillon que j'ai pu observer personnellement. Il en va de même pour les plombiers, les chauffeurs de taxi, les prostituées et les gens qui exercent des professions où ils ne risquent pas à terme d'être adulés par les foules. Allons au-delà de la discussion sur l'Extrêmistan et le Médiocristan que nous avons eue au chapitre 3. La conséquence de la dynamique de superstar est que ce que nous appelons « héritage littéraire » ou « trésors littéraires » constitue une proportion infime de la production intégrale. C'est la première chose. Et l'on peut immédiatement en déduire la façon dont cela invalide l'identification du talent : mettons que vous attribuiez le succès d'Honoré de Balzac à son « réalisme », ses « intuitions », sa « sensibilité », sa « façon de traiter les personnages », sa « capacité à captiver durablement le lecteur », toutes qualités extraordinaires chez lui, etc. On peut estimer que ces qualités « supérieures » entraînent un résultat « supérieur » *si et seulement si* ceux qui manquent de ce qu'on appelle « le talent » manquent aussi des qualités énumérées ci-dessus. Mais que se passe-t-il s'il s'avère que des dizaines de semblables chefs-d'œuvre littéraires ont péri ? Et, en suivant ma logique, s'il y a effectivement beaucoup de manuscrits disparus qui présentaient les mêmes caractéristiques, j'ai le regret de vous dire que votre idole a simplement bénéficié d'une chance disproportionnée par rapport à ses pairs. Et que vous commettez peut-être une injustice en le privilégiant par rapport aux autres.

Je le répète : je ne veux pas dire que Balzac est dépourvu de talent, mais que son talent est moins *unique* que nous le pensons. Songez simplement aux milliers d'écrivains aujourd'hui complètement oubliés : leurs écrits ne sont pas pris en compte par les critiques littéraires. Nous ne voyons pas les tonnes de manuscrits refusés parce que leurs auteurs n'ont jamais été publiés. Une grande maison d'édition refuse à elle seule près de cent manuscrits par jour ; imaginez un peu le nombre de génies dont nous n'entendrons jamais parler. En France, où il y a de plus en plus de gens qui écrivent et, hélas, de moins en moins de gens pour les lire, les éditeurs littéraires respectables retiennent un manuscrit sur les dix mille émanant d'auteurs qui n'ont jamais été publiés. Songez au nombre d'acteurs qui n'ont jamais passé une audition mais se seraient très bien débrouillés si cette chance leur avait été donnée dans leur vie.

La prochaine fois que vous rendrez visite à un Français aisé, il y a des chances pour que vous repériez chez lui quelques volumes publiés dans l'austère « Bibliothèque de la Pléiade » ; dans la plupart des cas, leur propriétaire ne les lit jamais, essentiellement à cause de leur taille et de leur poids peu commodes. Pour un auteur, « être dans la Pléiade » signifie faire partie des canons littéraires. C'est une collection onéreuse ; ses volumes ont cette odeur caractéristique du papier bible, et confèrent à l'équivalent de mille cinq cents pages la taille d'un livre de poche acheté au supermarché. Ils sont censés permettre aux Parisiens d'abriter encore plus de chefs-d'œuvre dans leur bibliothèque. Gallimard, l'éditeur de cette collection, s'est montré extrêmement sélectif dans le choix des écrivains qui en font partie – seuls quelques-uns, dont l'esthète et aventurier André Malraux, ont réussi à y entrer de leur vivant. Dickens, Dostoïevski, Hugo et Stendhal s'y trouvent également, ainsi que Mallarmé, Sartre, Camus et... Balzac. Cependant, si l'on suit le raisonnement de ce dernier – je vais y venir dans un instant –, on doit admettre qu'en fin de compte, rien ne justifie l'existence de ce corpus officiel.

Dans *Illusions perdues*, Balzac esquisse les grandes lignes du problème de Diagoras. Lucien de Rubempré (alias Lucien Chardon), le protagoniste du roman, est un génie provincial et désargenté, qui « monte » à Paris pour débuter une carrière littéraire. On nous dit qu'il a du talent – en fait, c'est le cercle semi-aristocratique d'Angoulême qui le lui dit. Néanmoins, on a du mal à comprendre si c'est à cause de son physique avantageux ou de la qualité littéraire de ses écrits – ou même si cette qualité littéraire est visible, voire, comme Balzac semble se le demander, si c'est à cause de quoi que ce soit en particulier. Il fait une peinture cynique de la réussite, qu'il décrit comme résultant de ruses et de promotion ou d'un brusque éveil d'intérêt pour des raisons complètement extérieures à l'œuvre elle-même. Lucien découvre l'existence de l'immense cimetière peuplé de ce que Balzac appelle « les rossignols » :

> Lucien apprit que ce sobriquet de rossignol était donné par les libraires aux ouvrages qui restent perchés sur les casiers dans les profondes solitudes de leurs magasins.

Balzac donne à voir la situation pitoyable de la littérature contemporaine lorsque le manuscrit de Lucien est refusé par un éditeur qui ne l'a jamais lu ; plus tard, alors que le jeune homme s'est fait une réputation, le même manuscrit est accepté par un autre éditeur qui ne l'a pas lu non plus ! Ainsi l'œuvre en elle-même est-elle secondaire.

Autre illustration du problème de Diagoras dans ce roman, les personnages ne cessent de déplorer que les choses ne soient plus ce qu'elles étaient « avant », sous-entendant ainsi qu'en des temps plus anciens, la justice prévalait en littérature – comme s'il n'y avait pas de cimetière avant. Ils oublient de prendre en compte les rossignols parmi les écrits des Anciens ! Il y a près de deux siècles, les gens avaient donc une vision idéalisée du passé, comme nous aujourd'hui.

J'ai dit plus haut que pour comprendre les réussites et en analyser les causes, il fallait examiner ce qui caractérise les échecs. C'est à une forme plus générale de cette question que je vais à présent m'intéresser.

Comment devenir millionnaire en dix étapes

Nombre d'études sur les millionnaires qui se proposent de détecter les compétences requises pour accéder au sommet se conforment à la méthodologie suivante : elles prennent une population de grands manitous, ceux qui ont des titres ronflants et des postes importants, et étudient leurs caractéristiques. Elles regardent ce que ces grands manitous ont en commun : le courage, la capacité à prendre des risques, l'optimisme et ainsi de suite, et en déduisent que ces caractéristiques, surtout la capacité à prendre des risques, permettent d'accéder à la réussite. Vous auriez probablement la même impression si vous lisiez l'autobiographie, rédigée par un nègre, de directeurs généraux, ou assistiez aux présentations qu'ils font à de serviles étudiants en MBA.

À présent, jetez un coup d'œil au cimetière. C'est très difficile, dans la mesure où les gens qui échouent n'écrivent pas leurs mémoires, semble-t-il, et s'ils le faisaient, les éditeurs affairistes tels que j'en connais ne songeraient même pas à avoir la courtoisie de les rappeler (quant à répondre à leur courriel, laissez tomber). Les lecteurs n'iraient pas mettre 26,95 dollars dans une histoire d'échec, même si vous les convainquiez qu'elle contient plus de trucs utiles qu'une histoire de réussite[1]. La notion de biographie est entièrement fondée sur l'assignation arbitraire d'une relation de causalité entre des caractéristiques spécifiques et des événements subséquents. Songez maintenant au cimetière. Le

---

1. Le meilleur livre que j'aie lu sur l'échec financier, et qui ne soit pas l'œuvre d'un charlatan, s'intitule *What I Learned Losing a Million Dollars*, par D. Paul et B. Moynihan. Les auteurs ont été obligés de publier eux-mêmes leur livre.

cimetière de ceux qui ont échoué sera peuplé de gens qui avaient en commun les traits de caractère suivants : courage, aptitude à prendre des risques, optimisme, etc. Exactement comme la population des millionnaires. Il pourra y avoir quelques différences de compétences, mais, pour l'essentiel, un seul facteur distinguera réellement ces deux catégories de personnes : la chance, et rien d'autre.

Point n'est besoin d'être tellement empirique pour comprendre la chose suivante : une simple hypothèse suffit. Le secteur de la gestion de fonds affirme que certaines personnes sont extrêmement compétentes, puisqu'il ne se passe pas une année sans qu'elles fassent encore mieux que le marché. On va les qualifier de « géniales » et convaincre les gens de leurs aptitudes. Ma façon d'appréhender le problème a consisté à créer des cohortes d'investisseurs purement aléatoires et, par simple simulation informatique, à montrer qu'il serait impossible que ces génies ne soient pas *uniquement* le fruit de la chance. Chaque année, on vire les *« losers »* pour ne garder que les gagnants, et l'on finit ainsi par avoir des gagnants stables sur le long terme. Comme on ne voit pas le cimetière des investisseurs qui ont échoué, on va penser que c'est un secteur porteur, et que certains investisseurs sont considérablement meilleurs que d'autres. Naturellement, il y aura une explication toute trouvée pour justifier la réussite des chanceux survivants : « Il mange du tofu », « Elle travaille tard ; l'autre jour, j'ai appelé à son bureau à 20 h 00... » Ou, bien sûr : « Elle est d'une nature paresseuse, et les personnes douées de cette forme de paresse ont la capacité de voir clairement les choses. » Le mécanisme de déterminisme rétrospectif nous permettra de trouver la « cause » – en fait, nous avons besoin de la connaître. Je qualifie de « moteur d'épistémologie computationnelle » ces simulations de cohortes d'hypothèses souvent réalisées sur ordinateur – car leur gestion peut être informatique ; il suffit de simuler un monde alternatif, purement aléatoire, et de vérifier qu'il est similaire à celui dans lequel nous vivons. Dans ces expériences, ne pas se retrouver avec de chanceux milliardaires serait l'exception[2].

---

2. Les médecins sont résolument et légitimement sceptiques vis-à-vis des résultats anecdotiques, et demandent que les études qui portent sur l'efficacité des médicaments sondent le cimetière de Diagoras. Et pourtant, ces mêmes médecins succombent par ailleurs à ce biais ! Dans quels domaines ? Ceux de leur vie privée ou de leurs investissements. Au risque de me répéter, je réaffirme mon étonnement face à la nature humaine qui nous a dotés à la fois du scepticisme le plus rigoureux et de la crédulité la plus extrême.

Souvenez-vous de la distinction que nous avons établie entre Médiocristan et Extrêmistan au chapitre 3. J'ai dit qu'opter pour une profession « scalable » n'était pas une bonne idée, tout simplement parce que ce type de profession produisait bien trop peu de gagnants. Eh bien, il génère un vaste cimetière : l'ensemble des acteurs qui tirent le diable par la queue est plus important que celui des comptables dans la même situation, même en supposant qu'ils aient en moyenne les mêmes revenus.

CLUB DE REMISE EN FORME POUR LES RATS

La seconde forme du problème de Diagoras, et sans doute la plus perverse, est la suivante : quand j'avais une petite vingtaine d'années et que je lisais encore le journal, croyant que sa lecture régulière pouvait m'être utile, je tombai sur un article traitant de la menace croissante de la mafia russe aux États-Unis, qui supplantait les représentants de la pègre italienne dans certaines zones voisines de Brooklyn. L'article expliquait la rudesse et la brutalité de ses membres par le fait qu'ils avaient été endurcis par leur expérience du Goulag. Le Goulag était un réseau de camps de travail en Sibérie où criminels et dissidents étaient systématiquement déportés. Envoyer les gens en Sibérie était une des méthodes de purification initialement employées par les régimes tsaristes, qui fut perpétuée et perfectionnée par les Soviétiques. Nombre de déportés ne survécurent pas à ces camps.

« Endurcis par le goulag » ? Cette phrase me frappa par son inexactitude foncière sous des dehors de déduction raisonnable. Je mis un certain temps à en saisir l'absurdité inhérente, car elle se dissimulait derrière une apparence flatteuse : l'hypothèse suivante va nous permettre de le comprendre. Supposez que vous parveniez à trouver un grand nombre de rats appartenant à une même espèce : gras, maigres, malades, vigoureux, bien proportionnés, etc. Avec ces milliers de rongeurs, vous formez un groupe hétérogène, représentatif de l'ensemble de la population des rats dans votre ville. Vous me les apportez dans mon laboratoire situé sur l'East Fifty-Ninth Street à New York et nous mettons tous ces rats dans une grande cuve. Nous les soumettons à des niveaux de radiation de plus en plus élevés (comme il est censé s'agir d'une hypothèse, il paraît qu'il n'y a aucune cruauté dans tout cela). À chaque niveau de radiation, ceux qui sont d'une nature plus résistante (et c'est là que réside la clé) vont survivre ; ceux qui meurent ne feront plus partie de votre échantillon. Peu à peu, nous allons avoir un groupe de rats de plus en plus forts. Mais notez bien cet élément crucial : tous les rats sans exception, y compris les plus forts, seront *plus faibles* après avoir été soumis aux radiations.

Un observateur doué de capacités d'analyse, qui avait probablement d'excellentes notes à la fac, pourrait être tenté de croire que le traitement effectué dans mon laboratoire est un fantastique ersatz de club de remise en forme que l'on pourrait appliquer à tous les mammifères (imaginez le succès commercial potentiel). Sa logique serait la suivante : « Regardez, ces rats sont plus forts que le reste de la population des rats. Quel est leur point commun apparent ? Ils viennent tous du laboratoire de Taleb, ce type, là, avec ses Cygnes Noirs. » Peu de gens seront tentés d'aller jeter un coup d'œil sur les rats morts.

Ensuite, nous jouerons le tour suivant au *New York Times* : nous lâcherons les rats qui ont survécu dans New York et informerons le correspondant en chef chargé de la question des rongeurs d'un changement dans la hiérarchie de la population des rats new-yorkais. Il rédigera un long (et analytique) papier sur la dynamique sociale de ces rats, contenant le passage suivant : « Ces rats oppriment désormais leurs congénères. Ce sont véritablement eux qui commandent. *Renforcés* par l'expérience qu'ils ont vécue dans le laboratoire du statisticien-philosophe-trader reclus (mais sympathique) M. Taleb, ils... »

Un biais pervers

Ce biais présente une caractéristique perverse : c'est quand son impact est le plus fort qu'il peut le mieux se dissimuler. Étant donné le caractère invisible des rats morts, plus les risques sont fatals, moins ils seront visibles, puisque ceux dont la transformation en boucs émissaires a eu des conséquences irréversibles seront probablement éliminés des preuves. Plus il y aura eu de maltraitance, plus la différence entre les rats qui ont survécu et les autres sera importante, et plus vous serez berné par l'effet de renforcement. Un des deux ingrédients suivants est nécessaire pour qu'il puisse y avoir cette différence entre effet réel (affaiblissement) et effet observé (renforcement) : a) un certain degré d'inégalité de force, ou une diversité, dans le groupe de base, ou b) une irrégularité, ou une diversité, à un moment ou un autre du traitement. Ici, la diversité est liée au degré d'incertitude inhérent au processus.

Autres applications cachées

Nous pouvons poursuivre cette démonstration; elle est tellement universelle qu'une fois qu'on a trouvé où le bât blessait, on a du mal à regarder la réalité avec les mêmes yeux qu'avant. Il est clair qu'elle dépouille les faits observés de leur dimension réaliste. Je vais citer quelques cas supplémentaires qui illustrent les faiblesses de notre mécanisme de déduction.

La stabilité de l'espèce. Prenez le nombre d'espèces que l'on estime aujourd'hui disparues. Pendant longtemps, les scientifiques l'ont assimilé au nombre résultant de l'analyse des fossiles existants. Mais ce nombre ignore le cimetière silencieux des espèces qui sont apparues et ont disparu sans laisser de trace sous forme de fossiles; les fossiles que nous sommes parvenus à trouver correspondent à une proportion plus faible de toutes les espèces qui sont apparues avant de disparaître. Cela implique que notre biodiversité était bien plus grande qu'il ne paraît au premier abord. Une conséquence plus inquiétante est que le taux d'extinction des espèces est probablement bien plus élevé que nous le pensons – près de 99,5 % des espèces qui sont passées sur terre n'existent plus aujourd'hui et au fil des ans, les scientifiques n'ont cessé de souligner que ce pourcentage augmentait. La vie est beaucoup plus fragile que nous ne l'avons prévu. Mais cela ne veut pas dire que nous (les êtres humains) devions nous sentir coupables des extinctions qui se produisent dans notre environnement, ni faire en sorte de les stopper – elles étaient déjà monnaie courante avant que nous commencions à détériorer l'environnement. Se sentir moralement responsable de chaque espèce menacée ne sert à rien.

Le crime paie-t-il? Les journaux font état des criminels qui sont arrêtés. Mais dans *The New York Times*, par exemple, on ne trouve aucune rubrique consacrée à ceux qui ont commis un crime mais n'ont pas été arrêtés. Il en va de même pour la fraude fiscale, les pots-de-vin accordés au gouvernement, les cercles de prostitution, l'empoisonnement de riches épouses (avec des substances qui n'ont pas de nom et ne peuvent être détectées) et le trafic de drogues.

En outre, notre représentation du criminel classique se fonde peut-être sur les caractéristiques de ceux qui sont moins intelligents et se sont fait prendre.

Une fois que l'on commence à se pencher sur le problème de Diagoras, tant de choses autour de nous, qui demeuraient jusque-là cachées, commencent à se manifester. Ayant passé une ou deux décennies dans cet état d'esprit, je suis convaincu (sans pouvoir le prouver) que la formation et l'éducation peuvent nous aider à éviter ces écueils.

L'évolution du corps d'athlète

Qu'y a-t-il de commun entre les expressions « un corps d'athlète » et « une chance de débutant » ? Quelles caractéristiques semblent-elles partager avec le concept d'histoire ?

Il existe une croyance, parmi les joueurs, qui veut que les débutants aient presque toujours de la chance. « Cela se gâte ensuite, mais quand ils débutent, les joueurs ont toujours de la chance », entend-on souvent. Empiriquement, cette déclaration est effectivement vraie : les chercheurs confirment que la chance accompagne les joueurs à leurs débuts (la même chose vaut pour les spéculateurs en Bourse). Cela signifie-t-il que chacun de nous devrait devenir joueur pendant un temps, tirer parti de la bienveillance de dame Chance à l'égard des débutants, puis arrêter ?

La réponse est non. La même illusion d'optique domine : ceux qui commencent à jouer seront chanceux ou malchanceux (le casino ayant l'avantage sur les joueurs, un nombre légèrement plus important sera malchanceux). Les chanceux, qui auront le sentiment d'être des élus du destin, continueront à jouer ; découragés, les autres arrêteront et n'apparaîtront pas dans l'échantillon. Selon leur tempérament, ils se mettront peut-être à observer les oiseaux, à jouer au Scrabble, à pirater des données, ou autres passe-temps. Ceux qui continueront à jouer se souviendront d'avoir eu de la chance à leurs débuts, tandis que ceux qui auront laissé tomber ne feront plus, par définition, partie de la communauté des survivants du jeu. C'est ce qui explique la chance des débutants.

Il existe une analogie avec ce qu'on appelle communément un « corps d'athlète », qui m'a conduit il y a quelques années à commettre une erreur dont j'ai honte (bien que spécialiste de ce biais, je ne me suis pas aperçu que je me faisais berner). Lorsque j'interrogeais mon entourage sur les mérites comparés des différents types d'athlètes en matière d'élégance physique, on me disait souvent que les coureurs avaient l'air anorexiques, les cyclistes bas du postérieur, et les haltérophiles insécures et quelque peu basiques. J'en conclus qu'il me fallait passer quelque temps à inhaler du chlore à la piscine de l'université de New York si je voulais posséder moi aussi ces « muscles fuselés ».

Maintenant, suspendons la causalité. Supposez que les variations génétiques d'une personne lui confèrent un certain type de forme corporelle. Les gens nés avec une tendance naturelle à développer un corps d'athlète deviennent meilleurs nageurs ; dans votre échantillon, ce sont ceux que vous voyez s'ébattre dans les piscines. Mais ils n'auraient pas l'air différents s'ils soulevaient des poids. De fait, un muscle se développe exactement de la même façon que vous preniez des stéroïdes ou escaladiez les murs au club de gym du coin.

« Ce qu'on voit et ce qu'on ne voit pas »

Katrina, l'ouragan qui dévasta la Nouvelle-Orléans en 2005, attira quantité de politiciens devant les caméras de télévision. Émus par ces images de dévastation et par la vue des victimes en colère transformées en SDF, ces législateurs promirent de « reconstruire ». Quelle noblesse de leur part de faire quelque chose d'humanitaire, de s'élever au dessus de notre égoïsme abject !

Promirent-ils de le faire avec leur propre argent ? Non ; avec l'argent public. Considérez que ces fonds seront pris « ailleurs » – comme le dit l'expression, il s'agit de « déshabiller Pierre pour habiller Paul ». Cet « ailleurs » sera moins médiatisé. Il pourra s'agir de fonds privés alloués à la recherche sur le cancer, ou à une nouvelle phase de recherche visant à diminuer le diabète. Bien peu de gens semblent prêter attention aux victimes du cancer qui gisent dans un état de solitude et de dépression que l'on ne voit jamais à la télévision. Non seulement ces patients ne votent pas (ils seront morts au prochain tour), mais ils n'atteignent pas notre système émotionnel. Chaque jour, ils sont plus nombreux à décéder que l'ouragan Katrina n'a fait de victimes ; ce sont eux qui ont le plus besoin de nous – et pas uniquement de notre soutien financier, mais de notre attention et de notre gentillesse. Et c'est peut-être à eux que l'on va prendre cet argent – indirectement, peut-être même directement. Priver la recherche de ces fonds (publics ou privés) pourrait entraîner leur mort – à travers un crime qui demeurera peut-être silencieux.

Un prolongement de cette idée concerne le fait de prendre une décision en étant confronté à toutes sortes de possibilités. Nous voyons les conséquences apparentes, évidentes, pas celles qui sont invisibles et moins patentes. Et pourtant, ces conséquences invisibles peuvent être – non, sont généralement – plus importantes.

Frédéric Bastiat, qui vécut au xixᵉ siècle, était un humaniste d'une espèce étrange, l'un de ces rares penseurs indépendants – indépendants au point d'être inconnu dans son propre pays, la France, car ses idées allaient à l'encontre de l'orthodoxie politique française (il partage avec un autre de mes penseurs favoris, Pierre Bayle, le fait d'être inconnu chez lui et dans sa propre langue). Mais il a un grand nombre d'adeptes en Amérique.

Dans son essai intitulé *Ce qu'on voit et ce qu'on ne voit pas*, Bastiat avance l'idée suivante : on voit ce que font les gouvernements, et on chante leurs louanges en conséquence, mais on ne voit pas le revers de la médaille. Et pourtant, il existe bel et bien ; simplement, il est moins évident et demeure invisible.

Souvenez-vous de l'erreur de confirmation : les gouvernements sont champions pour vous dire ce qu'ils ont fait, pas ce qu'ils n'ont pas fait. En fait, ils se livrent à ce que l'on pourrait qualifier de « philanthropie » bidon, une activité consistant à venir en aide aux gens de manière visible et spectaculaire sans tenir compte du cimetière invisible des conséquences qui le sont tout autant. Bastiat inspira les libertaires parce qu'il attaquait les arguments habituellement employés pour montrer les avantages des gouvernements. Mais ses idées peuvent être généralisées à la droite comme à la gauche.

Il va néanmoins un peu plus loin. Si les conséquences tant positives que négatives d'une action retombaient sur son auteur, nous apprendrions vite. Mais, comme elles sont visibles, les retombées positives ne bénéficient souvent qu'à son auteur, tandis que les conséquences négatives, invisibles, retombent sur les autres, et c'est la société qui en paie le prix fort. Voyez les mesures destinées à protéger les emplois : vous remarquez les personnes dont le travail est sécurisé et assignez des avantages sociaux à ces protections. Vous ne remarquez pas les effets de cette mesure sur ceux qu'elle va empêcher de trouver du travail, car elle va diminuer les opportunités d'emplois. Dans certains cas, comme pour les malades du cancer qui vont peut-être être pénalisés à cause de Katrina, les conséquences positives d'une action vont profiter immédiatement aux hommes politiques et aux humanitaires bidons, tandis que les retombées négatives vont mettre longtemps à se faire jour – elles pourraient même ne jamais devenir visibles. Il ne semble pas exagéré de reprocher à la presse d'orienter les actions charitables en direction des personnes qui en ont peut-être le moins besoin.

Appliquons ce raisonnement au 11 septembre 2001. Deux mille cinq cents personnes environ ont été tuées directement par des membres du mouvement de Ben Laden dans les tours jumelles du World Trade Center. Comme il se devait, leurs familles ont bénéficié du soutien de toutes sortes d'agences et d'organismes de charité. Néanmoins, selon les chercheurs, pendant les trois derniers mois de l'année, près de mille personnes sont décédées en victimes silencieuses du terrorisme. Comment ? Celles qui avaient peur de prendre l'avion et décidaient de se déplacer en voiture encouraient un risque de mortalité accru. Des preuves montrent qu'au cours de cette période, le nombre de morts et de blessés sur les routes a augmenté ; les routes sont considérablement plus meurtrières que les airs. Eh bien, leurs familles n'ont reçu aucun soutien – elles n'ont même pas su que leurs chers disparus avaient eux aussi été victimes de Ben Laden.

Outre Bastiat, j'ai un faible pour Ralph Nader (l'activiste et l'avocat des consommateurs, certainement pas l'homme et le penseur politiques). C'est peut-être le citoyen américain qui a sauvé le plus grand nombre de vies en révélant les chiffres des constructeurs automobiles sur la sécurité de leurs véhicules. Mais alors qu'il faisait campagne il y a quelques années, il a malgré tout omis de rappeler haut et fort les dizaines de milliers de vies sauvées grâce aux lois qu'il avait fait passer sur la ceinture de sécurité. « Regardez ce que j'ai fait pour vous » est beaucoup plus vendeur que « Regardez ce que je vous ai évité ».

Souvenez-vous, dans le Prologue, de l'histoire du législateur hypothétique dont les actions auraient pu permettre d'éviter l'attentat du 11 Septembre. Combien y a-t-il de gens comme lui qui, contrairement au héros bidon, marchent dans la rue sans se rengorger ?

La prochaine fois que vous vous trouverez face à un charlatan de l'humanitaire, ayez le courage de prendre la mesure des conséquences silencieuses de son action.

Médecins

La non-prise en compte du problème de Diagoras fait chaque jour des victimes. Supposez qu'un médicament sauve quantité de gens d'un mal potentiellement dangereux tout en risquant d'en tuer quelques-uns, avec un bénéfice net pour la société. Un médecin le prescrirait-il ? Il n'a aucun intérêt à le faire. Les avocats de la victime des effets secondaires poursuivront le médecin comme des pitt-bulls, tandis que les vies que le médicament aura sauvées ne seront peut-être consignées nulle part.

Une vie sauvée est une statistique ; une personne blessée est une anecdote. Les statistiques sont invisibles ; les anecdotes sont marquantes. De même, le risque qu'un Cygne Noir se produise est invisible.

LA PROTECTION « FAÇON TEFLON » DE GIACOMO CASANOVA

Cela nous amène à la manifestation la plus grave du problème de Diagoras : l'illusion de stabilité. Ce biais amenuise la perception des risques encourus dans le passé, particulièrement chez les personnes qui ont eu la chance d'y survivre. Votre vie s'est trouvée gravement menacée mais, ayant survécu à cette menace, vous sous-estimez rétrospectivement les risques réels de cette situation.

Giacomo Casanova, également connu sous le nom de Jacques, chevalier de Seingalt. Certains lecteurs seront peut-être surpris de découvrir que ce séducteur légendaire ne ressemblait pas vraiment à James Bond.

L'aventurier Giacomo Casanova, aspirant intellectuel et séducteur légendaire, qui se rebaptisa par la suite Jacques, chevalier de Seingalt, semblait doté d'une résistance « façon Teflon » à éveiller la jalousie des parrains les plus résistants de la Mafia : la malchance ne lui collait pas à la peau. Quoique célèbre pour ses conquêtes féminines, Casanova se voyait comme une sorte d'érudit. Avec son *Histoire de ma vie*, ouvrage écrit en mauvais (délicieusement mauvais) français, il visa la gloire littéraire. Outre les leçons extrêmement utiles qu'il prodigue sur la façon de devenir un séducteur, *Histoire* fait le récit prenant d'une succession de revers de fortune. À chaque fois qu'il se retrouvait dans une situation critique, Casanova avait le sentiment que sa bonne étoile allait le tirer d'affaire. Après avoir mal tourné pour lui, les choses s'arrangeaient toujours d'une manière ou d'une autre comme sous l'effet d'une intervention invisible, et il en vint à croire que sa nature intrinsèque était de se remettre des épreuves en bénéficiant à chaque fois d'une nouvelle opportunité. Ainsi parvenait-il *in extremis* à rencontrer quelqu'un qui lui proposait un arrangement financier, un nouveau mécène qu'il n'avait pas trahi dans le passé, ou quelqu'un de suffisamment généreux et oublieux pour fermer les yeux sur ses trahisons passées. Casanova aurait-il pu être choisi par le destin pour rebondir systématiquement, quoi qu'il ait vécu ?

Pas nécessairement ; de tous les aventuriers hauts en couleur qui ont vécu sur notre planète, beaucoup ont été temporairement anéantis, et quelques-uns ont régulièrement réussi à rebondir. Ce sont les survivants qui vont avoir tendance à se croire indestructibles ; ils auront une vie suffisamment longue et intéressante pour en écrire le récit. Jusqu'à ce que, bien sûr…

En fait, les aventuriers qui se sentent élus par le destin sont légion, tout simplement parce qu'il y a énormément d'aventuriers et que nous n'entendons pas parler de ceux que la chance a désertés. En commençant à écrire ce chapitre, je me suis souvenu d'une conversation que j'avais eue avec une femme au sujet de son extravagant fiancé parisien ; fils de fonctionnaire, il avait réussi grâce à quelques transactions financières à se retrouver propulsé dans une existence digne de celle d'un personnage de roman, avec chaussures confectionnées main, cigares cubains, voitures de collection et *tutti quanti*. Il y a un mot en français pour décrire ce genre de personnes, « *flambeur*[3] », qui désigne un mélange de bon vivant extravagant, de spéculateur fou et de preneur de risques doté d'un charme personnel inépuisable – ce mot ne semble pas avoir d'équivalent dans les langues anglo-saxonnes. Le fiancé en question dépensait son argent à

---

3. En français dans le texte *(N.d.T.)*.

la vitesse grand V, et, tandis que nous évoquions son sort (elle allait l'épouser malgré tout), elle m'expliqua qu'il traversait une période plutôt difficile, mais qu'il n'y avait pas à s'inquiéter car il arrivait toujours à prendre sa revanche. C'était il y a quelques années. Par curiosité, j'ai fini par arriver à remettre la main sur lui (en essayant de faire preuve de tact) : il ne s'est pas (encore) remis de son dernier revers de fortune. Il a également disparu de la circulation et ne se rencontre plus parmi les autres « flambeurs ».

Quel rapport avec la dynamique de l'histoire ? Voyez ce que l'on appelle en général la résilience de New York. Pour des raisons apparemment transcendantales, à chaque fois que cette ville frôle la catastrophe, elle parvient à éviter le pire et à s'en remettre. Certaines personnes croient réellement que c'est dans sa nature. La citation suivante est extraite d'un article du *New York Times* :

> Ce qui explique pourquoi New York a encore besoin de Samuel M. E. Cet économiste, qui fête aujourd'hui son 77ᵉ anniversaire, a étudié les hauts et les bas de New York pendant un demi-siècle [...] "Nous sommes réputés pour traverser des périodes difficiles et en ressortir plus forts que jamais", déclare-t-il.

Maintenant, imaginez que les villes soient de petits Giacomo Casanova ou des rats provenant de mon laboratoire. De même que nous avons soumis des milliers de rats à un processus très dangereux, mettons toute une série de villes dans un simulateur d'histoire : Rome, Athènes, Carthage, Byzance, Tyr, Çatal Höyük (située dans ce que l'on appelle aujourd'hui la Turquie, c'est l'un des premiers berceaux de la civilisation humaine), Jéricho, Peoria et, bien sûr, New York. Certaines villes vont survivre au traitement drastique du simulateur. Quant aux autres, nous savons que l'histoire peut ne pas être tendre. Je suis sûr que Carthage, Tir et Jéricho avaient leur propre et non moins éloquent Samuel M. E. pour affirmer : « Nos ennemis ont tenté de nous détruire à maintes reprises ; mais nous sommes toujours revenus plus résilients que jamais. Aujourd'hui, nous sommes invincibles. »

Ce biais met le survivant en position de témoin du processus, alors qu'il est mal placé pour cela. Déstabilisant ? Le fait d'avoir survécu est une condition susceptible d'affaiblir votre interprétation des propriétés de la survie, notamment la notion superficielle de « cause ».

On peut faire beaucoup avec la déclaration citée plus haut. Remplacez l'économiste à la retraite par un directeur général évoquant la capacité de sa société à se remettre de problèmes passés. *Quid* de la « résilience du système financier », objet de railleries ? *Quid* d'un général qui a connu quantité de succès ?

Le lecteur comprend maintenant pourquoi je me sers de la chance infaillible de Casanova comme d'un cadre que je généralise afin d'analyser l'histoire, toutes les histoires. Je crée des histoires factices ayant pour protagonistes des millions de Giacomo Casanova, par exemple, et j'observe la différence entre les caractéristiques de ceux qui ont réussi (quand on les crée soi-même, on connaît exactement leurs caractéristiques) et celles qu'obtiendrait un observateur du résultat. De ce point de vue-là, être Casanova n'est pas une bonne idée.

« *Je prends des risques* »

Voyez le métier de restaurateur dans un lieu aussi concurrentiel que New York. Eu égard à l'ampleur des risques encourus et à la somme écrasante de travail nécessaire pour faire un tant soit peu son chemin dans la profession, sans parler du comportement tatillon des clients, il faut être stupide pour ouvrir un restaurant. Le cimetière des restaurants qui ont échoué est très silencieux : faites un tour dans le centre de Manhattan, et vous verrez ces chaleureux restaurants avec leurs innombrables limousines attendant que les convives ressortent en compagnie de leur seconde femme qu'ils exhibent comme un signe extérieur de réussite. Le propriétaire est débordé mais heureux d'avoir tous ces clients importants qui viennent manger chez lui. Faut-il comprendre que cela a un sens d'ouvrir un restaurant dans un environnement aussi concurrentiel ? Certainement pas ; et pourtant, les gens le font quand même, mus par ce besoin stupide de prendre des risques qui pousse à se lancer dans ce genre d'aventures en se laissant aveugler par le succès présumé d'une telle entreprise.

Il est clair que nous avons en nous quelque chose de ce survivant de Casanova – les gènes de la prise de risques – qui nous incite à courir des risques aveugles, inconscients du caractère variable des résultats possibles. Nous avons hérité d'un goût pour la prise de risques non calculée. Faut-il encourager cette attitude ?

En fait, c'est la prise de risques qui permet la croissance économique. Mais il y a des imbéciles qui pourraient affirmer que si tout le monde suivait mon raisonnement, nous n'aurions jamais connu la croissance fantastique que nous avons eue dans le passé. Cela revient exactement à jouer à la roulette russe et à trouver que c'est une bonne idée parce que l'on a survécu et empoché l'argent.

On nous dit souvent que nous, les êtres humains, sommes enclins à l'optimisme, et que « c'est censé être bon pour nous ». Cet argument semble justifier que la prise de risques soit une chose globalement positive et qu'elle soit portée aux nues dans la culture courante. « Hé, regardez, nos ancêtres ont bien relevé des défis – et vous, NNT, vous nous encouragez à rester les bras croisés » (ce qui est faux).

Nous avons suffisamment de preuves pour confirmer que l'espèce humaine à laquelle nous appartenons est en effet très chanceuse, et que nous avons hérité des gènes de ceux qui prennent des risques – je veux dire des risques stupides. En fait, les gènes des Casanova qui ont survécu.

Une fois encore, ayant moi-même été impliqué dans la prise de risques, je ne rejette pas cette idée. Ce que je critique, c'est seulement la tendance à encourager les prises de risques *sur le résultat desquelles on n'a aucune information*. Le grand psychologue Danny Kahneman nous a apporté la preuve qu'en général, nous prenions des risques non par témérité, mais par ignorance et cécité face aux probabilités ! Dans les chapitres suivants, j'examinerai plus en détail notre tendance à rejeter les aberrations et les dénouements qui nous sont contraires quand nous nous projetons dans le futur. Mais permettez-moi d'insister sur une chose : *que nous soyons ici par accident ne signifie pas que nous devions continuer à prendre les mêmes risques*. Nous sommes suffisamment mûrs pour prendre conscience de cette réalité, jouir des bienfaits qui nous sont accordés, et essayer, en nous montrant plus prudents, de préserver ce que la chance nous a donné. Jusqu'à présent, nous avons joué à la roulette russe ; maintenant, il est temps d'arrêter et de trouver un vrai boulot.

J'aurai deux autres remarques à faire à ce sujet. Premièrement, justifier un optimisme exagéré par le fait que « c'est grâce à lui que nous sommes ici » découle d'une erreur bien plus grave concernant la nature humaine : la croyance que nous sommes conçus pour comprendre la nature et notre propre nature, et que nos décisions sont et ont toujours été le produit de nos propres choix. Qu'il me soit permis de ne pas être d'accord ; nous sommes gouvernés par tant d'instincts !

Seconde chose, un peu plus préoccupante que la première : l'adaptation évolutive ne cesse d'être colportée par les foules qui l'exaltent et la considèrent comme pain béni ; moins une personne est au courant du hasard sauvage qui engendre les Cygnes Noirs, plus elle va croire au fonctionnement idéal de l'évolution. Le problème de Diagoras ne fait pas partie des théories de ces foules. L'évolution est une succession de hasards – parfois heureux, souvent malheureux. On ne voit que les premiers. Mais à court terme, il n'est pas évident de distinguer les choses qui sont vraiment « heureuses » pour soi, surtout si l'on se trouve en Extrêmistan, berceau privilégié des Cygnes Noirs. C'est comme si l'on voyait de riches joueurs sortir du casino et que l'on affirmait que le goût du jeu est bon pour l'espèce parce que jouer permet de devenir riche ! Prendre des risques a mené nombre d'espèces sur la voie de l'extinction !

L'idée que nous sommes ici, dans le meilleur des mondes, et que l'évolution a fait un boulot remarquable semble plutôt bidon à la lumière des conséquences du problème de Diagoras. Les idiots, les Casanova, et ceux qui prennent des risques aveugles sont souvent gagnants à court terme. Pire, dans un environnement de type Cygne Noir, où un seul et unique événement rare peut venir ébranler une espèce après une très longue période d'« adaptation », ceux qui courent des risques inconsidérés peuvent aussi gagner à long terme ! Je reviendrai sur cette idée dans la troisième partie, en montrant comment l'Extrêmistan aggrave les effets du problème de Diagoras.

Mais un autre phénomène mérite d'être mentionné.

JE SUIS UN CYGNE NOIR : LE BIAIS ANTHROPIQUE

Je veux rester sur Terre et éviter d'introduire dans cette discussion des arguments métaphysiques ou cosmologiques plus élevés – il y a tellement de dangers importants dont il faut s'inquiéter ici, sur la planète Terre, qu'il serait bienvenu de différer toute philosophie métaphysique. Néanmoins, il pourrait être utile de jeter un petit coup d'œil (pas plus) sur ce que l'on appelle l'argument de cosmologie anthropique, car il met en évidence la gravité de notre mauvaise compréhension de la stabilité historique.

Un courant récent de philosophes et de physiciens (et de personnes mariant les deux disciplines) étudie l'hypothèse d'autoéchantillonnage, qui est une généralisation à notre propre existence du principe du biais de Casanova.

Songez à notre destin. Selon le raisonnement de certains, il y avait tellement peu de chances pour que nous existions, tous autant que nous sommes, que notre existence ne peut être attribuée à un hasard de la destinée. Pensez aux probabilités que les paramètres soient exactement où il faut qu'ils soient pour induire notre existence (le moindre écart par rapport à la calibrage optimale, et notre monde aurait explosé, se serait effondré, ou n'aurait tout simplement pas existé). On dit souvent que le monde semble avoir été construit en fonction des spécifications qui rendraient notre existence possible. Selon cet argument, il ne peut être dû à la chance.

Cependant, *notre présence dans l'échantillon* pervertit complètement le calcul des probabilités. Là encore, l'histoire de Casanova peut rendre le problème très simple – beaucoup plus simple qu'il ne paraît dans sa formulation habituelle. Songez encore à tous les mondes possibles comme à autant de petits Casanova suivant leur propre destin. Celui qui est encore en vie (par accident) va avoir le sentiment qu'il est impossible qu'il ait autant de chance, et qu'il doit donc exister une force transcendantale qui le guide et veille sur sa destinée : « Hé, autrement, il serait bien peu probable que je puisse être arrivé là simplement par chance. » Pour quelqu'un qui observe tous les aventuriers sans exception, les probabilités de trouver un Casanova ne sont pas faibles du tout : il y a tellement d'aventuriers, il faut bien que quelqu'un décroche le gros lot.

En l'occurrence, le problème avec l'univers et la race humaine, *c'est que c'est nous qui sommes les Casanova qui ont survécu*. Quand on commence avec quantité de Casanova aventuriers, il y a fatalement un survivant, et vous savez quoi ? Si vous êtes ici en train d'en parler, il y a des chances pour que ce soit vous (notez la « condition » : vous avez survécu pour en parler). Ainsi, nous ne pouvons plus continuer à calculer les probabilités sans prendre en compte que la condition de notre existence impose des restrictions au processus qui nous a menés ici.

Supposez que l'histoire ne présente que des scénarios « sombres » (c'est-à-dire défavorables) ou « roses » (c'est-à-dire favorables). Les premiers mènent à l'extinction. Il est clair que si je suis en train d'écrire ces lignes, c'est certainement parce que l'histoire a présenté un scénario « rose » en me permettant d'être là, parcours historique au cours duquel mes ascendants échappèrent aux massacres perpétrés par les nombreux envahisseurs qui écumèrent le Levant. Ajoutez à cela des scénarios positifs dénués de collisions de météorites, de guerre nucléaire et d'autres épidémies fatales à grande échelle. Mais je n'ai pas besoin de considérer l'humanité entière. À chaque fois que je me plonge dans ma propre biographie, je suis effrayé de voir à quel point ma vie n'a, jusqu'à présent, tenu qu'à un fil. Un jour que j'étais retourné au Liban, pendant la guerre, à l'âge de dix-huit ans, j'eus des accès d'intense fatigue et de sueurs froides en dépit de la chaleur estivale. C'était la fièvre typhoïde. Si les antibiotiques n'avaient pas été découverts quelques décennies auparavant, je ne serais pas là aujourd'hui. Plus tard, je fus également « guéri » d'une autre grave maladie dont j'aurais pu mourir, grâce à un traitement qui relève d'une autre technologie médicale récente. En tant qu'être humain vivant ici à l'ère d'Internet, capable d'écrire et de toucher un public, j'ai également bénéficié de la chance que m'a accordée la société et de l'absence miraculeuse de guerre importante au cours des dernières années. En outre, je suis le produit de l'ascension de la race humaine, qui est elle-même un événement accidentel.

Ma présence ici est un événement important à faible probabilité, et je tends à l'oublier.

Mais revenons aux recettes tant vantées pour devenir millionnaire en dix étapes. Une personne qui a réussi tentera de vous convaincre que ses accomplissements ne peuvent être le fruit du hasard, de même qu'un joueur qui gagne sept fois de suite à la roulette vous expliquera que les probabilités d'une telle chance sont de une sur plusieurs millions, si bien que vous serez forcé de croire en une sorte d'intervention transcendantale, ou d'admettre que ce sont ses compétences et son flair qui lui ont permis de choisir les numéros gagnants. Mais si l'on prend en compte la quantité de joueurs et le nombre de séances de jeux (plusieurs millions de mises au total), il semble alors évident que de tels coups de chance sont inévitables. Et si vous êtes en train d'en parler, c'est que vous en avez connus.

L'argument du point de référence est le suivant : ne calculez pas les probabilités depuis le point de vue avantageux du joueur gagnant (ou du Casanova chanceux, ou de la ville de New York qui n'en finit pas de rebondir, ou de l'invincible Carthage), mais de tous ceux qui faisaient partie de la cohorte initiale. Considérez une fois encore l'exemple du joueur. Si l'on regarde l'ensemble de la population des joueurs débutants, on peut être pratiquement sûr que les prouesses réalisées par l'un d'eux (mais on ne sait pas à l'avance lequel) seront uniquement dues à la chance. Ainsi, vu du « point de référence » du groupe des débutants, cela n'a rien d'extraordinaire. Mais du point de référence du gagnant (qui – et c'est un point capital – ne prend pas en compte les perdants), une longue suite de gains semblera un événement trop extraordinaire pour être imputable à la chance. Notez qu'une « histoire » n'est qu'une suite de numéros au fil du temps. Ces numéros peuvent représenter des degrés de richesse, de bien-être, de poids – de tout.

Le « parce que » superficiel

En soi, cela affaiblit considérablement la notion de « parce que » souvent proposée par les scientifiques et presque toujours employée à mauvais escient par les historiens. Il nous faut accepter l'imprécision de ce « parce que » si familier, même si cela nous met terriblement mal à l'aise (et cela nous met effectivement mal à l'aise de retirer l'analgésique illusion de causalité). Je le répète : nous sommes des animaux en quête d'explications qui tendons à penser que toute chose a une cause identifiable et qui nous saisissons de la plus patente comme de « L'Explication ». Pourtant, il n'existe peut-être pas de « parce que » visible ; au contraire, il est fréquent qu'il n'y ait rien, pas même une variété d'explications possibles. Mais le problème de Diagoras masque ce fait. À chaque fois que notre survie est en jeu, la notion même de « parce que » est considérablement affaiblie. La condition de la survie ensevelit toutes les explications possibles. Le « parce que » aristotélicien n'est pas là pour expliquer une relation solide entre deux éléments, mais plutôt, comme nous l'avons vu au chapitre 6, pour satisfaire notre faible secret pour les explications.

Appliquons ce raisonnement à la question suivante : pourquoi la peste bubonique n'a-t-elle pas fait plus de victimes ? On va apporter quantité d'explications superficielles impliquant des théories sur l'intensité de la peste et les « modèles scientifiques » de l'épidémie. Maintenant, essayez l'argument de causalité affaibli que je viens de mettre en avant : si la peste bubonique avait fait plus de victimes, les observateurs (nous) ne seraient pas là pour observer. Ce n'est donc pas nécessairement le propre des maladies de nous épargner, nous, les êtres humains. À chaque fois que votre survie est en jeu, ne vous empressez pas de rechercher les causes et les effets. La principale raison identifiable pour laquelle nous avons survécu à de telles maladies pourrait tout simplement nous être inaccessible : nous sommes ici puisque, dans le genre « Casanova », le scénario « rose » s'est déroulé et si cela semble trop difficile à comprendre, c'est parce que l'on nous a trop bourré le crâne de notions de causalité et que nous croyons plus intelligent de dire « parce que » que d'accepter le hasard.

Si le système éducatif me pose problème, c'est essentiellement et précisément parce qu'il oblige les étudiants à apporter des réponses à tout et leur fait honte quand ils réservent leur jugement et lâchent un « Je ne sais pas ». Pourquoi la guerre froide a-t-elle pris fin ? Pourquoi les Perses ont-ils perdu la bataille de Salamine ? Pourquoi Hannibal s'est-il fait botter le train? Pourquoi Casanova rebondissait-il après chaque épreuve? Dans chacun de ces exemples, on prend une condition – la survie – et on lui cherche des explications, au lieu de prendre le contre-pied de la démonstration et de constater que le fait de survivre ne livre pas beaucoup d'informations sur les raisons de la survie, et qu'il serait préférable d'apprendre à invoquer une certaine dose de hasard (le hasard, c'est ce que nous ne savons pas ; invoquer le hasard, c'est plaider l'ignorance). Il n'y a pas que les professeurs de fac qui nous donnent de mauvaises habitudes. Au chapitre 6, j'ai montré le besoin qu'ont les journaux de truffer leurs articles de liens de causalité pour que nous trouvions leurs récits plus séduisants. Mais ayez l'intégrité de livrer vos « parce que » avec beaucoup de parcimonie ; essayez de les limiter aux situations dans lesquelles ils s'enracinent dans des expériences, non dans une histoire rétrospective.

Notez bien que je ne suis pas en train de dire que les causes n'existent pas ; ne vous servez pas de cet argument pour éviter d'apprendre de l'histoire. Ce que je dis, c'est que ce n'est pas simple ; méfiez-vous du « parce que » et maniez-le avec précaution – surtout dans les situations où vous soupçonnez la présence du problème de Diagoras.

Nous avons donc vu plusieurs formes de ce problème, lesquelles provoquent des déformations dans notre perception de la réalité empirique, la faisant apparaître plus explicable (et plus stable) qu'elle ne l'est réellement. Outre l'erreur de confirmation et l'erreur de narration, les manifestations du problème de Diagoras déforment le rôle et l'importance des Cygnes Noirs. En fait, elles sont causes de grossières surestimations dans certains cas (celui du succès littéraire, par exemple) ou sous-estimations dans d'autres (la stabilité de l'histoire ; la stabilité de l'espèce humaine).

J'ai dit plus haut que notre système de perception était susceptible de ne pas réagir à ce qui ne se trouvait pas sous nos yeux ou n'éveillait pas notre attention émotionnelle. Nous sommes conçus pour être superficiels, pour prêter attention à ce que nous voyons et ne faire aucun cas de ce qui ne s'impose pas avec force à notre esprit. Nous menons un double combat contre le problème de Diagoras. La partie inconsciente de notre mécanisme de déduction (et il y en a une) ne va pas tenir compte du cimetière, même si nous sommes intellectuellement conscients de la nécessité de le prendre en compte. Loin des yeux, loin de l'esprit : nous nourrissons un mépris naturel – physique, même – pour l'abstrait.

C'est ce que nous allons continuer à montrer dans le chapitre suivant.

CHAPITRE 9

L'ERREUR LUDIQUE
OU L'INCERTITUDE DU POLARD

Déjeuner sur le lac de Côme (ouest). – Une armée de philosophes. – Le hasard de Platon.

GROS TONY

« Gros Tony » est un des amis de Nero qui agace prodigieusement Yevgenia Krasnova. Il serait probablement plus judicieux de le baptiser « l'homme défié par l'horizontale », car il n'est objectivement pas aussi gros que son surnom semble l'indiquer ; c'est juste que la forme de son corps donne l'impression qu'aucun de ses vêtements ne lui va. Il ne porte que des costumes sur mesure, dont beaucoup ont été taillés spécialement pour lui à Rome, mais on dirait qu'il les a achetés sur catalogue en ligne. Il a des mains épaisses aux doigts velus, une gourmette en or, et empeste les bonbons à la réglisse dont il fait une consommation industrielle pour compenser une ancienne habitude de fumer. Le sobriquet de « Gros Tony » ne le dérange généralement pas, même s'il préfère de beaucoup qu'on l'appelle juste « Tony ». Nero le surnomme plus respectueusement « Tony de Brooklyn », à cause de son accent et de sa manière de penser typiquement brooklyniennes, même si Tony fait partie des personnes riches de ce quartier qui ont émigré dans le New Jersey il y a vingt ans.

Antithèse du polard, Tony a réussi et est doté d'un heureux caractère. Il mène une existence grégaire. Son seul problème paraît être son poids et le harcèlement qu'il lui vaut de la part de sa famille, de ses cousins éloignés et de ses amis, lesquels ne cessent de le mettre en garde contre la menace d'une crise cardiaque prématurée. Rien ne semble marcher ; Tony se rend fréquemment dans une ferme pour obèses en Arizona pour NE PAS manger et perdre quelques kilos, mais il les reprend presque tous instantanément sur son siège de première classe sur le vol du retour. Il est sidérant de voir à quel point son sang-froid et sa discipline personnelle par ailleurs admirables ne sont d'aucun recours lorsqu'il s'agit de son tour de taille.

Tony a commencé sa carrière dans les années 1980 comme employé dans le service des lettres de crédit d'une banque new-yorkaise. Il triait des papiers et faisait un travail de grouillot. Plus tard, son poste évolua et il fut chargé des prêts aux petites et moyennes entreprises ; il comprit tout le système qui permet d'obtenir des financements de la part des grosses banques, la manière de fonctionner de leur bureaucratie et ce qu'elles aiment voir sur le papier. Alors qu'il était toujours employé, il commença, lors de procédures de faillites, à acquérir des biens immobiliers auprès d'institutions financières. Sa grande théorie est que les employés de banque qui vous vendent une maison qui ne leur appartient pas sont tout simplement plus détachés que les propriétaires ; très vite, Tony apprit à leur parler et à manœuvrer pour parvenir à ses fins. Plus tard, il apprit également à acheter et à revendre des stations essence grâce à des fonds empruntés à de petites banques voisines.

Tony a la remarquable habitude d'essayer de faire de l'argent facilement, juste pour s'amuser, sans se donner de mal, faire d'heures de bureau ni assister à des réunions – simplement en mêlant à sa vie privée les affaires dont il s'occupe. Sa devise est « trouver qui est le pigeon ». De toute évidence, ce sont souvent les banques : « Les employés se fichent de tout. » Pour Tony, trouver ces pigeons est une seconde nature. Si vous faisiez le tour du pâté de maisons en sa compagnie, le simple fait de parler avec lui vous donnerait le sentiment d'apprendre énormément de choses sur la nature du monde.

Eu égard à ses nombreuses relations ou à son charme convaincant, Tony est remarquablement doué pour dénicher les numéros de téléphone qui sont sur liste rouge, les vols en première classe sans supplément, ou pour vous dégotter une place dans un garage qui affiche complet.

John, l'antithèse du gars de Brooklyn

J'ai trouvé la parfaite antithèse du gars de Brooklyn en la personne de quelqu'un que j'appellerai Dr. John. Ancien ingénieur travaillant actuellement en tant qu'actuaire dans une compagnie d'assurances, il est maigre, sec et nerveux, porte des lunettes et un costume sombre. Il vit à New York, non loin de chez Gros Tony, mais ils se rencontrent sans doute rarement. Tony ne prend jamais le train, même pour aller travailler (il conduit une Cadillac et parfois le cabriolet italien de sa femme, et dit en plaisantant qu'on le voit davantage que la voiture). Dr. John est un maître en matière d'emploi du temps ; il est aussi prévisible qu'une pendule. Il lit calmement et efficacement le journal dans le train qui l'emmène à Manhattan, puis le replie soigneusement avec l'intention de reprendre sa lecture pendant le déjeuner. Tandis que Tony fait la fortune des restaurateurs (ils arborent un sourire rayonnant quand ils le voient arriver et échangent avec lui de bruyantes accolades), John emballe méticuleusement son sandwich chaque matin, et place de la salade de fruits dans un récipient en plastique. Quand à sa façon de se vêtir, il porte également un costume qui a l'air d'avoir été acheté sur catalogue en ligne, sauf que dans son cas, c'est très certainement la réalité.

Dr. John est un gars consciencieux, raisonnable et calme. Il prend son travail au sérieux – tellement au sérieux que, contrairement à Tony, il y a une nette démarcation entre son temps de travail et ses loisirs. Il est titulaire d'un doctorat de l'université du Texas, à Austin. Connaissant à la fois l'informatique et les statistiques, il a été embauché par une compagnie d'assurances pour effectuer des simulations informatiques ; le boulot lui plaît. Il consiste essentiellement à exécuter des programmes informatiques de « gestion des risques ».

Sachant que Gros Tony et Dr. John respirent rarement le même air, sans parler de se retrouver accoudés au même bar, considérez ce qui suit comme un exercice purement intellectuel. Je vais leur poser à chacun la même question et comparer leurs réponses.

NNT (moi) : Supposez qu'une pièce de monnaie soit équitable, c'est-à-dire qu'il y ait autant de chances qu'elle retombe sur face que sur pile quand on la lance. Je la lance quatre-vingt-dix-neuf fois et elle retombe à chaque fois sur face. Quelles chances ai-je qu'elle retombe sur pile la prochaine fois que je la lancerai?

DR. JOHN : Élémentaire ; une demie, bien sûr, puisque vous supposez qu'il y a 50 % de chances qu'elle retombe sur une face ou sur l'autre et que chaque lancer n'a rien à voir avec le précédent ni avec le suivant.

NNT : Qu'est-ce que tu en dis, Tony?

GROS TONY : Je dirais, pas plus de 1 %, bien sûr.

NNT : Pourquoi donc? J'ai dit que l'hypothèse initiale était que la pièce était équitable, c'est-à-dire qu'il y avait 50 % de chances pour que ce soit une face ou l'autre.

GROS TONY : Ou tu racontes des conneries, ou tu es un vrai pigeon pour gober ce truc de « 50 % ». Faudrait que la pièce soit truquée. Le jeu ne peut pas être équitable. (Traduction : il y a beaucoup plus de chances que tes suppositions sur l'équité de la pièce soient fausses qu'elle retombe sur face quatre-vingt-dix-neuf fois de suite.)

NNT : Mais Dr. John a dit 50 %.

GROS TONY (murmurant à mon oreille) : Je connais ce genre de polard ; j'en ai côtoyé plein à l'époque où je travaillais à la banque. Ils sont bien trop lents à la comprenette. Et ils sont trop « marchandisés ». On peut les mener en bateau.

Alors, lequel de ces deux spécimens éliriez-vous maire de New York? (ou d'Oulan-Bator, en Mongolie?). Dr. John pense presque uniquement dans les limites du moule – le moule qu'on lui a fourni ; Gros Tony, lui, presque uniquement en dehors de ces limites.

Pour expliquer les choses, ce que j'appelle ici un « polard » n'a pas forcément l'air débraillé et moche, le teint cireux, des lunettes et un ordinateur portable accroché ostensiblement à sa ceinture comme une arme. Un « polard » est simplement quelqu'un dont la pensée est beaucoup trop conforme au moule.

Vous êtes-vous déjà demandé pourquoi tous ces étudiants qui étaient les meilleurs à la fac finissent par n'arriver nulle part dans l'existence (sauf, peut-être, dans des pays comme la France, où les diplômes peuvent servir de carte de visite), quand d'autres qui étaient à la traîne gagnent très bien leur vie, achètent des diamants et sont systématiquement rappelés quand ils téléphonent quelque part? Voire, décrochent le prix Nobel dans une discipline digne de ce nom (la médecine, par exemple) ? Si cela est peut-être dû en partie à la chance, il y a néanmoins un côté stérile et obscurantiste qui est souvent associé au savoir scolaire, et qui peut entraver la compréhension de ce qui se passe dans la vraie vie. Dans un test de QI, comme dans tout autre contexte de type scolaire ou universitaire (même s'il s'agit d'éducation physique), Dr. John l'emporterait haut la main sur Gros Tony. Mais Gros Tony battrait Dr. John à plate couture dans toute situation écologique ou liée à la vie réelle. En fait, en dépit de son manque de culture, Tony est extrêmement curieux de la nature du réel – un érudit à sa manière; pour moi, il est plus scientifique que Dr. John au sens littéral, quoique peut-être pas social du terme.

Nous allons examiner en profondeur la différence entre les réponses de Gros Tony et celles de Dr. John; c'est sans doute le problème le plus contrariant que je connaisse concernant les relations entre deux formes de connaissance – ce que l'on appelle le platonique et l'aplatonique. Simplement, des gens tels que Dr. John peuvent faire arriver des Cygnes Noirs en dehors du Médiocristan – ils ont l'esprit fermé. Il s'agit d'un problème très général, mais l'une de ses illusions les plus perverses est ce que j'appelle l'erreur ludique – les caractéristiques de l'incertitude à laquelle nous sommes confrontés dans la vraie vie n'ont pas grand-chose à voir avec celles, complètement aseptisées, auxquelles on nous soumet dans les examens et les jeux.

Je clos donc cette première partie avec l'histoire suivante.

DÉJEUNER SUR LE LAC DE CÔME

Un jour de printemps, il y a quelques années, j'eus la surprise de recevoir une invitation d'un groupe de réflexion sponsorisé par le département de la Défense aux États-Unis; j'étais convié à un *brainstorming* sur le risque qui devait se tenir à Las Vegas à l'automne suivant. La personne qui m'avait invitée m'annonça au téléphone: « Nous déjeunerons sur une terrasse qui surplombe le lac de Côme », ce qui me perturba sérieusement. Las Vegas (à l'instar de son frère l'émirat de Dubaï) est probablement le seul endroit où je n'aurais pas voulu revenir avant de mourir. Ce déjeuner au bord de ce lac de pacotille allait être une véritable torture. Mais je suis content d'y être allé.

Les membres du groupe de réflexion avaient réuni une collection de gens étrangers au monde de la politique qu'ils appelaient « hommes d'action » et « universitaires » (ainsi que des praticiens comme moi qui n'acceptent pas cette distinction) impliqués avec incertitude dans diverses disciplines. Et, choix symbolique, le cadre qu'ils avaient sélectionné pour abriter ce *brain-storming* était celui d'un grand casino.

Le symposium était une assemblée à huis clos, dans le genre synode, de gens qui ne se seraient jamais fréquentés autrement. J'eus tout d'abord la surprise de découvrir que les militaires qui en faisaient partie pensaient et se comportaient en philosophes, et agissaient comme tels – beaucoup plus, en fait, que les philosophes que nous verrons, dans la troisième partie, couper les cheveux en quatre lors de leur colloque hebdomadaire. À l'instar des traders, leur pensée n'était pas conforme au moule, mais elle était beaucoup plus sensée et ils ne craignaient pas l'introspection. Parmi nous se trouvait également un ministre adjoint de la Défense, mais si je n'avais pas été au courant de sa profession, j'aurais pensé qu'il pratiquait l'empirisme sceptique. Il y avait même un chercheur en ingénierie qui avait étudié la cause de l'explosion d'une navette spatiale, et qui était intelligent et ouvert d'esprit. En sortant du symposium, je réalisai que seuls les militaires affrontaient le hasard avec une véritable honnêteté intellectuelle et en faisant preuve d'introspection – contrairement aux universitaires et aux cadres d'entreprise qui utilisent l'argent des autres. Cela n'apparaît pas dans les films de guerre, où ils sont souvent dépeints sous les traits d'autocrates assoiffés de combat. Les gens que j'avais en face de moi n'étaient pas de ceux qui déclarent la guerre. De fait, pour beaucoup d'entre eux, une politique de défense réussie parvenait à éliminer les dangers potentiels sans conflit, comme la stratégie consistant à mettre les Russes en faillite en faisant monter en flèche les dépenses allouées à la défense. Quand je fis part de mon étonnement à Laurence, un autre financier assis à côté de moi, il me répondit que, de toutes les professions ou presque, c'était chez les militaires que se trouvaient le plus grand nombre d'authentiques intellects et de penseurs du risque. Les personnes en charge de la défense voulaient comprendre l'épistémologie du risque.

Il y avait dans l'assemblée un monsieur qui dirigeait un groupe de joueurs professionnels et était interdit de la plupart des casinos. Il était venu partager son expérience avec nous. Il était assis non loin d'un professeur de sciences politiques guindé, sec comme un coup de trique et, fait assez typique des « noms » dans leur domaine, soucieux de sa réputation, qui ne disait rien qui sortît du moule et ne sourit pas une seule fois. Pendant les sessions, j'essayai d'imaginer un rat lâché dans le dos de ce gros bonnet, déclenchant chez lui un accès de panique et de danse de Saint-Guy. Il était peut-être doué pour écrire des modèles platoniques d'une chose appelée la théorie des jeux, mais quand Laurence et moi-même le prîmes à partie à propos de l'usage impropre qu'il faisait de certaines métaphores financières, il perdit toute son arrogance.

Quand on songe aux risques énormes encourus par les casinos, diverses situations viennent à l'esprit. On pourrait penser, entre autres, à des joueurs chanceux cassant la baraque avec une succession de gros gains et à des tricheurs remportant de l'argent par des moyens douteux. Il n'y a pas que le grand public qui y pense ; la direction du casino aussi. C'est pourquoi l'établissement était équipé d'un système de surveillance *high-tech* destiné à traquer les tricheurs, ceux qui comptent les cartes, et tous ceux qui essaient de lui soutirer de l'argent par des moyens peu orthodoxes.

Chaque participant fit une présentation et écouta celles des autres. J'étais venu parler des Cygnes Noirs, et j'avais l'intention de dire que la seule chose que nous savons d'eux est que nous en savons peu, que ce peu est précieux, que leur caractéristique est précisément de s'abattre sournoisement sur nous, et que toute tentative pour les platonifier ne fait qu'engendrer des malentendus supplémentaires. Les militaires peuvent comprendre ces choses-là, et cette idée s'est récemment généralisée dans les cercles militaires avec l'expression « l'inconnu inconnu » (par opposition à « l'inconnu connu »). Mais j'avais préparé mon intervention (sur cinq serviettes du restaurant, dont certaines étaient tachées) et étais prêt à commenter une nouvelle formule que j'avais forgée spécialement pour l'occasion : l'« erreur ludique ». J'avais l'intention de dire à l'assemblée que je n'aurais pas dû être en train de parler dans un casino, parce que ce lieu n'avait rien à voir avec l'incertitude.

L'incertitude du polard

Qu'est-ce que l'erreur « ludique » ? « Ludique » vient du latin « *ludus* », qui signifie « jeu ».

J'espérais que les représentants du casino parleraient avant moi afin que je puisse commencer à les harceler en leur montrant (poliment) qu'un casino était le lieu entre tous à NE PAS choisir pour un tel débat, puisque la catégorie des risques encourus par les casinos est très insignifiante *à l'extérieur* de leurs murs, et que l'étude de ces risques n'est pas facilement transposable à d'autres types de risques. Mon idée était que le jeu était *aseptisé* et apprivoisait l'incertitude. Au casino, on connaît les règles, on peut calculer les chances, et, comme nous le verrons, l'incertitude que l'on y rencontre est de type modéré, du domaine du Médiocristan. La déclaration que j'avais préparée se lisait comme suit : « Le casino est, à ma connaissance, la seule entreprise humaine où les probabilités soient connues, gaussiennes (c'est-à-dire, de type "courbe en cloche"), et presque calculables. » Vous ne pouvez vous attendre à ce que le casino paie un million de fois votre mise, ou modifie brusquement ses règles à vos dépens pendant le jeu – il n'y a pas de jours où le résultat « 36 noire » est calculé pour sortir 95 % de fois[1].

Dans la vraie vie, vous ne connaissez pas toutes les chances ; il vous faut les découvrir, et les sources d'incertitude ne sont pas définies. Les économistes, qui ne considèrent pas comme valables les découvertes de ceux qui ne le sont pas, établissent une comparaison artificielle entre les risques knightiens (que l'on peut calculer) et l'incertitude knightienne (que l'on ne peut pas calculer), du nom d'un certain Frank Knight qui redécouvrit la notion d'incertitude inconnue et réfléchit énormément à la question, mais qui ne devait sans doute jamais courir de risques ou vivait peut-être à proximité d'un casino. S'il avait pris des risques économiques ou financiers, il se serait aperçu que ces risques « calculables » sont presque complètement absents de la vraie vie ! Ce sont des trucs de laboratoire !

Pourtant, nous associons automatiquement et spontanément la chance à ces jeux platonifiés. Je trouve exaspérant les gens qui, lorsque je leur apprends que je suis spécialisé dans les problèmes de chance, me submergent aussitôt de questions concernant les jeux de dés. Pour une édition en poche d'un de mes livres, les deux illustrateurs avaient pris l'initiative d'ajouter un dé sur la couverture et à la fin de chaque chapitre, ce qui me mit en rage. Connaissant bien ma pensée, l'éditeur leur conseilla d'« éviter l'erreur ludique », comme s'il s'agissait d'une célèbre violation intellectuelle. Ce qui est amusant, c'est qu'ils réagirent tous deux par un : « Ah, désolés, nous ne savions pas. »

---

1. Mon collègue Mark Spitznagel a découvert une version martiale de l'erreur ludique : le combat organisé entraîne l'athlète à se concentrer sur le jeu et, afin de ne pas se laisser déconcentrer, à ne pas tenir compte de la possibilité de ce qui n'est pas expressément autorisé par le règlement, tels que coups de pied à l'aine, utilisation inopinée d'un couteau, etc. Ainsi, ceux qui remportent la médaille d'or pourraient-ils s'avérer précisément les plus vulnérables dans la vraie vie. De même, l'on voit des gens pourvus de muscles puissants (en T-shirts noirs) qui, bien que susceptibles de nous impressionner dans le contexte artificiel d'un club de sport, sont parfois incapables de soulever une pierre lourde.

Ceux qui passent trop de temps le nez collé aux cartes risquent de confondre la carte avec le territoire. Allez acheter une histoire récente des probabilités et de la pensée probabiliste ; vous serez submergé par tout un tas de noms de prétendus « penseurs probabilistes » qui fondent tous leurs idées sur ces constructions stériles. Récemment, j'ai regardé ce que l'on enseigne aux étudiants de fac au chapitre de la chance, et j'en ai été horrifié ; on leur bourre le crâne de cette erreur ludique et de l'aberrante courbe en cloche. La même chose vaut pour ceux qui font des doctorats dans le domaine de la théorie des probabilités. Je me rappelle un livre récent, écrit par un mathématicien intelligent, Amir Aczel, et intitulé *Chance* – livre excellent sans doute, mais fondé sur l'erreur ludique, comme tous les ouvrages modernes. De plus, faire le postulat du hasard n'a rien à voir avec les mathématiques – le peu de mathématisation que nous pouvons effectuer dans le monde réel ne suppose pas le hasard modéré représenté par la courbe en cloche, mais plutôt un hasard sauvage scalable. Ce qui peut être mathématisé n'est généralement pas gaussien, mais mandelbrotien.

Maintenant, lisez n'importe quel penseur classique qui avait quelque chose de pratique à nous apprendre au chapitre de la chance – Cicéron, par exemple – et vous trouverez quelque chose de différent : une notion de probabilité qui demeure floue de bout en bout – comme il se doit, puisque le flou est le propre même de l'incertitude. La probabilité est un sujet philosophique ; elle est enfant du scepticisme, pas un outil destiné à satisfaire le désir de produire des calculs et des certitudes destinées à impressionner – désir propre aux gens qui portent une calculatrice à la ceinture. Avant que la pensée occidentale ne se noie dans sa mentalité « scientifique » – ce que l'on baptisa avec arrogance « les Lumières » – les gens exhortaient leur cerveau à réfléchir, pas à calculer. Dans *Dissertation sur la recherche de la vérité ou sur la philosophie académique*, beau traité publié en 1673, le polémiste Simon Foucher met en lumière notre prédilection psychologique pour les certitudes. Il nous enseigne l'art de douter et de nous situer à mi-chemin entre le doute et la croyance. Il écrit : « On sçait assez qu'il faut sortir du doute pour avoir de la science, mais peu de personnes font réflexion à l'importance qu'il y a de n'en point sortir plutôt qu'on ne doit. » Et, plus loin, il nous met en garde : « Ils sont dogmatiques en sortant du ventre de leur mère. »

Commettant l'erreur de confirmation que nous avons vue au chapitre 5, nous recourons à l'exemple des jeux, que la théorie des probabilités a réussi à expliciter, et en faisons une généralité. En outre, de même que nous tendons à sous-estimer le rôle de la chance dans la vie en général, nous sommes enclins à le surestimer dans les jeux de hasard.

« Ce bâtiment est situé à l'intérieur de la fracture platonique ; la vie, à l'extérieur », avais-je envie de m'écrier lors de ce symposium à Las Vegas.

Jouer avec les mauvais dés

Ce fut une surprise de taille d'apprendre que le bâtiment aussi était situé à l'extérieur de la fracture platonique.

Hormis la définition des politiques de jeu, la gestion du risque du casino s'efforçait également de minimiser les pertes occasionnées par les tricheurs. Nul besoin d'une formation extensive à la théorie des probabilités pour comprendre que le choix des jeux était suffisamment étendu pour que le casino n'ait pas à craindre d'éventuelles pertes importantes à cause d'un joueur extrêmement chanceux (l'argument de la diversification qui mène à la courbe en cloche, comme nous le verrons au chapitre 15). Il leur suffisait de contrôler les « requins », ces joueurs arrivés en avion de Manille ou de Hong-Kong aux frais du casino, qui peuvent miser des sommes très élevées ; les « requins » sont capables de remporter plusieurs millions de dollars en une seule séance de jeu. Sans la triche, les performances de la plupart des joueurs équivaudraient à une goutte d'eau dans la mer, assurant ainsi une stabilité de trésorerie. J'ai promis de ne donner aucun détail sur le système de surveillance très sophistiqué du casino ; tout ce que je suis autorisé à dire, c'est que j'eus l'impression d'être transporté dans un film de James Bond – je me demandai si le casino était une imitation de ce que l'on voit dans ces films ou si c'était le contraire. Toutefois, en dépit de cette sophistication extrême, les risques n'avaient rien à voir avec ce que l'on pourrait attendre dans le contexte d'un casino. Car il s'avéra que les quatre pertes les plus lourdes qu'il avait encourues ou évitées de justesse échappaient complètement à ces modèles sophistiqués.

Tout d'abord, le casino perdit environ cent millions de dollars lorsqu'un des artistes irremplaçables de son spectacle phare fut estropié par un tigre (ce spectacle, *Siegfried and Roy*, avait été une des attractions majeures de Las Vegas). Le fauve avait été élevé par le dompteur et dormait même dans sa chambre ; jusqu'à présent, personne ne soupçonnait qu'il puisse se retourner contre son maître. Analysant les scénarios susceptibles de se produire, le casino avait même imaginé que l'animal pourrait sauter dans la foule, mais personne n'aurait songé à prendre des mesures pour que cela ne se produise pas.

Deuxièmement, un entrepreneur mécontent fut blessé pendant la construction d'une annexe de l'hôtel-casino. Il fut tellement offensé par les dommages et intérêts qu'on lui proposait qu'il tenta de faire sauter le casino. Son plan consistait à placer des explosifs autour des piliers situés au sous-sol – tentative qui fut bien entendu contrecarrée (sans quoi, pour reprendre le raisonnement développé au chapitre 8, nous n'aurions pas été là), mais je frémis à la pensée d'avoir pu être assis sur une poudrière.

Troisièmement, si les gains d'un joueur excèdent un certain montant, les casinos doivent remplir auprès de l'International Revenue Service un formulaire spécial. Pour des raisons totalement inexplicables, l'employé qui était censé poster les formulaires les mit dans des boîtes qu'il cacha sous son bureau – ce, pendant des années et sans que personne ne s'en aperçoive. Il était totalement impossible de prévoir que cet homme n'enverrait pas ces documents. Les fraudes fiscales (et la négligence) étant de graves délits, le casino faillit se voir retirer sa licence de jeu ou encourir les coûts financiers lourds d'une suspension temporaire de son activité. Il est clair qu'il finit par payer une amende exorbitante (le montant n'en a pas été dévoilé), ce qui, malgré tout, fut pour lui le moyen le plus chanceux de s'en tirer.

Quatrièmement, il y eut une avalanche d'autres épisodes dangereux, tel l'enlèvement de la propre fille du propriétaire du casino qui poussa celui-ci à violer les lois du jeu en puisant dans les caisses de son établissement pour avoir du liquide et pouvoir payer la rançon.

Conclusion : un rapide calcul montre que la valeur en dollars de ces Cygnes Noirs, les pertes non prévues par le système et celles, potentielles, que je viens d'énumérer, engloutissent les risques attendus d'un facteur de près de mille pour un. Le casino a dépensé des centaines de millions de dollars en théories de la probabilité et systèmes de surveillance *high-tech* quand l'essentiel des risques qu'il encourait ne faisait pas partie de ces modèles.

Et tout cela pour que le reste du monde continue à en apprendre sur l'incertitude et la probabilité à cause d'incidents qui surviennent dans les casinos.

POUR RÉSUMER LA PREMIÈRE PARTIE

Le superficiel émerge naturellement

Tous les sujets de la première partie n'en constituent en fait qu'un seul. Vous pouvez penser longtemps à un sujet au point qu'il vous hante. Vous avez quantité d'idées, mais c'est comme s'il n'y avait apparemment pas de relation explicite entre elles ; la logique qui les lie vous demeure cachée. Pourtant, au plus profond de vous, vous savez qu'elles forment toutes une seule et même idée. Cependant, ceux que Nietzsche appelle « *Bildungsphilisters*[2] », « philistins instruits » – les cols bleus de la pensée – vous reprochent de vous disperser entre plusieurs domaines ; vous répliquez que ces disciplines sont artificielles et arbitraires – en vain. Puis vous leur dites que vous êtes conducteur de limousine, et ils vous laissent tranquille – vous vous sentez mieux parce que, comme vous ne vous identifiez pas à eux, vous n'avez plus besoin de vous sentir amputé pour entrer dans le monde procrustéen des disciplines. Et finalement, un petit effort, et vous vous apercevez qu'il s'agissait bien du seul et même problème.

Un soir, je me trouvai à un cocktail à Munich, dans l'appartement d'un ancien historien de l'art dont la bibliothèque contenait plus de livres d'art que je pensais qu'il en existait. Je buvais un excellent riesling dans un coin de l'appartement où les anglophiles s'étaient spontanément regroupés, dans l'espoir d'atteindre un état qui me permettrait de commencer à parler ce que je fais passer pour de l'allemand. Tandis que je me tenais sur une jambe, l'un des penseurs les plus perspicaces que je connaisse, l'entrepreneur informatique Yossi Vardi, me pressa de résumer « ma pensée ». Comme il n'est pas très commode de se tenir sur une jambe après quelques verres de riesling parfumé, je loupai mon improvisation. Le lendemain, victime de l'esprit d'escalier, je bondis hors de mon lit avec l'idée suivante : *le superficiel et le platonique émergent naturellement*. C'est une simple extension du problème de la connaissance. C'est simplement qu'un côté de la bibliothèque d'Eco, celui qu'on ne voit jamais, présente la caractéristique de ne pas être pris en compte. C'est également le cas du problème de Diagoras. C'est

---

2. Nietzsche désigne par ce terme les lecteurs de journaux enclins au dogme et les amateurs d'opéra qui s'adonnent de manière superficielle à la culture et sont dotés d'une profondeur limitée. J'étends ici l'usage de ce mot au philistin planqué à l'université qui manque de culture par manque de curiosité et est étroitement centré sur ses idées.

pour cela que nous ne voyons pas les Cygnes Noirs : nous nous inquiétons de ceux qui se sont produits, non de ceux qui pourraient arriver
mais ne sont pas arrivés. C'est pour cela que nous platonifions, liant
des schémas connus et des connaissances bien organisées – au point
d'en devenir aveugles à la réalité. C'est pour cela que nous succom-
bons au problème de l'induction, et que nous *confirmons*. C'est pour
cela que ceux qui « étudient » et réussissent à l'école ont tendance à
se faire avoir par l'erreur ludique.

Et c'est pour cela que nous avons des Cygnes Noirs et ne tirons
jamais la leçon de leur survenue, parce que ceux qui ne sont pas arrivés étaient trop abstraits. Grâce à Vardi, je fis désormais partie du club
des gens monoïdéiques.

Nous aimons la confirmation, ce qui est tangible, palpable, réel,
concret, connu, visible, haut en couleur, visuel, social, intégré, chargé
sur le plan émotionnel, saillant, stéréotypé, émouvant, théâtral, romancé,
superficiel, officiel, le verbiage apparemment érudit (une c......e),
l'économiste gaussien pompeux, les inepties à caractère mathématique, l'emphase, l'Académie française, la Harvard Business School, le
prix Nobel, les costumes sombres avec chemises blanches et cravates
Ferragamo, les discours émouvants et ce qui fait sensation. Et sur
tout, nous privilégions la narration.

Hélas, la version actuelle de la race humaine n'est pas conçue pour
comprendre les sujets abstraits – nous avons besoin d'un contexte. Le
hasard et l'incertitude sont des abstractions. Nous respectons ce qui
s'est produit, sans tenir compte de ce qui *aurait pu* se produire. En
d'autres termes, nous sommes superficiels par nature – et nous ne le
savons pas. Ce n'est pas un problème psychologique ; cela vient de la
caractéristique principale de l'information. La face sombre de la lune
est plus difficile à voir ; il faut de l'énergie pour la mettre en lumière.
De même, mettre en lumière l'invisible nécessite beaucoup d'efforts
de calcul et d'efforts intellectuels.

Loin des primates

Au cours de l'histoire, quantité de différences ont été établies entre
des formes supérieures et inférieures d'êtres humains. Pour les Grecs,
il y avait les Grecs et les Barbares, ces gens venus du Nord qui émet-
taient des phrases informes semblables, à l'oreille des Attiques, à des
cris d'animaux perçants. Pour les Anglais, une forme supérieure d'existence était celle du *gentleman* – contrairement à la définition qu'on

en donne aujourd'hui, celui-ci menait une vie régie par l'oisiveté et par un code de conduite qui, outre toute une série de manières, commandait d'éviter de travailler plus que nécessaire pour s'assurer une confortable subsistance. Pour les New-Yorkais, il y a ceux qui habitent Manhattan et ceux dont l'adresse se trouve à Brooklyn ou, pire, dans le comté de Queens. Pour le Nietzsche des débuts, il y avait les adeptes d'Apollon opposés à ceux de Dionysos ; pour le Nietzsche que l'on connaît mieux, il y avait le Surhomme – une notion que ses lecteurs interprètent comme bon leur semble. Pour un stoïcien moderne, un individu supérieur souscrit à un système de vertu empreint de dignité qui détermine l'élégance du comportement de chacun et la capacité de distinguer les résultats des efforts fournis. Toutes ces différences visent à augmenter la distance entre nous et nos parents parmi les autres primates. (J'insisterai encore sur le fait que, quand il s'agit de prendre des décisions, la distance entre nous et ces cousins velus est beaucoup plus limitée que nous le pensons.)

Si vous souhaitez faire un pas vers une forme de vie plus élevée, vous éloigner autant que possible des animaux, je vous suggère de laisser tomber la narration, c'est-à-dire d'éteindre le poste de télévision, de réduire au maximum le temps que vous passez à lire les journaux et de ne pas lire les blogs. Exercez vos facultés de raisonnement afin d'être maître de vos décisions ; ne mêlez pas le système 1 (système heuristique ou expérientiel) à celles qui sont importantes. *Exercez-vous à repérer la différence entre le spectaculaire et l'empirique.* Vous isoler ainsi de la toxicité du monde aura un autre avantage : celui d'accroître votre bien-être. En outre, souvenez-vous à quel point nous sommes superficiels par rapport à la probabilité, mère de toutes les notions abstraites. Point n'est besoin d'en faire beaucoup plus pour acquérir une meilleure compréhension des choses qui vous entourent ; avant tout, apprenez à ne pas avoir d'œillères.

Faisons maintenant le lien avec ce qui va suivre. L'aveuglement platonique que j'ai illustré avec l'histoire du casino a une autre manifestation : la concentration. Être capable de se concentrer est une vertu majeure si l'on est réparateur de montres, neurochirurgien ou joueur d'échecs. Mais quand on s'occupe d'incertitude, « se concentrer » est bien la dernière chose à faire (c'est à l'incertitude qu'il faudrait dire de se concentrer, pas à soi). Cette « concentration » fait de vous une dupe ; comme nous allons le voir au chapitre suivant, elle se traduit par des problèmes de prévision. Le véritable test de notre compréhension du monde n'est pas la narration, mais la prévision.

DEUXIÈME PARTIE

LES PRÉVISIONS
SONT TOUT BONNEMENT IMPOSSIBLES

Quand je demande aux gens de citer trois technologies récentes qui exercent un impact considérable sur notre monde, ils pensent généralement à l'informatique, à l'Internet et au laser. Toutes trois n'avaient été ni planifiées ni prévues ; elles furent décriées lorsqu'elles apparurent et continuèrent à l'être bien après qu'on eut commencé à les utiliser. Elles ont eu des conséquences majeures. C'étaient des Cygnes Noirs. Bien sûr, rétrospectivement, nous avons l'illusion qu'elles participaient d'un grand projet. Que l'on prenne des événements politiques, des guerres ou des modes intellectuelles, on peut créer ses propres listes de phénomènes importants qui ont eu autant d'incidences sur la vie.

On s'attendrait à ce que les statistiques relatives aux prévisions que nous faisons soient catastrophiques : le monde est beaucoup, beaucoup plus compliqué que nous le pensons, ce qui n'est pas un problème, excepté quand la plupart d'entre nous ne le savent pas. Quand nous envisageons l'avenir, nous avons tendance à avoir des œillères ; nous le banalisons et l'imaginons dénué de Cygnes Noirs quand, en réalité, il est tout sauf banal. Ce n'est pas une catégorie platonique !

Nous avons vu que nous étions doués pour écrire rétrospectivement l'histoire et inventer des histoires qui nous convainquent que nous comprenons le passé. Chez nombre de gens, la connaissance a le pouvoir remarquable de susciter la confiance en soi en lieu et place de compétences mesurables. Autre problème : notre focalisation sur ce qui est normal (et sans importance), la platonification qui fait que nos prévisions restent « conformes au moule ».

Je trouve scandaleux qu'en dépit des statistiques, nous continuions à faire des pronostics pour l'avenir comme si nous étions doués pour cela, au moyen d'outils et de méthodes qui excluent les événements rares. La prévision est une véritable institution dans notre monde. Nous sommes les dupes de ceux qui nous aident à naviguer dans l'incertitude – qu'il s'agisse de voyants, d'universitaires « ayant beaucoup publié » (des livres assommants) ou de fonctionnaires recourant à des mathématiques bidons.

De Yogi Berra à Henri Poincaré

Le célèbre entraîneur de base-ball Yogi Berra a une devise : « Il est difficile de prévoir… surtout l'avenir. » Bien qu'il n'ait pas, malgré sa sagesse et ses capacités intellectuelles, produit les écrits qui lui permettraient d'être considéré comme un philosophe, Berra peut revendiquer une connaissance certaine du hasard. Praticien de l'incertitude, il était, en tant que joueur et entraîneur de base-ball, régulièrement confronté à des résultats aléatoires, et devait en affronter les conséquences.

En fait, Yogi Berra n'est pas le seul penseur à avoir mesuré à quel point la connaissance de l'avenir excédait nos capacités. Nombre de penseurs moins célèbres, moins percutants, mais non moins compétents que lui ont étudié nos limitations intrinsèques dans ce domaine – des philosophes Jacques Hadamard et Henri Poincaré (communément décrits comme « mathématiciens ») au philosophe Friedrich von Hayek (communément décrit, hélas, comme « économiste ») en passant par le philosophe Karl Popper (généralement connu comme philosophe). Nous pouvons sans trop nous avancer qualifier cela de « conjecture Berra-Hadamard-Poincaré-Hayek-Popper », laquelle impose des limites structurelles intrinsèques à l'opération de prévision.

« Le futur n'est plus ce qu'il était », dit plus tard Berra[1]. Il avait manifestement raison : l'augmentation de notre capacité à modéliser

---

1. Notez bien que ces aphorismes attribués à Yogi Berra pourraient être apocryphes – c'est le physicien Niels Bohr qui dénicha le premier, et quantité d'autres

(et à prévoir) le monde est sans doute amoindrie par la complexité accrue de ce dernier – faisant la part de plus en plus belle à l'imprévu. Plus le Cygne Noir jouera un rôle important, plus nous aurons de mal à prévoir. Désolé !

Avant d'analyser les limites de la prévision, nous allons aborder la question de nos résultats en matière de prévision et la relation entre l'augmentation de nos connaissances et celle de notre confiance en nous, qui la tempère quelque peu.

suivirent la découverte du deuxième. Ces aphorismes n'en restent pas moins des formules quintessentielles de Berra.

CHAPITRE 10

LE SCANDALE DES PRÉVISIONS

Bienvenue à Sydney. – Combien d'amants a-t-elle eus ? – Comment être économiste, porter un beau costume et se faire des amis. – Pas juste, seulement « presque » juste. – Les rivières peu profondes peuvent présenter des dépressions.

Un soir du mois de mars, un petit groupe d'hommes et de femmes se tenait sur l'esplanade surplombant la baie face à l'opéra de Sydney. La fin de l'été approchait, mais, en dépit de la chaleur, les hommes portaient une veste ; si elles jouissaient d'un confort thermique supérieur au leur, les femmes, elles, devaient supporter la mobilité réduite à laquelle les contraignaient leurs talons hauts.

Tous ces gens étaient venus pour payer le prix de la sophistication. Bientôt, ils seraient en train d'écouter toute une myriade d'hommes et de femmes énormes chanter en russe pendant des heures interminables. La plupart des personnes qui se dirigeaient vers l'Opéra avaient l'air de travailler pour l'agence J. P. Morgan du coin ou autre institution financière où les employés jouissent d'une aisance financière qui les distingue du reste de la population locale et s'accompagne de pressions pour les inciter à vivre conformément à un scénario raffiné (vin et opéra). Mais je n'étais pas là pour jeter un coup d'œil sur les néosophistiqués ; j'étais venu voir l'opéra de Sydney, ce bâtiment qui figure dans toutes les brochures touristiques australiennes. Et c'est vrai qu'il est saisissant, même s'il ressemble au genre de construction que les architectes conçoivent pour impressionner leurs pairs.

Cette promenade vespérale dans la très agréable partie de Sydney appelée « The Rocks » était un pèlerinage. Tandis que les Australiens avaient l'illusion d'avoir construit un bâtiment qui mettait en valeur leur horizon, ils n'avaient fait en réalité qu'ériger un monument à notre incapacité à prévoir, à planifier et à affronter notre *méconnaissance* de l'avenir – notre sous-estimation systématique de ce que ce celui-ci nous réserve.

En fait, les Australiens avaient édifié un symbole de l'arrogance épistémique de la race humaine. En voici l'histoire. L'opéra de Sydney était censé ouvrir début 1963 pour un coût de sept millions de dollars australiens. Finalement, il ouvrit ses portes plus de dix ans plus tard, et bien que la version définitive fût moins ambitieuse que celle prévue initialement, elle n'en revint pas moins à quelque cent quatre millions de dollars australiens. Même s'il existe des cas bien plus graves d'échecs de planification (à savoir en Union soviétique), ou de prévision (*cf.* tous les événements historiques importants), l'opéra de Sydney constitue une illustration esthétique (en théorie, du moins) des difficultés. Si cette histoire d'opéra est la déformation la plus modérée de toutes celles dont nous traiterons dans ce chapitre (son enjeu n'était que financier et n'a pas entraîné l'effusion d'un sang innocent), elle n'en est pas moins emblématique.

Ce chapitre porte sur deux sujets. Premièrement, nous faisons preuve d'une arrogance évidente sur ce que nous pensons savoir. Nous savons certainement beaucoup de choses, mais nous avons une tendance intrinsèque à croire que nous en savons un peu plus que ce n'est réellement le cas – et ce « un peu plus » suffit parfois à nous causer de sérieux ennuis. Nous verrons comment vous pouvez vérifier, voire mesurer cette arrogance dans votre propre salon.

Deuxièmement, nous examinerons les implications de cette arrogance dans toutes les activités impliquant la prévision.

Pourquoi diable faisons-nous autant de prévisions ? Pire, même, et plus intéressant encore : pourquoi ne parlons-nous pas de nos résultats en matière de prévisions ? Pourquoi ne voyons-nous pas que nous passons (presque) toujours à côté des événements importants ? C'est cela que j'appelle le « scandale des prévisions ».

DE L'IMPRÉCISION DU CALCUL DES AMANTS DE CATHERINE

Examinons maintenant ce que j'appelle l'« arrogance épistémique » – littéralement, l'orgueil dont nous faisons preuve concernant les limites de notre connaissance. « *Epistēmē* » est un mot grec qui fait référence à la connaissance ; donner un nom grec à un concept abstrait lui confère de l'importance. Il est vrai que notre connaissance s'accroît, mais elle est menacée par une augmentation plus importante encore de notre confiance en nous ; du coup, elle s'accompagne d'un surcroît de confusion, d'ignorance et de vanité.

Prenez une pièce pleine de monde. Choisissez un nombre au hasard. Ce nombre pourrait correspondre à n'importe quoi : à la proportion de courtiers en Bourse psychopathes dans l'ouest de l'Ukraine, aux ventes de ce livre pendant les mois dont le nom contient un « r », au QI moyen des éditeurs de livres sur le monde des affaires (ou d'auteurs écrivant sur le monde des affaires), au nombre d'amants de Catherine II de Russie, etc. Demandez à toutes les personnes présentes dans la pièce de donner une plage de valeurs possibles pour ce nombre, fixées de telle manière qu'elles pensent avoir 98 % de chances d'avoir raison, et moins de 2 % de chances d'avoir tort. En d'autres termes, toutes leurs propositions auront 2 % de chances de ne pas être comprises dans les limites de la plage qu'elles suggèrent. Par exemple : « Je suis sûr à 98 % que la population du Rajasthan compte entre 15 et 23 millions de personnes » ; « Je suis sûre à 98 % que Catherine II de Russie eut entre 34 et 63 amants ».

Vous pouvez vous livrer à des déductions sur la nature humaine en comptant le nombre de personnes de votre échantillon qui se sont trompées ; il n'excédera probablement pas deux participants sur cent. Notez que la plage que les sujets (vos victimes) peuvent choisir peut être aussi large qu'ils le souhaitent : ce ne sont pas leurs connaissances que vous essayez de mesurer, mais plutôt *la façon dont ils évaluent leurs propres connaissances*.

Passons maintenant aux résultats. Comme bien des choses dans la vie, la découverte fut imprévue, fortuite, surprenante, et l'on mit un certain temps à la digérer. La légende veut qu'Albert et Raiffa, les chercheurs qui en furent à l'origine, travaillaient en fait à quelque chose de tout à fait différent et de plus ennuyeux, à savoir la manière dont les êtres humains comprennent les probabilités dans leurs prises de décision quand l'incertitude est de la partie (ce que les gens instruits appellent le « calibrage »). Les chercheurs furent sonnés. Le taux d'erreur de 2 % avoisinait 45 % pour la population testée ! Fait extrêmement révélateur, le premier échantillon était composé d'étudiants de la Harvard Business School, une espèce qui n'est pas vraiment réputée pour son humilité et sa propension à l'introspection. Les étudiants en MBA sont particulièrement terribles de ce point de vue, ce qui explique probablement leur succès en affaires. Les études ultérieures, portant sur d'autres populations, montrent une plus grande humilité, ou plutôt un degré plus faible d'arrogance. Les gardiens de prison et les chauffeurs de taxi sont plutôt humbles. Quant aux hommes politiques et aux cadres d'entreprises, hélas… J'en reparlerai plus tard.

Sommes-nous donc vingt-deux fois trop satisfaits de ce que nous savons ? C'est ce que l'on dirait !

Cette expérience a été reproduite des dizaines de fois auprès de toutes les populations, professions et cultures, et il n'est quasiment pas de psychologue empirique ni de théoricien de la décision qui ne l'ait testée sur ses étudiants pour leur montrer le grand problème de la race humaine : nous ne sommes tout simplement pas assez sages pour que l'on puisse nous faire confiance pour faire bon usage de nos connaissances. En général, le taux d'erreur attendu de 2 % se situe finalement entre 15 et 30 %, en fonction de participants et du domaine choisi.

J'ai moi-même effectué le test et pour échouer, j'ai échoué, quand bien même je m'étais efforcé consciemment d'être humble en fixant un écart suffisamment large entre les deux nombres – et pourtant, comme nous le verrons, il se trouve que cette sous-estimation se situe au cœur même de mes activités professionnelles. Ce biais semble présent dans toutes les cultures, y compris celles qui privilégient l'humilité – il n'existe peut-être pas de différence significative entre le centre de Kuala Lumpur et l'ancienne colonie levantine d'Amioun. Hier après-midi, j'ai donné une conférence à Londres, et comme le chauffeur de taxi qui me conduisait sur les lieux de l'événement avait une capacité supérieure à la moyenne de se retrouver dans les embouteillages, j'en ai profité pour la préparer mentalement. Pendant mon intervention, j'ai décidé de faire une brève expérience.

J'ai demandé aux participants d'essayer de trouver une plage entre deux chiffres qui correspondrait à une estimation du nombre d'ouvrages contenus dans la bibliothèque d'Umberto Eco qui, comme nous l'avons appris dans l'introduction à la première partie de ce livre, en compte 30 000. Aucun des soixante participants n'a proposé de plage suffisamment large pour inclure le nombre réel de livres (le taux d'erreur de 2 % est passé à 100 %). Ce cas est peut-être une aberration, mais cette déformation est exacerbée par les quantités qui sortent de l'ordinaire. Fait intéressant, les gens se sont fourvoyés aux deux extrémités : certains avaient fixé leur plage entre 2 000 et 4 000 et d'autres, entre 300 000 et 600 000.

Bien sûr, une personne connaissant la nature du test pourrait jouer la prudence en fixant la plage entre zéro et l'infini ; mais cela ne relèverait plus du « calibrage » – la personne ne communiquerait aucune information, et ne pourrait prendre de décision en connaissance de cause de cette façon-là. Dans ce cas-là, il serait plus honorable de dire tout bonnement : « Je ne veux pas jouer à ce jeu ; je n'en ai aucune idée. »

Il n'est pas rare de trouver des contre-exemples, des gens qui font carrément l'extrême inverse et surestiment leur taux d'erreur : il peut s'agir de l'un de vos cousins qui fait particulièrement attention à ce qu'il dit, ou de ce professeur de biologie dont vous vous souvenez, qui affichait une humilité pathologique ; la tendance dont je parle ici s'applique à la moyenne de la population, non à chaque individu. Il y a suffisamment de variations autour de la moyenne pour garantir la présence occasionnelle de contre-exemples. Ces personnes-là font partie d'une minorité – et, malheureusement, comme elles parviennent difficilement à sortir du rang, elles ne semblent pas jouer un rôle très influent dans la société.

L'effet de l'arrogance épistémique est double : nous surestimons ce que nous savons, et sous-estimons l'incertitude en comprimant la gamme des états potentiels d'incertitude (c'est-à-dire en réduisant l'espace de l'inconnu).

Les effets de cette déformation vont au-delà de la simple quête de connaissance : vous n'avez qu'à regarder la vie des personnes qui vous entourent ; il y a des chances pour qu'elle contamine toutes leurs décisions concernant l'avenir. La race humaine souffre d'une sous-estimation chronique de la possibilité que l'avenir prenne un autre cours que celui qu'elle a initialement envisagé (outre d'autres biais qui viennent s'y ajouter et font parfois boule de neige). Pour prendre un exemple évident, songez au nombre de gens qui divorcent. Presque tous connaissent la statistique selon laquelle un tiers à la moitié des mariages se soldent par un échec – chose que les parties en jeu n'avaient pas prévue lorsqu'elles se sont unies. Bien sûr, « cela ne nous arrivera pas à nous », parce que « nous nous entendons tellement bien » (comme si les autres s'entendaient mal).

Je rappelle au lecteur que je ne suis pas en train de tester l'ampleur des connaissances des gens, mais d'évaluer la différence entre *ce qu'ils savent réellement et ce qu'ils croient savoir*. Cela me rappelle une idée que ma mère eut pour plaisanter quand je décidai de devenir homme d'affaires. Accueillant avec ironie ma confiance (apparente), sans nécessairement douter de mes capacités, elle imagina un moyen pour me permettre de faire fortune. Lequel ? Quelqu'un qui parviendrait à m'acheter au prix que je valais réellement et à me revendre à celui que je pensais valoir pourrait empocher une énorme plus-value. J'ai beau essayer de la convaincre que, sous des dehors sûrs de moi, je cache une humilité et un manque de confiance, et que je suis quelqu'un d'introspectif – elle reste sceptique. Introspectif, mon œil ! Continuant à plaisanter, elle soutient qu'aujourd'hui encore, je me crois plus compétent que je ne le suis.

Reparlons de notre cécité face au Cygne Noir

Le test simple mentionné ci-dessus suggère une tendance profondément ancrée chez les êtres humains à sous-estimer les aberrations – ou les Cygnes Noirs. Livrés à nous-mêmes, nous avons tendance à penser que ce qui se produit tous les dix ans n'arrive en fait que tous les siècles, et, qui plus est, que nous savons ce qui se passe.

Ce problème d'erreur de calcul est un peu plus subtil. En réalité, les erreurs d'estimation peuvent aller dans un sens comme dans l'autre. Comme nous l'avons vu au chapitre 6, il y a des circonstances dans lesquelles les gens surestiment l'inhabituel ou un événement inhabituel bien particulier (par exemple quand des images spectaculaires leur viennent à l'esprit) – ce qui, nous l'avons vu aussi, fait la prospérité des compagnies d'assurances. Ce que je veux dire, par conséquent, c'est que ces événements sont particulièrement sujets aux erreurs de calcul, se traduisant par une grave sous-estimation générale alliée, à l'occasion, à une grave surestimation.

Les erreurs empirent en fonction du degré d'improbabilité de l'événement. Jusqu'à présent, avec le jeu que nous avons évoqué plus haut, nous avons uniquement pris en compte le taux d'erreur de 2 %, mais dans des situations où les probabilités sont de une sur cent, une sur mille et une sur un million, par exemple, les erreurs deviennent monumentales. Plus les probabilités sont importantes, plus l'arrogance épistémique est forte.

Notez ici une particularité de notre jugement intuitif : même si nous vivions au Médiocristan, où les événements importants sont rares, nous sous-estimerions les extrêmes – nous penserions qu'ils sont encore plus rares. Nous sous-estimons notre taux d'erreur même avec les variables gaussiennes. Nos intuitions sont sous-médiocristanes ; mais nous ne vivons pas au Médiocristan. Les chiffres que nous sommes susceptibles d'estimer sur une base quotidienne relèvent en grande partie de l'Extrêmistan, c'est-à-dire qu'ils sont régis par la concentration et sont sujets aux Cygnes Noirs.

Deviner et prévoir

Il n'y a pas vraiment de différence entre le fait de deviner une variable qui n'est pas aléatoire mais sur laquelle on dispose d'informations partielles ou insuffisantes, telle que le nombre d'amants qui transitèrent par le lit de Catherine II de Russie, et le fait de prévoir une variable aléatoire, comme le taux de chômage demain ou la situation de la Bourse l'année prochaine. En ce sens, deviner (ce que l'on ne sait pas, mais que quelqu'un d'autre pourrait savoir) et prévoir (ce qui ne s'est pas encore produit) reviennent au même.

Pour mieux mesurer le lien qui existe entre deviner et prévoir, supposez qu'au lieu d'essayer de découvrir le nombre d'amants de Catherine de Russie, vous tentiez d'estimer la question moins intéressante, mais plus importante pour certains, de l'augmentation de la population au siècle prochain, des rendements boursiers, du déficit de la Sécurité sociale, du prix du pétrole, des résultats de la vente des biens immobiliers de votre grand-oncle, ou de la situation de l'environnement au Brésil d'ici vingt ans. Ou encore, si vous êtes l'éditeur de Yevgenia Krasnova, peut-être devez-vous réaliser une estimation des ventes de son livre. Nous nous aventurons à présent sur un terrain délicat : songez simplement que la majorité des professionnels qui font des prévisions sont eux aussi victimes de l'affection mentale évoquée plus haut ; qui plus est, les prévisionnistes professionnels sont souvent encore plus atteints que les autres.

L'INFORMATION NUIT À LA CONNAISSANCE

Peut-être vous demandez-vous comment l'instruction, l'éducation et l'expérience peuvent jouer sur l'arrogance épistémique – comment des gens instruits peuvent mieux réussir le test cité plus haut que le reste de la population (par exemple, que Mikhail, le chauffeur de taxi). La réponse va vous surprendre : cela dépend de la profession exercée par les sondés. Pour commencer, je vais m'intéresser aux avantages des gens « informés » par rapport au reste de la population dans l'exercice de la prévision – un exercice qui incite à l'humilité.

Rendant visite à un ami qui travaillait dans une banque à New York, je me rappelle avoir vu un gros bonnet surexcité du genre *golden boy* qui se baladait avec une panoplie d'écouteurs sans fils enroulés autour des oreilles et un micro jaillissant près de sa joue droite qui m'empêcha de me concentrer sur ses lèvres pendant les vingt secondes que dura notre échange. Quand je m'enquis auprès de mon ami de l'utilité de cet attirail, il me répondit que le type en question « aimait garder le contact avec Londres ». Quand on est employé, et donc dépendant du jugement d'autrui, avoir l'air occupé peut permettre de revendiquer la responsabilité des résultats obtenus dans un environnement aléatoire. Des dehors affairés renforcent l'impression de causalité, de lien entre les résultats et le rôle que l'on a joué dans leur obtention. Naturellement, c'est encore plus vrai pour les directeurs de grandes sociétés qui ont besoin de claironner l'existence d'un lien entre leur « présence » ainsi que leurs « qualités de dirigeant » et les résultats de l'entreprise. À ma connaissance, il n'existe aucune étude consacrée à l'utilité de passer ainsi son temps à discourir et à absorber des informations de troisième ordre – et il n'y a pas non plus beaucoup d'auteurs qui aient eu le courage de remettre en question le rôle d'un directeur général dans la réussite d'une entreprise.

Abordons maintenant une conséquence majeure de l'information : l'obstacle qu'elle constitue à la connaissance.

Aristote Onassis, qui fut peut-être le premier grand magnat médiatisé, était surtout célèbre pour sa richesse – et pour l'étalage qu'il en faisait. Originaire de Turquie et réfugié en Grèce, il se rendit en Argentine, se constitua un pactole en important du tabac turc, puis devint un magnat de l'exploitation commerciale des navires. Il fut vilipendé lorsqu'il épousa Jacqueline Kennedy, la veuve du président américain John F. Kennedy, brisant ainsi le cœur de la cantatrice Maria Callas qui s'enferma dans son appartement parisien en attendant la mort.

Si l'on étudie la vie d'Onassis, comme j'ai passé une grande partie de ma vie de jeune adulte à le faire, on observe une constante intéressante : le « travail », au sens classique du terme, n'était pas sa tasse de thé. Il ne possédait même pas de table de travail, et encore moins de bureau. Il ne se contentait pas de faire des affaires, ce qui ne nécessite pas de bureau ; il dirigeait aussi un empire naval, ce qui exige un contrôle quotidien. Et pourtant, son principal outil de travail était un carnet qui contenait toutes les informations dont il avait besoin. Onassis passa sa vie à essayer de nouer des liens avec la *jet-set* et à courir (et collectionner) les femmes. Il se levait généralement à midi. S'il avait besoin de conseils juridiques, il donnait rendez-vous à ses avocats dans un *night-club* parisien à deux heures du matin. On dit qu'il possédait un charme irrésistible qui lui permettait de profiter des gens.

Mais allons au-delà de l'anecdote. En établissant un lien de causalité entre la réussite d'Onassis et son *modus operandi*, on pourrait être dupe d'un hasard sauvage. Je ne saurai peut-être jamais si Onassis était compétent ou s'il avait de la chance, même si je suis convaincu que son charme personnel lui ouvrit des portes, mais je puis soumettre son *modus operandi* à un examen rigoureux en consultant les recherches empiriques sur le lien existant entre informations et compréhension. En conséquence, la déclaration suivante, « toute connaissance supplémentaire des détails de l'activité quotidienne peut être inutile, voire nocive », peut se vérifier indirectement, mais très efficacement.

Montrez à deux groupes de personnes une image floue d'une bouche d'incendie – suffisamment floue pour qu'elles ne puissent reconnaître ce dont il s'agit. Pour l'un des groupes, augmentez lentement la résolution, en dix temps. Faites de même pour le second groupe, mais plus rapidement – en cinq temps. Quand les deux groupes ont accès à la même image, cessez d'intervenir sur la résolution et demandez à chacun d'eux de dire ce qu'il voit. Les membres du groupe qui auront vu moins d'étapes intermédiaires identifieront probablement beaucoup plus vite la bouche d'incendie. Moralité ? Plus on donne d'informations à une personne, plus elle va faire d'hypothèses, et plus cela va lui être préjudiciable. Elle verra plus de bruit aléatoire et le prendra pour de l'information.

Le problème, c'est que nos idées sont collantes : quand nous avons élaboré une théorie, il y a peu de chances que nous changions d'avis – c'est pourquoi ceux qui remettent à plus tard l'élaboration de leurs théories s'en portent mieux. Quand on fonde ses opinions sur des preuves faibles, on a du mal à interpréter les informations qui viennent les contredire ultérieurement, même s'il est évident que celles-ci sont plus exactes. Deux mécanismes sont en jeu ici : le biais de confirmation que nous avons vu au chapitre 5 et le fait de persévérer dans ses croyances ou la tendance à ne pas changer d'avis. N'oubliez pas que nous traitons les idées comme des biens, et que nous avons du mal à nous en départir.

L'expérience de la bouche d'incendie fut réalisée pour la première fois dans les années 1960, et a été reproduite plusieurs fois depuis. J'ai également étudié ce phénomène à l'aide des mathématiques de l'information : plus on va avoir une connaissance détaillée de la réalité empirique, plus on va voir le bruit (c'est-à-dire l'anecdote) et le prendre pour l'information proprement dite. N'oubliez pas que nous sommes influencés par le spectaculaire. Écouter les nouvelles à la radio toutes les heures est bien pire que lire un hebdomadaire, parce que dans ce dernier cas, le recul par rapport à l'information permet de la filtrer quelque peu.

En 1965, Stuart Oskamp fournit à des psychologues cliniciens une succession de dossiers qui contenaient à chaque fois de plus en plus d'informations sur les patients ; les capacités de diagnostic des psychologues n'augmentèrent pas en proportion de la masse d'informations toujours accrue qui leur parvenait ; mais la confiance qu'ils avaient dans leur diagnostic initial se renforça. Certes, peut-être ne faut-il pas trop attendre des psychologues de la cuvée 1965, mais ces découvertes semblent s'appliquer à toutes les disciplines.

Enfin, dans une autre expérience édifiante, le psychologue Paul Slovic demanda à des *bookmakers* de sélectionner parmi quatre-vingt-huit variables employées dans d'anciennes courses de chevaux celles qu'ils trouvaient utiles pour calculer les probabilités. Ces variables comprenaient toutes sortes d'informations statistiques concernant des performances passées. On communiqua aux *bookmakers* les dix variables les plus utiles et on leur demanda de prédire les résultats des courses. Puis on leur en communiqua dix autres, et on leur demanda la même chose. L'augmentation des informations mises à leur disposition n'améliora pas l'exactitude de leurs prévisions ; en revanche, leur confiance dans les choix qu'ils avaient faits s'accrut sensiblement. L'apport d'informations se révélait donc nocif. J'ai passé une bonne partie de mon existence à combattre la croyance du quidam moyen selon laquelle « plus, c'est mieux » – c'est parfois vrai, mais pas toujours ! Voyons maintenant ce que l'on appelle un « expert » ; cela nous permettra de mettre en lumière le caractère toxique de la connaissance.

LE PROBLÈME DE L'EXPERT OU LA TRAGÉDIE DU COSTUME VIDE

Jusqu'à présent, ce n'est pas l'autorité des professionnels en jeu que nous avons remise en cause, mais plutôt leur capacité à évaluer les limites de leurs connaissances. L'arrogance épistémique n'empêche pas les compétences. Un plombier en saura presque toujours plus sur la plomberie qu'un essayiste et trader mathématicien têtu. Un chirurgien spécialiste des hernies en connaîtra rarement moins sur les hernies qu'une danseuse du ventre. Mais d'un autre côté, les probabilités de ces experts seront inexactes – et, c'est l'embêtant, vous pourriez en savoir beaucoup plus long qu'eux sur le sujet. Quoi qu'on puisse vous en dire, c'est une bonne idée de remettre en question le taux d'erreur d'une procédure d'expertise. Ne remettez pas en question la procédure, seulement la confiance que vous lui accordez. (Ayant été échaudé par l'*establishment* médical, j'ai appris à faire preuve de prudence, et j'encourage chacun à faire de même : si vous franchissez la porte d'un médecin en étant porteur d'un symptôme, ne tenez pas compte des probabilités selon lesquelles il ne s'agit *pas* d'un cancer.)

Je distinguerai deux cas : le cas bénin, celui d'une *arrogance allant de pair avec une (certaine) compétence*, et le cas malin, celui d'une *arrogance mêlée d'incompétence (le costume vide)*. Il y a des professions dans lesquelles vous en savez plus que les experts qui, malheureusement, sont des gens que vous payez pour connaître leur opinion – au lieu que ce soit eux qui vous paient pour connaître la vôtre. Lesquelles ?

Ce qui change et ce qui ne change pas

Il existe sur ce « problème des experts » une littérature très abondante, qui présente des tests empiriques réalisés auprès d'experts pour contrôler leurs performances. Mais au premier abord, elle paraît quelque peu déroutante. D'un côté, une catégorie d'« *expert busters*[1] » tels que Paul Meehl et Robyn Dawes, nous montrent que rien ne ressemble plus à un fraudeur qu'un « expert », puisqu'il ne fait pas mieux qu'un ordinateur utilisant une seule variable, et que son intuition l'entrave et l'aveugle. (Exemple de variable unique, le ratio biens liquides sur dettes est plus fiable que la majorité des analystes de crédits.) D'un autre côté, une littérature tout aussi abondante montre que leur

---

1. Littéralement, « chasseurs d'experts » *(N.d.T.)*.

intuition permet à nombre de gens de faire mieux que les ordinateurs. Que faut-il croire ?

Il doit exister des disciplines où l'on trouve de véritables experts. Posez-vous les questions suivantes : préféreriez-vous que l'opération neurochirurgicale que vous vous apprêtez à subir soit effectuée par un journaliste scientifique ou par un neurochirurgien certifié ? Par ailleurs, préféreriez-vous entendre une prévision économique réalisée par quelqu'un ayant obtenu u doctorat en finances dans une « grande » institution comme la Wharton School, ou par un journaliste de la presse financière ? Si la réponse à la première question est pour moi d'une évidence empirique, ce n'est pas du tout le cas de la réponse à la seconde. Nous pouvons déjà voir la différence entre « connaissance implicite, ou savoir-faire » et « connaissance explicite, ou savoir » – les Grecs, eux, distinguaient *« technē »* et *« epistēmē »*. L'école de médecine empirique de Ménodote de Nicomédie et d'Héraclite de Tarente voulait que ses praticiens restent au plus près de la *technē* et le plus loin possible de l'*epistēmē*.

Le psychologue James Shanteau a entrepris de recenser les disciplines qui ont des experts et celles qui n'en ont pas. Notez le problème de confirmation qui se fait jour ici : si l'on veut prouver que les experts n'existent pas, on va réussir à trouver au moins une profession dans laquelle ils ne servent à rien. Et l'on pourra aussi bien prouver le contraire. Mais il y a une constante : les experts jouent un rôle dans certaines professions, alors que dans d'autres, on ne trouve aucune preuve de l'existence d'une expertise. Lesquelles sont lesquelles ?

Les experts qui le sont généralement : spécialistes du bétail et des animaux de basse-cour, astronomes, pilotes d'essai, experts des sols, champions d'échecs, physiciens, mathématiciens (quand ils traitent de problèmes mathématiques, pas empiriques), comptables, contrôleurs céréaliers, interprètes de photos, analystes en assurances (qui s'occupent de statistiques de type courbe en cloche).

Les experts qui… ne le sont généralement pas : courtiers en Bourse, psychologues cliniques, psychiatres, responsables des inscriptions à l'université, juges, conseillers élus, recruteurs, analystes de l'intelligence (à cet égard, les statistiques de la CIA sont pitoyables, malgré les frais qu'elle a engagés). Après avoir moi-même étudié la littérature existante, j'ajouterai les professions suivantes : économistes, prévisionnistes financiers, professeurs de finance, spécialistes des sciences politiques, « experts en risques », personnel de la Banque des règlements intenationaux, augustes membres de l'Association internationale des ingénieurs financiers et conseillers financiers personnels.

Simplement, il n'y a généralement pas d'experts pour les choses qui changent et nécessitent de ce fait des connaissances, alors qu'il semble y en avoir pour celles qui ne changent pas. En d'autres termes, les professions qui s'occupent de l'avenir et fondent leurs études sur la non-répétition du passé ont un problème d'experts (à l'exception de la météo et des domaines impliquant des processus physiques à court terme, non socio-économiques). Je ne dis pas que parmi toutes les personnes qui s'occupent de l'avenir, aucune ne donne d'information valable (comme je l'ai souligné précédemment, les journaux parviennent assez bien à prédire les heures d'ouverture des théâtres), mais plutôt que celles qui n'apportent aucune valeur ajoutée tangible s'occupent en général de l'avenir.

Une autre façon de voir la question est de dire que les choses qui changent sont souvent sujettes aux Cygnes Noirs. Les experts sont des gens hyperspécialisés qui éprouvent le besoin d'avoir des œillères. Dans les situations où cette attitude ne présente aucun risque parce que les Cygnes Noirs n'ont pas de conséquences importantes, ils feront du bon boulot.

Robert Trivers, psychologue évolutionnaire et homme aux intuitions extraordinaires, a une autre réponse (il est devenu l'un des penseurs évolutionnaires les plus influents depuis Darwin, grâce à des idées qu'il élabora tout en essayant de fréquenter la faculté de droit). Il établit un lien entre ce problème et notre aveuglement. Dans les domaines marqués par des traditions ancestrales telles que le pillage, nous sommes très doués pour prévoir les résultats en évaluant l'équilibre des forces. Les êtres humains et les chimpanzés sont capables de sentir immédiatement qui a le dessus dans une situation donnée, et effectuent une analyse coûts-bénéfices pour savoir s'ils doivent attaquer et faire main basse sur les marchandises et les partenaires. Quand on commence à se livrer à des raids, on se met dans un état d'esprit qui relève du mirage et incite à ne pas tenir compte des informations supplémentaires – mieux vaut ne pas tergiverser pendant la bataille. D'un autre côté, contrairement aux raids, les guerres à grande échelle ne font pas partie de l'héritage humain – nous n'en avons pas l'expérience ; du coup, nous sommes enclins à mésestimer leur durée et à surestimer notre pouvoir relatif. Rappelez-vous la manière dont on sous-estima la durée du conflit libanais. Les combattants de la Grande Guerre pensaient que ça serait du gâteau ; et il en fut de même pour la guerre du Viêtnam, la guerre en Iraq, et pratiquement tous les conflits contemporains.

Il est impossible de ne pas tenir compte de cet aveuglement. Le problème, avec les experts, c'est qu'ils ne savent pas ce qu'ils ne savent pas. Le manque de connaissances va de pair avec certaines illusions sur la qualité de ces connaissances – le processus qui fait que l'on sait moins de choses fait aussi que l'on se contente de ce que l'on sait.

Nous allons maintenant laisser de côté la gamme des prévisions pour nous intéresser à leur exactitude, c'est-à-dire à la capacité de prédire le nombre lui-même.

Comment être celui qui rira le dernier

L'activité de trader aussi est riche d'enseignements sur les erreurs de prévision. Nous autres *quants* possédons une multitude de données sur les prévisions économiques et financières – de données générales concernant d'importantes variables économiques aux prévisions et appels de marché des « experts » ou des « autorités » de la télévision. Pour un empiriste, une telle profusion de données et la capacité de les traiter informatiquement en font un sujet d'une valeur inestimable. Si j'avais été journaliste ou, Dieu m'en garde, historien, j'aurais eu beaucoup plus de mal à vérifier l'efficacité prédictive de ces discussions verbales. On ne peut traiter informatiquement les commentaires oraux – du moins pas aussi facilement. De plus, nombre d'économistes font naïvement l'erreur de produire des myriades de prévisions concernant quantité de variables, nous fournissant ainsi une base de données qui nous permet de voir si certains économistes sont meilleurs que d'autres (en fait, ils ne présentent pas de grandes différences), ou s'ils sont plus compétents pour certaines variables (hélas, il n'y en a aucune qui soit significative).

J'ai été aux premières loges pour examiner notre capacité de prévision. À l'époque où j'étais trader à plein temps, un chiffre publié par le ministère du Commerce ou des Finances, ou quelque autre honorable institution, s'affichait sur l'écran de mon ordinateur une ou deux fois par semaine à 8 h 30 du matin. Je n'ai jamais eu la moindre idée de ce que signifiaient ces chiffres ni éprouvé le besoin de consacrer de l'énergie à essayer de le découvrir. Je ne leur aurais donc pas prêté la moindre attention si les gens autour de moi n'avaient été tout excités et parlé à bâtons rompus de ce qu'ils allaient impliquer, brodant à qui mieux mieux autour des prévisions en question. Parmi ces chiffres figuraient l'index des prix à la consommation (IPC), les créations d'emplois (changements dans le nombre de salariés), l'index des principaux indicateurs économiques, les ventes de biens de consommation durables, le produit intérieur brut (le plus important) et bien d'autres encore qui génèrent différents degrés d'excitation en fonction de leur présence dans le discours.

Les vendeurs de données vous permettent de jeter un coup d'œil aux prévisions des « grands économistes », ces gens (en costume) qui travaillent pour les vénérables institutions que sont J. P. Morgan Chase ou Morgan Stanley. Vous pouvez les regarder parler, théoriser avec éloquence et conviction. La plupart d'entre eux ont des salaires à sept chiffres et sont de véritables vedettes, avec des équipes de chercheurs qui traitent des chiffres et font des prévisions à toute vitesse. Mais ces vedettes sont suffisamment bêtes pour publier leurs prévisions, ici même, si bien que la postérité peut les examiner et observer leur niveau de compétence.

Mais il y a pire encore : chaque fin d'année, nombre d'institutions financières publient une brochure annonçant leurs prévisions pour l'année suivante. Bien sûr, elles ne vérifient jamais ce que celles-ci ont donné *après* les avoir faites. Le public est peut-être encore plus stupide de gober leurs démonstrations sans demander que soient effectués les simples tests suivants – ils ont beau être simples, très peu ont été réalisés. Ainsi, un test empirique élémentaire consiste à comparer ces économistes vedettes à un chauffeur de taxi hypothétique (l'équivalent de Mikhaïl, dans le chapitre 1) : on crée un agent synthétique, quelqu'un qui considère que le chiffre le plus récent est le plus apte à permettre de prédire le suivant, tout en supposant qu'il ne sait rien du tout. Ensuite, il suffit tout simplement de comparer les taux d'erreur des gros bonnets de l'économie et de votre agent synthétique. Mais le problème, c'est que quand on est influencé par des histoires, on oublie la nécessité de ce genre de contrôles.

Les événements qui comptent sortent du commun

Le problème de la prévision est un peu plus subtil. Il vient essentiellement du fait que nous vivons en Extrêmistan, pas au Médiocristan. Nos spécialistes de la prévision sont peut-être bons pour prévoir l'ordinaire, mais pas ce qui s'en démarque, et c'est là qu'ils finissent par échouer. Un seul changement au niveau des taux d'intérêt, de 6 à 1 % dans une prévision à long terme (ce qui est arrivé entre 2000 et 2001), suffit à rendre toutes vos prévisions complètement caduques dans le cadre d'une correction de vos résultats cumulatifs. Ce qui importe, ce n'est pas le nombre de fois où vous avez raison, mais l'ampleur de vos erreurs cumulées.

Et celles-ci sont largement fonction des grosses surprises, des opportunités à ne pas manquer. Non contents de passer à côté, les prévisionnistes économiques, financiers et politiques ont honte d'annoncer quoi que ce soit qui sorte du commun à leurs clients – et pourtant, *il s'avère que les événements* **qui comptent** *sortent presque toujours du commun.* De plus, comme nous le verrons dans le chapitre suivant, les prévisionnistes ont tendance à se rapprocher davantage des pronostics de leurs collègues que des résultats effectifs. Personne ne tient à passer pour un hurluberlu.

Mes vérifications étant informelles, réalisées à des fins commerciales et divertissantes pour mon usage personnel, et non formatées pour la publication, j'utiliserai les résultats plus formels d'autres chercheurs qui ont effectué un boulot de tâcheron en s'occupant du processus de publication, tâche assommante s'il en fut. Je m'étonne du peu d'introspection mise en œuvre pour vérifier l'utilité de ces professions. Il existe quelques études formelles – mais pas beaucoup – dans trois domaines : l'analyse financière, les sciences politiques et l'économie. Nous en aurons certainement plus dans quelques années – à moins que leurs auteurs ne soient stigmatisés par leurs collègues. Sur près d'un million d'études parues en politique, en finance et en économie, seul un petit nombre a contrôlé la qualité des prévisions réalisées de ces disciplines.

Bêler avec le troupeau

Quelques chercheurs ont donc étudié le travail et le comportement des analystes financiers et les résultats sont surprenants, surtout quand on voit l'arrogance épistémique dont ces gens font preuve. Dans une étude les comparant à des prévisionnistes de la météorologie, Tadeusz Tyszka et Piotr Zielonka montrent, preuves à l'appui, que les analystes financiers font pire qu'eux, mais qu'ils ont une plus grande confiance dans leurs propres compétences. L'autoévaluation des analystes n'a pas fait baisser leur marge d'erreur suite à leurs erreurs de prévision.

En juin de l'année dernière, je me plaignais de la pauvreté de ces études auprès de Jean-Philippe Bouchaud, auquel je rendais visite à Paris. Bien qu'il ne soit que légèrement plus jeune que moi, on lui donnerait la moitié de mon âge, phénomène que j'attribue en plaisantant – à moitié seulement – à la beauté de la physique. En fait, il n'est pas exactement physicien, mais fait partie de ces scientifiques quantitatifs qui appliquent les méthodes de la physique statistique aux variables économiques, domaine initié par Benoît Mandelbrot dans les années 1950. Cette communauté de scientifiques ne recourant pas aux mathématiques relatives au Médiocristan, ils semblent donc soucieux de vérité. Ils se situent complètement en dehors de l'*establishment* économique et financier des écoles de commerce et survivent dans les départements de physique et de mathématiques des universités ou, très souvent, dans les sociétés de trading (les traders embauchent rarement des économistes pour leur usage personnel, mais plutôt pour raconter des histoires à leurs clients moins avertis). Certains d'entre eux officient aussi en sociologie, où ils se heurtent à la même hostilité de la part des sociologues de formation. Contrairement aux économistes qui portent des costumes et inventent des théories, ils utilisent des méthodes empiriques pour observer les données et ne se servent pas de la courbe en cloche.

À ma grande surprise, Jean-Philippe Bouchaud me présenta un mémoire de recherche qu'un stagiaire embauché pour l'été venait de terminer sous sa supervision et qui avait été accepté pour publication ; cette étude passait au crible deux mille prévisions réalisées par des analystes financiers. Ce qu'elle montrait, c'est que ces analystes de sociétés de courtage ne prédisaient absolument rien – une prévision naïve émanant de quelqu'un qui aurait considéré que les chiffres d'une période permettaient de prévoir ceux de la période suivante n'aurait pas été tellement pire. Pourtant, les analystes sont au courant des ordres des sociétés, des contrats à venir et des dépenses prévues ; toutes ces informations inédites devraient donc leur permettre de faire nettement mieux qu'un candide qui se fie aux chiffres passés et n'a pas d'autres informations. Pire encore, les erreurs des prévisionnistes étaient sensiblement plus importantes que la différence moyenne entre les prévisions individuelles, ce qui est un indice de grégarisme. Normalement, les prévisions devraient être aussi éloignées les unes des autres qu'elles le sont du nombre prévu. Mais pour comprendre comment ces gens parviennent à se maintenir dans la profession et pourquoi ils ne sombrent pas dans la dépression absolue (avec perte de poids, comportement instable ou alcoolisme aigu), référons-nous travaux du psychologue Philip Tetlock.

« J'avais "presque" raison »

Tetlock a étudié la question des « experts » politiques et économiques. Il a demandé à divers spécialistes d'estimer les chances qu'un certain nombre d'événements politiques, économiques et militaires se produisent dans un laps de temps bien particulier (d'ici cinq ans environ). Il a obtenu un total avoisinant vingt-sept mille prévisions, réalisées par près de trois cents spécialistes. Les économistes représentaient environ un quart de l'échantillon. L'étude révèle que le taux d'erreur des experts est bien plus élevé que ce que prévoyaient les estimations. Elle met en lumière un problème propre aux experts : que ceux-ci soient titulaires d'un doctorat ou simples étudiants en licence ne change absolument rien à leurs résultats. Les professeurs ayant déjà publié ne font pas mieux que les journalistes. La seule constante que Tetlock ait trouvée concerne l'effet négatif de la renommée sur ces prévisions ; les sondés dont la réputation n'est plus à faire se révèlent plus mauvais que ceux qui sont inconnus.

Cependant, l'objectif de Tetlock n'était pas tant de montrer la compétence réelle des experts (bien que son étude soit très convaincante à cet égard) que de comprendre pourquoi ils ne se rendent pas compte qu'ils ne sont pas aussi bons que cela dans leur propre domaine – en d'autres termes, pourquoi ils se racontent des histoires. Cette incompétence semble avoir une logique, à savoir défendre une croyance ou protéger son amour-propre. Tetlock a donc sondé plus avant les mécanismes qui poussent ses sujets à fournir des explications *a posteriori*.

Je laisserai de côté la question de l'influence des engagements idéologiques sur la perception que l'on peut avoir des choses, pour aborder les aspects plus généraux de ce faible que l'on éprouve parfois pour ses propres prévisions.

Vous vous dites que vous jouiez à un autre jeu. Mettons que vous n'ayez pas réussi à prédire l'affaiblissement et la chute rapide de l'Union soviétique (qu'aucun spécialiste des sciences sociales n'avait vu venir). Il est facile d'affirmer que vous compreniez à merveille les rouages politiques de l'Union soviétique, mais que ces Russes, étant extrêmement russes, s'y sont entendus à vous cacher des données économiques fondamentales. Si vous aviez été en possession de ces informations économiques, vous auriez certainement été à même de prédire l'effondrement du régime soviétique. Ce ne sont pas vos compétences qui sont à blâmer ; la même chose aurait pu vous arriver si vous aviez prédit une victoire écrasante d'Al Gore sur George W. Bush. Vous ne saviez pas que la situation économique était aussi difficile ; en fait, tout le monde semblait l'ignorer. Après tout, vous n'êtes pas économiste, et ce jeu porte justement sur une question économique.

Vous invoquez l'aberration. Il s'est produit quelque chose d'extérieur au système et au domaine de votre spécialité scientifique. Cet événement étant imprévisible, vous n'êtes pas à blâmer. C'était un Cygne Noir et vous n'êtes pas censé prévoir les Cygnes Noirs. Les Cygnes Noirs, nous dit NNT, sont fondamentalement imprévisibles (mais je crois que NNT vous demanderait quand même : « Pourquoi se fier aux prévisions ? »). Ces événements sont « exogènes », c'est-à-dire que leur origine se situe en dehors du domaine de votre spécialité scientifique. Ou peut-être était-ce un événement à très, très faible probabilité, une inondation qui n'arrive que tous les mille ans, et nous avons eu la malchance d'y être exposés. Mais cela ne se reproduira pas. C'est en se focalisant ainsi sur le petit bout de la lorgnette et en reliant leurs résultats à un scénario donné que les poltrons expliquent les échecs des méthodes mathématiques dans la société. Le modèle était bon, il fonctionnait bien, mais le jeu n'a pas été celui que l'on attendait.

L'argument défensif du « presque raison ». Rétrospectivement, à la suite du renouvellement des valeurs et d'un cadre d'informations, il est facile de croire que l'on n'était pas loin de la vérité. Comme l'écrit Tetlock : « Il y avait de fortes chances pour que les observateurs de l'ex-Union soviétique qui, en 1988, pensaient que le Parti communiste ne pourrait être chassé du pouvoir avant 1993 ou 1998, croient que les purs et durs du Kremlin avaient failli renverser Gorbatchev lors du coup d'État de 1991 – ce qu'ils auraient fait si les conspirateurs avaient été plus déterminés et moins grisés, ou si les principaux officiers militaires avaient obéi à l'ordre de tuer les civils qui défiaient la loi martiale ou si Boris Eltsine ne s'était pas montré aussi courageux. »

Je vais maintenant examiner des failles plus générales que cet exemple ne met pas en lumière. Les « experts » raisonnaient de travers : les fois où ils avaient raison, ils invoquaient leurs facultés de compréhension et leur expertise ; et quand ils avaient tort, c'était le caractère inhabituel des circonstances qu'il fallait blâmer ; ou, pire encore, ils ne reconnaissaient pas qu'ils avaient tort et se mettaient à broder sur le sujet. Ils avaient du mal à accepter que leur entendement soit un peu limité. Mais cette caractéristique s'applique à toutes nos activités : il y a quelque chose en nous qui nous pousse à ménager notre estime de soi.

Nous, les êtres humains, sommes victimes d'une asymétrie dans notre perception des événements aléatoires. Nous attribuons nos réussites à nos compétences, et nos échecs aux événements extérieurs que nous ne contrôlons pas, c'est-à-dire au hasard. Nous nous sentons responsables des choses positives, pas des choses négatives. Quelle que soit la manière dont nous gagnons notre vie, cela nous incite à penser que nous sommes meilleurs que les autres dans notre domaine. 94 % des Suédois croient que leurs aptitudes pour la conduite les place parmi les 50 % de leurs compatriotes qui conduisent le mieux ; et 84 % de Français croient que leurs compétences au lit les situent parmi les 50 % de Français qui font le mieux l'amour.

L'autre conséquence de cette asymétrie est que nous nous sentons un peu uniques, à la différence des autres, chez qui nous ne percevons pas cette asymétrie. J'ai signalé les attentes irréalistes que les gens qui passent devant monsieur le maire entretenaient pour l'avenir. De même, songez au nombre de familles qui regardent leur avenir avec des œillères, s'enfermant dans l'achat d'un bien immobilier dans lequel elles s'imaginent vivre toute leur vie, sans réaliser que les statistiques sur la sédentarité sont catastrophiques. Ne voient-elles donc pas ces agents immobiliers élégamment vêtus qui se promènent dans leur voiture dernier cri, une allemande à deux portes ? Nous sommes nomades dans l'âme, beaucoup plus que nous ne prévoyons de l'être, et contraints de l'être. Imaginez le nombre de gens qui, perdant brusquement leur travail, auraient pu croire ne serait-ce que quelques jours auparavant qu'une chose pareille pourrait leur arriver ; et le nombre de drogués qui se sont lancés dans ce jeu dangereux avec l'intention de continuer aussi longtemps.

Une autre leçon peut être tirée de l'expérience de Tetlock. Il a découvert ce que j'ai mentionné plus haut, à savoir que nombre de vedettes d'universités ou de « contributeurs à des revues prestigieuses » ne sont pas plus douées que le lecteur ou le journaliste moyen du *New York Times* pour déceler les changements qui surviennent dans leur environnement. Il arrive que ces experts hyperspécialisés échouent aux tests portant sur leur spécialité.

Le hérisson et le renard. Tetlock distingue deux types de prévisionnistes, le hérisson et le renard, suivant une différence établie par l'essayiste Isaiah Berlin. Comme dans la fable d'Écope, le hérisson ne sait qu'une chose, et le renard en sait beaucoup – ils représentent l'adaptabilité dont on a besoin dans la vie quotidienne. Nombre d'erreurs de prévision émanent de hérissons qui sont mentalement mariés à un seul grand événement de type Cygne Noir, un pari important qui a peu de chances de se réaliser. Le hérisson est quelqu'un qui se concentre sur un événement unique, improbable et lourd de conséquences, succombant à l'erreur de narration qui fait que, complètement aveuglés par une seule issue potentielle, nous sommes incapables d'en imaginer d'autres.

Eu égard à l'erreur de narration, nous comprenons plus facilement les hérissons – ils transmettent leurs idées à travers de petites phrases « chocs ». Ils sont surreprésentés parmi les gens célèbres ; dans l'ensemble, ceux-ci sont donc bien plus mauvais en matière de prévisions que tous les autres prévisionnistes.

J'ai évité la presse pendant longtemps, parce qu'à chaque fois que les journalistes entendent mon histoire de Cygne Noir, ils me demandent de leur donner la liste des événements à venir qui auront un impact important. Ils attendent de moi que je *prédise* ces Cygnes Noirs. Curieusement, mon livre *Fooled by Randomness*, paru une semaine avant le 11 septembre 2001[2], évoquait la possibilité qu'un avion vienne s'écraser dans l'immeuble où se trouve mon bureau. C'est donc tout naturellement que l'on me demanda d'expliquer « comment j'avais prédit cet événement ». Je ne l'avais pas prédit – c'était une pure coïncidence. Je ne joue pas les pythies ! Récemment, j'ai même reçu un courriel me demandant de dresser une liste des dix prochains Cygnes Noirs. Ce que je dis sur l'erreur de spécificité, l'erreur de narration et l'idée de prévision échappe à la plupart des gens. Contrairement à ce qu'ils pourraient penser, je ne recommande à personne de se transformer en hérisson – soyez plutôt un renard à l'esprit ouvert. Je sais que l'histoire va être marquée par un événement improbable – mais j'ignore tout simplement lequel.

La réalité ? Pour quoi faire ?

Je n'ai pas trouvé d'étude formelle exhaustive semblable à celle de Tetlock dans les revues économiques. Mais – et c'est suspect – je n'ai pas vu non plus d'article vantant la capacité des économistes à réaliser des prévisions fiables. J'ai donc passé en revue les rares articles et documents de travail que j'ai pu trouver dans le domaine économique. Tous montrent qu'il n'existe aucune preuve convaincante que

---

2. Voir *N.d.T.* ci-dessus, n° 1, p. 100.

la communauté des économistes possède une quelconque capacité prédictive et que, si capacité il y a, leurs prévisions sont, au mieux, juste *légèrement* meilleures que des prévisions aléatoires – et qu'elles ne sont pas suffisamment exactes pour aider à la prise des décisions importantes.

Le test le plus intéressant concernant la façon dont les méthodes universitaires se comportent dans le monde réel a été réalisé par Spyros Makridakis, qui a passé une partie de sa carrière à gérer des compétitions entre prévisionnistes adeptes d'une « méthode scientifique » appelée économétrie – une approche combinant théorie économique et mesures statistiques. Pour le dire simplement, il a fait faire des prévisions à des gens dans *la vraie vie*, puis a estimé leur justesse. Cela l'a amené à conduire, avec le concours de Michele Hibon, la série d'études comparatives des « M-Competition Studies » dont M3, la troisième et la plus récente, a été réalisée en 1999. Makridakis et Hibon en sont arrivés à la triste conclusion que « des méthodes complexes ou sophistiquées sur le plan statistique ne génèrent pas nécessairement de meilleures prévisions que des méthodes plus simples ».

J'ai fait une expérience similaire à l'époque où je travaillais comme *quant* – un scientifique étranger à l'accent guttural qui passe ses nuits devant son ordinateur à faire des mathématiques complexes obtient rarement de meilleurs résultats qu'un chauffeur de taxi recourant aux méthodes simplissimes qui sont à sa portée. Le problème est que nous nous focalisons sur les rares occasions où ces méthodes fonctionnent, et presque jamais sur les fois – beaucoup plus nombreuses – où elles échouent. Je ne cessais de supplier qui voulait m'entendre : « Hé, je suis un gars simple, en quête de sens, qui vient d'Amioun, au Liban, et j'ai du mal à comprendre pourquoi on trouve utile une chose qui me demande de faire marcher mon ordinateur toute la nuit mais ne me permet pas de réaliser de meilleures prévisions que n'importe quel autre quidam d'Amioun. » Les seules réactions que j'avais de la part de mes collègues concernaient plutôt la géographie et l'histoire d'Amioun qu'une explication pratique de leur travail. Là encore, on voit l'erreur de narration à l'œuvre, à ceci près qu'au lieu de récits journalistiques, on a la situation plus délicate des « scientifiques » avec un accent russe qui regardent dans le rétroviseur, élaborent des récits avec des équations, et refusent de regarder devant eux de peur d'attraper le vertige. L'économètre Robert Engel, qui est par ailleurs un gentleman, a inventé une méthode statistique extrêmement compliquée appelée GARCH qui lui a valu un prix Nobel. Personne ne l'a testée pour voir si elle avait une valeur quelconque dans la vie. Plus simplement, il existe des méthodes beaucoup moins attrayantes qui donnent de bien meilleurs résultats, mais elles ne mènent pas jusqu'à Stockholm. Il y a un problème d'experts à Stockholm, et j'en parlerai au chapitre 17.

L'inadéquation des méthodes compliquées semble s'appliquer à toutes les méthodes. Une autre étude a testé avec efficacité des professionnels d'une chose que l'on appelle la théorie des jeux, dont l'acteur le plus connu est John Nash, mathématicien schizophrène devenu célèbre grâce au film *Un homme d'exception*. Hélas, malgré tout l'attrait intellectuel de ces méthodes et toute l'attention que les médias leur ont consacrée, les praticiens de la théorie des jeux ne sont pas meilleurs prévisionnistes que des étudiants de fac.

Mais il y a un autre problème – un peu plus inquiétant, celui-là. Makridakis et Hibon ont été amenés à découvrir que les théoriciens des statistiques n'avaient pas pris en compte les preuves empiriques convaincantes de leurs études. En outre, leurs vérifications empiriques se sont heurtées à une hostilité choquante. « [Les statisticiens] ont préféré concentrer leurs efforts sur la création de modèles plus sophistiqués sans tenir compte de la capacité de ces modèles à prédire les données réelles avec une plus grande exactitude », écrivent ainsi Makridakis et Hibon.

On peut leur opposer l'argument suivant : peut-être les prévisions des économistes génèrent-elles des retours qui annulent leur effet (on appelle cela la critique de Lucas, du nom de l'économiste Robert Lucas). Disons que les économistes prévoient une inflation ; la Réserve fédérale américaine réagit à ces attentes et fait baisser l'inflation. On ne peut donc juger l'exactitude des prévisions économiques comme celle d'autres prévisions. Si je suis d'accord sur ce point, je ne crois pas qu'il explique l'incapacité de prévoir des économistes. Le monde est beaucoup trop compliqué pour leur discipline.

Quand un économiste ne réussit pas à prévoir les aberrations, il invoque souvent le problème des tremblements de terre ou des révolutions, et déclare qu'il n'est pas spécialiste en géodésique, en sciences de l'atmosphère ou en sciences politiques – au lieu d'intégrer ces domaines à ses études et d'accepter que sa spécialité ne puisse demeurer autarcique. L'économie est le domaine le plus coupé des autres ; c'est celui qui leur emprunte le moins de citations ! Et c'est probablement la discipline où l'on rencontre actuellement le plus d'universitaires philistins ; or, sans érudition ni curiosité naturelle,

l'accumulation de diplômes peut fermer l'esprit et mener à la fragmentation des disciplines.

« "À PART ÇA", ÇA ALLAIT »

L'histoire de l'opéra de Sydney a servi de base à notre discussion
sur les prévisions. Intéressons-nous à présent à une autre constante
de la nature humaine : une erreur que les planificateurs commettent
systématiquement, et qui est due à la nature humaine, à la complexité
du monde ou à la structure des organisations. Pour survivre, les institutions peuvent avoir besoin de se donner à elles-mêmes ainsi qu'aux
autres l'impression d'« avoir une vision ».

Si les prévisions échouent, c'est à cause des œillères que nous avons
évoquées, de la non-prise en compte de sources d'incertitude extérieures à la prévision elle-même.

En voici un scénario typique. Auteur d'œuvres non romanesques,
Joe décroche un contrat pour un livre, avec un délai de livraison du
manuscrit fixé à deux ans à partir de la signature du contrat. Le sujet
de l'ouvrage est relativement simple ; il s'agit d'une biographie auto-
risée de l'écrivain Salman Rushdie, pour laquelle Joe a compilé quantité de données. Il a même retrouvé la trace d'anciennes petites amies
de Rushdie, et est tout excité à la perspective des interviews plaisan-
tes qui l'attendent. Deux ans plus tard, moins environ trois mois, il
appelle son éditeur pour lui expliquer qu'il aura « un peu » de retard.
L'éditeur avait vu venir la chose ; il est habitué à ce que les auteurs
soient en retard. À présent, la maison d'édition hésite ; contre toute
attente, l'intérêt du public pour ce sujet a diminué – elle avait prévu
que Rushdie continuerait à passionner les foules, mais ce n'est plus
le cas, parce que, pour une raison inconnue, l'idée de l'assassiner ne
motive plus les Iraniens.

Examinons la cause de la sous-estimation par son biographe du
temps nécessaire pour achever le livre. Il a établi son propre planning,
mais avec des œillères, car il n'avait pas prévu que des événements
« extérieurs » viendraient ralentir l'avancement de son travail. Parmi
ceux-ci, la catastrophe du 11 septembre 2001 l'a retardé de plusieurs
mois ; puis il a dû effectuer plusieurs déplacements dans le Minnesota
pour venir en aide à sa mère souffrante (laquelle s'est finalement réta-
blie) ; il y a eu quantité d'autres choses encore, dont des fiançailles
rompues (mais pas avec l'une des ex-petites amies de Rushdie). « À

part ça », tout s'est déroulé comme prévu ; son propre travail n'a pas dévié d'un pouce par rapport à son programme. Il ne se sent pas responsable de son échec[3].

L'inattendu a une conséquence unilatérale sur les projets. Songez aux résultats que les constructeurs, les journalistes et les entrepreneurs ont obtenus jusqu'à présent. L'inattendu a presque toujours une seule conséquence : l'augmentation des coûts et du temps de réalisation. Dans des cas très rares, comme celui de l'Empire State Building, on aboutit au contraire : réalisation plus rapide et coûts moins élevés – mais ces cas sont vraiment exceptionnels.

Nous pouvons effectuer des expériences et en tester la reproductibilité pour vérifier si ces erreurs de prévision font partie intégrante de la nature humaine. Des chercheurs ont réalisé des études sur le temps que des étudiants estimaient nécessaire pour réaliser leurs projets. Dans le cadre d'un test représentatif, ils ont divisé un groupe en deux types – le type optimiste et le type pessimiste. Les étudiants optimistes promettaient de réaliser leur projet en vingt-six jours ; les pessimistes, en quarante-sept jours. En fait, le temps de réalisation moyen s'avéra de cinquante-six jours.

L'exemple de Joe n'est pas particulièrement significatif. Je l'ai choisi parce qu'il concerne une tâche routinière et reproductible – et pour ce genre de tâches, nos erreurs de planification sont bénignes. Quand il s'agit de projets complètement inédits tels qu'une invasion militaire, une guerre totale ou quelque chose d'entièrement nouveau, les erreurs prennent une ampleur démesurée. En fait, plus une tâche est routinière, mieux on apprend à la prévoir. Mais dans notre environnement moderne, il y a toujours quelque chose qui échappe à la routine.

On peut offrir aux gens des gratifications financières pour les inciter à promettre des délais de réalisation plus courts – ce qu'ils feront pour décrocher le contrat d'édition ou, s'il s'agit d'un entrepreneur, pour recevoir l'acompte qui lui permettra de financer son voyage prochain à Antigua. Un problème de planification subsiste néanmoins, même lorsqu'il n'y a aucune incitation à sous-estimer la durée (ou les coûts) d'un travail. Comme je l'ai dit précédemment, nous sommes une espèce trop bornée pour envisager que les événements puissent s'écarter de nos projections mentales, mais en plus, nous nous

---

3. Le livre que vous avez entre les mains a approximativement et « contre toute attente » environ quinze mois de retard.

focalisons trop sur des questions internes au projet pour prendre en compte l'incertitude externe, l'« inconnu inconnu », si je puis m'exprimer ainsi, le contenu des livres non lus.

Mais il y a aussi l'effet du polard, qui procède de l'élimination mentale des risques hors modèles, ou du fait de *se concentrer* uniquement sur ce que l'on sait. On voit le monde de *l'intérieur* d'un modèle. Songez que la plupart des retards et des dépassements de coûts sont dus à des facteurs inattendus qui ne faisaient pas partie du plan – c'est-à-dire qui se trouvaient en dehors du modèle à notre portée – tels que grèves, coupures d'électricité, accidents, intempéries ou rumeurs d'invasion par les Martiens. Ces petits Cygnes Noirs qui menacent d'entraver nos projets ne semblent pas être pris en compte. Ils sont trop abstraits – nous ignorons à quoi ils ressemblent et sommes incapables d'en parler intelligemment.

Nous ne pouvons pas vraiment planifier parce que nous ne comprenons pas l'avenir – mais ce n'est pas nécessairement une mauvaise nouvelle. Nous pourrions le faire *en gardant à l'esprit ces limitations.* Cela requiert simplement du courage.

Beauté de la technologie : les tableurs Excel

Dans un passé relativement récent, disons avant l'apparition de l'informatique, les prévisions demeuraient vagues et axées sur la qualité – il fallait faire un effort intellectuel pour en conserver la trace, et projeter des scénarios dans l'avenir demandait un véritable effort. Cela nécessitait des crayons, des gommes, des rames de papier et d'immenses poubelles… sans oublier le goût des comptables pour les tâches longues et fastidieuses. En bref, l'activité de prévisionniste était pénible, ingrate, et elle favorisait le doute de soi.

Mais tout changea avec l'apparition du tableur. Mettez un tableur Excel entre des mains rompues à l'informatique, et vous obtiendrez sans la moindre difficulté des prévisions de ventes qui s'étendent jusqu'à l'infini ! Une fois sur une page, un écran d'ordinateur ou, pire encore, dans une présentation PowerPoint, les prévisions deviennent difficilement contrôlables ; perdant leur caractère imprécis et abstrait, elles « se réifient », comme disent les philosophes, et deviennent concrètes ; objet soudain tangible, elles renaissent sous forme d'objet tangible.

Alors que nous étions en train de transpirer de concert dans une salle de sport, mon ami Brian Hinchcliffe émit l'idée suivante : la facilité avec laquelle on peut réaliser des projections dans l'avenir en faisant glisser des cellules dans ces tableurs serait responsable de l'existence de ces armées de prévisionnistes qui produisent confidentiellement des prévisions à long terme (sans cesser de considérer leurs hypothèses avec des œillères) ; grâce à ces programmes informatiques puissants qui ont été mis entre les mains de gens incapables d'exploiter leurs connaissances, nous sommes devenus pires que les Soviétiques en matière de prévisions. Comme la plupart des négociants en denrées de première nécessité, Brian fait preuve d'un réalisme aigu et parfois brutal.

Un mécanisme mental classique appelé « ancrage » semble être à l'œuvre ici. On atténue son inquiétude de l'incertitude en produisant un chiffre auquel on « s'ancre » comme on se raccrocherait à un objet si l'on était suspendu dans le vide. Ce mécanisme d'ancrage a été découvert par les pères de la psychologie de l'incertitude, Danny Kahneman et Amos Tversky, alors qu'ils commençaient à travailler sur leur projet concernant l'heuristique et les biais. Il fonctionne de la manière suivante : Kahneman et Tversky demandèrent à leurs sujets de faire tourner une roue de la fortune. Après avoir regardé le numéro sur lequel la roue s'arrêtait, et *qu'ils savaient aléatoire*, les sujets devaient estimer le nombre de pays africains qui faisaient partie des Nations unies. Quand la roue s'était arrêtée sur un chiffre peu élevé, les gens répondaient à la question par un nombre à l'avenant ; en revanche, quand elle s'était arrêtée sur un chiffre plus élevé, les sujets répondaient par un nombre plus important.

De même, si vous demandez à quelqu'un de vous communiquer les quatre derniers chiffres de son numéro de sécurité sociale, puis d'estimer le nombre de dentistes à Paris, vous vous apercevrez qu'en lui faisant prendre conscience de ces quatre chiffres, vous l'encouragerez à vous donner une estimation qui n'en sera pas très éloignée.

Nous nous servons de points de référence dans notre tête, des projections de ventes, par exemple, et nous nous mettons à construire des croyances autour d'eux parce que comparer une idée à un point de référence demande moins d'efforts intellectuels que de l'évaluer dans l'absolu (système°1 à l'œuvre !). Nous ne pouvons travailler sans point de référence.

C'est pourquoi introduire un point de référence dans l'esprit du prévisionniste va faire des miracles. C'est la même chose que le point de départ d'un marchandage : on commence par un chiffre élevé (« Je veux un million pour cette maison ») ; la personne qui fait l'offre répondra : « Pas plus de huit cent cinquante mille » – la suite de la discussion découlera donc du chiffre initial.

Le caractère des erreurs de prévision

Comme nombre de variables biologiques, l'espérance de vie est originaire du Médiocristan, c'est-à-dire sujette à un hasard modéré. Elle n'est pas scalable, puisque plus on vieillit, moins on a de chances de vivre. Selon les barèmes des assurances, l'espérance de vie d'un nouveau-né de sexe féminin se situe autour de soixante-dix-neuf ans dans un pays développé. Quand elle atteint cet âge, si elle est en bonne santé, une femme peut vivre dix ans de plus. À quatre-vingt-dix ans, elle pourrait vivre encore quatre années et sept dixième. À cent ans, deux ans et demie. Et si elle réussit par miracle à atteindre cent dix-neuf ans, elle devrait encore avoir neuf mois de sursis. À partir du moment où elle dépasse l'âge attendu de sa mort, le nombre d'années qui lui restent à vivre en plus décroît. Voilà qui illustre la propriété essentielle des variables aléatoires liées à la courbe en cloche. À mesure qu'une personne vieillit, l'attente conditionnelle d'années de vie supplémentaires chute.

Il en va différemment des aventures et des projets humains. Comme je l'ai dit au chapitre 3, ils sont souvent scalables. Avec des variables scalables, celles que l'on trouve en Extrêmistan, on observe exactement l'effet inverse. Disons que l'on s'attende à ce qu'un projet s'achève dans soixante-dix-neuf jours – le même chiffre que celui de l'espérance de vie des nouveau-nés de sexe féminin, mais en jours. Si le projet n'est pas terminé le soixante-dix-neuvième jour, on s'attendra à ce qu'il faille vingt-cinq jours de plus pour qu'il le soit. Mais s'il n'est toujours pas terminé le quatre-vingt-dixième jour, il devrait bénéficier d'environ cinquante-huit jours supplémentaires. Le centième jour, de quatre-vingt-neuf jours. Le cent dix-neuvième, de cent quarante-neuf jours supplémentaires. Et si le projet n'est toujours pas achevé le six centième jour, on s'attendra à ce qu'il faille mille cinq cent quatre-vingt-dix jours de plus pour qu'il le soit. Comme vous le voyez, *plus on attend, et plus on s'attend à ce que vous attendiez !*

Mettons que vous soyez un réfugié attendant de rentrer dans son pays natal. Loin de vous rapprocher du moment de votre retour triomphal, chaque jour qui passe vous en éloigne davantage. La même chose vaut pour la date d'achèvement de votre prochaine salle d'opéra. S'il devait être de deux ans et que trois ans plus tard, vous vous posez des questions sur ce délai, ne vous attendez pas à ce que le projet soit réglé rapidement. Si les guerres durent en moyenne six mois et que votre conflit se poursuit depuis deux ans, attendez-vous à connaître encore quelques années difficiles. Le conflit israélo-palestinien a soixante ans et il continue – et pourtant, il y a soixante ans, on le considérait comme un « simple » problème. (N'oubliez jamais que dans un environnement moderne, les guerres durent plus longtemps et sont plus meurtrières que l'on ne le prévoit généralement.) Autre exemple : mettons que vous envoyiez une lettre à votre auteur préféré, sachant qu'il est très occupé et qu'il répond au bout de deux semaines. Si votre boîte aux lettres est toujours vide trois semaines plus tard, ne vous attendez pas à recevoir un courrier le lendemain – il vous faudra patienter trois semaines de plus en moyenne. Et si trois mois plus tard vous n'avez toujours rien, il vous faudra attendre encore une année. Chaque jour qui passe vous rapprochera du jour de votre mort, mais vous éloignera de la réception d'une lettre éventuelle.

Cette propriété subtile mais capitale du hasard scalable est extraordinairement contre-intuitive. Nous comprenons mal la logique de ce qui s'éloigne sensiblement de la norme.

Dans la troisième partie, j'examinerai plus avant ces propriétés du hasard scalable. Pour l'heure, disons simplement qu'elles jouent un rôle essentiel dans notre mécompréhension de l'activité prévisionnelle.

NE TRAVERSEZ PAS UNE RIVIÈRE SI ELLE FAIT (EN MOYENNE) 1,20 MÈTRE

Les prévisions des entreprises et des gouvernements présentent une autre faille facile à repérer : elles ne contiennent *aucun taux d'erreur possible*. Même en l'absence de Cygnes Noirs, cette omission serait une erreur.

Un jour, j'ai donné une conférence devant des conseillers politiques au Woodrow Wilson Center à Washington D. C. en les exhortant à prendre conscience de nos carences en matière prévisionnelle.

Les auditeurs étaient dociles et silencieux. Ce que je leur disais allait à l'encontre de tout ce qu'ils croyaient et représentaient ; je m'étais laissé emporter par mon message jusqu'au-boutiste, mais, comparés aux personnages bourrés de testostérone que l'on rencontre dans les affaires, ils avaient l'air réfléchi. Je me sentis coupable d'avoir adopté cette posture agressive. J'eus peu de questions. La personne qui avait organisé la conférence et m'avait invité avait dû faire une blague à ses collègues ; j'avais l'air d'un athée jetant ses arguments à la tête d'une assemblée de cardinaux en faisant fi des euphémismes traditionnels.

Certains membres de l'assistance furent cependant sensibles à mon message. Après la conférence, l'un d'eux, que je ne citerai pas (il est membre d'un service gouvernemental), m'expliqua en privé qu'en janvier 2004, son ministère avait prévu que le prix du baril de pétrole serait de vingt-sept dollars dans vingt-cinq ans, soit un coût légèrement plus élevé qu'il ne l'était à cette époque. Six mois plus tard, vers le mois de juin, après que le prix de pétrole eut été multiplié par deux, ils durent réviser leurs prévisions à la hausse, soit cinquante-quatre dollars le baril (alors que j'écris ces lignes, ce prix est actuellement proche des soixante-dix-neuf dollars). Il ne leur vint pas à l'esprit qu'il était ridicule de se livrer à une seconde prévision, étant donné que la première avait été très tôt en décalage avec la réalité – et quel décalage ! et que, d'une manière ou d'une autre, cette histoire de prévisions devait être remise en question. Et ils se projetaient dans VINGT-CINQ ANS ! Il ne leur vint pas davantage à l'esprit qu'il fallait prendre en compte ce que l'on appelle le taux d'erreur[4].

Réaliser des prévisions sans intégrer ce taux met en lumière trois erreurs qui découlent de cette mécompréhension de la nature de l'incertitude.

Première erreur : *la variabilité est importante*. La première erreur consiste à prendre une prévision trop au sérieux sans se soucier de son exactitude. Cependant, pour des raisons de planification, cette exactitude importe beaucoup plus que la prévision elle-même. En voici l'explication.

---

4. Si les erreurs prévisionnelles ont toujours été amusantes, les prix des denrées sont un gros piège pour les candides. Voyez cette prévision réalisée en 1970 par des fonctionnaires américains (et signées par les ministres des Finances, des Affaires Étrangères, de l'Intérieur et de la Défense) : « En 1980, le prix standard du pétrole brut importé pourrait fort bien baisser ; en aucun cas il ne connaîtra de hausse significative. » En 1980, le prix du pétrole but fut multiplié par dix. Je me demande juste si les prévisionnistes d'aujourd'hui manquent de curiosité intellectuelle ou si c'est volontairement qu'ils ne tiennent pas compte des erreurs prévisionnelles. – Notez en outre l'aberration suivante : comme le prix élevé du pétrole fait augmenter la valeur de leurs stocks, les compagnies pétrolières réalisent des profits sans précédent et les cadres qui travaillent dans le pétrole touchent des primes considérables pour avoir « fait du bon boulot » – comme s'ils avaient généré des bénéfices en provoquant eux-mêmes la montée du prix du pétrole.

Ne traversez pas une rivière si elle fait (en moyenne) 1,20 mètre de profondeur. Vous emporteriez d'autres vêtements pour ce voyage que vous allez effectuer dans un pays lointain si je vous apprenais que la température escomptée est de plus de 20° C avec un taux d'erreur attendu de quarante, et pas seulement de cinq degrés. La politique à adopter pour prendre des décisions devrait dépendre beaucoup plus de la gamme de résultats possibles que du chiffre auquel on aboutit en fin de compte. Quand je travaillais pour une banque, j'ai vu des gens faire à des entreprises des prévisions sur leurs liquidités sans émettre la moindre incertitude à ce sujet. Allez voir l'agent de change et vérifiez la méthode qu'il utilise pour prévoir les ventes dix ans à l'avance afin de « calibrer » ses modèles de prévision. Essayez de trouver comment les analystes prévoient les déficits des gouvernements. Rendez-vous dans une banque ou participez à un programme de formation à l'analyse financière, et voyez comment on apprend aux stagiaires à faire des hypothèses ; on ne leur apprend pas à bâtir un taux d'erreur autour de ces dernières – mais leur taux d'erreur est tellement élevé qu'il est beaucoup plus important que la prévision elle-même !

La deuxième erreur consiste à ne pas prendre en compte la fragilité croissante des prévisions au fur et à mesure de l'allongement de la période prévue. Nous n'avons pas conscience de l'ampleur de la différence entre futur proche et futur lointain. Cependant, cette fragilité au fil du temps devient évidente si l'on se livre à une simple observation rétrospective – sans même recourir à des études scientifiques qui, nous l'avons dit, sont sur ce sujet d'une rareté suspecte. Voyez les prévisions économiques ou technologiques effectuées en 1905 pour le prochain quart de siècle. Étaient-elles proches de ce qui s'est finalement passé en 1925, par exemple ? Pour vous en convaincre, lisez *1984* de George Orwell, ou jetez un coup d'œil sur des prévisions plus récentes, réalisées en 1975, pour le nouveau millénaire. Quantité d'événements se sont passés et des technologies nouvelles sont apparues que les prévisionnistes n'avaient pas imaginés ; et bien d'autres encore qui étaient attendus ne sont jamais arrivés. Nos erreurs de prévision sont toujours monumentales, et il n'y a aucune raison que nous nous croyions subitement mieux placés pour déchiffrer l'avenir que nos aveugles prédécesseurs. En général, c'est plus pour soulager son inquiétude que pour mettre en place une politique adéquate que l'on invoque les prévisions des bureaucrates.

La troisième erreur – et la plus grave, peut-être – est une mécompréhension du caractère aléatoire des variables prévues. Eu égard au

Cygne Noir, ces variables peuvent se prêter à des scénarios bien plus optimistes – ou bien plus pessimistes – que l'on ne s'y attend actuellement. Rappelez-vous mon expérience avec Dan Goldstein testant la spécificité de domaine de nos intuitions et notre tendance à ne commettre aucune erreur au Médiocristan, mais à en faire de grossières en Extrêmistan parce que nous n'avons pas conscience des conséquences de l'événement rare.

Quelles sont les implications de cette situation ? Même si l'on approuve une prévision, il faut se préoccuper de la possibilité qu'elle diverge sensiblement de la réalité. Cette différence sera peut-être bien accueillie par un spéculateur qui ne dépend pas d'un revenu régulier, mais un retraité avec des caractéristiques de risques déterminées ne pourra se permettre de telles fluctuations. J'irai même plus loin et, recourant à l'argument sur la profondeur de la rivière, je dirai que c'est la limite inférieure des estimations (c'est-à-dire le cas le pire) qui importe quand on se lance dans une politique – le pire cas étant beaucoup plus lourd de conséquences que la prévision elle-même. Cela est particulièrement vrai si le mauvais scénario n'est pas acceptable. Et pourtant, la phraséologie actuelle ne tient absolument pas compte de cela.

On a coutume de dire que « le sage est celui qui est capable de voir venir » ; peut-être la sagesse consiste-t-elle plutôt à savoir qu'il est impossible de voir très loin.

Changez de métier

Quand je remets en question le travail des prévisionnistes, les deux réponses auxquelles je suis immanquablement confronté sont : « Que devrait-il faire ? Pouvez-vous nous indiquer une manière d'améliorer nos prévisions ? », et aussi : « Si vous êtes si intelligent, montrez-moi vos propres prévisions. » En fait, cette dernière question, généralement prononcée sur le ton de la vantardise, vise à montrer la supériorité du praticien et de l'« homme d'action » sur le philosophe, et émane surtout de gens qui ignorent que j'ai été trader. S'il y a bien un avantage à avoir pratiqué l'incertitude au quotidien, c'est celui de ne pas être obligé d'écouter les inepties des bureaucrates.

Un de mes clients m'a demandé de lui faire part de mes prévisions. Quand je lui ai dit que je n'en avais aucune à communiquer, il l'a mal pris et a décidé de se passer de mes services. Il existe en fait une habitude non introspective qui consiste à demander aux entreprises de répondre à des questionnaires et d'écrire des paragraphes entiers exposant leur « point de vue » sur l'avenir. Je n'ai jamais eu de point de vue ni fait profession des prévisions – mais moi, au moins, *je sais que je suis incapable de faire des prévisions* et un petit nombre de gens (ceux qui comptent pour moi) considèrent cela comme un atout.

Certains se livrent à des prévisions sans aucun discernement. Quand on leur demande pourquoi ils le font, ils répondent : « Eh bien, c'est pour cela que l'on nous paie, ici. »

Changez de métier, voilà ce que je leur suggère.

Et ce n'est pas trop leur demander : à moins d'être esclave, je suppose que l'on est en mesure de contrôler un tant soit peu le choix de sa profession. Sinon, cela devient un problème d'éthique – et un problème grave, par-dessus le marché. Selon moi, les gens prisonniers de leur travail qui font des prévisions simplement parce que « c'est mon boulot », tout en sachant parfaitement que leurs prévisions n'ont aucun fondement, n'ont pas d'« éthique ». Ils ne font finalement que répéter des mensonges sous prétexte que « c'est mon boulot ».

Quiconque cause des préjudices avec ses prévisions doit être considéré comme un fou ou un menteur. Certains prévisionnistes font plus de mal à la société que des criminels. Alors, de grâce, ne conduisez pas un car de ramassage scolaire les yeux bandés.

À l'aéroport de JFK

À l'aéroport de JFK, on trouve de gigantesques kiosques à journaux dont les murs sont tapissés de magazines. Ils sont généralement tenus par une famille extrêmement polie du sous-continent indien (les parents seulement ; les enfants sont à la fac de médecine). Ces murs proposent à peu près tout ce dont une personne « informée » a besoin pour « savoir ce qui se passe ». Je me demande le temps qu'il faudrait pour lire chacun de ces magazines, à l'exception des périodiques dédiés à la pêche et aux motos (mais en incluant les magazines « *people* » – autant s'amuser un peu !). La moitié d'une vie ? Une vie entière ?

Hélas, toutes ces connaissances ne permettraient pas au lecteur de prévoir ce qui va se passer demain. En fait, cela pourrait diminuer sa capacité à le faire.

Un autre aspect du problème des prévisions réside dans ses limitations inhérentes, qui n'ont pas grand-chose à voir avec la nature humaine mais découlent de la nature même des informations. J'ai dit que le Cygne Noir se caractérisait par trois choses : son imprévisibilité, ses conséquences et son explicabilité rétrospective. Examinons à présent l'imprévisibilité[5].

La Diseuse de bonne aventure *(Caravage). Nous avons toujours été dupes de ceux qui nous prédisent l'avenir. Dans ce tableau, la diseuse de bonne aventure dérobe la bague de sa victime.*

5. Je dois au lecteur une réponse concernant le nombre d'amants de Catherine II de Russie ; elle n'en eut que douze.

CHAPITRE 11

COMMENT CHERCHER
DE LA FIENTE D'OISEAU

Les prévisions de Popper sur les prévisionnistes. – Poincaré joue avec des boules de billard. – Von Hayek est autorisé à se montrer irrévérencieux. – Machines prévisionnelles. – Paul Samuelson vous demande d'être rationnel. – Prenez garde au philosophe. – Exigez certaines certitudes.

Nous avons vu que a) nous avons tendance à avoir à la fois des œillères et une pensée « étroite » (arrogance épistémique) et b) nous surestimons à l'excès nos prévisions – nombre de gens qui se croient capables d'en faire ne le sont pas.

Nous allons maintenant examiner plus avant les limitations structurelles de notre capacité prévisionnelle – limitations dont on ne parle pas. Nous n'en sommes peut-être pas responsables ; peut-être sont-elles dues à la nature même de cette activité – trop complexe, et pas uniquement pour nous, mais pour tous les outils dont nous disposons ou que nous pouvons obtenir. Certains Cygnes Noirs demeurent suffisamment insaisissables pour anéantir nos prévisions.

COMMENT CHERCHER DE LA FIENTE D'OISEAU

À l'été 1998, je travaillais dans une institution financière européenne. Elle voulait se distinguer par sa rigueur et sa prévoyance. Le service qui s'occupait de trading avait cinq directeurs à l'air sérieux (toujours vêtus de costumes bleu marine, même le vendredi où la décontraction est de mise), qui devaient passer l'été en réunions afin d'« élaborer le plan quinquennal ». Ledit plan était censé être un document consistant, une sorte de guide utilisateurs à l'usage de la société. Un plan quinquennal ? Pour un type extrêmement sceptique sur le planificateur, c'était absurde ; la société avait connu une croissance organique et imprévisible, de type *bottom-up* et non *top-down*. Il était bien connu que son département le plus rentable était le fruit du hasard – un client avait appelé pour solliciter une transaction financière particulière mais étrange. Comme ce genre de transactions était rentable, la société eut l'idée de créer un service dédié uniquement à leur traitement ; il eut vite fait de se développer, jusqu'à occuper une part prépondérante dans ses activités.

Les directeurs parcouraient la terre entière pour se rencontrer : Barcelone, Hong-Kong, etc. Beaucoup de kilomètres pour beaucoup de bla-bla. Inutile de dire qu'ils manquaient souvent de sommeil. Le statut de cadre ne requiert pas tant un développement excessif des lobes frontaux qu'un mélange de charisme, de capacité à supporter l'ennui et de talent pour obtenir des résultats superficiels malgré des plannings de fou. Ajoutez à cela l'obligation d'assister à des concerts à l'opéra.

Lors de ces réunions, les directeurs s'asseyaient autour d'une table pour un *brain-storming* portant naturellement sur le moyen terme – ils voulaient avoir « une vision ». C'est alors que survint un événement qui ne figurait pas dans leur dernier plan quinquennal : le Cygne Noir de la crise financière russe de 1998, et l'effondrement collatéral des valeurs des marchés de créances d'Amérique latine. Il eut un tel impact sur l'institution que, bien que sa politique de l'emploi ait toujours consisté à fidéliser ses dirigeants, aucun des cinq qui y travaillaient ne s'y trouvait encore un mois après avoir esquissé le plan quinquennal pour 1998.

Néanmoins, je suis certain qu'aujourd'hui encore, leurs successeurs se réunissent pour travailler sur le prochain « plan quinquennal ». Nous ne tirons jamais les leçons de l'expérience.

Découvertes fortuites

Comme nous l'avons vu dans le chapitre précédent, la découverte de l'arrogance épistémique humaine aurait été fortuite. Mais c'est également le cas de beaucoup d'autres découvertes – beaucoup plus que nous ne le pensons.

Le schéma de découverte classique est le suivant : on cherche ce que l'on sait (disons une nouvelle façon de se rendre en Inde) et on trouve quelque chose dont on ignorait l'existence (l'Amérique).

Si vous croyez que les inventions qui nous entourent sont le fruit des efforts d'une personne assise dans un bureau qui les a réalisées conformément à un planning bien précis, réfléchissez encore : presque tout ce qui relève de l'instant est le fruit de la sérendipité. Ce terme fut forgé par l'écrivain britannique Horace Walpole qui le tira d'un conte intitulé *Les Trois Princes de Serendip*. « Grâce au hasard ou à leur sagacité », ces princes « ne cessaient de trouver des choses qu'ils ne cherchaient pas ».

Autrement dit, vous trouvez une chose que vous ne cherchez pas et qui transforme le monde, et après coup, vous vous demandez pourquoi il « a fallu autant de temps » pour arriver à quelque chose d'aussi évident. Aucun journaliste n'était là quand on a inventé la roue, mais je suis prêt à parier que ses découvreurs ne se sont pas lancés dans le projet d'invention de ce moteur de croissance majeure et ne l'ont pas réalisé suivant un planning précis. Et il en va de même pour la plupart des inventions.

Sir Francis Bacon signalait que les progrès les plus importants étaient aussi les moins prévisibles, ceux qui « sortaient du sentier de l'imagination ». Et il ne fut pas le dernier intellectuel à le souligner. Cette idée surgit régulièrement pour se dissiper rapidement. Il y a près de cinquante ans, l'auteur de best-sellers Arthur Koestler lui consacra un livre entier, intitulé fort à propos *Les Somnambules*, puisqu'il y décrit les inventeurs comme des somnambules trébuchant sur des résultats et ne réalisant pas ce qu'ils ont entre les mains. Nous pensons que l'importance des découvertes de Copernic sur les mouvements planétaires était une évidence pour lui et ses contemporains ; il était mort depuis soixante-quinze ans quand les autorités commencèrent à en prendre ombrage. De même, nous croyons que Galilée fut une victime de la science ; en fait, l'Église ne le prenait pas très au sérieux. Il semblerait plutôt qu'il ait lui-même récolté la tempête en froissant quelques sensibilités. À la fin de l'année où Darwin et Wallace présentèrent leurs études sur l'évolution par la sélection naturelle, lesquelles changèrent la façon dont on voyait le monde, le président de la société Linnean, où ces études furent présentées, annonça que la société ne voyait là « aucune découverte marquante », rien de particulier qui puisse révolutionner la science.

Quand vient notre tour de prévoir, nous oublions que c'est impossible. C'est ce qui explique que l'on puisse lire ce chapitre et autres exposés similaires, adhérer totalement à leur contenu et ne pas tenir compte du tout des arguments qu'ils défendent quand on pense à l'avenir.

Prenez cet exemple capital de découverte typique de la sérendipité. Alexandre Fleming était en train de nettoyer son laboratoire quand il aperçut, sur une boîte de culture déjà ancienne contaminée par un champignon, une zone où les bactéries ne s'étaient pas développées. Il isola un extrait de la moisissure, l'identifia correctement comme appartenant à la famille du pénicillium, et appela cet agent « pénicilline » ; c'est grâce à elle que beaucoup d'entre nous sommes encore en vie aujourd'hui (y compris moi-même, comme je l'ai expliqué au chapitre 8, car une fièvre typhoïde non traitée peut être fatale). Certes, Fleming cherchait « quelque chose », mais sa découverte est le fruit de la pure sérendipité. De plus, même si, avec le recul, cette découverte apparaît primordiale, les responsables de la santé mirent très longtemps à réaliser l'importance de ce qu'ils avaient entre les mains. Fleming lui-même cessa de croire en cette idée jusqu'à ce qu'elle soit relancée.

En 1965, deux astronomes radio de Bell Labs, dans le New Jersey, qui installaient une grande antenne parabolique, furent troublés par un bruit de fond, un sifflement semblable aux parasites que l'on entend quand la réception est mauvaise. Ils ne parvinrent pas à s'en débarrasser – même après avoir enlevé les fientes d'oiseau qui se trouvaient sur la parabole, car ils étaient convaincus que c'étaient elles qui provoquaient ce bruit. Ils mirent un certain temps à comprendre que ce qu'ils entendaient n'était autre que la trace de la naissance de l'univers, le rayonnement micro-ondes du fond cosmique. Cette découverte relança la théorie du big-bang, idée moribonde dont des chercheurs avaient jadis fait le postulat. J'ai trouvé sur le site des laboratoires Bell ces commentaires expliquant pourquoi cette « découverte » était une des avancées majeures du siècle : « Dan Stanzione, qui était président des laboratoires Bells et directeur général de Lucent quand Penzias [un des astronomes radio à l'origine de la découverte] prit sa retraite, déclara que Penzias "incarne la créativité et l'excellence technique qui sont la marque de Bell Labs". Il le comparait à un personnage de la Renaissance qui "accrut notre compréhension précaire de la création et repoussa les limites de la science dans nombre de domaines importants". »

Renaissance... mon œil ! Ces deux types étaient à la recherche de fientes d'oiseau ! Non seulement ils ne cherchaient absolument rien qui ressemblât vaguement à des preuves de l'existence du big-bang, mais, comme d'habitude dans ces cas-là, l'importance de leur découverte ne leur sauta pas aux yeux. Ralph Alpher, le physicien à l'origine de cette idée dont il avait fait état dans un article coécrit avec deux pointures nommées George Gamow et Hans Bethe, eut malheureusement la surprise d'apprendre leur découverte en lisant *The New York Times*. En fait, dans les articles moribonds postulant la naissance de l'univers, les scientifiques exprimaient des doutes sur la possibilité de mesurer le rayonnement en question. Comme il arrive fréquemment en matière de découvertes, ceux qui cherchaient des preuves ne les trouvèrent pas ; et ceux qui n'en cherchaient pas les trouvèrent et furent salués pour leur découverte.

Nous sommes face à un paradoxe. Non seulement les prévisionnistes échouent en général lamentablement à pronostiquer les changements drastiques engendrés par les découvertes imprévisibles, mais le changement progressif se révèle globalement plus lent qu'ils ne s'y attendaient. Quand une nouvelle technologie fait son apparition, nous sous-estimons grossièrement ou surestimons gravement son importance. Thomas Watson, le fondateur d'IBM, prédit qu'un jour, on n'aurait plus besoin que de quelques ordinateurs.

Que le lecteur ne soit probablement pas en train de lire ces lignes sur un écran, mais sur les pages d'un outil anachronique – le livre – semblerait une aberration totale à certains experts de la « révolution numérique ». Que vous ne les lisiez pas en espéranto mais dans un anglais, un français ou un swahili archaïques, chaotiques et incohérents, défie les prévisions datant d'un demi-siècle, selon lesquelles le monde communiquerait bientôt dans une *langue vernaculaire* logique, dépourvue d'ambiguïté et de conception platonique. De même, contrairement à ce que l'on avait universellement prédit il y a trente ans, nous ne passons pas des week-ends entiers dans des stations spatiales. Exemple typique de l'arrogance des entreprises : après le premier atterrissage sur la Lune, Pan Am, compagnie aérienne aujourd'hui disparue, prit à l'avance des réservations pour des voyages aller-retour entre la Terre et la Lune. Joli pronostic, sauf que la compagnie n'avait pas prévu qu'elle mettrait la clé sous la porte peu de temps après.

Une solution en attente d'un problème

Les ingénieurs ont tendance à développer des outils pour le plaisir, pas à inciter la nature à livrer ses secrets. Or, il s'avère que certains de ces outils augmentent notre connaissance; à cause de l'effet du problème de Diagoras, nous oublions parfois de prendre en compte ceux dont le seul mérite est d'avoir donné du travail à des ingénieurs. Les outils permettent des découvertes inattendues, lesquelles en engendrent elles-mêmes de nouvelles. Cependant, rares sont ceux qui fonctionnent comme prévu; seuls l'enthousiasme et l'amour que l'ingénieur éprouve pour la construction de jouets et de machines contribuent à augmenter nos connaissances. Ce n'est pas grâce à des outils conçus pour vérifier des théories ou aider à leur élaboration qu'elles progressent, mais plutôt le contraire. L'ordinateur n'a pas été conçu pour nous permettre de développer des mathématiques nouvelles, visuelles, géométriques, mais dans un autre but; il se trouve qu'il nous a permis de découvrir des objets mathématiques que bien peu se souciaient de chercher. Il n'a pas non plus été inventé pour vous permettre de bavarder avec vos amis de Sibérie, mais il a favorisé l'épanouissement de certaines relations à distance. En tant qu'essayiste, je puis attester qu'Internet m'a aidé à diffuser mes idées en contournant les journalistes. Mais ce n'était pas l'objectif annoncé par son inventeur.

Le laser est une illustration primordiale d'outil conçu dans un objectif donné (en fait, pas de véritable objectif) qui trouva ensuite des applications que l'on n'aurait même pas osé imaginer à l'époque. Il constituait typiquement une « solution en attente d'un problème ». Une de ses premières applications, dans le domaine chirurgical, permit de recoudre des rétines. Un demi-siècle plus tard, *The Economist*[1] demanda à Charles Townes, l'inventeur présumé du laser, s'il avait pensé à des rétines; mais non; il avait simplement satisfait son désir de fractionner des faisceaux de lumière, un point, c'est tout. Les collègues de Townes le taquinèrent pas mal sur la non-pertinence de sa découverte. Et pourtant, songez aux répercussions que le laser a eues

---

1. Magazine hebdomadaire britannique dédié à l'économie ainsi qu'aux relations internationales *(N.d.T.)*.

sur le monde qui nous entoure : les disques compacts, les corrections de la vue, la microchirurgie, le stockage et la récupération des données sont autant d'applications imprévues de cette technologie[2].

Ainsi, nous construisons des jouets, et un certain nombre d'entre eux transforment le monde.

Continuer à chercher

À l'été 2005, je fus invité par une société biotech basée en Californie, qui connaissait une réussite inhabituelle. On m'accueillit avec des T-shirts et des badges représentant un « *Gauss buster*[3] », et l'annonce de la formation du Fat Tails Club (« *fat tails* » étant l'équivalent technique de « Cygnes Noirs »). C'était la première fois que je rencontrais une société qui vivait de Cygnes Noirs de nature positive. On m'apprit qu'elle était dirigée par un scientifique qui, en tant que scientifique, laissait instinctivement ses collaborateurs chercher là où leur instinct les incitait à le faire. La commercialisation était secondaire. Profondément scientifiques, mes hôtes comprenaient que la recherche implique une grande part de sérendipité, qui peut s'avérer payante tant que l'on sait jusqu'à quel point elle peut régir l'entreprise et qu'on la structure en conséquence. Le Viagra, qui a changé la mentalité et le comportement social des hommes retraités, devait être à l'origine un médicament contre l'hypertension, tandis qu'un autre médicament contre l'hypertension a finalement permis de favoriser la repousse des cheveux. Mon ami Bruce Goldberg, qui comprend le hasard, a baptisé « *coins* » ces applications secondaires involontaires. Alors que leurs conséquences inattendues en inquiètent beaucoup, elles font la fortune des aventuriers de la technologie.

La société biotech semblait suivre implicitement la maxime de Louis Pasteur selon laquelle on attire la chance en s'y exposant complètement. « La chance favorise les esprits préparés », disait-il et, comme tous les grands inventeurs, il en connaissait un rayon sur les

---

2. Le débat (auquel je ne participe pas) entre créationnistes et théoriciens de l'évolution réside en grande partie en cela : les créationnistes croient que le monde est issu d'une sorte de création, tandis que les théoriciens de l'évolution le voient comme le résultat de changements aléatoires par un processus sans but. Il est toutefois difficile pour les évolutionnistes de regarder un ordinateur ou une voiture et de les considérer comme le résultat d'un processus sans but. Et pourtant, c'est bien le cas.

3. Littéralement, « chasseur de courbes de Gauss » *(N.d.T.)*.

découvertes fortuites. La meilleure façon de s'y exposer complètement est de continuer à chercher. Accumulez les occasions de le faire
– j'y reviendrai plus tard.

*Prévoir la propagation d'une technologie, c'est prévoir une part déter-
minante de modes et de contagion sociale*, qui sont extérieures à l'utilité
objective de la technologie elle-même (en supposant qu'il existe une
chose telle que « l'utilité objective »). Combien d'idées magnifiquement utilisées ont fini au cimetière – le Segway, entre autres multiples
exemples, ce scooter électrique qui, selon les prophéties de l'époque,
devait changer la morphologie des villes, et bien d'autres encore. Alors
que j'écrivais ces lignes en pensée, j'ai vu la couverture d'un numéro
du *Time* dans un kiosque à l'aéroport, qui annonçait les « inventions
importantes » de l'année. Ces inventions semblaient importantes au
moment de la publication du magazine, ou peut-être une ou deux
semaines plus tard. Les journalistes peuvent nous apprendre à ne *pas*
apprendre.

COMMENT PRÉVOIR VOS PRÉVISIONS !

Cela nous amène à la diatribe de sir Karl Raimund Popper contre
l'historicisme. Comme je l'ai dit au chapitre 5, il s'agit à la fois de son
idée la plus importante et la moins connue. Ceux qui ne connaissent
pas vraiment son œuvre ont tendance à se focaliser sur la falsification
poppérienne, qui concerne la vérification ou la non-vérification des
affirmations – ce qui obère son idée centrale : il fait du scepticisme une
méthode, et du sceptique une personnalité constructive.

De même qu'un Karl Marx furibond écrivit une diatribe intitulée *Misère de la philosophie* en réponse à la *Philosophie de la misère* de
Proudhon, Popper, irrité par certains philosophes de son époque qui
croyaient en une compréhension scientifique de l'histoire, écrivit un
livre au titre en forme de jeu de mots, *Misère de l'historicisme*.

L'idée de Popper concerne les limitations de la prévision des événements historiques et le besoin de rétrograder les sciences « molles »
telles que l'histoire et les sciences sociales à un niveau légèrement
supérieur à l'esthétique et à des divertissements comme la collection
de papillons ou de pièces de monnaie (ayant reçu une éducation viennoise classique, Popper n'allait pas tout à fait aussi loin ; moi, si ; je
viens d'Amioun). Ce que nous appelons ici sciences historiques « molles » sont des études dépendant de la narration.

L'argument central de Popper est que prédire les événements historiques nécessite de prédire l'innovation technologique, laquelle est fondamentalement imprédictible.

« Fondamentalement » imprédictible ? Je vais expliquer ce qu'il entend par là en recourant à un cadre de référence moderne. Considérez cette propriété de la connaissance : si vous vous attendez à savoir *demain* avec certitude que votre petit ami n'a cessé de vous tromper, alors, vous savez *aujourd'hui* avec certitude que votre petit ami vous trompe, et vous allez passer à l'action aujourd'hui – en vous saisissant d'une paire de ciseaux et en coupant toutes ses cravates Ferragamo en deux, par exemple. Vous n'allez pas vous dire : « C'est ce que je comprendrai demain, mais aujourd'hui étant un autre jour, je ne vais pas tenir compte de cette information et dîner tranquillement. » Ce point peut être généralisé à toutes les formes de connaissance. De fait, il existe une loi statistique dite « loi des espérances itérées », que je souligne ici dans sa forme forte : si je m'attends à attendre quelque chose à une certaine date dans le futur, alors, je m'attends déjà à ce quelque chose maintenant.

Songez de nouveau à la roue. Si vous êtes un penseur historique de l'âge de pierre et que l'on fait appel à vous pour rédiger un rapport exhaustif de vos prévisions pour l'avenir destiné au planificateur de votre tribu, vous devez pronostiquer l'invention de la roue sous peine de passer à côté d'une bonne partie de l'action. Maintenant, si vous êtes capable de prophétiser l'invention de la roue, vous savez déjà à quoi ressemble une roue, ce qui signifie que vous savez déjà *comment* la construire, et que vous êtes donc déjà sur la bonne voie. Le Cygne Noir nécessite d'être prédit !

Il existe cependant une forme plus faible de cette loi des connaissances itérées. On peut la formuler de la manière suivante : « Pour comprendre le futur au point d'être capable de le prédire, il faut intégrer des éléments de ce futur même. » Si vous connaissez la découverte que vous allez faire dans l'avenir, alors, vous l'avez presque déjà faite. Supposez que vous soyez un universitaire officiant dans le département des prévisions de l'université médiévale en tant que spécialiste de la prévision de l'histoire (pour les besoins de notre démonstration, le lointain XIIe siècle). Vous devriez alors trouver l'invention de la machine à vapeur, de l'électricité, de la bombe atomique et d'Internet, ainsi que celle de l'institution du massage à bord des avions et de cette curieuse activité que l'on appelle « réunion de travail », et dans laquelle des hommes bien nourris entravent volontairement leur circulation sanguine à l'aide d'un dispositif onéreux nommé « cravate ».

232 BONNEMENT IMPOSSIBLES

Cette incapacité a une certaine importance. Le simple fait de savoir que quelque chose a été inventé conduit souvent à une série d'inventions de nature similaire, même s'il n'y a pas un seul détail de cette invention qui ait été diffusé – nul besoin de trouver les espions et de les pendre publiquement. En mathématiques, une fois annoncée la preuve d'un théorème abscons, il est fréquent de voir surgir de nulle part une myriade de preuves similaires assorties ici et là d'accusations de fuites et de plagiat. Il n'y a probablement aucun plagiat : l'information selon laquelle la solution existe constitue en elle-même une grande partie de la solution.

Suivant la même logique, nous avons quelque difficulté à imaginer les inventions futures (si ce n'était pas le cas, elles auraient déjà eu lieu). Le jour où nous serons en mesure de le faire, nous vivrons dans un état où tout ce qui peut se concevoir aura déjà été inventé. Notre propre condition évoque l'histoire apocryphe, remontant à 1899, du chef de l'office des brevets américain qui démissionna parce qu'il estimait qu'il ne restait plus rien à découvrir – sauf que si c'était vrai, sa démission serait justifiée[4].

Popper ne fut pas le premier à repousser les limites de notre connaissance. En Allemagne, à la fin du XIXᵉ siècle, Emil du Bois-Reymond affirmait que *« ignoramus et ignorabimus »* – « ignorants nous sommes, et ignorants nous resterons ». Ses idées sont quelque peu tombées dans l'oubli, non sans avoir suscité une réaction : le mathématicien David Hilbert entreprit de le défier en dressant une liste des problèmes que les mathématiciens auraient à résoudre au cours du siècle suivant.

Même du Bois-Reymond se trompait ; nous ne parvenons même pas à comprendre ce qu'il est impossible de connaître. Songez à nos déclarations sur des choses dont nous n'aurons jamais connaissance – nous sous-estimons en toute confiance les connaissances que nous sommes susceptibles d'acquérir dans l'avenir. Auguste Comte, fondateur de l'école positiviste, que l'on accuse (injustement) de viser la scientisation à tous crins, déclarait que l'humanité ne connaîtrait jamais la composition physique des étoiles fixes. Mais comme le racontait Charles Sanders Peirce : « L'encre était à peine sèche sur la page imprimée que le spectroscope était découvert et que ce qu'il

---

4. De telles affirmations ne sont pas rares. Ainsi, vers la fin du XIXᵉ siècle, le physicien Albert Michelson pensait que tout ce qu'il nous restait à faire dans le domaine des sciences de la nature était simplement à affiner nos précisions de quelques décimales supplémentaires.

avait prédit comme absolument impossible à connaître était en passe d'être établi. » Ironie du sort, les autres prévisions de Comte sur ce que l'on parviendrait à savoir des rouages de la société furent grossièrement – et dangereusement – surestimées. Il voyait la société comme une horloge qui nous livrerait ses secrets.

Permettez-moi de résumer ma démonstration : pour faire des prévisions, il faut connaître les technologies qui seront découvertes dans le futur. Mais cette connaissance même nous permettrait presque automatiquement de commencer sur-le-champ à développer ces technologies. Par conséquent, nous ne savons pas ce que nous saurons.

D'aucuns pourraient dire qu'ainsi formulée, la démonstration semble évidente, que nous pensons toujours avoir atteint la connaissance définitive mais que nous ne nous apercevons pas que les sociétés du passé dont nous nous moquons pensaient de la même façon. Ma démonstration est banale – pourquoi n'en tenons-nous pas compte ? Réponse : à cause d'une pathologie de la nature humaine. Souvenez-vous du chapitre précédent et des discussions psychologiques sur l'asymétrie de la perception des compétences. Nous voyons les défauts des autres mais pas les nôtres. Une fois encore, il semble que nous soyons de fabuleuses machines à se duper soi-même.

LA ÉNIÈME BOULE DE BILLARD

En dépit de sa renommée, Henri Poincaré est généralement considéré comme un penseur scientifique sous-estimé, car il fallut près d'un siècle pour que certaines de ses idées recueillent l'approbation. Il fut peut-être le dernier grand mathématicien pensant (ou peut-être le contraire – penseur mathématicien). À chaque fois que je vois un T-shirt à l'effigie de cette icône moderne qu'est Albert Einstein, je ne peux m'empêcher de penser à Poincaré – si Einstein mérite notre respect, il a supplanté nombre de ses pairs. Il y a tellement peu de place dans notre conscience ; c'est la loi du « gagnant rafle tout » là-dedans.

Un décorum dans le style de la IIIe République

Je le répète : Poincaré est une catégorie à lui tout seul. Je me souviens de mon père me recommandant la lecture de ses essais non seulement pour leur contenu scientifique, mais pour la qualité de sa prose. Le grand maître écrivit ces merveilles sous la forme d'une série

Monsieur le professeur Henri Poincaré. D'une certaine manière,
on ne fait plus ce genre de penseurs. Source : université Nancy-II.

d'articles qu'il composa comme des discours improvisés. Comme dans
tout chef-d'œuvre, on y trouve un mélange de répétitions, de digres-
sions – tout ce que condamnerait un éditeur « suiveur » à l'esprit for-
maté ; mais la cohérence infaillible de sa pensée n'en rend son texte
que plus lisible.

C'est autour de la trentaine que Poincaré devint un essayiste prolifique. Il semblait pressé et mourut prématurément, à l'âge de cinquante-huit ans ; il était tellement dans l'urgence que, même s'il les
repérait, il ne se donnait pas la peine de corriger les fautes typographiques et grammaticales de ses textes, car il considérait cela comme
une perte de temps considérable. On ne fait plus de génies comme lui
– ou on ne leur permet plus d'écrire comme ils l'entendent.

Après sa mort, la réputation de penseur de Poincaré déclina rapidement. Il fallut près d'un siècle pour que sa théorie, celle qui nous
occupe aujourd'hui, refasse surface, mais sous une autre forme. En
fait, ce fut une grande erreur de ne pas lire ses essais avec attention
quand j'étais enfant car, ainsi que je le découvris plus tard, il dénigre
farouchement l'utilisation de la courbe en cloche dans son magistral
La Science et l'Hypothèse.

Je le répète : Poincaré était de la race des authentiques philosophes
de la science ; s'il philosophait, c'est parce qu'il constatait les limites
de la philosophie même, ce qui constitue le véritable objet de la philosophie. J'adore mettre les intellectuels littéraires dans l'embarras en

citant Poincaré comme mon philosophe français préféré. « Lui, un philosophe ? Que voulez-vous dire, *monsieur* ? » Il est toujours frustrant d'expliquer aux gens que les penseurs qu'ils mettent sur un piédestal, comme Henri Bergson ou Jean-Paul Sartre, sont en grande partie le produit d'un effet de mode et n'arrivent pas à la cheville de Poincaré en termes de pérennité de leur influence au cours des siècles à venir. En fait, il s'agit ici d'un scandale de prévision, puisque c'est le ministre de l'Éducation nationale qui décide de qui est philosophe et quels sont les philosophes qu'il faut étudier.

Je regarde la photographie de Poincaré. C'était un monsieur de la III⁰ République issu de la classe patricienne et cultivé, qui portait la barbe, était corpulent et imposant, un homme qui vivait et respirait la science générale, étudiait les tréfonds de sa discipline et possédait une culture étonnamment vaste. Il appartenait à la classe des mandarins qui acquirent une respectabilité à la fin du XIXᵉ siècle : la grande bourgeoisie, puissante mais pas excessivement riche. Son père était médecin et professeur de médecine, son oncle scientifique et administrateur de renom, et son cousin Raymond devint président de la République. C'était l'époque où les petits-enfants des hommes d'affaires et des propriétaires terriens fortunés s'orientaient vers des professions intellectuelles.

J'ai cependant du mal à l'imaginer sur un T-shirt, ou tirant la langue comme Einstein le fait sur cette photo devenue célèbre. Il y a chez lui quelque chose de sérieux, une dignité typique de la III⁰ République.

À son époque, Poincaré était considéré comme le roi des mathématiques et de la science sauf, bien sûr, par quelques mathématiciens à l'esprit étriqué, tels que Charles Hermite, qui le jugeaient trop intuitif, trop intellectuel ou trop « tape-à-l'œil ». Quand les mathématiciens qualifient de « tape-à-l'œil » le travail de quelqu'un, cela signifie que ce quelqu'un a : a) une compréhension des choses, b) du réalisme, c) quelque chose à dire, et que d) il a raison parce que c'est le genre de terme péjoratif qu'utilisent les critiques quand ils ne trouvent rien de plus négatif à dire. Un hochement de tête de Poincaré pouvait faire ou défaire une carrière. Beaucoup affirment qu'il comprit la relativité bien avant Einstein – et que c'est de lui qu'Einstein tenait l'idée – mais qu'il n'en faisait pas toute une histoire. Ces affirmations émanent naturellement des Français, mais elles semblent validées par Abraham Pais, qui fut l'ami et le biographe de Poincaré. De par ses origines et son comportement, Poincaré était bien trop élégant pour revendiquer la paternité d'un résultat.

Poincaré est essentiel dans ce chapitre, car il vécut à une époque où nous avions progressé extrêmement vite dans les domaines de la prévision – songez à la mécanique céleste, par exemple. La révolution scientifique nous donnait le sentiment de posséder des outils qui nous permettraient de comprendre le futur. C'en était fini de l'incertitude ; l'univers était semblable à une horloge et, en étudiant le mouvement de ses pièces, nous allions pouvoir nous projeter dans l'avenir. Il suffisait de coucher les bons modèles sur le papier et de laisser les ingénieurs effectuer les calculs. Le futur n'était que le prolongement de nos certitudes technologiques.

Le problème des trois corps

Poincaré fut le premier mathématicien de grande envergure à comprendre et à expliquer qu'il existe des limites fondamentales à nos équations. Il introduisit le concept des non-linéarités, ces effets mineurs qui peuvent avoir des conséquences graves – un concept qui devint populaire par la suite, peut-être un peu trop, sous le nom de « théorie du chaos ». Pourquoi cette popularité est-elle aussi nocive ? Parce que tout le propos de Poincaré porte sur les limites que ces non-linéarités imposent aux prévisions ; elles n'incitent pas à recourir aux techniques mathématiques pour réaliser des prévisions sur le long terme. Les mathématiques peuvent nous montrer assez clairement leurs propres limites.

Il existe (comme toujours) une part d'imprévu dans cette histoire. À l'origine, Poincaré participa à un concours organisé par le mathématicien Gösta Mittag-Leffer pour célébrer le soixantième anniversaire du roi Oscar de Suède. Le mémoire de Poincaré, qui traitait de la stabilité du système solaire, remporta le prix correspondant alors à la distinction scientifique suprême (car c'était l'époque bénie d'avant le prix Nobel). Cependant, un problème se fit jour quand un correcteur qui révisait le mémoire avant publication s'aperçut qu'il contenait une erreur de calcul, laquelle, après réflexion, menait à la conclusion inverse – l'imprédictibilité, ou, plus techniquement, la non-intégrabilité. Le mémoire fut discrètement retiré de la liste des ouvrages à paraître et publié l'année suivante.

Figure n° 2 : Précision et prévision

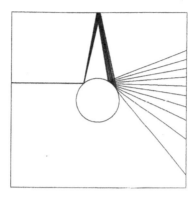

Un des lecteurs du premier jet de ce livre, David Cowan, a gracieusement dessiné cette représentation de diffusion qui montre qu'au second rebond, des variations des conditions initiales peuvent engendrer des résultats très différents. L'imprécision initiale de l'angle empirant, tout rebond additionnel sera encore plus amplifié. Cela cause un effet multiplicatif grave quand l'erreur prend une ampleur démesurée.

Le raisonnement de Poincaré était simple : à mesure que l'on se projette dans l'avenir, on peut avoir besoin d'un niveau de précision de plus en plus important sur la dynamique du processus que l'on modélise, car le taux d'erreur augmente très rapidement. Le problème est qu'une quasi-précision est impossible, car la fragilité croissante de la prévision s'aggrave brusquement – finalement, il faudrait que l'on puisse comprendre le passé avec une précision infinie. Poincaré démontra tout cela à travers un exemple très simple, connu sous le nom de « problème des trois corps ». S'il n'y a que deux planètes dans un système de type solaire et qu'aucun autre élément ne vient affecter leur cours, on peut peut-être arriver sans problème à prévoir indéfiniment leur comportement. Mais ajoutez un troisième corps, disons une comète, minuscule, entre ces planètes. Au début, celle-ci ne provoquera aucun glissement ni impact ; plus tard, avec le temps, ses effets sur les deux autres corps pourraient devenir explosifs. De petites différences dans l'emplacement de ce corps minuscule finiront par conditionner le futur des planètes géantes.

Une difficulté de prévision explosive vient d'une complication, même infime, de la mécanique. Notre monde est hélas beaucoup plus compliqué que le problème des trois corps ; il contient en effet bien plus de trois objets. Nous devons faire face à ce que l'on appelle aujourd'hui un système dynamique – et, comme nous le verrons, le monde tient un peu trop du système dynamique.

Songez à la difficulté de faire des prévisions comme aux branches d'un arbre ; à chaque fourche, nous avons une multiplication de nouvelles branches. Pour comprendre la faiblesse relative de nos intuitions concernant ces effets non linéaires de multiplication, voyez maintenant l'histoire de l'échiquier. L'inventeur de l'échiquier demanda à être dédommagé de la manière suivante : un seul grain de riz pour le premier carré, deux pour le deuxième, trois pour le troisième, huit, puis seize, etc., en multipliant à chaque fois le nombre de grains par deux, soixante-quatre fois. Croyant que l'inventeur sollicitait simplement de quoi se nourrir, le roi agréa sa demande, mais il ne tarda pas à s'apercevoir qu'il avait été possédé ; la quantité de riz réclamée excédait toutes les réserves imaginables !

Cette difficulté multiplicative génératrice d'un besoin croissant de précision dans les hypothèses peut être illustrée à travers cet exercice simple concernant la prévision des mouvements de boules de billard sur une table. Je reprends l'exemple calculé par le mathématicien Michael Berry. Si vous connaissez un ensemble de paramètres de base concernant la boule au repos, savez calculer la résistance de la table (élémentaire, vraiment), et êtes capable d'évaluer la force de l'impact, il est assez facile de prévoir ce qui se passera lors du premier impact. Le deuxième impact est déjà plus compliqué, mais encore possible à prévoir ; il faut faire plus attention à ce que l'on sait des conditions initiales, et faire preuve de plus de précision. Le problème est que pour calculer correctement le neuvième impact, il faut prendre en compte la poussée gravitationnelle de quelqu'un se trouvant à côté de la table (le calcul de Berry recourt modestement à un poids inférieur à soixante-quinze kilos). Et pour calculer le cinquante-sixième impact, chaque particule élémentaire de l'univers sans exception doit figurer dans les hypothèses que l'on fait ! Un électron aux limites de l'univers, dont nous séparent dix milliards d'années-lumière, doit figurer dans les calculs, car il a des conséquences importantes sur le résultat. Maintenant, songez au problème supplémentaire lié à l'obligation d'intégrer aux prévisions leurs positions dans le futur. Prévoir le mouvement d'une boule de billard sur une table nécessite de connaître la dynamique de l'univers entier, jusqu'au moindre atome ! Si l'on peut facilement prévoir les mouvements des grands objets comme les planètes (quoique pas dans un avenir trop lointain), les entités plus petites peuvent être difficiles à comprendre.

Notez que cette histoire de boule de billard suppose un monde simple ; elle ne prend même pas en compte ces questions sociales démentes peut-être douées de libre arbitre. Les boules de billard sont inanimées. Notre exemple ne tient pas compte non plus de la relativité et des effets quantiques ; et nous n'avons pas non plus utilisé la notion (souvent invoquée par les charlatans) dite « principe d'incertitude ». Les limites de la précision des mesures effectuées au niveau subatomique ne nous concernent pas. Notre problème, en l'occurrence, ce sont les boules de billard !

Dans un système dynamique où l'on ne s'intéresse pas seulement à une boule isolée, où les trajectoires dépendent en quelque sorte les unes des autres, la possibilité de prédire le futur n'est pas seulement réduite, elle est sujette à une limitation fondamentale. Poincaré suggère que nous ne pouvons travailler qu'avec du qualitatif – certaines propriétés de systèmes peuvent être *discutées*, mais pas calculées. On peut réfléchir avec rigueur, mais on ne peut pas se servir des chiffres. Poincaré inventa même un domaine pour cela, l'analyse *in situ*, qui fait maintenant partie de la topologie. Prévisions et pronostics sont plus compliqués que l'on ne l'admet généralement, mais seul quelqu'un qui connaît les mathématiques peut le comprendre. L'accepter demande à la fois la capacité de comprendre et du courage.

Dans les années 1960, Edward Lorenz, météorologue à l'Institut de technologie du Massachusetts, redécouvrit lui-même les résultats de Poincaré – par hasard, une fois de plus. Il élaborait un modèle informatique de dynamique météorologique et procédait à une simulation qui prévoyait les conditions météorologiques quelques jours à l'avance. Plus tard, il tenta de reproduire cette simulation en employant exactement le même modèle et ce qu'il pensait être les mêmes paramètres, mais il obtint des résultats radicalement différents. Au départ, il attribua ces différences à un bogue informatique ou à une erreur de calcul. À l'époque, les ordinateurs étaient des machines plus lourdes et plus lentes qui ne ressemblaient en rien à celles que nous utilisons aujourd'hui, si bien que leurs utilisateurs devaient s'accommoder de sérieuses contraintes de temps. Par la suite, Lorenz s'aperçut que ce qui avait causé cette différence considérable n'était pas une erreur, mais un léger arrondi dans les paramètres d'entrée ; on baptisa cela l'« effet papillon », car un papillon battant des ailes en Inde pourrait déclencher une tornade à New York deux ans plus tard. Les découvertes de Lorenz provoquèrent un intérêt pour le domaine de la théorie du chaos.

Les chercheurs trouvèrent naturellement des antécédents à la découverte, non seulement dans les travaux de Poincaré, mais aussi dans celui du perspicace et intuitif Jacques Hadamard, qui eut la même idée aux alentours de 1898, puis vécut encore près de soixante-dix ans – il mourut à l'âge de quatre-vingt-dix-huit ans[5].

On continue à ne pas tenir compte d'Hayek

Les découvertes de Popper et de Poincaré limitent notre capacité à sonder l'avenir, et en font un reflet très complexe du passé – si tant est qu'il s'agisse d'un reflet du passé. Une application extrêmement importante dans le monde social est le fait d'un ami de sir Karl, l'économiste intuitif Friedrich Hayek. Hayek est l'un des rares membres reconnus de sa « profession » (avec J. M. Keynes et G. L. S. Shackle) à s'être concentré sur la véritable incertitude, sur les limitations de la connaissance, les livres non lus de la bibliothèque d'Eco.

En 1974, il reçut le prix de la Banque de Suède en sciences économiques en mémoire d'Alfred Nobel, mais si vous lisez son discours de remerciement, vous serez passablement surpris. Sous le titre éloquent de « L'apparence de la connaissance[6] », celui-ci fustige les autres économistes et l'idée de planificateur. Il s'élève contre l'emploi des outils de la science dure dans le domaine des sciences sociales et ce, malheureusement, juste avant que ces pratiques ne connaissent un formidable essor en économie. Par la suite, l'utilisation prédominante d'équations complexes devait rendre l'environnement pire encore pour les authentiques penseurs empiriques qu'il ne l'était avant que Hayek ne rédige son discours. Il ne se passe pas une année sans que paraisse un article ou un livre déplorant la situation de l'économie et ses tentatives pour imiter la physique. Le dernier que j'aie vu estimait que les économistes devaient viser le rôle d'humbles philosophes plutôt que celui de grands prêtres. Et pourtant, cela rentre par une oreille et ressort par l'autre.

---

5. Il y a plus de limites que je n'ai tenté d'en aborder ici. Je ne parlerai même pas de la catégorie des choses incalculables que l'on appelle « problèmes NP-complets ».
6. « The Pretense of Knowledge » *(N.d.T.)*.

Pour Hayek, une véritable prévision n'est pas réalisée par décret, mais de manière organique par un système. Une seule institution – le planificateur central, par exemple – ne peut regrouper toutes les connaissances ; elle va manquer quantité d'informations importantes. Mais l'ensemble de la société sera en mesure de les intégrer dans son fonctionnement ; elle ne pense pas conformément au moule. Hayek fustige le socialisme et les économies dirigées parce qu'elles sont selon lui le produit de ce que j'ai appelé « les connaissances du polard », ou la platonicité – eu égard à l'augmentation des connaissances scientifiques, nous surestimons notre capacité à comprendre les changements subtils qui font le monde et l'importance qu'il convient d'accorder à chacun d'eux. Fort à propos, Hayek qualifie cette attitude de « scientisme ».

Cette maladie est profondément ancrée dans nos institutions. C'est pourquoi je redoute les gouvernements et les grandes entreprises   il est difficile de faire la différence entre les deux ; les gouvernements font des prévisions ; les sociétés aussi. Tous les ans en effet, divers prévisionnistes pronostiquent le niveau des taux d'emprunt hypothécaires et de la Bourse pour la fin de l'année suivante. Les grandes entreprises ne survivent pas parce que leurs prévisions sont exactes, mais peut-être parce qu'à l'instar des directeurs généraux présents à Wharton dont j'ai parlé plus haut, elles ont eu de la chance. Et, comme le propriétaire d'un restaurant, ce n'est pas à nous mais à elles-mêmes qu'elles peuvent faire du tort – en nous aidant et en subventionnant notre consommation en nous donnant des denrées, par exemple, ce qui n'est pas sans rappeler ces communications téléphoniques bon marché à l'internationale financées par le surinvestissement pendant l'ère du *point-com* ». Nous, les consommateurs, pouvons les laisser prévoir tout ce qu'elles veulent si elles en ont besoin pour se lancer dans les affaires. Laissez-les se pendre, si c'est ce qu'elles veulent.

En effet, comme je l'ai mentionné au chapitre 8, tous les New-Yorkais profitent de l'excès de confiance chimérique des grandes entreprises et des patrons de restaurants. C'est l'avantage du capitalisme dont on parle le moins.

Mais les grandes entreprises peuvent faire faillite autant qu'elles le veulent, nous subventionnant ainsi, nous, les consommateurs, en transférant leurs richesses dans notre poche – plus il y a de faillites, et mieux nous nous en portons. Gouverner est une affaire plus sérieuse et nous avons besoin de nous assurer que nous ne payons pas le prix des sottises de ceux qui en ont la responsabilité. En tant qu'individus, nous devrions adorer l'économie de marché, parce que ceux qui la font peuvent être aussi incompétents qu'ils le souhaitent.

La seule critique que l'on pourrait adresser à Hayek concerne la distinction tranchée et qualitative qu'il opère entre les sciences sociales et la physique. Il montre que les méthodes de la physique ne sont pas transposables dans les sciences sociales, et il en blâme les gens à l'esprit mécanique. Mais il écrivait à une époque où la physique, la reine des sciences, semblait effectuer un zoom sur notre monde. Or, même les sciences naturelles sont beaucoup plus compliquées que cela. Il avait raison sur les sciences sociales, il a certainement raison de faire davantage confiance aux spécialistes des sciences « dures » qu'aux théoriciens sociaux, mais ce qu'il dit des faiblesses des connaissances sociales s'applique à toutes les connaissances sans exception.

Pourquoi ? À cause du problème de confirmation, on peut affirmer que nous en savons très peu sur notre monde naturel ; nous faisons la publicité des livres lus et oublions ceux qui ne l'ont pas été. La physique a des réussites à son actif, mais c'est une niche de la science dure dans laquelle nous avons réussi, et les gens ont tendance à généraliser cette réussite à toutes les sciences. Il serait préférable que nous comprenions mieux le cancer ou le climat (phénomène éminemment non linéaire) que les origines de l'univers.

Comment ne pas être un polard

Creusons plus avant le problème de la connaissance et poursuivons la comparaison entre Gros Tony et Dr. John amorcée au chapitre 9. Les polards ont-ils des œillères – autrement dit, se focalisent-ils sur des catégories claires et nettes en passant à côté de sources d'incertitude ? Rappelez-vous le Prologue, où j'ai présenté la platonification comme une focalisation *top-down* sur un monde constitué de ces catégories claires et nettes[7].

Songez à un rat de bibliothèque choisissant une nouvelle langue. Il va apprendre, disons, le serbo-croate ou le kung en lisant une grammaire de A à Z et en mémorisant les règles. Il va avoir l'impression qu'une instance grammaticale supérieure a défini les règles linguisti-

---

7. Cette idée apparaît ici et là au cours de l'histoire sous des noms différents. Alfred North Whitehead l'appelait l'« erreur de la concrétude mal placée », c'est-à-dire l'erreur consistant à confondre le cadre abstrait avec l'entité physique qu'il veut décrire.

ques pour que des gens ordinaires qui n'ont pas fait d'études puissent apprendre la langue en question. En réalité, les langues se développent de manière organique ; la grammaire est une chose que les gens qui n'ont rien de plus intéressant à faire dans la vie codifient dans un livre. Tandis que ceux qui ont l'esprit scolaire vont mémoriser les déclinaisons, l'antipolard aplatonique va apprendre, disons, le serbo-croate en faisant connaissance avec de petites amies potentielles dans des bars aux abords de Sarajevo, ou en discutant avec les chauffeurs de taxi, puis en adaptant (si besoin est) les règles grammaticales aux connaissances qu'il possède déjà.

Songez encore au planificateur. Contrairement à ce qui se passe pour la langue, il n'existe pas d'autorité grammaticale qui codifie les événements économiques et sociaux ; mais essayez de convaincre un bureaucrate ou un scientifique social que le monde pourrait ne pas vouloir suivre ses équations « scientifiques ». En fait, les penseurs de l'école autrichienne à laquelle appartenait Hayek employaient les termes « tacite » ou « implicite » pour désigner, précisément, cette partie de la connaissance qui ne peut être couchée sur le papier, mais que nous devrions éviter de réprimer. Ils faisaient la distinction dont nous avons parlé plus haut, entre « connaissance implicite, ou savoir-faire » et « connaissance explicite, ou savoir » – cette dernière notion étant plus insaisissable et se prêtant davantage à la polardisation.

Pour clarifier les choses, ce qui est platonique est *top-down*, friand de formules, intellectuellement fermé, sert ses propres intérêts, et « marchandisé » ; ce qui est aplatonique est *bottom-up*, ouvert intellectuellement, sceptique et empirique.

La raison pour laquelle j'ai choisi le grand Platon s'éclaire à travers cet exemple de la pensée du maître : Platon croit que nous devrions être capables de nous servir de nos deux mains avec la même dextérité. Autrement, cela « n'aurait pas de sens ». Il considère que privilégier une main par rapport à l'autre est une déformation due à la « bêtise des mères et des nurses ». L'asymétrie le dérange, et il projette ses idées d'élégance sur la réalité. Il nous a fallu attendre Louis Pasteur pour arriver à comprendre que les molécules chimiques étaient soit gauchères, soit droitières, et que cela avait une importance considérable.

On retrouve des idées similaires parmi différents domaines de la pensée sans rapport les uns avec les autres. Le premier fut (comme à l'accoutumée) l'empirisme, dont l'approche médicale *bottom-up*, non théorique et « fondée sur les preuves » était essentiellement associée à Philinus de Cos, Sérapion d'Alexandrie et Glaucias de Tarente, que Ménodote de Nicomédie intégra plus tard au scepticisme et qui est aujourd'hui célèbre grâce à son fervent adepte, notre ami Sextus Empiricus, le grand philosophe sceptique ; comme nous l'avons vu précédemment, Sextus fut peut-être le premier à parler de Cygnes Noirs. Les empiristes exerçaient l'« art de la médecine » sans recourir au raisonnement ; ils voulaient tirer parti d'observations fortuites en devinant les choses, et faisaient des expériences et « bricolaient » jusqu'à trouver quelque chose qui marche. Ils faisaient le minimum de théorie.

Aujourd'hui, après deux millénaires de persuasion, leurs méthodes sont relancées sous la forme d'une « médecine fondée sur des preuves ». Songez qu'avant d'être au courant de l'existence des bactéries et de leur rôle dans les maladies, les médecins refusaient de se laver les mains parce que « cela n'avait aucun sens » pour eux, malgré des preuves de la baisse importante du nombre de décès dans les hôpitaux que cette pratique occasionnait. Des décennies après sa mort, on donna enfin raison à Ignaz Semmelweis, un médecin qui, au XIXe siècle, avait encouragé le lavage de mains. De même, que l'acupuncture fonctionne n'a peut-être pas de « sens », mais si le fait d'enfoncer une aiguille dans l'orteil d'une personne la soulage systématiquement (selon des tests empiriques correctement conduits), il pourrait exister des fonctions trop complexes pour que nous les comprenions – alors, acceptons l'acupuncture tout en conservant notre ouverture d'esprit.

Académisme libertaire

Pour citer Warren Buffett, ne vous adressez pas au barbier si vous avez besoin d'une coupe de cheveux – et ne demandez pas à un universitaire si ce qu'il fait est pertinent. Je terminerai donc cette discussion sur la démarche « laissez-faire » de Hayek par l'observation suivante. Comme je l'ai dit, le problème de la connaissance organisée est qu'il existe parfois une divergence d'intérêts entre les guildes universitaires et la connaissance elle-même. C'est pourquoi je ne comprends absolument pas pourquoi les libertaires d'aujourd'hui ne s'en prennent pas aux universitaires titulaires de leur poste (excepté, peut-être, parce que nombre de libertaires sont des universitaires). Nous avons vu que les sociétés pouvaient faire faillite alors que les gouvernements restaient. Mais alors que les gouvernements restent, les fonctionnaires peuvent être rétrogradés et les députés, ne pas être reconduits dans leurs fonctions. Dans les universités, un poste titulaire est permanent

– la connaissance a des « propriétaires » permanents. Simplement, le charlatan est plus le résultat du contrôle que de la liberté et du manque de structures.

Prévision et libre arbitre

Si l'on connaît toutes les conditions possibles d'un système physique, on peut, en théorie (mais nous l'avons vu, pas en pratique) prévoir son comportement futur. Toutefois, cela ne concerne que les objets inanimés. Quand on touche aux questions sociales, on se heurte à une pierre d'achoppement. C'est autre chose de prédire l'avenir quand des êtres humains sont en jeu, *si on les considère comme des êtres vivants doués de libre arbitre.*

Si je suis capable de prévoir toutes vos actions, dans des circonstances données, vous n'êtes sans doute pas aussi libre que vous le croyez. Vous êtes un automate répondant aux *stimuli* de l'environnement. Vous êtes l'esclave du destin. Et l'illusion du libre arbitre pourrait être réduite à une équation décrivant le résultat des interactions de molécules. Cela reviendrait à étudier les rouages d'une horloge ; un génie connaissant parfaitement les conditions initiales et les chaînes causales serait en mesure d'étendre sa connaissance au futur de *vos* actes. Cela ne serait-il pas étouffant ?

Cependant, si l'on croit au libre arbitre, on ne peut pas vraiment croire aux prévisions en économie et en sciences sociales. Il est impossible de prédire le comportement des gens – excepté, bien sûr, s'il y a un truc, et que ce truc est la corde à laquelle est suspendue l'économie néoclassique. On suppose simplement que dans le futur, les individus seront rationnels et agiront donc de manière prévisible. Il existe un lien fort entre rationalité, prédictibilité et souplesse mathématique. Un individu rationnel va effectuer un ensemble d'actions *unique* dans certaines circonstances bien précises. Il n'y a qu'une et une seule réponse à la question de savoir comment se comporteraient des personnes « rationnelles » servant leur propre intérêt. Celles qui agissent de manière rationnelle doivent être cohérentes : elles ne peuvent pas préférer les pommes aux oranges, les oranges aux poires, puis les poires aux pommes. Si c'était le cas, il serait difficile de généraliser et de prévoir leur comportement.

Dans l'économie orthodoxe, la rationalité devient une camisole de force. Les économistes platonifiés ne tiennent pas compte de ce que les gens préfèrent peut-être faire autre chose qu'optimiser leurs intérêts financiers. Cela a conduit à des techniques mathématiques telles que la « maximalisation », ou l'« optimisation », sur laquelle Paul Samuelson a construit la majeure partie de son travail. L'optimisation consiste à trouver la stratégie mathématique optimale qu'un agent économique pourrait rechercher. Ainsi, quelle est la quantité « optimale » que l'on doit allouer aux actions ? Cela implique des mathématiques complexes qui ne sont donc pas accessibles aux universitaires extérieurs au domaine des mathématiques. Je ne serai pas le premier à dire que cette optimalisation a fait reculer les sciences sociales ; de discipline intellectuelle et introspective qu'elles étaient en train de devenir, elle les a réduites à une tentative de « science exacte ». Par « science exacte », j'entends un problème de mécanique de second ordre pour ceux qui veulent feindre de se trouver dans le département Physique – mus par le désir de se faire passer pour des spécialistes de la physique. En d'autres termes, une escroquerie intellectuelle.

L'optimisation est un cas de modélisation stérile dont nous traiterons plus longuement au chapitre 17. Comme elle n'avait pas d'utilité pratique (ou même théorique), elle est devenue essentiellement une course aux postes universitaires honorifiques, une façon de mettre les gens en concurrence sur leurs muscles mathématiques. Elle empêchait les économistes platonifiés d'aller au café, les obligeant à passer leurs soirées à résoudre des équations. La tragédie est que Paul Samuelson, esprit délié, passe pour un des économistes les plus intelligents de sa génération. Il est clair que c'est un cas d'intelligence extrêmement mal employée. Il est révélateur qu'il ait intimidé ceux qui remettaient en cause ses méthodes en leur déclarant que « Ceux qui le peuvent font de la science, les autres font de la méthodologie ». Autrement dit, si l'on connaît les maths, on peut « faire de la science ». Cela rappelle les psychanalystes qui imposent silence à leurs détracteurs en les accusant d'avoir des problèmes avec leur père. Malheureusement, il s'avère que c'est Samuelson et la plupart de ses adeptes qui ne connaissaient pas grand-chose aux maths ou ne savaient pas utiliser le peu de maths qu'ils connaissaient, l'appliquer à la réalité. Ils maîtrisaient juste assez cette discipline pour être aveuglés par elle.

Il est extrêmement malheureux de constater qu'avant la prolifération de savants idiots frappés de cécité empirique, de véritables penseurs avaient entrepris un travail intéressant – dont J. M. Keynes, Friedrich Hayek et le grand Benoît Mandelbrot – mais qu'ils furent évincés parce que l'économie qu'ils pratiquaient n'avait pas la précision d'une physique de second ordre – très triste, vraiment. Un grand penseur sous-estimé et aujourd'hui presque complètement inconnu, G. L. S. Shackle, introduisit la notion de « non-connaissance », qui correspond aux livres non lus de la bibliothèque d'Umberto Eco. Le travail de Shackle n'est que très rarement mentionné, et j'ai dû me procurer ses ouvrages chez des libraires d'occasion à Londres.

Des hordes de psychologues empiriques de l'école des heuristiques et des biais ont montré que le modèle de comportement rationnel dans un contexte d'incertitude était une description de la réalité non seulement grossièrement inexacte mais aussi complètement erronée. Leurs conclusions dérangent aussi les économistes platonifiés parce qu'elles révèlent qu'il y a plusieurs façons d'être irrationnel. Tolstoï a dit que les familles heureuses se ressemblaient toutes, mais que chaque famille malheureuse l'était à sa façon. On sait qu'en fonction de la manière dont on leur présente les questions pertinentes, les gens font des erreurs équivalant à préférer les pommes aux oranges, les oranges aux poires, et *les poires aux pommes*. L'ordre de la suite a une importance ! En outre, nous avons vu, dans notre exemple d'ancrage, que les estimations de certains sujets sur le nombre de dentistes à Paris étaient influencées par le nombre aléatoire que l'on venait de leur soumettre – l'ancre. Étant donné le caractère aléatoire de cette dernière, le hasard imprègne leurs estimations. Ainsi, si les gens prennent des décisions et font des choix incohérents, le noyau central de l'optimisation économique échoue. On ne peut plus produire de « théorie générale », et sans théorie générale, il est impossible de prévoir.

Il faut apprendre à vivre sans théorie générale, pour l'amour du ciel !

LE « VLEU » DE L'ÉMERAUDE

Souvenez-vous du problème de la dinde. Vous regardez le passé et en tirez quelque règle concernant l'avenir. Eh bien, les problèmes liés aux prévisions réalisées sur la base du passé peuvent être pires encore que ce que nous avons déjà vu, parce que les mêmes données passées peuvent confirmer une théorie mais aussi son exact opposé ! Si vous survivez jusqu'à demain, cela peut signifier que a) vous avez plus de chances d'être immortel ou b) vous êtes plus proche de la mort. Ces deux conclusions reposent exactement sur les mêmes données. Si vous êtes une dinde que l'on nourrit pendant une longue période, vous pouvez

Figure n° 3

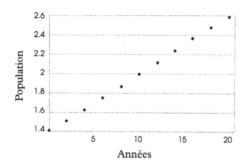

Une série de bactéries (ou de statistiques de vente, ou de toute variable observée au fil du temps – telle que la nourriture totale fournie à la dinde au chapitre 4) en augmentation apparente.

Figure n° 4

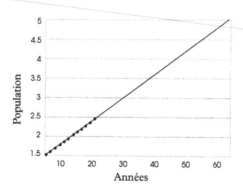

Il est facile de mettre ces données sous forme de graphique – il n'existe qu'une et une seule modélisation linéaire qui leur correspond. On peut faire une projection dans le futur.

Figure n° 5

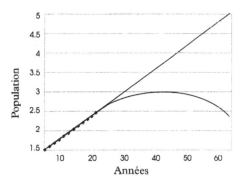

Il s'agit ici d'une échelle plus large. Regardez, d'autres modélisations sont tout aussi bien l'affaire.

Figure n° 6

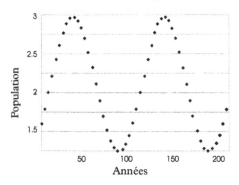

Et le véritable « processus générateur » est extrêmement simple mais il n'avait rien à voir avec une modélisation linéaire ! Certaines parties paraissent linéaires et nous sommes dupés par l'extrapolation d'une droite[8].

---

8. Ces graphiques illustrent une version statistique de l'erreur de narration – on trouve une modélisation qui correspond au passé. La « régression linéaire » ou « R^2 » peut finir par vous duper complètement, au point où cela ne sera même plus drôle. Tout cela n'est que du vent : il n'y a correspondance qu'avec le segment linéaire de la série. N'oubliez jamais que le « R^2 » n'est pas adapté à l'Extrêmistan ; il n'est valable que si l'on vise une promotion universitaire.

penser naïvement que le fait d'être nourrie *confirme que vous êtes en sécurité*, ou être maligne et considérer que cela *confirme le risque* d'être vous-même transformée en repas. Le comportement passé mielleux de mon associé peut traduire l'affection sincère qu'il me porte et le souci qu'il a de mon bien-être ; mais il peut aussi confirmer son désir intéressé et calculateur de prendre un jour la tête de ma société.

Ainsi le passé peut-il nous induire en erreur, mais il y a également quantité de degrés de liberté dans notre interprétation des événements passés.

Pour la version technique de cette idée, imaginez une succession de points sur une page représentant l'évolution d'un nombre au fil du temps – le graphique ressemblerait à la Figure n° 1 illustrant les mille premiers jours (chapitre 4). Disons que votre professeur, au lycée, vous demande de continuer la succession de points. Avec une modélisation linéaire, c'est-à-dire en utilisant une règle, vous pouvez seulement tracer une droite, une seule droite allant du passé au futur. Le modèle linéaire est unique. Il n'y a qu'une et une seule ligne droite qui peut résulter d'un ensemble de points. Mais cela peut devenir plus ardu. Si l'on ne se limite pas à une droite, on s'aperçoit qu'il y a toutes sortes de courbes qui peuvent fort bien permettre de relier ces points entre eux. Si l'on fait des prévisions de manière linéaire à partir du passé, on poursuit une tendance. Mais les potentiels écarts futurs par rapport au cours du passé sont infinis.

C'est ce que le philosophe Nelson Goodman appelle l'énigme de l'induction. Nous projetons une droite uniquement parce que nous avons une modélisation linéaire en tête – le fait qu'un nombre ait augmenté pendant mille jours de suite devrait nous renforcer dans la certitude qu'il augmentera dans le futur. Mais si l'on a une modélisation non linéaire en tête, cela confirmera peut-être que ce nombre devrait baisser le mille et unième jour.

Disons que l'on observe une émeraude. Elle était verte hier et avant-hier, et elle l'est encore aujourd'hui. Normalement, cela devrait confirmer la caractéristique « verte » : l'on peut supposer que l'émeraude sera verte demain. Mais pour Goodman, l'histoire de la couleur de l'émeraude pourrait tout autant confirmer la propriété « vleue ». Qu'est-ce que cette propriété ? « Vleue » signifie que l'émeraude doit être verte jusqu'à une date bien précise, disons, le 31 décembre 2006, et bleue ensuite.

L'énigme de l'induction est une autre version de l'erreur de narration – on se trouve face à une multiplicité d'« histoires » qui expliquent ce que l'on a vu. La sévérité de l'énigme de l'induction tient à la chose suivante : s'il n'y a même plus une seule et unique façon de « générali-ser » à partir de ce que l'on voit, de faire une déduction sur l'inconnu, comment faire ? Clairement, la réponse est que l'on doit faire appel à son « bon sens », mais, face à certaines variables extrêmistanaises, il se peut que ce bon sens ne soit pas aussi évident que cela.

CETTE GRANDE « MACHINE À FAIRE DES PRÉVISIONS »

Le lecteur est en droit de demander : « Mais alors, NNT, pourquoi diable faisons-nous des prévisions ? » Eh bien, certains en font pour gagner de l'argent, d'autres parce que « c'est leur métier ». Mais nous le faisons aussi sans intention particulière – spontanément.

Pourquoi ? La réponse est liée à la nature humaine. Prévoir parti cipe peut-être de tout ce qui fait de nous des êtres humains, c'est-à-dire de notre conscience.

Le besoin de projeter dans l'avenir est censé avoir une dimension évolutionniste que je vais résumer brièvement, puisqu'elle peut consti-tuer une explication parfaite, une excellente conjecture ; cependant, comme elle est liée à l'évolution, je serai prudent.

Voici donc cette idée telle que l'a défendue le philosophe Daniel Dennett : quelle est la faculté la plus puissante de notre cerveau ? Précisément, celle qui nous permet de nous livrer à des conjectures pour l'avenir et de jouer au jeu alternatif : « Si je lui donne un coup sur le nez, il me le rendra aussitôt ou, pire, il appellera son féroce avocat new-yorkais. » Un des avantages de ce procédé est de nous permettre de laisser nos conjectures mourir à notre place. Bien utilisée, en lieu et place de réactions plus viscérales, cette capacité de pronostiquer nous libère de fait d'une sélection naturelle immédiate – contrairement à des organismes plus primitifs qui étaient plus enclins à disparaître et ne se sont développés que grâce à l'amélioration du patrimoine géné-tique au travers de la sélection des plus forts. D'une certaine manière, faire des pronostics nous permet de tromper l'évolution : elle a lieu dans notre tête, sous la forme d'une série de prévisions et de scéna-rios alternatifs.

Même si elle nous libère des lois de l'évolution, cette capacité à jouer mentalement avec les conjectures est censée être elle-même le produit de l'évolution – c'est comme si celle-ci nous avait laissé la bride sur le cou alors que d'autres animaux sont extrêmement bridés à cause de leur dépendance immédiate à leur environnement. Pour Dennett, notre cerveau est une « machine à faire des prévisions » ; il considère la conscience et l'esprit humains comme des propriétés émergentes, ces propriétés nécessaires à notre développement accéléré.

Pourquoi écoutons-nous les experts et leurs prévisions ? Une explication possible est que la société repose sur la spécialisation, qui est, de fait, une division de la connaissance. On ne se met pas à fréquenter la faculté de médecine dès que l'on rencontre un gros problème de santé ; il est moins pénible (et certainement plus sûr) de consulter quelqu'un qui y est déjà allé. Les médecins écoutent les mécaniciens automobile (non pour des questions de santé, mais simplement quand ils ont un problème de voiture) ; les mécaniciens automobile écoutent les médecins. Nous avons naturellement tendance à écouter l'expert, même dans les domaines où il n'en existe peut-être pas.

CHAPITRE 12

L'ÉPISTÉMOCRATIE, UN RÊVE

Ce n'est qu'un essai. – Les enfants et les philosophes versus les adultes et les non-philosophes. – La science en tant qu'entreprise autistique. – Le passé aussi a un passé. – Faites des prévisions erronées et vivez longtemps et heureux (si vous survivez).

À l'instar d'un timide dans un cocktail, une personne possédant un faible niveau d'arrogance épistémique se voit assez peu. Nous ne sommes pas prédisposés à respecter les gens humbles qui essaient de suspendre leur jugement. Maintenant, représentez-vous l'humilité épistémique. Songez à quelqu'un de très introspectif, torturé par la conscience de sa propre ignorance. Il manque de la témérité qui est la marque des idiots mais a néanmoins le cran rare de dire : « Je ne sais pas. » Peu lui importe de passer pour un imbécile ou, pire, pour un ignorant. Il hésite, il ne veut pas s'engager, et il se tourmente sur les conséquences que pourrait avoir le fait de se tromper. Il se livre à une introspection forcenée jusqu'à frôler l'épuisement physique et nerveux.

Cela ne signifie pas nécessairement qu'il manque de confiance en lui, simplement qu'il tient ses propres connaissances pour suspectes. J'appellerai « épistémocrate » cette personne, et « épistémocratie » la province dans laquelle les lois sont élaborées par des gens qui ont à l'esprit ce genre de faillibilité humaine.

Le principal épistémocrate moderne est Montaigne.

Monsieur de Montaigne, épistémocrate

À l'âge de trente-huit ans, Michel Eyquem de Montaigne se retira dans sa propriété située à la campagne, dans le sud-ouest de la France. Montaigne, qui signifie « vieille montagne » en vieux français, était le nom de cette propriété. Aujourd'hui, la région est réputée pour le vin de Bordeaux, mais à l'époque de Montaigne, peu de gens investissaient leur énergie mentale et exprimaient leur raffinement dans le vin. Montaigne était enclin au stoïcisme, et de toute façon, ce genre de centre d'intérêt ne l'aurait pas passionné. Son projet était d'écrire un modeste recueil de « tentatives », c'est-à-dire d'essais – ce mot même traduit la tentative, le spéculatif et le non définitif. Montaigne était imprégné des classiques et voulait méditer sur la vie, la mort, l'éducation, la connaissance, et sur quelques aspects biologiques de la nature humaine non dénués d'intérêt (ainsi se demandait-il si l'irrigation sanguine plus dense des organes génitaux des handicapés leur conférait une libido plus forte).

La tour dont il fit son étude portait des inscriptions grecques et latines qui faisaient presque toutes référence à la fragilité de la connaissance humaine. Ses fenêtres donnaient sur une vue dégagée des collines alentour.

Officiellement, Montaigne était à lui-même son propre sujet, mais c'était essentiellement pour faciliter la discussion ; il ne ressemblait pas à ces cadres des grandes entreprises qui écrivent leur autobiographie pour faire étalage de leurs réalisations et des honneurs qui leur ont échu. Ce qui l'intéressait surtout, c'était de *découvrir* des choses sur lui-même, de nous les faire découvrir, et de présenter des éléments qui pouvaient être généralisés à tous les êtres humains. Parmi les inscriptions qui ornaient les murs de son étude figurait une maxime du poète latin Térence : « *Homo sum, humani a me nil alienum puto* » – « je suis un homme, et rien de ce qui est humain ne m'est étranger ».

Quand on a subi les contraintes d'une éducation moderne, la lecture de Montaigne est tout à fait rafraîchissante, car il acceptait totalement les faiblesses humaines et comprenait qu'aucune philosophie ne peut être efficace si elle ne prend pas en compte nos imperfections profondes, les limites de notre rationalité, les failles qui nous rendent humains. Ce n'est pas qu'il était en avance sur son temps ; il serait plus exact de dire que les érudits qui vinrent après lui (adeptes du rationalisme) étaient en retard.

C'était un homme qui réfléchissait constamment, et ses idées ne jaillissaient pas dans le calme de son étude, mais lorsqu'il était à cheval.

Il faisait de longues promenades équestres dont il revenait avec une mois-son d'idées. Montaigne ne fut jamais un universitaire de la Sorbonne, ni un homme de lettres professionnel, et ce, à deux égards. Premièrement, c'était un « homme d'action » ; il avait été magistrat, homme d'affai-res et maire de Bordeaux avant de se retirer pour méditer sur sa vie et surtout sur ses propres connaissances. Deuxièmement, il était anti-dogmatique ; c'était un sceptique de charme, un écrivain introspectif, personnel, faillible, qui ne s'engageait pas, et surtout quelqu'un qui, dans la grande tradition classique, voulait être un homme. S'il avait vécu à une autre époque, Montaigne aurait été un sceptique empiri-que – il avait des tendances sceptiques de type pyrrhonien et antidog-matique comme Sextus Empiricus, surtout dans la conscience qu'il avait de la nécessité de suspendre son jugement.

Épistémocratie

Chacun a une idée de l'utopie. Pour beaucoup, ce terme signifie égalité, justice universelle, liberté par rapport à l'oppression, au tra-vail (pour certains, encore, il peut s'agir de la société plus modeste, quoique impossible aujourd'hui, des trains de banlieue sans avocats suspendus à leurs portables). Pour moi, l'utopie est une épistémocra-tie, une société dans laquelle toute personne de haut rang est un épis-témocrate, et où les épistémocrates parviennent à être élus. Ce serait une société dont le gouvernement serait fondé sur une conscience de l'ignorance, non de la connaissance.

On ne peut malheureusement affirmer son autorité si l'on admet sa propre faillibilité. Simplement, les gens ont besoin d'être aveuglés par la connaissance – nous sommes faits pour suivre les chefs qui ont la capacité de rassembler les gens parce qu'il y a plus d'avantages à être en groupe que d'inconvénients à être seul. Jusqu'à présent, cela nous a mieux réussi d'aller tous ensemble dans la mauvaise direction que de nous retrouver seul dans la bonne. Ceux qui ont suivi l'idiot assertif plutôt que le sage introspectif nous ont transmis certains de leurs gènes. Il suffit de voir la pathologie sociale suivante : les psycho-pathes se rallient les suiveurs.

De temps à autre, on croise des êtres humains doués d'une supé-riorité intellectuelle telle qu'ils n'ont aucun mal à changer d'avis.

Notez en l'occurrence cette asymétrie du Cygne Noir : je pense qu'il y a certaines choses dont on peut être absolument sûr, et dont on devrait l'être. On peut avoir plus confiance en l'infirmation qu'en la confirmation. Alors que sa plume était offensive et pleine de confiance, Karl Popper fut accusé de promouvoir le doute de soi (de temps à autre, cette accusation est également adressée à l'auteur de cet ouvrage par des gens qui ne suivent pas sa logique de l'empirisme sceptique). Fort heureusement, depuis Montaigne, nous avons beaucoup appris sur la façon de poursuivre l'entreprise sceptique empirique. L'asymétrie du Cygne Noir permet d'être sûr *de ce qui est faux*, pas de ce que l'on considère comme vrai. Alors que l'on demandait à Karl Popper si l'on « pouvait falsifier la falsification » (autrement dit, si l'on pouvait être sceptique sur le scepticisme), il rétorqua qu'il lui arrivait de renvoyer certains étudiants de ses cours pour des questions bien plus intelligentes que celle-là. Sir Karl était intraitable.

LE PASSÉ DU PASSÉ ET LE FUTUR DU PASSÉ

Certaines vérités ne frappent que les enfants – comme les adultes et les non-philosophes s'engluent dans les détails de la vie pratique et ont besoin de se préoccuper de « choses sérieuses », ils délaissent ces éclairs de compréhension au profit de questions apparemment plus pertinentes. Une de ces vérités concerne la plus grande différence de nature et de qualité entre le passé et le futur. Parce que j'ai passé ma vie à étudier cette différence, je la comprends mieux que dans mon enfance, même si je n'en ai plus une représentation aussi claire.

La seule façon de pouvoir imaginer un futur « similaire » au passé est de supposer que ce dernier en sera la projection *exacte*, et par conséquent prédictible. De même que l'on connaît avec une certaine précision le moment de notre naissance, on connaîtrait avec une certaine précision celui de notre mort. La notion d'un futur qui soit mêlé de *hasard*, et non le prolongement déterministe de notre perception du passé, est une opération mentale que notre esprit ne peut pas effectuer. Le hasard est trop vague pour que nous le considérions comme une catégorie en soi. Il existe une asymétrie entre le passé et le futur, et elle est trop subtile pour que nous la comprenions naturellement.

La première conséquence de cette asymétrie est que, dans l'esprit des gens, la relation entre passé et futur ne tire aucun enseignement de la relation entre le passé et le passé antérieur à ce dernier. Il y a un angle mort : quand nous pensons à demain, nous ne le concevons pas en termes de ce que nous pensions d'hier ou d'avant-hier. Ce manque d'introspection fait que nous n'arrivons pas à tirer la leçon de la différence entre nos prévisions passées et leurs résultats subséquents. Quand nous pensons à demain, nous le projetons simplement comme un autre hier.

Ce petit angle mort a d'autres manifestations. Allez observer le coin des singes sur le site de Thoiry ; on peut y voir nos proches parents de l'heureuse famille des primates mener une vie sociale active, ainsi que des hordes de touristes rire de la caricature humaine que représentent ces primates inférieurs. Imaginez maintenant que vous apparteniez à une espèce supérieure (que vous soyez par exemple un « vrai » philosophe, un sage véritable), beaucoup plus sophistiquée que les primates humains. Vous vous moqueriez certainement des personnes qui se moquent des primates non humains. Il est évident que pour ces gens que les singes amusent, l'idée d'un être qui leur témoignerait pareille condescendance ne peut leur venir immédiatement à l'esprit ; si c'était le cas, cela les ferait s'apitoyer sur eux-mêmes ; ils cesseraient de rire.

De même, un élément du mécanisme permettant à l'esprit humain de tirer la leçon du passé nous incite à croire aux solutions définitives – sans penser que ceux qui nous ont précédés étaient eux aussi convaincus de détenir des solutions définitives. Nous nous moquons des autres sans réaliser que le jour viendra bientôt où quelqu'un aura autant de raisons de se moquer de nous. En prendre conscience entraînerait la réflexion récursive, ou de second ordre, que j'ai mentionnée dans le Prologue ; et nous ne sommes pas doués pour cela.

Les psychologues n'ont pas encore entrepris de recherches sur ce blocage psychologique concernant le futur et ne lui ont pas encore donné de nom, mais il semble s'apparenter à l'autisme. Certains autistes sont doués d'une très grande intelligence mathématique ou technique. Leurs compétences sociales sont déficientes, mais ce n'est pas la cause profonde de leur problème. Ils sont incapables de se mettre à la place des autres, de voir le monde de leur point de vue. Les autres leur apparaissent comme des objets inanimés, des machines, mus par des règles explicites. Ils ne sont pas en mesure d'effectuer une opération mentale aussi simple que « il sait que je ne sais pas que je sais », et c'est cette incapacité qui fait obstacle à leurs compétences sociales. (Il est intéressant d'observer qu'indépendamment de leur « intelligence », les autistes manifestent aussi une incapacité à comprendre l'incertitude.)

De même que l'on qualifie l'autisme de « cécité mentale », on devrait appeler « cécité du futur » cette incapacité à penser de façon dynamique, à se positionner par rapport à un futur observateur.

Prévisions, prévisions erronées et bonheur

J'ai cherché une étude consacrée à cette « cécité du futur » dans la littérature des sciences cognitives, et je n'ai rien trouvé. En revanche, dans la littérature sur le bonheur, j'ai déniché une étude sur nos erreurs de prévision chroniques qui va nous éclairer.

L'erreur de prévision fonctionne de la manière suivante. Vous êtes sur le point d'acquérir une nouvelle voiture. Elle va changer votre vie, améliorer votre statut et transformer en promenade de santé le trajet que vous effectuez jusqu'à votre lieu de travail. Elle est tellement silencieuse que vous avez du mal à dire si le moteur est allumé, si bien que vous pouvez écouter les *Nocturnes* de Rachmaninov sur l'autoroute. Cette nouvelle voiture va vous procurer un niveau de satisfaction pérenne. Chaque fois qu'ils vous verront, les gens penseront : « Eh, quelle superbe voiture il a ! » Vous oubliez cependant que la dernière fois que vous avez acheté une voiture, vous aviez les mêmes attentes. Vous n'anticipez pas le fait que l'effet de cette nouvelle voiture finira par se dissiper et que, comme la dernière fois, vous reviendrez à votre situation initiale ; quelques semaines après avoir quitté la concession automobile au volant de votre nouvelle voiture, vous la trouverez ennuyeuse. Si vous vous étiez attendu à cela, vous ne l'auriez probablement pas achetée.

Vous vous apprêtez à commettre une erreur de prévision que vous avez déjà faite. Et pourtant, il vous en coûterait si peu de pratiquer l'introspection !

Les psychologues ont étudié ce genre de prévision erronée au regard d'événements tant agréables que désagréables. Nous surestimons les effets sur notre vie de ces deux types d'événements. Apparemment, nous nous trouvons dans une situation psychologique délicate qui nous pousse à le faire. Cette situation délicate est appelée « utilité espérée » par Danny Kahneman et « prévision affective » par Dan Gilbert. Le problème n'est pas tant que nous sommes enclins à faire des prévisions erronées sur notre bonheur futur, mais que nous ne tirons pas la leçon récursive des expériences passées. Il est prouvé que nous faisons un blocage psychologique et déformons les choses dans la mesure où nous ne parvenons pas à tirer d'enseignement de nos erreurs passées quand nous imaginons nos états affectifs futurs.

Nous surestimons grossièrement la durée de l'effet de malchance sur notre vie. Vous croyez que la perte de votre fortune ou de votre situation actuelle va être un cataclysme, mais vous vous trompez probablement. Il est plus vraisemblable que vous vous adapterez à tout, comme vous l'avez sans doute fait par le passé, lors de semblables revers de fortune. Vous allez peut-être souffrir, mais cela ne sera pas aussi terrible que vous le croyez. Ce genre de prévision erronée a peut-être un but : nous motiver pour poser des actes importants (comme acheter une nouvelle voiture ou nous enrichir) et nous empêcher de prendre certains risques inutiles. Et il participe d'un problème plus général : nous autres, êtres humains, sommes censés nous leurrer un peu de temps à autre. Selon la théorie de Trivers sur ce blocage, cette tendance aurait pour but de bien nous disposer vis-à-vis de l'avenir. Mais, sortie du domaine où elle a sa place, la cécité n'est pas souhaitable. Si elle nous empêche de prendre des risques inutiles, nous avons vu au chapitre 6 qu'elle ne couvre pas vraiment toute une série de risques modernes que nous ne redoutons pas car ils ne sont pas patents : risques sur investissements, dangers liés à l'environnement ou sécurité à long terme.

Hélénus et les prophéties inverses

Si vous êtes voyant et que vous prédites leur avenir à d'autres mortels qui, contrairement à vous, n'ont pas le privilège de pouvoir le faire, vous êtes jugé sur la qualité de vos prédictions.

Dans L'Énéide, Hélénus est un autre genre de devin. Fils de Priam et d'Hécube, c'est l'homme le plus intelligent de l'armée de Troie. C'est lui qui, sous la torture, apprendra aux Achéens comment ils prendront Troie (apparemment, il ne prédit pas qu'il sera lui-même capturé). Mais ce n'est pas ce qui le distingue de ses pairs ; contrairement aux autres devins, Hélénus a le don de prédire le passé avec une grande précision, sans qu'on lui ait donné aucun détail à ce sujet. Il fait des prédictions inverses.

Notre problème n'est pas uniquement de ne pas connaître l'avenir, mais de ne pas beaucoup connaître le passé non plus. Si nous devons connaître l'histoire, nous avons cruellement besoin d'un Hélénus. Voyons comment.

Le cube de glace fondant

Considérez l'expérience suivante empruntée à mes amis Aaron Brown et Paul Wilmott.

Opération 1 (le cube de glace fondant) : représentez-vous un cube de glace et imaginez comment il pourrait fondre au cours des deux prochaines heures pendant que vous ferez quelques parties de poker avec vos amis. Essayez de visualiser la forme de la petite flaque qui en résulte.

Opération 2 (d'où vient l'eau ?) : imaginez une flaque d'eau sur le sol. Maintenant, essayez de reconstruire en pensée la forme du glaçon qu'elle a peut-être été. Notez que la flaque peut ne pas avoir nécessairement découlé d'un glaçon.

La seconde opération est plus difficile que la première. Il fallait effectivement qu'Hélénus soit doué.

La différence entre les deux processus réside dans la chose suivante : si l'on a les bons modèles (ainsi que du temps devant soi, et rien de mieux à faire), on peut prédire avec une grande précision la façon dont le glaçon va fondre – c'est un problème de mécanique standard, sans aucune complexité, plus facile que celui faisant intervenir les boules de billard. On peut toutefois construire une multitude de glaçons possibles à partir de la flaque d'eau – si tant est qu'il y avait bien un glaçon avant. La première direction, du glaçon à la flaque, est appelée « processus de prolepse » *(« forward process »)*. La seconde direction, ou « processus d'analepse » *(« backward process »)*, est beaucoup, beaucoup plus compliquée. Le processus de prolepse est généralement utilisé en physique et en ingénierie ; le processus d'analepse, dans les approches historiques non reproductibles et non expérimentales.

D'une certaine manière, les limitations qui nous empêchent de défrire un œuf nous préservent également de faire de l'histoire inverse.

Maintenant, permettez-moi d'augmenter un peu la complexité du problème de prolepse-analepse en faisant l'hypothèse de la non-linéarité. Prenez ce que l'on appelle le paradigme du « papillon en Inde », cette découverte de Conrad Lorenz dont nous avons parlé au chapitre précédent. Comme nous l'avons vu, une entrée infime dans un système complexe peut conduire à des résultats non aléatoires conséquents, en fonction de conditions très spéciales. Un malheureux papillon battant des ailes à New Delhi peut être la cause certaine d'une tornade en Caroline du Nord, même si celle-ci se produira peut-être un ou deux ans plus tard. Cependant, étant donné *une tornade observée en Caroline du Nord*, on peut douter d'arriver à en comprendre les causes avec la moindre précision : il y a des milliards de milliards de phénomènes aussi infimes qu'un papillon battant des ailes à Tombouctou ou que des chiens sauvages éternuant en Australie qui pourraient en être la cause. Le processus allant du papillon à la tornade est beaucoup plus simple que le processus inverse allant de la tornade au papillon potentiel.

La confusion entre les deux est terriblement répandue dans la culture courante. Ce « papillon en Inde » a trompé au moins un cinéaste. Ainsi, *Le Battement d'ailes du papillon*, d'un certain Laurent Firode, visait à inciter les gens à se concentrer sur les petites choses qui peuvent changer le cours de leur vie. Eh, puisqu'un événement mineur (un pétale qui, en tombant sur le sol, attire votre attention) peut vous conduire à choisir pour la vie telle compagne plutôt que telle autre, vous devriez vous concentrer sur ces détails minuscules. Ni le réalisateur ni les critiques ne se sont aperçus qu'ils traitaient du processus d'analepse ; des trilliards de choses aussi infimes que celles-là se produisent au cours d'une simple journée, et il nous est impossible de les analyser toutes.

Des informations incomplètes, une fois de plus

Prenez un ordinateur personnel. Vous pouvez utiliser un tableur pour générer une série aléatoire, une succession de points que nous pouvons appeler une histoire. Comment ? Le programme informatique réagit à une équation de nature non linéaire très complexe qui produit des chiffres apparemment aléatoires. L'équation est très simple : si on la connaît, on peut prévoir la séquence. Mais pour un être humain, il est pratiquement impossible de procéder à l'ingénierie inverse de cette équation et de prévoir des séries ultérieures. Je parle d'un simple programme informatique très court (par exemple celui que l'on appelle « *tent map* ») générant une poignée de points de données, et non des milliards d'événements simultanés qui constituent la véritable histoire du monde. En d'autres termes, même si l'histoire était une série non aléatoire générée par quelque « équation du monde », tant que procéder à l'ingénierie inverse d'une telle équation ne semble pas humainement possible, elle devrait être considérée comme aléatoire et ne pas être qualifiée de « chaos déterministe ». Les historiens ne devraient pas se mêler de la théorie du chaos et des difficultés de l'ingénierie inverse, excepté pour discuter des propriétés générales du monde et apprendre les limites de ce qu'ils ne peuvent pas savoir.

Ce qui m'amène à un problème plus sérieux concernant le métier d'historien. Je poserai comme suit le problème fondamental de la pratique : alors qu'en théorie, le hasard est une propriété intrinsèque, en pratique, ce sont des *informations incomplètes*, ce que j'ai appelé « opacité » dans le premier chapitre de ce livre.

Ceux qui ne sont pas praticiens du hasard ne saisissent pas la subtilité. Souvent, en m'entendant parler d'incertitude et de hasard à des conférences, des philosophes et parfois des mathématiciens me cassent les pieds avec le problème le moins pertinent ; ils me demandent si le hasard dont je parle est le « véritable hasard » ou le « chaos déterministe » se faisant passer pour du hasard. Un véritable système aléatoire est en fait aléatoire et ses propriétés ne sont pas prédictibles. Un système chaotique a des propriétés complètement prévisibles, mais elles sont difficiles à connaître. Je leur fais donc une double réponse.

a) En pratique, il n'existe pas de différence fonctionnelle entre les deux, puisque nous n'arriverons jamais à en faire – la différence n'est pas pratique, mais mathématique. Si je vois une femme enceinte, le sexe de son enfant est pour moi une question purement aléatoire (il y a 50 % de chances qu'il appartienne à un sexe ou à l'autre) – mais pas pour son gynécologue, qui a peut-être effectué une échographie. En pratique, le hasard, ce sont des informations fondamentalement incomplètes.

b) Le simple fait d'évoquer cette différence montre que l'on n'a jamais pris de décision importante dans une situation d'incertitude – ce qui explique que l'on ne se rende pas compte qu'il est impossible de faire cette différence dans la pratique.

En fin de compte, le hasard n'est qu'une non-connaissance. Le monde est opaque et les apparences sont trompeuses.

Ce que l'on appelle la connaissance

Un dernier mot sur l'histoire.

L'histoire est semblable à un musée où l'on peut se rendre pour voir le passé entreposé, et goûter au charme des jours anciens. C'est un merveilleux miroir dans lequel nous voyons nos propres récits. Grâce à l'ADN, on peut même pister le passé. Je suis un passionné d'histoire littéraire. L'histoire ancienne comble mon désir de construire ma propre autonarration, mon identité, pour me relier à mes racines (intriquées) de la Méditerranée orientale. Je préfère même les récits manifestement moins exacts des ouvrages anciens à ceux des livres modernes. Parmi les auteurs que j'ai relus (pour savoir si l'on aime un auteur, le test infaillible est de voir si on le relit ou non), les noms suivants me viennent à l'esprit : Plutarque, Tite-Live, Suétone, Diodore de Sicile, Gibbon, Carlyle, Renan et Michelet. Comparés aux ouvrages contemporains, il est évident que les leurs sont d'une qualité scientifique inférieure ; ils sont en grande partie anecdotiques et pleins de mythes. Mais je le sais.

L'histoire est utile pour le plaisir qu'elle procure à découvrir le passé, et pour la narration (c'est un fait), à condition que celle-ci demeure inoffensive. On devrait apprendre avec une extrême prudence. L'histoire n'est certainement pas le lieu pour théoriser et acquérir une connaissance générale, et son but n'est pas non plus de nous aider pour l'avenir, sans une certaine prudence. Elle peut nous apporter une confirmation négative, ce qui n'a pas de prix, mais aussi nous submerger de l'illusion de la connaissance.

Cela me ramène une fois encore à Ménodote, à la façon d'appréhender le problème de la dinde et à la question de savoir comment ne pas être dupe du passé. La façon dont ce médecin empirique appréhendait le problème de l'induction consistait à connaître l'histoire sans en déduire de théories. Apprenez à lire l'histoire, accumulez autant de connaissances que vous pouvez, ne méprisez pas l'anecdotique, mais n'établissez aucun lien de causalité, n'essayez pas de pratiquer à outrance l'ingénierie inverse – et si vous le faites, gardez-vous des grandes prétentions scientifiques. Souvenez-vous que les sceptiques empiriques respectaient la coutume : ils s'en servaient à défaut d'autre chose, comme d'une base pour l'action, mais c'est tout. Ils appelaient « épilogisme » cette approche claire du passé[1].

Nombre d'historiens sont cependant d'un autre avis. Voyez l'ouvrage d'introspection d'Edward Hallett Carr intitulé *Qu'est-ce que l'histoire ?* Vous surprendrez l'auteur en train de se livrer à un aspect central de son métier, la causation. Vous pouvez même remonter plus loin : Hérodote, considéré comme le père du sujet, définit son objectif dans l'introduction de son travail :

afin de conserver un souvenir des actes des Grecs et des Barbares, « et en particulier, avant toute autre chose, d'attribuer *une cause* [c'est moi qui souligne] aux combats qu'ils se livrèrent ».

On voit la même chose chez tous les théoriciens de l'histoire, qu'il s'agisse d'Ibn Khaldoun, de Marx ou d'Hegel. Plus on essaie de transformer l'histoire en autre chose qu'une succession de récits divertissants

---

1. Avec sa devise « On peut observer beaucoup en se contentant de regarder », Yogi Berra tient peut-être une théorie de l'épilogisme.

en faisant le minimum de théorie, plus on s'attire d'ennuis. Sommes-nous tellement à la merci de l'erreur de narration[2] ?

Nous devrons peut-être attendre une génération d'historiens empiriques sceptiques capables de comprendre la différence entre un processus de prolepse et un processus d'analepse.

De même que Popper s'en prenait aux historiens à cause des affirmations qu'ils faisaient sur le futur, je viens de présenter la faiblesse de l'approche historique sur la connaissance du *passé* lui-même.

Après cette discussion sur la cécité du futur (et du passé), voyons comment y remédier. Miracle! Des mesures extrêmement pratiques peuvent être prises. C'est ce que nous allons explorer maintenant.

---

2. Quand on regarde le passé, ce serait une bonne chose de résister à la tentation de faire des analogies naïves. Nombre de gens ont comparé les États-Unis aujourd'hui à la Rome antique, tant d'un point de vue militaire (on a souvent invoqué la destruction de Carthage pour inciter les gens à anéantir des régimes ennemis) que social (les sempiternelles et banales mises en garde contre le déclin et la chute imminents). Hélas, il nous faut être extrêmement prudents quand nous transposons des connaissances relatives à un environnement simple plus proche du type 1, comme celui que l'on connaissait dans l'Antiquité, au système contemporain – système de type 2, complexe, avec ses réseaux de liens de causalité intriqués. Une autre erreur consiste à tirer des conclusions désinvoltes de l'absence de guerre nucléaire car, en me référant à la démonstration que nous avons faite sur Casanova au chapitre 8, je répéterai que nous ne serions pas là si une guerre nucléaire avait eu lieu, et que ce n'est pas une bonne idée d'en déduire une « cause » quand notre survie dépend de cette cause.

CHAPITRE 13

LE PEINTRE APELLE,
OU QUE FAIRE SI L'ON NE PEUT PAS PRÉVOIR[1]?

On devrait condamner les gens qui donnent des conseils. – Mon grain de sel sur le sujet. – Personne ne sait rien mais au moins, LUI le sait. – Allez à des fêtes.

LES CONSEILS NE COÛTENT RIEN – VRAIMENT RIEN

Ce n'est pas une bonne habitude de truffer ses écrits de citations émanant de grands penseurs, excepté pour se moquer d'eux ou apporter une référence historique. Elles « ont un sens », mais les maximes qui sonnent bien à l'oreille s'imposent à notre crédulité et ne résistent pas toujours aux tests empiriques. J'ai donc choisi la déclaration suivante, faite par le grand philosophe Bertrand Russell, précisément parce que je suis en désaccord avec son contenu :

---

1. Ce chapitre est une conclusion générale à l'intention de ceux qui, parvenus à ce stade de leur lecture, me disent: « Je saisis, Taleb, mais qu'y puis-je ? » Je leur répondrai que s'ils saisissent, ils ont la solution. Mais voici un petit coup de pouce.

> L'exigence de certitudes est naturelle à l'homme, mais c'est néanmoins un vice intellectuel. Si vous emmenez vos enfants pique-niquer un jour où le temps est incertain, ils vont exiger de vous une réponse dogmatique concernant le fait de savoir s'il va faire beau ou humide, et vous les décevrez si vous ne pouvez en être certain…
>
> Mais tant que les hommes ne seront pas *formés* [c'est moi qui souligne] à suspendre leur jugement en l'absence de preuves, ils seront induits en erreur par des prophètes trop sûrs d'eux […] il existe une discipline appropriée à l'apprentissage de chaque vertu, et la meilleure discipline pour apprendre à suspendre son jugement est la philosophie.

Le lecteur sera peut-être surpris que je ne sois pas d'accord avec Russell. Il est difficile de ne pas être d'accord sur le fait qu'exiger des certitudes est un vice intellectuel, et que nous pouvons être induits en erreur par quelque prophète trop sûr de lui. Là où je me permets d'exprimer mon désaccord avec ce grand homme, c'est que je ne crois pas que le palmarès de la « philosophie » dispensatrice de conseils puisse nous aider à résoudre le problème ; ni qu'il soit *facile* d'enseigner les vertus ; et je n'encourage pas non plus les gens à faire l'effort de ne pas formuler de jugement. Pourquoi ? Parce qu'il faut considérer les êtres humains comme des êtres humains ; il est impossible d'*apprendre* aux gens à suspendre leur jugement ; les jugements font partie intégrante de la manière dont nous voyons les objets. Je ne vois pas un « arbre » ; je vois un arbre beau ou laid. À moins d'un effort colossal, paralysant, il est impossible d'éliminer ces petites valeurs que nous attribuons aux choses – de même qu'il est impossible de songer à quoi que ce soit sans une certaine partialité. Quelque chose dans notre bonne vieille nature humaine nous pousse à vouloir croire ; et alors ?

Depuis Aristote, les philosophes nous disent que nous sommes des animaux doués d'une grande réflexion, et que nous pouvons apprendre en raisonnant. Il nous a fallu du temps pour découvrir que, si nous pensons effectivement, nous sommes plus prompts à faire des récits *a posteriori* afin de nous donner l'illusion de comprendre et de couvrir nos actions passées. Dès que nous l'oublions, « les Lumières » s'empressent de nous l'enfoncer de nouveau dans le crâne.

Je préférerais nous placer, nous les êtres humains, à un niveau certainement supérieur aux autres animaux connus, mais pas tout à fait égal à celui de l'idéal olympien capable d'assimiler des préceptes philosophiques et d'agir conformément à ces derniers. De fait, si la philosophie était *aussi* efficace que cela, le rayon « Développement personnel » de la librairie du coin permettrait d'apporter une certaine consolation aux âmes en peine – mais ce n'est pas le cas. Quand nous sommes sous pression, nous oublions d'être philosophes.

Je mettrai fin à ce chapitre sur la prévision avec les deux leçons suivantes, l'une très brève (pour les choses secondaires) et l'autre assez longue (pour les grandes décisions importantes).

Être bête aux endroits opportuns

La leçon pour les choses secondaires, c'est « soyez humain ! ». Acceptez que le fait d'être humain implique une certaine dose d'arrogance épistémique dans la façon de gérer sa vie. N'en ayez pas honte. N'essayez pas de suspendre systématiquement votre jugement – ce sont les opinions qui font la vie. N'essayez pas d'éviter de prédire – eh bien non, après cette diatribe contre les prévisions, je ne vous exhorte pas à arrêter d'être bête ! Simplement, soyez bête aux endroits opportuns[2].

Ce qu'il est préférable d'éviter, c'est d'être inutilement tributaire des prévisions à grande échelle – de celles-là et uniquement de celles-là, car elles sont nocives. Évitez les grands sujets susceptibles de blesser votre avenir : laissez-vous berner pour les petites choses, pas pour les choses importantes. N'écoutez pas les prévisionnistes économiques ou les prophètes des sciences sociales (ce ne sont que des gens du spectacle[3]), mais faites vous-mêmes vos prévisions météorologiques pour les pique-niques. En tout cas, s'agissant du prochain pique-nique, exigez des certitudes ; mais évitez les prévisions du gouvernement sur la Sécurité sociale en 2040.

Sachez classer les croyances non en fonction de leur plausibilité, mais du tort qu'elles pourraient vous faire.

Tenez-vous prêt

Face à ces tentatives générales infructueuses pour prédire l'avenir, le lecteur pourra se sentir mal à l'aise et se demander que faire. Mais si l'on se débarrasse de l'idée de prédictibilité totale, il y a quantité de

---

2. Dans un article célèbre intitulé « Comment les systèmes mentaux croient-ils ? », Dan Gilbert a montré que le scepticisme ne nous est pas naturel et que ne pas croire nous demande un luxe d'efforts intellectuels.

3. Dans le monde scientifique, cette expression fait référence à des gens qui ne sont pas sérieux, à des « rigolos ».

choses à faire, à condition de rester conscient de leurs limites. Savoir que l'on ne peut pas prévoir ne signifie pas que l'on ne peut pas tirer profit de l'imprévisibilité.

Résultat : tenez-vous prêt ! La prévision obtuse a un effet analgésique ou thérapeutique. Soyez conscient de l'effet engourdissant des nombres magiques. Préparez-vous à toutes les éventualités qui se justifient.

L'IDÉE D'ACCIDENT POSITIF

Souvenez-vous des empiristes – les membres de l'école de médecine empirique grecque. Selon eux, il convenait de garder l'esprit ouvert quand on faisait un diagnostic médical, afin de permettre à la chance de jouer un rôle. Grâce à elle, un patient serait peut-être guéri, par exemple en mangeant un aliment qui s'avérerait fortuitement être la solution à sa maladie, de sorte qu'il pourrait ensuite servir de traitement à d'autres patients. Ainsi, pour les empiristes, l'accident « positif » (comme les médicaments contre l'hypertension dont les effets secondaires bénéfiques ont donné lieu au Viagra) était la méthode de diagnostic médical par excellence.

On peut en faire une généralité dans la vie : maximisez la sérendipité autour de vous.

Sextus Empiricus évoquait l'histoire d'Apelle, un peintre qui, en faisant le portrait d'un cheval, essayait de représenter l'écume qui sortait de sa bouche. Après avoir s'être acharné à y parvenir et obtenu un résultat catastrophique, il renonça et, sous l'effet de la colère, il s'empara de l'éponge dont il se servait pour laver son pinceau et la jeta sur le tableau. En le heurtant, celle-ci produisit alors une représentation parfaite de l'écume.

Procéder par tâtonnements implique de multiples tentatives. Dans *L'Horloger aveugle*, Richard Dawkins illustre brillamment cette notion de monde dépourvu de grand dessein et mû par de petits changements progressifs et aléatoires. Notez un léger désaccord de ma part qui ne change pas grand-chose à l'histoire : je dirais plutôt que le monde est mû par de *grands* changements progressifs aléatoires.

De fait, les méthodes par tâtonnement nous posent des problèmes psychologiques et intellectuels, tout comme le fait d'admettre que les successions de petits échecs sont nécessaires dans la vie. Mon collègue Mark Spitznagel a compris que l'être humain était complexé par l'échec – « Il faut aimer perdre », telle est sa devise. En fait, si je me suis tout de suite senti chez moi en Amérique, c'est précisément parce que la culture américaine encourage le processus d'échec, contrairement aux cultures européennes et asiatiques où il met mal à l'aise et est stigmatisé. La spécialité de l'Amérique est de prendre ces petits risques pour le reste du monde, ce qui explique l'importance démesurée de sa contribution aux innovations par rapport à celle des autres pays. Une fois élaborés, une idée ou un produit sont ensuite « perfectionnés » là-bas.

Volatilité et risque de Cygne Noir

Comme « perdre » est synonyme de « honte » pour la plupart des gens, ils se lancent dans des stratégies à très faible volatilité mais présentent des risques de pertes importantes – comme ramasser des centimes face à un rouleau compresseur qui avance inexorablement. Dans la culture japonaise, qui n'est pas adaptée au hasard et peu armée pour comprendre qu'un mauvais résultat peut être dû à la malchance, une perte est susceptible de ternir sérieusement une réputation. Comme les gens détestent la volatilité, ils se lancent dans des stratégies exposées à des revirements, avec ici et là des suicides consécutifs à une lourde perte.

Qui plus est, cet équilibre entre volatilité et risque peut se manifester dans des carrières offrant une apparence de stabilité, comme les métiers chez IBM jusqu'aux années 1990. Quand il est licencié, un employé se trouve face à un vide total : il n'est plus bon à rien. La même chose vaut pour ceux qui travaillent dans des industries protégées. D'un autre côté, les consultants peuvent avoir des gains volatiles puisque les gains de leurs clients augmentent et baissent, mais ils ont moins de risques de mourir de faim, car leurs compétences sont adaptées à la demande – *« fluctuat nec mergitur »* (flotte mais ne coule pas). De même, les dictatures qui ne semblent pas volatiles – la Jordanie ou l'Arabie Saoudite, par exemple – sont confrontées à un risque de chaos plus important que l'Italie, notamment, qui, depuis la Seconde Guerre mondiale, se trouve constamment en situation de tourmente politique. J'ai appris ce problème grâce à l'industrie de la finance, dans laquelle on voit des banquiers « conservateurs » qui sont assis sur une poudrière mais se leurrent parce que leurs opérations semblent ronronner et manquent de volatilité.

La stratégie des haltères

J'essaie de généraliser à la vraie vie la notion de « stratégie des haltères » que j'utilisais en tant que trader ; voici en quoi elle consiste. Si vous savez que vous êtes sujet aux erreurs de prévision et admettez que la plupart des « mesures de risques » sont erronées à cause du Cygne Noir, ne vous en tenez pas à une attitude moyennement prudente et offensive, mais adoptez une stratégie qui le soit autant que possible. Au lieu d'effectuer des investissements à risque moyen (comment savoir qu'un risque est moyen ? En écoutant des « experts » qui cherchent à être titularisés ?), placez une partie de votre argent – 85 à 90 % par exemple – dans des instruments extrêmement sûrs comme les bons du Trésor ; difficile de faire mieux en matière de sécurité. Vous pourrez placer les 10 à 15 % restants dans des produits extrêmement spéculatifs, aussi bien positionnés que possible (comme les options), de préférence des portefeuilles de style capital-risque[4]. Ainsi, vous ne dépendrez pas des erreurs de la gestion des risques ; aucun Cygne Noir ne pourra vous porter préjudice au-delà de votre « plancher », le pécule que vous aurez placé dans des produits hypersécurisés. Ou, ce qui revient au même, vous pouvez avoir un portefeuille spéculatif et l'assurer (si possible) contre les pertes de plus de 15 %, par exemple. Vous « réduirez » votre risque incalculable, celui qui pourrait vous nuire. Plutôt qu'un risque moyen, vous aurez un risque élevé d'un côté, et pas de risque du tout de l'autre. La moyenne donnera un risque modéré, mais représentera une exposition positive à l'éventualité du Cygne Noir. Plus techniquement, cela s'appelle une combinaison « convexe ». Voyons maintenant comment la mettre en œuvre dans tous les domaines de la vie.

« Personne n'en sait rien »

William Goldman, scénariste légendaire, se serait écrié « Personne n'en sait rien ! » à propos des prévisions sur les ventes de films. Le

---

4. Assurez-vous d'avoir quantité de petits placements tels que ceux-ci ; évitez de vous laisser aveugler par l'éclat d'un seul Cygne Noir. Ayez autant de petits placements de ce type que vous le pourrez. Même les sociétés spécialisées dans le capital-risque succombent à l'erreur de narration à cause de quelques histoires qui « ont du sens » pour elles ; elles n'ont pas autant de placements qu'elles le devraient. Si ces sociétés réalisent des profits, ce n'est pas à cause des histoires qu'elles ont en tête, mais parce qu'elles sont exposées aux événements rares et imprévus.

lecteur se demandera peut-être comment quelqu'un ayant aussi bien réussi que Goldman pouvait se passer de prévisions pour savoir que faire. La réponse va à l'encontre de la logique commerciale telle qu'on la perçoit. Il savait qu'il ne pouvait prévoir les événements individuels, mais il était bien conscient que l'imprédictible, à savoir un film qui ferait un tabac, le servirait énormément.

Ainsi, la seconde leçon est plus percutante : en fait, il est possible de tirer parti du problème de la prévision et de l'arrogance épistémique ! En effet, je soupçonne les entreprises qui marchent le mieux d'être précisément celles qui parviennent à contourner leur imprédictibilité intrinsèque et même à l'exploiter.

Rappelez-vous ma discussion avec la société biotech ; ses dirigeants comprenaient que l'essence de la recherche réside dans les inconnus inconnus. En outre, voyez comment ils saisissaient les « *coins* », ces billets de loterie gratuits dans le monde.

Voici quelques (modestes) trucs. Mais notez que plus ils sont modestes, plus ils seront efficaces.

a) *Premièrement, faites la différence* entre contingences positives et contingences négatives. Apprenez à distinguer les entreprises humaines dans lesquelles le manque de prédictibilité peut être (ou a été) extrêmement bénéfique et celles pour lesquelles l'incapacité à comprendre le futur s'est avérée funeste. Il existe des Cygnes Noirs positifs et des Cygnes Noirs négatifs. William Goldman travaillait dans le cinéma, une affaire de type Cygne Noir positif dans laquelle il arrivait que l'incertitude paye effectivement.

Dans une affaire de type Cygne Noir négatif, l'inattendu peut frapper fort et faire extrêmement mal. Si vous êtes dans l'armée, dans l'assurance des sinistres ou dans la sécurité du territoire, vous n'êtes confronté qu'aux inconvénients. De même, ainsi que nous l'avons vu au chapitre 7, si vous travaillez dans les domaines de la banque et des prêts, il y a des chances pour que les résultats inattendus soient négatifs pour vous. Vous prêtez, et dans le meilleur des cas, on vous rembourse votre prêt – mais si l'emprunteur vous fait faux bond, vous pouvez perdre tout votre argent. Au cas où l'emprunteur connaîtrait une réussite financière importante, il est peu probable qu'il vous propose des dividendes supplémentaires.

Outre le cinéma, voici quelques exemples d'activités de type Cygne Noir positif : certains secteurs de l'édition, la recherche scientifique et le capital-risque. Dans ces domaines, on perd peu pour gagner gros. On a peu à perdre par livre et, pour des raisons totalement inattendues, n'importe quel livre peut décoller. Les inconvénients sont mineurs et facilement contrôlables. Bien sûr, le problème des éditeurs, c'est que les dépenses occasionnées par la fabrication des ouvrages sont irrégulières ; ainsi, dans certaines circonstances, rares, les avantages peuvent être limités et les inconvénients devenir majeurs (si vous dépensez dix millions de dollars pour fabriquer un livre, votre Cygne Noir sera qu'il ne fasse pas un best-seller). De même, tandis que la technologie peut rapporter beaucoup, payer pour quelque chose qui a été monté en épingle de manière artificielle, comme on le fit à l'époque avec la bulle « *point-com* », peut limiter n'importe quel avantage et maximiser n'importe quel inconvénient. C'est le spécialiste du capital-risque qui a investi dans une société spéculative et vendu sa part à des investisseurs dénués d'imagination qui bénéficie du Cygne Noir, pas ces investisseurs « suiveurs ».

Dans ces activités, on a de la chance si l'on ne sait rien – surtout si les autres ne savent rien non plus mais ne s'en rendent pas compte ; et c'est quand on sait où se situe son ignorance qu'on se porte le mieux – quand on est le seul à regarder les livres non lus, si je puis m'exprimer ainsi. Cela cadre parfaitement avec la « stratégie des haltères », qui consiste à s'exposer au maximum à l'éventualité de Cygnes Noirs positifs tout en restant paranoïaque vis-à-vis de ceux qui sont négatifs. Pour s'exposer aux premiers, point n'est besoin de comprendre précisément la structure de l'incertitude. J'ai du mal à expliquer que, quand on subit une perte extrêmement faible, il faut se montrer aussi offensif, spéculatif et parfois « déraisonnable » que possible.

Les penseurs sans envergure font parfois la comparaison entre cette stratégie et celle consistant à collectionner les « billets de loterie ». C'est totalement erroné. Premièrement, les billets de loterie ne génèrent pas de gains scalables ; il existe une limite supérieure connue à ce qu'ils peuvent rapporter. L'erreur ludique s'applique ici – la scalabilité des gains dans la vraie vie par rapport à ceux de la loterie les rend illimités ou sans limite connue. Deuxièmement, les billets de loterie sont régis par des règles connues et des possibilités correctement présentées comme le sont les données scientifiques ; ici, nous ne connaissons pas les règles et pouvons tirer parti de cette incertitude supplémentaire, puisque, loin de nous nuire, elle ne peut que nous être bénéfique[5].

---

5. Il y a un point épistémologique plus subtil. Souvenez-vous que dans une affaire de type Cygne Noir positif, ce que le passé n'a pas révélé vous sera presque certainement favorable. Quand on regarde les recettes réalisées dans le passé par les sociétés de biotech, on ne voit pas le succès commercial fracassant qu'elles

b) *Ne recherchez pas le précis et le local.* Simplement, ayez l'esprit ouvert. Louis Pasteur, pour qui la chance souriait à ceux qui s'y préparaient, comprenait que l'on ne se met pas chaque matin à rechercher quelque chose de particulier, mais que l'on travaille dur pour laisser le contingent pénétrer dans sa vie professionnelle. Quant à Yogi Berra, autre grand penseur, il disait : « Il faut faire très attention si l'on ne sait pas où l'on va, parce que l'on pourrait ne pas y arriver. »

De même, n'essayez pas de prévoir des Cygnes Noirs bien précis – car en le faisant, on s'y expose généralement plus qu'à ceux que l'on n'a pas prédits. Mes amis Andy Marshall et Andrew Mays, du ministère de la Défense, sont confrontés au même problème. La réaction de l'armée est d'allouer des ressources à la prévision des prochains problèmes qui se poseront. Ces penseurs défendent la position inverse : investir dans la préparation, pas dans la prévision.

Gardez à l'esprit qu'une vigilance absolue est tout bonnement impossible.

c) *Saisissez n'importe quelle occasion, ou tout ce qui lui ressemble.* Elles sont rares, beaucoup plus rares que vous ne le pensez. N'oubliez pas que les Cygnes Noirs positifs s'accompagnent d'une première étape indispensable : il faut être exposé à leur éventualité. Nombre de gens auxquels cela arrive ne se rendent pas compte qu'ils bénéficient d'un véritable coup de chance. Si un grand éditeur (ou un grand marchand d'art, un grand manitou du cinéma, une grosse légume de la banque

---

peuvent représenter, et, étant donné les potentialités de trouver un remède contre le cancer (ou les maux de tête, ou la calvitie, ou le mauvais sens de l'humour, etc.), il est peu probable que les ventes de l'industrie biotech prennent des proportions considérables, bien plus importantes que ce que l'on pourrait attendre. D'un autre côté, regardez les activités de type Cygne Noir négatif ; il y a des chances pour que les statistiques que vous voyez surestiment leurs potentialités. Souvenez-vous de la crise bancaire de 1982 : aux yeux du candide, ces banques étaient beaucoup plus rentables qu'il n'y paraissait. Il existe deux types de compagnies d'assurances : le type diversifiable classique qui relève du Médiocristan (mettons, les assurances vie) et le type Cygne Noir, exposé aux risques ; plus délicat et explosif, il est généralement revendu à des réassureurs. Selon les statistiques, ces derniers ont perdu de l'argent au cours des vingt dernières années (sur la partie assurance de leur portefeuille), mais, contrairement aux banques, ils sont suffisamment introspectifs pour savoir que cela aurait pu être bien pire, parce qu'aucune grosse catastrophe n'est survenue au cours des deux dernières décennies, et qu'il suffit vraiment d'un cataclysme de ce genre par siècle pour être obligé de mettre la clé sous la porte – ce que nombre d'académiques de la finance qui font de la « valuation » en assurances ne semblent pas avoir compris.

ou un grand penseur) vous propose un rendez-vous, annulez tous vos engagements : pareille occasion pourrait bien ne jamais se représenter. Je suis parfois choqué de voir à quel point les gens ne se rendent pas compte que de telles opportunités ne se trouvent pas sous le sabot d'un cheval. Amassez autant de billets de loterie ouvertes que possible (ceux qui rapportent des gains illimités), et, une fois qu'ils commencent à vous rapporter, ne les laissez pas tomber. Travaillez dur, non pas à des boulots de tâcheron, mais à rechercher ces opportunités et à vous y exposer autant que possible. C'est ce qui donne une valeur inestimable à la vie dans les grandes villes, parce que vous augmentez vos chances de faire des rencontres liées à la sérendipité – vous vous exposez davantage à cette éventualité. Avoir l'idée de s'installer dans une région rurale sous prétexte qu'à « l'ère d'Internet », il est facile de communiquer, c'est se priver de ces sources d'incertitude positive. Les diplomates le comprennent très bien : en général, les discussions informelles qui se nouent par hasard dans un cocktail donnent lieu à de grandes avancées – non à des relations épistolaires ou des conversations téléphoniques froides et impersonnelles. Participez à des fêtes ! Si vous êtes scientifique, vous pourrez y entendre par hasard une remarque susceptible de déclencher de nouvelles recherches ! Et si vous êtes autiste, envoyez vos associés à votre place !

    d) *Méfiez-vous des plans précis annoncés par les gouvernements.* Comme nous l'avons vu au chapitre 10, laissez-les prévoir (cela permet aux fonctionnaires d'avoir une meilleure opinion d'eux-mêmes et justifie leur existence), mais n'accordez pas trop d'importance à ce qu'ils disent. N'oubliez pas que l'intérêt de ces fonctionnaires est de survivre et de perpétuer leur espèce – pas d'atteindre la vérité. Cela ne signifie pas que les gouvernements ne servent à rien, mais seulement qu'il faut rester vigilant par rapport à leurs effets secondaires. Ainsi, les régulateurs bancaires ont un grave problème d'experts et ont tendance à excuser les prises de risques inconsidérées (mais cachées). Andy Marshall et Andy May m'ont demandé si le secteur privé faisait mieux en matière de prévisions. Hélas, non. Une fois encore, souvenez-vous de l'histoire des banques qui dissimulaient des risques explosifs dans leurs portefeuilles. Se fier aux grandes entreprises sur des questions telles que les événements rares n'est pas une bonne idée, car les résultats de leurs cadres ne sont pas observables sur la base du court terme, et ils utiliseront le système à leur avantage en affichant de bons résultats afin de pouvoir obtenir leur prime annuelle. Le talon d'Achille du capitalisme est que si l'on instaure une concurrence entre les grandes entreprises, c'est parfois celle qui est la plus exposée au Cygne Noir de type négatif qui se révélera la plus apte à survivre. En outre, rappelez-vous au chapitre 1, la note de bas de page sur la découverte de Ferguson : les marchés ne peuvent prévoir correctement les guerres. Désolé, mais personne ne peut faire de prévision exacte sur quoi que ce soit.

e) « Il y a certaines personnes, si elles ne savent pas déjà, on ne peut pas leur apprendre », déclara un jour Yogi Berra, grand philosophe de l'incertitude. Ne perdez pas votre temps à essayer de vous battre contre les prévisionnistes, les analystes boursiers, les économistes et les scientifiques sociaux, excepté pour leur faire des blagues. Il est extrêmement facile de se moquer d'eux, et beaucoup se mettent très vite en colère. Gémir sur l'imprédictibilité ne sert à rien ; les gens continueront à faire des pronostics ineptes, surtout s'ils sont payés pour, et il est impossible de mettre fin aux escroqueries institutionnalisées. Si vous devez un jour tenir compte d'une prévision, gardez bien à l'esprit la fragilité croissante de son exactitude au fil du temps.

Si vous entendez un « grand » économiste employer le mot « équilibre » ou « distribution normale », ne le contredites pas ; ne faites pas attention à lui, ou essayez de lui glisser un rat dans sa chemise.

La grande asymétrie

Toutes ces recommandations ont un point commun : l'asymétrie. Mettez-vous dans des situations qui comprennent beaucoup plus de conséquences favorables que de conséquences négatives.

De fait, la notion de résultats asymétriques est l'idée centrale de ce livre : je ne parviendrai jamais à connaître l'inconnu puisque, par définition, il est inconnu. Cependant, je peux toujours deviner la façon dont il pourrait m'affecter, et fonder mes décisions sur cette prescience.

Cette idée est souvent appelée à tort « pari de Pascal », du nom du philosophe et mathématicien (pensant) Blaise Pascal. Il la présentait à peu près comme suit : je ne sais pas si Dieu existe ; ce que je sais, c'est que je n'ai rien à gagner à être athée s'il n'existe pas, alors que j'ai beaucoup à perdre s'il existe. Cela justifie donc que je croie en Lui.

D'un point de vue théologique, la démonstration de Pascal ne tient pas debout : il faut être assez naïf pour croire que Dieu ne nous pénaliserait pas pour avoir entretenu une croyance insincère. À moins, bien sûr, d'opter pour la vision extrêmement limitée d'un Dieu naïf. (Bertrand Russell aurait affirmé que Dieu avait été obligé de créer des imbéciles afin que le postulat de Pascal puisse fonctionner.)

Mais l'idée qui se cache derrière ce pari a des applications essentielles en dehors de la théologie. Elle prend complètement le contre-pied de la notion de connaissance. Du coup, nous n'avons plus besoin de comprendre les probabilités d'un événement rare (il y a des limites fondamentales à la connaissance que nous en avons) et nous pouvons nous concentrer sur ce qu'un événement nous rapporte et les bénéfices que nous pouvons en retirer s'il se produit. Il est impossible de calculer les probabilités des événements très rares ; l'effet qu'un événement exerce sur nous est beaucoup plus facile à établir (plus l'événement est rare, plus les probabilités sont vagues). Nous pouvons avoir une idée claire des conséquences d'un événement, même si nous ignorons les chances qu'il a de se produire. Je ne sais pas quelles sont les probabilités d'un tremblement de terre, mais je peux imaginer les conséquences d'un tel événement à San Francisco. Cette idée que pour prendre une décision, on a besoin de se concentrer sur ses conséquences (que l'on peut connaître) plutôt que sur sa probabilité (que l'on ne peut pas connaître), est *l'idée centrale de l'incertitude*, sur laquelle est fondée la majeure partie de ma vie.

On peut bâtir une théorie générale de la prise de décision sur cette idée. Il suffit d'atténuer les conséquences. Comme je l'ai dit plus haut, si mon portefeuille est exposé à un effondrement boursier dont je ne puis calculer les probabilités, il suffit que j'achète une assurance ou que j'aille investir dans des titres moins risqués les sommes que je n'ai pas du tout l'intention de perdre.

En effet, si l'économie de marché a réussi, c'est précisément parce qu'elle permet le processus par tâtonnements que j'appelle « bricolage stochastique » d'individus en concurrence qui succombent à l'erreur de narration – mais qui, collectivement, participent de fait à un projet grandiose. À notre insu, nous apprenons de plus en plus à pratiquer le bricolage stochastique – ce, grâce à des entrepreneurs animés d'une confiance excessive en eux-mêmes, à des investisseurs naïfs, à des banquiers cupides et à d'agressifs spécialistes du capital-risque, tous réunis par l'économie de marché. Dans le chapitre suivant, je montrerai pourquoi je suis certain que le monde académique est en train de perdre son pouvoir et sa capacité d'enfermer la connaissance dans des camisoles de force et que plus de connaissances qui « sortent du moule », de type *Wikipédia*, vont être générées.

Finalement, nous sommes menés par l'histoire, tout en pensant que c'est nous qui nous trouvons aux commandes.

Je résumerai ce long chapitre sur la prévision en disant que nous pouvons facilement dégager trois raisons essentielles pour lesquelles nous n'arrivons pas à comprendre ce qui se passe : a) l'arrogance épistémique et notre cécité afférente par rapport au futur, b) la notion platonique de catégories, ou comment les gens sont dupés par les réductions, surtout s'ils ont un diplôme universitaire dans une discipline où il n'y a pas d'expert ; et enfin, c) les outils de déduction défectueux, surtout ceux du Médiocristan, qui ne prennent pas en compte les Cygnes Noirs.

Dans le chapitre suivant, nous allons étudier beaucoup plus en profondeur ces outils – la « plomberie », si je puis m'exprimer ainsi. Certains lecteurs le considéreront peut-être comme une annexe, et d'autres, comme le cœur même de cet ouvrage.

TROISIÈME PARTIE

CES CYGNES GRIS DE L'EXTRÊMISTAN

Il est temps d'aborder un peu plus profondément les quatre derniers éléments qui influencent notre Cygne Noir.

Primo, j'ai dit plus haut que le monde s'enfonçait davantage dans l'Extrêmistan et qu'il était de moins en moins gouverné par le Médiocristan – en fait, cette idée est plus subtile que cela. Je vais montrer pourquoi, et présenter les différentes idées que nous avons sur la formation de l'inégalité. *Secundo*, j'ai décrit jusqu'ici la courbe en cloche comme une illusion contagieuse et grave, et il est temps d'approfondir ce point. *Tertio*, je vais présenter ce que j'appelle le hasard mandelbrotien, ou fractal. Souvenez-vous que pour qu'un événement soit un Cygne Noir, il ne suffit pas qu'il soit rare ou complètement fou ; il doit également être inattendu, sortir des limites de notre vision limitée des événements possibles. Il faut se faire avoir par lui. Or, nombre d'événements rares peuvent nous dévoiler leur structure ; s'il n'est pas facile de calculer leur probabilité, il est assez simple de se faire une idée *générale* de la possibilité de leur survenue. Nous pouvons transformer ces Cygnes Noirs en Cygnes Gris, pour ainsi dire, et réduire ainsi l'effet de surprise. Quelqu'un qui a conscience de la possibilité de leur survenue peut en arriver à appartenir à la catégorie de ceux qui ne seront pas les dindons de la farce.

Pour finir, je présenterai les idées de ces philosophes qui se concentrent sur l'incertitude bidon. J'ai structuré cet ouvrage de telle manière que les chapitres les plus techniques (mais pas essentiels) se trouvent dans cette partie ; le lecteur avisé peut les sauter sans perdre quoi que ce soit, surtout les chapitres 15, 17, et la seconde partie du chapitre 16. J'alerterai le lecteur avec une note de bas de page. Le lecteur moins intéressé par les mécanismes d'écarts peut passer directement à la quatrième partie.

CHAPITRE 14

DU MÉDIOCRISTAN À L'EXTRÊMISTAN,
ET VICE VERSA

Je préfère Horowitz. – Comment tomber en disgrâce. – La longue traîne. – Préparez-vous à des surprises. – Ce n'est pas qu'une question d'argent.

Voyons comment une planète de plus en plus fabriquée par l'homme peut s'éloigner d'un hasard modéré pour plonger dans un hasard sauvage. Je commencerai par décrire la façon de se rendre en Extrêmistan, puis je m'intéresserai à la manière dont il évolue.

Le monde est injuste

Le monde est-il si injuste que cela ? J'ai passé ma vie entière à étudier le hasard, à le pratiquer, à le détester. Plus le temps passe, plus les choses me semblent s'aggraver, plus je me mets à avoir peur, et plus mère Nature me dégoûte. Plus je réfléchis à mon sujet, plus je découvre des preuves que le monde que nous avons en tête diffère de celui qui se joue à l'extérieur. Il m'apparaît chaque matin plus aléatoire que la veille, et les êtres humains semblent encore plus dupes de lui qu'ils ne l'étaient hier. Cela devient insupportable. Il m'est pénible d'écrire ces lignes ; je trouve le monde révoltant.

Deux spécialistes des sciences « molles » proposent des modèles intuitifs qui permettent d'expliquer le développement de cette iniquité : l'un est un économiste de renom, l'autre sociologue. Tous deux simplifient un peu trop les choses. Je vais présenter leurs idées parce qu'elles sont faciles à comprendre, non pour la qualité scientifique ou les conséquences de leurs découvertes ; ensuite, je montrerai l'histoire telle que la voient les spécialistes des sciences naturelles.

Permettez-moi de commencer par l'économiste Sherwin Rosen. Au début des années 1980, il a écrit des articles sur « la situation financière des superstars ». Dans l'un d'eux, il se montrait scandalisé par le fait qu'un joueur de basket pouvait gagner plus d'un million de dollars par an, ou une vedette de la télé, 2 millions de dollars. Pour vous rendre compte à quel point cette concentration de richesses augmente – c'est-à-dire à quel point nous nous éloignons du Médiocristan –, songez que les vedettes de la télévision et du monde sportif (même en Europe) se voient aujourd'hui – seulement vingt ans plus tard – proposer des contrats de plusieurs centaines de millions de dollars ! L'extrême se situe à peu près (jusqu'à présent du moins) à un niveau vingt fois plus élevé qu'il y a vingt ans !

Selon Rosen, cette inégalité provient d'un effet de tournoi : quelqu'un qui n'est qu'un tout petit peu « meilleur » peut facilement remporter l'intégralité de la mise, si bien qu'il ne reste plus rien pour les autres. Pour reprendre un argument employé dans le chapitre 3, les gens préfèrent payer 10,99 dollars un CD de Vladimir Horowitz plutôt que 9,99 dollars celui d'un pianiste qui se bat pour être reconnu. Préféreriez-vous lire un roman de Kundera à 13,99 dollars ou celui d'un auteur inconnu qui vous coûterait 1 dollar ? Cela évoque donc bien un tournoi où le gagnant rafle la mise – et il n'a pas besoin de gagner beaucoup.

Toutefois, la belle démonstration de Rosen omet de prendre en compte le facteur chance. Le problème, ici, c'est la notion de « meilleur », cette focalisation sur les compétences comme sésame de la réussite. Des résultats aléatoires ou une situation arbitraire peuvent également expliquer la réussite, et apportent le petit coup de pouce initial qui mène à un résultat de type « le gagnant rafle tout ». Une personne peut prendre une légère avance sur ses concurrents pour des raisons complètement aléatoires ; parce que nous aimons tous faire comme les autres, nous allons nous précipiter en masse sur le gagnant. Le monde de la contagion est tellement sous-estimé !

Je suis en train d'écrire ces lignes sur un Macintosh, produit Apple, après avoir passé des années à utiliser les outils informatiques de Microsoft. Le matériel Apple est bien supérieur, et pourtant, c'est la technologie la moins performante qui a remporté la mise. Pour quelle raison ? La chance.

L'effet saint Matthieu

Plus de dix ans avant Rosen, le sociologue des sciences Robert K. Rosen présenta sa théorie de l'effet saint Matthieu, selon laquelle on prend aux pauvres pour donner aux riches[1]. Étudiant le parcours des scientifiques, il montrait qu'un avantage obtenu au départ suit la personne tout au long de sa vie. Voyez le processus suivant.

Mettons que quelqu'un rédige un article universitaire dans lequel il cite cinquante auteurs ayant travaillé sur le sujet qu'il traite, et dont les recherches lui ont permis d'étayer son propre travail, pour simplifier les choses, supposons que les cinquante auteurs soient de qualité équivalente. Un autre chercheur travaillant exactement sur le même sujet citera trois d'entre eux dans sa bibliographie. Merton montre que nombre d'universitaires citent des références sans avoir lu les œuvres elles-mêmes ; généralement, ils lisent un article et en extraient les citations qu'ils vont utiliser. Ainsi, un troisième chercheur lisant l'article du deuxième va sélectionner les trois auteurs référencés par son collègue pour les besoins des citations qu'il veut lui-même faire. Leur nom étant associé de plus en plus étroitement avec le sujet en question, ces trois auteurs vont recueillir de plus en plus d'attention ; ce qui fait la différence entre eux et les autres membres du groupe initial, c'est surtout la chance : à l'origine, ce n'est pas pour leurs compétences supérieures qu'ils ont été choisis, mais simplement parce que leur nom apparaissait dans la bibliographie de l'article précédent. Leur renommée va permettre à ces universitaires de continuer à écrire des articles et de faire publier facilement leurs travaux. La réussite académique est en partie (mais une partie importante) une loterie[2].

---

1. Ces lois scalables faisaient déjà l'objet d'un passage dans les Saintes Écritures : « Car à tout homme qui a, l'on donnera et il aura du surplus ; mais à celui qui n'a pas, on enlèvera ce qu'il a » (Matthieu 25, 29).
2. La perception de l'importance de la précocité dans la carrière des chercheurs peut être due en grande partie à une mécompréhension du rôle pervers de cet effet, surtout quand il est renforcé par la partialité. Il existe suffisamment de contre-

Vérifier l'impact de la réputation est extrêmement simple. Une manière de le faire serait de trouver des articles qui ont été écrits par des scientifiques célèbres dont on aurait changé le nom par erreur, et qui ont été refusés. On pourrait ensuite vérifier le nombre de rejets qui se sont transmués en acceptations après que la véritable identité de leur auteur eut été révélée. Notez que les universitaires sont essentiellement jugés sur le nombre de fois où leurs travaux sont référencés dans ceux des autres ; c'est ainsi que se constituent des cliques de gens qui se citent les uns les autres (en vertu d'un principe du genre « je te cite, tu me cites »).

Les auteurs qui ne sont pas suffisamment cités se retireront du jeu pour aller travailler pour le gouvernement (s'ils ont un tempérament modéré) par exemple, ou pour une société de Wall Street (si leur taux hormonal est élevé). Ceux qui auront reçu un bon coup de pouce au début de leur carrière universitaire continueront tout au long de leur vie à cumuler les avantages. Il est plus facile pour les riches de s'enrichir, et pour les gens célèbres de devenir encore plus célèbres.

En sociologie, les effets saint Matthieu portent le nom moins littéraire d'« avantages cumulatifs ». Cette théorie peut facilement s'appliquer aux entreprises, aux hommes d'affaires, aux acteurs, aux écrivains, et à quiconque bénéficie d'un succès passé. Si vous êtes publié par une grande maison d'édition parce que la couleur de votre en-tête a retenu l'attention du rédacteur qui rêvait à des pâquerettes, la gratification qui en découlera vous suivra toute votre vie. Surtout, cela suivra *les autres* toute leur vie. L'échec aussi est cumulatif ; il y a des chances pour que les perdants le soient également dans le futur, même si l'on ne tient pas compte du mécanisme de démoralisation susceptible d'exacerber leur échec initial et d'en entraîner d'autres.

Notez que l'art, parce qu'il dépend du bouche-à-oreille, est un domaine particulièrement propice à ces effets d'avantages cumulatifs. Dans le chapitre 1, j'ai parlé des regroupements et de la façon dont les journalistes contribuent à les perpétuer. Plus encore que nos opinions politiques, nos avis sur la valeur artistique d'une chose sont le produit d'un phénomène de contagion arbitraire. Quelqu'un écrit la critique d'un livre ; quelqu'un d'autre lit cette critique et en écrit une autre

---

exemples, même dans des disciplines comme les mathématiques, censées être une simple « affaire de jeune homme » qui illustrent l'erreur de l'âge ; il est simplement nécessaire de réussir de bonne heure – voire, de très bonne heure.

reprenant les mêmes arguments. On ne tarde pas à se retrouver avec plusieurs centaines de critiques dont le contenu, en réalité, se résume à celui de deux ou trois critiques tout au plus, parce qu'elles se recoupent considérablement. Pour avoir une illustration de ce constat, lisez *Fire the Bastards!* Son auteur, Jack Green, procède à l'analyse systématique des critiques du roman de William Gaddis, *Les Reconnaissances*. Green montre clairement que les critiques littéraires s'appuient sur leurs pairs, et met en lumière la puissance de leur influence mutuelle jusque dans les termes qu'ils emploient. Ce phénomène en rappelle un autre que nous avons évoqué au chapitre 10 : la tendance des analystes financiers à « bêler avec le troupeau ».

L'avènement des médias modernes a accéléré ces avantages cumulatifs. Le sociologue Pierre Bourdieu notait l'existence d'un lien entre la concentration de réussite accrue et la mondialisation de la culture et de la vie économique. Mais je n'essaie pas de jouer les sociologues ; je tente simplement de montrer que des éléments imprédictibles peuvent jouer un rôle dans les questions sociales.

La théorie des avantages cumulatifs de Merton a un précurseur plus général, l'« attachement préférentiel », que je vais maintenant vous présenter en inversant l'ordre chronologique (mais pas la logique). Comme Merton s'intéressait à l'aspect social de la connaissance et non à la dynamique du hasard social, ses études découlaient des recherches sur la dynamique du hasard dans des sciences plus mathématiques.

Langue vernaculaire

La théorie de l'attachement préférentiel a de multiples applications : elle peut expliquer pourquoi la taille des villes est un phénomène extrêmistanais, pourquoi le vocabulaire tourne autour d'un petit nombre de mots ou pourquoi les populations de bactéries peuvent présenter des différences de taille considérables.

En 1922, J. C. Willis et G. U. Yule publièrent dans le magazine américain *Nature* un article qui fit date, intitulé « Some Statistics of Evolution and Geographical Distribution in Plants and Animals, and Their Significance[3] ». Willis et Yule y faisaient état de la présence

---

3. « Quelques statistiques sur l'évolution et la répartition géographique des plantes et des animaux, et leur importance » *(N.d.T.)*.

dans la biologie de ce que l'on appelle les lois de puissance, versions souples du hasard scalable dont j'ai parlé au chapitre 3. Ces lois de puissance (sur lesquelles vous trouverez plus d'informations techniques dans les chapitres suivants) avaient été détectées auparavant par Vilfredo Pareto, qui avait découvert qu'elles s'appliquaient à la répartition des revenus. Plus tard, Yule présenta un modèle simple montrant comment les générer. Voici sa démonstration : mettons que des espèces se divisent en deux à une vitesse constante, entraînant l'apparition de nouvelles espèces. Plus un « *genus* » contient d'espèces, plus il aura tendance à en contenir, avec la même logique que l'effet saint Matthieu. Notez la restriction suivante : dans le modèle de Yule, l'espèce ne s'éteint jamais.

Dans les années 1940, George Zipf, un chercheur à Harvard qui étudiait certaines propriétés linguistiques, mit en évidence la régularité empirique aujourd'hui connue sous le nom de « loi de Zipf » – qui n'est évidemment pas une loi (et qui, si elle l'était, ne serait pas celle de Zipf), mais simplement une autre manière de penser le processus d'inégalité. Voici les mécanismes qu'il décrit : plus on emploie un mot, moins on aura de mal à l'employer encore ; c'est donc en fonction de l'emploi qu'on a fait de certains mots dans le passé qu'on les emprunte de nouveau à son dictionnaire privé. Cela explique que sur les soixante mille mots les plus employés en anglais, seules quelques centaines constituent l'essentiel de ceux que l'on utilise à l'écrit et qu'un nombre plus restreint encore reviennent régulièrement dans la conversation. De même, plus il y a de monde dans une ville, plus un étranger aura tendance à la choisir pour destination. Ce qui est grand le devient encore plus et ce qui est petit le reste, ou le devient un peu plus.

Une excellente illustration de l'attachement préférentiel réside dans l'usage de plus en plus répandu de l'anglais en tant que langue vernaculaire – non pour ses qualités intrinsèques, mais parce que les gens ont besoin d'utiliser une seule et unique langue, ou de s'en tenir autant que possible à l'emploi d'une seule langue quand ils discutent. Ainsi, quelle que soit la langue qui semble avoir le dessus, elle va tout à coup attirer des hordes de gens ; son emploi va se propager comme une épidémie, et les autres langues vont être rapidement supplantées. Je suis souvent surpris d'entendre des gens issus de deux pays voisins, comme la Turquie et l'Iran, ou le Liban et Chypre, communiquer en mauvais anglais avec force gestes pour accentuer leur propos, et chercher les mots qui sortent de leur bouche au prix d'un effort physique considérable. Même les membres de l'armée suisse emploient l'anglais (et non le français) comme langue vernaculaire (ce doit être amusant à entendre). Songez qu'une infime minorité d'Américains de souche nord-européenne viennent d'Angleterre ; les groupes ethniques dominants ont toujours été les Allemands, les Irlandais, les Hollandais, les Français et d'autres nationalités originaires d'Europe septentrionale. Cependant, comme la langue principale de tous ces groupes est aujourd'hui l'anglais, ils doivent étudier les racines de cette langue d'adoption et développer une association culturelle avec certaines parties d'une île humide, ainsi qu'avec son histoire, ses traditions et ses coutumes !

Idées et contagions

Le même modèle peut être utilisé pour les contagions et la concentration d'idées. Mais il y a certaines restrictions concernant la nature des épidémies dont je dois parler ici. Les idées ne se propagent pas sans une forme quelconque de structure. Souvenez-vous de notre discussion au chapitre 4 sur notre prédisposition à faire des déductions. De même que nous avons tendance à généraliser certaines choses et pas d'autres, il semble y avoir des « bassins d'attraction » qui nous orientent vers certaines croyances. Ainsi certaines idées se révéleront-elles contagieuses et d'autres non ; certaines formes de superstition se propageront, mais pas d'autres. L'anthropologue Dan Sperber, qui est également scientifique cognitif et philosophe, a avancé la théorie suivante sur l'épidémiologie des représentations. Ce que l'on appelle « mèmes », ces idées qui se propagent et se font concurrence en se servant des gens comme de véhicules, ne sont pas réellement semblables aux gènes. Si les idées se répandent, c'est que leurs véhicules sont malheureusement des agents intéressés qui se passionnent pour elles et pour les déformations qu'ils leur font subir au cours du processus de reproduction. On ne confectionne pas un gâteau pour le simple plaisir de reproduire une recette – on essaie de confectionner son propre gâteau, en se servant des idées d'autrui pour l'améliorer. Nous sommes des êtres humains, pas des photocopieuses. Ainsi, les catégories mentales contagieuses doivent être celles auxquelles nous sommes prêts à croire – et peut-être même celles que nous sommes programmés pour croire. Pour être contagieuse, une catégorie mentale doit être compatible avec notre nature.

Nul n'est en sécurité en Extrêmistan

Les modèles de dynamique de concentration que j'ai présentés jusqu'ici ont tous quelque chose d'extrêmement naïf – en particulier les modèles socio-économiques. Ainsi, bien que la théorie de Merton inclue la chance, elle omet de prendre en compte un autre niveau de hasard. Dans tous ces modèles, le gagnant reste gagnant. Cela dit, un perdant pourrait toujours le rester, mais un gagnant pourrait être détrôné par un nouvel arrivant surgi de nulle part. Nul n'est en sécurité.

Si les théories sur l'attachement préférentiel sont spontanément séduisantes, elles ne prennent pas en compte cette possibilité d'être supplanté par un nouvel arrivant – ce que tous les écoliers connaissent sous le nom de déclin des civilisations. Songez à la logique des grandes villes : comment Rome, dont la population s'élevait à 1,2 million d'habitants au Iᵉʳ siècle avant Jésus-Christ, s'est-elle retrouvée avec douze mille citoyens au IIIᵉ siècle ? Comment Baltimore, qui était autrefois une ville américaine majeure, est-elle devenue une relique ? Et comment Philadelphie en est-elle arrivée à être éclipsée par New York ?

Un Français de Brooklyn

Quand je commençai à faire du trading de devises étrangères, je me liai d'amitié avec un gars prénommé Vincent qui ressemblait à s'y méprendre à un trader de Brooklyn – au point que je retrouvais chez lui les tics de Gros Tony – à cela près qu'il parlait la version française de la langue de Brooklyn. Vincent m'apprit quelques trucs. Entre autres devises, il aimait à dire que « si le trading a ses princes, personne n'en reste le roi » et que « les gens que l'on rencontre en montant, on les retrouvera en descendant ».

Quand j'étais enfant, il y avait des théories sur la lutte des classes et des individus innocents qui se battaient contre des entreprises colossales et puissantes capables d'engloutir le monde entier. Tous les boulimiques intellectuels se voyaient servir ces théories héritées de la croyance marxiste selon laquelle les outils d'exploitation s'autoalimentent, les puissants le deviennent encore plus, perpétuant ainsi l'injustice du système. Cependant, il suffisait de regarder autour de soi pour s'apercevoir que ces énormes monstres tombaient comme des mouches. Prenez un échantillon représentatif des principales sociétés à n'importe quelle époque ; quelque vingt ans plus tard, nombre d'entre elles seront hors service, tandis que d'autres dont personne n'avait jamais entendu parler auront surgi de quelque garage californien ou dortoir universitaire, pour faire leur apparition dans le paysage.

Voyez la statistique suivante, qui permet vraiment de relativiser les choses. Sur les cinq cents plus grandes entreprises américaines en activité en 1957, soixante-quatorze seulement figuraient encore au palmarès des Standard and Poor's 500 quarante ans plus tard. Quelques-unes seulement avaient été englouties dans des fusions ; les autres avaient vu leur taille diminuer ou elles avaient fait faillite.

Il est intéressant de remarquer qu'elles se trouvaient presque toutes dans le pays le plus capitaliste de la planète, les États-Unis. Plus un pays penchait vers le socialisme, plus elles parvenaient à s'y maintenir. Pourquoi est-ce le capitalisme (et non le socialisme) qui les a détruites ?

En d'autres termes, si on laisse tranquilles ces ogres redoutables, ils ont tendance à se faire absorber. Les partisans de la liberté économique affirment qu'ils ne représentent aucune menace parce que la concurrence permet de les maîtriser. Ce que j'ai vu à la Wharton School m'a convaincu que la vraie raison de ce phénomène réside dans une bonne dose d'autre chose : la chance.

Cependant, quand les gens parlent de chance (ce qu'ils font rarement), ils ne voient généralement que celle qu'ils ont eue, eux. Or, la chance des *autres* a une importance capitale. Ainsi, une autre grande entreprise peut avoir de la veine grâce à un produit qui va faire un tabac et supplanter les gagnants du moment. Entre autres choses, le capitalisme permet de régénérer le monde en offrant la possibilité d'avoir de la chance ; c'est le facteur d'égalité par excellence, parce que quasiment tout le monde peut en bénéficier. Les gouvernements socialistes protégeaient leurs monstres et, ce faisant, ils tuaient dans l'œuf les nouveaux arrivants potentiels.

Tout est éphémère. C'est la chance qui fit et défit Carthage ; et elle encore qui fit et défit Rome.

J'ai dit plus haut que le hasard était une mauvaise chose, mais ce n'est pas toujours le cas. La chance est un facteur d'égalité beaucoup plus important que l'intelligence elle-même. Si les gens étaient récompensés uniquement en fonction de leurs capacités, les choses seraient encore injustes car on ne choisit pas ses capacités. Le hasard a un effet bénéfique : il redistribue les cartes de la société et terrasse le puissant.

Dans le domaine artistique, les modes ont la même fonction. Les adeptes se multipliant au gré d'une épidémie de style « attachement préférentiel », un nouveau venu peut bénéficier d'un engouement passager. Et puis, devinez quoi ? Il devient à son tour *« has been »*. Il est très intéressant de regarder les auteurs que l'on portait au pinacle à une époque donnée et qui sont aujourd'hui tombés dans l'oubli. Cela arrive même dans des pays tels que la France, où le gouvernement soutient les réputations solidement établies, tout comme il soutient les grandes entreprises en crise.

Quand je me rends à Beyrouth, il m'arrive souvent de repérer chez certains membres de ma famille les vestiges d'une collection d'ouvrages « récompensés par le Nobel », avec leur reliure en cuir blanc caractéristique ; quelque représentant hyperactif dut réussir jadis à peupler les bibliothèques privées de ces ouvrages à la facture superbe ; quantité de gens achètent des livres dans un but purement décoratif et recherchent un critère de sélection simple. Le critère proposé par cette collection était la publication annuelle d'un livre d'un auteur récompensé par le prix Nobel de littérature – moyen facile de se constituer la bibliothèque ultime. La collection était censée être mise à jour chaque année, mais je suppose que la société cessa son activité dans les années 1980. À chaque fois que je vois ces volumes, j'ai un pincement au cœur ; aujourd'hui, entend-on encore beaucoup parler de Sully Prudhomme (le premier Nobel de littérature), de Pearl Buck (une Américaine), de Romain Rolland, d'Anatole France (les deux plus célèbres écrivains français de leur génération), de Saint-John Perse, de Roger Martin du Gard ou de Frédéric Mistral ?

La longue traîne

J'ai dit que personne n'était en sécurité en Extrêmistan. Mais cette médaille a son revers : personne n'y est non plus menacé d'extinction totale. Notre environnement actuel permet au « petit » d'attendre son heure dans l'antichambre de la réussite – tant qu'il y a de la vie, il y a de l'espoir.

Cette idée a été récemment reprise par Chris Anderson, l'un des rares à comprendre que la dynamique de la concentration fractale contient un autre niveau de hasard. Il l'a présentée avec sa théorie de la « longue traîne » dont nous allons parler dans un instant. Anderson a la chance de ne pas être statisticien professionnel (les gens qui ont eu la malchance de suivre une formation de statistiques classique croient que nous vivons au Médiocristan). Il a pu porter un regard neuf sur la dynamique du monde.

Bien sûr, le Web génère une concentration aiguë. Un grand nombre d'utilisateurs se contentent de visiter quelques sites comme Google, qui, au moment où j'écris ces lignes, a l'exclusivité totale du marché. À aucun autre moment de l'histoire une compagnie n'est venue à dominer autant et aussi rapidement le marché – du Nicaragua au sud-ouest de la Mongolie en passant par la côte ouest des États-Unis, Google parvient à offrir ses services sans avoir à se soucier d'opérateurs téléphoniques, de transport par bateau, de livraison et de fabrication. Cette société est l'exemple type du « gagnant qui rafle tout ».

Cependant, on oublie qu'avant Google, c'est Alta Vista qui dominait le marché des moteurs de recherche. Je me prépare à corriger la métaphore employée pour Google en la remplaçant par un autre nom dans les éditions futures de ce livre.

Ce qu'a décelé Anderson, c'est que le Web entraîne autre chose que la concentration ; il permet la constitution d'une réserve de Googles en herbe qui attendent dans le fond. Il promeut également un Google inversé, c'est-à-dire qu'il permet aux gens dotés d'une spécialité technique de trouver un petit public stable.

Souvenez-vous du rôle joué par le Web dans le succès de Yevgenia Krasnova. Grâce à Internet, elle a réussi à contourner les éditeurs traditionnels. Si le Web n'avait pas existé, son éditeur aux lunettes roses n'aurait même pas démarré son activité. Supposons qu'Amazon.com n'existe pas, et que vous ayez écrit un livre au style très raffiné. Il y a des chances pour qu'une toute petite librairie ne contenant que cinq mille volumes ne soit pas intéressée à permettre à votre « prose si délicatement ornée » d'occuper une place de choix dans ses rayons. Quant à la gigantesque librairie dont le stock atteint peut-être les cent trente mille volumes, ce chiffre n'est pas encore suffisant pour lui permettre d'héberger les ouvrages marginaux. Votre travail est donc mort-né.

Il n'en va pas de même pour les vendeurs de livres sur le Web. Une librairie en ligne peut comprendre un nombre infini de livres puisqu'elle n'a pas besoin de les avoir physiquement en stock. En fait, nul n'en a besoin, car les livres peuvent conserver une forme numérique jusqu'à ce que leur impression devienne nécessaire – ce marché émergent est dit « marché de l'impression à la demande ».

Ainsi, à l'instar de l'auteur de ce modeste ouvrage, vous pouvez rester assis là à attendre votre heure, être disponible sur les moteurs de recherche et bénéficier peut-être d'une épidémie fortuite. En fait, au cours des dernières années, la qualité du lectorat s'est sensiblement améliorée grâce à la disponibilité de ces livres plus raffinés. Cet environnement est propice à la diversité[4].

Quantité de gens m'ont appelé pour discuter de la théorie de la longue traîne, ce qui paraît être le contraire exact de la concentration impliquée par la scalabilité. La longue traîne implique que les « petits » devraient contrôler collectivement une grande partie de la culture et du commerce grâce aux niches et aux sous-spécialités qui peuvent aujourd'hui survivre grâce à Internet. Mais, étrangement, elle peut aussi engendrer une bonne dose d'inégalité : une base importante de « petits » et un nombre infime de supergéants représentent collectivement une part de la culture mondiale – et, de temps à autre, certains « petits » s'élèvent et viennent déboulonner les gagnants (c'est la « double longue traîne » : une longue traîne de « petits », et une autre de « colosses »).

La longue traîne joue un rôle fondamental dans le changement de la dynamique de la réussite, déstabilisant le gagnant solidement implanté et permettant l'émergence d'un autre gagnant. En bref, ce sera toujours l'Extrêmistan, toujours gouverné par la concentration de hasard de type 2 ; mais ce sera un Extrêmistan en perpétuel changement.

La contribution de la longue traîne n'est pas encore chiffrable ; elle reste confinée au Web et c'est un commerce en ligne à petite échelle. Mais songez aux conséquences que la longue traîne pourrait avoir sur l'avenir de la culture, de l'information et de la vie politique. Elle pourrait nous libérer des partis politiques dominants, du système universitaire, des groupes de journalistes – de tout ce qui se trouve actuellement aux mains d'une autorité ossifiée, vaniteuse et intéressée. La longue traîne contribuera à alimenter la diversité cognitive. Pour moi, un moment marquant de l'année 2006 fut celui où je découvris dans ma boîte aux lettres la première version du manuscrit d'un livre intitulé *Cognitive Diversity : How Our Individual Differences Produce Collective*

---

4. En outre, grâce à la propriété *bottom-up* du Web, les critiques littéraires sont plus tenus de répondre de leurs propos. Soumis jusqu'alors au caractère arbitraire des critiques et impuissants face à elles, qui sont susceptibles de déformer leur message et, par le biais de confirmation, de mettre en lumière certaines faiblesses mineures de leur texte, les écrivains ont désormais les coudées beaucoup plus franches. Au lieu d'écrire à leur éditeur pour se plaindre, ils ont la possibilité de poster sur le Web leur critique d'une critique de leur livre. S'ils subissent une attaque *ad hominem*, ils peuvent y répondre de la même façon et s'en prendre directement à la crédibilité du critique, en s'assurant que leur déclaration apparaîtra rapidement dans une recherche Internet ou sur Wikipedia, l'encyclopédie *bottom-up*.

Benefits[5] de Scott Page. Analysant les effets de la diversité cognitive sur la résolution des problèmes, Page montre que la variabilité des points de vue et des méthodes encourage fortement le bricolage. Elle fonctionne comme l'évolution. En déformant les grosses structures, on se débarrasse aussi de l'« unique manière » de procéder – notion platonifiée – et au bout du compte, c'est l'empiriste *bottom-up* dénué de théorie qui devrait prédominer.

En résumé, la longue traîne est un produit dérivé de l'Extrêmistan qui le rend quelque peu moins injuste : si le monde n'est pas moins injuste pour le « petit », du moins devient-il maintenant extrêmement injuste pour le « gros ». Nul n'est vraiment installé. Le « petit » est très subversif.

Mondialisation naïve

Nous sombrons dans le désordre, mais il n'est pas nécessairement mauvais. Cela implique que nous allons connaître davantage de périodes de calme et de stabilité, et que la plupart des problèmes prennent la forme d'un petit nombre de Cygnes Noirs.

Songez à la nature des guerres passées. Le XXᵉ siècle ne fut pas le plus meurtrier (en termes de pourcentage de la population totale), mais il apporta un phénomène nouveau : le commencement de la guerre extrêmistanaise – faible probabilité d'un conflit dégénérant jusqu'à entraîner une décimation totale de la race humaine, un conflit dont personne, nulle part, n'est à l'abri.

On observe un effet similaire dans la vie économique. Au chapitre 3, j'ai parlé de la mondialisation ; elle est là, mais pas uniquement pour le meilleur, car elle génère une fragilité qui se répercute en cascade tout en diminuant la volatilité et en créant une apparence de stabilité. En d'autres termes, la mondialisation produit des Cygnes Noirs foudroyants. Nous n'avons jamais vécu sous la menace d'un effondrement général. Jusqu'à présent, les institutions financières ont fusionné, donnant naissance à un nombre plus restreint de très grandes banques. Maintenant, les banques sont pratiquement toutes liées entre elles. Ainsi l'écologie financière est-elle en train d'enfler pour former des banques bureaucratiques gigantesques, incestueuses (souvent

---

5. « La diversité cognitive. Comment nos différences individuelles génèrent des bénéfices collectifs » *(N.d.T.)*.

« gaussianisées » en termes d'évaluation des risques) – la chute de l'une entraîne celle de toutes les autres[6]. La concentration accrue des banques semble avoir pour effet de rendre les crises financières moins probables, mais quand elles se produisent, c'est à une échelle plus globale et elles nous frappent très cruellement. Nous sommes passés d'une écologie diversifiée de petites banques, avec différentes politiques de prêt, à un ensemble plus homogène de sociétés qui se ressemblent toutes. Certes, nous enregistrons maintenant moins d'échecs, mais quand ils se produisent... Cette pensée me fait frémir. Je reformule mon idée : nous allons avoir moins de crises, mais elles seront plus graves. Plus un événement est rare, moins nous connaissons les chances qu'il a de se produire. Autrement dit, nous en savons toujours moins sur les possibilités qu'une crise a de survenir.

Et nous avons quelque idée de la manière dont elle surviendrait. Un réseau est un assemblage d'éléments appelés « nœuds » qui sont reliés les uns aux autres ; les aéroports dans le monde constituent un réseau, de même que le World Wide Web, les relations sociales et les réseaux électriques. Il existe une branche de la recherche appelée « théorie des réseaux » qui, avec des chercheurs tels que Duncan Watts, Steven Strogatz, Albert-László Barabási et bien d'autres encore, étudie l'organisation de ces derniers et les liens qui existent entre leurs nœuds. Tous comprennent les mathématiques extrêmistanaises et l'inadaptation de la courbe en cloche par rapport à elles. Ils ont mis en lumière les propriétés de réseaux suivantes : il existe une concentration parmi quelques nœuds qui servent de connexions centrales. Les réseaux ont naturellement tendance à s'organiser autour d'une architecture extrêmement concentrée : quelques-uns sont particulièrement connectés,

---

6. Comme si nous n'avions pas assez de problèmes comme cela, les banques sont aujourd'hui plus que jamais sujettes au Cygne Noir et à l'erreur ludique, tandis que des « scientifiques » appartenant à leur personnel gèrent leur exposition éventuelle à ces phénomènes. Dans les années 1990, le géant J. P. Morgan mit le monde entier en danger en introduisant RiskMetrics, méthode de gestion des risques bidon, entraînant la généralisation de l'utilisation de l'erreur ludique et portant au pouvoir non pas de Gros Tony adeptes du scepticisme, mais des Dr. Johns (depuis, se répand une méthode liée à celle-là, baptisée la VaR [de l'anglais « Value at Risk » – mot à mot : « valeur sous risque » – *N.d.T.*] – fondée sur la mesure quantitative du risque). De même, quand je regarde les risques encourus par Fanny Mae, une institution de prêts hypothécaires sponsorisée par le gouvernement, elle semble assise sur une poudrière, sujette au moindre soubresaut. Mais il n'y a rien à craindre : les nombreux « scientifiques » qui en font partie ont jugé ces événements « improbables ».

alors que d'autres le sont à peine. La répartition de ces connexions a une structure scalable d'un certain type que nous aborderons dans les chapitres 15 et 16. Une concentration de ce type n'est pas limitée à Internet ; elle apparaît dans la vie sociale (un petit nombre de gens sont connectés aux autres), les réseaux électriques et de communication. Cela semble rendre les réseaux plus solides : les préjudices aléatoires de la majorité de leurs parties seront sans conséquence car ils toucheront sans doute un endroit peu connecté. Mais cela augmente aussi la vulnérabilité des réseaux par rapport aux Cygnes Noirs. Songez simplement à ce qui se passerait s'il y avait un problème avec un nœud essentiel. La panne d'électricité survenue en août 2003 dans le nord-est des États-Unis et le désordre qu'elle engendra illustre parfaitement ce qui pourrait arriver aujourd'hui si l'un des grands établissements bancaires plongeait.

Cependant, la situation des banques est bien pire que celle d'Internet. L'industrie financière, elle, n'a pas de longue traîne significative ! Nous nous porterions beaucoup mieux si nous avions une écologie différente – une écologie dans laquelle les institutions financières faisaient faillite de temps à autre et étaient rapidement remplacées par de nouvelles, reflétant ainsi la diversité des sociétés sur Internet et la résilience de l'économie de ce réseau mondial – ou s'il y avait une longue traîne de fonctionnaires gouvernementaux qui venait revigorer les bureaucraties.

S'ÉLOIGNER DE L'EXTRÊMISTAN

Comme il existe inévitablement une tension entre notre société où règne la concentration et l'idée que nous nous faisons traditionnellement de l'*aurea mediocritas*, la « médiocrité d'or », on peut comprendre que certains efforts soient faits pour inverser cette concentration. Nous vivons dans une société à personne et à vote uniques, où les impôts progressifs ont précisément été instaurés pour affaiblir les gagnants. Certes, les règles de la société peuvent être facilement réécrites par ceux qui se trouvent au bas de la pyramide pour empêcher la concentration de leur nuire. Mais il n'est pas nécessaire de voter pour le faire – la religion pourrait aplanir ce problème. Songez qu'avant l'apparition du christianisme, il y avait quantité de sociétés où les puissants avaient de nombreuses femmes, empêchant ainsi ceux qui se trouvaient au bas de l'échelle d'avoir accès aux ventres – une situation qui ne diffère pas tellement de l'exclusivité de la reproduction dont jouissent les « mâles dominants » dans certaines espèces. Mais le christianisme inversa cette situation en instaurant la règle « une seule femme pour un seul homme ». Plus tard, l'islam limita à quatre le nombre d'épouses par homme. Et le judaïsme, d'abord polygame, instaura la monogamie au Moyen Âge. On peut dire que cette stratégie a réussi – l'instauration d'un mariage strictement monogame (sans concubine officielle, contrairement à l'époque gréco-romaine), même s'il est vécu « à la mode française », apporte une stabilité sociale puisqu'il n'y a plus de groupe d'hommes en colère et sexuellement frustrés au bas de la pyramide, qui fomentent une révolution juste pour avoir une chance de s'accoupler.

Cependant, je trouve extrêmement ennuyeux d'insister ainsi sur l'inégalité économique au détriment d'autres formes d'inégalité. La justice n'est pas une question exclusivement économique ; elle le devient de moins en moins quand nous satisfaisons nos besoins matériels vitaux. C'est l'ordre hiérarchique qui pose problème ! Il y aura toujours des superstars. Les Soviétiques ont peut-être nivelé la structure économique, mais ils ont encouragé leur propre type d'« *Übermensch*[7] ». Ce que l'on comprend mal, voire, que l'on nie (parce que cela a des conséquences déstabilisantes), c'est qu'il n'y a pas de place pour *la moyenne* dans la production intellectuelle. L'influence intellectuelle démesurée exercée par un tout petit nombre est encore plus dérangeante que la répartition inégale des richesses – « dérangeante » parce que, contrairement au fossé qui sépare les revenus, aucune politique sociale ne peut y remédier. Le communisme a pu dissimuler ou compresser les différences de revenus, mais il n'a pas réussi à éradiquer le système de vedettariat qui régit la vie intellectuelle.

Michael Marmot, qui a géré une série d'études connues sous le nom « Whitehall Studies », a même montré que les personnes qui se trouvaient au sommet de la hiérarchie vivaient plus longtemps, même en tenant compte d'éventuelles maladies. Dans une étude impressionnante, Marmot signale que le rang social peut à lui seul affecter la longévité d'un individu. Ainsi les acteurs qui remportent un oscar vivent-ils en moyenne cinq ans de plus que leurs pairs qui n'ont pas été récompensés. On vit plus longtemps dans les sociétés où les différences entre ceux qui sont en haut et ceux qui sont en bas de l'échelle

---

7. En allemand dans le texte *(N.d.T.)*.

sont moins marquées. Les gagnants tuent leurs pairs puisque ceux qui sont au bas de l'échelle vivent moins longtemps, et ce, indépendamment de leur situation économique.

J'ignore comment remédier à cela (excepté par les croyances religieuses). Peut-on s'assurer contre la réussite démoralisante de ses pairs ? Faut-il abolir le prix Nobel ? D'accord, le prix Nobel d'économie n'a bénéficié ni à la société, ni à la connaissance, mais même ceux qui ont été récompensés pour avoir apporté une contribution réelle aux domaines de la médecine et de la physique précipitent trop vite certains de leurs collègues dans l'oubli et leur volent un peu de leur longévité. L'Extrêmistan étant appelé à rester, il nous faut vivre avec et trouver des subterfuges susceptibles de le rendre plus acceptable.

CHAPITRE 15

LA COURBE EN CLOCHE, CETTE GRANDE ESCROQUERIE INTELLECTUELLE[1]

Cela ne vaut pas un pastis. – L'erreur de Quételet. – Le quidam moyen est un monstre. – Déifions la chose. – Oui ou non. – Une expérience pas si littéraire que cela.

Oubliez tout ce que l'on vous a dit à l'université sur les statistiques ou la théorie probabiliste. Et si vous n'avez jamais eu de cours sur le sujet, c'est encore mieux. Commençons par le tout début.

LE GAUSSIEN ET LE MANDELBROTIEN

Alors que je me rendais d'Oslo à Zurich en décembre 2001, je passai par l'aéroport de Francfort.

J'avais du temps à tuer et je fus ravi d'avoir la possibilité d'acheter du chocolat noir européen dans cet aéroport, d'autant que j'ai réussi à

---

1. Les lecteurs qui n'ont pas l'esprit technique (ou qui sont intuitifs) peuvent sauter ce chapitre, car il étudie la courbe en cloche en détail. Vous pouvez également vous en dispenser si vous appartenez à la catégorie des bienheureux qui ne connaissent pas ladite courbe en cloche.

me convaincre que les kilos que l'on prend dans les aéroports ne comptent pas. Le caissier me tendit un billet de dix deutsche Marks, dont on peut voir une reproduction scannée (illégale) sur la page suivante. Comme l'Europe s'apprêtait à passer à l'euro, ce n'était qu'une question de jours avant que les billets allemands ne soient retirés de la circulation. J'ai conservé celui-ci en guise d'adieu à l'ancienne monnaie.

Le dernier billet de dix deutsche Marks à l'effigie de Gauss ; à sa droite, la courbe en cloche du Médiocristan.

Avant l'arrivée de l'euro, il y avait quantité de monnaies nationales en Europe, ce qui était bon pour les imprimeurs, les bureaux de change et bien sûr, les traders financiers tels que votre (plus ou moins) humble serviteur. Alors que je dégustais mon chocolat noir européen en contemplant le billet avec nostalgie, je faillis m'étrangler ; pour la première fois, je remarquai qu'il avait quelque chose de curieux. Il représentait le portrait de Carl Friedrich Gauss et une illustration de sa courbe en cloche.

La terrible ironie, en l'occurrence, c'est que le dernier objet que l'on puisse associer à la monnaie allemande est précisément cette courbe : dans les années 1920, le Reischmark (ainsi que l'on appelait autrefois cette monnaie) passa d'un rapport de quatre pour un dollar à *quatre trilliards* pour un dollar en l'espace de quelques années – un résultat qui prouve l'incapacité de la courbe en cloche à décrire le hasard dans les fluctuations monétaires. Il suffit qu'un tel mouvement se produise une et une seule fois – songez simplement aux conséquences – pour que l'on rejette cette courbe. Et pourtant, elle était représentée là, avec, à sa droite, Herr Professor Doktor Gauss, homme quelque peu sévère avec lequel je n'aimerais certainement pas passer un moment à me prélasser sur une terrasse en buvant du pastis et en bavardant de tout et de rien.

Je trouve choquant que la courbe en cloche soit employée comme outil de mesure des risques par ces régulateurs ou ces banquiers qui portent des costumes sombres et tiennent des propos assommants sur les monnaies.

L'augmentation de la diminution

Comme je l'ai dit, la caractéristique essentielle de la courbe de Gauss est que la plupart des phénomènes observés oscillent autour du médiocre, de la moyenne ; les probabilités d'écart diminuent de plus en plus vite (de manière exponentielle) à mesure que l'on s'éloigne de la moyenne. Si vous ne devez avoir qu'une seule information, c'est celle-ci : l'augmentation considérable de la vitesse de la diminution des probabilités à mesure que l'on s'éloigne du centre ou de la moyenne. Pour en avoir une illustration, regardez la liste ci-dessous. Je prends un exemple de quantité gaussienne, celui de la taille, et je le simplifie un peu pour le rendre plus parlant. Supposez que la taille moyenne (hommes et femmes confondus) soit de 1,67 mètre, et considérez que ce que j'appelle ici « écart type » est de 10 centimètres. Observons les augmentations progressives au-dessus de 1,67 m et voyons les chances qu'il y a pour que quelqu'un soit aussi grand[2] :

— 10 centimètres de plus que la moyenne (c'est-à-dire plus de 1,77 mètre) : 1 personne sur 6,3 ;
— 20 centimètres de plus que la moyenne (c'est-à-dire plus de 1,87 mètre) : 1 personne sur 44 ;
— 30 centimètres de plus que la moyenne (c'est-à-dire plus de 1,97 mètre) : 1 personne sur 740 ;
— 40 centimètres de plus que la moyenne (c'est-à-dire plus de 2,07 mètres) : 1 personne sur 32 00 ;

---

2. J'ai un peu truqué les chiffres par souci de simplicité.

— 50 centimètres de plus que la moyenne (c'est-à-dire plus de 2,17 mètres) : 1 personne sur 3 500 000;

— 60 centimètres de plus que la moyenne (c'est-à-dire plus de 2,27 mètres) : 1 personne sur 1 000 000 000;

— 70 centimètres de plus que la moyenne (c'est-à-dire plus de 2,37 mètres) : 1 personne sur 780 000 000 000;

— 80 centimètres de plus que la moyenne (c'est-à-dire plus de 2,47 mètres) : 1 personne sur 1 600 000 000 000 000;

— 90 centimètres de plus que la moyenne (c'est-à-dire plus de 2,57 mètres) : 1 personne sur 8 900 000 000 000 000 000;

— 100 centimètres de plus que la moyenne (c'est-à-dire plus de 2,67 mètres) : 1 personne sur 130 000 000 000 000 000 000 000;

...et,

— 110 centimètres de plus que la moyenne (c'est-à-dire plus de 2,77 mètres) : 1 personne sur 36 000 000 000 000 000 000 000 000 000 000 000 000 000 000 000 000 000 000 000 000 000 000 000 000 000.

Remarquez qu'après vingt-deux écarts, je crois, ou 220 centimètres de plus que la moyenne, les chances atteignent rapidement plusieurs milliards – c'est-à-dire 1 suivi de cent zéros.

Le but de cette liste est d'illustrer l'accélération. Voyez la différence des chances quand on passe de 60 à 70 centimètres de plus que la moyenne : une simple augmentation de 10 centimètres les fait passer d'une sur 1 milliard de personnes à une sur 780 milliards ! Et regardez le saut qu'elles font quand on passe de 70 à 80 centimètres : 10 centimètres de plus que la moyenne, et l'on passe d'une chance sur 780 milliards à une chance sur 1,6 quatrillion[3] !

C'est cette chute vertigineuse des chances de rencontrer tel ou tel phénomène qui vous permet de ne pas tenir compte des aberrations. Une seule et unique courbe peut produire cette chute, c'est la courbe en cloche (et ses semblables non scalables).

---

3. Un des aspects les moins bien compris de la courbe de Gauss est sa fragilité et sa vulnérabilité dans l'estimation des événements de traîne. La probabilité d'être éloigné de la moyenne de plus de 4 sigmas (4 fois l'écart type) est double de celle pour 4,15 sigmas. Entre 20 et 21 sigmas, le rapport est de 1 000 milliards. En conséquence, une erreur de mesure bénigne de la somme entraînera une sous-estimation considérable de la probabilité des événements rares. Concernant certains événements, on peut se tromper d'un milliard de fois.

Le mandelbrotien

Par comparaison, intéressons-nous maintenant aux chances que l'on a de devenir riche en Europe. Supposez que la richesse y soit scalable, c'est-à-dire mandelbrotienne (ce n'est pas une description exacte de la richesse en Europe; je l'ai simplifiée pour mettre en exergue la logique de la distribution scalable)[4].

Distribution scalable de la richesse

Personnes dont la richesse a une valeur nette supérieure à:
— 1 million de dollars: 1 sur 62,5;
— 2 millions de dollars: 1 sur 250;
— 4 millions de dollars: 1 sur 1 000;
— 8 millions de dollars: 1 sur 4 000;
— 16 millions de dollars: 1 sur 16 000;
— 32 millions de dollars: 1 sur 64 000;
— 320 millions de dollars: 1 sur 6 400 0000.

Ici, la vitesse de la diminution reste constante (ou ne baisse pas)! Quand on multiplie la somme d'argent par deux, on divise par quatre le nombre de personnes qui la possèdent, peu importe son montant, que l'on soit à 8 ou à 16 millions de dollars. En deux mots, cela illustre la différence entre Médiocristan et Extrêmistan.

Rappelez-vous la comparaison entre « scalable » et « non scalable » que nous avons établie au chapitre 3. La non-scalabilité signifie qu'aucun vent contraire ne peut venir freiner votre élan.

Bien sûr, l'Extrêmistan mandelbrotien peut prendre quantité de formes. Prenez la richesse dans une version extrêmement concentrée de l'Extrêmistan; là, si l'on multiplie la richesse par deux, on réduit de moitié le nombre de gens qui la possèdent. D'un point de vue quantitatif, le résultat diffère de l'exemple ci-dessus, mais il obéit à la même logique.

---

4. Mon idée centrale, que je répète sous une forme ou une autre tout au long de la troisième partie, est la suivante: tout devient facile, d'un point de vue conceptuel, quand on considère qu'il existe deux et seulement deux paradigmes possibles: les paradigmes non scalables (comme les paradigmes de Gauss) et les autres (comme le hasard mandelbrotien). Comme nous le verrons ultérieurement, refuser d'appliquer les premiers suffit à éliminer « une certaine vision du monde ». C'est comme l'empirisme négatif: je sais beaucoup de choses en déterminant ce qui est faux.

Distribution fractale de la richesse avec de grandes inégalités

Personnes dont la richesse a une valeur nette supérieure à :
— 1 million de dollars : 1 sur 63 ;
— 2 millions de dollars : 1 sur 125 ;
— 4 millions de dollars : 1 sur 250 ;
— 8 millions de dollars : 1 sur 500 ;
— 16 millions de dollars : 1 sur 1 000 ;
— 2 millions de dollars : 1 sur 2 000 ;
— 320 millions de dollars : 1 sur 20 000 ;
— 640 millions de dollars : 1 sur 40 000.

Si la richesse était gaussienne, on observerait la différence suivante par rapport à la somme de base dont le montant s'élève à 1 million.

Distribution de la richesse selon la loi de Gauss

Personnes dont la richesse a une valeur nette supérieure à :
— 1 million de dollars : 1 sur 63 ;
— 2 millions de dollars : 1 sur 127 000 ;
— 3 millions de dollars : 1 sur 14 000 000 000 ;
— 4 millions de dollars : 1 sur 886 000 000 000 000 000 ;
— 8 millions de dollars : 1 sur 16 000 000 000 000 000 000 000 000 000 000 000 ;
— 16 millions de dollars : 1 sur... *Aucune de mes calculatrices n'est à même d'effectuer l'opération.*

Ce que je veux montrer avec ces listes, c'est la différence qualitative des paradigmes. Comme je l'ai dit, le second paradigme est scalable ; il n'est freiné par aucun vent contraire. Notez qu'un synonyme de « loi scalable » est « loi de puissance ».

Le seul fait de savoir que nous sommes dans un environnement régi par les lois de puissance ne nous apprend pas grand-chose. Pourquoi ? Parce que nous devons mesurer les coefficients dans la vie réelle, ce qui est beaucoup plus difficile qu'avec une structure gaussienne. Seule cette dernière livre rapidement ses propriétés. La méthode que je suggère est plus une manière générale de voir le monde qu'une solution précise.

Ce qu'il faut retenir

Retenez ceci : les variations de la courbe en cloche sont confrontées à un vent contraire qui fait chuter les probabilités à une vitesse de plus en plus importante à mesure que l'on s'éloigne de la moyenne ; les « scalables » ou variations de Mandelbrot, elles, ne présentent pas cette restriction. C'est à peu près tout ce que vous avez besoin de savoir[5].

L'inégalité

Intéressons-nous de plus près à la nature de l'inégalité. Dans le système gaussien, elle diminue à mesure que les écarts augmentent – causés par l'augmentation de la vitesse de cette diminution. Il n'en va pas de même avec les lois scalables : l'inégalité reste toujours la même. Celle qui règne parmi les personnes extrêmement riches est la même que celle qui existe entre celles qui ne sont « que » riches : elle ne ralentit pas[6].

Voyez l'exemple suivant. Prenez un échantillon aléatoire de deux personnes dans la population américaine, qui gagnent plus de 1 million de dollars par an à elles deux. Comment se décomposent leurs revenus respectifs ? Au Médiocristan, la combinaison la plus probable

---

5. Notez que les variables peuvent ne pas être scalables à l'infini ; il pourrait y avoir un plafond très, très élevé – mais comme nous ignorons où il se situe, nous faisons comme si une situation était scalable à l'infini. Techniquement, on ne peut pas vendre plus d'exemplaires d'un livre qu'il n'y a d'habitants sur la planète – mais ce plafond est suffisamment élevé pour que l'on fasse comme s'il n'existait pas. De plus, qui sait, en changeant la couverture et le format du livre, on pourrait arriver à le vendre deux fois à la même personne, ou faire en sorte qu'une personne voie plusieurs fois le même film.

6. En août 2006, alors que je relisais le premier jet de ce livre, je séjournais dans un hôtel de Dedham, dans le Massachusetts, non loin de la colonie de vacances où se trouvait l'un de mes enfants. Là, je fus quelque peu intrigué par le nombre de gens en surcharge pondérale qu'il y avait dans le hall et qui provoquaient des files d'attente devant l'ascenseur. Il s'avéra que la convention annuelle de la NAFA, la National Association for Fat Acceptance [Association nationale pour l'acceptation des gros – N.d.T.], se tenait dans cet hôtel. Comme la plupart de ses membres avaient un surpoids important, je ne parvins pas à déterminer quel délégué était le plus gros : une certaine égalité prévalait parmi les très gros (une personne beaucoup plus grosse que celles que je vis serait morte). Je suis certain qu'à la convention de la NARA, la National Association for Rich Acceptance [Association nationale pour l'acceptation des riches – N.d.T.], une seule personne éclipserait les autres et que, même parmi les superriches, un très faible pourcentage représenterait une part importante de la richesse totale.

est de 500 000 dollars chacune. En Extrêmistan, ce serait 50 000 dollars et 950 000 dollars.

La disproportion est encore plus évidente quand il s'agit de livres. Si je vous disais que deux auteurs ont vendu 1 million d'exemplaires de livres, la combinaison la plus probable serait de 993 000 exemplaires vendus pour l'un, et 7 000 pour l'autre. Cette hypothèse est bien plus vraisemblable que des ventes respectives de 500 000 exemplaires. *Pour tout total important, la décomposition sera de plus en plus asymétrique.*

Comment en est-il ainsi ? Le problème de la taille permet de prendre une comparaison. Si je vous disais que l'addition des tailles respectives de deux personnes donne 4,26 mètres, vous estimeriez la décomposition de ces deux tailles à 2,13 mètres pour chaque personne, non à 60 cm et 3,66 mètres, ni même à 2,43 mètres et 1,83 mètre ! Les personnes mesurant plus de 2,43 mètres sont tellement rares qu'une telle combinaison serait impossible.

L'Extrêmistan et la loi des 80/20

Avez-vous déjà entendu parler de la loi des 80/20 ? C'est la caractéristique d'une loi de puissance – en fait, c'est ainsi que tout commença, quand Vilfredo Pareto observa que 80 % de la terre en Italie était détenue par 20 % de la population. Certaines personnes recourent à cette règle pour signifier que 80 % du travail est effectué par 20 % de la population. Ou que 80 % du travail ne contribue qu'à 20 % des résultats, et *vice versa*.

De tous les axiomes, ce n'est pas le plus impressionnant en termes de formulation ; on pourrait aisément l'appeler « loi des 50/01 », c'est-à-dire, 50 % du travail est effectué par 1 % de la population active. Cette formulation fait paraître le monde encore plus injuste, et pourtant, les deux formules sont rigoureusement identiques. Pourquoi ? Eh bien, si inégalité il y a, la contribution de ceux qui représentent les 20 % dans la règle des 80/20 est aussi inégale – seul un petit nombre d'entre eux fournissent la plus grande part des résultats. Cela aboutit au fait qu'environ 1 % de ces personnes contribuent à un peu plus de la moitié de l'ensemble du travail.

La loi des 80/20 est une simple métaphore ; ce n'est pas une loi, encore moins une loi rigide. Dans le monde de l'édition américaine, le rapport est plus vraisemblablement 97/20 (soit 97 % de livres vendus par 20 % des auteurs) ; c'est encore pire si l'on se concentre sur

la littérature non romanesque (vingt livres sur près de huit mille représentent la moitié des ventes).

Notez bien qu'ici, il ne s'agit pas uniquement d'un problème d'incertitude. Dans certaines situations, il peut y avoir une concentration
du type 80/20 avec des propriétés très prédictibles et souples, ce qui
permet de prendre des décisions claires, parce que l'on peut identifier
à l'avance où se trouvent les 20 % qui comptent. Ces situations sont
très faciles à contrôler. Ainsi, dans un article publié par *The New Yorker*,
Malcolm Gladwell a écrit que la plupart des maltraitances aux prisonniers étaient le fait d'un nombre infime de gardiens malveillants. Si on
les élimine, le nombre de ces mauvais traitements diminuera considérablement (d'un autre côté, dans l'édition, on ne sait pas à l'avance
quel livre sera rentable. Il en va de même pour les guerres, où l'on
ne sait pas non plus à l'avance quel conflit tuera une partie des habitants de la planète).

L'herbe et les arbres

À ce stade, je vais répéter en les résumant les arguments que j'ai
développés tout au long de ce livre. Les mesures de l'incertitude fondées sur la courbe en cloche ne prennent tout simplement pas en
compte la possibilité et l'impact des sauts importants ou des ruptures,
et ne sont donc pas applicables à l'Extrêmistan. Les utiliser revient à se
focaliser sur l'herbe et à manquer les arbres (gigantesques). Bien que
rares, les écarts importants imprévisibles ne peuvent être exclus sous
prétexte que ce sont des aberrations, car leurs conséquences cumulées sont extrêmement lourdes.

La vision gaussienne traditionnelle du monde commence par se
concentrer sur l'ordinaire, puis s'intéresse aux exceptions ou aux pré-
tendues aberrations comme à des phénomènes auxiliaires. Mais il y a
une autre façon de procéder : prendre l'exceptionnel comme point de
départ et considérer l'ordinaire comme secondaire.

J'ai souligné le fait qu'il existait deux formes de hasard – deux
formes qualitativement différentes, comme l'air et l'eau. L'une ne
se préoccupe pas des extrêmes ; l'autre est sérieusement affectée
par eux. L'une ne génère pas de Cygnes Noirs ; l'autre, si. On ne
peut employer les mêmes techniques pour parler d'un gaz et d'un
liquide ; et si c'était possible, on ne pourrait qualifier cette approche d'« approximation ». Un gaz n'est pas « approximativement » la
même chose qu'un liquide.

L'approche gaussienne peut se révéler utile dans le cas de variables où le fait que la plus importante ne soit pas trop éloignée de la moyenne a une explication rationnelle. Si la gravité tire les chiffres vers le bas ou s'il y a des limitations physiques qui empêchent d'observer des chiffres très importants, on finit au Médiocristan. Quand des forces puissantes restaurent assez vite l'équilibre qui a été rompu, on peut là encore utiliser l'approche gaussienne. Sinon, mieux vaut laisser tomber. C'est pour cela que l'économie est fondée en grande partie sur la notion d'équilibre : entre autres avantages, cela permet d'appréhender les phénomènes économiques comme des phénomènes de type gaussien.

Notez que je ne suis pas en train de vous dire que le hasard de type médiocristanais n'autorise pas certains extrêmes. Mais selon lui, ils sont tellement rares qu'ils ont un impact mineur sur l'ensemble ; ces extrêmes jouent un rôle dérisoire qui s'amenuise à mesure que la population augmente.

Pour être ici un peu plus technique, si l'on a un ensemble de géants et de nains, c'est-à-dire des sujets observés avec plusieurs ordres de grandeur entre les deux, on peut encore se trouver au Médiocristan. Pourquoi ? Supposez que vous ayez un échantillon de mille personnes, avec un large spectre allant du nain au géant. Il y a des chances pour que vous voyiez quantité de géants dans votre échantillon, pas simplement un de loin en loin. Votre moyenne ne va pas être affectée par un géant de plus de temps à autre, parce que l'on s'attend à ce que des géants fassent partie de votre échantillon et qu'il y a des chances pour que votre moyenne soit élevée. En d'autres termes, la plus grande valeur observée ne peut pas être trop éloignée de la moyenne. La moyenne comprendra toujours ces deux catégories, les géants et les nains, de sorte que ni l'une ni l'autre ne devrait être trop rare – sauf si, en quelque très rare occasion, vous avez un mégagéant ou un micronain. Ce serait alors le Médiocristan avec un écart type important.

Notez une fois encore le principe suivant : plus un événement est rare, plus on risque de se fourvoyer en estimant sa probabilité – même si l'on utilise la courbe de Gauss.

Permettez-moi de vous montrer comment cette courbe élimine le hasard de l'existence – ce qui explique pourquoi elle est tellement populaire. Si nous l'aimons, c'est parce qu'elle permet d'avoir des certitudes ! Comment ? Grâce à la moyenne, comme je vais l'expliquer maintenant.

Comment on peut boire son café en toute sécurité

Rappelez-vous ce que nous avons dit lorsque nous avons abordé le Médiocristan au chapitre 3 : aucun fait observé n'affectera votre agrégat. Plus la taille de votre population augmentera, plus cette propriété sera importante. Les moyennes se stabiliseront de plus en plus, au point que tous les échantillons se ressembleront.

J'ai bu quantité de tasses de café dans ma vie (c'est ma principale source de dépendance). Je n'ai jamais vu de tasse sauter à soixante centimètres de mon bureau, ni le café se renverser de lui-même sur ce manuscrit sans intervention extérieure (même en Russie). Certes, pour être témoin d'un fait tel que celui-là, il faudrait plus qu'une addiction modérée au café ; cela nécessiterait plus de vies que l'on ne peut en concevoir – les chances sont tellement faibles, une sur tant de millions de milliards, que tout mon temps libre ne suffirait pas à me permettre de les coucher sur le papier.

Figure n° 7 : Fonctionnement de la loi des grands nombres

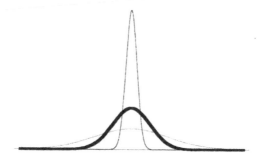

Au Médiocristan, à mesure que la taille de votre échantillon augmente, la moyenne observée se présentera avec de moins en moins de dispersion – comme on peut le voir, la distribution se rétrécira de plus en plus. En bref, c'est ainsi que tout marche (ou que tout est censé marcher) dans la théorie statistique. Au Médiocristan, l'incertitude disparaît sous l'effet de moyenne. Cette figure illustre la loi archiconnue dite « loi des grands nombres ».

Et cependant, la réalité physique est telle que ma tasse de café peut effectivement faire des bonds – c'est très peu probable, mais possible. Les particules ne cessent de sauter à droite et à gauche. Comment se fait-il qu'il en soit autrement pour la tasse, constituée elle aussi de particules sautillantes ? La raison est simple : pour que la tasse se mette à sauter, il faudrait que toutes les particules sautent dans la *même* direction, et qu'elles le fassent en boucles plusieurs fois de suite (avec un mouvement compensatoire de la table dans la direction opposée). Les milliards de particules qui se trouvent dans ma tasse de café ne vont pas toutes sauter dans la même direction ; cela n'arrivera pas dans l'existence de cet univers-ci. Je peux donc reposer la tasse en toute sécurité au bord de mon bureau et me préoccuper de sources d'incertitude plus sérieuses.

Ce fait illustre la façon dont on peut rationaliser le caractère aléatoire de la loi de Gauss en tenant compte des moyennes. Si ma tasse était une seule grande particule ou qu'elle se comportait comme telle, elle pourrait effectivement poser problème en sautant. Mais elle est la somme de milliards de minuscules particules.

Les gérants de casino le comprennent bien ; c'est pourquoi ils ne perdent jamais d'argent (s'ils se débrouillent bien). Ils ne permettent tout simplement pas à un seul et unique joueur de parier une somme colossale, préférant voir quantité de joueurs parier des sommes successives et modérées. Ceux-ci auront beau parier un montant total de vingt millions de dollars, inutile de vous faire du souci pour la santé du casino : mettons que les paris tournent autour de vingt dollars en moyenne ; le casino leur imposera un plafond maximum qui permettra à ses propriétaires de dormir tranquilles. Ainsi les bénéfices réalisés par le casino connaîtront-ils des variations dérisoires, et ce, quel que soit le montant total des recettes. Dans l'univers où nous vivons, jamais on ne verra qui que ce soit quitter le casino avec un milliard de dollars.

J'ai illustré ci-dessus la loi suprême du Médiocristan : quand on a quantité de joueurs, aucun d'eux ne peut exercer sur l'ensemble plus qu'un impact infime.

Conséquence : les variations autour de la moyenne de la courbe de Gauss, également appelées « erreurs », ne sont pas réellement inquiétantes. Elles sont faibles et sont effacées. Ce sont des fluctuations maîtrisées autour de la moyenne.

L'amour des certitudes

Si vous avez déjà suivi un cours de statistiques (ennuyeux) au lycée, que vous n'avez pas très bien compris ce qui passionnait tant le professeur et que vous vous êtes demandé ce que signifiait l'expression « écart type », il n'y a pas lieu de vous inquiéter. En dehors du Médiocristan, cette notion n'a aucune importance. Il est clair qu'il aurait été plus bénéfique et certainement plus divertissant pour vous de suivre des cours de neurobiologie de l'esthétique ou de danse africaine postcoloniale, et il est facile d'en faire l'observation empirique.

Les écarts types n'existent pas en dehors du système gaussien, ou s'ils existent, ils ne comptent pas et n'expliquent pas grand-chose. Mais il y a pire encore. La famille Gauss (qui comprend un certain nombre d'amis et de parents tels que la loi de Poisson[7]) est la seule catégorie de distributions que l'écart type (et la moyenne) suffit à décrire. Il n'y a pas besoin de quoi que ce soit de plus. La courbe en cloche satisfait le réductionnisme des dupes.

D'autres notions encore ont peu ou pas d'importance en dehors du système gaussien : « la corrélation » et, pire encore, « la régression ». Toutefois, elles sont profondément ancrées dans nos méthodes ; il est difficile d'avoir une conversation professionnelle sans entendre le mot « corrélation ».

Pour vous rendre compte de l'inutilité de la corrélation à l'extérieur du Médiocristan, prenez une série historique impliquant deux variables dont l'origine extrêmistanaise ne fait aucun doute, telles que les marchés des obligations et des actions, le prix de deux titres ou de deux variables telles que les variations des ventes de livres pour enfants aux États-Unis et la production d'engrais en Chine ; ou encore, les prix de l'immobilier à New York et les rendements du marché des actions mongolien. Mesurez la corrélation entre les couples de variables à des sous-périodes différentes, par exemple pour 1994, 1995, 1996, etc. Il y a des chances que cette mesure manifeste une grave instabilité ; elle dépendra de la période pour laquelle elle a été calculée. Pourtant, on parle de la corrélation comme s'il s'agissait d'un phénomène réel, en faisant une chose tangible, l'investissant d'une nature physique, la réifiant.

---

7. Je le répète à qui veut m'entendre : les sauts style sauts de Poisson utilisés dans certains calculs pour remédier au problème gaussien (dans le cadre de tests de stress spécifiques) ne sont pas scalables et donnent de très mauvais résultats.

La même illusion de concret affecte ce que l'on appelle les « écarts types ». Prenez n'importe quelle succession de valeurs ou de prix exceptionnels, décomposez-la en sous-segments et mesurez son « écart type ». Vous n'en revenez pas ? Chaque échantillon produit un écart type différent. Dans ce cas, pourquoi parler d'« écart type » ? Allez savoir !

Notez qu'il en va ici comme de l'erreur de narration ; quand on examine les données passées et que l'on calcule une seule corrélation ou un seul écart type, on ne remarque pas une telle instabilité.

Comment provoquer des catastrophes

Si vous employez l'expression « statistiquement important », méfiez-vous des illusions des certitudes. Il y a des chances qu'en voyant ses erreurs d'observation, quelqu'un ait cru qu'elles étaient gaussiennes ; pour qu'elles soient acceptables, il faudrait un contexte gaussien, c'est-à-dire de type médiocristanais.

Pour montrer à quel point l'utilisation à mauvais escient du système gaussien est un problème endémique et dangereux, reportez-vous au livre (ennuyeux), intitulé *Catastrophe*, d'un écrivain prolifique, le juge Richard Posner. Celui-ci déplore la mécompréhension du hasard par les fonctionnaires et, entre autres choses, il recommande aux responsables au pouvoir de prendre des cours de statistiques... avec les économistes. Il semble que le juge Posner essaie de provoquer des catastrophes. Néanmoins, bien qu'il appartienne à cette catégorie de gens qui devraient passer plus de temps à lire et moins à écrire, il peut se révéler un esprit pénétrant, profond et original ; mais comme beaucoup de gens, il ne fait tout bonnement pas la différence entre Médiocristan et Extrêmistan, et il croit que les statistiques sont une « science », jamais une escroquerie. Si vous le rencontrez, ouvrez-lui les yeux, s'il vous plaît.

LE MONSTRE DE LA MOYENNE DE QUÉTELET

Cette monstruosité que l'on appelle la courbe en cloche n'est pas le fait de Gauss. Bien qu'il ait travaillé à son élaboration, c'était un mathématicien qui traitait d'un sujet théorique et qui, contrairement aux scientifiques portés sur les statistiques, ne faisait pas d'affirmations sur la structure de la réalité. Dans *L'Apologie d'un mathématicien*, G. H. Hardy écrivait :

Les « vraies » mathématiques des « vrais » mathématiciens, les mathématiques de Fermat, d'Euler, de Gauss, d'Abel et de Riemann, sont presque totalement « inutiles » (et cela vaut autant pour les mathématiques « appliquées » que pour les mathématiques « pures »).

Comme je l'ai dit plus haut, la courbe en cloche est essentiellement l'invention d'un joueur, Abraham de Moivre (1667-1754), réfugié calviniste français qui passa une grande partie de sa vie à Londres, ce qui ne l'empêcha pas de conserver un accent français très prononcé. Toutefois, comme nous allons le voir maintenant, c'est Quételet, et non Gauss, qui compte parmi les individus les plus destructeurs de l'histoire de la pensée.

Adolphe Quételet (1796-1874) inventa la notion d'*homme moyen*[8] ; cet « homme animé par de grandes passions créatrices, ce créateur débordant d'énergie » n'avait lui-même rien de « moyen ». Il écrivait de la poésie et cosigna même un opéra. Son principal problème était d'être mathématicien et non scientifique empiriste, mais il ne le savait pas. La courbe en cloche lui paraissait correspondre à une certaine harmonie.

Le problème se situe à deux niveaux. *Primo*, Quételet avait une idée normative : faire que le monde corresponde à sa moyenne, dans la mesure où la moyenne était pour lui la « normale ». Il serait merveilleux de pouvoir ne pas tenir compte de la place qu'occupent l'inhabituel, l'« anormal », le Cygne Noir, dans l'ensemble. Mais laissons ce rêve à l'utopie.

Secundo, cela allait de pair avec un grave problème empirique. Quételet voyait des courbes en cloche partout. Il était aveuglé par elles et, encore une fois, ma propre expérience m'a appris qu'une fois que l'on avait une courbe en cloche en tête, il était dur de s'en débarrasser. Plus tard, Frank Ysidro Edgeworth décrirait le quételisme comme la grave erreur consistant à voir des courbes en cloche partout.

La médiocrité d'or

Quételet apporta un produit propre à satisfaire les appétits idéologiques de son époque. Comme il vécut de 1796 à 1874, songez à la liste de ses contemporains : Saint-Simon (1760-1825), Pierre-Joseph

---

8. En français dans le texte *(N.d.T.)*.

Proudhon (1809-1865) et Karl Marx (1818-1883) ; chacun fut à l'origine d'une version différente du socialisme. L'après-Lumières est une période où tout le monde aspirait à cette « médiocrité d'or » en termes de richesse, de taille, de poids, etc. Cette aspiration contient une partie de vœux pieux mêlés à une bonne dose d'harmonie et de… platonicité.

Je me rappelle toujours l'injonction de mon père, selon laquelle « *in medio stat virtus* », « la vertu est éloignée des extrêmes ». Eh bien, tel fut l'idéal pendant longtemps : on considérait même que la médiocrité, dans ce sens, était d'or. La médiocrité générale.

Mais Quételet porta cette idée à un autre niveau. Rassemblant des statistiques, il se mit à créer des critères permettant de déterminer la moyenne dans tous les domaines : taille de la poitrine, taille d'un individu, poids des nouveau-nés – très peu de chose échappait à ses « critères ». Il découvrit que les écarts par rapport à la norme se raréfiaient de manière exponentielle à mesure que leur ampleur augmentait. Ayant élaboré cette idée des caractéristiques de l'homme moyen, *monsieur* Quételet[9] s'intéressa ensuite aux questions sociales. L'homme moyen avait ses habitudes, sa consommation et ses méthodes propres.

À travers cette élaboration de *l'homme moyen physique* et de *l'homme moyen moral*, Quételet élabora une gamme d'écarts par rapport à la moyenne, qui situait tous les gens à gauche ou à droite du centre et pénalisait véritablement ceux qui se retrouvaient à l'extrême gauche ou droite de la courbe en cloche. Ils devenaient « anormaux ». Il est évident que cela inspira Marx, qui cite Quételet à propos de ce concept d'homme moyen ou normal : « Il faut minimiser les écarts sociétaux, en termes de distribution des richesses par exemple », écrivait un commentateur marxiste de *Das Kapital*[10].

Il faut rendre justice aux autorités scientifiques contemporaines de Quételet. Elles n'acceptèrent pas aussi facilement ses arguments. Pour commencer, le philosophe, mathématicien et économiste Augustin Cournot estimait impossible de créer un être humain type pour des raisons purement quantitatives. Ce type dépendrait de l'attribut étudié. Une mesure effectuée dans une province peut différer de celle effectuée dans une autre. Laquelle faut-il prendre pour norme ? Selon Cournot, « l'homme moyen » serait un monstre. Je vais expliquer sa pensée comme suit.

---

9. En français dans le texte *(N.d.T.)*.
10. *Le Capital* – en allemand dans le texte original *(N.d.T.)*.

En supposant qu'il y ait quelque chose d'enviable à être un homme moyen, celui-ci devrait avoir une spécialité quelconque dans laquelle il serait plus doué que les autres – il ne pourrait être « moyen » à tous égards. Ainsi, un pianiste jouerait mieux du piano que la moyenne, mais serait moins bon en équitation, par exemple. Un dessinateur serait plus doué en dessin, et ainsi de suite. *Il faut distinguer la notion d'homme considéré comme moyen et la notion d'homme moyen dans tout ce qu'il fait.* En fait, pour qu'un être humain soit exactement moyen, il faudrait qu'il soit moitié masculin et moitié féminin. Cela a complètement échappé à Quételet.

L'erreur de Dieu

Un aspect beaucoup plus inquiétant de ce débat vient de ce qu'à l'époque de Quételet on appelait « loi des erreurs » la distribution gaussienne, parce que l'une de ses premières applications fut la distribution des erreurs dans les mesures astronomiques. Êtes-vous aussi inquiet que moi? Le fait de s'éloigner de la moyenne (en l'occurrence, de la médiane aussi) était précisément considéré comme une erreur! Rien d'étonnant à ce que Marx ait été séduit par les idées de Quételet.

Ce concept prit très vite de l'importance. On confondit « devrait être » avec « est », et ce, avec l'approbation de la science. La notion d'homme moyen s'enracine dans la culture qui assiste à la naissance de la classe moyenne européenne, celle de l'artisan-commerçant postnapoléonien qui se méfie de la richesse excessive et du brio intellectuel. En fait, on suppose que le rêve d'une société où la dispersion des résultats est très faible doit correspondre aux aspirations d'un être humain rationnel confronté à une loterie génétique. Si vous deviez choisir la société dans laquelle vous aimeriez naître dans votre prochaine vie sans savoir ce qui vous y attend, vous ne prendriez sans doute aucun risque; vous voudriez appartenir à une société où les destins ne présentent pas de grande différence.

En France, la glorification de la médiocrité eut une conséquence amusante : la naissance du poujadisme, un courant politique qui était au départ un mouvement de rassemblement d'artisans-commerçants – des gens moyennement privilégiés qui se serreraient les coudes en espérant voir le reste de l'univers se faire plus petit pour épouser leur catégorie sociale et leurs points de vue. Ce courant était une sorte de révolution non prolétarienne animée d'une mentalité d'épicier, jusque dans les outils mathématiques employés ; ses représentants les avaient-ils empruntés à Gauss ?

Poincaré à la rescousse

Poincaré lui-même se méfiait beaucoup de la loi gaussienne. Je soupçonne que cette manière d'appréhender la modélisation de l'incertitude, et d'autres du même acabit, le mettait mal à l'aise. Songez simplement qu'à l'origine, la courbe de Gauss était destinée à mesurer les erreurs en astronomie, et que les idées de Poincaré sur la modélisation de la mécanique céleste étaient empreintes d'un sentiment d'incertitude plus profonde.

Poincaré écrivit que l'un de ses amis, un « physicien éminent » qu'il ne citait pas, se plaignait auprès de lui de ce que les physiciens avaient tendance à utiliser la courbe de Gauss parce qu'ils pensaient que les mathématiciens la considéraient comme une nécessité mathématique ; les mathématiciens l'utilisaient parce qu'ils croyaient que les physiciens la considéraient comme un fait empirique.

Éliminer une influence injuste

Permettez-moi en l'occurrence de constater que, la mentalité d'artisans-commerçants mise à part, je crois vraiment aux mérites de la moyenne et de la médiocrité – quel humaniste ne souhaite pas réduire le décalage qui existe entre les êtres humains ? Il n'y a rien de plus écœurant que l'idéal inconsidéré du Surhomme ! Mon vrai problème est de nature épistémologique. La réalité n'étant pas médiocristanaise, il faudrait apprendre à vivre avec.

« Les Grecs l'auraient déifiée »

De par sa pureté platonique, la liste des personnes qui se baladent avec une courbe en cloche dans la tête est incroyablement longue.

Sir Francis Galton, cousin germain de Charles Darwin et petit-fils d'Erasmus Darwin, fut peut-être, avec son cousin, l'un des derniers *gentlemen* scientifiques indépendants – catégorie qui incluait aussi lord Cavendish, lord Kelvin, Ludwig Wittgenstein (à sa façon), et dans une certaine mesure, notre grand philosophe Bertrand Russell. Bien que John Maynard Keynes n'appartînt pas tout à fait à cette catégorie, sa pensée l'incarne néanmoins. Galton vivait à l'époque victorienne, où les héritiers et les rentiers pouvaient, entre autres loisirs tels que l'équitation ou la chasse, devenir penseurs, scientifiques, ou (pour les moins doués d'entre eux), hommes politiques. Beaucoup de choses concernant cette époque laissent pensif : l'authenticité de quelqu'un faisant de la science pour la science, sans avoir directement de motivation de carrière.

Malheureusement, faire de la science pour l'amour de la connaissance ne mène pas nécessairement dans la bonne direction. Lorsqu'il découvrit la distribution « normale » et s'y plongea, Galton en tomba amoureux. Il se serait exclamé que si les Grecs l'avaient connue, ils l'auraient déifiée. Peut-être son enthousiasme contribua-t-il à la primauté de la courbe de Gauss.

Galton avait la chance de n'avoir aucun bagage mathématique, mais il possédait une obsession rare de la mesure. Il ne connaissait pas la loi des grands nombres, mais il la redécouvrit a partir des données elles-mêmes. Il construisit le quinconce, un flipper qui montre l'évolution de la courbe en cloche – ce dont nous reparlerons dans quelques paragraphes. Certes, Galton appliqua cette courbe à des domaines tels que la génétique et l'hérédité, dans lesquels son utilisation se justifiait ; mais son enthousiasme contribua à injecter des méthodes statistiques à l'état de balbutiement dans les problèmes sociaux.

Seulement par « Oui » ou par « Non », s'il vous plaît

Et maintenant, si vous le voulez bien, je vais aborder la question de l'ampleur des dégâts. Si l'on traite d'inférence qualitative, comme en psychologie ou en médecine, et que l'on recherche des réponses par « oui » ou par « non » qui n'admettent pas de grandeurs, on peut alors supposer que l'on se trouve au Médiocristan, pays où il n'y a pas de problèmes graves. L'improbable ne peut pas avoir d'impact tellement fort. On a le cancer ou on ne l'a pas, on est enceinte ou on ne l'est pas, etc. Les degrés de mort ou de grossesse n'ont pas lieu d'être (à moins que l'on ait affaire à des épidémies). Mais si l'on a affaire à des ensembles où les grandeurs sont importantes, tels que le revenu, la richesse, les bénéfices des portefeuilles ou les ventes de livres et que l'on utilise la courbe de Gauss, on va avoir un problème et se retrouver avec une distribution erronée car cette courbe est inadaptée à ce genre de cas. Un seul chiffre peut venir perturber toutes vos moyennes et une seule perte, anéantir un siècle de bénéfices. On ne peut plus dire : « C'est une exception. » La déclaration selon laquelle : « Eh bien, je peux perdre de l'argent » n'est pas une information à moins de pouvoir relier une quantité à cette perte. On peut perdre l'intégralité de sa valeur nette ou une partie infime de son revenu quotidien ; cela fait une différence.

Cela explique pourquoi la psychologie empirique et ses éclaircissements sur la nature humaine que j'ai présentés plus haut résistent à cette utilisation erronée de la courbe en cloche ; en outre, elles ont de la chance, car la plupart de leurs variables permettent l'application des statistiques gaussiennes classiques. Quand on mesure le nombre de sujets d'un échantillon qui cèdent à un biais ou commettent une erreur, ces études appellent un type de résultat « oui » / « non ». Aucun fait observé ne peut en lui-même perturber les découvertes générales.

Je vais maintenant passer à une présentation *sui generis* de la notion de courbe en commençant par le tout début.

RÉFLEXION (LITTÉRAIRE) SUR L'ORIGINE DE LA COURBE EN CLOCHE

Prenez un flipper tel que celui représenté sur la Figure n° 8, et lancez trente-deux fois la bille. Nous supposerons que le plateau est bien équilibré de sorte que la bille a autant de chances de retomber à droite qu'à gauche à chaque fois qu'elle touche un plot. Vous devez vous attendre à ce que quantité de billes atterrissent dans le couloir central et que leur nombre diminue à mesure que l'on s'éloigne latéralement du centre.

Procédez maintenant à une *Gedanken*, une réflexion. Un homme tire à pile ou face et après chaque lancer, il fait un pas vers la gauche ou vers la droite, suivant que la pièce est retombée sur pile ou sur face. C'est ce que l'on appelle la « marche aléatoire », même s'il ne s'agit pas forcément de marche. On pourrait tout aussi bien dire qu'au lieu de faire un pas vers la gauche ou vers la droite, cet homme gagnerait ou perdrait un dollar à chaque lancer, et l'on pourrait suivre l'évolution de la somme d'argent qu'il a en poche.

Imaginez que je vous entraîne dans un pari (légal) où les chances ne sont ni en votre faveur, ni en votre défaveur. Lancez une pièce. Si elle retombe sur face, vous gagnez un dollar ; si elle retombe sur pile, vous perdez cette somme.

Lors du premier lancer, vous allez gagner ou perdre.

Figure n° 8 : Le quinconce (simplifié) – un flipper

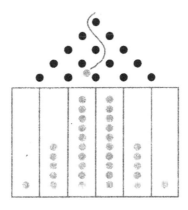

Lancez des billes qui, à chaque fois qu'elles touchent un plot, retombent aléatoirement à droite ou à gauche. Le scénario le plus probable est celui représenté ci-dessus, qui ressemble énormément à la courbe en cloche (également appelée « distribution gaussienne »). Avec l'aimable autorisation d'Alexander Taleb.

Lors du deuxième lancer, le nombre de résultats possibles est multiplié par deux. Première possibilité : gagne, gagne. Deuxième possibilité : gagne, perd. Troisième possibilité : perd, gagne. Quatrième possibilité : perd, perd. Chaque possibilité a les mêmes chances de se produire, la combinaison d'un seul gain et d'une seule perte en aura deux fois plus, parce que les deuxième et troisième possibilités, gagne-perd et perd-gagne, reviennent au même. Et c'est la clé du système gaussien. Il y a tellement de résultats moyens qui s'équilibrent – et comme nous le verrons, les résultats moyens sont très nombreux. Si vous jouez pour un dollar pour un tour, au bout de deux tours, vous aurez donc 25 % de chances de gagner ou de perdre deux dollars, mais 50 % de chances de récupérer votre mise.

Repartons pour un tour. De nouveau, le troisième lancer multiplie par deux le nombre de possibilités, si bien que nous nous trouvons face à huit résultats différents. La première possibilité (gagne, gagne lors du deuxième lancer), se décompose comme suit : gagne, gagne,

gagne et gagne, gagne, perd. Ajoutons un « gagne » ou un « perd » après chaque résultat précédent. La deuxième possibilité se décompose comme suit : gagne, perd, gagne et gagne, perd, perd. La troisième se décline de la manière suivante : perd, gagne, gagne et perd, gagne, perd. Et la quatrième, de cette manière-ci : perd, perd, gagne, et perd, perd, perd.

Nous avons à présent huit possibilités tout aussi susceptibles de se produire l'une que l'autre. Notez que l'on peut à nouveau regrouper les résultats moyens dans les cas où un gain annule une perte (dans le quinconce de Galton, les situations où la bille retombe à gauche puis à droite, ou *vice versa*, sont les plus nombreuses, si bien que l'on se retrouve avec quantité de billes au milieu). Le résultat net, ou cumulé, est le suivant : 1) trois gains ; 2) deux gains, une perte, soit *un gain* ; 3) deux gains, une perte, soit *un gain* ; 4) un gain, deux pertes, soit *une perte* ; 5) deux gains, une perte, *soit un gain* ; 6) deux pertes, un gain, soit *une perte* ; 7) deux pertes, un gain, soit *une perte* ; et enfin, 8) *trois pertes*.

Sur ces huit possibilités, celle de trois gains se produit une fois. La possibilité de trois pertes, une seule fois aussi. La possibilité d'une perte au final (un gain, deux pertes) se produit trois fois ; et la possibilité d'un gain au final (une perte, deux gains), trois fois également.

Repartons pour un autre tour, le quatrième. Il y aura seize résultats tout aussi probables les uns que les autres : une possibilité de quatre gains, une possibilité de quatre pertes, quatre possibilités de deux gains, quatre possibilités de deux pertes, et six possibilités de récupérer votre mise.

Le quinconce (terme qui vient du mot latin *« quincux »*, « cinq ») dans l'exemple du flipper montre que le cinquième tour, avec soixante-quatre possibilités, est facile à reconstituer. Tel est le concept sur lequel se fondait le quinconce employé par Francis Galton. Galton était à la fois pas assez paresseux et un peu trop ignorant des mathématiques ; au lieu de construire ce truc, il aurait pu travailler avec une algèbre plus simple, ou peut-être procéder à une réflexion comme celle-ci.

Continuons à jouer jusqu'à ce que vous ayez lancé la pièce quarante fois. Vous pouvez le faire en quelques minutes, mais vous allez avoir besoin d'une calculatrice pour parvenir à trouver le nombre de résultats possibles, qui mettent notre méthode simple à rude épreuve. Il va y avoir environ 1 099 511 627 776 combinaisons possibles – plus de mille milliards. Ne vous embêtez pas à faire le calcul manuellement, il consiste à multiplier 2 par lui-même quarante fois, puisque chaque branche est multipliée par deux à chaque ramification (rappelez-vous que nous avons ajouté un gagne et un perd à la suite des deux alternatives du troisième tour pour passer au quatrième, multipliant ainsi par deux le nombre d'alternatives). Sur ces combinaisons, une seule sera quarante fois pile, et une seule quarante fois face ; toutes les autres oscilleront autour du milieu – de zéro, en l'occurrence.

Nous pouvons déjà voir que, dans cette forme de hasard, les extrêmes sont rarissimes. Il y a une chance sur 1 099 511 627 776 que vous obteniez quarante fois pile en lançant quarante fois la pièce. Si vous effectuiez quarante lancers par heure, les chances que la pièce retombe quarante fois de suite sur pile seraient tellement infimes qu'il faudrait un nombre considérable de quarante lancers pour y parvenir ! En supposant que fassiez quelques pauses pour manger, discuter avec vos amis ou colocataires, prendre une bière et dormir, vous pouvez vous attendre à devoir patienter près de quatre millions de vies avant d'arriver une seule fois à un résultat de quarante fois face (ou quarante fois pile) d'affilée. Et songez à la chose suivante : supposez que vous jouiez une fois de plus, pour un total de quarante et un ; pour que la pièce retombe quarante et une fois de suite sur face, il faudrait huit millions de vies ! Passer de quarante à quarante et un divise par deux les chances d'avoir une suite de pile ou de face. C'est un attribut essentiel du cadre non scalable de l'analyse du hasard ; les écarts extrêmes diminuent à une vitesse croissante. On peut s'attendre à ce que la pièce retombe sur face cinquante fois d'affilée une seule fois en quatre milliards de vies !

Figure n° 9 : Nombre de lancers gagnants

Résultat de quarante lancers de pièce. On voit se profiler la protocourbe en cloche.

Nous ne sommes pas encore complètement dans une courbe en cloche, mais nous nous en approchons dangereusement. C'est toujours protogaussien, mais on peut voir vers quoi l'on tend (en fait, on n'obtiendra jamais à une courbe de Gauss « pure » puisqu'il s'agit d'une forme platonique – on s'en approchera simplement de plus en plus sans l'atteindre). Néanmoins, comme on peut le voir sur la Figure n° 9, la forme familière de la cloche commence à se profiler.

Comment se rapprocher de la courbe en cloche parfaite ? En affinant notre processus de tirage à pile ou face. On peut effectuer quarante tirages à un dollar chaque ou quatre mille tirages à dix cents chaque, et additionner les résultats. Le risque encouru est à peu près le même dans les deux cas – et il y a là une astuce. L'équivalence des deux séries de tirages à pile ou face présente un petit problème qui n'est pas évident. Nous avons multiplié le nombre de paris par cent, mais divisé leur montant par dix – ne cherchez pas à savoir pourquoi pour l'instant ; supposez simplement qu'ils sont « équivalents ». Le risque total est équivalent, mais nous avons désormais introduit la possibilité de gagner ou de perdre quatre cents fois de suite. Il y a à peu près une chance sur un suivi de cent vingt zéros, c'est-à-dire une chance sur 1 000 000 000 000 000 000 000 000 000 000 000 000 000 000 000 000 000 000 000 000 000 000 000 000 000 000 000 000 000 000 000 000 000 000.

Continuons ainsi pendant un petit moment. Nous passons de quarante lancers à un dollar chaque à quatre mille lancers à dix cents chaque, puis à quatre cent mille lancers à un cent chaque, nous approchant de plus en plus d'une courbe de Gauss. La Figure n° 10 couvre les résultats de - 40 à + 40, c'est-à-dire quatre-vingts points. Le lancer suivant porterait ce chiffre à huit mille points.

Continuons toujours. Nous pouvons effectuer quatre mille tirages à pile ou face en mettant en jeu un dixième de cent. Et si l'on faisait quatre cent mille tirages à un millième de cent ? En tant que forme platonique, la courbe de Gauss pure est principalement ce qui arrive quand on a une infinité de tirages à pile ou face à chaque fois et que le pari concerne toujours une somme infinitésimale. Ne vous embêtez pas à essayer de visualiser les résultats ou même de les comprendre. On ne peut plus parler de pari au montant « infinitésimal » (puisqu'il y en a une infinité, et que nous nous trouvons dans ce que les mathématiciens appellent un « cadre continu »). La bonne nouvelle, c'est qu'il existe une autre solution.

Figure n° 10 : Une version plus abstraite : la courbe de Platon

Un nombre infini de lancers

Nous sommes passés d'un simple pari à quelque chose de complètement abstrait, de quelques observations au royaume des mathématiques. Dans le domaine mathématique, les choses ont une certaine pureté

Cela dit, comme il n'est pas censé exister de chose complètement abstraite, *de grâce, n'essayez même pas de comprendre la Figure n° 10.* Sachez simplement comment on l'utilise. Considérez-la comme un thermomètre : vous n'êtes pas censé comprendre ce que la température *signifie* pour pouvoir en parler. Il vous suffit de connaître la correspondance entre la température et le bien-être (ou toute autre considération empirique). Quinze degrés correspondent à un temps agréable ; dix degrés de moins ne sont pas souhaitables. Vous ne vous intéressez pas nécessairement à la vitesse effective des collisions entre particules, qui apporte une explication plus technique à la température. D'une certaine façon, les degrés sont pour votre esprit un moyen de traduire en chiffres certains phénomènes extérieurs. De même, la courbe en cloche est conçue de telle manière que 68,2 % des phénomènes observés sont compris entre des écarts types situés de moins un à plus un de la moyenne. Je le répète : n'essayez même pas de comprendre si l'écart type est l'écart moyen – ce n'est pas le cas, et un grand (trop grand) nombre de gens qui emploient le mot « écart type » ne le comprennent pas ; ce n'est qu'un chiffre à l'aune duquel on place les choses, une simple question de correspondance *si les phénomènes étaient de type gaussien.*

Ces écarts types sont fréquemment appelés « sigmas ». On parle également de « variance » (même chose : la variance est le carré du sigma, c'est-à-dire de l'écart type).

Notez la symétrie de la courbe. Que le sigma soit positif ou négatif, on obtient le même résultat. On a autant de chances de se retrouver au-dessous qu'au-dessus de quatre sigmas – en l'occurrence, une sur trente-deux mille.

Comme le lecteur peut le constater, et ainsi que je l'ai dit auparavant, la caractéristique essentielle de la courbe en cloche est que la plupart des faits observés tournent autour du médiocre, de la moyenne, tandis que les chances d'écart diminuent de plus en plus vite (de manière exponentielle) à mesure que l'on s'en éloigne. Si vous ne devez retenir qu'une chose, que ce soit celle-ci : la vitesse inouïe à laquelle les chances s'amenuisent à mesure que l'on s'éloigne de la moyenne. Les aberrations deviennent de plus en plus improbables ; on peut ne pas les prendre du tout en compte et être parfaitement en sécurité.

Cette propriété génère également la loi suprême du Médiocristan : étant donné le peu d'écarts importants que l'on y rencontre, leur impact sur le tout sera dérisoire.

Dans l'exemple de la taille que j'ai cité plus haut dans ce chapitre, j'ai utilisé des unités d'écart de dix centimètres pour montrer que l'occurrence diminuait à mesure que la taille augmentait. Il s'agissait d'écarts inférieurs à un sigma ; le tableau des tailles donne également un exemple d'opération dite de « calage sur l'écart type » par l'utilisation du sigma comme unité de mesure.

Ces hypothèses réconfortantes

Notez les deux hypothèses majeures que nous avons faites dans ce jeu de tirage à pile ou face, et qui nous ont conduits au hasard protogaussien ou modéré.

Première hypothèse majeure : les tirages à pile ou face sont indépendants les uns des autres. La pièce n'a pas de mémoire. Le fait que vous soyez tombé sur pile ou sur face lors du précédent tirage ne change rien à vos chances de tomber sur pile ou sur face lors du prochain. Le temps ne vous aidera pas à devenir « meilleur » à ce tirage. Faire intervenir la mémoire ou les compétences dans ce jeu fragilise tout le système gaussien.

Rappelez-vous ce que nous avons dit au chapitre 14 de l'attachement préférentiel et des avantages cumulatifs. Les deux théories affirment que le fait de gagner aujourd'hui vous donne plus de chances de gagner demain. Les probabilités sont donc fonction de l'histoire, et la première affirmation centrale menant à la courbe en cloche est nulle et non avenue. Dans le domaine des jeux, bien sûr, les gains passés ne sont pas censés se traduire par une augmentation des probabilités de gains futurs – mais ce n'est pas le cas dans la vraie vie, ce qui explique mon inquiétude sur le fait que l'on enseigne les probabilités en se fondant sur les jeux. Cependant, quand le gain appelle le gain, on a beaucoup plus de chances de voir quarante gains de suite qu'avec un système protogaussien.

Deuxième hypothèse majeure : pas de « saut » considérable. La taille de l'étape de l'élément constitutif de la marche aléatoire est toujours connu : une étape. Il n'existe aucune incertitude quant à la taille de l'étape : il n'y a pas eu de fois où une étape variait considérablement.

N'oubliez pas que si l'une ou l'autre de ces hypothèses majeures n'est pas satisfaite, le cumul de vos tirages ne donnera pas de courbe en cloche. En fonction de ce qui arrive, ils peuvent mener au hasard sauvage invariant à l'échelle de type mandelbrotien.

« L'omniprésence du système gaussien »

Un de mes problèmes dans la vie est le suivant : à chaque fois que je dis que la courbe en cloche n'est pas omniprésente dans la réalité mais seulement dans l'esprit des statisticiens, on me somme de le « prouver » – ce qui est facile à faire, comme nous le verrons dans les deux chapitres qui viennent ; cependant, personne n'est jamais parvenu à démontrer le contraire. À chaque fois que je suggère un processus qui n'est pas gaussien, on me demande de justifier ma suggestion et, au-delà du phénomène, de « donner la théorie qui le sous-tend ». Au chapitre 14, nous avons vu les modèles « le riche s'enrichit » proposés pour justifier le fait de ne pas recourir au système gaussien. Ceux qui les ont élaborés étaient forcés de passer leur temps à écrire des théories sur les modèles possibles qui génèrent la scalable – comme s'ils avaient besoin de s'en excuser ! Théorie… mon œil ! Cela me pose un problème épistémologique – ce besoin de justifier le fait que le monde ne ressemble pas au modèle idéalisé que quelqu'un d'aveugle à la réalité a réussi à promouvoir.

Au lieu d'étudier les modèles susceptibles de générer un hasard qui ne soit pas de type courbe en cloche et de commettre ainsi les mêmes erreurs de théorisation aveugle, ma technique consiste à faire l'inverse, c'est-à-dire à connaître la courbe en cloche aussi parfaitement que possible et à détecter où elle tient et ne tient plus la route. Je sais où se trouve le Médiocristan. Pour moi, ce sont souvent (ou plutôt, presque toujours) les utilisateurs de cette courbe qui ne la comprennent pas bien et sont obligés de la justifier – pas le contraire.

L'omniprésence du système gaussien n'est pas une propriété du monde, c'est un problème qui se trouve dans notre esprit, et qui est dû à la façon dont nous regardons le monde.

Dans le chapitre suivant, nous allons aborder les questions d'invariance à l'échelle de la nature et de propriétés des fractales ; puis, dans le chapitre 17, nous examinerons l'usage erroné que l'on fait du système gaussien dans la vie socio-économique et « le besoin de produire des théories ».

Il m'arrive de m'énerver quelque peu, parce que j'ai passé une grande partie de ma vie à réfléchir à ce problème. Depuis que j'ai commencé à le faire, me livrant à toutes sortes de cogitations comme celles que j'ai exposées plus haut, je n'avais, malgré tous mes efforts, jamais réussi à trouver quelqu'un autour de moi, dans le monde des affaires ou des statistiques, qui fasse preuve de cohérence intellectuelle en admettant l'existence des Cygnes Noirs tout en rejetant la courbe de Gauss et ses méthodes afférentes. En effet, beaucoup acceptaient la notion de Cygne Noir mais étaient incapables de la porter à sa conclusion logique, à savoir que l'on ne peut pas recourir à une seule façon, dite « écart type », de mesurer le hasard (et le qualifier de « risque ») ; on ne peut pas s'attendre à ce qu'il y ait une seule manière de décrire l'incertitude. Faire un effort supplémentaire demande du courage, la volonté de s'engager, une vision globale ainsi qu'un désir de comprendre parfaitement le hasard. Cela implique aussi de ne pas considérer la sagesse d'autrui comme parole d'Évangile. Je commençai à croiser des physiciens qui avaient rejeté les outils gaussiens mais qui succombaient à un autre écueil : la crédulité vis-à-vis de modèles prédictifs spécifiques, qui n'étaient que des versions différentes inspirées de l'attachement préférentiel – une autre forme de platonicité. Je ne trouvais personne possédant profondeur et technique scientifique qui regarde le monde de l'aléatoire et comprenne sa nature, et qui considère les calculs comme un moyen et non comme un but en soi. Il me fallut près de dix ans et demie pour dénicher ce penseur, l'homme grâce auquel nombre de cygnes devenaient gris : Mandelbrot – le grand Benoît Mandelbrot.

CHAPITRE 16

L'ESTHÉTIQUE DU HASARD

*La bibliothèque de Mandelbrot. – Galilée était-il aveugle ?
– Des perles à des pourceaux. – Autoaffinité. – Comment le monde
peut être facilement compliqué, ou, peut-être, simple de manière très
compliquée.*

LE POÈTE DU HASARD

C'est par une mélancolique après-midi de l'année 2005 que je humai les vieux livres qui peuplaient la bibliothèque de Mandelbrot. Nous étions au mois d'août, et la chaleur exacerbait l'odeur de moisi que dégage la colle des livres anciens, éveillant en moi une puissante nostalgie olfactive. Je parviens généralement à réprimer ces bouffées de nostalgie, excepté quand elles s'insinuent en moi par le biais d'une musique ou d'un parfum. L'odeur qui émanait des livres de Mandelbrot était celle de la littérature française[1], de la bibliothèque de mes parents, des heures passées dans les librairies et les bibliothèques quand j'étais adolescent, à l'époque où j'étais surtout entouré (hélas) de livres français et où je plaçais la littérature au-dessus de tout

---

1. Les livres français ont une odeur spécifique.

(je n'ai pas lu beaucoup de livres français depuis mon adolescence). J'avais beau vouloir en faire une notion abstraite, la Littérature avait une incarnation physique, une odeur, et c'était exactement celle-là.

Si l'après-midi était triste, c'était aussi parce que Mandelbrot s'en allait – juste au moment où j'avais obtenu le droit de l'appeler à des heures indues simplement parce que j'avais une question à lui poser – « Pourquoi les gens ne s'aperçoivent-ils pas que la loi des 80/20 pourrait être la loi des 50/01 ? », par exemple. Mandelbrot avait décidé d'aller s'installer dans la région de Boston, non pour prendre sa retraite, mais pour travailler pour un centre de recherches sponsorisé par un laboratoire national. Comme il emménageait dans un appartement à Cambridge et quittait son immense maison de Westchester, dans la banlieue de New York, il m'avait invité à venir faire mon choix parmi ses livres.

Même les titres des ouvrages rencontraient chez moi un écho nostalgique. Je remplis un carton de titres français tels que *Matière et mémoire*, de Henri Bergson – un exemplaire datant de 1949 que Mandelbrot, semble-t-il, avait acheté quand il était étudiant (Ah, cette odeur !).

Après avoir cité son nom ici et là tout au long de cet ouvrage, je vais enfin vous présenter Mandelbrot ; je préciserai avant toute chose que c'est la première personne possédant un titre universitaire avec laquelle j'ai pu parler de hasard sans avoir le sentiment de me faire escroquer. D'autres mathématiciens probabilistes m'avaient jeté à la tête des théorèmes portant des noms à consonance russe tels que Sobolev, Kolmogorov, ou des expressions comme « mesure de Wiener » sans lesquelles ils semblaient perdus ; ils avaient beaucoup de mal à entrer dans le vif du sujet ou à sortir assez longtemps de leur petit moule pour prendre en compte ses failles empiriques. Avec Mandelbrot, ce fut différent – comme si nous étions tous deux originaires du même pays, que nous nous rencontrions après de longues et frustrantes années d'exil et que nous pouvions enfin échanger dans notre langue maternelle, sans aucun effort. C'est le seul professeur en chair et en os que j'aie jamais eu – d'habitude, ce sont les livres de ma bibliothèque qui remplissent ce rôle. Je n'avais vraiment pas assez de respect pour les mathématiciens traitant d'incertitude et de statistiques pour les considérer comme mes professeurs – dans mon esprit, ils étaient formés pour avoir des certitudes et n'avaient donc aucune raison de se préoccuper d'incertitude. Mandelbrot me donna tort.

Il s'exprime dans un français d'une précision et d'une tenue rares, très semblable à celui que parlaient les Levantins de la génération de mes parents ou les aristocrates du Vieux Monde. Du coup, cela me faisait un effet curieux de l'entendre parler de temps à autre un anglais-américain populaire avec un accent prononcé, mais de manière très argotique. Il est grand, avec quelques kilos en trop qui confèrent à son visage la rondeur de l'enfance (pourtant, je ne l'ai jamais vu manger très copieusement), et possède une présence physique forte.

Un observateur extérieur pourrait penser que ce que nous avons en commun, Mandelbrot et moi, ce sont le hasard sauvage, les Cygnes Noirs, et des théories statistiques (plus ou moins) assommantes. Pourtant, bien que nous collaborions sur ces questions, ce n'est pas autour d'elles que tourne l'essentiel de nos conversations. Nous parlons surtout de problèmes littéraires et esthétiques, nous racontons des ragots apocryphes sur des gens d'un raffinement intellectuel extra-ordinaire. Oui, nous parlons bien de leur raffinement, et non de leurs réalisations ; Mandelbrot aurait bien des histoires à raconter sur le nombre phénoménal de cracks avec lesquels il a travaillé au cours du siècle dernier, mais il y a certainement quelque chose en moi qui me pousse à trouver les personnalités scientifiques bien moins intéressantes que celles, hautes en couleur, de certains érudits. Or, Mandelbrot s'intéresse comme moi aux natures raffinées qui réunissent certains traits de caractère jugés généralement incompatibles. Ainsi fait-il souvent référence au baron Pierre Jean de Menasce, qu'il rencontra dans les années 1950 à Princeton, où Menasce était le camarade de chambrée du physicien Oppenheimer. Menasce est exactement le genre de personne qui m'intéresse – une incarnation du Cygne Noir. Il était issu d'une riche famille de commerçants juifs d'Alexandrie, franco- et italophones comme tous les Levantins raffinés. Ses ancêtres avaient modifié leur patronyme arabe pour lui donner une consonance vénitienne, en avaient profité pour lui adjoindre une particule, et s'étaient liés à une famille royale. Non content de se convertir au christianisme, Menasce devint un prêtre dominicain et un grand érudit spécialiste des langues perses et sémitiques. Toujours en quête ce genre de personnalités, Mandelbrot ne cessait de me poser des questions sur Alexandrie.

Oui, des gens dotés d'un intellect subtil, voilà exactement ce que je recherchais dans la vie. Érudit et polymathe, mon père – qui, s'il était encore de ce monde, n'aurait que deux semaines de plus que Benoît M. – appréciait la compagnie des prêtres jésuites extrêmement cultivés. Je me souviens que, quand ils nous rendaient visite, on leur donnait ma chaise à la table du dîner ; l'un d'eux, diplômé en médecine et titulaire d'un doctorat en physique, enseignait cependant l'araméen à l'Institut des langues orientales de Beyrouth. Avant cela, il avait dû enseigner la physique au lycée, et, auparavant encore, être professeur à l'école de médecine. Ce genre d'érudition impressionnait beaucoup plus mon père qu'un travail à la chaîne scientifique. Il doit y avoir quelque chose dans mes gènes qui m'éloigne des *Bildungsphilisters*.

Mandelbrot se montrait souvent étonné par le tempérament de certains érudits de haute volée et scientifiques remarquables mais peu connus, comme son vieil ami Carleton Gajdusek, qui l'avait impressionné par ses découvertes sur les causes des maladies tropicales ; cependant, faire état de ses diverses collaborations avec de « grands scientifiques » ne semblait pas l'intéresser beaucoup. J'ai mis un certain temps à découvrir qu'il avait travaillé avec un nombre impressionnant de scientifiques de tous poils, semble-t-il – ce que quelqu'un se vantant de connaître des personnalités éminentes n'aurait cessé de rappeler à la moindre occasion. Bien que je travaille avec lui depuis quelques années maintenant, ce n'est que l'autre jour, en bavardant avec sa femme, que j'ai appris qu'il avait collaboré pendant deux ans en tant que mathématicien avec le psychologue Jean Piaget. Je fus tout aussi stupéfait de découvrir qu'il avait également travaillé avec le grand historien Fernand Braudel, mais celui-ci ne semblait pas beaucoup intéresser Mandelbrot. Il tenait tout aussi peu à parler de John von Neuman, avec lequel il avait travaillé comme chercheur après avoir obtenu son doctorat. Ses priorités étaient inversées. Un jour, je lui demandai de me parler de Charles Tresser, un chercheur en physique inconnu que j'avais rencontré lors d'une réception, qui écrivait des articles sur la théorie du chaos et arrondissait ses fins de mois en travaillant comme pâtissier dans une boutique que sa femme tenait près de New York. Mandelbrot fut catégorique : Tresser était « *un homme extraordinaire*[2] » ; il ne tarit pas d'éloges à son égard. Mais quand je lui parlais d'un grand manitou, il me dit : « C'est le type même du *bon élève*[3], de l'étudiant qui obtient de bonnes notes mais qui n'a aucune profondeur et aucune vision. » Le grand manitou en question était un prix Nobel.

---

2. En français dans le texte *(N.d.T.)*.
3. En français dans le texte *(N.d.T.)*.

La platonicité des triangles

Alors, pourquoi qualifier tout cela de hasard mandelbrotien ou fractal ? Chaque pièce du puzzle sans exception a été énoncée auparavant par quelqu'un d'autre – Pareto, Yule et Zipf – mais ce fut Mandelbrot qui, a) fit le lien entre les pièces et eut une vision globale du problème, b) fit le lien entre hasard et géométrie (et un type bien particulier de hasard, qui plus est), et c) mena le sujet à sa conclusion naturelle. De fait, si nombre de mathématiciens sont aujourd'hui célèbres, c'est en partie parce qu'il a exhumé leurs travaux pour étayer ses affirmations – stratégie que je suis à mon tour dans ce livre. « J'ai dû m'inventer des prédécesseurs pour que l'on me prenne au sérieux », me dit-il un jour – il usa donc de la crédibilité de « gros bonnets » comme d'un artifice rhétorique. Chaque découvreur d'idée a presque toujours un prédécesseur. Vous pourrez toujours trouver quelqu'un qui a travaillé sur une partie de votre sujet et reprendre son travail pour étayer le vôtre. L'association d'une découverte scientifique à une grande idée, « la paternité du nom », revient à celui qui a une vision globale des choses, pas à celui qui fait une observation informelle – même Charles Darwin, dont les scientifiques incultes affirment qu'il « inventa » la survie du plus fort, ne fut pas le premier à en parler. Dans l'introduction à *L'Origine des espèces*, il écrit que les faits qu'il présente ne sont pas nécessairement originaux, et que ce sont leurs conséquences qu'il a trouvées « intéressantes » (comme il le dit avec une modestie toute victorienne). En fin de compte, ce sont ceux qui tirent les conséquences et saisissent l'importance des idées, voient leur valeur réelle, qui remportent la mise. Ce sont eux qui sont capables de parler du sujet.

Mais permettez-moi de décrire la géométrie mandelbrotienne.

La géométrie de la nature

Les triangles, les carrés, les cercles et autres concepts géométriques qui nous faisaient bâiller en classe sont peut-être de belles et pures notions, mais elles semblent plus présentes dans l'esprit des architectes, des artistes-concepteurs et des professeurs d'école que dans la nature elle-même. C'est très joli, sauf que la plupart d'entre nous n'en ont pas conscience. Les montagnes ne sont pas des triangles ou des pyramides ; les arbres ne sont pas des cercles, et les droites ne se rencontrent quasiment nulle part. Mère Nature n'a pas assisté aux cours de géométrie du lycée ni lu les livres d'Euclide d'Alexandrie.

Sa géométrie présente des irrégularités, mais possède sa propre logique, et une logique qui n'est pas facile à comprendre.

J'ai dit que nous semblions avoir une tendance naturelle à platonifier et à penser exclusivement en termes de choses apprises ; maçon ou philosophe de la nature, personne ne peut facilement échapper à l'esclavage d'un tel conditionnement. Songez que le grand Galilée, par ailleurs grand pourfendeur de mensonges, écrivit les lignes suivantes :

> Le grand livre de la Nature est ouvert en permanence sous nos yeux et il renferme la vraie philosophie [...]. Mais nous ne pouvons le lire si nous n'avons d'abord appris la langue et les caractères dans lesquels il est écrit [...]. Il est écrit en langage mathématique et ses caractères sont des triangles, des cercles, et autres figures géométriques.

Galilée était-il réellement aveugle ? Ce grand homme lui-même, avec toute l'indépendance d'esprit qu'on lui prête, fut incapable de poser un regard neuf sur mère Nature. Je suis sûr que sa maison avait des fenêtres et qu'il lui arrivait de s'aventurer au dehors ; il aurait dû savoir que l'on ne rencontre pas beaucoup de triangles dans la nature. Il est si facile de se laisser endoctriner !

Nous sommes aveugles, ou illettrés, ou les deux. Il était tellement évident que la géométrie de la nature n'était pas euclidienne ! Et personne, ou presque, ne l'a vu.

Cette cécité est semblable à l'erreur ludique qui nous fait prendre les casinos pour des incarnations du hasard.

La fractalité

Mais commençons par décrire les fractales, avant d'examiner leur lien avec ce que l'on appelle « lois de puissance » ou « lois scalables ».

Le terme « fractale » a été forgé par Mandelbrot pour décrire la géométrie de ce qui est brisé, cassé – du latin *« fractus »*, qui a donné « fracture ». La fractalité est la répétition à des échelles différentes de modèles géométriques révélant des versions de plus en plus petites d'eux-mêmes. Dans une certaine mesure, ces petites parties ressemblent au tout. Dans ce chapitre, je vais essayer de montrer comment la fractale s'applique à la forme d'incertitude qui devrait porter le nom de Mandelbrot : le hasard mandelbrotien.

Les veines des feuilles ressemblent à des branches ; les branches ressemblent à des arbres ; et les rochers, à de petites montagnes.

Quand la taille d'un objet change, il n'y a pas de changement qualitatif. Si l'on regarde la côte bretonne d'avion, elle ressemble à ce
que l'on voit quand on la regarde avec une loupe. Cette caractéristique d'autoaffinité implique qu'un ordinateur ou, de manière
plus aléatoire, mère Nature, peut utiliser une règle d'itération d'une
brièveté et d'une simplicité trompeuses pour construire des formes
apparemment très complexes. Cela peut s'avérer pratique en infogra-
phie, mais, surtout, c'est ainsi que fonctionne la nature. Mandelbrot
a conçu l'objet mathématique aujourd'hui baptisé « ensemble de
Mandelbrot », qui est le plus célèbre de l'histoire des mathématiques. Il a remporté un grand succès auprès des adeptes de la théorie
du chaos parce qu'il génère des images d'une complexité sans cesse
croissante en utilisant une règle récursive minuscule – en apparence,
seulement – « récursive » signifie qu'une chose peut être réappliquée
à elle-même à l'infini. On peut regarder cet ensemble avec des réso
lutions de plus en plus faibles sans jamais en atteindre la limite ; on
continuera à voir des formes reconnaissables. Ces formes ne sont
jamais les mêmes, mais elles sont en affinité les unes avec les autres,
et ont un air de famille très marqué.

Comme le montrent les applications suivantes, les objets fractals
jouent un rôle dans le domaine esthétique.

Arts visuels : aujourd'hui, la plupart des objets créés par ordinateur
sont fondés sur une version quelconque de la fractale mandelbrotienne.
On rencontre également des fractales en architecture, en peinture et
dans quantité d'œuvres d'art visuel – même si, bien sûr, elles ne sont
pas intégrées consciemment par le créateur de l'œuvre.

Musique : fredonnez lentement les quatre notes d'ouverture de la
Symphonie numéro 5 de Beethoven : ta-ta-ta-ta. Puis, remplacez chaque
note par la même ouverture à quatre notes, de façon à vous retrouver
avec une mesure à seize notes. Comme vous allez le voir (ou l'entendre, plus exactement), chaque onde ressemble à la mélodie initiale.
Ainsi Bach et Mahler ont-ils écrit des sous-mouvements qui ressemblent aux mouvements plus complexes dont ils font partie.

Poésie : la poésie d'Emily Dickinson, par exemple, est fractale : le
complexe ressemble à l'élémentaire. Un critique de son œuvre explique que celle-ci présente « un assemblage conscient de dictions, de
mètres, de figures de rhétorique, de gestes et de tons ».

Au début, les fractales firent de Benoît M. un paria de l'*establishment* mathématique français ; les autres mathématiciens étaient horri-

fiés. Quoi? Des images? *Mon Dieu*[4]! C'était comme si on avait projeté un film pornographique devant une assistance de vieilles bigotes orthodoxes orientales dans mon village ancestral d'Amioun. Mandelbrot passa donc un certain temps en tant que réfugié intellectuel dans un centre de recherche d'IBM dans le nord de l'État de NewYork. IBM le laissant faire tout ce qu'il voulait, sa situation était celle d'un bénéficiaire de la « *f… you money*[5] ».

Mais le grand public (surtout les polards de l'informatique) reçut parfaitement son message. À sa publication il y a vingt-cinq ans, le livre de Mandelbrot intitulé *La Géométrie fractale de la nature* fit un malheur. Il se répandit dans les cercles artistiques et donna lieu à des études dans les domaines de l'esthétique, de la conception architecturale, et jusqu'à celui des applications à grande échelle. Benoît M. se vit même proposer un poste de professeur de médecine! Les poumons sont censés être autosimilaires. Assiégées par des artistes de tous poils, ses conférences lui valurent le surnom de « rock star des mathématiques ». Bien avant qu'il ait été accepté par le gotha mathématique, l'ère informatique lui permit de devenir un des mathématiciens les plus influents de l'histoire en termes d'applications de son travail; nous verrons que, outre son universalité, celui-ci présente la caractéristique peu commune d'être extraordinairement accessible.

Quelques mots sur la biographie de Mandelbrot. Il émigra de Varsovie en France en 1936, à l'âge de douze ans. Les vicissitudes de la vie de clandestin dans ce pays occupé par les nazis lui permirent d'échapper en partie à l'éducation gauloise traditionnelle, notamment à ses équations algébriques assommantes, et il devint en grande partie autodidacte; plus tard, il fut profondément influencé par son oncle Szolem, titulaire d'une chaire de mathématiques au Collège de France et membre éminent de l'*establishment* mathématique français. Par la suite, Benoît M. alla s'installer aux États-Unis, où il occupa essentiellement des fonctions scientifiques dans l'industrie, ainsi que divers postes temporaires dans l'enseignement.

L'informatique joua deux rôles dans la nouvelle science que Mandelbrot contribua à construire. Premièrement, comme nous l'avons vu, les objets fractals peuvent être générés à l'aide d'une simple règle appliquée à elle-même, ce qui en fait des objets idéaux pour l'activité

---

4. En français dans le texte *(N.d.T.)*.
5. Voir ci-dessus, n. 9, p. 48 *(N.d.T.)*.

automatique d'un ordinateur (ou de mère Nature). Deuxièmement, il existe dans la génération des intuitions visuelles une dialectique entre le mathématicien et les objets générés.

Voyons maintenant comment cela nous amène au hasard. En fait, c'est avec les probabilités que Mandelbrot commença sa carrière.

Approche visuelle de l'Extrêmistan / du Médiocristan

Je regarde le tapis qui se trouve dans mon étude. Si je l'examine au microscope, je verrai un terrain très accidenté. Si je l'observe avec une loupe, ce terrain sera plus lisse mais encore très inégal. Maintenant, si je me mets debout et que je le regarde, il apparaîtra uniforme - quasiment presque aussi lisse qu'une feuille de papier. Ce tapis vu à hauteur d'œil correspond au Médiocristan et à la loi des grands nombres ; ce que je vois, c'est le total des aspérités, et *celles-ci sont gommées*. C'est comme le hasard gaussien : si ma tasse de café ne saute pas, c'est parce que la somme de toutes les particules en mouvement qui la constituent est lissée. De même, c'est en additionnant de petites incertitudes gaussiennes que l'on parvient à des certitudes : c'est la loi des grands nombres.

Le système gaussien n'est pas autosimilaire, et c'est ce qui explique que ma tasse de café ne saute pas sur la table.

Maintenant, prenons l'exemple d'une excursion en montagne. Quelle que soit l'altitude que l'on atteigne à la surface de la Terre, elle demeurera accidentée. Cela reste vrai à une altitude de 9 000 mètres. Si vous survolez les Alpes, vous verrez toujours des montagnes déchiquetées à la place de petites pierres. Certaines surfaces ne sont donc pas de type médiocristanais, et changer leur résolution ne les rend pas beaucoup plus lisses (notez que cet effet ne disparaît que lorsque l'on monte à des altitudes plus extrêmes). Vue de l'espace, notre planète semblerait lisse, mais c'est parce qu'elle est trop petite. Si elle était plus grande, ses montagnes éclipseraient l'Himalaya, et il faudrait l'observer de plus loin pour qu'elle paraisse lisse. De même, si elle était plus peuplée, même en maintenant le niveau moyen des richesses, il y aurait probablement quelqu'un dont la valeur nette excéderait largement celle de Bill Gates.

Les Figures n°s 11 et 12 illustrent le point ci-dessus : en regardant la première image, on pourrait penser qu'un bouchon d'objectif est tombé par terre.

Rappelez-vous ce que nous avons dit à propos de la côte bretonne. Vus d'avion, ses contours ne diffèrent pas tellement de ceux que l'on voit sur le rivage. Le changement d'échelle n'altère pas les formes et leur degré de poli.

Des perles à des pourceaux

Quel est le rapport entre la géométrie fractale et la distribution des richesses, la taille des villes, les bénéfices des marchés financiers, le nombre de victimes d'une guerre ou la taille des planètes ? Essayons d'avoir une vision globale des choses.

La clé, ici, réside dans le fait que *les mesures numériques ou statistiques de la fractale restent* (grosso modo) *les mêmes à toutes les échelles* – contrairement à ce qui se passe avec la courbe de Gauss, le ratio est le même. La Figure n° 13 montre une autre vision de cette autosimilarité. Comme nous l'avons vu au chapitre 15, les gens extrêmement riches sont semblables aux riches – ils le sont simplement davantage ; la richesse est indépendante de l'échelle ou, plus précisément, sa dépendance à l'échelle est inconnue.

Dans les années 1960, Mandelbrot présenta à l'*establishment* économique ses idées sur les prix des biens de consommation courante et des valeurs financières, et les économistes financiers s'enthousiasmèrent pour elles. En 1963, George Shultz, qui était alors doyen de la Graduate School of Business de l'université de Chicago – il s'agit du George Shultz qui devint par la suite secrétaire d'État de Ronald Reagan – proposa à Mandelbrot un poste de professeur, avant de l'appeler un soir pour annuler cette proposition.

À l'heure où j'écris ces lignes, quarante-quatre ans plus tard, il ne s'est rien passé dans les domaines de l'économie et des statistiques des sciences sociales – à l'exception de quelques travaux sans importance qui appréhendent le monde comme si nous n'étions sujets qu'à un hasard modéré – et pourtant, des prix Nobel ont été décernés. Des articles apportant « des preuves » que Mandelbrot s'est trompé ont été écrits par des gens qui ne comprennent pas la thèse centrale de ce livre – on peut toujours produire des données « corroborant » que le processus sous-jacent est de type gaussien en trouvant des périodes exemptes d'événements rares, tout comme on peut toujours trouver une après-midi pendant laquelle personne n'a tué personne, et présenter cela comme « la preuve » d'un comportement moral. Je le répète : l'asymétrie relative à l'induction fait qu'il en va de la courbe en cloche

Figure n° 11 : *Un bouchon d'objectif semble avoir été jeté par terre. Maintenant, tournez la page.*

comme de l'idée d'innocence : il est plus facile de la rejeter que de l'accepter ; à l'inverse, il est plus difficile de rejeter que d'accepter une fractale. Pourquoi ? Parce qu'un seul événement peut anéantir l'argument selon lequel on a affaire à une courbe en cloche.

Pour nous résumer, Mandelbrot donna il y a quarante ans des perles aux économistes et aux philistins rédacteurs de CV, et ils les refusèrent parce que ces idées étaient trop bonnes pour eux. Comme on dit, c'étaient des « *margaritas ante porcos* » – des perles aux pourceaux.

Dans la suite de ce chapitre, je vais expliquer comment je peux avaliser les fractales mandelbrotiennes dans la mesure où elles représentent une bonne partie du hasard, sans nécessairement accepter leur application exacte. Les fractales devraient être ce que l'on utilise par défaut, l'approximation, le cadre. Elles ne résolvent pas tous les problèmes de type Cygne Noir et ne transforment pas tous les Cygnes Noirs en événements prédictibles, mais elles nuancent sensiblement le problème qu'ils représentent en les rendant concevables (du coup, ils deviennent gris – pourquoi gris ? Parce que seule la loi gaussienne apporte des certitudes – nous y reviendrons plus tard).

Figure n° 12 : *En fait, cet objet n'est pas un bouchon d'objectif. Ces deux photos illustrent l'invariance à l'échelle : le terrain est fractal. Comparez-le à des objets fabriqués par l'homme tels qu'une voiture ou une maison. Source : professeur Stephen W. Wheatcraft, université du Nevada, Reno.*

LA LOGIQUE DU HASARD FRACTAL (AVEC UN AVERTISSEMENT) [6]

Dans les listes relatives à la richesse, au chapitre 15, j'ai montré la logique de la distribution fractale : si la richesse est multipliée par deux et passe de un à deux millions, le nombre de gens qui possèdent au moins cette somme est divisé par quatre, qui est un exposant de deux. Si l'exposant était un, la somme minimum de cette richesse serait divisée par deux. Cet exposant est appelé « puissance » (ce qui explique que certaines personnes emploient l'expression « loi de puissance »). Appelons « excédance » le cas où cette somme excède un cer-

---

6. Le lecteur profane en la matière peut sauter ce passage et passer directement au chapitre suivant.

tain niveau – une excédance de deux millions correspondra au nombre de personnes dont la richesse est supérieure à deux millions. Une propriété essentielle des fractales (ou une autre façon d'exprimer leur propriété essentielle, la scalabilité) est que le ratio de deux excédances[7] va être celui des deux nombres à la puissance négative de l'exposant de la puissance.

Figure n° 13 : La montagne statistique fractale pure

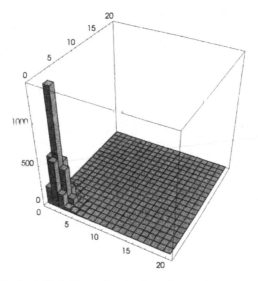

Le degré d'inégalité sera le même dans chacune des seize sous-sections du graphique. Dans le monde de Gauss, les différences de richesse (ou de toute autre quantité) diminuent quand on regarde le sommet – de sorte que l'égalité devrait être plus grande entre les milliardaires qu'entre les millionnaires, et plus grande aussi entre les millionnaires qu'entre les membres de la classe moyenne. En bref, ce manque d'égalité à tous les niveaux de richesse est ce que l'on appelle l'auto-similarité statistique.

---

7. En utilisant la symétrie, l'analyse s'applique au nombre de gens qui se situent au-dessous de ce nombre.

Tableau n° 2 : Exposants hypothétiques pour différents phénomènes*

Phénomène (vague approximation)	Exposant hypothétique
Fréquence d'emploi des mots	1,2
Nombre de fois où le mot est référencé sur le Web	1,4
Nombre de livres vendus aux É.U.	1,5
Appels téléphoniques reçus	1,22
Magnitude des tremblements de terre	2,8
Diamètre des cratères lunaires	2,14
Intensité des éclats solaires	0,8
Intensité des guerres	0,8
Valeur nette de la richesse des Américains	1,1
Nombre de personnes par patronyme	1
Population des villes américaines	1,3
Fluctuations de marché	3 (ou moins)
Taille des entreprises	1,5
Nombre de morts dans les attentats terroristes	2 (mais l'exposant est peut-être beaucoup plus faible dans la réalité)

* *Source : M. E. J. Newman (2005) et calculs personnels de l'auteur.*

Pour illustrer ce tableau, mettons que vous « pensiez » que seulement 96 livres par an vont se vendre à plus de 250 000 exemplaires (ce qui fut le cas aux États-Unis en 2006), et que l'exposant avoisine 1,5. En extrapolant, on peut estimer qu'environ 34 livres vont se vendre à plus de 500 000 exemplaires – simplement 96 X (500 000 / 250 000)$^{-1,5}$ –. On peut continuer, et noter qu'environ 12 livres devraient se vendre à plus de 1 million d'exemplaires, en l'occurrence, 96 X (1 000 000 / 250 000)$^{-1,5}$.

Permettez-moi de vous montrer les différents exposants mesurés pour divers phénomènes, en vous disant tout net que ces exposants sont très peu significatifs en termes de précision numérique. Nous verrons pourquoi dans un instant, mais notez d'ores et déjà que nous *n'observons* pas ces paramètres ; nous ne faisons que les deviner ou les déduire de données statistiques ; c'est pourquoi il est parfois difficile de connaître les véritables paramètres – s'ils existent bien. Intéressons-nous d'abord aux conséquences pratiques d'un exposant.

Tableau n° 3 : Signification de l'exposant

Exposant	Part du premier 1 %	Part des premiers 20 %
1	99,99%*	99,99%
1,1	66 %	86 %
1,2	47 %	76 %
1,3	34 %	69 %
1,4	27 %	63 %
1,5	22 %	58 %
2	10 %	45 %
2,5	6 %	38 %
3	4,6%	34%

Manifestement, on n'observe pas 100 % dans un échantillon fini.

Le Tableau n° 3 illustre l'impact de l'éminemment improbable. Il montre la part qu'occupent dans le total le premier 1 % et les premiers 20 %. Plus l'exposant est faible, plus cette part est élevée. Mais voyez comme le processus est sensible : entre 1,1 et 1,3, on passe de 66 % à 34 % du total. Une différence de 0,2 dans l'exposant suffit à modifier considérablement le résultat – et cette différence peut venir d'une simple erreur de mesure. Elle n'est pas bénigne : songez simplement que si nous n'avons aucune idée précise de l'exposant, c'est parce que nous ne pouvons pas le mesurer directement. Nous ne faisons que l'estimer sur la base de données passées ou nous baser sur des théories qui tiennent compte de la construction d'un modèle qui nous en donnerait quelque idée – mais ce type de modèle peut avoir des faiblesses cachées qui nous empêchent de l'appliquer les yeux fermés à la réalité.

En conséquence, gardez à l'esprit que l'exposant 1,5 est une approximation, qu'il est difficile à calculer, qu'il ne tombe pas du ciel ou du moins ne s'obtient pas facilement, et que vous allez avoir une erreur d'échantillonnage monumentale. Vous observerez que le nombre de livres qui se vendent à plus de 1 million d'exemplaires ne va pas toujours être de 8 – il pourrait monter jusqu'à 20, ou dégringoler à 2.

Plus important, cet exposant commence à s'appliquer à un certain nombre appelé « point de transition », et concerne les nombres plus élevés que celui-ci. Il peut commencer à 200 000 livres, ou peut-être seulement à 400 000. De même, la richesse a d'autres propriétés quand elle est supérieure à 600 millions de dollars, par exemple quand l'inégalité augmente, que quand elle est inférieure à ce chiffre. Comment savoir où se trouve le point de transition ? C'est un problème. Mes collègues et moi avons travaillé sur quelque 20 millions de données financières. Bien qu'ayant tous le même ensemble de données, nous n'étions jamais vraiment d'accord sur l'exposant qui se trouvait dans notre ensemble. Nous savions que les données révélaient une loi de puissance fractale, mais nous nous sommes aperçus que personne ne pouvait fournir de chiffre précis. Mais ce que nous savions – que la distribution est *scalable et fractale* – nous suffisait pour travailler et prendre des décisions.

Le problème de la limite supérieure

Certaines personnes ont recherché et accepté le « jusqu'à un certain point » fractal. Elles affirment que tous les phénomènes de richesse, de ventes de livres et de bénéfices du marché ont un certain niveau quand les choses cessent d'être fractales. La « troncation », voilà ce qu'elles proposent. Je leur accorde qu'il y a un niveau où la fractalité *pourrait* cesser, mais lequel ? Dire d'une part qu'il existe une limite supérieure « mais que je ne sais pas à quel niveau elle se situe », et d'autre part qu'« il n'y a aucune limite » a, en pratique, les mêmes conséquences. Proposer une limite supérieure est extrêmement risqué. On peut suggérer : « Plafonnons la richesse à 150 milliards de dollars dans nos analyses. » Quelqu'un pourrait alors dire : « Pourquoi pas 151 ? » ou « Pourquoi pas 152 ? ». Autant considérer la variable comme illimitée.

Méfiez-vous de la précision

L'expérience m'a appris quelques trucs : quel que soit l'exposant que j'essaie de mesurer, il y a des chances pour qu'il soit surestimé (souvenez-vous qu'un exposant plus élevé signifie que les grands écarts vont jouer un rôle moindre) – pour que ce qu'on voit soit moins « cygne-noiresque » que ce qu'on ne voit pas. C'est ce que j'appelle le problème du « faux-semblant ».

Disons que je génère un processus doté d'un exposant de 1,7. On ne voit pas ce qui se passe à l'intérieur du moteur, seulement les données qui en sortent. Si je vous demande de m'indiquer l'exposant, il y a des chances pour que vous trouviez quelque chose comme 2,4. Ce serait le cas même si vous aviez un million de points de données : pourquoi ? Parce que certains processus fractals mettent du temps à révéler leurs propriétés et que l'on surestime la gravité du choc.

Une fractale peut parfois se faire passer pour une gaussienne, surtout quand le *« cut point »* commence par un chiffre élevé. Avec les distributions fractales, les écarts extrêmes de ce genre sont suffisamment rares pour vous enfumer : vous ne parvenez pas à identifier la distribution comme fractale.

La flaque d'eau bis

Comme vous l'avez vu, nous avons du mal à connaître les paramètres du modèle qui, nous le supposons, fait tourner le monde. Ainsi, avec l'Extrêmistan, voici que resurgit le problème de l'induction, et avec plus de force encore qu'à tout autre moment de ce livre. Simplement, si un mécanisme est fractal, il peut générer des valeurs importantes ; les écarts importants sont donc possibles, mais jusqu'à quel point, et à quelle fréquence ces écarts devraient-ils se produire – cela, nous aurons du mal à le savoir précisément. C'est le même problème que celui de la flaque d'eau : elle peut avoir été générée par quantité de glaçons. Comme toute personne qui part de la réalité pour aller vers des modèles explanatoires possibles, je me trouve confronté à une gamme de problèmes complètement différents de quelqu'un qui fait l'inverse.

Je viens de lire trois livres de « vulgarisation scientifique » qui résument la recherche en matière de systèmes complexes : *Ubiquity*, de Mark Buchanan, *Critical Mass*, de Philip Ball, et *Why Most Things Fail*, de Paul Ormerod. Ces trois auteurs présentent le monde des sciences sociales comme rempli de lois de puissance – une vision que je partage sans conteste. Ils affirment également que nombre de ces phénomènes se caractérisent par une universalité, et qu'il existe une merveilleuse similitude entre certains processus naturels et le comportement de groupes sociaux – et c'est aussi mon avis. Ils étayent leurs études avec diverses théories sur les réseaux et mettent en lumière la fabuleuse correspondance qui existe entre les phénomènes dits « critiques » en science naturelle et l'autoorganisation des groupes sociaux. Ils regroupent des processus qui génèrent des avalanches, des contagions sociales et ce qu'ils appellent des cascades informationnelles, ce que j'approuve également.

L'universalité est une des raisons pour lesquelles les physiciens trouvent particulièrement intéressantes les lois de puissance associées à des points critiques. Il existe de multiples situations, tant dans la théorie des systèmes dynamiques qu'en mécanique statistique, où nombre de propriétés de la dynamique des points critiques sont indépendantes des détails du système dynamique sous-jacent. L'exposant au point critique peut être le même pour quantité de systèmes du même groupe, même si beaucoup d'autres aspects du système sont différents. Je suis presque d'accord avec cette notion d'universalité. En fin de compte, ces trois auteurs nous encouragent à appliquer les techniques de la physique statistique, en évitant comme la peste l'économétrie et les distributions non scalables de type gaussiennes, et j'approuve totalement cette méthode.

Néanmoins, en générant ou en vantant la précision, ils tombent aussi tous les trois dans le piège qui consiste à ne pas distinguer le processus de prolepse du processus d'analepse (c'est-à-dire le problème du problème inverse) – ce qui, pour moi, constitue le plus grand péché scientifique et épistémologique. Ils ne sont pas les seuls ; tous les gens, ou presque, qui travaillent avec des données mais ne prennent pas de décisions fondées sur celles-ci ont tendance à commettre le même péché, une variante de l'erreur de narration. Comme il n'y a pas de processus de retours, on regarde des modèles et l'on pense qu'ils confirment la réalité. Je crois aux idées de ces trois livres, mais pas à la façon dont elles sont mises en œuvre – et certainement pas à la précision que les auteurs leur attribuent. En effet, la théorie de la complexité devrait nous rendre *plus* méfiants vis-à-vis des modèles précis de la réalité. Cette théorie ne rend pas tous les cygnes blancs ; cela, c'est prévisible ; elle en fait des cygnes gris, et seulement gris.

Comme je l'ai dit plus haut, d'un point de vue épistémologique, le monde est, au sens propre du terme, un endroit différent pour l'empiriste *bottom-up*. Nous n'avons pas le luxe de nous asseoir et de déchiffrer l'équation qui régit l'univers ; nous ne faisons qu'observer des données, formuler une hypothèse sur ce que pourrait être le véritable processus, et la « calibrer » en corrigeant notre équation en fonction d'informations additionnelles. À mesure que les événements se présentent à nous, nous comparons ce que nous voyons à ce que nous nous attendions à voir. Découvrir que l'histoire ne recule pas mais qu'elle avance incite généralement à l'humilité, surtout quand on sait que l'erreur de narration existe. S'il est vrai que les hommes d'affaires ont des egos forts, ils sont souvent contraints à l'humilité par des événements qui leur rappellent les différences qui séparent la décision des résultats, les modèles précis de la réalité.

Je parle ici de l'opacité, de l'incomplétude des informations, de l'invisibilité du générateur du monde. L'histoire ne nous révèle pas sa pensée – il nous faut la deviner.

De la représentation à la réalité

L'idée ci-dessus fait le lien entre toutes les parties de ce livre. Alors que beaucoup étudient la psychologie, les mathématiques ou la théorie évolutionnaire et cherchent le moyen de monnayer leurs idées en les appliquant aux affaires, je suggère de faire exactement l'inverse, c'est-à-dire d'étudier l'incertitude intense et inexplorée qui sévit sur les marchés et nous donne une véritable leçon d'humilité pour acquérir des connaissances sur la nature du hasard qui soient applicables à la psychologie, à la probabilité, aux mathématiques, à la théorie de la décision et même à la physique statistique. Vous verrez les manifestations sournoises de l'erreur de narration, de l'erreur ludique et les erreurs de platonicité monumentales qui consistent à passer de la représentation à la réalité.

La première fois que j'ai rencontré Mandelbrot, je lui ai demandé pourquoi un scientifique aussi renommé que lui, qui devait avoir des choses bien plus intéressantes à faire dans la vie, s'intéressait à un domaine aussi vulgaire que la finance. Je croyais que les secteurs de la finance et de l'économie permettaient seulement de tirer les leçons de phénomènes empiriques divers et de remplir son compte en banque de « *F... you money* » avant de s'envoler vers des domaines plus vastes et plus intéressants. « Pour les données – c'est une mine de données », me répondit Mandelbrot. De fait, tout le monde oublie qu'il commença par l'économie avant de passer à la physique et à la géométrie de la nature. Travailler avec une telle profusion de données incite à l'humilité ; cela permet d'avoir l'intuition de l'erreur suivante : parcourir dans la mauvaise direction la route qui serpente entre la représentation et la réalité.

Le problème de l'« autoréférence de la statistique » (que l'on peut également appeler « argument de régression infinie ») est le suivant : mettons que vous ayez besoin des données passées pour savoir si un problème de probabilité est gaussien, fractal ou autre chose. Vous allez devoir déterminer si vous possédez suffisamment de données pour étayer votre affirmation. Comment savoir si c'est bien le cas ? Grâce à la distribution des probabilités, qui va vous dire si vous avez suffisamment de données pour « mieux convaincre » de ce que vous déduisez. S'il s'agit d'une courbe de Gauss, quelques points y suffiront (la loi des grands nombres, une fois de plus). Et comment savoir si la distribution est gaussienne ? Eh bien, grâce aux données. Nous avons donc besoin des données pour nous dire en quoi consiste la distribution des probabilités, et de la distribution des probabilités pour nous renseigner sur le nombre de données qui nous sont nécessaires. Cela entraîne un sérieux argument de régression.

Cette régression ne se produit pas si *l'on suppose à l'avance* que la distribution est gaussienne. Il se trouve que, pour une raison inconnue, les distributions gaussiennes révèlent assez facilement leurs propriétés – ce qui n'est pas le cas des distributions extrêmistanaises. C'est pourquoi sélectionner une distribution gaussienne en invoquant une loi générale quelconque paraît commode, et c'est précisément pour cela que l'on utilise cette distribution par défaut. Comme je ne cesse de le répéter, présupposer son application peut fonctionner pour un petit nombre de domaines tels que les statistiques relatives aux crimes, les taux de mortalité, les problèmes liés au Médiocristan, mais pas pour les données historiques d'attributs inconnus ni les questions relatives à l'Extrêmistan.

Alors, pourquoi les statisticiens qui travaillent avec des données historiques n'ont-ils pas conscience du problème ? Premièrement, ils n'aimeraient pas s'entendre dire que leur travail a été réduit à néant par le problème de l'induction. Deuxièmement, ils ne sont pas confrontés de manière rigoureuse aux résultats de leurs prévisions. Comme nous l'avons vu avec les compétitions de Makridakis, ils sont enferrés dans l'erreur de narration, et ils ne veulent pas l'entendre.

UNE FOIS DE PLUS, MÉFIEZ-VOUS DES PRÉVISIONNISTES

Permettez-moi de pousser le problème un cran plus loin. Comme je l'ai dit précédemment, il existe quantité de modèles qui tentent d'expliquer la genèse de l'Extrêmistan. En fait, ils se regroupent en deux grandes catégories, auxquelles viennent s'ajouter de temps à autre quelques approches supplémentaires. La première catégorie comprend le modèle simple du genre « le riche s'enrichit encore plus » (ou « le gros devient encore plus gros ») utilisé pour expliquer les regroupements de personnes autour des grandes villes, la domination du marché par Microsoft et VHS (plutôt que par Apple et Betamax), la dynamique des réputations académiques, etc. La seconde catégorie concerne ce que l'on appelle les « modèles de percolation », qui ne concernent pas le comportement de l'individu mais plutôt le terrain sur lequel il opère. Quand on verse de l'eau sur une surface poreuse, la structure de cette surface importe plus que le liquide. Quand un grain de sable entre en contact avec un tas d'autres grains de sable, c'est la façon dont le terrain est organisé qui détermine si un effondrement va avoir lieu.

Bien sûr, la plupart des modèles ne sont pas seulement descriptifs ; ils s'efforcent aussi de prévoir avec précision ; je trouve cela rageant. Il existe des outils agréables à utiliser qui permettent d'illustrer la genèse de l'Extrêmistan, mais j'insiste sur le fait que le « générateur » de la réalité ne semble pas leur obéir suffisamment pour qu'ils soient vraiment utiles en termes de pronostics précis – du moins à en juger par les études et autres documents que l'on trouve actuellement sur l'Extrêmistan. Comme nous sommes une fois de plus confrontés à un grave problème de calibrage, éviter les erreurs que l'on commet habituellement quand on calibre un processus non linéaire serait une excellente idée. Souvenez-vous que (comme nous l'avons vu au chapitre 11) les processus non linéaires ont des degrés de liberté plus élevés que les processus linéaires, ce qui signifie que l'on encourt un risque plus grave : celui d'utiliser le mauvais modèle. Cependant, on tombe de temps à autre sur un livre ou sur des articles préconisant l'application de modèles permettant de passer de la physique statistique à la réalité. Les beaux livres comme celui de Philip Ball sont illustratifs et informatifs, mais ils ne devraient pas conduire à des modèles quanti-tatifs précis. Ne les prenez pas pour argent comptant.

Voyons néanmoins ce qu'il est possible de conserver de ces modèles.

Une fois encore, une heureuse solution

Premièrement, quand je suppose une scalable, j'accepte la possi-bilité d'un grand nombre arbitraire. En d'autres termes, les inégalités ne devraient pas s'arrêter à une limite maximum *connue*.

Mettons que le *Da Vinci Code* se soit vendu à environ soixante mil-lions d'exemplaires (la Bible s'est vendue à environ un milliard d'exem-plaires, mais n'en tenons pas compte et limitons notre analyse à des ouvrages écrits par un seul auteur). Bien que l'on n'ait jamais vu de livre populaire se vendre à deux cents millions d'exemplaires, on peut considérer que cette possibilité n'est pas complètement nulle ; elle est faible, mais pas nulle. Pour trois best-sellers dans le genre du *Da Vinci Code*, il pourrait y avoir un super-best-seller, et bien que cela ne soit jamais arrivé jusque-là, on ne peut pas l'exclure. Et pour quinze *Da Vinci Code*, il y en aura un qui fera un super-best-seller, mettons cinq cents millions d'exemplaires.

Appliquez la même logique à la richesse. Disons que la richesse de la personne la plus fortunée de la terre s'élève à cinquante milliards de dollars. Il y a une chance non négligeable pour que l'année prochaine, quelqu'un possédant cent milliards de dollars, voire plus, surgisse de nulle part. Pour trois personnes qui possèdent plus de cinquante mil-liards de dollars, il pourrait y en avoir une qui ait cent milliards de dollars ou plus. La probabilité qu'une personne possède plus de deux cents milliards de dollars est beaucoup plus faible – trois fois moins élevée que la probabilité précédente, mais pas nulle malgré tout. Il y a même une chance infime, mais pas nulle, qu'il y ait quelqu'un dont la richesse dépasse les cinq cents milliards de dollars.

Cela m'apprend la chose suivante : je peux faire des déductions sur des choses qui n'apparaissent pas dans mes données, mais ces choses devraient encore appartenir au monde du possible. Il y a là-dedans un best-seller invisible qui est absent des données relatives au passé mais dont il faut tenir compte. Souvenez-vous de ce que j'ai dit au chapitre 13 : cela rendait le fait d'investir dans un livre ou un médicament plus intéressant que les informations relatives aux données passées pourraient le laisser croire. Mais cela peut aussi rendre les pertes des marchés des actions pires qu'elles n'apparaissent dans le passé.

Les guerres sont fractales par nature. Une guerre qui ferait plus de victimes que la Seconde Guerre mondiale est possible – pas probable, mais pas totalement improbable quand même, bien qu'un tel conflit ne se soit jamais produit dans le passé.

Deuxièmement, je vais emprunter un exemple à la nature pour illustrer mon propos sur la précision. Une montagne est quelque peu similaire à une pierre : elle a une affinité avec elle, un air de famille, mais elle n'est pas identique. Le terme permettant de décrire cette ressemblance est « autoaffinité », et pas le précis « autosimilaire », mais Mandelbrot eut du mal à communiquer la notion d'affinité, et le terme « autosimilaire » se répandit avec sa connotation de ressemblance précise plutôt que d'air de famille. Comme pour la montagne et la pierre, la distribution des richesses d'un montant supérieur à un milliard de dollars n'est pas exactement la même que celle des richesses dont le montant est inférieur à cette somme, mais les deux distributions ont « des affinités ».

Troisièmement, j'ai dit plus haut qu'il y avait eu dans le monde de l'éconophysique (application de la physique des statistiques aux phénomènes sociaux et économiques) quantité d'études qui visaient à réaliser cette calibrage, à tirer les chiffres du monde des phénomènes. Nombre d'entre elles se veulent prédictives. Hélas, nous ne sommes pas en mesure de prévoir que des « transitions » vont déboucher sur des crises ou des contagions. Mon ami Didier Sornette essaie de construire des modèles prédictifs, ce que j'adore, sauf qu'il m'est impossible de les utiliser pour faire des prévisions – mais ne le lui dites pas, s'il vous plaît ! Il pourrait arrêter. Que je ne puisse m'en servir comme il l'a prévu n'invalide pas son travail ; cela implique simplement que, contrairement aux modèles d'économie traditionnels qui sont fondamentalement erronés, les interprétations effectuées avec les siens nécessitent une plus grande ouverture d'esprit. Il est peut-être possible d'obtenir de bons résultats avec certains outils de Sornette, mais avec pas tous.

Où est le Cygne Gris ?

J'ai consacré l'intégralité de ce livre au Cygne Noir. Non que je le porte dans mon cœur ; en tant qu'humaniste, je le déteste, ainsi que l'injustice et les dégâts qu'il provoque. Il y a donc beaucoup de Cygnes Noirs que je voudrais éliminer, ou dont je souhaiterais du moins atténuer les effets et être protégé. Le hasard fractal est un moyen de limiter ces surprises, de faire que certains de ces Cygnes semblent possibles, si je puis m'exprimer ainsi, de nous faire prendre conscience de leurs conséquences, de les rendre gris. *Mais le hasard fractal ne donne pas de réponses précises.* Voici les avantages de cette situation. Si l'on sait que le marché boursier peut effectivement s'effondrer, comme ce fut le cas en 1987, un tel événement n'est pas un Cygne Noir. Si l'on emploie une fractale avec un exposant de trois, cet effondrement n'est pas une aberration. Si l'on sait que les sociétés biotech peuvent développer un médicament qui fera un tabac, sera une réussite bien plus énorme que tout ce que l'on a vu jusqu'à présent, ce ne sera pas un Cygne Noir et, si ce médicament fait effectivement son apparition sur le marché, on ne sera pas surpris.

Les fractales de Mandelbrot nous permettent donc d'expliquer quelques Cygnes Noirs, mais pas tous. J'ai dit plus haut que certains d'entre eux faisaient leur apparition parce que l'on ne tenait pas compte des sources de hasard. D'autres encore surgissent quand on surestime l'exposant fractal. Le Cygne Gris concerne des événements extrêmes modélisables, alors que le Cygne Noir concerne les inconnus inconnus.

J'étais assis à débattre de cette question avec le grand homme et, comme d'habitude, notre conversation se mua en jeu linguistique. Dans le chapitre 9, j'ai présenté la distinction que les économistes font entre « incertitude knightienne » (incalculable) et « risque knightien » (calculable) ; comme cette distinction ne peut être originale au point d'être absente de notre vocabulaire, nous la cherchâmes en français. Mandelbrot évoqua l'un de ses amis et héros, le mathématicien aristocrate Marcel-Paul Schützenberger, un fin érudit qui (à l'instar de votre serviteur) s'ennuyait facilement et ne pouvait travailler sur les problèmes au-delà de leur point de rendement décroissant. Schützenberger insistait sur la différence claire et nette qui existe en français entre les notions de *« hasard »* et de *« fortuit »*[8]. Tandis que « hasard », de l'arabe *« az-zahr »*, suggère, comme le terme latin *« alea »*, un hasard qui se joue sur un coup de dés, « fortuit » correspond à mon Cygne Noir – un événement purement accidentel et imprévu. Nous consultâmes le *Petit*

---

8. En français dans le texte *(N.d.T.)*.

Robert; la différence y est bel et bien présente. « Fortuit » semble correspondre à mon opacité épistémique – « l'imprévu et le non-quantifiable » –, « hasard », à la forme d'incertitude plus ludique décrite par le chevalier de Méré dans les premiers ouvrages consacrés aux jeux d'argent. Chose remarquable, les Arabes ont introduit un autre mot dans le vocabulaire de l'incertitude : « *rizk* », qui semble être à l'origine de « risque », signifie « propriété ».

Je le répète : Mandelbrot traite des Cygnes Gris ; je traite des Cygnes Noirs. Mandelbrot a donc domestiqué nombre de mes Cygnes Noirs, mais pas tous, et pas complètement. Sa méthode éveille néanmoins une lueur d'espoir, nous indique une nouvelle manière de commencer à penser les problèmes de l'incertitude. De fait, on est bien plus en sécurité quand on sait où se trouvent les animaux sauvages.

CHAPITRE 17

LES FOUS DE LOCKE, OU DES COURBES EN CLOCHE AUX MAUVAIS ENDROITS[1]

Quoi ? – Tout le monde peut devenir président. – L'héritage d'Alfred Nobel. – L'époque moyenâgeuse.

J'ai deux études chez moi : une vraie, remplie de livres intéressants et de matériaux littéraires, et une autre, non littéraire, dans laquelle je n'ai pas plaisir à travailler et relègue les ouvrages prosaïques et hyperspécialisés ; elle contient un mur tapissé de livres de statistiques et d'histoire des statistiques que je n'ai jamais eu le courage de brûler ou de jeter – ce, bien que je ne leur trouve quasiment aucune utilité en dehors de leurs applications académiques (Carnéade, Cicéron et Foucher en savent bien plus sur la probabilité que tous ces volumes pseudo-savants). Je ne peux pas les utiliser en cours car je me suis promis de ne jamais enseigner d'inepties, dussé-je mourir de faim. Pourquoi sont-ils inutilisables ? Pas un seul de ces livres ne parle de

---

1. Il s'agit d'une simple illustration du fil rouge de ce livre en finance et en économie. Si vous ne croyez pas à l'application de la courbe en cloche à des variables sociales et si, à l'instar de nombreux professionnels, vous êtes déjà convaincu que la théorie financière « moderne » est une science bidon et dangereuse, vous pouvez sauter ce chapitre sans problème.

l'Extrêmistan. Les rares qui le font n'ont pas été écrits par des statisticiens, mais par des physiciens des statistiques. On enseigne aux gens des méthodes adaptées au Médiocristan et on les met au boulot en Extrêmistan – c'est comme si l'on inventait un médicament destiné aux plantes et qu'on l'appliquait aux êtres humains. Rien d'étonnant à ce que nous encourions le plus grand risque qui soit : nous appréhendons comme une « approximation » *les phénomènes qui relèvent de l'Extrêmistan, mais traités comme s'ils faisaient partie du Médiocristan.*

De Singapour à Urbana-Champaign, plusieurs centaines de milliers d'étudiants dans les écoles de commerce et les départements universitaires des sciences sociales ainsi que le monde des affaires continuent à étudier les méthodes « scientifiques », toutes enracinées dans le système gaussien et l'erreur ludique.

Ce chapitre traite des catastrophes dues à l'application de mathématiques bidons à la science sociale. Le véritable sujet en est peut-être le danger que représente pour notre société l'Académie suédoise qui décerne le prix Nobel.

Cinquante ans seulement

Revenons-en à l'histoire de ma vie professionnelle. Regardez le graphique de la Figure n° 14. Au cours des cinquante ans qui viennent de s'écouler, les dix jours les plus extrêmes sur les marchés financiers représentent la moitié des bénéfices. Dix jours sur cinquante ans. Et pendant ce temps, nous nous noyons dans des bavardages.

Quiconque a besoin d'autres preuves que le chiffre élevé de six sigmas pour admettre la nature extrêmistanaise des marchés doit de toute évidence se faire soigner. Des dizaines d'études montrent l'inadaptation de la famille des distributions gaussiennes et la nature scalable des marchés. N'oubliez pas qu'au fil des années, j'ai moi-même réalisé des statistiques proleptiques et analeptiques sur quelque vingt millions de données – statistiques qui m'ont conduit à dédaigner tous les gens qui parlent des marchés en termes gaussiens. Mais les gens ont beaucoup de mal à sauter le pas et à considérer les conséquences de cette connaissance.

Le plus étrange, c'est que ceux qui travaillent dans les affaires sont généralement d'accord avec moi quand ils m'entendent parler ou exposer mon point de vue. Mais quand ils retournent au bureau le lendemain, ils reviennent à ces outils gaussiens auxquels ils sont tellement habitués (et aux méthodes qui en découlent). Faisant preuve de dépendance au domaine, ils sont capables d'exercer leur esprit critique lors d'une conférence, mais pas au bureau. De plus, les outils gaussiens leur apportent des chiffres, ce qui semble « mieux que rien ». La mesure de l'incertitude future qui en résulte satisfait notre désir profond de simplification, même si elle implique de compresser en un chiffre unique des sujets trop riches pour pouvoir être représentés de cette façon.

Figure n° 14

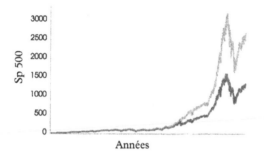

En supprimant du marché boursier américain les dix mouvements d'une journée les plus importants au cours des cinquante dernières années, on constate une très nette augmentation des bénéfices – et pourtant, la finance traditionnelle considère ces « sauts » d'une journée comme de simples anomalies (ce test n'en est qu'un parmi beaucoup d'autres. Bien qu'il soit très convaincant quand on le lit rapidement, il y en a beaucoup qui le sont encore plus d'un point de vue mathématique, telle la survenue d'événements inférieurs à dix sigmas).

La trahison des employés

J'ai clos le chapitre 1 sur le krach boursier de 1987, ce qui m'a permis de poursuivre obstinément mon idée de Cygne Noir. Immédiatement après cet événement, je déclarai que ceux qui utilisaient les sigmas (c'est-à-dire les écarts types) pour mesurer le degré de risque et de hasard étaient des charlatans et tout le monde tomba d'accord avec moi. Si l'univers de la finance était gaussien, un événement tel que celui-là (plus de vingt écarts types) aurait lieu toutes les périodes de temps correspondant à plusieurs milliards de vie de l'univers (voir l'exemple de la taille au chapitre 15). Étant donné la situation en 1987, les gens admettaient que des événements rares se produisaient et qu'ils étaient la source majeure d'incertitude. Simplement, ils ne voulaient pas renoncer à la loi de Gauss qu'ils considéraient comme un système de mesure essentiel sous prétexte que : « Eh, c'est tout ce que nous avons ! » Les gens veulent pouvoir se raccrocher à un chiffre. Cependant, les deux méthodes sont incompatibles d'un point de vue logique.

Je l'ignorais, mais ce n'était pas la première fois que la loi gaussienne révélait son caractère aberrant. Aux alentours de 1960, Mandelbrot avait proposé la notion de scalable à l'*establishment* économique en lui démontrant que la courbe de Gauss n'était pas adaptée *à l'époque*. Cependant, passé la période d'enthousiasme, ses membres s'aperçurent qu'ils allaient être obligés de réapprendre leur métier. Un des économistes influents de l'époque, feu Paul Cootner, écrivit : « Comme le Premier Ministre Churchill avant lui, Mandelbrot ne nous a pas promis l'utopie, mais du sang, de la sueur, du labeur et des larmes. S'il a raison, presque tous nos outils statistiques sont obsolètes [ou] inutiles. » Je propose deux amendements à la déclaration de Cootner. Premièrement, je remplacerais « presque tous » par « tous ». Deuxièmement, je ne suis pas d'accord avec cette histoire de sang et de sueur. Je trouve le hasard de Mandelbrot incomparablement plus facile à comprendre que les statistiques traditionnelles. Si vous êtes novice en la matière, n'utilisez pas les vieux outils théoriques et révisez à la baisse vos attentes en matière de certitude.

N'importe qui peut devenir président

Et maintenant, une brève histoire du prix « Nobel » d'économie, établi par la Banque de Suède en hommage à Alfred Nobel – lequel, selon sa famille qui demande la suppression de cette récompense, doit aujourd'hui se retourner dans sa tombe de dégoût. Un membre de la famille qui milite activement pour la suppression du prix le qualifie d'opération de relations publiques réalisée par des économistes qui cherchent à élever leur discipline à un niveau qu'elle ne mérite pas vraiment. Certes, ce prix a été décerné à des intellectuels de valeur tels que le psychologue empirique Daniel Kahneman et l'économiste Friedrich Hayek. Mais le comité du Nobel a pris l'habitude de le remettre à des gens qui « apportent de la rigueur » au processus avec une pseudoscience et des mathématiques bidons. *Après* le krach boursier, il récompensa deux théoriciens, Harry Markowitz et William Sharpe, qui construisaient de beaux modèles platoniques sur une base gaussienne, contribuant ainsi à ce que l'on appelle la « théorie du portefeuille moderne ». Simplement, si l'on enlève leurs affirmations gaussiennes et que l'on considère les prix comme scalables, il ne reste que du vent. Le comité du Nobel aurait pu tester les modèles de Sharpe et de Markowitz – qui ressemblent à ces remèdes bidons en vente sur Internet – mais personne à Stockholm ne semble y avoir songé. Et le comité n'est pas non plus venu nous voir, nous, les praticiens, pour nous demander notre avis, préférant se reposer sur un processus de sélection académique qui, dans certaines disciplines, est parfois corrompu jusqu'à la moelle. Après cette récompense, j'avais prédit que dans un monde où ces deux-là obtenaient le prix Nobel, tout pouvait arriver ; n'importe qui pouvait devenir président.

Ainsi la Banque de Suède et l'académie du Nobel ont-elles une grande part de responsabilité dans le crédit accordé à l'utilisation de la théorie gaussienne du portefeuille moderne, puisque les institutions la considèrent comme une méthode idéale pour se couvrir. Les vendeurs en informatique ont vendu pour des millions de dollars de méthodes « couronnées par le Nobel ». Comment pourrait-on faire fausse route en les utilisant ? Curieusement, le monde de la finance savait dès le départ que l'idée était une escroquerie, mais les gens s'habituent à de telles pratiques. Alan Greenspan, le président de la Banque fédérale américaine (qui, pourtant, ne comprend pas le Cygne Noir et les complications du monde moderne), aurait lâché : « Je préfère avoir l'avis d'un trader à celui d'un mathématicien. » Pendant ce temps, la théorie du portefeuille moderne commença à se répandre. Je le répéterai jusqu'à ce que je n'aie plus de voix : c'est la contagion qui scelle le destin d'une théorie en sciences sociales, pas sa validité.

Ce n'est que récemment que je me suis aperçu que des professeurs de finance rompus aux méthodes gaussiennes prenaient la direction d'écoles de commerce, et donc des programmes de MBA, et formaient, rien qu'aux États-Unis, près de cent mille étudiants auxquels on enfonçait dans le crâne cette théorie bidon du portefeuille. Aucune observation empirique ne peut arrêter l'épidémie ; il semble préférable d'enseigner une théorie fondée sur le système gaussien que pas de théorie du tout ; cela paraît plus « scientifique » que de donner aux étudiants ce que Robert C. Merton (le fils du sociologue Robert K. Merton, dont nous avons parlé plus haut) a appelé l'« anecdote ». De

fait, Merton a écrit qu'avant la théorie du portefeuille, la finance était
« un ensemble d'anecdotes, de règles approximatives et de manipulation de données comptables » ; cette théorie avait permis « d'évoluer
de ce pot-pourri conceptuel à une théorie économique rigoureuse ».
Pour vous faire une idée du niveau de sérieux intellectuel en jeu ici,
et comparer l'économie néoclassique à une science plus honnête,
voyez ce que disait au XIXᵉ siècle Claude Bernard, le père de la médecine moderne : « Empirisme pour le présent, avec direction à aspiration scientifique pour l'avenir. » On devrait envoyer les économistes à
la faculté de médecine.

C'est ainsi que le système gaussien[2] envahit nos cultures commerciale et scientifique, et que des termes tels que « sigma », « variance »,
« écart type », « corrélation », « au carré » et l'éponyme « ratio de
Sharpe », qui lui sont tous directement liés, investirent notre jargon.
Si vous lisez un prospectus concernant un fonds mutuel ou une description d'un fonds de couverture, il y a des chances qu'entre autres
informations, il vous fournisse quelque résumé quantitatif affirmant
mesurer « le risque ». Cette mesure sera fondée sur l'un des termes à la
mode cités plus haut et découlant de la courbe en cloche et consorts.
Ainsi, aujourd'hui, la politique d'investissement dans les fonds de pension et le choix de ces fonds sont soigneusement examinés par des
« consultants » qui se fondent sur la théorie du portefeuille. En cas de
problème, ceux-ci peuvent toujours dire qu'ils se sont basés sur une
méthode scientifique classique.

Où les choses deviennent encore plus horribles

La situation s'aggrava sérieusement en 1997. Sur décision d'adeptes
de la courbe de Gauss, l'Académie suédoise décerna une nouvelle tour-
née de prix Nobel à Myron Scholes et Robert C. Merton, qui avaient
amélioré une vieille formule mathématique et l'avaient rendue compatible avec les grandes théories gaussiennes sur l'équilibre financier

---

2. Je vous accorde que le système gaussien a fait l'objet de bricolages divers avec
des méthodes comme les « sauts » complémentaires, le test de stress, le changement
de régime, ou ces méthodes sophistiquées réunies sous le sigle GARCH ; mais si elles
représentent toutes un effort loyal, elles ne parviennent pas à remédier aux failles
fondamentales de la courbe en cloche. Elles ne sont pas invariantes à l'échelle, ce
qui, à mon avis, peut expliquer les échecs des méthodes sophistiquées dans la vraie
vie, comme le montrent les compétitions de Makridakis.

général – et donc acceptable par l'*establishment* économique. Cette formule était maintenant « utilisable ». Scholes et Merton avaient sur le sujet une liste de « prédécesseurs » oubliés depuis longtemps, parmi lesquels le trader et mathématicien français Louis Bachelier et le mathématicien et joueur Ed Thorp, auteur du best-seller *Beat the Dealer* qui expliquait comment progresser au black-jack. Certains croient peut-être que cette formule a été inventée par Scholes et Merton, mais ils n'ont fait en réalité que la rendre acceptable. Cette formule était mon gagne-pain. À force de passer leurs nuits à s'inquiéter de leurs risques, les traders, personnes *bottom-up*, la connaissent beaucoup mieux que les universitaires – à l'exception près que très peu d'entre eux étaient capables d'exprimer leurs idées en termes techniques, si bien que j'avais le sentiment de les représenter. Si Scholes et Merton faisaient dépendre cette formule du système gaussien, leurs « précurseurs », eux, ne la soumettaient à aucune restriction de ce genre[3].

Les années qui suivirent le krach furent pour moi très stimulantes intellectuellement. J'assistai à des conférences sur la finance et les mathématiques de l'incertitude ; prix Nobel ou pas, pas une seule fois je ne rencontrai d'orateur qui comprenait ce dont il parlait quand il s'agissait de probabilités ; du coup, mes questions pouvaient les désarçonner. Ils effectuaient « un travail de fond en mathématiques », mais quand on les interrogeait sur l'origine de leurs probabilités, leurs explications révélaient clairement qu'ils avaient succombé à l'erreur ludique – ils présentaient un mélange curieux de compétences techniques et d'incompréhension qui caractérise les savants idiots. Pas une seule fois je n'obtins de leur part une réponse intelligente, ou qui ne soit pas *ad hominem*. Comme je remettais en question leur secteur d'activité, je m'attirais naturellement toutes sortes d'insultes de leur part : « obsessionnel », « commercial », « philosophique », « essayiste », « rentier oisif », « répétitif », « praticien » (ce qui est une injure dans le monde universitaire), « universitaire » (ce qui

---

3. Pour être plus technique, rappelez-vous ma carrière de professionnel des options. Non contentes de tirer parti des Cygnes Noirs, les options sur les paris très risqués en tirent parti de manière démesurée – chose qui n'apparaît pas dans la « formule » de Scholes et Merton. Les bénéfices que rapportent ces options sont tellement importants que l'on n'a pas besoin de voir juste sur les probabilités : on peut se tromper sur ce point et réaliser néanmoins des bénéfices colossaux. J'ai appelé cela le phénomène de « deux effets combinés » : fixation erronée des probabilités ainsi que des bénéfices réalisés.

est une injure dans le monde des affaires). Cependant, être la cible de l'ire et des insultes d'autrui n'est pas si négatif que cela ; on peut s'y habituer rapidement et se concentrer sur ce qui n'est *pas* dit. Les traders en Bourse sont formés pour affronter les diatribes. Quand on travaille dans l'univers chaotique de la Bourse, une personne particulièrement mal lunée parce qu'elle a perdu de l'argent est capable de se mettre à vous injurier à s'en esquinter les cordes vocales, puis d'oublier tout cela et, une heure après, de vous inviter à fêter Noël chez elle. On devient donc indifférent aux insultes, surtout si l'on s'entraîne à imaginer la personne qui les profère comme une espèce de singe bruyant incapable de se maîtriser. Il suffit de conserver son sang-froid, de sourire, de ne pas se concentrer sur l'analyse du message mais sur celle de la personne, et l'on sort vainqueur de la confrontation. Attaquer *ad hominem* un intellectuel et non pas ses idées est très flatteur pour lui, car cela montre que son détracteur n'a rien d'intelligent à dire sur le message lui-même.

Après avoir assisté à l'une de mes conférences, le psychologue Philip Tetlock (l'« *expert buster* » dont nous avons fait la connaissance au chapitre 10) déclara qu'il avait été frappé par l'état de profonde dissonance cognitive qui régnait dans l'assistance. Mais la manière dont les gens résolvent cette tension cognitive peut varier énormément, car elle porte atteinte à l'essence de tout ce qu'ils ont appris et aux méthodes qu'ils appliquent et s'aperçoivent qu'ils continueront à appliquer. Fait révélateur, presque tous ceux qui dénonçaient ma pensée en dénonçaient une version déformée ; ainsi affirmaient-ils que, selon moi, « tout était aléatoire et imprédictible » et non, comme c'est le cas, que « le hasard occupe une place importante », ou s'embrouillaient en cherchant à me démontrer que la courbe en cloche fonctionnait dans certains domaines physiques. Certains durent même modifier ma biographie. Un jour, lors d'une table ronde à Lugano, Myron Scholes entra dans une colère noire contre quelqu'un qui présentait une version déformée de mes idées ; la souffrance se lisait sur son visage. Une fois, à Paris, un membre éminent de l'*establishment* mathématique qui a passé une partie de sa vie à travailler sur une sous-sous-propriété des probabilités (pensant qu'elles s'appliquent aux marchés), « péta un plomb » quand j'exposai les preuves empiriques du rôle du Cygne Noir sur les marchés. Il devint tout rouge de colère, se mit à respirer avec difficulté et, vociférant, il déversa sur moi un torrent d'injures sous prétexte que j'avais désacralisé l'institution, que je manquais de *pudeur*[4] ; « Je suis membre de l'Académie des sciences ! » s'écria-t-il pour donner plus de poids à ses insultes. (Le lendemain même, la version française de mon livre était introuvable en librairie.) Mais le moment le plus savoureux fut le jour où Steve Ross, un économiste considéré comme un intellectuel bien supérieur à Scholes et Merton doublé d'un redoutable contradicteur, réfuta mes idées en signalant de petites erreurs ou approximations dans mon discours, telles que « Markowitz ne fut pas le premier à... », indiquant par là même qu'il n'avait pas aucune réponse à apporter à mon interrogation majeure. D'autres encore, qui avaient consacré la majeure partie de leur existence à ces idées, se livrèrent à des actes de vandalisme sur le Web. Les économistes invoquent souvent l'étrange argument de Milton Friedman selon lequel les hypothèses inhérentes aux modèles ne doivent pas nécessairement être réalistes pour être acceptées – justifiant ainsi qu'ils créent des représentations mathématiques gravement erronées de la réalité. Naturellement, le problème est que ces gaussianisations ne sont pas fondées sur des hypothèses réalistes et que leurs résultats ne sont pas fiables. Elles ne sont ni réalistes, ni prédictives. Notez aussi l'erreur de raisonnement à laquelle il m'arrive de me heurter : les gens confondent « événement » et « probabilité sans importance », c'est-à-dire une chose qui arrive tous les vingt ans avec une autre qui se produit de temps en temps. Ils se croient en sécurité s'ils n'y sont exposés que pendant dix ans.

J'eus quelque mal à faire passer le message sur la différence entre Médiocristan et Extrêmistan – nombre d'arguments qui m'étaient présentés affirmaient que la société s'était très bien débrouillée avec la courbe en cloche – « Regardez les sociétés de recouvrement », etc. Le seul commentaire que je trouvais inacceptable était : « Vous avez raison ; nous avons besoin de vous pour nous rappeler la faiblesse de ces méthodes, mais vous ne pouvez pas jeter le bébé avec l'eau du bain » – sous-entendu : il fallait que j'accepte leur distribution gaussienne réductrice tout en admettant que des écarts importants pouvaient se produire – ils ne se rendaient pas compte que ces deux approches étaient incompatibles. Comme s'il était possible d'être à moitié mort ! En vingt ans de débats, pas un seul de ces adeptes de la théorie du portefeuille n'a réussi à expliquer *comment* il pouvait accepter à la fois le cadre gaussien-Poisson et les écarts importants – pas un seul.

---

4. En français dans le texte *(N.d.T.)*.

Confirmation

Tout au long de ces années, j'ai vu l'erreur de confirmation à l'œuvre tant de fois que Karl Popper se retournerait dans sa tombe. Les gens dénichaient des données qui ne comportaient ni sauts ni événements extrêmes, et ils m'apportaient une « preuve » que la courbe de Gauss marchait. C'était exactement le même cas que celui de la « preuve » que je prends pour exemple au chapitre 5, selon laquelle O. J. Simpson n'est pas un assassin. Le monde des statistiques au complet confondait « absence de preuve » avec « preuve de l'absence ». Qui plus est, on ne comprenait pas l'asymétrie élémentaire en jeu : si un seul phénomène observé suffit à invalider le système gaussien, des millions d'autres ne confirmeront pas totalement la validité de son application. Pourquoi ? Parce que la courbe en cloche n'autorise pas les écarts importants, mais les outils de l'Extrêmistan, l'alternative, n'interdisent pas les longues périodes de calme plat.

J'ignorais que les travaux de Mandelbrot avaient une importance en dehors de l'esthétique et de la géométrie. Contrairement à lui, je n'ai pas subi d'ostracisme puisque j'ai reçu l'assentiment de quantité de praticiens et de décisionnaires – pas de leurs équipes de recherche, toutefois.

Mais un beau jour, mes recherches reçurent tout à coup la confirmation la plus inattendue.

Ce n'était qu'un Cygne Noir

Robert Merton Jr. et Myron Scholes ont fondé ensemble la grande société de trading spéculatif baptisée Gestion de capital à long terme (GCLT), , dont j'ai parlé au chapitre 4. Elle rassemblait des gens dotés de curriculum vitæ hors pair, issus des sphères les plus élevées du monde académique. On les considérait comme des génies. Leur gestion des risques des résultats possibles s'inspirait de la théorie du portefeuille – grâce à leurs « calculs » sophistiqués. Ils réussissaient à faire prendre des proportions industrielles à l'erreur ludique.

Puis, à l'été 1998, une crise financière russe déclencha une série d'événements importants qui sortaient du cadre de leurs modèles. C'était un Cygne Noir. La GCLT fit faillite, manquant d'entraîner tout le système financier dans sa chute, car les risques étaient colossaux – ses modèles excluant la possibilité des écarts importants, la société se permettait en effet de prendre des risques considérables.

Les idées de Merton et de Scholes, tout comme celles de la théorie du portefeuille moderne, commençaient à prendre l'eau. Les pertes furent énormes – trop énormes pour nous permettre de ne pas tenir compte de la supercherie intellectuelle. Nombre de mes amis et moi pensions que les théoriciens du portefeuille allaient pâtir du sort que subissaient les compagnies de tabac : ils mettaient en danger les économies des gens et seraient bientôt tenus de rendre des comptes sur les conséquences de leurs méthodes d'inspiration gaussienne.

Rien de tout cela n'arriva.

Au contraire : dans les écoles de commerce, on continua à enseigner la théorie du portefeuille aux étudiants de MBA. Quant à la formule des options, elle continua à porter le nom de Black-Scholes-Merton, au lieu d'être réattribuée à ses véritables propriétaires, Louis Bachelier, Ed Thorp et les autres.

Comment « prouver » les choses

Merton le Jeune est un représentant de l'école d'économie néoclassique qui, comme nous l'avons vu avec la LTCM, incarne on ne peut plus clairement les dangers de la connaissance platonifiée[5]. Quand je regarde sa méthodologie, je vois la démarche suivante. Il commence par des hypothèses platoniques rigides et complètement irréalistes comme les probabilités gaussiennes et beaucoup d'autres tout aussi gênantes. Puis il en tire des « théorèmes » et des « preuves ». Les mathématiques sont rigoureuses et élégantes. Ses théorèmes sont compatibles avec d'autres théorèmes de la théorie du portefeuille moderne, eux-mêmes compatibles avec d'autres théorèmes, construisant une théorie grandiose sur la façon dont les gens consomment, économisent, affrontent l'incertitude, dépensent et prévoient l'avenir. Il fait l'hypothèse que nous connaissons la vraisemblance des événements. Le mot abominable « équilibre » est chez lui quasi omniprésent. Mais tout cet édifice ressemble à un jeu totalement fermé, comme le Monopoly et toute son armada de règles.

---

5. Si je choisis Merton, c'est parce que je le trouve particulièrement représentatif de l'obscurantisme académique. J'ai découvert ses faiblesses à travers une lettre de sept pages pleine de colère et de menaces qu'il m'a envoyée, et qui m'a donné l'impression qu'il ne maîtrisait pas très bien la manière dont nous tradons les options – sujet qui constitue pourtant sa spécialité. Il semblait penser que les traders s'appuient sur une théorie économique « rigoureuse » – comme si les oiseaux devaient étudier la (mauvaise) mécanique pour voler.

Un érudit qui applique une telle méthodologie fait penser à la définition du fou selon Locke – quelqu'un qui « raisonne correctement à partir de suppositions erronées ».

Cela dit, des mathématiques élégantes possèdent la caractéristique suivante : elles sont parfaitement justes, mais pas à 99 %. Cette caractéristique séduit les esprits mécaniques qui ne veulent pas avoir affaire à des ambiguïtés. Malheureusement, pour faire coller le monde avec des mathématiques parfaites, il faut bien tricher, et truquer ses hypothèses quelque part. Cependant, nous avons vu avec la citation de Hardy que les mathématiciens professionnels « purs » étaient parmi les plus honnêtes.

Là où les choses commencent à devenir quelque peu déroutantes, c'est quand quelqu'un comme Merton s'efforce d'être mathématique et hermétique au lieu de se focaliser sur l'adaptation à la réalité.

Et c'est là que l'avis des militaires et autres responsables de la sécurité nous apprend quelque chose ; ces gens se moquent des raisonnements « ludiques » parfaits ; ce qu'ils veulent, ce sont des hypothèses écologiques réalistes. En fin de compte, ce qui les intéresse, ce sont les vies.

Dans le chapitre 11, j'ai dit que ceux qui avaient initié le jeu de la « pensée formelle » en fabriquant des hypothèses bidons pour générer des théories « rigoureuses » étaient Paul Samuelson, le tuteur de Merton, et John Hicks au Royaume-Uni. Ces deux-là ont mis à mal les idées de John Maynard Keynes en essayant de les formaliser (Keynes s'intéressait à l'incertitude et déplorait les certitudes intellectuelles rabougrissantes induites par les modèles). Kenneth Arrow et Gérard Debreu participèrent aussi à l'aventure de la pensée formelle. Tous quatre reçurent le prix Nobel ; tous quatre étaient en proie aux illusions dues à l'effet des mathématiques – ce que Dieudonné appelait « la musique de la raison » et que j'appelle, moi, la folie de Locke. Tous quatre peuvent être accusés à juste titre d'avoir inventé un monde imaginaire qui se prêtait aux mathématiques. Un érudit à l'esprit pénétrant, Martin Shubik, déclara que le degré d'abstraction excessif de ces modèles les rendait totalement inutilisables et fut ostracisé – ce qui est le lot des dissidents[6].

---

6. Au Moyen Âge, la médecine était également fondée sur des idées d'équilibre quand elle était *top-down* et semblable à la théologie. Fort heureusement, ses praticiens se retirèrent faute de pouvoir concurrencer les chirurgiens *bottom-up*, d'anciens barbiers obéissant à des motifs écologiques qui acquirent une expérience clinique et donnèrent naissance à la science clinique aplatonique. Si je suis encore en vie aujourd'hui, c'est parce que la médecine scolastique *top-down* a fermé boutique il y a quelques siècles.

Tableau n° 4 : Deux manières d'appréhender le hasard

Adepte de l'empirisme sceptique et école aplatonique	Adepte de l'approche platonique
Intérêt pour ce qui se trouve en dehors de la fracture platonique	Se concentre sur l'intérieur de la fracture platonique
Respect pour ceux qui ont le courage de dire « je ne sais pas »	« Vous n'arrêtez pas de critiquer ces modèles. Mais c'est tout ce que nous avons. »
Gros Tony	Dr. John
Voit le Cygne Noir comme une source majeure de hasard	Voit les fluctuations ordinaires comme une source majeure de hasard, avec des à-coups ultérieurs
Bottom-up	*Top-down*
Ne porte généralement pas de costumes (sauf aux enterrements)	Porte des costumes sombres, des chemises blanches ; parle sur un ton ennuyeux
Préfère avoir *grosso modo* raison	Préfère avoir tort avec précision
Fait le minimum de théorie et considère le fait de théoriser comme une maladie à laquelle il faut résister	Il faut que tout corresponde à un modèle socio-économique général grandiose, et à « la rigueur de l'économie théorique » ; fait la grimace devant ce qui est « descriptif »
Ne croit pas que les probabilités soient faciles à calculer	A bâti tout son système sur le postulat que l'on peut calculer les probabilités
Modèles : Sextus Empiricus et l'école de médecine empirique qui se fonde sur les preuves et fait le minimum de théorie possible	Modèle : mécanique de Laplace, le monde et l'économie vus comme une horloge
A des intuitions fondées sur la pratique, va des faits observés aux livres	S'appuie sur des articles scientifiques, va des livres à la pratique
Ne s'inspire d'aucune science, utilise des mathématiques et des méthodes de calcul brouillonnes	S'inspire de la physique, s'appuie sur les mathématiques abstraites
Idées fondées sur le scepticisme, sur les livres non lus de la bibliothèque	Idées fondées sur des croyances, sur ce qu'il croit savoir
Prend l'Extrêmistan comme postulat de départ	Prend le Médiocristan comme postulat de départ
Artisanat subtil	Science peu fiable
Cherche à avoir approximativement raison parmi un large éventail d'éventualités	Cherche à avoir parfaitement raison au sein d'un modèle étroit, soumis à des hypothèses précises

Si l'on remet en question ce qu'ils font, comme je l'ai fait moi-même avec Merton Jr., ils exigeront des « preuves solides ». Ainsi, ils fixent les règles du jeu, et vous devez vous y conformer. Issu d'un milieu de praticiens où la principale qualité est d'arriver à travailler avec des mathématiques brouillonnes mais acceptables d'un point de vue empirique, je ne puis admettre un simulacre de science.

Je préfère de beaucoup un artisanat subtil fondé sur la débrouillardise, à une science manquée en quête de certitudes. À moins que ces bâtisseurs de modèles néoclassiques ne fassent encore pire ? Se pourrait-il qu'ils se livrent à ce que l'évêque Huet appelait la fabrication de certitudes ?

Voyons cela.

L'empirisme sceptique défend la méthode inverse. Les hypothèses m'intéressent plus que les théories, et je veux m'en remettre le moins possible à celles-ci, rester alerte et minimiser les surprises que je pourrais avoir. Je préfère avoir *grosso modo* raison que tort avec précision. S'agissant des théories, l'élégance est souvent révélatrice de platonicité et de faiblesse – elle vous invite à rechercher l'élégance pour l'élégance. Une théorie est pareille à un médicament (ou au gouvernement) : souvent inutile, parfois nécessaire, toujours intéressée, et de temps à autre mortelle. Elle doit donc être employée avec précaution, modération, et sous étroite supervision adulte.

La distinction, que j'opère dans le tableau ci-dessus, entre mon empiriste sceptique moderne type et un rejeton de Samuelson peut être généralisée à toutes les disciplines.

Si j'ai présenté mes idées dans le domaine de la finance, c'est parce que c'est là que je les ai affinées. Intéressons-nous maintenant à une catégorie de personnes supposées être plus sensées : les philosophes.

CHAPITRE 18

L'INCERTITUDE DU CHARLATAN

*Des philosophes aux mauvais endroits. – Incertitude sur (essentiel-
lement) le déjeuner. – Ce qui m'est égal. – Éducation et intelligence.*

Ce chapitre, le dernier de la troisième partie, traite essentiellement d'une conséquence majeure de l'erreur ludique : comment ceux
qui ont pour tâche de nous faire prendre conscience de l'incertitude
nous font faux bond et nous font croire subrepticement à des certitudes bidons.

L'ERREUR LUDIQUE, BIS

J'ai expliqué l'erreur ludique à travers l'histoire du casino, et j'ai
insisté sur le fait que le hasard aseptisé des jeux d'argent ne ressemblait pas à celui de la vraie vie. Regardez de nouveau la Figure n° 7
(chapitre 15). Une moyenne s'établit tellement rapidement que je
peux affirmer que le casino va me battre à très long terme – à la roulette, par exemple, car les effets du hasard vont disparaître mais pas les
compétences (à l'avantage du casino, en l'occurrence). Plus on allonge
la période (ou réduit le montant des paris), plus il y a de hasard dans
ces constructions de jeux, en raison de la moyenne.

L'erreur ludique est présente dans les situations de hasard suivantes : marche aléatoire, jeté de dés, lancer de pièces, infâme « pile ou face » numérique, c'est-à-dire 0 ou 1, mouvement brownien (correspondant au mouvement des particules de pollen dans l'eau), etc. Ces situations génèrent une qualité de hasard qui ne présente même pas les caractéristiques du hasard – le terme « protohasard » serait plus approprié. Au cœur de ces situations, toutes les théories édifiées autour de l'erreur ludique ne tiennent pas compte d'une couche d'incertitude. Pire encore, leurs partisans ne le savent pas !

Une application stricte du fait de ne pas se concentrer sur une incertitude importante mais sur une incertitude mineure concerne le principe archiconnu dit « principe de plus grande incertitude ».

Cherchez le charlatan

Selon le principe de plus grande incertitude, il n'est pas possible en physique quantique de mesurer certains couples de valeurs (avec une précision arbitraire), telles que la position et la vitesse des particules. Vous vous heurterez à une borne inférieure : ce que vous gagnerez en précision dans un cas, vous le perdrez dans l'autre. Il y a donc une incertitude incompressible qui, en théorie, représentera un défi pour la science et restera à jamais une incertitude. Cette incertitude minimum fut découverte en 1927 par Werner Heisenberg. Je trouve ridicule de présenter le principe d'incertitude comme ayant un rapport quelconque avec l'incertitude. Pourquoi ? Premièrement, cette incertitude est gaussienne. En moyenne, elle disparaîtra – rappelez-vous que le poids d'un individu ne va pas modifier le poids total de mille personnes. Peut-être resterons-nous toujours dans l'incertitude quant aux futures positions des petites particules, mais ces incertitudes sont minimes et très nombreuses, et elles s'équilibrent – oui, elles s'équilibrent, bon sang ! Elles obéissent à la loi des grands nombres dont nous avons parlé au chapitre 15. La plupart des autres formes de hasard ne s'équilibrent pas ! S'il y a bien une chose sur cette planète qui n'est pas aussi incertaine que cela, c'est le comportement d'une série de particules subatomiques ! Pourquoi ? Parce que, comme je viens de le dire, quand on regarde un objet constitué d'un ensemble de particules, leurs fluctuations ont tendance à s'équilibrer.

Mais les événements politiques, sociaux et météorologiques ne possèdent pas cette propriété bien commode, et il est évident que nous ne pouvons pas les prévoir ; c'est pourquoi quand on entend des

« experts » présenter les problèmes d'incertitude en termes de particules subatomiques, il y a des chances pour que ce soient des charlatans. C'est peut-être effectivement le meilleur moyen de détecter les
charlatans.

J'entends souvent dire : « Bien sûr, notre connaissance a des limites », puis on invoque le principe de plus grande incertitude en essayant
d'expliquer que « on ne peut pas tout modéliser » – j'ai entendu des
gens comme Myron Scholes dire ce genre de choses à des conférences. Mais en ce moment[1], je suis assis là, à New York, et j'essaie de me
rendre dans le village de mes ancêtres : Amioun, au Liban. L'aéroport
de Beyrouth est fermé en raison du conflit entre Israël et la milice
chiite du Hezbollah. Les compagnies aériennes n'ont pas communi-
qué d'horaires susceptibles de me dire quand la guerre va finir, si elle
finit. Je ne parviens pas à imaginer si ma maison sera encore debout,
si Amioun sera toujours sur la carte – n'oubliez pas que notre maison de famille a déjà été détruite une fois. Je n'arrive pas à savoir si
la guerre va dégénérer et s'aggraver encore. Quand je réfléchis à l'issue de ce conflit, avec tous mes parents, mes amis, et tous les biens
qui y sont exposés, je suis confronté aux limites réelles de la connaissance. Quelqu'un peut-il m'expliquer pourquoi je devrais me soucier de particules subatomiques qui convergent de toute façon pour
former une courbe en cloche ? Les gens ne peuvent prévoir combien
de temps des acquisitions récentes vont continuer à leur plaire, combien de temps leur mariage va durer, ce que va donner l'emploi qu'ils
viennent de décrocher – et pourtant, ce sont les particules subatomiques qu'ils qualifient de « limites à la prévision ». Ils ignorent le mam-
mouth planté devant eux au profit d'une chose qu'ils ne pourraient
même pas voir au microscope.

Les philosophes peuvent-ils être dangereux pour la société ?

Je dirai même plus : les gens qui se préoccupent de l'arbre au détriment de la forêt peuvent être dangereux pour la société. Ils ne pensent
pas à mal mais si je reprends ma démonstration sur Bastiat au chapitre 8, ils représentent une menace pour nous. En se focalisant sur ce
qui est mineur, ils rendent inutiles nos études sur l'incertitude. Nos
ressources (tant cognitives que scientifiques) sont limitées – peut-être

---

1. L'auteur parle d'août 2006 *(N.d.T.)*.

trop. Ceux qui nous détournent des choses importantes augmentent les risques de Cygnes Noirs.

Cette « marchandisation » de la notion d'incertitude vaut la peine qu'on s'y arrête un peu, car elle est symptomatique de notre aveuglement face aux Cygnes Noirs.

Les financiers et les économistes étant englués jusqu'à l'étouffement dans le système gaussien, je me suis mis en quête d'économistes financiers portés sur la philosophie pour voir comment leur pensée critique leur permettait de faire face à ce problème ; j'en ai déniché quelques-uns. L'un deux avait décroché un doctorat en philosophie, puis, quatre ans plus tard, un autre en finance ; il avait publié des articles dans les deux domaines, ainsi que de nombreux manuels de finance. Mais je le trouvai décourageant ; il semblait avoir cloisonné ses idées sur l'incertitude, de sorte qu'il avait deux professions bien différentes : la philosophie et la finance quantitative. Problème de l'induction, Médiocristan, opacité épistémique ou hypothèse offensive du système gaussien – autant de questions qu'il ne semblait pas considérer comme de vrais problèmes. Ses nombreux manuels s'appliquaient à enfoncer les méthodes gaussiennes dans le crâne des étudiants, comme si leur auteur avait oublié qu'il était philosophe. Il s'empressait de s'en souvenir quand il écrivait des textes de philosophie sur des sujets apparemment spécialisés.

C'est la même spécificité de contexte qui conduit les gens à prendre l'Escalator pour accéder au StairMasters, mais le cas du philosophe est beaucoup, beaucoup plus dangereux puisqu'il mobilise tout notre stock de jugement critique avec des préoccupations stériles. Les philosophes aiment à pratiquer la pensée philosophique sur des sujets « suiveurs » que les autres philosophes appellent de la philosophie, mais en dehors de ces sujets, ils laissent leur cerveau au vestiaire.

Le problème de la pratique

J'ai beau m'insurger contre la courbe en cloche, la platonicité et l'erreur ludique, mon problème principal n'est pas tant les statisticiens – après tout, ce sont des gens qui effectuent des calculs, pas des penseurs – que les philosophes, vis-à-vis desquels nous devrions nous montrer beaucoup moins tolérants, avec leurs apparatchiks bureaucratiques qui nous ferment l'esprit. Gardiens de la pensée critique, les philosophes ont plus de devoirs que les représentants des autres professions.

COMBIEN DE WITTGENSTEIN PEUVENT DANSER SUR LE CHAS D'UNE AIGUILLE ?

Un groupe de gens à la mise passablement miteuse (mais à l'air profond) sont rassemblés en silence dans une pièce et regardent un orateur. Ce sont tous des philosophes professionnels qui assistent au prestigieux colloque hebdomadaire d'une des universités de New York. L'orateur est assis, le nez plongé dans un ensemble de pages dactylographiées qu'il lit d'une voix monocorde. Comme il est difficile à suivre, je commence à rêvasser et perds le fil de son discours. Je peux dire vaguement que sa présentation tourne autour d'un débat « philosophique » sur des Martiens qui envahissent votre tête et se mettent à contrôler votre pensée tout en vous empêchant de le savoir. Il semble y avoir plusieurs théories sur ce sujet, mais l'opinion de l'orateur diffère de celle des autres auteurs qui s'y sont intéressés. Il passe un certain temps à montrer en quoi ses recherches sur ces Martiens détourneurs de tête sont uniques. Son monologue (cinquante-cinq minutes de lecture ininterrompue des pages dactylographiées) est suivi d'une courte pause, puis de cinquante-cinq autres minutes de présentation sur les Martiens qui implantent des puces et autres conjectures excentriques. De temps à autre, l'orateur fait référence à Wittgenstein (on peut toujours faire référence à Wittgenstein, car il est suffisamment vague pour sembler pertinent quel que soit l'objet du débat).

Tous les vendredis à 16 h 00, le salaire de ces philosophes atterrit sur leur compte en banque ; une partie fixe de leurs gains, 16 % en moyenne, sera investie en Bourse sous la forme d'un versement automatique au régime de retraite de l'université. Ces gens sont salariés de l'activité consistant à remettre en question ce que nous tenons pour acquis ; ils sont formés pour débattre de l'existence de dieu(x), de la définition de la vérité, de la rougeur du rouge, de la signification de la signification, de la différence entre les théories sémantiques de la vérité, des représentations conceptuelles et non conceptuelles... Et pourtant, ils croient aveuglément au marché boursier et aux compétences du responsable de leur plan de pension. Pourquoi ? Parce qu'ils acceptent que c'est ce qu'il faut faire de ses économies, parce que des « experts » le leur disent. Ils doutent de leurs propres sens, mais pas une seule seconde de leurs achats automatiques sur le marché boursier. Cette dépendance au domaine du scepticisme ne diffère pas de la dépendance aux médecins (comme nous l'avons vu au chapitre 8).

En outre, ils croient peut-être dur comme fer qu'il est possible de prédire les événements sociaux, que le Goulag vous endurcira un peu, que les hommes politiques en savent davantage sur la situation que leur chauffeur, que le président de la Réserve fédérale américaine a sauvé l'économie, et *tutti quanti*. Ils peuvent également croire que la nationalité a son importance (ils apposent toujours « français », « allemand » ou « américain » à côté du nom d'un philosophe, comme si cela avait quelque chose à voir avec ce que le philosophe en question a à dire). Passer du temps avec des gens pareils, dont la curiosité se limite à des sujets convenus et réglementés, est suffocant.

Où est Popper quand on a besoin de lui ?

J'espère avoir suffisamment insisté sur l'idée qu'en tant que praticien, ma pensée s'enracine dans la conviction que l'on ne peut aller des livres aux problèmes – c'est exactement le contraire : il faut aller des problèmes aux livres. Cette approche met en échec une grande partie de tout le verbiage propice à l'avancement d'une carrière. Comme le dit la blague de Daniel Dennett, un universitaire ne doit pas être un outil utilisé par une bibliothèque pour en fabriquer une autre.

Bien sûr, ce que je dis ici l'a déjà été par d'autres philosophes – du moins par les vrais. La remarque suivante est une des raisons qui me font éprouver un immense respect pour Karl Popper ; c'est l'une des rares citations dans ce livre contre laquelle je ne m'insurge pas.

> La dégénérescence des écoles philosophiques est à son tour la conséquence de la croyance erronée selon laquelle on peut philosopher sans y avoir été forcé par des problèmes extérieurs à la philosophie [...]. *Les véritables problèmes philosophiques ont toujours leurs racines à l'extérieur de la philosophie et ils meurent si ces racines pourrissent* [C'est moi qui souligne] [...]. Ces racines sont facilement oubliées par les philosophes qui « étudient » la philosophie au lieu d'être contraints de s'y plonger par la pression de problèmes non philosophiques.

Cette pensée explique peut-être le succès de Popper en dehors du monde de la philosophie – en particulier auprès des scientifiques, des traders et des décisionnaires – ainsi que son échec relatif à l'intérieur de ce monde. (Il est rarement étudié par ses collègues philosophes ; ils préfèrent écrire des essais sur Wittgenstein.)

Notez également que je ne veux pas que mon idée de Cygne Noir m'entraîne dans des débats philosophiques. Ce que j'entends par platonicité n'est pas si métaphysique que cela. Quantité de gens ont débattu avec moi pour savoir si j'étais contre « l'essentialisme » (c'est-à-dire que les choses que je défends ne sont pas d'essence platonique), si je croyais que les mathématiques pourraient marcher dans un univers alternatif, ou quelque chose de ce genre. Permettez-moi de mettre les choses au point. Je suis un praticien pragmatique ; je ne dis pas que les mathématiques ne correspondent pas à une structure objective de la réalité ; l'idée que je défends, c'est que sur le plan épistémologique, nous mettons la charrue avant les bœufs et que dans le cadre des mathématiques possibles, nous risquons d'utiliser les mauvaises et d'être aveuglés par elles. Je crois vraiment que certaines mathématiques fonctionnent, mais qu'elles ne nous sont pas aussi accessibles que les « confirmateurs » semblent le croire.

L'évêque et l'analyste

Le plus souvent, je suis agacé par ceux qui s'en prennent à l'évêque mais semblent succomber à l'analyste financier – ceux qui exercent leur scepticisme à l'encontre de la religion mais pas des économistes, des scientifiques sociaux et des statisticiens bidons. Recourant au biais de confirmation, ces gens-là vous diront que la religion a eu des conséquences horribles sur l'humanité et feront le compte des victimes de l'Inquisition et de diverses guerres de religion. Mais ils ne vous parleront pas du nombre de morts occasionnées par le nationalisme, les sciences sociales et la théorie politique sous Staline ou pendant la guerre du Viêtnam. Même les prêtres ne vont pas voir les évêques quand ils ne se sentent pas bien : ils se rendent d'abord chez le médecin. Mais nous nous rendons chez bien des pseudo-scientifiques et « experts » sans penser à une autre solution. Nous ne croyons plus à l'infaillibilité du pape ; mais, comme nous l'avons vu au chapitre 17, nous semblons croire à celle du Nobel.

Plus simple qu'on ne le pense, ou le problème de la prise de décision sous scepticisme

Tout au long de cet ouvrage, je n'ai cessé de dire qu'il y avait un problème d'induction et de Cygne Noir. En fait, les choses sont bien pires : le scepticisme bidon est peut-être tout aussi problématique.

a) Je ne peux rien faire pour empêcher le soleil de ne pas se lever demain (j'aurai beau essayer) ;

b) je ne peux rien faire au fait qu'il existe ou non une vie après la vie ;

c) je ne peux rien faire aux Martiens ou aux démons qui peuvent prendre possession de ma tête.

Mais j'ai quantité de moyens d'éviter d'être le dindon de la farce. Ce n'est pas beaucoup plus compliqué que cela.

Je conclurai cette troisième partie en répétant que mon antidote contre les Cygnes Noirs consiste précisément à avoir une pensée « non marchandisée ». Mais outre le fait d'éviter d'être le dindon de la farce, cette attitude se prête à un protocole sur la manière d'agir – non pas de penser, mais de convertir ses connaissances en action et d'arriver à se faire une idée des connaissances qui valent la peine. Dans le chapitre de conclusion de cet ouvrage, examinons donc que faire – ou ne pas faire – de tout cela.

QUATRIÈME PARTIE

FIN

CHAPITRE 19

MOITIÉ-MOITIÉ,
OU COMMENT RENDRE LA PAREILLE
AU CYGNE NOIR

L'autre moitié. – Souvenez-vous d'Apelle. – Quand rater le train peut être pénible.

Voici venu le moment de conclure.

La moitié du temps, je suis hypersceptique; l'autre moitié, j'ai des certitudes et je suis capable de me montrer intransigeant pour les défendre, avec l'entêtement qui me caractérise. Bien sûr, je suis hypersceptique là où d'autres, surtout ceux que j'appelle *Bildungsphilisters*, sont crédules, et crédule là où d'autres semblent sceptiques. Je suis sceptique sur la confirmation – mais seulement quand les erreurs coûtent cher –, pas sur l'infirmation. Si une profusion de données ne peut confirmer quoi que ce soit, un seul exemple suffit pour tout infirmer. Je suis sceptique quand je soupçonne le hasard sauvage, et crédule quand j'estime le hasard modéré.

La moitié du temps je déteste les Cygnes Noirs, et l'autre moitié, je les adore. J'aime le hasard qui constitue l'essence de la vie, les accidents positifs, la réussite du peintre Apelle, les cadeaux que l'on peut recevoir sans être obligé de payer pour. Peu de gens voient la beauté de l'histoire d'Apelle ; en fait, la plupart exercent leurs capacités à éviter l'erreur en réprimant l'Apelle qui sommeille en eux.

La moitié du temps, je suis extrêmement prudent dans la conduite de mes affaires ; l'autre moitié, je suis extrêmement offensif. Cela ne semble peut-être pas exceptionnel, si ce n'est que mon extrême prudence s'applique à ce que les autres appellent la prise de risques, et mon dynamisme à des domaines où ils recommandent la prudence.

Les échecs mineurs m'inquiètent moins que ceux qui sont importants et peuvent s'avérer fatals. Le marché financier « prometteur » m'inquiète beaucoup plus, surtout les valeurs « sûres », que les opérations de spéculation – alors que les premières présentent des risques invisibles, les dernières n'offrent aucune surprise puisque l'on sait bien qu'elles sont volatiles et que l'on peut limiter les dégâts en investissant des sommes plus modestes.

Les risques spectaculaires, ceux dont on parle abondamment, m'inquiètent moins que ceux qui sont cachés et plus pernicieux. Le terrorisme me soucie moins que le diabète, les choses qui préoccupent généralement les gens parce que ce sont des sujets d'inquiétude évidents, moins que celles dont on n'a pas conscience et dont on ne parle pas tous les jours (je dois aussi avouer que je ne m'inquiète pas beaucoup – j'essaie de le faire pour les choses auxquelles je peux quelque chose). La gêne que je peux éprouver à m'être trompé me soucie moins que de manquer une occasion.

En fin de compte, c'est une règle banale qui a pour moi force de loi : je suis très offensif quand m'exposer à l'éventualité d'un Cygne Noir peut me rapporter – et qu'échouer serait quasiment sans conséquences – et très prudent quand je suis menacé par un Cygne Noir négatif. Je suis très offensif quand une erreur dans un modèle peut m'être bénéfique, et paranoïaque quand cette erreur peut me porter préjudice. Ce n'est peut-être pas très intéressant, sauf que c'est exactement ce que les autres ne sont pas. Ainsi, dans la finance, les gens recourent à des théories inconsistantes pour gérer leurs risques, mais ils passent au crible du « rationnel » des théories complètement folles.

La moitié du temps je suis un intellectuel et l'autre moitié, un praticien pragmatique. Je suis pragmatique et pratique pour toutes les questions académiques, et intellectuel pour les questions pratiques.

La moitié du temps je suis superficiel, et l'autre moitié, je cherche à éviter la superficialité. Je suis superficiel lorsqu'il s'agit d'esthétique ; j'évite de l'être lorsqu'il s'agit de risques et de profits. Mon esthétisme m'incite à placer la poésie au-dessus de la prose, les Grecs au-dessus des Romains, la dignité au-dessus de l'élégance, l'élégance au-dessus de la culture, la culture au-dessus de l'érudition, l'érudition au-dessus de la connaissance, la connaissance au-dessus de l'intelligence, et l'intelligence au-dessus de la vérité. Mais seulement dans les domaines exempts de Cygnes Noirs. Nous avons tendance à être très rationnels, excepté quand il s'agit du Cygne Noir.

La moitié des gens me disent irrévérencieux (vous avez lu mes commentaires sur vos professeurs platonifiés), l'autre moitié, flagorneur (la dévotion servile que je voue à Huet, Bayle, Popper, Poincaré, Montaigne, Hayek et d'autres encore ne vous aura pas échappé).

La moitié du temps, je déteste Nietzsche, l'autre moitié, j'adore sa prose.

QUAND RATER LE TRAIN N'EST PAS PÉNIBLE

Un jour, on m'a donné un conseil de nature à changer ma vie ; contrairement à celui de l'ami évoqué au chapitre 3, je le trouve réaliste, sage et valide sur le plan empirique. M'empêchant de courir pour attraper le métro, mon camarade de classe à Paris, le futur romancier Jean-Olivier Tedesco, m'a dit : « Je ne cours pas après les trains. »

Refusez votre destin. Je me suis exercé à m'empêcher de courir pour être à l'heure. Ce conseil peut paraître dérisoire, mais il m'est resté. En refusant de courir pour attraper les trains, j'ai éprouvé la véritable valeur de l'*élégance* et de l'esthétique dans la manière de se comporter, un sentiment de contrôler mon temps, mon emploi du temps et ma vie. *Rater le train n'est pénible que lorsque l'on court après !* De même, ne pas correspondre à l'idée de la réussite que les autres attendent de vous n'est pénible que si vous cherchez à répondre à leur attente.

Si c'est votre choix, vous vous situez *au-dessus* et non *en dehors* de l'espèce des rats et de l'ordre hiérarchique.

Si c'est votre décision, renoncer à une situation très rémunératrice paraîtra plus gratifiant que continuer à percevoir le salaire de ce poste que vous aspirez à quitter (cela peut sembler fou, mais j'ai essayé et ça marche !). C'est la première étape du processus consistant à lancer à la face du destin les quatre lettres citées précédemment (*f****). En décidant par vous-même, selon vos propres critères, vous contrôlez beaucoup plus votre vie.

Mère Nature nous a dotés de mécanismes de défense : comme dans la fable d'Ésope, l'un d'eux réside dans notre capacité à considérer que les raisins que l'on ne peut (ou que l'on n'a pu) atteindre sont trop verts. Mais faire preuve d'un stoïcisme offensif en dédaignant et en refusant *a priori* les raisins est encore plus gratifiant. Soyez offensif ; soyez celui qui part, si vous en avez le courage.

Il est plus difficile de perdre à un jeu dont vous avez vous-même fixé les règles.

En termes de Cygne Noir, cela signifie que vous ne vous exposez à l'improbable que dans la mesure où vous lui permettez de vous contrôler. Vous contrôlez toujours ce que vous faites, vous ; que cela soit votre règle.

Fin

Mais toutes ces idées, toute cette philosophie de l'induction, tous ces problèmes de connaissance, toutes ces opportunités démentes et ces pertes potentielles effrayantes – tout cela semble bien fade au regard de la réflexion métaphysique suivante.

Je suis parfois stupéfait de voir les gens se gâcher leur journée ou se mettre en colère parce qu'ils se sentent floués à cause d'un mauvais repas, d'une tasse de café froid, d'une vexation sociale ou de l'accueil impoli qu'on leur a réservé. Souvenez-vous de ce que nous avons dit, au chapitre 8, sur la difficulté de voir les chances réelles que les événements qui font notre propre vie ont de se produire. Nous sommes prompts à oublier que le seul fait d'être en vie est une chance extraordinaire, un événement qui avait extrêmement peu de chances d'arriver, une occurrence fortuite absolument inouïe.

Imaginez une minuscule tache de poussière à côté d'une planète qui fait un milliard de fois la taille de la Terre. La tache de poussière représente les chances que vous aviez de naître, et la planète gigantesque, celles que vous aviez de ne pas naître. Alors, cessez de vous faire du mauvais sang pour des broutilles ! Ne faites pas comme cet ingrat à qui l'on avait offert un château et qui s'inquiétait de l'humidité qui attaquait la salle de bains. « À cheval donné on ne regarde point la bouche », dit le proverbe – n'oubliez pas que vous êtes un Cygne Noir. Sur ce, je vous remercie d'avoir lu mon livre.

ÉPILOGUE

LES CYGNES BLANCS DE YEVGENIA

Yevgenia Krasnova entra dans la longue période d'hibernation nécessaire à l'élaboration d'un nouveau livre. Elle demeura à New York, où, seule avec son texte, elle parvint plus facilement à trouver la tranquillité. Sa concentration était au maximum quand elle avait passé de longs moments au milieu des foules – elle espérait tomber par hasard sur Nero et pouvoir ainsi lui lancer une petite remarque narquoise, l'humilier peut-être – ou peut-être le reconquérir. Elle résilia sa boîte courriel, se mit à écrire à la main, ce qu'elle trouvait apaisant, et embaucha une secrétaire pour dactylographier son texte. Elle passa huit ans à écrire, à effacer, à corriger, à assouvir de temps en temps sa colère en s'en prenant à sa secrétaire, à recevoir de nouvelles secrétaires en entretien, et à réécrire calmement. Son appartement était plein de fumée et chaque centimètre carré était jonché de papiers. Comme tous les artistes, elle restait insatisfaite de l'état d'achèvement de son manuscrit, tout en ayant le sentiment d'être allée beaucoup plus loin qu'avec son premier livre. Elle se moquait des lecteurs qui portaient celui-ci aux nues, car elle le trouvait maintenant superficiel, bâclé et dépourvu de subtilité.

Quand parut son nouvel *opus*, intitulé fort à propos *La Boucle*, Yevgenia eut la sagesse d'éviter les journalistes et de ne pas lire les critiques, et elle s'isola durablement du monde extérieur. Comme son éditeur s'y attendait, la critique fut élogieuse. Mais étrangement, le livre se vendait peu. Il pensa que les gens devaient en discuter sans l'avoir lu. Les fans de Yevgenia l'attendaient et en parlaient depuis des années. L'éditeur, qui possédait maintenant toute une collection de lunettes roses et menait grand train, misait désormais tout sur Yevgenia. Son livre était le seul succès qu'il avait en magasin et il n'en avait pas d'autres en vue. Il fallait qu'il fasse un carton pour lui permettre de payer sa villa de Carpentras, en Provence, d'honorer l'accord financier qu'il avait conclu avec sa femme dont il s'était séparé et d'acheter un nouveau cabriolet Jaguar (rose). Avec cet ouvrage tant attendu, il avait eu la certitude de tenir un bon coup et il n'arrivait pas à comprendre pourquoi personne ne l'achetait alors que tout le monde ou presque le tenait pour un chef-d'œuvre. Un an et demi plus tard, *La Boucle* était effectivement épuisée. L'éditeur, qui connaissait à présent de graves difficultés financières, croyait en avoir compris la raison : ce p... de livre était beaucoup trop long ! Yevgenia aurait dû être plus concise. Après un long mais apaisant moment d'épanchement lacrymal, Yevgenia songea aux personnages des romans pluvieux de Georges Simenon et de Graham Greene. Ils vivaient dans une médiocrité lénifiante et sécurisante. La médiocrité avait son charme, songea Yevgenia, et elle avait toujours préféré le charme à la beauté.

Ainsi son deuxième livre fut-il aussi un Cygne Noir.

REMERCIEMENTS

L'écriture de ce livre m'a procuré un plaisir aussi immense qu'inattendu – en fait, il s'est écrit tout seul – et j'espère que sa lecture vous donnera le même sentiment. Je voudrais remercier tous les amis cités ci-dessous.

Mon ami et conseiller Rolf Dobelli, romancier, entrepreneur et lecteur insatiable, pour avoir suivi les différentes versions de ce texte. J'ai également une dette importante envers Peter Bevelin, érudit et authentique « homme d'action pensant » doué d'une curiosité extrême, qui passe le plus clair de son temps à essayer de dénicher les idées et à repérer les articles et les études que je recherche généralement ; il a relu minutieusement ce texte. Yechezkel Zilber, autodidacte d'une extrême curiosité intellectuelle basé à Jérusalem, qui voit le monde *ab ovo*, « de l'œuf », et qui m'a posé des questions très pointues, au point que j'ai eu honte de mon cursus classique et que je me suis senti gêné de ne pas être comme lui un véritable autodidacte – c'est grâce aux gens pragmatiques comme lui que j'enracine mon idée de Cygne Noir dans la doctrine de l'académisme libertaire. Philip Tetlock, un universitaire qui en sait plus sur les prévisions que quiconque depuis l'époque de Delphes, a parcouru le livre et passé au crible mes arguments. Phil est tellement compétent et rigoureux que les passages qu'il n'a pas commentés m'en ont appris autant que les autres. Je suis très redevable à Danny Kahneman qui, non content d'échanger longuement avec moi sur mes idées de la nature humaine (il a remarqué avec horreur que je me rappelais pratiquement tout de nos conversations), m'a mis en contact avec Phil Tetlock. Je remercie Maya Bar Hillel pour m'avoir invité à exposer mes idées à la Society of Judgment and Decision Making lors de sa réunion annuelle en novembre 2005 à Toronto – grâce à la générosité des chercheurs que j'y ai rencontrés et aux discussions stimulantes que nous avons eues, je suis reparti en emportant beaucoup plus que je n'ai moi-même donné. Si Robert Shiller m'a demandé de débarrasser le texte de quelques commentaires « irrévérencieux », le fait qu'il ait critiqué l'agressivité formelle du message et non son contenu m'a beaucoup aidé. Mariagiovanna Muso a été la première à prendre conscience de l'impact du Cygne Noir sur les arts, et m'a mis sur la bonne voie pour effectuer des recherches en sociologie et en anthropologie. J'ai eu avec Mihai Spariosu, universitaire littéraire, de longues discussions sur Platon, Balzac, l'intelligence écologique et les cafés de Bucarest. Toujours très facile à joindre par téléphone, Didier Sornette m'a régulièrement envoyé par courriel des articles sur différents sujets de physique statistique qui, bien que ne faisant l'objet d'aucune publicité, n'en étaient pas moins très importants. Jean-Philippe Bouchaud m'a apporté une aide considérable sur les problèmes liés aux statistiques des écarts importants. Sur la base des idées que j'expose au chapitre 8, Michael Allen a écrit une monographie à l'usage des écrivains cherchant à se faire publier – j'ai ensuite réécrit ce chapitre en me mettant à la place d'un auteur faisant le point sur sa situation. Mark Blyth m'a toujours apporté une aide précieuse en « testant » mes idées, en me lisant et en me conseillant. Mes amis du DoD, Andy Marshall et Andrew Mays, m'ont apporté des idées et des questions. Paul Solman, qui est un boulimique de connaissances, a passé au crible l'intégralité de mon manuscrit. Je dois le terme « Extrémistan » à Chris Anderson, qui trouvait trop littéraire celui que j'avais initialement employé. Nigel Harvey m'a aidé à décrypter la littérature prévisionniste.

J'ai accablé de questions les scientifiques suivants : Terry Burnham, Robert Trivers, Robyn Dawes, Peter Ayton, Scott Atran, Dan Goldstein, Alexander Reisz, Art De Vany, Raphael Douady, Piotr Zielonka, Gur Huberman, Elkhonon Goldberg et Dan Sperber. Ed Thorp, le véritable propriétaire encore en vie de la « formule Black-Scholes » m'a également aidé ; en lui parlant, je me suis aperçu que les économistes étaient indifférents aux productions intellectuelles extérieures à leur cercle – même si elles étaient importantes. Avec ses commentaires sur Ménodote, Lorenzo Perilli a fait preuve d'une extrême générosité, et il m'a aidé à corriger quelques erreurs. Duncan Watts m'a permis de présenter la troisième partie de ce livre lors d'un séminaire de sociologie à l'université de Columbia et de recueillir toutes sortes de commentaires. David Cowan m'a fourni le graphique que je présente dans le passage sur Poincaré, faisant paraître le mien bien terne par comparaison. J'ai également tiré parti des merveilleux articles courts de James Montier sur la nature humaine. Et comme toujours, c'est avec Bruno Dupire que je converse le mieux en marchant.

On n'a rien à gagner à être l'ami loyal d'un auteur arrogant trop proche de son manuscrit. C'est à Marie-Christine Riachi qu'a échu la tâche ingrate de lire les chapitres dans l'ordre inverse ; je ne lui ai donné que les passages incomplets et, parmi ceux-ci, uniquement ceux qui manquaient (alors) manifestement de clarté. Quant à Jamil Baz, il recevait à chaque fois le texte intégral mais optait pour une lecture à rebours. Laurence Zuriff a lu et commenté chaque chapitre. Philip Halperin, qui en sait plus sur la gestion du risque que n'importe quel spécialiste (encore) vivant, m'a fait des commentaires et des observations extrêmement intéressants. Les autres victimes ont été : Cyrus Pirasteh, Bernard Oppetit, Pascal Boulard, Guy Rivière, Joëlle Weiss, Didier Javice, Andreea Munteanu, Andrei Pokrovsky, Philippe Asseily, Farid Karkaby, George Nasr, Alina Stefan, George Martin, Stan Jonas et Flavia Cymbalista. Je remercie également Linda Eckstein et Justin Fox (pour le graphique du marché), ainsi que Paul Kaju, Martin Pomp et Lea Beresford.

J'ai reçu des commentaires utiles de la part de Paul Solman, intellectuel boulimique de connaissances (qui a parcouru le manuscrit à la loupe). Je dois beaucoup à Phil Rosenczweig, Avishai Margalit, Peter Forbes, Michael Schrage, Driss Ben Brahim, Vinay Pande, Antony Van Couvering, Nicholas Vardy, Brian Hinchcliffe, Aaron Brown, Espen Haug, Neil Chriss, Zvika Afik, Shaiy Pilpel, Paul Kesdrosky, Reid Bernstein, Claudia Schmid, Jay Leonard, Tony Glickman, Paul Johnson, Chidem Kurdas (et les économistes autrichiens de la NYU), Charles Babbitt, ainsi que tant d'autres anonymes que j'ai oubliés[1]...

---

1. J'ai perdu sa carte de visite, mais je voudrais remercier chaleureusement un scientifique qui se trouvait sur le vol 700 de British Airways à destination de Vienne le 11 décembre 2003, pour m'avoir donné l'idée de l'illustration du flipper au chapitre 11. Tout ce que je sais de lui, c'est qu'il avait cinquante-deux ans, les cheveux gris, qu'il était de nationalité anglaise, écrivait des poèmes sur des blocs-notes jaunes et

Ralph Gomory et Jesse Ausubel de la Sloan Foundation dirigent un programme de financement de recherche baptisé « The Known, the Unknown, and the Unknowable[2] ». Ils m'ont proposé leur aide morale et financière pour promouvoir mes idées – j'ai choisi le soutien moral, qui n'a pas de prix. Je remercie également mes associés professionnels, coauteurs et associés intellectuels Espen Haug, Mark Spitznagel, Benoît Mandelbrot, Tom Witz, Paul Wilmott, Avital Pilpel, et Emanuel Derman, ainsi que John Brockman et Katinka Matson pour avoir rendu ce livre possible, et Max Brockman pour ses commentaires sur le brouillon. Je remercie Cindy, Sarah et Alexander pour leur tolérance. En outre, Alexander m'a aidé sur les graphiques et Sarah a travaillé sur la bibliographie.

J'ai essayé de donner au réviseur de cet ouvrage, Will Murphy, l'impression que j'étais un auteur insupportablement têtu, avant de découvrir qu'il l'était tout autant que moi (mais il le cachait bien). Il m'a protégé des ingérences de ses pairs normalisateurs, qui ont l'étrange faculté de causer le maximum de dégâts en introduisant un minimum de modifications, lesquelles détruisent le rythme intérieur d'une prose. Will M. est également le genre d'oiseaux avec lequel il fait bon festoyer. J'ai aussi été flatté que Daniel Menaker prenne le temps de revoir mon texte. Je remercie également Janet Wygal et Steven Meyers. Si toute l'équipe de Random House était de bonne composition, ses membres n'ont jamais pu se faire à mes canulars téléphoniques (notamment quand j'essayais de me faire passer pour Bernard-Henri Lévy). L'un des moments phares de ma carrière d'écrivain a été mon long déjeuner en compagnie de William Goodlad, qui s'est occupé de mon livre chez Penguin, et Stefan McGrath, le PDG du groupe. Je me suis brusquement rendu compte qu'il m'était impossible de dissocier le conteur en moi du penseur scientifique ; de fait, c'est d'abord l'histoire qui me vient à l'esprit ; l'histoire n'est pas une illustration *a posteriori* du concept.

La troisième partie de ce livre a inspiré les cours que je donne à l'université de Massachusetts à Amherst. Je remercie également mon second foyer, le Courant Institute of Mathematical Sciences of New York University, de me permettre d'enseigner dans ses locaux depuis sept ans.

---

voyageait avec sept valises car il allait emménager avec sa petite amie, une Viennoise âgée de trente-cinq ans.

2. Littéralement, « Le connu, l'inconnu et l'inconnaissable » *(N.d.T.)*.

Malheureusement, c'est des gens dont on ne partage pas les opinions que l'on apprend le plus – chose que Montaigne encourageait il y a cinq cents ans mais que l'on met rarement en pratique. J'ai découvert que cela mettait vos arguments à rude épreuve, car vos contradicteurs repèrent la moindre faille – et vous êtes renseigné sur les limites de leurs théories comme sur les faiblesses des vôtres. J'ai essayé de témoigner plus de délicatesse à mes détracteurs qu'à mes amis – particulièrement à ceux qui étaient (et restent) civilisés. Ainsi ai-je pu, au cours de ma carrière, apprendre quelques trucs à travers une succession de débats publics, d'échanges épistolaires et de discussions avec Robert C. Merton, Steve Ross, Myron Scholes, Philippe Jorion, et des dizaines d'autres encore (même si, hormis la critique d'Elie Ayache, la dernière fois que j'ai entendu quelque chose d'un peu nouveau contre mes idées remonte à 1994). Ces débats m'ont été précieux car je cherchais à me faire une idée de l'ampleur de l'opposition à mon idée du Cygne Noir, et j'essayais de comprendre ce que pensaient mes détracteurs – ou ce à quoi ils ne pensaient pas. Au fil des années, je finis par lire plus ceux avec lesquels je suis en désaccord que ceux dont je partage les opinions – je lis plus Samuelson qu'Hayek, Merton (le Jeune) que Merton (l'Ancien), Hegel que Montaigne, Descartes que Sextus. C'est le devoir de tout auteur d'exposer aussi fidèlement que possible les thèses de ses adversaires.

Ce que j'ai réussi de mieux dans la vie, c'est à nouer des liens amicaux avec des gens tels qu'Elie Ayache et Jim Gatheral malgré nos quelques désaccords intellectuels.

J'ai écrit la majeure partie de ce livre au cours d'une période itinérante où je me suis libéré de (presque) toutes mes obligations professionnelles, activités routinières et autres pressions pour déambuler en méditant dans différentes villes où je donnais une série de conférences sur le Cygne Noir[3]. J'ai beaucoup écrit dans les cafés – j'ai tou-

---

3. Quel que soit le nombre d'heures que l'on y consacre, il est impossible d'approfondir réellement une idée quand on dirige une entreprise – pour le dire simplement, à moins d'être insensible, les soucis et les sentiments de responsabilité prennent une place cognitive précieuse. On peut arriver à étudier, méditer et écrire si l'on est employé, mais pas si l'on possède sa propre affaire – à moins d'être de nature irresponsable. Je remercie mon associé Mark Spitznagel de m'avoir permis, grâce à sa clarté d'esprit et à son approche extrêmement systématique, disciplinée et bien structurée, de m'exposer davantage à l'éventualité d'événements rares et lourds de conséquences sans être obligé de m'impliquer directement dans les affaires.

jours eu une préférence pour les cafés délabrés (mais élégants) situés dans mes quartiers habituels, et aussi peu contaminés que possible par le monde du commerce. J'ai également passé beaucoup de temps dans le terminal 4 de l'aéroport d'Heathrow, absorbé par l'écriture de ce manuscrit au point d'oublier que j'étais allergique à la présence d'hommes d'affaires stressés autour de moi.

GLOSSAIRE

Arrogance épistémique. – Mesurons la différence entre ce que quelqu'un sait vraiment et ce qu'il croit savoir. Si cette différence est excessive, ce sera un indice d'arrogance, de manque d'humilité. Un épistémocrate (comme Montaigne) est doué d'humilité épistémique ; il considère ses propres connaissances avec la plus grande suspicion. En France, l'arrogance épistémique vient généralement des grandes écoles.

Bildungsphilister. – Philistin possédant une culture superficielle, pas authentique. Nietzsche utilisait ce terme pour désigner le lecteur de presse à tendance dogmatique et l'amateur d'opéra doté d'un vernis culturel et dénué de profondeur. J'élargis son emploi au cas du chercheur travaillant dans des domaines non scientifiques qui se gargarise de mots en vogue et manque d'imagination, de curiosité, d'érudition et de culture ; il est centré sur ses idées, sur sa « discipline », et cela l'empêche de voir les conflits qui existent entre ses idées et l'étoffe du monde.

Cécité du futur. – Notre incapacité naturelle à prendre en compte les caractéristiques du futur – comme l'autisme, qui empêche de prendre en compte l'esprit d'autrui.

Cécité face aux Cygnes Noirs. – Sous-estimation du rôle du Cygne Noir, et, à l'occasion, surestimation d'un Cygne Noir spécifique.

Connaissance du polard. – Fait de croire que ce qui ne peut être platonifié et étudié n'existe pas, ou ne vaut pas la peine que l'on s'y arrête. Il existe même une forme de scepticisme pratiqué par le polard.

Cygne Gris de Mandelbrot. – Les Cygnes Noirs que l'on peut prendre un tant soit peu en compte – tremblements de terre, livres ayant un succès retentissant, krachs boursiers – mais dont les propriétés nous demeurent en partie incompréhensibles et pour lesquels il n'est pas possible d'effectuer de calculs précis.

Déformation rétrospective. – Fait d'examiner les événements passés sans les ajuster pour tenir compte du passage proleptique du temps ; cela conduit à l'illusion de la prédictibilité *a posteriori*.

Discipline narrative. – Discipline consistant à faire coller avec le passé une histoire convaincante et sonnant bien. Contraire d'une discipline expérimentale.

Distribution des probabilités. – Modèle utilisé pour calculer les chances de survenue de divers événements, et la façon dont ils sont « distribués ». Quand on dit qu'un événement est distribué selon la courbe en cloche, on veut dire que la courbe en cloche permet de fournir des probabilités de différents événements.

Épilogisme. – Méthode non théorique consistant à regarder l'histoire en accumulant des faits en généralisant le moins possible et en ayant conscience des effets secondaires des affirmations causales.

Erreur de confirmation (ou confirmation platonique). – On recherche des exemples qui confirment ses croyances, sa construction (ou modèle) – et on les trouve.

Erreur de la flèche inversée. – Fait de confondre « absence de preuve de Cygnes Noirs » (ou d'autre chose) avec « preuve de l'absence des Cygnes Noirs » (ou d'autre chose). Cette erreur touche les statisticiens et ceux qui ont perdu une partie de leur raisonnement en résolvant trop d'équations.

Erreur de narration. – Désigne le besoin que nous avons de faire coller une histoire ou un modèle à une succession de faits ayant ou non un rapport entre eux. L'application statistique en est l'exploration des données.

Erreur du billet de loterie. – Analogie naïve consistant à assimiler le fait de collectionner les Cygnes Noirs positifs à l'accumulation de billets de loterie. Les billets de loterie ne sont pas scalables.

Erreur ludique (ou incertitude du polard). – Manifestation de l'erreur platonique dans l'étude de l'incertitude ; le fait de fonder les études du hasard sur l'univers restreint des jeux et des dés. Le hasard aplatonique présente une couche supplémentaire d'incertitude concernant les règles du jeu dans la vraie vie. La courbe en cloche (courbe de Gauss) ou GEI (Grande escroquerie intellectuelle) est l'application de l'erreur ludique au hasard.

Éthique du Cygne Noir (Problème d'). – Eu égard à l'aspect non reproductible du Cygne Noir, il existe une asymétrie entre les récompenses de ceux qui préviennent et de ceux qui guérissent.

Être dupe du hasard. – Confusion générale entre chance et déterminisme, qui mène à toutes sortes de superstitions qui ont des conséquences pratiques – par exemple, la croyance selon laquelle les salaires plus élevés dans certaines professions sont dus aux compétences de ceux qui les exercent, alors qu'ils comprennent une part non négligeable de chance.

Extrêmistan. – Province où un seul phénomène observé peut avoir un grand impact sur l'ensemble.

Fou de Locke. – Personne qui tient un raisonnement rigoureux et irréprochable sur la base d'hypothèses erronées – c'est le cas de Paul Samuelson, Robert Merton le Jeune et Gérard Debreu –, créant ainsi des modèles d'incertitude bidons qui nous rendent vulnérables aux Cygnes Noirs.

Fracture platonique. – Lieu où notre représentation platonique entre en contact avec la réalité et où l'on peut voir les effets secondaires des modèles.

Hasard en tant qu'information incomplète. – Pour le dire simplement, le hasard est ce que je ne peux pas deviner parce que ma connaissance des causes est incomplète, pas nécessairement parce que les propriétés du processus sont vraiment imprédictibles.

Incertitude de ceux qui se leurrent. – Les gens qui ont des œillères par rapport aux sources d'incertitude en transposant dans la vie réelle des sources précises telles que le grand principe d'incertitude ou des questions similaires moins importantes ; qui se soucient des particules subatomiques en oubliant que nous sommes incapables de prédire les crises de demain.

Libertaire académique. – Personne (comme moi-même) qui considère que la connaissance est soumise à des règles strictes mais pas à une autorité institutionnelle, puisque l'intérêt de la connaissance organisée réside dans l'autoperpétuation, pas nécessairement dans la vérité (comme les gouvernements). Le monde universitaire peut sérieusement pâtir du problème de l'expert, produisant une connaissance séduisante mais fausse, surtout dans les disciplines narratives, et peut-être une source majeure de Cygnes Noirs.

Médiocristan. – Province dominée par le médiocre, qui génère quelques réussites ou échecs extrêmes. Aucun phénomène observé ne peut affecter l'ensemble de manière significative. La courbe en cloche est enracinée dans le Médiocristan. Il y a une différence qualitative entre loi de Gauss et loi scalable, assimilable à celle existant entre le gaz et l'eau.

Mépris de l'abstrait. – Fait de privilégier la pensée en contexte par rapport à des questions plus abstraites mais plus pertinentes. « La mort d'un enfant est une tragédie ; la mort d'un million d'enfants est une statistique. »

Opacité épistémique. – Le hasard résulte d'informations incomplètes à un certain niveau. Sur le plan des fonctions, elle est identique au hasard « véritable » ou « physique ».

Platonicité. – Fait de se concentrer sur des objets purs, bien définis et facilement discernables comme les triangles, ou sur des notions plus sociales telles que l'amitié ou l'amour, aux dépens des objets apparemment dotés d'une structure plus désordonnée et moins souple.

Problème de Diagoras. – Quand on regarde l'histoire, on ne voit pas toute l'histoire, mais seulement ses côtés les plus flatteurs.

Problème de l'autoréférence de la statistique (ou de la régression infinie). – Nous avons besoin de données pour découvrir une distribution de probabilités. Comment savoir si nous en possédons assez ? Grâce à la distribution des probabilités. Si cette distribution est gaussienne, quelques points de données suffiront. Comment savoir si elle est gaussienne ? Grâce aux données. Nous avons donc besoin des données pour faire l'hypothèse d'une distribution des probabilités, et nous avons besoin d'une distribution des probabilités pour connaître le nombre de données nous avons besoin. Cela entraîne un sérieux problème de régression infinie, que l'on peut, d'une certaine manière, contourner impunément en recourant à la courbe de Gauss et consort.

Problème de l'induction. – Prolongement logique et philosophique du problème du Cygne Noir.

Problème de l'ingénierie inverse. – Il est plus facile de prévoir la façon dont un glaçon fondrait et se transformerait en flaque que de deviner, en regardant la flaque, la configuration du glaçon dont elle provient. Ce « problème de l'inverse » jette le doute sur les disciplines narratives et les récits (tels que les histoires).

Problème du costume vide (ou « problème de l'expert »). – Certains professionnels ne possèdent pas d'aptitudes qui les différencient par rapport au reste de la population, mais pour une raison inconnue, et malgré les résultats qu'ils obtiennent, ils passent pour des experts : psychologues cliniciens, psychologues, universitaires en économie, « experts » du risque, statisticiens, analystes politiques, « experts » financiers, analystes militaires, directeurs généraux, etc. Ils traduisent leur expertise par de belles paroles, un jargon, des mathématiques et portent souvent des costumes chers.

Scandale des prévisions. – Mauvaises statistiques concernant les prévisions dans certaines entités prévisionnistes (surtout les disciplines narratives) alliées à des commentaires verbeux ainsi qu'à un manque de conscience, de la part de ces entités, du caractère désastreux de leurs résultats passés.

Stratégie d'Apelle. – Stratégie consistant à essayer de profiter de l'accumulation d'accidents positifs dus à une exposition maximale aux « bons Cygnes Noirs ».

Stratégie des haltères. – Méthode consistant à adopter une attitude défensive et extrêmement offensive à la fois, en protégeant ses atouts de toutes les sources d'incertitude possibles tout en allouant une petite partie d'entre eux aux stratégies à hauts risques.

NOTES

DERRIÈRE LE RIDEAU : NOTES ADDITIONNELLES, COMMENTAIRES TECHNIQUES, RÉFÉRENCES ET CONSEILS DE LECTURE

J'ai classé les sujets par thème ; si vous cherchez un terme générique, vous le trouverez dans le chapitre où il apparaît pour la première fois.

PROLOGUE ET CHAPITRE 1

Cygne Noir en logique. – Tout d'abord, mon problème n'est pas un problème de logique. Le problème philosophique concerne la possibilité d'un Cygne Noir. Mon problème à moi, c'est son impact. En outre, même s'il importe peu de savoir qui est à l'origine de cette métaphore, c'est dans *Système de logique : déductive et inductive*, de John Stuart Mill, que j'ai trouvé la toute première référence au problème du Cygne Noir. Par la suite, elle a été reprise par de nombreux auteurs (dont Charles Sanders Peirce) avant d'être associée à Karl Popper.

Courbe en cloche. – Par « courbe en cloche », je veux dire courbe de Gauss, également connue sous le nom de « distribution normale ». Comme toutes les courbes ressemblent à des cloches, c'est un surnom.

En outre, par « bassin gaussien », j'entends toutes les distributions qui sont similaires, et pour lesquelles l'improbable n'a pas d'importance et a un faible impact (ou qui, plus techniquement, n'est pas scalable – tous les moments sont finis). Notez que la présentation visuelle de la courbe en cloche sous forme d'histogramme masque le rôle joué par l'événement improbable, car cet événement sera un point situé à l'extrême droite ou à l'extrême gauche du centre.

Diamants. – Voir Eco (2002).

Platonicité. – Ici, je fais simplement référence au risque d'utiliser une forme erronée – pas au fait que les formes n'existent pas. Je ne suis pas contre les essentialismes ; j'ai souvent des doutes sur notre ingénierie inverse et notre identification de la forme juste.

Empiriste. – Si je me considère moi-même comme empiriste ou comme philosophe empirique, c'est parce que je me méfie des généralisations confirmatoires et des théories hâtives. Ne confondez pas cela avec la tradition empiriste britannique. En outre, comme nous le verrons avec les compétitions de Makridakis, nombre de statisticiens qui se disent chercheurs « empiriques » sont en fait exactement l'inverse – ils font coller les théories avec le passé.

Référence au Christ. – Voir *La Guerre des juifs* de Flavius Josèphe.

Grande Guerre et prévision. – Ferguson (2006b).

Biais de rétrospection (déformation rétrospective). – Voir Fischhoff (1982b).

Fractures historiques. – Braudel (1985), p. 169, cite un passage peu connu de Gautier. Il écrit. – « Cette longue histoire, écrit Émile-Félix Gautier, dura une dizaine de siècles, plus longtemps que toute l'histoire de France. Au premier contact de l'épée arabe, de la langue et de la pensée grecques, tout cet héritage s'envola en fumée, comme s'il n'avait jamais existé. » Sur la discontinuité, voir également Gurvitch (1957), Braudel (1953), Harris (2004).

Religions se propageant « comme des best-sellers ». – Veyne (1971). Voir également Veyne (2005).

Regroupements autour d'opinions politiques. – Pinker (2002).

Catégories. – Rosch (1973, 1978). Voir aussi Eco (2000).

Incertitude ontologique. – Il existe quelques écrits sur mon problème de catégorisation, qui le considèrent comme de l'« incertitude ontologique », ce qui signifie qu'il peut y avoir incertitude quant aux entités elles-mêmes.

Historiographie et philosophie de l'histoire. – Bloch (1953), Carr (1961), Gaddis (2002), Braudel (1969, 1990), Bourdé et Martin (1989), Certeau (1975), *Muqaddamat* d'Ibn Khaldoun illustrent la recherche de causation déjà présente chez Hérodote. Pour la philosophie de l'histoire, Aron (1961), Fukuyama (1992). Pour une conception postmoderne de la question, voir Jenkins (1991). Dans la deuxième partie, je montre que les historiographes n'ont pas conscience de la différence épistémologique entre les processus de prolepse et d'analepse (c'est-à-dire entre la projection et l'ingénierie inversée).

Information et marchés. – Voir Shiller (1981, 1989), DeLong *et al.* (1991) ainsi que Cutler *et al.* (1989). Les mouvements de marché n'ont pour la plupart pas de « raison », seulement une explication forcée.

De la valeur descriptive des krachs. – Voir Galbraith (1997), Shiller (2000) et Kindleberger (2001).

CHAPITRE 3

Cinéma. – Voir De Vany (2002). Voir également Salganik *et al.* (2006) pour la contagion en matière d'achat de musique.

Religion et domaines de contagion. – Voir Boyer (2001).

Sagesse (folie) des foules. – Nous pouvons collectivement devenir plus sages ou beaucoup plus stupides et avoir des intuitions sur les questions liées au Médiocristan, telles que le poids d'un bœuf (voir Surowiecki [2004]), mais je pense que nous ne parvenons pas à faire des prévisions plus complexes (variables économiques qui provoquent des pathologies chez les foules – deux têtes sont pires qu'une seule). Pour les groupes et les erreurs de décision, voir Sniezek et Buckley (1993). Des classiques : le *Extraordinary Popular Delusions* et le *Madness of Crowds* de Charles Mackay.

Augmentation de la gravité des événements. – Zajdenweber (2000).

Vie moderne. – À la fin du XIXᵉ siècle, Émile Zola salua l'arrivée du marché de la culture, dont il semble avoir été l'un des premiers bénéficiaires. Il prédit que la capacité des écrivains et des artistes à exploiter le système commercial les libérerait de leur dépendance vis-à-vis des caprices de leurs mécènes. Hélas, cela s'accompagna d'une concentration accrue – très peu de gens tiraient parti du système. Lahire (2006) montre que, tout au long de l'histoire, la plupart des écrivains ont connu la disette. Chose remarquable, on trouve en France une quantité importante de données concernant la tradition littéraire.

CHAPITRE 4

Titanic. – Cette citation est extraite de la présentation de Dave Ingram lors du symposium sur la gestion des risques en entreprise qui s'est tenu à Chicago le 2 mai 2005. Pour plus d'informations sur GCLT, voir Lowenstein (2000) et Dunbar (1999).

Exposition de Hume. – Hume ([1748] 2000).

Sextus Empiricus. – « Il est facile, je pense, de rejeter la méthode d'induction. En effet, comme ils veulent s'en servir pour rendre les universaux convaincants sur la base des particuliers, ils vont le faire en passant en revue tous les particuliers, ou un certain nombre d'entre eux. Mais si c'est un certain nombre, l'induction sera infime, car certains des particuliers omis dans l'induction devraient être contraires à l'universel ; et s'ils les passent tous en revue, ils peineront sur une tâche impossible, puisque les particuliers et les infinis sont indéterminés. Selon moi, il en résulte donc dans les deux cas que l'induction est chancelante » (*Esquisses pyrrhonniennes*, Livre II, p. 204).

Bayle. – Bien que long (douze volumes, soit près de six mille pages) et lourd (plus de dix-huit kilos), *Le Dictionnaire historique et critique* fut en son temps un best-seller intellectuel, avant d'être supplanté par les *philosophes*. Il peut être téléchargé depuis le site de la Bibliothèque nationale (www.bn.fr).

Hume inspiré par Bayle. – Voir Popkin (1951, 1955). Pour découvrir les similarités entre Bayle et Hume, lire l'évêque Huet (plus bas).

Penseurs prébayliens. – *Dissertation sur la recherche de la vérité*, Simon Foucher, autour de 1673. C'est un véritable plaisir de lecture. Dans ce livre, l'heuristique et la tradition des biais semblent prolonger l'atmosphère de la révolution préscientifique antérieure aux Lumières.

L'évêque Huet et le problème de l'induction. – « On ne peut connaître les choses avec une parfaite certitude parce que leurs causes sont infinies », écrit Pierre-Daniel Huet dans son *Traité philosophique de la faiblesse de l'esprit humain*. Ancien évêque d'Avranches, Huet rédigea cet ouvrage sous le nom de Théocrite de Pluvignac, seigneur de La Roche, gentilhomme de Périgord. Ce chapitre contient une autre présentation exacte de ce que l'on appela plus tard le « problème de Hume ». C'était en 1690, et comme le futur David Home (qui devint plus tard Hume) avait à peine vingt-deux ans, il ne peut avoir influencé monseigneur Huet.

Œuvre de Brochard. – C'est dans l'*Ecce Homo* de Nietzsche que j'entendis parler pour la première fois de l'œuvre de Brochard (1888), à travers un commentaire où Nietzsche décrivait aussi les sceptiques comme des gens qui parlaient franchement : « Une remarquable étude de Victor Brochard, les *Sceptiques grecs* qui, entre autres, exploite intelligemment mes *Laertiana*, les Sceptiques, le seul type *respectable* parmi la gent, pleine de duplicité – et de quintuplicité ! – des philosophes. » Autre détail : Brochard fut le professeur de Proust (voir Kristeva [1998]).

Brochard semble avoir compris le problème de Popper (quelques décennies avant la venue au monde de celui-ci). Il présente les conceptions de l'empirisme négatif de Ménodote de Nicodème dans des termes similaires à ce que nous appellerions aujourd'hui empirisme « poppérien ». Je me demande si Popper connaissait Ménodote. Il me semble qu'il ne le cite nulle part. En 1878, Brochard publia à l'université de Paris sa thèse de doctorat, *De l'erreur* – un thème d'une remarquable modernité.

Épilogisme. – Nous en savons très peu sur Ménodote, excepté que ses idées furent attaquées par Galien, un de ses détracteurs, dans un passage difficile à traduire de la version latine existante de *Subfiguratio empirica* : « *Memoriam et sensum et vocans epilogismum hoc tertium, multotiens autem et preter memoriam nihil aliud ponens quam epilogismum.* (Outre la perception et le souvenir, la troisième méthode est l'*epilogismum sensum*, le praticien ne disposant, hormis la mémoire, de rien d'autre que de son *epilogismum sensum*). » Correction de Perilli.

Il y a néanmoins un espoir ; Perilli (2004) rapporte que, selon une lettre du traducteur Is-haq Bin Hunain, une « transcription » de l'œuvre de Ménodote en arabe existe peut-être quelque part.

Pascal. – Pascal aussi avait une idée du problème de confirmation et de l'asymétrie de l'inférence. Dans sa préface au *Traité du vide*, il écrit en effet : « Aussi dans le jugement qu'ils ont fait que la nature ne souffrait point du vide, ils n'ont entendu parler de la nature qu'en l'état où ils la connaissaient ; puisque, pour le dire généralement, ce ne serait assez de l'avoir vu constamment en cent rencontres, ni en mille, ni en tout autre nombre, quelque grand qu'il soit ; puisque, s'il

restait un seul cas à examiner, ce seul suffirait pour empêcher la définition générale, et si un seul était contraire, ce seul... »

Biographe de Hume. – Mossner (1970). Pour une histoire du scepticisme, voir les cours de Victor Cousin, *Leçons d'histoire de la philosophie à la Sorbonne* (1828) ainsi que la 9e édition des *Philosophes classiques*
d'Hippolyte Taine ([1868] 1905). Pour en avoir une vision moderne,
voir Popkin (2003). Voir également Heckman (2003) et Bevan (1913).
Je n'ai vu aucun texte, dans la philosophie moderne des probabilités,
qui relie l'histoire du scepticisme à l'investigation sceptique.

Sextus. – Voir Popkin (2003), Sextus, House (1980), Bayle, Huet,
Annas et Barnes (1985), et l'introduction de Julia Annas et Julian
Barnes dans Sextus Empiricus (2000). Favier (1906) est difficile à
trouver ; le seul exemplaire que j'ai déniché, grâce aux efforts de Gur
Guberman, était pourri – il semblait ne pas avoir été consulté depuis
un siècle.

**Ménodote de Nicomédie et le mariage de l'empirisme et
du scepticisme.** – Selon Brochard (1888), Ménodote est responsable de l'alliance de l'empirisme et du pyrrhonisme. Voir aussi Favier
(1906). Voir le scepticisme à propos de cette idée dans Dye (2004) et
Perilli (2004).

La fonction, pas la structure ; trépied empirique. – Il existe
trois et seulement trois sources sur lesquelles l'expérience peut se fonder : l'observation, l'histoire (c'est-à-dire l'observation répertoriée) et
le jugement par analogie.

Algazel. – Voir son *Tahafut al-falasifah*, réfuté par Averroès, ou Ibn-
Rushd, dans *Tahafut al-Tahafut*.

Sceptiques religieux. – Il existe aussi une tradition juive moyenâgeuse avec le poète arabophone Yehuda Halevi. Voir Floridi
(2002).

Algazel et la causation immédiate / finale. – « Le fait que l'on
détermine, sur la base de l'observation seule, la nature de la nécessaire relation entre la cause et l'effet, comme si l'on ne pouvait observer l'effet sans la cause attribuée de la cause sans le même effet »
(Tahafut...).

Au cœur de la théorie d'Algazel, il y a l'idée que si l'on boit parce
que l'on a soif, la soif ne doit pas être considérée comme une cause
directe. Il y a peut-être un schéma supérieur à l'œuvre ; en fait, c'est bel
et bien le cas, mais il ne peut être compris que par ceux qui connaissent la pensée évolutionnaire. Voir Tinbergen (1963, 1968) pour avoir
un aperçu moderne du proche. D'une certaine manière, Algazel se

fonde sur Aristote pour le critiquer. Dans sa *Physique*, Aristote avait déjà vu la différence entre les différents niveaux de cause (formel, efficient, final et matériel).

Conceptions modernes de la causalité. – Voir Reichenbach (1938), Granger (1999) et Pearl (2000).

Enfants et induction naturelle. – Voir Gelman et Coley (1990), Gelman et Hirschfeld (1999) et Sloman (1993).

Induction naturelle. – Voir Hespos (2006), Clark et Boyer (2006), Inagaki et Hatano (2006), Reboul (2006). Voir le résumé des premières œuvres dans Plotkin (1998).

Chapitres 5-7

« Économistes ». – Par « économistes », j'entends la plupart des membres de l'*establishment* économique et financier néoclassique dans les universités – pas les groupes marginaux tels que les écoles autrichienne et posthégélienne.

Petits nombres. – Tversky et Kahneman (1971), Rabin (2000).

Spécificité de domaine. – Williams et Connolly (2006). On peut la voir dans le test d'élection de Wason généralement surinterprété : Wason (1960). Voir aussi Shaklee et Fischhoff (1982), Barron Beaty, et Hearshly (1988). Le « Ils savaient mieux » de Kahneman dans Gilovich *et al.* (2002).

Updike. – L'argumentaire est de Jaynes (1976).

Spécialisation des hémisphères du cerveau. – Gazzaniga et LeDoux (1978), Gazzaniga(2005). En outre, Wolford, Miller et Gazzaniga (2000) démontrent un processus de mise en correspondance des probabilités par le cerveau gauche. Quand on fournit au cerveau droit un facteur déclencheur qui donne de bons résultats dans 60 % des cas et un autre facteur déclencheur qui donne des résultats semblables dans 40 % des cas, il agira à raison sur le premier facteur déclencheur parce que c'est le meilleur choix. D'un autre côté, si l'on fournit les mêmes éléments au cerveau gauche, il agira sur le premier facteur déclencheur dans 60 % des cas et sur l'autre dans 40 % de ceux-ci – il refusera d'accepter le hasard. La thèse de Goldberg (2005) est qu'il n'en va pas ainsi dans le cas de la spécialisation : contrairement aux lésions du cerveau droit, celles du cerveau gauche n'ont pas de graves répercussions chez les enfants ; c'est le contraire chez les gens d'âge mur. Je remercie Elkhonon Goldberg de m'avoir renvoyé sur les travaux de Snyder; Snyder (2001). L'expérience a été réalisée par Snyder *et al.* (2003).

Choix des bas et explication après coup. – L'expérience des bas est présentée dans Carter (1999) ; l'étude originale semble être celle de Nisbett et Wilson (1977). Voir aussi Montier (2007).

Astebro. – Astebro (2003). Voir « Searching for the Invisible Man », dans *The Economist*, 9 mars 2006. Pour voir comment l'excessive confiance en eux-mêmes des entrepreneurs peut expliquer le taux d'échecs élevé, voir Camerer (1995).

Dopamine. – Brugger et Graves (1997), entre autres nombreux articles. Voir également Mohr *et al.* (2003) sur l'asymétrie de la dopamine.

Entropie et informations. – J'évite sciemment la notion d'entropie, parce que la façon dont on la formule traditionnellement la rend inadaptée à la forme de hasard dont nous faisons l'expérience dans la vraie vie. L'entropie de Tsallis fonctionne mieux avec les longues traînes.

Notes sur Georges Perec. – Eco (1994).

Narrativité et illusion de compréhension. – Wilson, Gilbert et Centerbar (2003) : « La théorie du désespoir a démontré que si l'on a le sentiment de ne pas pouvoir contrôler ou prévoir son environnement, on encourt des déficits motivationnels et cognitifs comme la dépression. » Pour l'écriture d'un journal, voir Wilson (1922) ou Wegner (2002).

Exemple de E. M. Forster. – Référence dans Margalit (2002).

Caractère national. – Terracciano *et al.* (2005) et Robins (2005) pour l'ampleur des variations individuelles. L'illusion d'un trait de nationalité, que j'appelle généralement l'« heuristique de la nationalité », n'a pas de lien avec l'effet de halo : voir Rosenzweig (2006) et Cialdini (2001). Voir Anderson (1983) pour l'ontologie de la nationalité.

Biais de cohérence. – Ce que les psychologues appellent « biais de cohérence » est la conséquence du fait de faire coïncider ses souvenirs avec ses croyances et ses sentiments actuels. Voir Schacter (2001).

La mémoire n'est pas comme le stockage sur ordinateur. – Rose (2003), Nader et LeDoux (1999).

Le mythe de la mémoire réprimée. – Loftus et Ketcham (2004).

Joueurs d'échecs et disconfirmation. – Cowley et Byrne (2004).

Problème de Quine. – Davidson (1983) plaide en faveur d'un scepticisme non pas total, mais partiel.

Narrativité. – Notez qu'en l'occurrence, mon discours n'est pas existentiel mais simplement pratique. L'idée est de considérer la narrativité comme une compression d'informations, rien de plus sur le plan philosophique (comme se demander si le moi est séquentiel ou non). Il existe une littérature consacrée au « moi narratif » – Bruner (2002) ou si nécessairevoir Strawson (1994) et sa critique dans Strawson (2004). Le débat : Schechtman (1997), Taylor (1999), Phelan (2005). Synthèse dans Turner (1996).

« Postmodernistes » et pouvoir d'attraction des narrations. –Voir McCloskey (1990) et Frankfurter et McGoun (1996).

Narrativité des dictons et proverbes. – Les psychologues étudient depuis longtemps la crédulité des gens de différents milieux sociaux face à des proverbes pleins de bon sens. Ainsi, depuis les années 1960, on mène le type d'expérience suivant : on soumet à deux échantillons de personnes le même proverbe, en donnant au second une définition opposée à celle donnée au premier, et on demande à chacun de ces groupes si la définition qu'on leur donne leur paraît juste. Pour une présentation des résultats, hilarants, voir Myers (2002).

La science en tant que narration. – En fait, les études scientifiques peuvent réussir grâce au biais de narration qui « fabrique une histoire ». Il faut bien attirer l'attention. Bushman et Wells (2001).

Découverte des probabilités. – Barron et Erev (2003) montrent le nombre de probabilités qui sont sous-estimées quand elles ne sont pas présentées de manière explicite. Également communication personnelle avec Barron.

Risque et probabilité. – Voir Slovic, Fischhoff et Lichetenstein (1976), Slovic et al. (1977), et Slovic (1987). Sur le risque en tant qu'analyse et émotion *(« risk as feeling theory »)*, voir Slovic et al. (2002, 2003) et Taleb (2004c). Voir Bar-Hillel et Wagenaar (1991).

Lien entre erreur de narration et connaissances cliniques. – Dawes (1999) a un message à faire passer aux économistes : voir ses travaux sur les entretiens et l'élaboration d'un récit. Voir également Dawes (2001) sur l'effet de rétrospection.

Deux systèmes de raisonnement. – Voir Sloman (1996, 2002) et le résumé dans Kahneman et Frederick (2002). Le discours de Kahneman lorsqu'il a reçu le prix Nobel résume tout ; on peut le trouver sur www.nobel.se. Voir aussi Stanovich et West (2000).

Risque et émotions. – Étant donné l'intérêt récent et de plus en plus fort que suscite le rôle des émotions dans le comportement, on constate une augmentation de la littérature sur le rôle des émotions tant dans la prise que dans l'évitement du risque : la théorie du « *risk as feeling* » (« risque comme émotion »). Voir Loewenstein *et al.* (2001) et Slovic *et al.* (2003a). Pour un sondage, voir et Slovic *et al.* (2003b) et aussi Slovic (1987). Sur l'« heuristique des affects », voir Finucane *et al.* (2000). Sur la modularité, voir Bates (1994).

Émotions et cognition. – Sur l'effet des émotions sur la cognition, voir LeDoux (2002). Sur le risque, voir Bechara *et al.* (1994).

Heuristique de la disponibilité (facilité avec laquelle les choses nous viennent à l'esprit). – Voir Tversky et Kahneman (1973).

Incidence réelle sur les catastrophes. – Pour une discussion profonde, voir Albouy (2002), Zajdenweber (2000) ou Sunstein (2002).

Exploitation du spectaculaire par le terrorisme. – Voir l'essai dans Taleb (2004c).

Ouvrages généraux de psychologie sur la prise de décision (heuristique et biais). – Baron (2000) est tout simplement le plus exhaustif sur le sujet. Kunda (1999) est un résumé du point de vue de la psychologie sociale (l'auteur est hélas décédé prématurément) ; textes plus courts : Plous (1993), ainsi que Dawes (1988, 2001). Notez qu'une grosse partie des articles originaux sont compilés avec bonheur dans Kahneman *et al.* (1982), Kahneman et Tversky (2000), Gilovich *et al.* (2002), et Slovic (2001a et 2001b). Voir également Myers (2002) pour un topo sur l'intuition et Gigerenzer *et al.* (2000) pour une présentation écologique du sujet. Le topo le plus complet en économie et en finance est celui de Montier (2007), dans lequel sont compilés ses beaux articles qui m'ont nourri au cours des quatre dernières années – n'étant pas universitaire, il va droit au but. Pour une sélection d'études techniques, voir aussi Camerer, Loewenstein et Rabin (2004) ; sur la connaissance clinique des « experts », je recommande l'article de Dawes (2004).

Psychologie plus générale des présentations de décision. – Klein (1998) propose un autre modèle d'intuition. Voir Cialdini (2001) pour la manipulation sociale. Un travail plus spécialisé, celui de Camerer (2003), se concentre sur la théorie des jeux.

Essais critiques généraux et ouvrages complets en sciences cognitives. – Newell et Simon (1972), Varela (1988), Fodor (1983), Marr (1982), Eysenck et Keane (2000), Lakoff et Johnson (1980). La *MIT Encyclopedia of Cognitive Science* contient des articles critiques des principaux penseurs.

Théorie évolutionnaire et domaines d'adaptation. – Voir le Wilson original (2000), Kreps et Davies (1993) ainsi que Burnham

(1997, 2003). Très accessible : Burnham et Phelan (2000). La compilation des travaux de Robert Trivers est dans Trivers (2002). Voir également Wrangham (1999) sur les guerres.

Politique. – « The Political Brain : A Recent Brain-imaging Study Shows that Our Political Predilections Are a Product of Unconscious Confirmation Bias », article de Michael Shermer paru dans *Scientific American*, 26 septembre 2006.

Neurobiologie de la prise de décision. – Pour une compréhension générale de ce que nous savons de l'architecture du cerveau : Gazzaniga *et al.* (2002). Gazzaniga (2005) apporte des résumés littéraires de certains sujets. Plus connu : Carter (1999). Également recommandés : Ratey (2001), Ramachandran (2003), Ramachandran et Blakeslee (1998), Carter (2002), Conlan (1999), les très accessibles Lewis, Amini et Lannon (2000), et Goleman (1995). Voir Glimcher (2002) sur la probabilité et le cerveau. Sur le cerveau émotionnel, les grands classiques sont les trois ouvrages de Damasio (1994, 2000, 2003), en sus du LeDoux (1990), et de l'ouvrage détaillé de LeDoux (2002). Voir aussi l'ouvrage plus court d'Evans (2002). Sur le rôle de la vision dans le domaine esthétique, mais aussi de l'interprétation, voir Zeki (1999).

Ouvrages généraux sur la mémoire. – En psychologie, Schacter (2001) propose un travail critique sur les biais de la mémoire et leurs liens avec les effets de rétrospective. En neurobiologie, voir Rose (2003) et Squire et Kandel (2000). Manuel général sur la mémoire (en psychologie empirique) : Baddeley (1997).

Colonies intellectuelles et vie sociale. – Voir le compte-rendu dans Collins (1998) sur les « lignages » des philosophes (même si je ne crois pas qu'il connaissait suffisamment le problème de Casanova pour prendre en compte l'*a priori* qui fait que les œuvres des philosophes travaillant en solo ont moins de chances de survivre). Pour une illustration de l'agressivité des groupes, voir Uglow (2003).

Travaux de Hyman Minsky. – Minsky (1982).

Asymétrie. – Théorie des perspectives (Kahneman et Tversky [1979] et Tversky et Kahneman [1992]) justifient l'asymétrie entre les mauvais et les bons événements aléatoires, mais cela montre aussi que le domaine négatif est convexe, alors que le domaine positif est concave, ce qui signifie qu'une perte de 100 sera moins pénible que 100 pertes de 1, mais qu'un gain de 100 est aussi beaucoup plus agréable que 100 gains de 1.

Corrélats neuraux de l'asymétrie. – Voir le travail de Davidson dans Goleman (2003), Lane *et al.* (1997), et Gehring et Willoughby (2002). Quant à Csikszentmihalyi (1993, 1998), il explique plus avant le pouvoir d'attraction des gains stables avec sa théorie du « flot ».

Récompenses différées et leurs corrélats neuraux. – McLure *et al.* (2004) montrent l'activation du cerveau dans le cortex quand on décide de différer une chose et permettent ainsi de comprendre l'impulsion limbique qui sous-tend l'immédiateté et l'activité corticale lors du différé. Voir aussi Loewenstein (1992), Elster (1998), Berridge (2005). Pour la neurologie des préférences chez les singes capucins, voir Chen *et al.* (2005).

Être saigné ou sauter. – Gladwell (2002) et Taleb (2004c). La raison pour laquelle il est douloureux d'être saigné s'explique peut-être par le stress chronique ; Sapolsky *et al.* (2003) et Sapolsky (1998). Sur les raisons pour lesquelles les sociétés apprécient les rendements réguliers, voir Degeorge *et al.* (1999). Poétique de l'espoir : Mihailescu (2006).

Ruptures et sauts. – Classifiées en sept catégories par René Thom ; Thom (1980).

Évolutions et probabilités faibles. – Voyez aussi la pensée évolutionnaire naïve qui a pour postulat l'« optimalité » de la sélection. Le père fondateur de la sociobiologie, le grand E. O. Wilson, n'est pas d'accord en ce qui concerne les événements rares. Dans Wilson (2002), il écrit : « Le cerveau humain, évidemment, a évolué de manière à ne s'attacher émotionnellement qu'à une zone géographique restreinte, à un groupe de pairs limités, et à deux ou trois générations dans le futur. Ne pas regarder trop loin dans l'espace et dans le temps est élémentaire au sens darwinien. Nous avons une tendance innée à ne pas prendre en compte les possibilités éloignées qui ne requièrent pas encore notre analyse. D'après les gens, c'est juste une question de bon sens. Pourquoi ont-ils cette vision à court terme ? La raison en est simple : elle est prédéterminée par notre héritage paléolithique. Pendant des centaines de milliers d'années, ceux qui se préoccupaient de leur bien-être à court terme, au sein d'un groupe de parents et d'amis restreint, avaient une espérance de vie supérieure aux autres et laissaient une descendance plus nombreuse – même quand les luttes collectives sonnaient le glas de leurs seigneuries et empires. La pensée à long terme qui aurait pu sauver leurs descendants lointains nécessitait une vision et un altruisme étendu difficile à mettre en pratique d'instinct. »

Voir également Miller (2000) : « L'évolution n'a pas de discernement. Il lui manque la vision à long terme de l'industrie pharmaceutique. Une espèce ne peut lever de capitaux-risques pour payer ses factures pendant que son équipe de chercheurs travaille [...]. Ainsi est-il difficile d'expliquer les innovations. »

Notez qu'aucun auteur n'a pris en compte mon argument de l'âge.

CHAPITRE 8

Le problème de Diagoras porte le nom de « mauvaise catégorie de référence » dans l'odieux domaine de la philosophie des probabilités, de « biais anthropique » en physique et de « biais du survivant » en statistiques (les économistes présentent l'intéressante caractéristique de l'avoir redécouvert une ou deux fois tout en se laissant gravement duper par lui).

Confirmation. – Dans *On Truth*, Francis Bacon déclare : « Aucun plaisir n'est comparable à celui de se tenir dans la position privilégiée de la vérité (une colline n'est pas conseillée, mais il faut que ce soit un endroit où l'air est toujours clair et serein), et de voir les erreurs, et les errements, et les brumes, et les tempêtes, qui agitent le val en contrebas. » Cela montre comment de grandes intentions peuvent mener à l'erreur de confirmation.

Bacon ne comprenait pas les empiristes. – Il cherchait le juste milieu. Un autre extrait de *On Truth* : « Il existe trois sources d'erreur et trois sortes de philosophie erronée : la sophiste, l'empirique, et la superstitieuse [...]. Aristote se permet d'être l'exemple le plus éminent de la première ; car il corrompit la philosophie naturelle par la logique – c'est ainsi qu'il forma le monde des catégories [...]. On ne doit pas non plus tellement insister sur son fréquent recours à l'expérience dans ses livres sur les animaux, ses problèmes et autres traités, car il avait déjà décidé, sans avoir suffisamment tenu compte l'expérience pour fonder ses décisions et ses axiomes [...]. L'école empirique génère des dogmes d'une nature plus déformée et monstrueuse que l'école sophiste ou théorique ; n'étant pas fondée à la lumière des notions courantes (ce qui, pour médiocre et signe de superstition que ce soit, est cependant universel et une tendance générale), mais dans l'obscurité confinée de quelques expériences. »

La conception erronée de Bacon explique peut-être que nous ayons mis un certain temps à comprendre que l'on considérait l'histoire (et les expériences) comme un simple et vague « guidage », c'est-à-dire une épilogie.

Édition. – Allen (2005), Klebanoff (2002), Epstein (2001), Bellaigue (2004) et Blake (1999). Pour voir une liste amusante de refus de manuscrits, voir Bernard (2002) et White (1982). Le mémoire de Michel Korda, Korda (2000), jette un regard original sur la question. Ces ouvrages sont anecdotiques, mais nous verrons plus tard que les livres suivent des structures invariantes à l'échelle à forte déclivité, impliquant que le hasard occupe une place prépondérante.

Biais anthropique. – Voir l'évaluation merveilleuse et exhaustive du sujet dans Bostrom (2002). En physique, voir Barrow et Tipler (1986) et Rees (2004). Sornette (2004) assimile à une loi de puissance la théorie de la dérivation de la survie de Gott. En finance, Sullivan *et al.* (1999) abordent la question du biais du survivant. Voir également Taleb (2004a). Études ne tenant pas compte du biais et tirant des conclusions inadéquates : Stanley et Danko (1996) et l'ouvrage inepte de Stanley (2000).

Les manuscrits et les Phéniciens. – Sur la survie et la science, voir Cisne (2005). Notez que l'article prend en compte la survie physique (comme le fossile), pas la survie culturelle, ce qui implique un biais de sélection. Avec l'autorisation de Peter Bevelin.

Loi de Stigler. – Stigler (2002).

Statistiques des livres français. – *Lire*, avril 2005.

Pourquoi la **dispersion est importante**. – Plus techniquement, la distribution de l'*extremum* (c'est-à-dire de maximum ou de minimum) d'une variable aléatoire dépend plus de la variance du processus que de sa moyenne. Quelqu'un dont le poids tend à beaucoup fluctuer sera plus enclin à vous montrer une photo de lui où il est très mince qu'une autre personne dont le poids est globalement inférieur mais reste constant. La moyenne joue parfois un rôle dérisoire.

Statistiques sur les fossiles. – Je remercie Frederick Colbourne, un de mes lecteurs, pour ses commentaires sur le sujet. La littérature appelle cela l'« attrait du récent » mais, eu égard à des désaccords, elle a quelque difficulté à en estimer les effets. Voir Jablonski *et al.* (2003).

Connaissance publique cachée. – Voici une autre manifestation du problème de Diagoras : on peut effectivement réaliser un travail de laboratoire assis dans son fauteuil, en se contentant de relier entre elles des bribes de recherches menées par des gens qui travaillent indépendamment les uns des autres et passent à côté de certains liens. Une analyse bibliographique permet de trouver des liens entre des informations publiées que les chercheurs ignoraient jusque-là. J'ai « découvert » la justification du fauteuil dans Fuller (2005). Pour d'autres découvertes intéressantes, voir Spasser (1997) et Swanson (1986a, 1986b, 1987).

Crime. – La définition du « crime » économique est une chose qui vient avec le recul. Une fois entérinés, les règlements n'ont pas d'effet rétrospectif, quantité d'activités qui donnent lieu à des excès ne sont jamais sanctionnées.

Bastiat. – Voir Bastiat (1862-1864).

Casanova. – Je remercie le lecteur nommé Milo Jones de m'avoir signalé le nombre exact de volumes. Voir Masters (1969).

Problème du point de référence. – La prise en compte d'informations générales nécessite une forme de pensée en termes conditionnels, que, curieusement, nombre de scientifiques (et en particulier les meilleurs) sont incapables de traiter. On appelle tout simplement « probabilité conditionnelle » la différence entre les deux probabilités. Nous calculons la probabilité de survivre dont une condition est notre présence dans l'échantillon. Pour le dire simplement, vous ne pouvez calculer les probabilités si votre survie est en partie la condition de la réalisation du processus.

Pestes. – Voir McNeill (1976).

CHAPITRE 9

Intelligence et Nobel. – Simonton (1999). S'il y a corrélation des taux de QI observés, la corrélation avec la réussite ultérieure est faible.

« Incertitude ». – Knight (1923). Ma définition de ce risque (Taleb [2007c]), est qu'il s'agit d'une situation normative, où l'on peut être certain des probabilités, c'est-à-dire qu'il n'y a pas de métaprobabilités. Alors que si le hasard et le risque résultent de l'opacité épistémique, de la difficulté à voir les causes, la distinction est nécessairement de la foutaise. N'importe quel lecteur de Cicéron reconnaît cela comme sa probabilité ; voir opacité épistémique dans son *De Divinatione*, Liber Primus, LVI, 127 : « *Qui enim teneat causas rerum futurarum, idem necesse est omnia teneat quae futura sint. Quod cum nemo facere nisi deus possit, reliquendum est homini, ut signis quibusdam consequentia declarantibus* *futura praesentiat.* (Celui qui connaît les causes comprendra le futur, excepté que, étant donné que nul autre que Dieu ne possède cette capacité [...]. »

Philosophie et épistémologie de la probabilité. – Laplace. Traité, Keynes (1920), De Finetti (1931), Kyburg (1983), Levi (1970), Ayer, Hacking (1990, 2001), Gillies (2000), von Mises (1928), von Plato (1994), Carnap (1950), Cohen (1989), Popper (1971), Eatwell *et al.* (1987), et Gigerenzer *et al.* (1989).

Histoire de la connaissance et des méthodes statistiques. – Je n'ai trouvé aucun travail « intelligent » – c'est-à-dire qui ne suc-combe pas à l'erreur ludique ou au système de Gauss – dans l'histoire des statistiques. Pour un traitement classique du sujet, voir Bernstein (1996) et David (1962).

Ouvrages généraux sur la probabilité et la théorie de l'infor-mation. – Cover et Thomas (1991) ; moins technique mais excellent, Bayer (2003). Pour une vision probabiliste de la théorie de l'infor-mation : en dehors de celui de Finetti, l'ouvrage posthume de Jaynes (2003) est le seul ouvrage de mathématiques que je puisse recom-mander au lecteur néophyte, à cause de son approche bayesienne et de son allergie au formalisme du savant idiot.

Poker. – Il échappe à l'erreur ludique ; voir Taleb (2006a).

Approche normative de Platon des mains droite et gauche. – Voir McManus (2002).

***Bildungsphilister* de Nietzsche.** – Voir Van Tongeren (2002) et Hicks et Rosenberg (2003). Notez qu'à cause du biais de confirma-tion, les universitaires vous diront que les intellectuels « manquent de rigueur » et vous apporteront des exemples de ceux qui présentent effectivement ce travers, pas des autres.

Livres d'économie traitant de l'incertitude. – Carter *et al.* (1962), Shackle (1961, 1973), Hayek (1974). Hirshleifer et Riley (1992) adaptent l'incertitude à l'économie néoclassique.

Incalculabilité. – Pour les tremblements de terre, voir Freedman et Stark (2003) (avec l'autorisation de Gur Huberman).

Université et philistinisme. – Il y a une erreur de flèche inver-sée ; si l'université est synonyme de rigueur (ce dont je doute, car ce que j'ai vu de ce que l'on appelle « la citation des œuvres des autres » n'est que trop souvent une mascarade), « non universitaire » ne signi-fie pas « dénué de rigueur ». Pourquoi douter de la « rigueur » ? Par le biais de confirmation, les universitaires partagent leurs travaux avec vous mais malgré tous ceux qui travaillent dur, seule une partie relativement minime de nos résultats émane d'eux. Un nombre disproportionné de contributions vient de chercheurs indépendants et de ceux que l'on qualifie en se moquant d'« amateurs » : Darwin, Freud, Marx, Mandelbrot, même Einstein à ses débuts. L'influence exercée par les universitaires est généralement fortuite. C'était même le cas au Moyen Âge et à la Renaissance, voir Le Goff (1985). En outre, tous les grandes figures des Lumières (Voltaire, Rousseau, d'Holbach, Diderot, Montesquieu) n'étaient pas universitaires à cette époque où il y en avait beaucoup.

Chapitre 10

Confiance excessive. – Albert et Raiffa (1982) (même si l'article attendit apparemment dix ans avant d'être officiellement publié). Lichtenstein et Fischhoff (1997) ont montré qu'une confiance excessive pouvait être due à la difficulté du sujet ; c'est systématique : quand le sujet est facile, elle diminue et se transforme en manque de confiance (comparer à Armelius [1979]). Depuis, quantité d'articles ont tenté de définir précisément les conditions des échecs de calibrage ou de leur solidité (qu'il s'agisse de formation à des tâches, d'aspects écologiques du domaine, de niveau d'éducation ou de nationalité) ; Dawes (1980), Koriat, Lichtenstein et Fischhoff (1980), Mayseless et Kruglanski (1987), Dunning et al. (1990), Ayton et McClelland (1997), Gervais et Odean (1999), Griffin et Varey (1946), Juslin (1991, 1992, 1993), Juslin et Olsson (1997), Kadane et Lichtenstein (1982), May (1986), McClelland et Bolger (1994), Pfeifer (1994), Russo et Schoernaker (1992), Klayman et al. (1999). Notez la baisse (inattendue) de la confiance excessive à l'occasion de décisions prises en groupe : voir Sniezek et Henry (1989) – et solutions chez Plous (1995). En l'occurrence, je me méfie de la distinction entre Médiocristan et Extrêmistan et de l'inégalité des variables. Hélas, je n'ai pas trouvé d'étude ou d'article faisant cette distinction. Il existe aussi des solutions chez Stoll (1996), Arkes et al. (1987). Pour l'excès de confiance dans le domaine de la finance, voir Thorley (1999), et Barber et Odean (1999). Pour les répercussions internationales, Yates et al. (1996, 1998), Angele et al. (1982). Pour l'excès et le manque simultanés de confiance, voir Erev, Wallsten et Budescu (1994).

Fréquence *versus* probabilité – le problème écologique. – Hoffrage et Gigerenzer (1998) pensent qu'un excès de confiance est moins important quand le problème est exprimé en fréquences, et non en probabilités. En fait, il existe un débat sur la différence entre « écologie » et laboratoire ; voir Gigerenzer *et al.* (2000), Gigerenzer et Richter (1990) et Gigerenzer (1991). Nous sommes « rapides et frugaux » (Gigerenzer et Goldstein [1996]). Concernant le Cygne Noir, ces problèmes d'écologie ne se posent pas : nous ne vivons pas dans un environnement où nous travaillons avec les fréquences ou, plus généralement, pour lequel nous sommes faits. Pour l'écologie, voir également Spariosu (2004), pour l'aspect ludique, Cosmides et Tooby (1990). Leary (1987) pour les idées de Brunswik, ainsi que Brunswik (1952).

Manque de conscience de son ignorance. – « En résumé, la connaissance qui sous-tend la capacité de produire un jugement correct est aussi celle qui sous-tend la capacité de reconnaître un jugement correct. Quand la première fait défaut, la seconde manque également » (Extrait de Kruger et Dunning [1999]).

Problème de l'expert isolé. – Bien que je voie le problème de l'expert comme indissociable de l'effet saint Matthieu et des longues traînes de l'Extrêmistan (j'en dirai plus ultérieurement), je n'ai trouvé aucun lien entre ces phénomènes dans les littératures sociologique et psychologique.

Connaissance clinique et ses problèmes. – Voir Meehl (1954) et Dawes, Faust, et Meehl (1989). L'essai intitulé « Why I do not Attend Case Conferences » dans Meehl (1973) est extrêmement divertissant. Voir aussi Wagenaar et Keren (1985, 1986).

Analystes financiers, grégarité et prévisions. – Voir Guedj et Bouchaud (2006), Abarbanell et Bernard (1992), Chen *et al.* (2002), De Bondt et Thaler (1990), Easterwood et Nutt (1999), Friesen et Weller (2002), Foster (1977), Hong et Kubik (2003), Jacob *et al.* (1999), Lim (2001), Liu (1998), Maines et Hand (1996), Mendenhall (1991), Mikhail *et al.* (1997, 1999), Zitzewitz (2001), ainsi qu'El-Galfy et Forbes (2005). Pour une comparaison (défavorable) avec les prévisionnistes météorologiques : Tyszka et Zielonka (2002).

Économistes et prévisions. – Tetlock (2005), Makridakis et Hibon (2000), Makridakis *et al.* (1982), Gripaios (1949), Armstrong (1978, 1981) ; et réfutations par McNees (1978), Tashman (2000), Blake *et al.* (1986), Onkal *et al.* (2003), Gillepsie (1979), Baron (2004), Batchelor (1990, 2001), Dominitz et Grether (1999). Lamont (2002) recherche des facteurs de réputation : les prévisionnistes reconnus sont de pire en pire à mesure qu'ils présentent des prévisions plus radicales pour attirer l'attention – ce qui est cohérent avec l'effet hérisson de Tetlock. Ashiya et Doi (2001) recherchent les comportements grégaires au Japon. Voir McNees (1995), Remus *et al.* (1997), O'Neill et Desai (2005), Bewely et Fiebig (2002), Angner (2006), Bénassy-Quéré (2002) ; Brender et Pisani (2001) étudient le consensus de Bloomberg ; De Bondt et Kappler (2004) affirment qu'il existe des preuves de faible rémanence en cinquante-deux ans de données ; cependant, j'ai vu les transparents lors d'une présentation, jamais l'étude elle-même – deux ans plus tard, elle pourrait bien ne jamais se matérialiser. Confiance excessive, Braun et Yaniv (1992). Pour une approche intellectuelle générale du sujet, voir Hahn (1993). Plus général, voir Clemen (1986, 1989). Sur la théorie des jeux, Green (2005).

Nombre d'opérateurs tels que James Montier, et de journaux et de magazines (comme *The Economist*) procèdent à des tests prévisionnels de routine. Considérés dans leur ensemble, ils doivent être pris au sérieux car ils couvrent plus de variables.

Culture populaire. – En 1931, Edward Angy révéla des prévisions faites par le président Hoover dans un livre intitulé *Oh Yeah ?* Tout aussi hilarant, le livre de Cerf et Navasky (1998) où j'ai trouvé tout à fait par hasard l'histoire de l'estimation du pétrole antérieure à 1973.

Effets des informations. – L'article principal est Bruner et Potter (1964). Je remercie Danny Kahneman pour nos discussions et pour m'avoir signalé cette étude. Voir aussi Montier (2007), Oskamp (1965), et Benartzi (2001). Ces biais deviennent des informations ambiguës (Griffin et Tversky [1992]). Pour voir comment l'expertise et la formation échouent à les faire disparaître, voir Kahneman et Tversky (1982) et Tversky et Kahneman (1982), Kunda (1990) pour voir comment on prend pour argent comptant les informations compatibles avec nos préférences, alors que nous considérons d'un œil critique celles qui ne le sont pas.

Erreur de prévision. – Kahneman et Tversky (1979) et Buehler, Griffin et Ross (2002). L'erreur de prévision révèle un biais cohérent dans la capacité de prévision des gens, y compris pour des choses qui, par nature, peuvent se répéter – même s'il est encore plus fort pour des événements qui ne le peuvent pas.

Guerres. – Trivers (2002).

Y-a-t-il des incitations financières à l'ajournement ?. – Flyvberg *et al.* (2002).

Oskamp. – Oskamp (1965) et Montier (2007).

Caractéristiques des tâches et leurs effets sur la prise de décision. – Shanteau (1992).

Epistēmē **contre** *Technē*. – Le retour d'une distinction remontant à Aristote – elle a fait son retour très récemment dans des rapports tels que la connaissance tacite en matière de « savoir-faire ». Voir Ryle (1949), Polanyi (1958-1974) et Mokyr (2002).

Catherine la Grande. – Le nombre de ses amants vient de Rounding (2006).

Espérance de vie. – www.annuityadvantage.com/lifeexpectancy. htm. Pour les projets, je me suis servi d'une probabilité de l'excédance avec un exposant de loi de puissance de $3/2 : f = Kx^{3/2}$. D'où l'attente conditionnelle de x, sachant que x est supérieur à a.

$$E[x \mid x>a] = \frac{\int_a^\infty xf(x)\,dx}{\int_a^\infty f(x)\,dx}$$

Chapitres 11-13

Sérendipité. – Voir Koestler (1959) et Rees (2004). Rees a aussi des idées très fortes sur la prédictibilité. Voir également les commentaires de Popper dans Popper (2002) et Waller (2002), Cannon (1940), Mach (1986) (cités dans Simonton [1999]) ainsi que Merton et Barber (2004). Voir Simonton (2004) pour une synthèse. Sur la sérendipité en médecine et en anesthésiologie, voir Vale *et al.* (2005).

« Homme de la Renaissance ». – Voir www.bell-labs.com/project/ feature/archives/cosmology.

Laser. – Comme d'habitude, il y a des controverses à propos de l'« inventeur » de cette technologie. Eu égard à la déformation rétrospective, on trouve rapidement des précurseurs après une découverte réussie. Charles Townsend remporta le prix Nobel, mais fut poursuivi en justice par un de ses étudiants, Gordon Gould, qui affirmait avoir effectué seul tout le travail (voir *The Economist* du 9 juin 2005).

Darwin / Wallace. – Quammen (2006).

Critique de Popper contre l'historicisme. – Voir Popper (2002). Notez que je réinterprète ici la théorie de Popper sous un jour moderne en me servant de ma propre expérience et de mes propres connaissances, et sans commenter les commentaires qui existent sur son travail – avec le manque de fidélité par rapport à son message que cela occasionne. En d'autres termes, ce ne sont pas directement ses arguments, mais essentiellement les miens, dans un cadre popperien.

L'attente conditionnelle d'une attente inconditionnelle est une attente inconditionnelle.

Prévisions pour l'avenir il y a cent ans. – Bellamy (1891) illustre nos projections mentales de l'avenir. Toutefois, certaines histoires sont peut-être exagérées : « Un canular sur les brevets, pourtant ! Est-il vraiment déjà arrivé à un employé du bureau des brevets de démissionner parce qu'il pensait qu'il n'y avait plus rien à inventer ? Une fois que ce genre de canular voit le jour, il prend de telles proportions qu'il devient incontrôlable » (*Skeptical Inquirer*, mai-juin 2003).

Observation par Peirce. – Olsson (2006), Peirce (1955).

Prévoir et expliquer. – Voir Thom (1993).

Poincaré. – Le problème des trois corps se retrouve dans Barrow-Green (1996), Rollet (2005), et Galison (2003). Sur Einstein, Pais (1982). Découvertes plus récentes dans Hladik (2004).

Flippers. – Berry (1978) ainsi que Pisarenko et Sornette (2004).

Discussion très générale sur la « complexité ». – Benkirane (2002), Scheps (1996) et Ruelle (1991). Pour les limites, voir Barrow.

Hayek. – Voir www.nobel.se. Voir Hayek (1945, 1994). Les mécanismes se corrigent-ils d'eux mêmes non parce que des personnages influents se répandent en invectives, mais parce que leurs opérateurs décèdent ou, plus grave encore, parce qu'ils font faillite ? Malheureusement, à cause de la contagion, il semble y avoir bien peu de logique dans la façon dont les choses s'améliorent ; la chance joue un rôle important dans l'évolution des sciences « molles ». Voir Ormerod (2006) pour comprendre les effets de réseaux sur « les intellectuels et le socialisme » et l'influence de la distribution des lois de puissance due à l'aspect indépendant d'échelle des connexions – et au caractère arbitraire qui en résulte. Hayek semble avoir été prisonnier de la vieille différence établie par Weber entre les *Natur-Wissenschaften* (sciences de la nature) et les *Geistes Wissenschaften* (sciences de l'esprit) – mais pas Popper, Dieu merci.

Étroitesse d'esprit des économistes. – Pieters et Baumgartner (2002). Un aspect positif de l'étroitesse d'esprit des économistes est qu'ils peuvent m'insulter autant qu'ils veulent sans que cela prête à conséquences, car seuls les économistes lisent les autres économistes (de façon à pouvoir écrire des articles que les autres économistes liront). Pour une vision plus générale, voir Wallerstein (1999). Notez que Braudel combattait l'« histoire économique ». C'était de l'histoire.

L'économie en tant que religion. – Nelson (2001) et Keen (2001). Sur la méthodologie, voir Blaug (1992). Sur les grands maîtres et les humbles philosophes, voir Boettke, Coyne et Leeson (2006). Notez que les travaux de Gary Becker et des platonistes de l'école de Chicago sont tous entachés du biais de confirmation : si Becker s'empresse de montrer des situations dans lesquelles les gens sont mus par des motivations d'ordre financier, il ne montre pas les cas (largement plus nombreux) où ils se moquent bien de ce genre de considérations matérialistes.

Le livre d'économie le plus intéressant que j'aie vu est celui de Gave *et al.* (2005), car il transcende les catégories édifiées dans le discours économique académique (l'un de ses auteurs est le journaliste Anatole Kaletsky).

Théorie générale. – Ce fait n'a pas découragé les « théoriciens généraux ». Au cours d'un long vol de Genève à New York, un gros bonnet de la race des platonifieurs m'expliqua qu'il fallait rejeter les idées de Kahneman et de ses collègues parce qu'elles ne nous permettaient pas de développer une théorie de l'équilibre général, générant des « préférences incohérentes en terme de temps ». L'espace d'un instant, j'ai cru qu'il plaisantait : il accusait les théories des psychologues et l'incohérence humaine de faire obstacle à sa capacité de construire son modèle platonique.

Samuelson. – Sur l'optimisation qu'il a faite, voir Samuelson (1983), ainsi que Stiglitz (1994).

Dogme de Platon sur la symétrie du corps. – « Un étranger d'Athènes à Cleinias : En cela que la main droite et la gauche sont censées être naturellement adaptées aux différents usages que nous en faisons ; il n'y a aucune différence dans la façon dont nous utilisons les pieds et les membres inférieurs ; mais dans l'usage que nous faisons de nos mains, nous sommes comme estropiés par la bêtise des gouvernantes et des mères ; car bien que nos membres soient naturellement équilibrés, nous créons entre eux une différence par mauvaise habitude » (dans *Les Lois* ; voir McManus [2002]).

Compagnies pharmaceutiques. – On m'a dit que d'autres sociétés de ce genre étaient dirigées par des commerciaux qui faisaient part aux chercheurs des « besoins du marché » et leur demandaient d'inventer des médicaments et autres remèdes pour répondre à ces besoins – ce qui s'accorde avec les méthodes des analystes financiers de Wall Street qui peuvent égarer dangereusement leurs clients. Ils formulent des projections comme s'ils savaient à quoi ils allaient être confrontés.

Modèles des retours sur innovations. – Sornette et Zajdenweber (1999) ainsi que Silverberg et Verspagen (2005).

Évolution à court terme. – Dennett (2003) ainsi que Stanovich et West (2000).

Montaigne. – On n'apprend pas grand-chose des biographies d'un essayiste personnel ; quelques informations dans Frame (1965) et Zweig (1960).

Projectibilité et le paradoxe du « vleu ». – Voir Goodman (1955). Voir également une application (peut-être erronée, d'ailleurs) dans King et Zheng (2005).

Constructionnisme. – Voir Berger et Luckmann (1966) ainsi que Hacking (1999).

Certification contre les compétences et les connaissances véritables. – Voir Donhardt (2004). Il existe également une protection par franchise. Les mathématiques ne sont peut-être pas aussi indispensables que cela à l'économie, excepté pour protéger la franchise des économistes qui connaissent les maths. Au temps de mon père, les mandarins étaient sélectionnés en fonction de leurs talents en latin (ou en grec). Ainsi, la catégorie d'étudiants que l'on destinait aux sommets était imprégnée des classiques et elle connaissait quelques matières intéressantes. Elle était aussi formée à la vision hautement probabiliste professée par Cicéron – et sélectionnée sur son érudition, ce qui a des effets secondaires mineurs. Si cela apprend quelque chose, c'est à se débrouiller avec des choses floues. Les personnes de ma génération étaient sélectionnées en fonction de leurs aptitudes en maths. Pour réussir, il fallait avoir un esprit d'ingénieur ; cela donnait des mandarins à l'esprit mathématique, extrêmement structuré et logique ; c'est en fonction de ces critères qu'ils sélectionnaient leurs pairs. En conséquence, les études et les articles en économie et en sciences sociales s'orientaient vers des concepts éminemment mathématiques et protégeaient leur franchise en érigeant des barrières mathématiques très élevées à l'entrée. Cela permettait aussi d'enfumer le grand public qui est incapable de vérifier ce que l'on dit. Une autre conséquence de cette protection de franchise est probablement d'avoir encouragé à porter au pinacle ces chercheurs semblables à des savants idiots qui, manquant d'érudition, avaient l'esprit étroit, une mentalité d'épicier et étaient fermés aux autres disciplines.

Liberté et déterminisme. – Idée spéculative de Penrose (1989) dans laquelle seuls les effets de *quantum* (avec ce qui est perçu comme indéterminé) peuvent justifier la conscience.

Projectibilité. – Singularité prenant pour hypothèse les moindres carrés.

Théorie du chaos et confusion analeptique / proleptique. – *Le Battement d'ailes du papillon*, film de Laurent Firode (2000).

Autisme et perception du hasard. – Voir Williams *et al.* (2002).

Prévisionnisme et prévisionnisme erroné dans les états hédonistes. – Wilson, Meyers et Gilbert (2001), Wilson, Gilbert et Centerbar (2003), et Wilson *et al.* (2005). Ils appellent cela « évanescence émotionnelle ».

Prévisionnisme et conscience. – Voir l'idée de « au sujet de » chez Dennett (1995, 2003) et Humphrey (1992). Cependant, Gilbert (2006) croit que nous ne sommes pas les seuls animaux qui nous livrons à des prévisions – ce qui est faux. Suddendorf (2006) ainsi que Dally, Emery et Clayton (2006) montrent que les animaux aussi font des prévisions !

Commentaire de Russell sur le pari de Pascal. – Ayer (1998) rapporte qu'il a été fait dans le cadre d'une discussion privée.

Histoire. – Carr (1961), Hexter (1979) et Gaddis (2002). Mais j'ai vraiment un problème avec les historiens, parce qu'ils confondent souvent les processus de prolepse et d'analepse.

Le *Ubiquity* de Marc Buchanan et l'exposé très confus de Niall Ferguson dans *Nature*. – Aucun des deux ne semble avoir conscience du problème de la calibrage avec les lois de puissance. Voir également Ferguson, *Why Did the Great War ?* pour mesurer l'ampleur des problèmes de prolepse et d'analepse.

Sur la tendance nomologique classique, c'est-à-dire la tendance à dépasser la cause pour en faire une théorie générale, voir *Muqaddamat* de Ibn Khaldoun. Voir aussi *La Philosophie de l'histoire* de Hegel.

Émotion et cognition. – Zajonc (1980, 1984).

Assurance contre les sinistres. – Froot (2001) soutient que les assurances contre les événements improbables sont trop chères. On ne sait trop comment il parvient à faire cette constatation (peut-être en recourant au *backfitting* ou à des bidouillages), mais jusqu'à présent, les compagnies de réassurance n'ont pas fait un centime en vendant des assurances « hors de prix ».

Postmodernistes. – Les postmodernistes ne semblent pas connaître les différences qui existent entre narration et prévision.

Chance et sérendipité en médecine. – Vale *et al.* (2005). En histoire, voir Cooper (2004). Voir aussi Ruffié (1977). Plus généralement, voir Roberts (1989).

Prévision affective. – Voir Gilbert (1991), Gilbert *et al.* (1993) et Montier (2007).

CHAPITRES 14-17

Ce chapitre va également servir un autre objectif. À chaque fois que je parle du Cygne Noir, les gens ont tendance à me raconter tout un tas d'anecdotes. Mais ces anecdotes sont de simples corroborations : ce qu'il faut, c'est prouver que *dans l'ensemble,* ce sont les événements de type Cygne Noir qui dominent le monde. Pour moi, rejeter le hasard non scalable suffit à établir le rôle et l'importance des Cygnes Noirs.

Effet saint Matthieu. –Voir Merton (1968, 1973a, 1988). Martial, dans ses *Épigrammes* : « *Semper pauper eris, si pauper es, Aemiliane. / Dantur opes nullis (nunc) nisi divitibus* » (Épigramme V, 81). Voir aussi Zuckerman (1997, 1998).

Avantage cumulatif et ses conséquences sur la justice sociale. – Critique dans DiPrete et Eirich (2006). Voir aussi Brookes-Gun et Duncan (1994), Broughton et Mills (1980), Dannefer (2003), Donhardt (2004), Hannon (2003) et Huber (1998). Pour la façon dont l'avantage cumulatif peut expliquer la précocité, voir Elman et O'Rand (2004).

Concentration et justice dans les carrières intellectuelles. – Cole et Cole (1973), Cole (1970), Conley (1999), Faia (1975), Seglen (1992), Redner (1998), Lotka (1926), Fox et Kochanowski (2004) et Huber (2002).

Le gagnant rafle tout. – Rosen (1981), Frank (1994), Frank et Cook (1995) et Attewell (2001).

Arts. – Bourdieu (1996), Taleb (2004e).

Guerres. – La guerre est concentrée de manière extrêmistanaise : au siècle dernier, Lewis Fry Richardson remarquait l'inégalité de la distribution des victimes (Richardson [1960]).

Guerres modernes. – Arkush et Allen (2006). Dans l'étude des Maori, le modèle de combat avec des gourdins fut maintenu pendant des siècles – les outils modernes causent 20 000 à 50 000 morts par an. Nous ne sommes tout simplement pas faits pour la guerre technique. Pour un compte-rendu anecdotique et causatif de l'histoire de la guerre, voir Ferguson (2006).

S&P 500. – Voir Rosenzweig (2006).

La longue traîne. – Anderson (2006).

Diversité cognitive. – Voir Page (2007). Pour les conséquences d'Internet sur les écoles, voir Han *et al.* (2006).

Cascades. – Voir Schelling (1971, 1978) et Watts (2002). Pour les cascades informationnelles en économie, voir Bikhchandani, Hirshleifer et Welch (1992) ainsi que Shiller (1995). Voir également Surowiecki (2004).

Justice. – Certains chercheurs tels que Frank (1999) ne voient pas de différence entre la réussite arbitraire et aléatoire des autres et la pollution, nécessitant donc, selon eux, l'entrée en vigueur d'un impôt. De Vany, Taleb et Spitznagel (2004) proposent une solution fondée sur le marché pour résoudre le problème de l'allocation à travers un processus d'assurance volontaire et des produits dérivés. Shiller (2003) propose une assurance internationale.

Les mathématiques de l'attachement préférentiel. – Cet argument a opposé Mandelbrot au scientifique cognitif Herbert Simon, qui formalisa en 1955 les idées de Zipf dans une étude (Simon, 1955), argument connu par la suite sous le nom de modèle Zipf-Simon. Hé oui, il faut accepter que les gens puissent tomber en disgrâce!

Concentration. – Price (1970). « Dérivation de Zipf » de Simon, Simon (1955). Pour une bibliométrique plus générale, voir Price (1976) et Glänzel (2003).

Destruction créative revisitée. – Voir Schumpeter (1942).

Réseaux. – Barabási et Albert (1999), Albert et Barabási (2000), Strogatz (2001, 2003), Callaway *et al.* (2000), Newman *et. al.* (2000), Newman, Watts, et Strotgatz (2000), Newman (2001), Watts et Strotgatz (1998), Watts (2002, 2003), et Amaral *et al.* (2000). A commencé avec Milgram (1967). Voir aussi Barbour et Reinert (2000), Barthélemy et Amaral (1999). Voir Boots et Sasaki (1999) sur les contaminations. Sur les extensions, voir Bhalla et Iyengar (1999). Sur la résilience, Cohen *et al.* (2000), Barabási et Bonabeau (2003), Barabási (2002) ainsi que Banavar *et al.* (2000). Sur les lois de puissance et le Web, voir Adamic et Huberman (1999) ainsi qu'Adamic (1999). Sur les statistiques d'Internet : Huberman (2001), Willinger *et al.* (2004) et Faloutsos, Faloutsos et Faloutsos (1999). Sur l'ADN, voir Vogelstein *et al.* (2000).

Criticalité autoorganisée. – Bak (1996).

Pionniers de la longue traîne. – Pour la richesse, Pareto (1986), Yule (1925, 1944). Zipf, moins pionnier que les autres (1932, 1949). En linguistique, voir Mandelbrot (1952).

Pareto. – Voir Bouvier (1999).

Endogène *versus* exogène. – Sornette *et al.* (2004).

Travail de Sperber. – Sperber (1996a, 1996b, 1997).

Régression. – Si vous entendez l'expression « régression de moindre carré », méfiez-vous des affirmations qui sont faites. Comme elle postule que les erreurs sont assez rapidement effacées, elle sous-estime l'erreur globale potentielle, et surestime donc la connaissance que l'on peut retirer des données.

Notion de limite centrale. – Très mal comprise : on met un certain temps à atteindre la limite centrale – comme on ne vit pas dans l'asymptote, on a des problèmes. Les différentes variables aléatoires (comme nous avons commencé dans l'exemple au chapitre 16 avec + 1 ou — 1, ce que l'on appelle un échantillonnage binaire) sous somme (nous avons effectivement fait la somme des gains des quarante lancers de pièce) deviennent toutes gaussiennes. Ici, c'est la somme qui est la clé, puisque nous nous intéressons aux résultats de l'addition de quarante étapes, lieu où la loi de Gauss, sous les première et deuxième hypothèses les plus importantes, devient ce que l'on appelle une « distribution » (une distribution vous renseigne sur la façon dont vos résultats vont probablement être répartis, ou distribués). Cependant, elles peuvent y arriver à des vitesses différentes. C'est ce que l'on appelle le théorème de la limite centrale : si l'on fait la somme de variables aléatoires venant de ces sauts modérés, cela donnera une courbe de Gauss.

Dans quels cas la limite centrale ne fonctionne-t-elle pas ? Même si ces hypothèses centrales sont remplacées par des sauts de taille aléatoire, on n'obtiendra pas de courbe de Gauss. En outre, il arrive que la convergence vers celle-ci soit très lente. Pour la préasymptotique et la scalabilité, voir Mandelbrot et Taleb (2007a), Bouchaud et Potters (2003). Sur le problème consistant à travailler en dehors des asymptotes, voir Taleb (2007).

Aureas mediocritas. – Perspective historique dans Naya et Pouey-Mounou (2005) intitulé fort à propos *Éloge de la médiocrité.*

Réification (hypostatisation). – Lukacs, dans Bewes (2002).

Catastrophes. – Posner (2004).

Concentration et vie économique moderne. – Zajdenweber (2000).

Choix de structure de la société et résultats sans grande dispersion. – L'étude classique est celle de Rawls (1971), mais Frohlich, Oppenheimer et Eavy (1987a, 1987b), ainsi que Lissoswski, Tyszka, et Okrasa (1991) contredisent la notion de désirabilité du voile de Rawls (mais par l'expérience). On pourrait penser que les gens préfèrent une société égale, mais en réalité les tests empiriques montrent qu'ils préfèrent une société égale au bas de la pyramide et très inégale dans la richesse (pour conserver un peu d'espoir).

Contagion de Gauss. – Quételet dans Stigler (1986). Francis Galton (tel que cité dans *The Taming of Chance* par Ian Hacking) : « Je connais peu de choses qui puissent autant frapper l'imagination que la merveilleuse forme d'ordre cosmique exprimée par "la loi de l'erreur". »

Absurdité de la « variance finie ». – Une hypothèse associée au théorème de la limite centrale est celle de la « variance finie », qui est plutôt technique : aucune de ces étapes de base ne peut prendre de valeur infinie si on la met au carré ou qu'on la multiplie par elle-même. Il faut qu'elle soit limitée à un certain nombre. En l'occurrence, nous avons simplifié les choses en faisant de toutes les étapes une seule, ou écart type fini. Néanmoins, le problème est que certains gains fractals peuvent avoir une variance finie, sans nous permettre pour autant d'y arriver rapidement. Voir Bouchaud et Potters (2003).

Lognormal. – Il existe une variété intermédiaire appelée lognormale, mise en exergue par un certain Gibrat (voir Sutton [1997]) au début du XXᵉ siècle pour tenter d'expliquer la distribution des richesses. Dans ce cadre, ce n'est pas tant que les riches s'enrichissent, dans une situation d'attachement préférentiel, mais que si votre richesse s'élève à 100, la variation sera de 1, mais quand votre richesse sera de 1 000, la variation sera de 10. Ces changements relatifs de votre richesse sont gaussiens. La lognormale ressemble donc superficiellement à la fractale au sens où elle peut tolérer certains écarts importants, mais elle est dangereuse parce qu'à la fin, ces écarts vont rapidement en diminuant. L'introduction de la lognormale était donc un très mauvais compromis, mais une façon de dissimuler les failles de la courbe de Gauss.

Extinctions. – Sterelny (2001). Sur les extinctions provenant de fractures abruptes, voir Courtillot (1995), et Courtillot et Gaudemer (1996). Sauts : Eldredge et Gould.

FRACTALES, LOIS DE PUISSANCE ET DISTRIBUTIONS INDÉPENDANTES
D'ÉCHELLE

Définition : Techniquement, $P_{>x} = K x^{-\alpha}$ où α est censé être l'exposant de loi de puissance. On dit qu'elle est indépendant de l'échelle au sens où elle ne possède pas d'échelle caractéristique : un écart relatif de $\frac{P>x}{P>nx}$ ne dépend pas de x, mais de n- pour x « suffisamment large ».

Maintenant, dans l'autre catégorie de distribution, celle que je peux intuitivement décrire comme non scalable, avec la forme typique $p(x) = \text{Exp}[-a\,x]$, l'échelle sera a.

Problème de « grand comment ». Et maintenant, passons à ce problème généralement mal compris. Cette scalabilité peut s'arrêter quelque part, mais comme je ne sais pas où, je peux donc la considérer comme infinie. D'un point de vue épistémologique, les affirmations « très grand mais je ne sais pas exactement comment » et « infiniment grand » peuvent etre substituées l'une à l'autre. Il peut y avoir un point où les distributions s'inversent. C'est ce qui ressort de l'observation graphique.

$\text{Log } P > x = -\alpha \text{ Log } X + C^t$ pour une scalable. Quand on fait un graphique bilogarithmique (c'est-à-dire que l'on trace $P > x$ et x sur une échelle logarithmique), comme sur les Figures n°s 15 et 16, on doit voire une droite.

Fractales et lois de puissance. – Mandelbrot (1975, 1982). Impérativement, Schroeder (1991). Le manuscrit non publié de John Chipma, intitulé « The Paretian Heritage » (Chipman [2006]), est la meilleure critique que j'ai lue. Voir également Mitzenmacher (2003).

« L'histoire de la science nous apprend que s'approcher de très près de la vraie théorie et saisir son application précise sont deux choses très différentes. Tout ce qui a une importance a été dit avant par quelqu'un qui ne l'a pas découvert » (Whitehead [1925]).

Fractales en poésie. – Pour la citation de Dickinson, voir Fulton (1982).

Lacunarité. – Brockman (2005). Dans le domaine des arts, Mandelbrot (1982).

Fractales en médecine. – « New Tools to Diagnose and Treat Breast Cancer », dans *Newswise*, 18 juillet 2006.

Figure n° 15 : Distribution type avec des queues de lois de puissance (ici, un étudiant T)

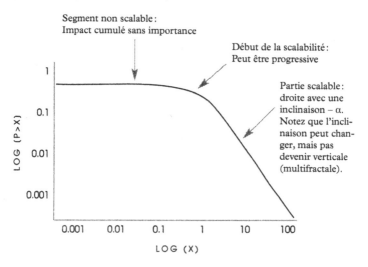

Segment non scalable :
Impact cumulé sans importance

Début de la scalabilité :
Peut être progressive

Partie scalable :
droite avec une
inclinaison − α.
Notez que l'inclinaison peut changer, mais pas
devenir verticale
(multifractale).

Figure n° 16

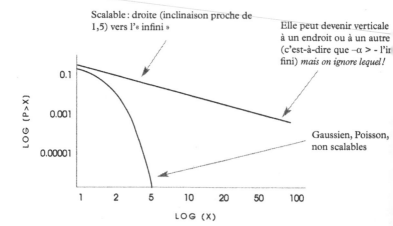

Scalable : droite (inclinaison proche de
1,5) vers l'« infini »

Elle peut devenir verticale
à un endroit ou à un autre
(c'est-à-dire que −α > - l'infini) *mais on ignore lequel !*

Gaussien, Poisson,
non scalables

*Figures 15 et 16 : Les deux domaines d'attraction exhaustifs :
ligne verticale ou droite avec inclinaisons d'une infinité négative ou
d'une constante négative – α. Notez que la somme des probabilités
devant donner 1, il ne peut y avoir d'autres alternatives aux deux
bassins, ce qui explique pourquoi je les limite exclusivement à ces
deux domaines.*

*Cette polarisation claire et nette me permet de simplifier mes
idées – sans parler du problème de ne pas savoir dans quel bassin
nous nous trouvons à cause du peu de données présentes à l'extrême
droite du graphique.*

Ouvrages de référence généraux sur la physique des statistiques. – Le plus complet (relativement aux longues traînes) est celui
de Sornette (2004). Voir également Voit (2001) ou le livre, beaucoup
plus profond, de Bouchaud et Potters (2003) sur les prix financiers
et la physique économique. Sur la théorie de la « complexité », voir
les ouvrages techniques : Bocarra (2004), Strogatz (1994), le célèbre
Ruelle (1991) et également Prigogine (1996). **Processus d'adaptation.** – Sur la philosophie du problème, Taleb et Pilpel (2004). Voir
également Pisarenko et Sornette (2004), Sornette *et al.* (2004), et
Sornette et Ide (2001).

Saut de Poisson. – On propose parfois une distribution gaussienne
comprenant une faible probabilité de « saut » de Poisson. Cela est bien
joli, mais comment connaître à l'avance l'importance de ce saut ? Les
données passées peuvent très bien ne rien vous apprendre à ce sujet.

Effet du petit échantillon. – Weron (2001). Officer (1972) ne
connaît rien à ce sujet.

Récursivité des statistiques. – Taleb et Pilpel (2004), Blyth *et
al.* (2005).

Biologie. – Les pionniers modernes de la biologie moléculaire
Salvador Luria et Max Delbrück ont observé un phénomène de regroupement avec la présence occasionnelle de mutants extrêmement
grands au sein d'une colonie bactériologique – plus grands que toutes les autres bactéries.

Thermodynamique. – La maximisation de l'entropie sans les
contraintes d'un second moment conduisent à une distribution stable de Lévy – c'est la thèse de Mandelbrot en 1952 (voir Mandelbrot
[1997a]). La vision plus sophistiquée de l'entropie défendue par Tsallis
conduit à un étudiant T.

Chaînes d'imitation et pathologies. – Une cascade d'informations est un processus dans lequel un agent purement rationnel opère un choix particulier en ignorant ses propres informations (ou son propre jugement) pour suivre ceux des autres. « Tu cours, je te suis, parce que tu es peut-être conscient d'un danger qui peut m'échapper. » Il est plus efficace de faire comme les autres que de devoir à chaque fois réinventer la roue. Mais copier ainsi le comportement d'autrui peut donner lieu à des chaînes d'imitation. Tout le monde a vite fait de se précipiter dans la même direction, et peut-être pour de mauvaises raisons. Ce comportement génère des bulles de marché financier et favorise la naissance de tocades culturelles de masse. Bikhchandani *et al.* (1992). En psychologie, voir Hansen et Donoghue (1977). En biologie / sélection, Dugatkin (2001), Kirpatrick et Dugarkin (1994).

Criticalité autoorganisée. – Bak et Chen (1991), Bak (1996).

Variables économiques. – Bundt et Murphy (2006). La plupart des variables économiques semblent suivre une distribution « stable ». Elles comprennent les devises étrangères, le PIB, la fourniture d'argent, les taux d'intérêt (à long et à court terme) et la production industrielle.

Les statisticiens n'acceptent pas la scalabilité. – Un raisonnement erroné qui prend une erreur d'échantillonnage dans les traînes pour une limitation : Perline (2005), par exemple, ne comprend pas la différence entre « absence de preuves » et « preuves de l'absence de... ».

Séquence temporelle et mémoire. – On peut avoir une « mémoire fractale », c'est-à-dire que l'effet des événements passés sur le présent a un impact doté d'une « traîne ». Il se désagrège en tant que loi de puissance, pas de manière exponentielle.

Travaux de Marmott. – Marmott (2004).

CHAPITRE 18

Économistes. – Weintraub (2002), Szenberg (1992).

Théorie du portefeuille et finance moderne. – Markowitz (1952, 1959), Huang et Litzenberger (1988) ainsi que Sharpe (1994, 1996). Le « ratio de Sharpe » n'a aucune importance en dehors du Médiocristan. Le contenu du livre de Steve Ross (Ross [2004]) sur la « finance néoclassique » perd toute valeur si l'on prend en compte l'Extrêmistan, malgré les mathématiques « élégantes » et les belles théories *top-down*. « Anecdote » de Merton le Jeune dans Merton (1992).

Obsession de la mesure. – On me présente souvent le travail de Crosby (1997) comme une preuve convaincante que la mesure a été une grande réalisation, sans savoir qu'elle s'appliquait au Médiocristan et uniquement à lui. Bernstein (1996) commet la même erreur.

Lois de puissance en finance. – Mandelbrot (1963), Gabaix *et al.* (2003), ainsi que Stanley *et al.* (2000), Kaizoji et Kaizoji (2004), Véhel et Walter (2002). Prix de la terre : Kaizoji (2003). Magistral : Bouchaud et Potters (2003).

Equity premium puzzle. – Si l'on accepte les longues traînes, il n'y a pas d'*equity premium puzzle*. Benartzi et Thaler (1995) proposent une explication psychologique différente, sans se rendre compte que la variance n'est pas la mesure. Ils ne sont pas les seuls.

Ventes d'options couvertes *(Covered writes)*. – Un jeu de dupes puisque l'on réduit la part des gains provenant d'événements extrêmes. L'espérance conditionnelle de l'action, sous condition de dépasser le prix d'exercice, serait supérieure à ce que l'on croirait intuitivement. Pour un exemple d'erreur représentative, voir Board *et al.* (2000).

Famille Nobel. – « Nobel Descendant Slams Economics Prize », dans *The Local*, Stockholm, 28 septembre 2005.

Deux effets combinés. – Le problème des produits dérivés réside en cela que si le titre sous-jacent a de longues traînes modérées et suit une loi de puissance modérée (c'est-à-dire un exposant de traîne de trois ou plus), le produit dérivé produira des traînes beaucoup plus longues (si les gains sont en carrés, l'exposant de la traîne du portefeuille de produits dérivés s'élèvera à la moitié de la primitive). Du coup, l'équation Black-Scholes-Merton est deux fois plus inadaptée !

Démystification de Poisson. – Le meilleur moyen de comprendre les problèmes de la loi de Poisson lorsqu'elle remplace une scalable est de calibrer une courbe de Poisson et de calculer les erreurs à partir d'un échantillon. La même chose vaut pour des méthodes telles que les modèles GARCH – ils sont tout à fait adaptés à un échantillon, mais absolument à rien d'autre (même une volatilité historique de trois mois, ou écart moyen, donnera de meilleurs résultats).

Pourquoi le Nobel. – Derman et Taleb (2005) ; Haug (2007).

Claude Bernard et la médecine expérimentale. – « Empirisme pour le présent, avec direction à aspiration scientifique pour l'avenir », extrait de Claude Bernard, *Principe de la médecine expérimentale*. Voir également Fagot-Largeault (2002) et Ruffié (1997). Médecine moderne fondée sur les preuves : Ierodiakonou et Vandenbroucke (1993) et Vandenbroucke (1996) pour une approche stochastique de la médecine.

Chapitre 19

Citation de Popper. – Extraite de *Conjectures and Refutations*, p. 95-97.

Paradoxe de la loterie. – Exemple de non-compréhension par les universitaires de l'événement rare ayant un impact puissant. Il existe une énigme philosophique bien connue, dite « paradoxe de la loterie », qui fut initialement posée par le logicien Henry Kyburg (voir Rescher [2001] et Clark [2002]) et qui dit la chose suivante : « Je ne crois pas qu'un billet de loterie quel qu'il soit sera gagnant, mais je crois que tous les billets le seront. » Pour moi (et pour n'importe quel quidam), cette affirmation n'a rien de bizarre. Néanmoins, pour un philosophe universitaire formé à la logique classique, c'est un paradoxe – mais uniquement si l'on essaie de compresser les affirmations probabilistes en une logique courante qui remonte à Aristote et qui fonctionne selon le « tout ou rien ». Ce mode d'acceptation et de refus « tout ou rien » (« Je crois » ou « je ne crois pas ») n'est pas adapté à l'éminemment improbable. Nous avons besoin des ombres de croyance, des degrés de foi que l'on trouve dans une déclaration de type autre que « 100 % ou 0 % ».

Une dernière considération philosophique à l'intention de mon ami, le trader d'options et rabbin talmudiste érudit Tony Glickman : la vie est convexe, et il faut la voir comme une suite de produits dérivés. Pour le dire simplement, supprimer toute exposition négative permet de limiter sa vulnérabilité face à la non-connaissance. Taleb (2005).

BIBLIOGRAPHIE

ABARBANELL J. S. et BERNARD V. L., 1992, «Test of Analysts' Overreaction / Underreaction of Earnings Information as an Explanation for Anomalous Stock Price Behavior », dans *Journal of Finance* 47, p. 1181-1207.

ACZEL A. D., 2004, *Chance: A Guide to Gambling, Love, the Stock Market, and Just About Everything Else*, Thunder's Mouth Press, New York.

ADAMIC L., 1999, « The Small World Web », dans *Lecture Notes in Computational Science* 1696, p. 443-452.

ADAMIC L. et HUBERMAN B. A., 1999, « The Nature of Markets in the World WideWeb », dans *Quarterly Journal of Electronic Commerce* 1, p. 5-12.

ALBERT M. et RAIFFA H., 1982, « A Progress Report on the Training of Probability Assessors », dans KAHNEMAN D., SLOVIC P. et TVERSKY A. (éd.), 1982.

ALBERT R. et BARABÁSI A.-L., 2000, «Topology of Evolving Networks: Local Events and Universality », dans *Physical Review Letters* 85, p. 5234-5237.

ALBERT R., JEONG H. et BARABÁSI A.-L., 2000, « Error and Attack Tolerance of Complex Networks », dans *Nature* 406, p. 378-382.

ALBOUY F.-X., 2002, *Le Temps des catastrophes*, Descartes & Cie, Paris.

ALLEN M. S., 2006, «Transformations in Maori Warfare: Toa, Pa, and Pu », dans ARKUSH E. N. et ALLEN M. W., 2006.

ALLEN M., 2003, *The Truth About Writing*, Kingsfield Publications, Wiltshire.

—, 2005, *On the Survival of Rats in the Slushpile : Essays and Criticism*, Kingsfield Publications, Wiltshire.

ALLPORT D. A., 1975, « The State of Cognitive Psychology », dans *Quarterly Journal of Experimental Psychology* 27, p. 141-152.

ALLWOOD C. M. et MONTGOMERY H., 1987, « Response Selection Strategies and Realism of Confidence Judgments », dans *Organizational Behavior and Human Decision Processes* 39, p. 365-383.

AMARAL L. A. N., SCALA A., BARTHÉLEMY M. et STANLEY H. E., 2000, « Classes of Behavior of Small-world Networks », compte-rendu de la *National Academy of Science* 97, p. 11149-11152.

ANDERSON B., 1983, *Imagined Communities*, Verso, New York.

ANDERSON C., 2006, *The Long Tail*, Hyperion, New York.

ANDERSON N. H., 1986, « A Cognitive Theory of Judgment and Decision », dans BREHMER B., JUNGERMANN H., LOURENS P. et SEVÓN G. (éd.), *New Directions in Research on Decision Making*, North-Holland, Amsterdam.

ANGELE U., BEER-BINDER B., BERGER R., BUSSMANN C., KLEINBÖLTING H. et MANSARD B., 1982, « Über- und Unterschätzung des eigenen Wissens in Abhängigkeit von Geschlecht und Bildungsstand » (« Surestimation et sous-estimation de sa connaissance comme fonction du sexe et de l'éducation »), manuscrit non publié, Université de Constance, République fédérale d'Allemagne.

ANGNER E., 2006, « Economists as Experts : Overconfidence in Theory and Practice », dans *Journal of Economic Methodology* 13 (1), p. 1-24.

ANNAS J. et BARNES J., 1985, *Modes of Skepticism*, Cambridge University Press, Cambridge.

ARKES H. R., CHRISTENSEN C., LAI C. et BLUMER C., 1987, « Two Methods of Reducing Overconfidence », dans *Organizational Behavior and Human Decision Processes* 39, p. 133-144.

ARKES H. R. et HAMMOND K. R., 1986, *Judgment and Decision Making : An Interdisciplinary Reader*, Cambridge University Press, Cambridge.

ARKUSH E. N. et ALLEN M. W. (éd.), 2006, *The Archaeology of Warfare : Prehistories of Raiding and Conquest*, University of Florida Press, Gainesville.

ARMELIUS B. et ARMELIUS K., 1974, « The Use of Redundancy in Multiple-cue Judgments : Data from a Suppressor-variable task », dans *American Journal of Psychology* 87, p. 385-392.

ARMELIUS K., 1979, « Task Predictability and Performance as Determinants of Confidence in Multiple-cue Judgments », dans *Scandinavian Journal of Psychology* 20, p. 19-25.

ARMSTRONG J. S., 1978, « Are Econometricians Useful? Folklore Versus Fact », dans *Journal of Business* 51 (4), p. 549-564.

—, 1981, « How Expert Are the Experts? », *Inc.*, décembre, p. 15-16.

ARON R., 1961, *Dimensions de la conscience historique*, Agora, Paris.

ARROW K., 1987, « Economic Theory and the Postulate of Rationality », dans EATWELL J., MILGATE M. et NEWMAN P. (éd.), 1987, 2, p. 69-74.

ARTHUR B. W., 1994, *Increasing Returns and Path Dependence in the Economy*, University of Michigan Press, Ann Arbor.

ASHIYA M. et DOI T., 2001, « Herd Behavior of Japanese Economists », dans *Journal of Economic Behavior and Organization* 46, p. 343-346.

ASTEBRO T., 2003, « The Return to Independent Invention: Evidence of Unrealistic Optimism, Risk Seeking or Skewness Loving? », dans *Economic Journal* 113 (484), p. 226-239.

ATTEWELL P., 2001, « The Winner-take-all High School: Organizational Adaptations to Educational Stratification », dans *Sociology of Education* 74, p. 267-295.

AYACHE E., 2004a, « The Back of Beyond », dans *Wilmott*, printemps, p. 26-29.

—, 2004b, « A Beginning, in the End », dans *Wilmott*, hiver, p. 6-11.

AYER A. J., 1958, *The Problem of Knowledge*, Penguin Books, Londres.

—, 1972, *Probability and Evidence*, Columbia University Press, New York.

—, 1988, *Voltaire*, Faber and Faber, Londres.

AYTON P. et MCCLELLAND A. G. R., 1997, « How Real Is Overconfidence? », dans *Journal of Behavioral Decision Making* 10, p. 153-285.

BADDELEY A., 1997, *Human Memory: Theory and Practice*, Psychology Press, Londres.

BAK P., 1996, *How Nature Works*, Copernicus, New York.

BAK P. et CHEN K., 1991, « Self-Organized Criticality », dans *Scientific American* 264, p. 46-53.

BALL Ph., 2004, *Critical Mass: How One Thing Leads to Another*, Arrow Books, Londres.

—, 2006, « Econophysics: Culture Crash », dans *Nature* 441, p. 686-688.

BANAVAR J. R., COLAIORI F., FLAMMINI A., MARITAN A. et RINALDO A., 2000, « A Topology of the Fittest Transportation Network », dans *Physical Review Letters* 84, p. 4745-4748.

BARABÁSI A.-L., 2002, *Linked: The New Science of Networks*, Perseus Publishing, Boston.

BARABÁSI A.-L. et ALBERT R., 1999, « Emergence of Scaling in Random Networks », dans *Science* 286, p. 509-512.

BARABÁSI A.-L., ALBERT R. et JEONG H., 1999, « Mean-Field Theory for Scale-Free Random Networks », dans *Physica* A272, p. 173-197.

BARABÁSI A.-L. et BONABEAU E., 2003, « Scale-Free Networks », dans *Scientific American* 288 (5), p. 50-59.

BARANSKI J.V. et PETRUSIC W. M., 1994, «The Calibration and Resolution of Confidence in Perceptual Judgments », dans *Perception and Psychophysics* 55, p. 412-428.

BARBER B. M. et ODEAN T., 1999, « Trading Is Hazardous to Your Wealth : The Common Stock Investment Performance of Individual Investors », dans *Working Paper*.

BARBOUR A. D. et REINERT G., 2000, « Small Worlds », Preprint cond-mat/0006001 sur http://xxx.lanl.gov.

BAR-HILLEL M. et WAGENAAR W. A., 1991, « The Perception of Randomness », dans *Advances in Applied Mathematics* 12 (4), p. 428-454.

BARON J., 2000, *Thinking and Deciding*, 3ᵉ éd., Cambridge University Press, New York.

BARRON G. et EREV I., 2003, « Small Feedback-Based Decisions and Their Limited Correspondence to Description-Based Decisions », dans *Journal of Behavioral Decision Making* 16, p. 215-233.

BARROW J. D., 1998, *Impossibility: The Limits of Science and the Science of Limits*, Vintage, Londres.

BARROW J. D. et TIPLER F. J., 1986, *The Anthropic Cosmological Principle*, Oxford University Press, Oxford.

BARROW-GREEN J., 1996, *Poincaré and the Three Body Problem. History of Mathematics*, vol. 11, American Mathematical Society.

BARTHÉLEMY M. et AMARAL L. A. N., 1999, « Small-World Networks : Evidence for a Crossover Picture », dans *Physical Review Letters* 82, p. 3180-3183.

BASTIAT F., 1862-1864, *Œuvres complètes de Frédéric Bastiat*, 6 vol., Guillaumin, Paris.

BATCHELOR R. A., 1990, « All Forecasters Are Equal », dans *Journal of Business and Economic Statistics* 8 (1), p. 143-144.

—, 2001, « How Useful Are the Forecasts of Intergovernmental Agencies ? The IMF and OECD Versus the Consensus », dans *Applied Economics* 33 (2), p. 225-235.

BATES E., 1994, « Modularity, Domain Specificity, and the Development of Language », dans GAJDUSEK D. C, McKHANN G. M. et BOLIS C. L. (éd.), *Evolution and Neurology of Language. Discussions in Neuroscience* 10 (1-2), p. 136-149.

BAUMAN A. O., DEBER R. B. et THOMPSON G. G., 1991, « Overconfidence Among Physicians and Nurses : The "Micro Certainty, Macro Certainty" Phenomenon », dans *Social Science and Medicine* 32, p. 167-174.

BAYER H. C., 2003, *Information : The New Language of Science*, Orion Books, Londres.

BECHARA A., DAMASIO A. R., DAMASIO H. et ANDERSON S. W., 1994, « Insensitivity to Future Consequences Following Damage to Human Prefrontal Cortex », dans *Cognition* 50, p. 1-3, 7-15.

BECKER L. C., 1998, *A New Stoicism*, Princeton University Press, Princeton, N.J.

BELLAIGUE É. (DE), 2004, *British Book Publishing as a Business Since the 1960s*, The British Library, Londres.

BELLAMY E., 1891, *Cent ans après, ou l'an 2000*, trad. de l'anglais par Paul Rey, avec une préface de Théodore Reinach, E. Dentu, Paris.

BENARTZI S., 2001, « Excessive Extrapolation and the Allocation of 401(k) Accounts to Company Stock », dans *Journal of Finance* 56 (5), 1, p. 747-764.

BENARTZI S. et THALER R., 1995, « Myopic Loss Aversion the Equity Premium Puzzle », dans *Quarterly Journal of Economics* 110 (1), p. 73-92.

BÉNASSY-QUÉRÉ A., 2002, « Euro / dollar : tout le monde peut se tromper », dans *La Lettre du CEPII* 215.

BENKIRANE R., 2002, *La Complexité, vertiges et promesses. 18 histoires de sciences*, Le Pommier, Paris.

BERGER P. L. et LUCKMANN T., 1966, *The Social Construction of Reality : A Treatise in the Sociology of Knowledge*, Anchor Books, New York.

BERNARD A., 2002, *Rotten Rejections : The Letters That Publisher Wish They'd Never Sent*, Chrysalis Books, Londres.

BERNARD C., 1878, *La Science expérimentale*, J.-B. Baillière, Paris.

BERNOULLI D., 1954, « Exposition of a New Theory on the Measurement of Risk », dans *Econometrica* 22 (1), p. 23-36.

BERNSTEIN P. L., 1996, *Against the Gods: The Remarkable Story of Risk*, Wiley, New York.

BERRIDGE K. C., 2003, « Irrational Pursuits: Hyper-Incentives from a Visceral Brain », dans BROCAS I. et CARILLO J. (éd.), 2003.

BERRY M., 1978, « Regular and Irregular Motion, in Topics in Nonlinear Mechanics », éd. S. Jorna, dans *American Institute of Physics Conference Proceedings* 46, p. 16-120.

BEVAN E., 1913, *Stoics and Sceptics*, Ares Publishers, Inc., Chicago

BEWES T., 2002, *Reification: or The Anxiety of Late Capitalism*, Verso, Londres.

BEWLEY R. A. et FIEBIG D. G., 2002, « On the Herding Instinct of Interest Rate Forecasters », dans *Empirical Economics* 27 (3), p. 403-425.

BHALLA U. S. et IYENGAR R., 1999, « Emergent Properties of Networks of Biological Signalling Pathways », dans *Science* 283, p. 381-387.

BHARAT B., 2004, « How Accurate are the Swedish Forecasters on GDP-Growth, CPI-Inflation and Unemployment? 1993-2001 », dans *Brussels Economic Review - Cahiers Economiques de Bruxelles* 47, 2, Éd. du DULBEA - Université libre de Bruxelles, p. 249-278.

BIKHCHANDANI S., HIRSHLEIFER D. et WELCH I., 1992, « A Theory of Fads, Fashion, Custom, and Cultural Change as Informational Cascades », dans *Journal of Political Economy* 100 (5), p. 992-1026.

BINMORE K., 1999, « Why Experiment in Economics? », dans *Economic Journal* 109 (453), p. 16-24.

BIRNBAUM M. H., 1983, « Base Rates in Bayesian Inference: Signal Detection Analysis of the Cab Problem », dans *American Journal of Psychology* 96 (1), p. 85-94.

BJÖRKMAN M., 1987, « A Note on Cue Probability Learning: What Conditioning Data Reveal About Cue Contrast », dans *Scandinavian Journal of Psychology* 28, p. 226-232.

—, 1994, « Internal Cue Theory: Calibration and Resolution of Confidence in General Knowledge », dans *Organizational Behavior and Human Decision Processes* 58, p. 386-405.

BJÖRKMAN M., JUSLIN P. et WINMAN A., 1993, « Realism of Confidence in Sensory Discrimination: The Underconfidence Phenomenon », dans *Perception and Psychophysics* 54, p. 75-81.

BLAKE C., 1999, *From Pitch to Publication*, Pan, Londres.

BLAKE D., BEENSTOCK M. et BRASSE V., 1986, « The Performance of UK Exchange Rate Forecasters », dans *Economic Journal* 96 (384), p. 986-999.

BLAUG M., 1992, *The Methodology of Economics*, 2ᵉ éd., Cambridge University Press, Cambridge.

BLOCH M., 1953, *The Historian's Craft*, Vintage Books, New York.

BLYTH M., ABDELAL R. et PARSONS Cr., 2005, *Constructivist Political Economy*, preprint, à paraître, 2006, Oxford University Press, Oxford.

BOARD J., SUTCLIFFE C. et PATRINOS E., 2000, « Performance of Covered Calls », dans *European Journal of Finance* 6 (1), p. 1-17.

BOCARRA N., 2004, *Modeling Complex Systems*, Springer, Heidelberg.

BOETTKE P. J., COYNE C. J. et LEESON P. T., 2006, « High Priests and Lowly Philosophers : The Battle for the Soul of Economics », article à paraître dans la *Case Western Law Review*.

BOOTS M. et SASAKI A., 1999, « "Small worlds" and the Evolution of Virulence : Infection Occurs Locally and at a Distance », dans *Proceedings of the Royal Society of Londres* B266, p. 1933-1938.

BOSTROM N., 2002, *Anthropic Bias : Observation Selection Effects in Science and Philosophy*, Routledge, Londres.

BOUCHAUD J.-P. et POTTERS M., 2003, *Theory of Financial Risks and Derivatives Pricing : From Statistical Physics to Risk Management*, 2ᵉ éd., Cambridge University Press, Cambridge.

BOURDÉ G. et MARTIN H., 1989, *Les Écoles historiques*, Éd. du Seuil, Paris.

BOURDIEU P., 1992, *Les Règles de l'art*, Éd. du Seuil, Paris.

—, 1996, *Sur la télévision*, suivi de *L'Emprise du journalisme*, Raison d'agir, Paris.

—, 2000, *Esquisse d'une théorie de la pratique*, Éd. du Seuil, Paris.

BOUVIER A. (éd.), 1999, *Pareto aujourd'hui*, Presses universitaires de France, Paris.

BOYER P., 2001, *Religion Explained : The Evolutionary Origins of Religious Thought*, Basic Books, New York.

BRAUDEL F., 1953, « Georges Gurvitch ou la discontinuité du social », dans *Annales E.S.C.* 8, p. 347-361.

—, 1969, *Écrits sur l'histoire*, Flammarion, Paris.

—, 1985, *La Méditerranée. L'espace et l'histoire*, Flammarion, Paris.

—, 1990, *Écrits sur l'histoire* II, Flammarion, Paris.

BRAUN P. A. et YANIV I., 1992, « A Case Study of Expert Judgment : Economists' Probabilities Versus Base-rate Model Forecasts », dans *Journal of Behavioral Decision Making* 5, p. 217-231.

BREHMER B. et JOYCE C. R. B. (éd.), 1988, *Human Judgment : The SJT View*, North-Holland, Amsterdam.

BRENDER A. et PISANI F., 2001, *Les Marchés et la Croissance*, Economica, Paris.

BRENNER L. A., KOEHLER D. J., LIBERMAN V. et TVERSKY A., 1996, « Overconfidence in Probability and Frequency Judgments : A Critical Examination », dans *Organizational Behavior and HumanDecision Processes* 65, p. 212-219.

BROCAS I. et CARILLO J. (éd.), 2003, *The Psychology of Economic Decisions*, vol. 1, *Rationality andWell-Being*, Oxford University Press, Oxford.

BROCHARD V., 1878, *De l'erreur*, Université de Paris, Paris.

—, 1888, *Les Sceptiques grecs*, Imprimerie nationale Paris.

BROCK W. A. et DE LIMA P. J. F., 1995, « Nonlinear Time Series, Complexity Theory, and Finance », Documents de travail 9523, University ofWisconsin, Madison.

BROCK W. A., HSIEH D. A. et LEBARON B., 1991, *Nonlinear Dynamics, Chaos, and Instability : Statistical Theory and Economic Evidence*, The MIT Press, Cambridge, Mass.

BROCKMAN J., 2005, *Discussion with Benoît Mandelbrot*, www.edge. org.

BROOKES-GUNN J. et DUNCAN G., 1994, *Consequences of Growing Up Poor*, Russell Sage Foundation, NewYork.

BROUGHTON W. et MILLS E. W., 1980, « Resource Inequality and Accumulative Advantage : Stratification in the Ministry », dans *Social Forces* 58, p. 1289-1301.

BRUGGER P. et GRAVES R. E., 1997, « Right Hemispatial Inattention and Magical Ideation », dans *European Archive of Psychiatry and Clinical Neuroscience* 247 (1), p. 55-57.

BRUNER J., 1994, «The "Remembered" Self », dans NEISSER (Ulric) et FIVUSH (Robyn) (éd.), *The Remembering Self : Construction andAccuracy in the Self-Narrative*, Cambridge University Press, Cambridge.

—, 2002, *Making Stories : Law, Literature, Life*, Farrar, Straus & Giroux, NewYork.

BRUNER J. S. et POTTER M. C., 1964, « Interference inVisual Recognition », dans *Science* 144 (3617), p. 424-425.

BRUNSWIK E., 1952, *The Conceptual Framework of Psychology*, The University of Chicago Press, Chicago.

—, 1955, « Representative Design and ProbabilisticTheory in a Functional Psychology », dans *Psychological Review* 62, p. 193-217.

BUCHANAN M., 2001, *Ubiquity :Why Catastrophes Happen*, Three Rivers Press, NewYork.

—, 2002, *Nexus: Small Worlds and the Groundbreaking Theory of Networks*, W. W. Norton and Company, New York.

BUDESCU D. V., EREV I. et WALLSTEN T. S., 1997, « On the Importance of Random Error in the Study of Probability Judgment. Part I: New Theoretical Developments », dans *Journal of Behavioral Decision Making* 10, p. 157-171.

BUEHLER R., GRIFFIN D. et ROSS M., 2002, « Inside the Planning Fallacy: The Causes and Consequences of Optimistic Time Predictions », dans GILOVICH T., GRIFFIN D. et KAHNEMAN D. (éd.), 2002.

BUNDT T. et MURPHY R. P., 2006, « Are Changes in Macroeconomic Variables Normally Distributed? Testing an Assumption of Neoclassical Economics », préimpression, NYU Economics Department, New York.

BURNHAM T. C., 1997, *Essays on Genetic Evolution and Economics*, Dissertation.com, New York.

—, 2003, « Caveman Economics », préimpression, Harvard Business School.

BURNHAM T. et PHELAN J., 2000, *Mean Genes*, Perseus Publishing, Boston.

BUSHMAN B. J. et WELLS G. L., 2001, « Narrative Impressions of Literature: The Availability Bias and the Corrective Properties of Metaanalytic Approaches », dans *Personality and Social Psychology Bulletin* 27, p. 1123-1130.

CALLAWAY D. S., NEWMAN M. E. J., STROGATZ S. H. et WATTS D. J., 2000, « Network Robustness and Fragility: Percolation on Random Graphs », dans *Physical Review Letters* 85, p. 5468-5471.

CAMERER C., 1995, « Individual Decision Making », dans KAGEL J. H. et ROTH A. E. (éd.), *The Handbook of Experimental Economics*, Princeton University Press, Princeton, N.J.

—, 2003, *Behavioral Game Theory: Experiments in Strategic Interaction*, Princeton University Press, Princeton, N.J.

CAMERER C. F., LOEWENSTEIN G. et PRELEC D., 2003, « Neuroeconomics: How Neuro-Science Can Inform Economics », dans *Caltech Working Paper*.

CAMERER C. F., LOEWENSTEIN G. et RABIN M., 2004, *Advances in Behavioral Economics*, Princeton University Press, Princeton, N.J.

CANNON W. B., 1940, « The Role of Chance in Discovery », dans *Scientific Monthly* 50, p. 204-209.

CARNAP R., 1950, *The Logical Foundations of Probability*, The University of Chicago Press, Chicago.

—, 1966, *Philosophical Foundations of Physics*, Basic Books, New York.

CARR E. H., 1961, *What Is History ?*, Vintage Books, New York.

CARTER C. F., MEREDITH G. P. et SHACKLE G. L. S., 1962, *Uncertainty and Business Decisions*, Liverpool University Press, Liverpool.

CARTER R., 1999, *Mapping the Mind*, University of California Press, Berkeley.

—, 2002, *Exploring Consciousness*, University of California Press, Berkeley.

CASANOVA G. G., 1880, *Mémoires de J. Casanova de Seingalt*, Garnier Frères, Paris.

CASSCELLS W., SCHOENBERGER A. et GRAYBOYS T., 1978, « Interpretation by Physicians of Clinical Laboratory Results », dans *New England Journal of Medicine* 299, p. 999-1000.

CERF C. et NAVASKY V., 1998, *The Expert Speaks : The Definitive Compendium of Authoritative Misinformation*, Villard Books, New York.

CERTEAU M. (DE), 1975, *L'Écriture de l'histoire*, Gallimard, Paris.

CHAMLEY C. P., 2004, *Rational Herds : Economic Models of Social Learning*, Cambridge University Press, Cambridge.

CHANCELLOR E., 1999, *Devil Take the Hindmost : A History of Financial Speculation*, Farrar, Straus & Giroux, New York.

CHARTIER R., 1996, *Culture et société. L'ordre des livres, XVIe-XVIIIe*, Albin Michel, Paris.

CHEN K., LAKSHMINARAYANAN V. et SANTOS L., 2005, « The Evolution of Our Preferences : Evidence from Capuchin Monkey Trading Behavior », dans Cowles *Foundation Discussion Paper* 1524.

CHEN Q., FRANCIS J. et JIANG W., 2002, « Investor Learning About Analyst Predictive Ability », dans *Working Paper*, Duke University.

CHERNIAK C., 1994, « Component Placement Optimization in the Brain », dans *Journal of Neuroscience* 14, p. 2418-2427.

CHIPMAN J., 2006, « The Paretian Heritage », dans *Working Paper, University of Minnesota*.

CIALDINI R. B., 2001, *Influence : Science and Practice*, Allyn and Bacon, Boston.

CISNE J. L., 2005, « Medieval Manuscripts' "Demography" and Classic Texts' Extinction », dans *Science* 307 (5713), p. 1305-1307.

CLARK B. et BOYER P., 2006, « Causal Inferences : Evolutionary Domains and Neural Systems », dans *Interdisciplines Conference on Causality*, voir www.interdisciplines.org.

CLARK M., 2002, *Paradoxes from A to Z*, Routledge, Londres.

CLEMEN R. T., 1986, « Calibration and the Aggregation of Probabilities », dans *Management Science* 32, p. 312-314.

—, 1989, « Combining Forecasts : A Review and Annotated Bibliography », dans *International Journal of Forecasting* 5, p. 559-609.

COHEN L. J., 1989, *The Philosophy of Induction and Probability*, Clarendon Press, Oxford.

COHEN R., EREZ K., BEN-AVRAHAM D. et HAVLIN S., 2000, « Resilience of the Internet to Random Breakdowns », dans *Physical Review Letters* 85, p. 4626-4628.

COLE J. R. et COLE S., 1973, *Social Stratification in Science*, The University of Chicago Press, Chicago.

COLE J. R. et SINGER B., 1991, « A Theory of Limited Differences : Explaining the Productivity Puzzle in Science », dans ZUCKERMAN (J. C. H.) et BAUER (J.) (éd.), *The Outer Circle : Women in the Scientific Community*, W. W. Norton and Company, New York.

COLE P., 2002, *Access to Philosophy : The Theory of Knowledge*, Hodder and Stoughton, Londres.

COLE S., 1970, « Professional Standing and the Reception of Scientific Discoveries », dans *American Journal of Sociology* 76, p. 286-306.

COLE S., COLE J. C. et SIMON G. A., 1981, « Chance and Consensus in Peer Review », dans *Science* 214, p. 881-886.

COLLINS R., 1998, *The Sociology of Philosophies : A Global Theory of Intellectual Change*, The Belknap Press of Harvard University Press, Cambridge, Mass.

CONLEY D., 1999, *Being Black, Living in the Red : Race, Wealth and Social Policy in America*, University of California Press, Los Angeles.

COOPER J. M., 2004, *Knowledge, Nature, and the Good*, chapitre 1 : « Method and Science in Ancient Medicine », Princeton University Press, Princeton, N.J.

COOTNER P. H., 1964, *The Random Character of Stock Market Prices*, Risk Books, Londres.

COSMIDES L. et TOOBY J., 1990, « Is the Mind a Frequentist ? », présenté lors de la 31e rencontre annuelle de la Société psychonomique, La Nouvelle-Orléans, L.A.

—, 1992, « Cognitive Adaptations for Social Exchange », dans BARKOW J. H., COSMIDES L. et TOOBY J. (éd.), *The Adapted Mind*, Oxford University Press, Oxford.

—, 1996, « Are Humans Good Intuitive Statisticians After All ? Rethinking Some Conclusions from the Literature on Judgment and Uncertainty », dans *Cognition* 58 (1), p. 187-276.

COURTILLO V., 1995, *La Vie en catastrophes*, Fayard, Paris.

COURTILLOT V. et GAUDEMER Y., 1996, « Effects of Mass-Extinctions on Biodiversity », dans *Nature* 381, p. 146-147.

COUSIN V., 1820, *Cours d'histoire de la philosophie morale au dix-huitième siècle*, Ladrange, Paris.

COVER T. M. et THOMAS J. A., 1991, *Elements of Information Theory*, Wiley, New York.

COWLEY M. et BYRNE R. M. J., 2004, « Chess Master's Hypothesis Testing », dans FORBUS K., GENTNER D. et REGIER T. (éd.), *Proceedings of the 26th Annual Conference of the Cognitive Science Society*, CogSci, Lawrence Erlbaum, Mahwah, N.J.

CROSBY A. W., 1997, *The Measure of Reality : Quantification and Western Society, 1250-1600*, Cambridge University Press, Cambridge.

CSIKSZENTMIHALYI M., 1993, *Flow : The Psychology of Optimal Experience*, Perennial Press, New York.

—, 1998, *Finding Flow : The Psychology of Engagement with Everyday Life*, Basic Books, New York.

CUTLER D., POTERBA J. et SUMMERS L., 1989, « What Moves Stock Prices ? », dans *Journal of Portfolio Management* 15, p. 4-12.

DALLY J. M., EMERY N. J. et CLAYTON N. S., 2006, « Food-Catching Western Scrub-Jays Keep Track of Who Was Watching When », dans *Science* 312 (5780), 1, p. 662-665.

DAMASIO A., 1994, *Descartes' Error : Emotion, Reason, and the Human Brain*, New York, Avon Books.

—, 2000, *The Feeling of What Happens : Body and Emotion in the Making of Consciousness*, Harvest Books, New York.

—, 2003, *Looking for Spinoza : Joy, Sorrow and the Feeling Brain*, Harcourt, New York.

DANNEFER (D.), 1987, « Aging as Intracohort Differentiation : Accentuation, the Matthew Effect and the Life Course », dans *Sociological Forum* 2, p. 211-236.

—, 2003, « Cumulative Advantage / Disadvantage and the Life Course : Cross-fertilizing Age and Social Science », dans *Journal of Gerontology*, Series B, « Psychological Sciences and Social Sciences » 58, p. 327-337.

DARWIN C., 1859, *On Natural Selection*, « Great Ideas », Penguin Books, Londres.

DASTON L. J., 1988, *Classical Probability in the Enlightenment*, Princeton University Press, Princeton, N.J.

DAVID F. N., 1962, *Games, Gods, and Gambling: A History of Probability and Statistical Ideas*. Oxford University Press, Oxford.

DAWES R. M., 1980, « Confidence in Intellectual Judgments vs. Confidence in Perceptual Judgments », dans LANTERMANN E. D. et FEGER H. (éd.), *Similarity and Choice: Papers in Honor of Clyde Coombs*, Huber, Bern, Suisse.

—, 1988, *Rational Choice in an Uncertain World*, Harcourt, New York.

—, 1989, « Measurement Models for Rating and Comparing Risks : The Context of AIDS », dans *Conference Proceedings Health Services Research Methodology : A Focus on AIDS*, septembre.

—, 1999, « A Message from Psychologists to Economists : Mere Predictability Doesn't Matter Like It Should, Without a Good Story Appended to It », dans *Journal of Economic Behavior and Organization* 39, p. 29-40.

—, 2001a, « Clinical Versus Actuarial Judgment », dans *International Encyclopedia of the Social and Behavioral Sciences*, p. 2048-2051.

—, 2001b, *Everyday Irrationality : How Pseudo-Scientists, Lunatics, and the Rest of Us Systematically Fail to Think Rationally*, Westview Press, Oxford.

—, 2002, « The Ethics of Using or Not Using Statistical Prediction Rules in Psychological Practice and Related Consulting Activities », dans *Philosophy of Science* 69, p. 178-184.

DAWES R. M., FAUST D. et MEEHL P. E., 1989, « Clinical Versus Actuarial Judgment », dans *Science* 243, p. 1668-1674.

DAWES R. M., FILDES R. LAWRENCE M. et ORD K., 1994, « The Past and the Future of Forecasting Research », dans *International Journal of Forecasting* 10, p. 151-159.

DAWES R. M. et SMITH T. L., 1985, « Attitude and Opinion Measurement », dans LINDZEY G. et ARONSON E., *The Handbook of Social Psychology*, vol. 1, Lawrence Erlbaum, Hillsdale, N.J.

DE BONDT W. F. M et KAPPLER A., 2004, « Luck, Skill, and Bias in Economists' Forecasts », document de travail, DePaul University, Driehaus Center for Behavioral Finance.

DE BONDT W. F. M.) et THALER R. M., 1990, « Do Security Analysts Overreact? », dans *American Economic Review* 80, p. 52–57.

DEBREU G., 1959, *Théorie de la valeur*, Dunod, Paris.

DE FINETTI B., (1931) 1989, « Probabilism », dans *Erkenntnis* 31, p. 169-223.

—, (1975) 1995, *Filosophia della probabilita*, Il Saggiatore, Milan.

DEGEORGE F., PATEL J. et ZECKHAUSER R., 1999, « Earnings Management to Exceed Thresholds », dans *Journal of Business* 72 (1), p 1-33.

DELONG B., SHLEIFER A., SUMMERS L., et WALDMANN R. J., 1991, « The Survival of Noise Traders in Financial Markets », dans *Journal of Business* 64 (1), p. 1-20.

DENNETT D. C., 1995, *Darwin's Dangerous Idea: Evolution and the Meanings of Life*, Simon & Schuster, New York.

—, 2003, *Freedom Evolves*, Penguin Books, New York.

DERMAN E. et TALEB N. N., 2005, « The Illusions of Dynamic Replication », dans *Quantitative Finance* 5, p. 323-326.

DE VANY A., 2002, *Hollywood Economics: Chaos in the Movie Industry*, Routledge, Londres.

DE VANY A., TALEB N. N. et SPITZNAGEL M., 2004, « Can We Shield Artistsfrom Wild Uncertainty? », présenté au Scholar's Workshop du festival du film de Fort Lauderdale, juin 2004.

DIPRETE T. A. et EIRICH G. 2006, « Cumulative Advantage as a Mechanism for Inequality: A Review of Theoretical and Empirical Developments », dans *Annual Review of Sociology* 32, p. 271-297.

DOMINITZ J. et GRETHER D., 1999, « I Know What You Did Last Quarter: Economic Forecasts of Professional Forecasters », dans *Working Paper*, Caltech.

DONHARDT G. L., 2004, « In Search of the Effects of Academic Achievement in Postgraduation Earnings », dans *Research in Higher Education* 45 (3), p. 271-284.

DUGATKIN L. A., 2001, *The Imitation Factor: Evolution Beyond the Gene*, Simon & Schuster, New York.

DUNBAR N., 1999, *Inventing Money: The Story of Long-Term Capital Management and the Legends Behind It*, John Wiley & Sons, Ltd., Chichester, Angleterre.

DUNNING D., GRIFFIN D. W., MILOJKOVIC J. et ROSS L., 1990, « The Overconfidence Effect in Social Prediction », dans *Journal of Personality and Social Psychology* 58, p. 568-581.

DYE G., 2004, *A Review of Lorenzo Perilli's Menodoto di Nicomedia*, K. G. Saur, Munich - Leipzig, dans *Bryn Mawr Classical Review*, décembre.

EASTERWOOD J. C. et NUTT S. R., 1999, « Inefficiency in Analysts' Earnings Forecasts: Systematic Misreaction or Systematic Optimism? », dans *Journal of Finance* 54, p. 1777-1797.

EATWELL J., MILGATE M. et NEWMAN P. (éd.), 1987, *The New Palgrave: A Dictionary of Economics*, Macmillan, Londres.

ECO U., 1992, *How to Travel with a Salmon and Other Essays*, Harcourt, San Diego.

—, 1994, *Six Walks in the Fictional Woods*, Harvard University Press, Cambridge, Mass.

—, 2000, *Kant and the Platypus: Essays on Language and Cognition*, , Harvest Books, New York.

—, 2002, *On Literature*, Harcourt Books, Orlando.

—, 2003, *Mouse or Rat? Translation as Negotiation*, Orion Books, Londres.

EINHORN H. J. et HOGARTH R. M., 1981, « Behavioral Decision Theory: Processes of Judgment and Choice », dans *Annual Review of Psychology* 32, p. 53-88.

EKELAND I., 1990, *Mathematics of the Unexpected*, The University of Chicago Press, Chicago.

ELDREDGE N. et JAY GOULD S., 1972, « Punctuated Equilibria: An Alternative to Phyletic Gradualism », dans *Models in Paleobiology*, éd. T. J. M. Schopf, Freeman, New York.

ELMAN C. et O'RAND A. M., 2004, « The Race Is to the Swift: Socio economic Origins, Adult Education, and Wage Attainment », dans *American Journal of Sociology* 110, p. 123-160.

EPSTEIN J., 2001, *Book Business*, W. W. Norton, Londres.

EREV I., WALLSTEN T. S. et BUDESCU D. V., 1994, « Simultaneous Over- and Underconfidence: The Role of Error in Judgment Processes », dans *Psychological Review* 101, p. 519-528.

ESTOUP J.-B., 1916, *Gammes Sténographique*, Institut sténographique de France, Paris.

EVANS Dylan, 2002, *Emotions: The Science of Sentiment*, Oxford University Press, Oxford.

EYSENCK M. W. et KEANE M. T., 2000, *Cognitive Psychology*, 4e éd., Psychology Press, Londres.

FAGOT-LARGEAULT A., 2002, *Philosophie des sciences biologiques et médicales*, Collège de France, Paris.

FAIA M., 1975, « Productivity Among Scientists: A Replication and Elaboration », dans *American Sociological Review* 40, p. 825-829.

FALOUTSOS M., FALOUTSOS P. et FALOUTSOS C., 1999, « On Power-Law Relationships of the Internet Topology », dans *Computer Communications Review* 29, p. 251-262.

FAVIER A., 1906, *Un médecin grec du deuxième siècle ap. J.-C., précurseur de la méthode expérimentale moderne: Ménodote de Nicomédie*, Jules Roisset, Paris.

FERGUSON N., 2005, *1914. Why the World Went to War*, Penguin, Londres.

—, 2006a, *The War of the World: History's Age of Hatred*, Allen Lane, Londres.

—, 2006b, « Political Risk and the International Bond Market Between the 1848 Revolution and the Outbreak of the First World War », dans *Economic History Review* 59 (1), p. 70-112.

FERRARO K. F. et KELLEY-MOORE J. A., 2003, « Cumulative Disadvantage and Health: Long-Term Consequences of Obesity? », dans *American Sociological Review* 68, p. 707-729.

FEYERABEND P., 1987, *Farewell to Reason*, Verso, Londres.

FINUCANE M. L., ALHAKAMI A., SLOVIC P. et JOHNSON S. M., 2000, « The Affect a Heuristic in Judgments of Risks and Benefits », dans *Journal of Behavioral Decision Making* 13, p. 1-17.

FISCHHOFF B., 1982a, « Debiasing », dans KAHNEMAN D., SLOVIC P. et TVERSKY A. (éd.), *Judgment Under Uncertainty: Heuristics and Biases*, Cambridge University Press, Cambridge.

—, 1982b, « For Those Condemned to Study the Past: Heuristics and Biases in Hindsight », dans *ibid.*

FISCHHOFF B. et MACGREGOR D., 1983, « Judged Lethality: How Much People Seem to Know Depends on How They Are Asked », dans *Risk Analysis* 3, p. 229-236.

FISCHHOFF B., SLOVIC P. et LICHTENSTEIN S., 1977, « Knowing with Certainty: The Appropriateness of Extreme Confidence », dans *Journal of Experimental Psychology* 3 (4) , p. 552-564.

FLORIDI L., 2002, *The Transmission and Recovery of Pyrrhonism*, Oxford University Press, Oxford.

FLYVBJERG B., SKAMRIS HOLM M. et BUHL S., 2002, « Underestimating Costs in Works Projects – Error or Lie », dans *American Journal of Planning* 68 (3), http://home.planet.nl/~viss1197/japaflyvbjerg.pdf.

FODOR (J. A.), 1983, *The Modularity of Mind: An Essay on Faculty Psychology*, The MIT Press, Cambridge, Mass.

FOSTER G., 1977, « Quarterly Accounting Data: Time-Series Properties and Predictive Ability Results », dans *Accounting Review* 52, p. 1-21.

FOX M. A. et KOCHANOWSKI P., 2004, « Models of Superstardom: An Application of the Lotka and Yule Distributions », dans *Popular Music and Society* 27, p. 507-522.

FRAME D. M., 1965, *Montaigne: A Biography*, Harcourt Brace and World, New York.

FRANK J. D., 1935, « Some Psychological Determinants of the Level of Aspiration », dans *American Journal of Psychology* 47, p. 285-293.

FRANK R., 1994, « Talent and the Winner-Take-All Society », a review of Derek Book's *The Cost of Talent: How Executives and Professionals Are Paid and How It Affects America*, The Free Press, New York, 1993, dans *The American Prospect* 5 (17), www.prospect.org/print/V5/17/frank-r.html.

FRANK R. H., 1985, *Choosing the Right Pond: Human Behavior and the Quest for Status*, Oxford, Oxford University Press.

FRANK R. H. et COOK P. J., 1995, *The Winner-Take-All Society: Why the Few at the Top Get So Much More Than the Rest of Us*, The Free Press, New York.

FRANKFURTER G. M. et McGOUN E. G., 1996, *Toward Finance with Meaning: The Methodology of Finance: What It Is and What It Can Be*, JAI Press, Greenwich, Conn.

FREEDMAN D. A. et STARK P. B., 2003, « What Is the Chance of an Earthquake? », compte-rendu technique 611 du département statistiques de l'université de Californie (Berkeley), septembre 2001, révisé en janvier 2003.

FRIESEN G. et WELLER P. A., 2002, « Quantifying Cognitive Biases in Analyst Earnings Forecasts », document de travail, université de l'Iowa.

FROHLICH N., OPPENHEIMER J. A. et EAVY C. L., 1987a, « Laboratory Results on Rawls's Distributive Justice », dans *British Journal of Political Science* 17, p. 1-21.

—, 1987b, « Choices of Principles of Distributive Justice in Experimental Groups », dans *American Journal of Political Science* 31(3), p. 606-636.

FROOT K. A., 2001, « The Market for Catastrophe Risk: A Clinical Examination », dans *Journal of Financial Economics* 60 (2-3), p. 529-571.

FUKUYAMA F., 1992, *The End of History and the Last Man*, The Free Press, New York.

FULLER S., 2005, *The Intellectual*, Icon Books, Londres.

FULTON A., 1998, « Fractal Amplifications: Writing in Three Dimensions », dans *Thumbscrew* 12 (hiver).

GABAIX X., GOPIKRISHNAN P., PLEROU V. et STANLEY H. E., 2003, « A Theory of Power-Law Distributions in Financial Market Fluctuations », dans *Nature* 423, p. 267-270.

GADDIS J. L., 2002, *The Landscape of History: How Historians Map the Past*, Oxford University Press, Oxford.

GALBRAITH J. K., 1997, *The Great Crash 1929*, Mariner Books, New York.

EL-GALFY A. M. et FORBES W. P., 2005, « An Evaluation of U.S. Security Analysts Forecasts, 1983-1999 ».

GALISON P., 2003, *Einstein's Clocks, Poincaré's Maps: Empires of Time*, W. W. Norton and Company, New York.

GAVE C., KALETSKY A. et GAVE L.-V.), 2005, *Our Brave New World*, Gave Kal Research, Londres.

GAZZANIGA M. S.), 2005, *The Ethical Brain*, Dana Press, New York.

GAZZANIGA M. S., IVRY R. et MANGUN G. R., 2002, *Cognitive Neuroscience: The Biology of the Mind*, 2ᵉ éd., W. W. Norton and Company, New York.

GAZZANIGA M. et LEDOUX J., 1978, *The Integrated Mind*, Plenum Press, New York.

GEHRING W. J. et WILLOUGHBY A. R., 2002, « The Medial Frontal Cortex and the Rapid Processing of Monetary Gains and Losses », dans *Science* 295, p. 2279-2282.

GELMAN S. A., 1988, « The Development of Induction Within Natural Kind and Artifact Categories », dans *Cognitive Psychology* 20, p. 65-95.

GELMAN S. A., et COLEY J. D., 1990, « The Importance of Knowing a Dodo Is a Bird : Categories and Inferences in Two-Year-Old Children », dans *Developmental Psychology* 26, p. 796-804.

GELMAN S. A., et HIRSCHFELD L. A., 1999, « How Biological Is Essentialism? », dans MEDIN D. L. et ATRAN S. (éd.), *Folkbiology*, The MIT Press, Cambridge, Mass.

GELMAN S. A. et MARKMAN E. M., 1986, « Categories and Induction in Young Children », dans *Cognition* 23, p. 183-209.

GERVAIS S. et ODEAN T., 1999, « Learning to Be Overconfident », document de travail, université de Pennsylvanie.

AL-GHAZALI, 1989, « Mikhtarat Min Ahthar Al-Ghazali », dans SALIBA (Jamil), *Tarikh Al-Falsafa Al-Arabiah*, Al-Sharikah Al-Ahlamiah Lilk-itab, Beyrouth.

GIGERENZER G., 1984, « External Validity of Laboratory Experiments : The Frequency-Validity Relationship », dans *American Journal of Psychology* 97, p. 185-195.

—, 1987, « Survival of the Fittest Probabilist : Brunswik, Thurstone, and the Two Disciplines of Psychology », dans KRÜGER L., GIGERENZER G. et MORGAN M. S. (éd.), *The Probabilistic Revolution*, vol. 2, *Ideas in the Sciences*, The MIT Press Mass, Cambridge.

—, 1991, « From Tools to Theories : A Heuristic of Discovery in Cognitive Psychology », dans *Psychological Review* 98 (2), p. 254-267.

GIGERENZER G., CZERLINSKI J. et MARTIGNON L., 2002, « How Good Are Fast and Frugal Heuristics ? », dans GILOVICH T., GRIFFIN D. et KAHNEMAN D. (éd.), 2002.

GIGERENZER G. et GOLDSTEIN D. G., 1996, « Reasoning the Fast and Frugal Way : Models of Bounded Rationality », dans *Psychological Review* 103, p. 650-669.

GIGERENZER G., HELL W. et BLANK H., 1988, « Presentation and Content : The Use of Base Rates as a Continuous Variable », dans *Journal of Experimental Psychology*, 14, *Human Perception and Performance*, p. 513-525.

GIGERENZER G., HOFFRAGE U. et KLEINBOLTING H., 1991, « Probabilistic Mental Models : A Brunswikian Theory of Confidence », dans *Psychological Review* 98, p. 506-528.

GIGERENZER G. et RICHTER H. R., 1990, « Context Effects and Their Interaction with Development : Area Judgments », dans *Cognitive Development* 5, p. 235-264.

GIGERENZER G., SWIJTINK Z., PORTER T., DASTON L. J., BEATTY J. et KRÜGER L., 1989, *The Empire of Chance : How Probability Changed Science and Everyday Life*, Cambridge University Press, Cambridge.

GIGERENZER G., TODD P. M. et ABC RESEARCH GROUP, 2000, *Simple Heuristics That Make Us Smart*, Oxford University Press, Oxford.

GILBERT D., 2006, *Stumbling on Happiness*, Knopf, New York.

—, 1991, « How Mental Systems Believe », dans *American Psychologist* 46, p. 107-119.

GILBERT D., PINEL E., WILSON T. D., BLUMBERG S. et WEATLEY T., 2002, « Durability Bias in Affective Forecasting », dans GILOVICH T., GRIFFIN D. et KAHNEMAN D. (éd.), 2002.

GILBERT D. T., TAFARODI R. W.) et MALONE P. S., 1993, « You Can't Not Believe Everything You Read », dans *Journal of Personality and Social Psychology* 65, p. 221-233.

GILLESPIE J. V., 1979, « Review of William Ascher's Forecasting : An Appraisal for Policy-Makers and Planners », dans *The American Political Science Review* 73(2), p. 554-555.

GILLIES D., 2000, *Philosophical Theories of Probability*, Routledge, Londres.

GILOVICH T., GRIFFIN D. et KAHNEMAN D. (éd.), 2002, *Heuristics and Biases : The Psychology of Intuitive Judgment*, Cambridge University Press Cambridge.

GLADWELL M., 1996, « The Tipping Point : Why Is the City Suddenly So Much Safer – Could It Be That Crime Really Is an Epidemic ? », dans *The New Yorker*, 3 juin

—, 2000, *The Tipping Point : How Little Things Can Make a Big Difference*, Little and Brown, New York.

—, 2002, « Blowing Up : How Nassim Taleb Turned the Inevitability of Disaster into an Investment Strategy », dans *The New Yorker*, 22 et 29 avril.

GLÄNZEL W., 2003, *Bibliometrics as a Research Field : A Course on the Theory and Application of Bibliometric Indicators*, préimpression.

GLEIK J., 1987, *Chaos : Making a New Science*, Abacus, Londres.

GLIMCHER P., 2002, *Decisions, Uncertainty, and the Brain : The Science of Neuroeconomics*, The MIT Press Cambridge, Mass.

GOLDBERG E., 2001, *The Executive Brain : Frontal Lobes and the Civilized Mind*, Oxford University Press, Oxford.

—, 2005, *The Wisdom Paradox : How Your Mind Can Grow Stronger as Your Brain Grows Older*, Gotham, New York.

GOLEMAN D., 1995, *Emotional Intelligence : Why It Could Matter More Than IQ*, Bantam Books, New York.

—, 2003, *Destructive Emotions, How Can We Overcome Them ? A Scientific Dialogue with the Dalai Lama*, Bantam, New York.

GOODMAN N., 1955, *Fact, Fiction, and Forecast*, Harvard University Press, Cambridge, Mass.

—, 1972, « Seven Strictures on Similarity », dans GOODMAN (N.), (éd.), *Problems and Projects*, Bobbs-Merrill, New York.

GOPNIK A., GLYMOUR C., SOBEL D. M., SCHULZ L. E., KUSHNIR T. et DANKS D., 2004, « A Theory of Causal Learning in Children : Causal Maps and Bayes Nets », dans *Psychological Review* 111, p. 3-32.

GRANGER C. W. J., 1999, *Empirical Modeling in Economics : Specification and Evaluation*, Cambridge University Press, Cambridge.

GRAY J., 2002, *Straw Dogs : Thoughts on Humans and Other Animals*, Granta Books, Londres.

GREEN J., 1962, *Fire the Bastards !*, Dalkey Archive Press, New York.

GREEN K. C. 2005, « Game Theory, Simulated Interaction, and Unaided Judgement for Forecasting Decisions in Conflicts : Further Evidence », dans *International Journal of Forecasting* 21, p. 463-472.

GRIFFIN D. W. et TVERSKY A., 1992, « The Weighing of Evidence and the Determinants of Confidence », dans *Cognitive Psychology* 24, p. 411-435.

GRIFFIN D. W. et VAREY C. A., 1996, « Towards a Consensus on Overconfidence », dans *Organizational Behavior and Human Decision Processes* 65, p. 227-231.

GRIPAIOS (Peter), 1994, « The Use and Abuse of Economic Forecasts », dans *Management Decision* 32 (6), p. 61-64.

GUEDJ O. et BOUCHAUD J.-Ph., 2006, « Experts' Earning Forecasts : Bias, Herding and Gossamer Information » à paraître.

GUGLIELMO C. et CHARTIER R., 1997, *Histoire de la lecture dans le monde occidental.* Éd. du Seuil, Paris.

GURVITCH G., 1957, « Continuité et discontinuité en histoire et sociologie », dans *Annales E.S.C.*, p 73-84.

—, 1966, *The Social Framework of Knowledge*, Harper Torchbooks, New York.

HACKING I., 1965, *Logic of Statistical Inference*, Cambridge University Press, Cambridge.

—, 1983, *Representing and Intervening : Introductory Topics in the Philosophy of Natural Science*, Cambridge University Press, Cambridge.

—, 1990, *The Taming of Chance*, Cambridge University Press, Cambridge.

—, 1999, *The Social Construction of What ?*, Harvard University Press, Cambridge, Mass.

—, 2001, *An Introduction to Probability and Inductive Logic*, Cambridge University Press, Cambridge.

HAHN F., 1993, « Predicting the Economy », dans HOWE L. et WAIN A. (éd.), 1993.

HANNON L., 2003, « Poverty, Delinquency, and Educational Attainment : Cumulative Disadvantage or Disadvantage Saturation ? », dans *Sociological Inquiry* 73, p. 575-594.

HANSEN R. D. et DONOGHUE J. M., 1977, « The Power of Consensus : Information Derived from One's Own and Others' Behavior », dans *Journal of Personality and Social Psychology* 35, p. 294-302.

HARDY G. H., 1940, *A Mathematician's Apology*, Cambridge University Press, Cambridge.

HARRIS Olivia, 2004, « Braudel : Historical Time and the Horror of Discontinuity », dans *History Workshop Journal* 57, p. 161-174.

HARVEY N., 1997, « Confidence in Judgment », dans *Trends in Cognitive Science* 1, p. 78-82.

HASHER L. et ZACKS R. T., 1979, « Automatic and Effortful Processes in Memory », dans *Journal of Experimental Psychology*, 108, *General*, p. 356-388.

HAUG E., 2007, *Derivatives: Models on Models*, Wiley, New York.

HAUSMAN D. M. (éd.), 1994, *The Philosophy of Economics: An Anthology*, 2ᵉ éd., Cambridge University Press, New York.

HAYEK F. A., 1945, « The Use of Knowledge in Society », dans *American Economic Review* 35 (4), p. 519-530.

—, 1994, *The Road to Serfdom*, The University of Chicago Press, Chicago.

HECHT J. M., 2003, *Doubt: A History*, Harper Collins, New York.

HEMPEL C., 1965, *Aspects of Scientific Explanation*, The Free Press, New York.

HENDERSON B. et BERNARD A. (éd.), *Rotten Reviews and Rejections*, Pushcart, Wainscott, N.Y.

HESPOS S., 2006, « Physical Causality in Human Infants », dans *Interdisciplines Conference on Causality*, www.interdisciplines.org.

HEXTER J. H., 1979, *On Historians, Reappraisals of Some of the Masters of Modern History*, Harvard University Press, Cambridge, Mass.

HICKS S. V. et ROSENBERG A., 2003, « The "Philosopher of the Future" as the Figure of Disruptive Wisdom », dans *Journal of Nietzsche Studies* 25, p. 1-34.

HILTON D., 2003, « Psychology and the Financial Markets: Applications to Understanding and Remedying Irrational Decision-making », dans BROCAS I. et CARILLO J. (éd.), 2003.

HINTZMAN D. L., NOZAWA G. et IRMSCHER M, 1982, « Frequency as a Nonpropositional Attribute of Memory », dans *Journal of Verbal Learning and Verbal Behavior* 21, p. 127-141.

HIRSHLEIFER J. et RILEY J. G., 1992, *The Analytics of Uncertainty and Information*, Cambridge University Press, Cambridge.

HLADIK J., 2004, *Comment le jeune et ambitieux Einstein s'est approprié la relativité restreinte de Poincaré*, Ellipses, Paris.

HOFFRAGE U. et GIGERENZER G., 1998, « Using Natural Frequencies to Improve Diagnostic Inferences », dans *Academic Medicine* 73 (5), p. 538-540.

HONG H. et KUBIK J., 2003, « Analyzing the Analysts: Career Concerns and Biased Earnings Forecasts », dans *Journal of Finance* 58 (1), p. 313-351.

HOPFIELD J. J., 1994, « Neurons, Dynamics, and Computation », dans *Physics Today* 47, p. 40-46.

HORKHEIMER M. et ADORNO T. W., 2002, *Dialectic of Enlightenment: Philosophical Fragments*, Stanford University Press, Stanford.

HOUSE D. K., 1980, « The Life of Sextus Empiricus », dans *The Classical Quarterly*, New Series 30 (1), p. 227-238.

Howe L. et Wain A. (éd.), 1993, *Predicting the Future*, Cambridge University Press, Cambridge.

Hsee C. K. et Rottenstreich Y. R., 2004, « Music, Pandas and Muggers : On the Affective Psychology of Value », dans *Journal of Experimental Psychology*, à paraître.

Hsieh D. A., 1991, « Chaos and Nonlinear Dynamics : Application to Financial Markets », dans *Journal of Finance* 46 (5), p. 1839-1877.

Huang C. F. et Litzenberger R. H., 1988, *Foundations for Financial Economics*, North-Holland, New York - Amsterdam - Londres.

Huber J. C., 1998, « Cumulative Advantage and Success-Breeds-Success : The Value of Time Pattern Analysis », dans *Journal of the American Society for Information Science and Technology* 49, p. 471-476.

—, 2002, « A New Model That Generates Lotka's Law », dans *Journal of the American Society for Information Science and Technology* 53, p. 209-219.

Huberman B. A., 2001, *The Laws of the Web : Patterns in the Ecology of Information*, The MIT Press, Cambridge, Mass.

Hume D., (1748) 2000, *A Treatise of Human Nature : Being an Attempt to Introduce the Experimental Method of Reasoning into Moral Subjects*, Oxford University Press, Oxford.

Humphrey N., 1992, *A History of the Mind : Evolution and the Birth of Consciousness*, Copernicus, New York.

Husserl E., 1954, *The Crisis of European Sciences and Transcendental Phenomenology*, Northwestern University Press, Evanston, Ill.

Ierodiakonou K. et Vandenbroucke J. P., 1993, « Medicine as a Stochastic Art », dans *Lancet* 341, p. 542-543.

Inagaki K. et Hatano G. 2006, « Do Young Children Possess Distinct Causalities for the Three Core Domains of Thought ? », dans *Interdisciplines Conference on Causality*, www.interdisciplines.org.

Jablonski D., Roy K., Valentine J. W., Price R. M. et Anderson P. S., 2003, « The Impact of the Pull of the Recent on the History of Marine Diversity », dans *Science* 300 (5622), p. 1133-1135.

Jacob J., Lys T. et Neale M., 1999, « Expertise in Forecasting Performance of Security Analysts », dans *Journal of Accounting and Economics* 28, p. 51-82.

Jaynes E. T., 2003, *Probability Theory : The Logic of Science*, Cambridge University Press, Cambridge.

Jaynes J., 1976, *The Origin of Consciousness in the Breakdown of the Bicameral Mind*, Mariner Books, New York.

JENKINS K., 1991, *Re-Thinking History*, Routledge, Londres.

JEONG H., TOMBOR B., ALBERT R., OLTAVI Z. N. et BARABÁSI A.-L., 2000, « The Large-Scale Organization of Metabolic Networks », dans *Nature* 407, p. 651-654.

JOUNG W., HESKETH B., et NEAL A., 2006, « Using "War Stories" to Train for Adaptive Performance : Is It Better to Learn from Error or Success ? », dans *Applied Psychology : An International Review* 55 (2), p. 282-302.

JUSLIN P., 1991, « Well-Calibrated General Knowledge : An Ecological Inductive Approach to Realism of Confidence », manuscrit proposé pour publication, Upsal, Suède.

—, 1993, « An Explanation of the Hard-Easy Effect in Studies of Realism of Confidence in One's General Knowledge », dans *European Journal of Cognitive Psychology* 5, p. 55-71.

—, 1994, « The Overconfidence Phenomenon as a Consequence of Informal

Experimenter-guided Selection of Almanac Items », dans *Organizational Behavior and Human Decision Processes* 57, p. 226-246.

JUSLIN P. et OLSSON H., 1997, « Thurstonian and Brunswikian Origins of Uncertainty in Judgment : A Sampling Model of Confidence in Sensory Discrimination », dans *Psychological Review* 104, p. 344-366.

JUSLIN P., OLSSON H. et BJÖRKMAN M., 1997, « Brunswikian and Thurstonian Origins of Bias in Probability Assessment : On the Interpretation of Stochastic Components of Judgment », dans *Journal of Behavioral Decision Making* 10, p. 189-209.

JUSLIN P., OLSSON H. et WINMAN A., 1998, « The Calibration Issue : Theoretical Comments on Suantak, Bolger, et Ferrell », dans *Organizational Behavior and Human Decision Processes* 73, p. 3-26.

KADANE J. B. et LICHTENSTEIN S., 1982, « A Subjectivist View of Calibration », Report n° 82-86, Decision Research, Eugene, Ore.

KAHNEMAN D., 2003, « Why People Take Risks », dans *Gestire la vulnerabilità e l'incertezza ; un incontro internazionale fra studiosi e capi di impresa*, Italian Institute of Risk Studies, Rome.

KAHNEMAN D., DIENER E. et SCHWARZ N. (éd.), 1999, *Well-Being : The Foundations of Hedonic Psychology*, Russell Sage Foundation, New York.

KAHNEMAN D. et FREDERICK S., 2002, « Representativeness Revisited : Attribute Substitution inIntuitive Judgment », dans GILOVICH T., GRIFFIN D. et KAHNEMAN D. (éd.), 2002.

KAHNEMAN D., KNETSCH J. L. et THALER R. H., 1986, « Rational Choice and the Framing of Decisions », dans *Journal of Business* 59 (4), p. 251-278.

KAHNEMAN D. et LOVALLO D., 1993, «Timid Choices and Bold Forecasts : A Cognitive Perspective on Risk-Taking », dans *Management Science* 39, p. 17-31.

KAHNEMAN D. et TVERSKY A., 1972, « Subjective Probability : A Judgment of Representativeness », dans *Cognitive Psychology* 3, p. 430-454.

—, 1973, « On the Psychology of Prediction », dans *Psychological Review* 80, p. 237-251.

—, 1979, « Prospect Theory : An Analysis of Decision Under Risk », dans *Econometrica* 46 (2), p. 171-185.

—, 1982, « On the Study of Statistical Intuitions », dans KAHNEMAN D., SLOVIC P. et TVERSKY A. (éd.), *Judgment Under Uncertainty : Heuristics and Biases*, Cambridge University Press, Cambridge.

—, 1996, « On the Reality of Cognitive Illusions », dans *Psychological Review* 103, p. 582-591.

— (éd.), 2000, *Choices, Values, and Frames*, Cambridge University Press, Cambridge.

—, 1991, « Anomalies : The Endowment Effect, Loss Aversion, and Status Quo Bias », dans KAHNEMAN D. et TVERSKY A. (éd.), 2000.

KAIZOJI T., 2003, « Scaling Behavior in Land Markets », dans *Physica A : Statistical Mechanics and Its Applications* 326 (1-2), p. 256-264.

KAIZOJI T. et KAIZOJI M. 2004, « Power Law for Ensembles of Stock Prices », dans *Physica A : Statistical Mechanics and Its Applications* 344(1-2), *Applications of Physics in Financial Analysis* 4 (APFA4), décembre 1, p. 240-243.

KATZ J. S., 1999, « The Self-Similar Science System », dans *Research Policy* 28 (5), p. 501-517.

KEEN S., 2001, *Debunking Economics : The Naked Emperor of the Social Classes*, Pluto Press, Londres.

KEMP C. et TENENBAUM J. B., 2003, «Theory-Based Induction », dans ALTERMAN R. et KIRSH D. (éd.), *Proceedings of the 25th Annual Meeting of the Cognitive Science Society*, CogSci, Boston, Mass.

KEREN G., 1988, « On the Ability of Assessing Non-Verdical Perceptions : Some Calibration Studies », dans *Acta Psychologica* 67, p. 95-119.

—, 1991, « Calibration and Probability Judgments : Conceptual and Methodological Issues », dans *Acta Psychologica* 77, p. 217-273.

KEYNES J. M., 1920, *Treatise on Probability*, Macmillan, Londres.

454   BIBLIOGRAPHIE

—, 1937, « The General Theory », dans *Quarterly Journal of Economics*
51, p. 209-233.

KIDD J. B., 1970, « The Utilization of Subjective Probabilities in
Production Planning », dans *Acta Psychologica* 34 (2/3), p. 338-
347.

KIM E. H., MORSE A. et ZINGALES L., 2006, « Are Elite Universities Losing
Their Competitive Edge? », document de travail n° 12245.

KINDLEBERGER C. P., 2001, *Manias, Panics, and Crashes,* Wiley, New
York.

KING G. et ZENG L., 2005, « When Can History Be Our Guide? The
Pitfalls of Counterfactual Inference », document de travail, Harvard
University.

KIRKPATRICK M. et DUGATKIN L. A., 1994, « Sexual Selection and the
Evolutionary Effectsof Copying Mate Choice », dans *Behavioral
Evolutionary Sociobiology* 34, p. 443-449.

KLAYMAN J., 1995, « Varieties of Confirmation Bias », dans BUSEMEYER
J., HASTIE R. et MEDIN D. L. (éd.), *Decision Making from a Cognitive
Perspective,* « The Psychology of Learning and Motivation » 32,
Academic Press, New York, p. 83-136.

KLAYMAN J. et HA Y.-W., 1987, « Confirmation, Disconfirmation, and
Information in Hypothesis Testing », dans *Psychological Review* 94,
p. 211-228.

KLAYMAN J., SOLL J. B., GONZALEZ-VALLEJO C. et BARLAS S., 1999,
« Overconfidence : It Depends on How, What, and Whom You Ask »,
dans *Organizational Behavior and Human Decision Processes* 79 (3),
p. 216-247.

KLEBANOFF A., 2002, *The Agent,* Texere, Londres.

KLEIN G., 1998, *Sources of Power : How People Make Decisions,* The MIT
Press, Cambridge.

KNIGHT F., (1921) 1965, *Risk, Uncertainty and Profit,* Harper and Row,
New York.

KOEHLER J. J., GIBBS B. J. et HOGARTH R. M., 1994, « Shattering the
Illusion of Control : Multi-Shot Versus Single-Xhot Gambles », dans
Journal of Behavioral Decision Making 7, p. 183-191.

KOESTLER A., 1959, *The Sleepwalkers : A History of Man's Changing
Vision of the Universe,* Penguin, Londres.

KORDA M., 2000, *Another Life : A Memoir of Other People,* Random
House, New York.

KORIAT A., LICHTENSTEIN S. et FISCHHOFF B., 1980, « Reasons for
Confidence », dans *Journal of Experimental Psychology,* 6, *Human
Learning and Memory,* p. 107-118.

KREPS J. et DAVIES N. B., 1993, *An Introduction to Behavioral Ecology*, 3ᵉ éd., Blackwell Scientific Publications, Oxford.

KRISTEVA J., 1998, *Time and Sense*, Columbia University Press, New York. Éd. Originale, *Le Temps sensible*, « NRF-Essai », Gallimard, 1994.

KRUGER (. et DUNNING D., 1999, « Unskilled and Unaware of It: How Difficulties in Recognizing One's Own Incompetence Lead to Inflated Self-Assessments », dans *Journal of Personality and Social Psychology* 77 (6), p. 1121-1134.

KUNDA Z., 1990, « The Case for Motivated Reasoning », dans *Psychological Bulletin* 108, p. 480-498.

—, 1999, *Social Cognition: Making Sense of People*, The MIT Press, Cambridge.

KURZ M., 1997, « Endogenous Uncertainty: A Unified View of Market Volatility », document de travail, Stanford University Press.

KYBURG H. E., Jr., 1983, *Epistemology and Inference*, University of Minnesota Press, Minneapolis.

LAD F., 1984, « The Calibration Question », dans *British Journal of the Philosophy of Science* 35, p. 213-221.

LAHIRE B., 2006, *La Condition littéraire*, La Découverte, Paris.

LAKOFF G. et JOHNSON M., 1980, *Metaphors We Live By*, The University of Chicago Press, Chicago.

LAMONT O. A., 2002, « Macroeconomic Forecasts and Microeconomic Forecasters », dans *Journal of Economic Behavior and Organization* 48 (3), p. 265-280.

LANE R. D., REIMAN E. M., BRADLEY M. M., LANG P. J., AHERN G. L., DAVIDSON R. J. et SCHWARTZ G. E., 1997, « Neuroanatomical Correlates of Pleasant and Unpleasant Emotion », dans *Neuropsychologia* 35 (11), p. 1437-1444.

LANGER E. J., 1975, « The Illusion of Control », dans *Journal of Personality and Social Psychology* 32, p. 311-328.

LARRICK R. P., 1993, « Motivational Factors in Decision Theories: The Role of Self-Protection », dans *Psychological Bulletin* 113, p. 440-450.

LEARY D. E., 1987, « From Act Psychology to Probabilistic Functionalism: The Place of Egon Brunswik in the History of Psychology », dans ASH M. G. et WOODWARD W. R. (éd.), *Psychology in Twentieth-Century Thought and Society*, Cambridge University Press, Cambridge.

LEDOUX J., 1998, The *Emotional Brain: The Mysterious Underpinnings of Emotional Life*, Simon & Schuster, New York.

—, 2002, *Synaptic Self: How Our Brains Become Who We Are*, Viking, New York.

LE GOFF J., 1985, *Les Intellectuels au Moyen-Âge*, « Points Histoire », Éd. du Seuil, Paris.

LEVI I., 1970, *Gambling with Truth*, The MIT Press, Cambridge, Mass.

LICHTENSTEIN S. et FISCHHOFF B., 1977, « Do Those Who Know More Also Know More About How Much They Know ? The Calibration of Probability Judgments », dans *Organizational Behavior and Human Performance* 20, p. 159-183.

—, 1981, « The Effects of Gender and Instructions on Calibration », dans *Decision Research Report* 81-5, Decision Research, Eugene, Ore.

LICHTENSTEIN S., FISCHHOFF B. et PHILLIPS L., 1982, « Calibration of Probabilities : The State of the Art to 1980 », dans KAHNEMAN D., SLOVIC P. et TVERSKY A. (éd.), *Judgment Under Uncertainty : Heuristics and Biases*, Cambridge University Press, Cambridge.

LIM T., 2001, « Rationality and Analysts' Forecast Bias », dans *Journal of Finance*, 56(1), p. 369-385.

LISSOWSKI G., TYSZKA T. et OKRASA W., 1991, « Principles of Distributive Justice : Experiments in Poland and America », dans *Journal of Conflict Resolution* 35(1), p. 98-119.

LIU J., 1998, « Post-Earnings Announcement Drift and Analysts Forecasts », dans *Working Paper*, UCLA.

LOEWENSTEIN G., 1992, « The Fall and Rise of Psychological Explanations in the Economics of Intertemporal Choice », dans LOEWENSTEIN G. et ELSTER J. (éd.), *Choice over Time*, Russell Sage Foundation, New York.

LOEWENSTEIN G. F., WEBER E. U., HSEE C. K. et WELCH E. S., 2001, « Risk as Feelings », dans *Psychological Bulletin* 127, p. 267-286.

LOFTUS E. F. et KETCHAM K., 1994, *The Myth of Repressed Memory : False Memories and Allegations and Sexual Abuse*, St. Martin's Press, New York.

LOTKA A. J., 1926, « The Frequency Distribution of Scientific Productivity », dans *Journal of the Washington Academy of Sciences* 16 (12), p. 317-323.

LOWENSTEIN R., 2000, *When Genius Failed : The Rise and Fall of Long-Term Capital Management*, Random House, New York.

LUCAS R. E., 1978, « Asset Prices in an Exchange Economy », dans *Econometrica* 46, p. 1429-1445.

LUCE R. D. et RAIFFA H., 1957, *Games and Decisions: Introduction and Critical Survey*, Wiley, New York.

MACH E., 1896, « On the Part Played by Accident in Invention and Discovery », dans *Monist* 6, p. 161-175.

MACHINA M. J. et ROTHSCHILD M., 1987, « Risk », dans EATWELL J., MILGATE M. et NEWMAN P. (éd.), 1987.

MAGEE B., 1985, *Philosophy and the Real World: An Introduction to Karl Popper*, Open Court Books, La Salle, Ill.

—, 1997, *Confessions of a Philosopher*, Weidenfeld & Nicolson, Londres.

MAINES L. A. et HAND J. R., 1996, « Individuals' Perceptions and Misperceptions of Time-Series Properties of Quarterly Earnings », dans *Accounting Review* 71, p. 317-346

MAKRIDAKIS S., ANDERSEN A., CARBONE R., FILDES R., HIBON M., LEWANDOWSKI R., NEWTON J., PARZEN R. et WINKLER R., 1982, « The Accuracy of Extrapolation (Time Series) Methods: Results of a Forecasting Competition », dans *Journal of Forecasting* 1, p. 111-153.

MAKRIDAKIS S., CHATFIELD C., HIBON M., LAWRENCE M., MILLS T., ORD K. et SIMMONS L. F., 1993, « The M2-Competition: A Real-Time Judgmentally Based Forecasting Study » (avec un commentaire) , dans *International Journal of Forecasting* 5, p. 29.

MAKRIDAKIS S. et HIBON (M., 2000, « The M3-Competition: Results, Conclusions and Implications », dans *International Journal of Forecasting* 16, p. 451-476.

MANDELBROT B., 1963, « The Variation of Certain Speculative Prices », dans *Journal of Business* 36(4), p. 394-419.

MANDELBROT B., 1965, « Information Theory and Psycholinguistics », dans WOLMAN B. et NAGEL E. (éd.), *Scientific Psychology: Principles and Approaches*, Basic Books, New York.

—, 1975, *Les Objets fractals: forme, hasard, et dimension*, Flammarion, Paris.

—, 1982, *The Fractal Geometry of Nature*, W. H. Freeman and Company, New York.

—, 1997a, *Fractales, hasard et finance*, Flammarion, Paris.

—, 1997b, *Fractals and Scaling in Finance: Discontinuity, Concentration, Risk*, Springer-Verlag, New York.

MANDELBROT B. et TALEB N. N., 2006a, « A Focus on the Exceptions That Prove the Rule », dans *Mastering Uncertainty: Financial Times Series*.

—, 2006b, « Matematica della sagessa », dans *Il Sole 24 Ore*, 9 octobre.

—, 2007a, « Random Jump Not Random Walk », manuscrit.

—, 2007b, « Mild vs. Wild Randomness : Focusing on Risks that Matter », à paraître dans DIEBOLD F., DOHERTY N. et HERRING R. (éd.), *The Known, the Unknown and the Unknowable in Financial Institutions*, Princeton, Princeton University Press, N.J.

MANDLER J. M. et MCDONOUGH L., 1998, « Studies in Inductive Inference in Infancy », dans *Cognitive Psychology* 37, p. 60-96.

MARGALIT A., 2002, *The Ethics of Memory*, Harvard University Press, Cambridge, Mass.

MARKOWITZ H., 1952, « Portfolio Selection », dans *Journal of Finance* (mars), p. 77-91.

—, 1959, *Portfolio Selection : Efficient Diversification of Investments*, 2ᵉ éd, Wiley, New York.

MARMOTT M., 2004, *The Status Syndrome : How Social Standing Affects Our Health and Longevity*, Bloomsbury, Londres.

MARR D., 1982, *Vision*, W. H. Freeman and Company, New York.

MASTERS J., 1969, *Casanova*, Bernard Geis Associates, New York.

MAY R. M., 1973, *Stability and Complexity in Model Ecosystems*, Princeton University Press, Princeton, N.J.

MAY R. S., 1986, « Overconfidence as a Result of Incomplete and Wrong Knowledge », dans SCHOLZ R. W. (éd.), *Current Issues in West German Decision Research*, Lang, Francfort-sur-le-Main, Allemagne.

MAYSELESS O. et KRUGLANSKI A. W., 1987, « What Makes You So Sure ? Effects of Epistemic Motivations on Judgmental Confidence », dans *Organizational Behavior and Human Decision Processes* 39, p. 162-183.

MCCLELLAND A. G. R. et BOLGER F., 1994, « The Calibration of Subjective Probabilities : Theories and Models, 1980-1994 », dans WRIGHT G. et AYTON P. (éd.), *Subjective Probability*, Wiley, Chichester, Angleterre.

MCCLOSKEY D., 1990, *If You're So Smart : The Narrative of Economic Expertise*, The University of Chicago Press, Chicago.

—, 1992, « The Art of Forecasting : From Ancient to Modern Times », dans *Cato Journal* 12 (1), p. 23-43.

MCCLURE S. M., LAIBSON D. I., LOEWENSTEIN G. F. et COHEN J. D., 2004, « Separate Neural Systems Value Immediate and Delayed Monetary Rewards », dans *Science* 306 (5695), p. 503-507.

McManus C., 2002, *Right Hand, Left Hand*, Orion Books, Londres.

McNees S. K., 1978, « Rebuttal of Armstrong », dans *Journal of Business* 51 (4), p. 573-577.

—, 1995, « An Assessment of the "Official" Economic Forecasts », dans *New England Economic Review*, juillet-août, p. 13-23.

McNeill W. H., 1976, *Plagues and Peoples*, Anchor Books, New York.

Medawar P., 1996, *The Strange Case of the Spotted Mice and Other Classic Essays on Science*, Oxford University Press, Oxford.

Meehl P. E., 1954, *Clinical Versus Statistical Predictions: A Theoretical Analysis and Revision of the Literature*, University of Minnesota Press, Minneapolis.

—, 1973, « Why I Do Not Attend in Case Conferences », dans *Psychodiagnostique: Selected Papers*, University of Minnesota Press, Minneapolis, p. 225-302.

Mendenhall R. R., 1991, « Evidence of Possible Underweighting of Earnings-Related Information », dans *Journal of Accounting Research* 29, p. 170-178.

Merton R. K., 1968, « The Matthew Effect in Science », dans *Science* 159, p. 56-63.

—, 1973a, « The Matthew Effect in Science », dans Storer N. (éd.), *The Sociology of Science*, The University of Chicago Press, Chicago.

—, 1973b, « The Normative Structure of Science », dans *ibid.*

—, 1988, « The Matthew Effect II: Cumulative Advantage and the Symbolism of Intellectual Property », dans *Isis* 79, p. 606-623.

Merton R. K. et Barber Elinor, 2004, *The Travels and Adventures of Serendipity*, Princeton University Press, Princeton, N.J.

Merton R. C., 1972, « An Analytic Derivation of the Efficient Portfolio Frontier », dans *Journal of Financial and Quantitative Analysis* 7(4), p. 1851-1872.

—, 1992, *Continuous-Time Finance*, 2ᵉ éd., Blackwell, Cambridge, Angleterre.

Mihailescu C., 2006, *Lotophysics*, préimpression, University of Western Ontario.

Mikhail M. B., Walther B. R. et Willis R. H., 1999, « Does Forecast Accuracy Matter to Security Analysts? », dans *The Accounting Review* 74 (2), p. 185-200.

Mikhail M. B., Walther B. R. et Willis R. H., 1997, « Do Security Analysts Improve Their Performance with Experience? », dans *Journal of Accounting Research* 35, p. 131-157.

MILGRAM S., 1967, « The Small World Problem », dans *Psychology Today* 2, p. 60-67.

MILL J. S., 1860, *A System of Logic Ratiocinative and Inductive, Being a ConnectedView of the Principle of Evidence and the Methods of Scientific Investigation*, 3ᵉ éd., John W. Parker, West Strand, Londres.

MILLER D. T. et ROSS M., 1975, « Self-Serving Biases in Attribution of Causality: Fact or Fiction? », dans *Psychological Bulletin* 82 (2), p. 213-225.

MILLER G. F., 2000, *The Mating Mind: How Sexual Choice Shaped the Evolution of Human Nature*, Doubleday, New York.

MINSKY H., 1982, *Can It Happen Again? Essays on Instability and Finance*, M. E. Sharpe, Armonk, N.Y.

MISES R. (VON), 1928, *Wahrscheinlichkeit, Statistik undWahrheit*, Springer, Berlin; traduit et réimprimé sous le titre *Probability, Statistics, and Truth*, Dover, New York, 1957.

MITZENMACHER M., 2003, « A Brief History of Generative Models for Power Law and Lognormal Distributions », dans *Internet Mathematics* 1 (2), p. 226-251.

MOHR C., LANDIS T., BRACHA H. S. et BRUGGER P., 2003, « Opposite Turning Behavior in Right-Handers and Non-Right-Handers Suggests a Link Between Handedness and Cerebral Dopamine Asymmetries », dans *Behavioral Neuroscience* 117 (6), p. 1448-1452.

MOKYR J., 2002, *The Gifts of Athena*, Princeton University Press, Princeton, N.J.

MONTIER J., 2007, *Applied Behavioural Finance*, Wiley, Chichester, Angleterre.

MOON F. C., 1992, *Chaotic and Fractal Dynamics*, Wiley, New York.

MOSSNER E. C., 1970, *The Life of David Hume*, Clarendon Press, Oxford.

MURPHY A. H. et WINKLER R., 1984, « Probability Forecasting in Meteorology », dans *Journal of the American Statistical Association* 79, p. 489-500.

MYERS D. G., 2002, *Intuition: Its Powers and Perils?* Yale University Press, New Haven, Conn.

NADER K. et LEDOUX J. E., 1999, « The Dopaminergic Modulation of Fear: Quinpirole Impairs the Recall of Emotional Memories in Rats », *Behavioral Neuroscience* 113 (1), p. 152-165.

NAYA E. et POUEY-MOUNOU A.-P., 2005, *Éloge de la médiocrité*, Éd. Rue d'Ulm, Paris.

NELSON (Lynn Hankinson) et NELSON (Jack), 2000, *On Quine*, Wadsworth, Belmont, Calif.

NELSON R. H., 2001, *Economics as a Religion: From Samuelson to Chicago and Beyond*, The Pennsylvania State University Press, University Park, Penn.

NEWELL A. et SIMON H. A., 1972, *Human Problem Solving*, Prentice-Hall, Englewood, Cliffs, N.J.

NEWMAN M., 2003, « The Structure and Function of Complex Networks », dans *SIAM Review* 45, p. 167-256.

NEWMAN M. E. J., 2000, « Models of the Small World: A Review », dans *Journal of Statistical Physics*, 101, p. 819-841.

—, 2001, « The Structure of Scientific Collaboration Networks », dans *Proceedings of the National Academy of Science* 98, p 404-409.

—, 2005, « Power Laws, Pareto Distributions, and Zipf's Law », dans *Complexity Digest* 2005 02, p. 1-27.

NEWMAN M. E. J., MOORE C. et WATTS D. J., 2000, « Mean-Field Solution of the Small-World Network Model », dans *Physical Review Letters* 84, p. 3201-3204.

NEWMAN M. E. J., WATTS D. J. et STROGATZ S. H., 2000, « Random Graphs with Arbitrary Degree Distribution and Their Applications », préimpression cond-mat/0007235 sur http://xxx.lanl.gov.

NEYMAN J., 1977, « Frequentist Probability and Frequentist Statistics », dans *Synthèse* 36, p. 97-131.

NIETZSCHE F., 1979, *Ecce Homo*, Penguin Books, Londres.

NISBETT R. E., KRANTZ D. H., JEPSON D. H. et KUNDA Z., 1983, « The Use of Statistical Heuristics in Everyday Inductive Reasoning », dans *Psychological Review* 90, p. 339-363.

NISBETT R. E. et WILSON T. D.), 1977, « Telling More Than We Can Know: Verbal Reports on Mental Processes », dans *Psychological Bulletin* 84 (3), p. 231-259.

NUSSBAUM M. C., 1986, *The Fragility of Goodness: Luck and Ethics in Greek Tragedy and Philosophy*, Cambridge University Press, Cambridge.

OBERAUER K., WILHELM O. et DIAZ R. R., 1999, « Bayesian Rationality for the Wason Selection Task? A Test of Optimal Data Selection Theory », dans *Thinking and Reasoning* 5 (2), p 115-144.

O'CONNOR M. et LAWRENCE M., 1989, « An Examination of the Accuracy of Judgment Confidence Intervals in Time Series Forecasting », dans *International Journal of Forecasting* 8, p. 141-155.

ODEAN T., 1998a, « Are Investors Reluctant to Realize Their Losses? », dans *Journal of Finance* 53 (5), p. 1775-1798.

—, 1998b, « Volume, Volatility, Price and Profit When All Traders Are Above Average », dans *Journal of Finance* 53(6), p. 1887-1934.

OFFICER R. R., 1972, « The Distribution of Stock Returns », dans *Journal of the American Statistical Association* 340 (67), p. 807-812.

OLSSON E. J., 2006, *Knowledge and Inquiry : Essayson the Pragmatism of Isaac Levi*, « Cambridge Studies in Probability, Induction and Decision Theory Series », Cambridge University Press, Cambridge.

O'NEILL B. C. et DESAI M. 2005, « Accuracy of Past Projections of U.S. Energy Consumption », dans *Energy Policy* 33, p. 979-993.

ONKAL D., YATES J. F., SIMGA-MUGAN C. et OZTIN S., 2003, « Professional and Amateur Judgment Accuracy : The Case of Foreign Exchange Rates », dans *Organizational Behavior and Human Decision Processes* 91, p. 169-185.

ORMEROD P., 2005, *Why Most Things Fail*, Pantheon Books, New York.

—, 2006, « Hayek, "The Intellectuals and Socialism", and Weighted Scale-Free Networks », dans *Economic Affairs* 26, p. 1-41.

OSKAMP S., 1965, « Overconfidence in Case-Study Judgments », dans Journal *of Consulting Psychology* 29 (3), p. 261-265.

PAESE P. W. et SNIEZEK J. A., 1991, « Influences on the Appropriateness of Confidence in Judgment : Practice, Effort, Information, and Decision Making », dans *Organizational Behavior and Human Decision Processes* 48, p. 100-130.

PAGE S., 2007, *The Difference : How the Power of Diversity Can Create Better Groups, Firms, Schools, and Societies*, Princeton University Press, Princeton, N.J.

PAIS A., 1982, *Subtle Is the Lord*, Oxford University Press, New York.

PARETO V., 1896, *Cours d'économie politique*, Droz, Genève.

PARK D., 2005, *The Grand Contraption : The World as Myth, Number, and Chance*, Princeton University Press, Princeton, N.J.

PAULOS J. A., 1988, *Innumeracy*, Hill & Wang, New York.

—, 2003, *A Mathematician Plays the Stock Market*, Basic Books, Boston.

PEARL J., 2000, *Causality : Models, Reasoning, and Inference*, Cambridge University Press, New York.

PEIRCE C. S., (1923) 1998, *Chance, Love and Logic : Philosophical Essays*, University of Nebraska Press, Lincoln.

—, 1955, *Philosophical Writings of Peirce*, éd. J. Buchler, Dover, New York.

PENROSE R., 1989, *The Emperor's New Mind*, Penguin, New York.

PÉREZ C. J., CORRAL A., DÍAZ-GUILERA A., CHRISTENSEN K. et ARENAS A., 1996, « On Self-Organized Criticality and Synchronization in Lattice Models of Coupled Dynamical Systems », dans *International Journal of Modern Physics* B 10, p. 1111-1151.

PERILLI L., 2004, *Menodoto di Nicomedia : Contributo a una storia galeniana della medicina empirica*, K. G. Saur, Munich - Leipzig.

PERLINE R., 2005, « Strong, Weak, and False Inverse Power Laws », dans *Statistical Science* 20 (1), p. 68-88.

PFEIFER P. E., 1994, « Are We Overconfident in the Belief That Probability Forecasters Are Overconfident ? », dans *Organizational Behavior and Human Decision Processes* 58 (2), p. 203-213.

PHELAN J., 2005, « Who's Here ? Thoughts on Narrative Identity and Narrative Imperialism », dans *Narrative* 13, p. 205-211.

PIATTELLI-PALMARINI M., 1994, *Inevitable Illusions : How Mistakes of Reason Rule Our Minds*, Wiley, New York.

PIETERS R. et BAUMGARTNER H., 2002, « Who Talks to Whom ? Intra- and Interdisciplinary Communication of Economics Journals », dans *Journal of Economic Literature* 40 (2), p. 483-509.

PINKER S., 1997, *How the Mind Works*, W. W. Norton and Company, New York.

—, 2002, *The Blank Slate : The Modern Denial of Human Nature*, Viking New York.

PISARENKO V. et SORNETTE D., 2004, « On Statistical Methods of Parameter Estimation for Deterministically Chaotic Time-Series », dans *Physical Review* E 69, 036122.

PLATO J. (VON), 1994, *Creating Modern Probability*, Cambridge University Press, Cambridge.

PLOTKIN H., 1998, *Evolution in Mind : An Introduction to Evolutionary Psychology*, Penguin, Londres.

PLOUS S., 1993, *The Psychology of Judgment and Decision Making*, McGraw-Hill, New York.

—, 1995, « A Comparison of Strategies for Reducing Interval Overconfidence in Group Judgments », dans *Journal of Applied Psychology* 80, p. 443-454.

POLANYI M., 1958-1974, *Personal Knowledge : Towards a Post-Critical Philosophy*, The University of Chicago Press, Chicago.

POPKIN R. H., 1951, « David Hume : His Pyrrhonism and His Critique of Pyrrhonism », dans *The Philosophical Quarterly* 1 (5), p. 385-407.

—, 1955, « The Skeptical Precursors of David Hume », dans *Philosophy and Phenomenological Research*, 16 1, p. 61-71.

—, 2003, *The History of Scepticism: From Savonarola to Bayle*, Oxford University Press, Oxford.

POPPER K. R., 1971, *The Open Society and Its Enemies*, 5ᵉ éd., Princeton University Press, Princeton, N.J.

—, 1992, *Conjectures and Refutations: The Growth of Scientific Knowledge*, 5ᵉ éd., Routledge, Londres.

—, 1994, *The Myth of the Framework*, Routledge, Londres.

—, 2002a, *The Logic of Scientific Discovery*, 15ᵉ éd., Routledge, Londres.

—, 2002b, *The Poverty of Historicism*, Routledge, Londres.

POSNER R. A., 2004, *Catastrophe: Risk and Response*, Oxford University Press, Oxford.

PRICE D. J. de Solla, 1965, « Networks of Scientific Papers », dans *Science* 149, p. 510-515.

—, 1970, « Citation Measures of Hard Science, Soft Science, Technology, and Non-Science », dans NELSON (C. E.) et POLLAK (D. K.) (éd.), *Communication Among Scientists and Engineers*, Heat, Lexington, Mass.

—, 1976, « A General Theory of Bibliometric and Other Cumulative Advantage Processes », dans *Journal of the American Society of Information Sciences* 27, p. 292-306.

PRIGOGINE (., 1996, *The End of Certainty: Time, Chaos, and the New Laws of Nature*, New York, The Free Press.

QUAMMEN D., 2006, *The Reluctant Mr. Darwin*, W. W. Norton and Company, New York.

QUINE W. V., 1951, « Two Dogmas of Empiricism », dans *The Philosophical Review* 60, p. 20-43.

—, 1970, « Natural Kinds », dans RESCHER N. (éd.), *Essays in Honor of Carl G. Hempel*, Reidel, Dordrecht, D.

RABIN M., 1998, « Psychology and Economics », dans *Journal of Economic Literature* 36, p. 11-46.

—, 2000, « Inference by Believers in the Law of Small Numbers », document de travail, département d'économie de l'université de Californie, Berkeley, http://repositories.cdlib.org/iber/econ/.

RABIN M. et THALER R. H., 2001, « Anomalies: Risk Aversion », dans *Journal of Economic Perspectives* 15 (1), p. 219-232.

RAMACHANDRAN V. S., 2003, *The Emerging Mind*, Londres, Portfolio.

RAMACHANDRAN V. S. et BLAKESLEE S., 1998, *Phantoms in the Brain*, Morrow, New York.

RANCIÈRE J., 1997, *Les Mots de l'histoire. Essai de poétique du savoir*, Éd. du Seuil, Paris.

RATEY J. J., 2001, *A User's Guide to the Brain : Perception, Attention and the Four Theaters of the Brain*, Pantheon, New York.

RAWLS J., 1971, *A Theory of Justice*, Harvard University Press, Cambridge, Mass.

REBOUL A., 2006, « Similarities and Differences Between Human and Nonhuman Causal Cognition », dans *Interdisciplines Conference on Causality*, www.interdisciplines.org.

REDNER S., 1998, « How Popular Is Your Paper? An Empirical Study of the Citation Distribution », dans *European Physical Journal* B 4, p. 131-134.

REES M., 2004, *Our Final Century : Will Civilization Survive the Twenty-First Century?*, Arrow Books, Londres.

REICHENBACH H., 1938, *Experience and Prediction*, The University of Chicago Press, Chicago.

REMUS W., OAPOS CONNOR M. et GRIGGS K., 1997, « Does Feedback Improve the Accuracy of Recurrent Judgmental Forecasts ? », dans *Comptes-rendus de la trentième conference internationale de Hawaii sur les sciences systémiques*, 7-10 janvier 1997, p. 5-6.

RESCHER N., 1995, *Luck : The Brilliant Randomness of Everyday Life*, Farrar, Straus & Giroux, New York.

—, 2001, *Paradoxes : Their Roots, Range, and Resolution*, Open Court Books, Chicago.

RICHARDSON L. F., 1960, *Statistics of Deadly Quarrels*, Boxwood Press, Pacific Grove, Calif.

RIPS L., 2001, « Necessity and Natural Categories », dans *Psychological Bulletin* 127, p. 827-852.

ROBERTS R. M., 1989, *Serendipity : Accidental Discoveries in Science*, Wiley, New York.

ROBINS R. W., 2005, « Pscyhology : The Nature of Personality : Genes, Culture, and National Character », dans *Science* 310, p. 62-63.

ROLLET L., 2005, « Un mathématicien au Panthéon ? Autour de la mort de Henri Poincaré », Laboratoire de philosophie et d'histoire des sciences - Archives Henri-Poincaré, Université Nancy-II.

RONIS D. L. et YATES J. F., 1987, « Components of Probability Judgment Accuracy : Individual Consistency and Effects of Subject Matter and Assessment Method », dans *Organizational Behavior and Human Decision Processes* 40, p. 193-218.

ROSCH E., 1978, « Principles of Categorization », dans ROSCH E. et LLOYD B. B. (éd.), *Cognition and Categorization*, Lawrence Erlbaum, Hillsdale, N.J.

—, 1973, « Natural Categories », dans *Cognitive Psychology* 4, p. 328-350.

ROSE S., 2003, *The Making of Memory: From Molecules to Mind*, éd. revue et corrigée, Vintage, New York.

ROSEN S., 1981, « The Economics of Superstars », dans *American Economic Review* 71, p. 845-858.

ROSENZWEIG P., 2006, *The Halo Effect and Other Business Delusions: Why Experts Are So Often Wrong and What Wise Managers Must Know*, The Free Press, New York.

ROSS S. A., 2004, *Neoclassical Finance*, Princeton University Press, Princeton, N.J .

ROUNDING V., 2006, *Catherine the Great: Love, Sex and Power*, Hutchinson, Londres.

RUELLE D., 1991, *Hasard et chaos*, Odile Jacob, Paris.

RUFFIÉ J., 1977, *De la biologie à la culture*, Flammarion, Paris.

RUSSELL B., 1912, *The Problems of Philosophy*, Oxford University Press, New York.

—, 1993, *My Philosophical Development*, Routledge, Londres.

—, 1996, *Sceptical Essays*, Routledge, Londres

RUSSO J. E. et SCHOERNAKER P. J. H., 1992, « Managing Overconfidence », dans *Sloan Management Review* 33 (2), p. 7-17.

RYLE G., 1949, *The Concept of Mind*, The University of Chicago Press, Chicago.

SALGANIK M. J., DODDS P. S. et WATTS D. J., 2006, « Experimental Study of Inequality and Unpredictability in an Artificial Cultural Market », dans *Science* 311, p. 854-856.

SAMUELSON P. A., 1983, *Foundations of Economic Analysis*, Harvard University Press, Cambridge, Mass.

SAPOLSKY R. M., 1998, *Why Zebras Don't Get Ulcers: An Updated Guide to Stress, Stress-Related Diseases, and Coping*, W. H. Freeman and Company, New York.

SAPOLSKY R. M. et le DÉPARTEMENT DE NEUROLOGIE ET DES SCIENCES NEUROLOGIQUES DE LA FACULTÉ DE MÉDECINE DE L'UNIVERSITÉ DE STANFORD, 2003, « Glucocorticoids and Hippocampal Atrophy in Neuropsychiatric Disorders ».

SAVAGE L. J., 1972, *The Foundations of Statistics*, Dover, New York.

SCHACTER D. L., 2001, *The Seven Sins of Memory: How the Mind Forgets and Remembers*, Houghton Mifflin, Boston.

SCHELLING T., 1971, « Dynamic Models of Segregation », dans *Journal of Mathematical Sociology* 1, p. 143-186.

—, 1978, *Micromotives and Macrobehavior*, W.W. Norton and Company, New York.

SCHEPS R. (éd.), 1996, *Les Sciences de la prévision*, Éd. du Seuil, Paris.

SCHROEDER M., 1991, *Fractals, Chaos, Power Laws: Minutes from an Infinite Paradise*, W. H. Freeman and Company, New York

SCHUMPETER J., 1942, *Capitalism, Socialism and Democracy*, Harper, New York.

SEGLEN P. O., 1992, « The Skewness of Science », dans *Journal of the American Society for Information Science* 43, p. 628-638.

SEXTUS EMPIRICUS, 1997, *Esquisses pyrrhoniennes*, Éd. du Seuil, Paris.

—, 2000, *Outline of Scepticism*, éd. Julia Annas et Jonathan Barnes, Cambridge University Press, New York.

—, 2002, *Contre les professeurs*, Éd. du Seuil, Paris.

—, 2005, *Against the Logicians*, éd. et trad. Richard Bett, Cambridge University Press, New York

SHACKLE G.L.S., 1961, *Decision Order and Time in Human Affairs*, Cambridge University Press, Cambridge.

—, 1973, *Epistemics and Economics: A Critique of Economic Doctrines*, Cambridge University Press, Cambridge.

SHANTEAU J., 1992, « Competence in Experts: The Role of Task Characteristics », dans *Organizational Behavior and Human Decision Processes* 53, p 252-266.

SHARPE W. F., 1994, « The Sharpe Ratio », dans *Journal of Portfolio Management* 21 (1), p. 49-58.

—, 1996, « Mutual Fund Performance », dans *Journal of Business* 39, p. 119-138.

SHILLER R. J., 1981, « Do Stock Prices Move Too Much to Be Justified by Subsequent Changes in Dividends? », dans *American Economic Review* 71 (3), p. 421-436.

—, 1989, *Market Volatility*, The MIT Press, Cambridge, Mass.

—, 1990, « Market Volatility and Investor Behavior », dans *American Economic Review* 80 (2), p. 58-62.

—, 1995, « Conversation, Information, and Herd Behavior », dans *American Economic Review* 85 (2), p. 181-185.

—, 2000, *Irrational Exuberance*, Princeton University Press, Princeton, N.J.

—, 2003, *The New Financial Order: Risk in the 21st Century*, Princeton University Press, Princeton, N.J.

SHIZGAL P., 1999, « On the Neural Computation of Utility : Implications from Studies of Brain Simulation Rewards », dans KAHNEMAN D., DIENER E. et SCHWARZ N. (éd.), 1999.

SIEFF E. M., DAWES R. M. et LOEWENSTEIN G., 1999, « Anticipated Versus Actual Reaction to HIV Test Results », dans *American Journal of Psychology* 122, p. 297-311.

SILVERBERG G. et VERSPAGEN B., 2004, « The Size Distribution of Innovations Revisited : An Application of Extreme Value Statistics to Citation and Value Measures of Patent Significance », sur www. merit.unimaas.nl/publications/rmpdf/2004/rm2004-021.pdf.

—, 2005, « Self-organization of R&D Search in Complex Technology Spaces », sur www. merit.unimaas.nl/publications/rmpdf/2005/rm2005-017.pdf.

SIMON H. A., 1955, « On a Class of Skew Distribution Functions », dans *Biometrika* 42, p. 425-440.

—, 1987, « Behavioral Economics », dans EATWELL J., MILGATE M. et NEWMAN P. (éd.), 1987.

SIMONTON D. K., 1999, *Origins of Genius : Darwinian Perspectives on Creativity*, Oxford University Press, New York.

—, 2004, *Creativity*, Cambridge University Press, New York.

SLOMAN S. A, 1993, « Feature Based Induction », dans *Cognitive Psychology* 25, p. 231-280.

—, 1994, « When Explanations Compete : The Role of Explanatory Coherence on Judgments of Likelihood », dans *Cognition* 52, p. 1-21.

—, 1996, « The Empirical Case for Two Systems of Reasoning », dans *Psychological Bulletin* 119, p. 3-22.

—, 1998, « Categorical Inference Is Not a Tree : The Myth of Inheritance Hierarchies » , dans *Cognitive Psychology* 35, p. 1-33.

—, 2002, « Two Systems of Reasoning », dans GILOVICH T., GRIFFIN D. et KAHNEMAN D. (éd.), 2002.

SLOMAN S, LOVE B. C. et AHN W., 1998, « Feature Centrality and Conceptual Coherence », dans *Cognitive Science* 22, p. 189-228.

SLOMAN S. A. et MALT B. C., 2003, « Artifacts Are Not Ascribed *Essences, Nor Are They Treated as Belonging to Kinds* », *dans Language* and Cognitive Processes 18, p. 563-582.

SLOMAN S. A. et OVER D., 2003, « Probability Judgment from the Inside and Out », dans OVER D. (éd.), *Evolution and the Psychology of Thinking : The Debate*, Psychology Press, New York.

SLOMAN S. A. et RIPS L. J., 1998, « Similarity as an Explanatory Construct », dans *Cognition* 65, p. 87-101.

SLOVIC P., 1987, « Perception of Risk », dans *Science* 236, p. 280-285.

—, (éd.) 2001, *The Perception of Risk*, Earthscan, Londres.

SLOVIC P., FINUCANE M., PETERS E. et MACGREGOR D. G., 2003a, « Rational Actors or Rational Fools? Implications of the Affect Heuristic for Behavioral Economics », document de travail, sur www.decisionresearch.com.

—, 2003b, « Risk as Analysis, Risk as Feelings: Some Thoughts About Affect, Reason, Risk, and Rationality », exposé présenté lors de la rencontre annuelle de la Society for Risk Analysis, 10 décembre 2002, La Nouvelle-Orléans, L.A.

SLOVIC P., FINUCANE M., PETERS E. et MACGREGOR D. G., 2002, « The Affect Heuristic », dans GILOVICH T., GRIFFIN D. et KAHNEMAN D. (éd.), 2002.

SLOVIC P., FISCHHOFF B. et LICHTENSTEIN S., 1976, « Cognitive Processes and Societal Risk Taking », dans CARROLL J. S. et PAYNE J. W.) (éd.), *Cognition and Social Behavior*, Lawrence Erlbaum, Hillsdale, N.J.

—, 1977, « Behavioral Decision Theory », dans *Annual Review of Psychology* 28, p. 1-39.

SLOVIC P., FISCHHOFF B., LICHTENSTEIN S., CORRIGAN B. et COMBS B., 1977, « Preference for Insuring Against Probable Small Losses: Implications for the Theory and Practice of Insurance », dans *Journal of Risk and Insurance* 44, p. 237-258, réimprimé dans SLOVIC P. (éd.), 2001.

SNIEZEK J. A. et HENRY R. A., 1989, « Accuracy and Confidence in Group Judgement », dans *Organizational Behavior and Human Decision Processes* 43 (11), p. 1-28.

SNIEZEK J. A. et BUCKLEY T., 1993, « Decision Errors Made by Individuals and Groups », dans CASTELLAN N. J. (éd.), *Individual and Group Decision Making*, Lawrence Erlbaum, Hillsdale, N.J.

SNYDER A. W., 2001, « Paradox of the Savant Mind », dans *Nature* 413, p. 251-252.

SNYDER A. W., MULCAHY E., TAYLOR J. L., MITCHELL D. J., SACHDEV P. et GANDEVIA S. C., 2003, « Savant-like Skills Exposed in Normal People by Suppression of the Left Fronto-temporal Lobe », dans *Journal of Integrative Neuroscience* 2, p 149-158.

SOLL J. B., 1996, « Determinants of Overconfidence and Miscalibration: The Roles of Random Error and Ecological Structure », dans *Organizational Behavior and Human Decision Processes* 65, p. 117-137.

SORNETTE D., 2003, *Why Stock Markets Crash : Critical Events in Complex Financial Systems*, Princeton University Press, Princeton, N.J.

—, 2004, *Critical Phenomena in Natural Sciences : Chaos, Fractals, Self-Organization and Disorder : Concepts and Tools*, 2ᵉ éd., Springer, Berlin - Heidelberg.

SORNETTE D., DESCHÂTRES F., GILBERT T. et AGEON Y., 2004, « Endogenous Versus Exogenous Shocks in Complex Networks : An Empirical Test », dans *Physical Review Letters* 93, 228701.

SORNETTE D. et IDE K., 2001, « The Kalman-Levy Filter », dans *Physica* D151, p. 142-174.

SORNETTE D. et ZAJDENWEBER D., 1999, « The Economic Return of Research : The Pareto Law and Its Implications », dans *European Physical Journal* B8 (4), p. 653-664.

SOROS G., 1988, *The Alchemy of Finance : Reading the Mind of the Market*, Simon & Schuster, New York.

SPARIOSU M. I., 2004, *The University of Global Intelligence and Human Development : Towardsan Ecology of Global Learning*, The MIT Press, Cambridge, Mass.

SPASSER M. A., 1997, « The Enacted Fate of Undiscovered Public Knowledge », dans *Journal of the American Society for Information Science* 48 (8), p. 707-717.

SPENCER B. A. et TAYLOR G. S., 1988, « Effects of Facial Attractiveness and Gender on Causal Attributions of Managerial Performance », dans *Sex Roles* 19 (5/6), p. 273-285.

SPERBER D., 1996a, *La Contagion des idées*, Odile Jacob, Paris.

—, 1996b, *Explaining Culture : A Naturalistic Approach*, Blackwell, Oxford.

—, 1997, « Intuitive and Reflective Beliefs », dans *Mind and Language* 12 (1), p. 67-83.

—, 2001, « An Evolutionary Perspective on Testimony and Argumentation », dans *Philosophical Topics* 29, p. 401-413.

SPERBER D. et WILSON D., 1995, *Relevance : Communication and Cognition*, 2ᵉ éd., Blackwell, Oxford.

—, 2004a, « Relevance Theory », dans HORN L. R. et WARD G. (éd.), *The Handbook of Pragmatics*, Blackwell, Oxford.

—, 2004b, « The Cognitive Foundations of Cultural Stability and Diversity », dans *Trends in Cognitive Sciences* 8 (1), p. 40-44.

SQUIRE L. et KANDEL E. R., 2000, *Memory : From Mind to Molecules*, Owl Books, New York.

STANLEY H. E., AMARAL L. A. N., GOPIKRISHNAN P. et PLEROU V., 2000, « Scale Invariance and Universality of Economic Fluctuations », dans *Physica* A283, p. 31-41.

STANLEY T. J., 2000, *The Millionaire Mind*, Andrews McMeel Publishing, Kansas City.

STANLEY T. J. et DANKO W. D., 1996, *The Millionaire Next Door : The Surprising Secrets of America's Wealthy*, Longstreet Press, Atlanta, Ga.

STANOVICH K. et WEST R., 2000, « Individual Differences in Reasoning : Implications for the Rationality Debate », dans *Behavioral and Brain Sciences* 23, p. 645-665.

STANOVICH K. E., 1986, « Matthew Effects in Reading : Some Consequences of Individual Differences in the Acquisition of Literacy », dans *Reading Research Quarterly* 1, p. 360-407.

STEIN D. L. (éd.), 1989, *Lectures in the Sciences of Complexity*, Addison-Wesley, Eading, Mass.

STERELNY K., 2001, *Dawkins vs. Gould : Survival of the Fittest*, TotemBooks, Cambridge, Angleterre.

STEWART I., 1989, *Does God Play Dice ? The New Mathematics of Chaos*, Penguin Books, Londres.

—, 1993, « Chaos », dans HOWE (Leo) et WAIN (Alan) (éd.), 1993.

STIGLER S. M., 1986, *The History of Statistics : The Measurement of Uncertainty Before 1900*, The Belknap Press of Harvard University, Cambridge, Mass.

—, 2002, *Statistics on the Table : The History of Statistical Concepts and Methods*, Harvard University Press, Cambridge, Mass.

STIGLITZ J., 1994, *Whither Socialism*, The MIT Press, Cambridge, Mass.

STRAWSON G., 1994, *Mental Reality*, The MIT Press, Cambridge, Mass.

—, 2004, « Against Narrativity », dans *Ratio* 17, p. 428-452.

STROGATZ S. H., 1994, *Nonlinear Dynamics and Chaos, with Applications to Physics, Biology, Chemistry, and Engineering*, Addison-Wesley, Reading, Mass.

STROGATZ S. H., 2001, « Exploring Complex Networks », dans *Nature* 410, p. 268-276.

—, 2003, *Sync : How Order Emerges from Chaos in the Universe, Nature, and Daily Life*, Hyperion, New York.

SUANTAK L., BOLGER F. et FERRELL W. R., 1996, « The Hard-Easy Effect in Subjective Probability Calibration », dans *Organizational Behavior and Human Decision Processes* 67, p. 201-221.

SUDDENDORF T., 2006, « Enhanced : Foresight and Evolution of the Human Mind », dans *Science* 312 (5776), p. 1006-1007.

SULLIVAN R., TIMMERMANN A. et WHITE H., 1999, « Data-Snooping, Technical Trading Rule Performance and the Bootstrap », dans *Journal of Finance* 54, p. 1647-1692.

SUNSTEIN C. R., 2002, *Risk and Reason : Safety, Law, and the Environment*, Cambridge University Press, Cambridge.

SUROWIECKI J., 2004, *The Wisdom of Crowds*, Doubleday, New York.

SUSHIL B., HIRSHLEIFER D. et WELCH I., 1992, « A Theory of Fads, Fashion, Custom, and Cultural Change as Informational Cascades », dans *Journal of Political Economy* 100 (5), p. 992-1026.

SUTTON J., 1997, « Gibrat's Legacy », dans *Journal of Economic Literature* 35, p. 40-59.

SWANSON D. R., 1986a, « Fish Oil, Raynaud's Syndrome and Undiscovered Public Knowledge », dans *Perspectives in Biology and Medicine* 30 (1), p. 7-18.

—, 1986b, « Undiscovered Public Knowledge », dans *Library Quarterly* 56, p 103-118.

—, 1987, « Two Medical Literatures That Are Logically but Not Bibliographically Connected », dans *Journal of the American Society for Information Science* 38, p. 228-233.

SWETS J. A., DAWES R. M. et MONAHAN J., 2000a, « Better Decisions Through Science », dans *Scientific American*, octobre, p. 82-87.

—, 2000b, « Psychological Science Can Improve Diagnostic Decisions », dans *Psychogical Science in the Public Interest* 1, p. 1-26.

SZENBERG M. (éd.), 1992, *Eminent Economists : Their Life Philosophies*, Cambridge University Press, Cambridge.

TABOR M., 1989, *Chaos and Integrability in Nonlinear Dynamics : An Introduction*, Wiley, New York.

TAINE H. A., (1868) 1905, *Les Philosophes classiques du XIXe siècle en France*, 9e éd., Hachette, Paris.

TALEB N. N., 1997, *Dynamic Hedging : Managing Vanilla and Exotic Options*, Wileyn New York.

—, 2004a, *Fooled by Randomness : The Hidden Role of Chance in Life and in the Markets*, Random House, New York.

—, 2004b, « These Extreme Exceptions of Commodity Derivatives », dans GEMAN (Helyette), *Commodities and Commodity Derivatives*, Wiley, New York.

—, 2004c, « Bleed or Blowup : What Does Empirical Psychology Tell Us About the Preference for Negative Skewness ? », dans *Journal of Behavioral Finance* 5 (1), p. 2-7.

—, 2004d, « The Black Swan : Why Don't We Learn That We Don't Learn ? », document présenté au United States Department of Defense Highland Forum, été 2004.

—, 2004e, « Roots of Unfairness », dans *Literary Research / Recherche Littéraire* 21 (41-42), p. 241-254.

—, 2004f, « On Skewness in Investment Choices », dans *Greenwich Roundtable Quarterly* 2.

—, 2005, « Fat Tails, Asymmetric Knowledge, and Decision Making : Essay in Honor of Benoît Mandelbrot's 80th Birthday », dans *Technical paper series*, Wilmott, mars, p. 56-59.

—, 2006a, « Homo Ludens and Homo Economicus », Préface à BROWN A., *The Poker Face of Wall Street*, Wiley, New York.

—, 2006b, « On Forecasting », dans BROCKMAN J. (éd.), *In What We Believe But Cannot Prove : Today's Leading Thinkers on Science in the Age of Certainty*, Harper Perennial, New York.

—, 2007, « Scale Invariance in Practice ; Some Patches and Workable Fixes », préimpression.

TALEB N. N. et PILPEL A., 2004, « I problemi epistemologici del risk management », dans PACE D. (éd.), *Economia del rischio : Antologia di scritti su rischio e decisione economica*, Giuffrè, Milan.

TASHMAN L. J., 2000, « Out of Sample Tests of Forecasting Accuracy : An Analysis and Review », dans *International Journal of Forecasting* 16 (4), p. 437-450.

TEIGEN K. H., 1974, « Overestimation of Subjective Probabilities », dans *Scandinavian Journal of Psychology* 15, p. 56-62.

TERRACCIANO A. *et al.*, 2005, « National Character Does Not Reflect Mean Personality Traits », dans *Science* 310, p. 96.

TETLOCK Ph. E., 1999, « Theory-Driven Reasoning About Plausible Pasts and Probable Futures in World Politics : Are We Prisoners of Our Preconceptions ? », dans *American Journal of Political Science* 43 (2), p. 335-366.

—, 2005, *Expert Political Judgment : How Good Is It ? How Can We Know ?*, Princeton University Press, Princeton, N.J.

THALER R., 1985, « Mental Accounting and Consumer Choice », dans *Marketing Science* 4(3), p. 199-214.

THOM R., 1980, *Paraboles et catastrophes*, « Champs », Flammarion, Paris.

—, 1993, *Prédire n'est pas expliquer*, « Champs », Flammarion, Paris.

THORLEY, 1999, « Investor Overconfidence and Trading Volume », document de travail, Santa Clara University.

Tilly C., 2006, *Why? What Happens When People Give Reasons and Why*, Princeton University Press, Princeton, N.J.

Tinbergen N., 1963, « On Aims and Methods in Ethology », dans *Zeitschrift fur Tierpsychologie* 20, p. 410-433.

—, 1968, « On War and Peace in Animals and Man: An Ethologist's Approach to the Biologyof Aggression », dans *Science* 160, p. 1411-1418.

Tobin J., 1958, « Liquidity Preference as Behavior Towards Risk », dans *Review of Economic Studies* 67, p. 65-86.

Triantis A. J. et Hodder J. E., 1990, « Valuing Flexibility as a Complex Option », dans *Journal of Finance* 45 (2), p. 549-564.

Trivers R., 2002, *Natural Selection and Social Theory: Selected Papers of Robert Trivers*, Oxford University Press, Oxford.

Turner M., 1996, *The Literary Mind*, Oxford University Press, New York.

Tversky A. et Kahneman D., 1971, « Belief in the Law of Small Numbers », dans *Psychology Bulletin* 76 (2), p. 105-110.

—, 1973, « Availability: A Heuristic for Judging Frequency and Probability », dans *Cognitive Psychology* 5, p. 207-232.

—, 1974, « Judgement Under Uncertainty: Heuristics and Biases », dans *Science* 185, p. 1124-1131.

—, 1982, « Evidential Impact of Base-Rates », dans Kahneman D., Slovic P. et Tversky A. (éd.), *Judgment Under Uncertainty: Heuristics and Biases*, Cambridge University Press Cambridge.

—, 1983, « Extensional Versus Intuitive Reasoning: The Conjunction Fallacy in Probability Judgment », dans *Psychological Review* 90, p; 293-315.

—, 1992, « Advances in Prospect Theory: Cumulative Representation of Uncertainty », dans *Journal of Risk and Uncertainty* 5? p. 297-323.

Tversky A. et Koehler D. J., 1994, « Support Theory: A Nonextensional Representation of Subjective Probability », dans *Psychological Review* 101, p. 547-567.

Tyszka T. et Zielonka P., 2002, « Expert Judgments: Financial Analysts Versus Weather Forecasters », dans *Journal of Psychology and Financial Markets* 3 (3), p. 152-160.

Uglow J., 2003, *The Lunar Men: Five Friends Whose Curiosity Changed the World*, Farrar, Straus & Giroux, New York.

Vale N. (Bezerra do, Delfino J., et Vale L. F. (Bezerra do), 2005, « Serendipity in Medicine and Anesthesiology », dans *Revista Brasileira de Anestesiologia* 55 (2), p. 224-249.

VANDENBROUCKE J. P., 1996, « Evidence-Based Medicine and "Médecine d'Observation" », dans *Journal of Clinical Epidemiology*, 49 (12), p. 1335-1338.

VAN TONGEREN P., 2002, « Nietzsche's Greek Measure », dans *Journal of Nietzsche Studies* 24, p. 5.

VARELA F. J., 1988, *Invitation aux sciences cognitives*, « Champs », Flammarion, Paris.

VARIAN H. R., 1989, « Differences of Opinion in Financial Markets », dans COURTENAY C. S. (éd.), *Financial Risk : Theory, Evidence and Implications*, compte-rendu de la onzième conférence de politique économique annuelle de la Federal Reserve Bank de St. Louis, Kitiwer Academic Publishers, Boston.

VÉHEL J. L. et WALTER C., 2002, *Les Marchés fractals. Efficience, ruptures et tendances sur les marchés financiers*, Presses universitaires de France, Paris.

VEYNE P., 1971, *Comment on écrit l'histoire*, Éd. du Seuil, Paris.

—, 2005, *L'Empire gréco-romain*, Éd. du Seuil, Paris.

VOGELSTEIN B., LANE D. et LEVINE A. J., 2000, « Surfing the P53 Network », dans *Nature* 408, p. 307-310.

VOIT J., 2001, *The Statistical Mechanics of Financial Markets*, Springer, Heidelberg.

WAGENAAR W. et KEREN G. B., 1985, « Calibration of Probability Assessments by Professional Blackjack Dealers, Statistical Experts, and Lay People », dans *Organizational Behavior and Human Decision Processes* 36, p. 406-416.

—, 1986, « Does the Expert Know ? The Reliability of Predictions and Confidence Ratings of Experts », dans HOLLNAGEL E., MANCINI G. et WOODS D. D., *Intelligent Design Support in Process Environments*, Springer, Berlin.

WALLER J., 2002, *Fabulous Science : Fact and Fiction in the History of Scientific Discovery*, Oxford University Press, Oxford.

WALLERSTEIN I., 1999, « Braudel and Interscience : A Preacher to Empty Pews ? », conférence tenue lors des 5e journées braudeliennes, Binghamton University, Binghamton, N.Y.

WALLSTEN T. S., BUDESCU D. V., EREV I. et DIEDERICH A., 1997, « Evaluating and Combining Subjective Probability Estimates », dans *Journal of Behavioral Decision Making* 10, p 243-268.

WASON P. C., 1960, « On the Failure to Eliminate Hypotheses in a Conceptual Task », dans *Quarterly Journal of Experimental Psychology* 12, p 129-140.

WATTS D. J., 2003, *Six Degrees: The Science of a Connected Age*, W. W. Norton and Company, New York.

WATTS D. J. et STROGATZ S. H., 1998, « Collective Dynamics of "Small-world" Networks », dans *Nature* 393, p. 440-442.

WATTS D., 2002, « A Simple Model of Global Cascades on Random Networks », dans *Proceedings of the National Academy of Sciences* 99 (9), p. 5766-5771.

WEGNER D. M., 2002, *The Illusion of Conscious Will*, The MIT Press, Cambridge, Mass.

WEINBERG S., 2001, « Facing Up: Science and Its Cultural Adversaries », document de travail, Harvard University.

WEINTRAUB R. E., 2002, *How Economics Became a Mathematical Science*, Duke University Press, Durham, N.C.

WELLS G. L. et HARVEY J. H., 1977, « Do People Use Consensus Information in Making Causal Attributions? », dans *Journal of Personality and Social Psychology* 35, p. 279-293.

WERON R., 2001, « Levy-Stable Distributions Revisited: Tail Index > 2 Does Not Exclude the Levy-Stable Regime », dans *International Journal of Modern Physics* 12 (2), p. 209-223.

WHEATCROFT A., 2003, *Infidels: A History of Conflict Between Christendom and Islam*, Random House, New York.

WHITE J., 1982, *Rejection*, Addison-Wesley, Reading, Mass.

WHITEHEAD A. N., 1925, *Science and the Modern World*, The Free Press, New York.

WILLIAMS M. A., MOSS S. A., BRADSHAW J. L. et RINEHART N. J., 2002, « Brief Report: Random Number Generation in Autism », dans *Journal of Autism and Developmental Disorders* 32 (1), p. 43-47.

WILLIAMS R. J. et CONNOLLY D., 2006, « Does Learning About the Mathematics of Gambling Change Gambling Behavior? », dans *Psychology of Addictive Behaviors* 20 (1), p. 62-68.

WILLINGER W., ALDERSON D., DOYLE J. C. et LI L., 2004, « A Pragmatic Approach to Dealing with High Variability Measurements », dans Compte-rendu de l'ACM SIGCOMM Internet Measurement Conference, Taormina, Sicile, 25-27 octobre 2004.

WILSON E. O., 2000, *Sociobiology: The New Synthesis*, Harvard University Press, Cambridge, Mass.

—, 2002, *The Future of Life*, Knopf, New York.

WILSON T. D., MEYERS J. et GILBERT D., 2001, « Lessons from the Past: Do People Learn from Experience That Emotional Reactions Are

Short Lived? », dans *Personality and Social Psychology Bulletin* 29, p. 1421-1432.

WILSON T. D., GILBERT D. T. et CENTERBAR D. B., 2003, « Making Sense : The Causes of Emotional Evanescence », dans BROCAS I. et CARILLO J. (éd.), 2003.

WILSON T. D., CENTERBAR D. B., KERMER D. A. et GILBERT D. T., 2005, « The Pleasures of Uncertainty : Prolonging Positive Moods in Ways People Do Not Anticipate », dans *Journal of Personality and Social Psychology* 88 (1), p. 5-21.

WILSON T. D., 2002, *Strangers to Ourselves : Discovering the Adaptive Unconscious*, The Belknap Press of Harvard University, Cambridge, Mass.

WINSTON R., 2002, *Human Instinct : How Our Primeval Impulses Shape Our Lives*, Bantam Press, Londres.

WINTERFELDT D. (VON) et EDWARDS W., 1986, *Decision Analysis and Behavioral Research*, Cambridge University Press, Cambridge.

WOLFORD G., MILLER M. B. et GAZZANIGA M., 2000, « The Left Hemisphere's Role in Hypothesis Formation », dans *Journal of Neuroscience* 20, p. 1-4.

WOOD M., 2003, *The Road to Delphi*, Farrar, Straus & Giroux, New York.

WRANGHAM R., 1999, « Is Military Incompetence Adaptive? », dans *Evolution and Human Behavior* 20, p. 3-12.

YATES J. F., 1990, *Judgment and Decision Making*, Prentice-Hall, Englewood Cliffs, N.J.

YATES J. F., LEE J. et SHINOTSUKA H., 1996, « Beliefs About Overconfidence, Including Its Cross-National Variation », dans *Organizational Behavior and Human Decision Processes* 65, p. 138-147.

YATES J. F., LEE J.-W., SHINOTSUKA H. et SIECK W. R., 1998, « Oppositional Deliberation : Toward Explaining Overconfidence and Its Cross-Cultural Variations », document présenté à la conférence de la Psychonomics Society, Dallas, Tex.

YULE G., 1925, « A Mathematical Theory of Evolution, Based on the Conclusions of Dr. J. C. Willis, F. R. S », dans *Philosophical Transactions of the Royal Society of London*, Series B213, p. 21-87.

YULE G. U., 1944, *Statistical Study of Literary Vocabulary*, Cambridge University Press, Cambridge.

ZACKS R. T., HASHER L. et SANFT H., 1982, « Automatic Encoding of Event Frequency : Further Findings », dans *Journal of Experimental Psychology*, 8, *Learning, Memory, and Cognition*, p. 106-116.

ZAJDENWEBER D., 2000, *L'Économie des extrêmes*, Flammarion, Paris.

ZAJONC R. B., 1980, « Feeling and Thinking: Preferences Need No Inferences », dans *American Psychologist* 35, p. 151-175.

—, 1984, « On the Primacy of Affect », dans *American Psychologist* 39, p. 117-123.

ZEKI S., 1999, *Inner Vision*, Oxford University Press , Londres.

ZIMMER A. C., 1983, « Verbal vs. Numerical Processing by Subjective Probabilities », dans SCHOLZ R. W. (éd.), *Decision Making Under Uncertainty*, North-Holland, Amsterdam.

ZIPF G. K., 1932, *Selective Studies and the Principle of Relative Frequency in Language*, Harvard University Press, Cambridge, Mass.

—, 1949, *Human Behavior and the Principle of Least Effort*, Addison-Wesley, Cambridge, Mass.

ZITZEWITZ E., 2001, « Measuring Herding and Exaggeration by Equity Analysts and Other Opinion Sellers », document de travail, Université de Stanford.

ZUCKERMAN H., 1977, *Scientific Elite*, The Free Press, New York.

—, 1998, « Accumulation of Advantage and Disadvantage : The Theory and Its Intellectual Biography », dans MONGARDINI C. et TABBONI S. (éd.), *Robert K. Merton and Contemporary Sociology*, Transaction Publishers, New York

ZWEIG S., 1960, *Montaigne*, Presses universitaires de France, Paris.

INDEX

FORCE ET FRAGILITÉ

RÉFLEXIONS PHILOSOPHIQUES

ET EMPIRIQUES

INTRODUCTION

CHAPITRE 1

APPRENDRE DE MÈRE NATURE, LA SOURCE DE SAVOIR LA PLUS ANCIENNE ET LA PLUS SAGE

Comment se faire des amis parmi les marcheurs – Du fait de devenir grand-mère – Les charmes de l'éco-Extrêmistan – Jamais assez petit

J'écris cet essai trois ans après avoir achevé *Le Cygne Noir* – auquel je n'ai apporté aucune modification hormis quelques notes de bas de pages destinées à clarifier mon propos. Depuis, j'ai rédigé une dizaine d'articles « spécialisés » concernant certains aspects de l'idée de Cygne Noir. Leur lecture est très, très ennuyeuse, car presque tous les articles académiques sont faits pour ennuyer, impressionner, crédibiliser, voire intimider, être présentés lors de réunions, mais pas pour être lus, sauf par des dupes (ou des détracteurs), ou – ce qui est pire – par des étudiants de troisième cycle. En outre, j'insiste ici davantage sur le côté « ce qu'il faut faire après » – on peut mener un cheval jusqu'à un point d'eau et être obligé en plus de le faire boire. Ainsi, cet essai me permettra d'approfondir certains points. Comme pour le texte principal, le début sera ce que l'on appelle littéraire et prendra progressivement une tournure plus technique.

Je suis redevable de l'idée de cet essai de la longueur d'un livre à Danny Kahneman, auquel je dois plus qu'à n'importe qui d'autre sur cette planète (et mes idées aussi). Il m'a convaincu que j'avais certaines obligations à essayer de faire boire le cheval.

DES PROMENADES LENTES MAIS LONGUES

Au cours des trois dernières années, ma vie a quelque peu changé, surtout pour le meilleur. À l'instar d'une réception, un livre vous inscrit sur l'enveloppe de la sérendipité ; il vous fait même inviter à d'autres réceptions. Pendant ma période noire, on m'appelait *trader* à Paris (chose extrêmement *vulgaire*[1]), philosophe à Londres (c'est-à-dire trop théorique), prophète à New York (pour se moquer de moi, car ma prophétie était alors erronée) et économiste à Jérusalem (chose très matérialiste). Cette fois, je me voyais confronté au stress de devoir me montrer à la hauteur des qualificatifs totalement immérités de prophète en Israël (un projet très, très ambitieux), de philosophe en France, d'économiste à Londres, et de *trader* à New York (où ce n'est pas un gros mot).

Une telle exposition me valut des lettres de haine, au moins une menace de mort (par d'anciens employés de la société en faillite Lehman Brothers[2]), ce que je trouvai extrêmement flatteur, et, pire que n'importe quelle menace de violence à mon encontre, des demandes d'interviews émanant toutes les heures de journalistes turcs et brésiliens. Je dus passer beaucoup de temps à rédiger des notes personnalisées et courtoises déclinant des invitations à dîner avec de grosses légumes en costume qui étaient la coqueluche du moment, de grosses légumes en costume qui l'avaient été à l'époque de Mathusalem, et de grosses légumes en costume qui le seraient dans l'avenir, ainsi qu'avec l'engeance détestable des hommes en costume qui n'arrêtent pas de citer des noms de personnalités en vue. Toutefois, cette situation m'apporta aussi certains avantages. Je

---

1. N.d.T. : En français dans le texte original.
2. Lehman Brothers était une institution financière dotée de superbes bureaux, qui fit brusquement faillite pendant la crise de 2008.

fus contacté par des gens qui avaient les mêmes idées que moi – des gens que dans le passé je n'aurais jamais rêvé de rencontrer, ou dont j'ignorais l'existence, exerçant dans des disciplines complètement étrangères à celles auxquelles appartiennent mes relations habituelles, et qui m'aidèrent à approfondir ma quête grâce à des idées complètement inattendues. Je fus souvent contacté par des personnes que j'admirais et dont je connaissais bien le travail, et qui devinrent tout naturellement des collaborateurs et des critiques ; je me souviendrai toujours de mon excitation lorsque je reçus un e-mail inattendu de Spyros Makridakis, auteur des études comparatives *M-Competition Studies* dont je parle dans le chapitre 10 du *Cygne Noir*, et grand démystificateur de prévisions erronées[3], ou un autre de Jon Elster, universitaire d'une érudition et d'une perspicacité rares, qui a intégré la sagesse des Anciens dans les sciences sociales modernes. Je rencontrai des romanciers et des penseurs philosophiques dont j'avais lu et admiré les œuvres, tels que Louis de Bernières, Will Self, John Gray (le philosophe, pas le psychologue de bazar), ou Lord Martin Rees ; j'éprouvai dans les quatre cas le besoin singulier de me pincer en les entendant parler de mon propre livre.

Puis, grâce à une chaîne d'amis d'amis, de cappucinos, de vins doux et de files de sécurité dans les aéroports, je me mis à prendre part à la transmission orale et à en comprendre la force, car les discussions ont un impact beaucoup plus puissant que la simple correspondance. En chair et en os, les gens disent des choses qu'ils ne feraient jamais imprimer. Je rencontrai Nouriel Roubini (à ma connaissance le seul économiste professionnel à avoir réellement prévu la crise de 2008, et peut-être le seul penseur indépendant dans cette discipline). Je découvris également qu'il y avait toute une pléiade de gens dont je ne soupçonnais pas l'existence, de *bons* économistes (c'est-à-dire travaillant en fonction de critères scientifiques), tels que Michael Spence et Barkley Rosser. En outre, Peter Bevelin et Yechezkel Zilber ne cessèrent de m'alimenter en articles que je cherchais sans même le savoir – le premier dans le

---

3. N.d.T. : Pour mémoire, cette série d'études comparatives avait pour objet de « faire faire des prévisions à des gens dans la vraie vie, puis d'estimer leur justesse.» Elle a conduit Makridakis et son collaborateur Hibon à conclure que « des méthodes complexes ou sophistiquées sur le plan statistique ne produisent pas nécessairement de meilleures prévisions que des méthodes plus simples » et que « les statisticiens préfèrent concentrer leurs efforts sur la création de modèles plus sophistiqués sans tenir compte de la capacité réelle de ces modèles à prédire les données réelles avec plus d'exactitude ». (Voir *Le Cygne Noir*, p. 210-211.)

domaine de la biologie, le second dans celui des sciences cognitives –,
aiguillant ainsi ma pensée dans la bonne direction.

J'ai donc dialogué avec quantité de gens. L'ennui est que je n'ai
trouvé que deux personnes capables de converser en marchant longuement (et lentement) : Spyros Makridakis et Yechezkel Zilber. La
plupart des gens marchent hélas trop vite, confondant marche avec
exercice, sans comprendre que la marche est une chose qui doit se
faire lentement, à un rythme tel qu'on oublie que l'on est en train de
marcher – il me faut donc continuer à me rendre à Athènes (où vit
Spyros) afin de m'adonner à mon activité préférée : flâner.

Ce que j'ai appris de mes erreurs récentes

Et, bien entendu, mon texte du *Cygne Noir* fut passé au crible.
Après examen des messages et des comptes-rendus, je n'ai pas l'impression de devoir retrancher quoi que ce soit de la version initiale ou
corriger une quelconque erreur (en dehors de fautes typographiques
et autres faits mineurs), excepté dans deux cas connexes. Le premier
me fut signalé par Jon Elster. J'avais écrit que l'erreur de narration
est omniprésente dans les analyses historiques, parce que je croyais
que la vérification d'une assertion historique par la prévision et par
la falsification n'existait pas. J. Elster m'expliqua que dans certaines
situations, la théorie historique pouvait échapper à l'erreur de narration
et faire l'objet d'un rejet empirique – des domaines dans lesquels nous
découvrons des documents ou des sites archéologiques qui recèlent
des informations à même de contrer une certaine narration.

Ainsi, en relation avec ce point-là, je m'aperçus que l'histoire de la
pensée arabe n'était pas aussi définitive que cela, que j'étais tombé dans
le piège consistant à ne pas tenir compte des changements constants
dans l'histoire *passée*, et que le passé était lui aussi, dans une large
mesure, une prévision. Je découvris (fortuitement) que je m'étais fait
avoir par la sagesse académique classique en matière de philosophie
arabe – sagesse contredite par des documents existants. J'avais exagéré
l'importance du débat entre Averroès et Algazel[4]. Je pensais comme

---

4. N.d.T. : Pour mémoire, ce débat opposa au XIIᵉ siècle le théologien et juriste
perse musulman Al Ghazali (Algazel en latin), qui prônait le scepticisme vis-à-vis
de la méthode scientifique, à Ibn Ruchd (Averroès en latin), philosophe et médecin musulman andalou adepte du rationalisme scientifique fondé sur celui d'Aris-

tout le monde 1) que ce débat était capital et 2) qu'il détruisait la *falasifah* arabe. Cela se révéla être une des idées fausses récemment démystifiées par les chercheurs (comme Dimitri Gutas et George Saliba). Comme la plupart de ceux qui théorisaient sur la philosophie arabe ne connaissaient pas l'arabe, ils s'en remettaient en grande partie à leur imagination (comme Leo Strauss). J'ai tout de même un peu honte, parce que l'arabe est une de mes langues maternelles, et en l'occurrence mon propos se fondait sur des sources de énième main élaborées par des universitaires analphabètes en arabe (et possédant trop de confiance en eux-mêmes mais pas suffisamment d'érudition pour s'en apercevoir). Je m'étais laissé avoir par le *biais de confirmation* décrit par D. Gutas : « On semble toujours partir d'une idée préconçue de ce que la philosophie arabe devrait dire, puis se concentrer exclusivement sur les passages qui paraissent étayer ce préjugé, corroborant ainsi ce dernier sur la base même des textes. »

Une fois encore, méfiez-vous de l'histoire.

FORCE ET FRAGILITÉ

Après avoir terminé *Le Cygne Noir*, je passai un certain temps à méditer sur les éléments que j'avais soulevés dans le chapitre 14 du livre concernant la fragilité de certains systèmes caractérisés par une forte concentration et des illusions de stabilité – lesquels m'avaient convaincu que le système bancaire était la source de tous les accidents qui nous pendaient au nez. Au chapitre 6 du *Cygne Noir*, j'ai expliqué avec l'histoire des vieux éléphants que les meilleurs maîtres en matière de sagesse sont naturellement les Anciens, tout simplement parce qu'ils peuvent avoir saisi des trucs et des méthodes heuristiques invisibles qui échappent à notre paysage épistémique – des trucs qui les ont aidés à survivre dans un monde plus complexe que celui que nous pensons pouvoir comprendre. Ainsi le grand âge implique-t-il plus de force face aux Cygnes Noirs, même si, comme nous l'avons

tote. Algazel écrivit une diatribe contre l'*establishment* intellectuel arabe. L'Occident épousa le rationalisme d'Averroès, tandis que de nombreux penseurs déplorèrent que les Arabes aient abandonné la méthode scientifique sous l'influence d'Algazel. (*Op. cit.*, chap. 4, p. 80-81.)

vu avec l'histoire de la dinde[5], il n'en est pas une garantie infaillible
– si « plus âgé » signifie presque toujours « plus fort », cela ne signifie
pas nécessairement « parfait ». Quelques milliards d'années de survie
constituent néanmoins une preuve beaucoup plus convaincante que
mille jours, et le système le plus ancien que nous connaissions est
incontestablement Mère Nature.

Tel était, d'une certaine manière, le raisonnement qui sous-tendait
l'argument de l'épilogisme des médecins empiriques du Levant post-
classique (comme Ménodote de Nicomède), les seuls praticiens à
fusionner scepticisme et prise de décision dans le monde réel, et aussi
le seul groupe de personnes à employer la philosophie à des fins utiles.
Ils proposaient l'*historia* : un maximum de consignation de faits, et un
minimum d'interprétation et de théorisation, décrivant les faits sans le
« pourquoi ? » et résistant aux universaux. Leur forme de connaissance
non théorique fut déclassée par la scolastique médiévale, qui privilégiait
un apprentissage plus explicite. L'*historia* – la seule consignation des
faits – était inférieure à la *philosophia* ou à la *scientia*.

Jusqu'à cette époque, même la philosophie avait plus à voir
qu'aujourd'hui avec la sagesse en matière de prise de décision ; elle
n'avait pas à voir avec la capacité d'impressionner une commission
de titularisation, et c'est dans le domaine de la médecine que cette
sagesse s'exerçait (et s'apprenait) : *Medicina soror philosophiae* – « La
médecine, sœur de la philosophie[6]. »

---

5. N.d.T. : N. N. Taleb prend l'exemple d'une dinde qui, en prévision de
Thanksgiving, va être nourrie quotidiennement pendant mille jours ; « Chaque
apport de nourriture, nous dit l'auteur, va la renforcer dans sa croyance que la règle
générale de la vie est d'être nourrie quotidiennement par de sympathiques membres
de la race humaine "soucieux de ses intérêts", comme le disent les hommes politiques. Le mercredi après-midi précédant Noël, quelque chose d'*inattendu* va arriver
à la dinde, qui va l'amener à réviser ses croyances. » Autrement dit : « L'histoire d'un
processus sur mille jours ne nous apprend rien sur ce qui va arriver après. » (*Op. cit.*,
chap. 4, p. 71-72.)

6. Dans l'empirisme, il ne s'agit pas d'avoir des théories, des croyances, des causes et des effets ; il s'agit d'éviter d'être une dupe, d'avoir un *biais* déterminé et
prédéfini concernant le lieu où l'on veut faire erreur – le lieu de son manque. Un
empiriste confronté à une succession de faits ou de données choisira par défaut de
suspendre sa croyance (d'où le lien entre l'empirisme et la vieille tradition pyrrho-
nienne du scepticisme), alors que d'autres opteront par défaut pour une caractéri-
sation ou une théorie. Toute l'idée est d'éviter le *biais de confirmation* (les empiristes
préfèrent pécher par excès de biais *d'infirmation/de falsification*, qu'ils découvrirent
plus de quinze mille ans avant Karl Popper).

Conférer un statut subalterne à un domaine qui privilégie les particuliers par rapport aux universaux, voilà ce que fait la connaissance formalisée depuis la scolastique, dédaignant nécessairement l'expérience et l'âge (trop grande accumulation de particuliers), au profit de thésards comme Dr. John[7]. Si cela peut fonctionner en physique traditionnelle, ce n'est pas le cas dans le domaine complexe qu'est la médecine ; cela a provoqué la mort de quantité de patients dans l'histoire de cette discipline, surtout avant l'apparition de la médecine clinique, et fait aujourd'hui beaucoup de dégâts dans la sphère sociale, surtout au moment où j'écris ces lignes.

Les choses essentielles que nous communiquent les vieux professeurs sont, pour employer des termes religieux, des dogmes (règles que l'on doit appliquer sans nécessairement les comprendre), non des kerygmes (règles que l'on peut comprendre et dont le but nous apparaît clairement).

Mère Nature est incontestablement un système complexe doté de réseaux d'interdépendance, de non-linéarités et d'une écologie forte (sans quoi elle aurait périclité depuis longtemps). C'est une très, très vieille personne douée d'une mémoire infaillible. Mère Nature ne contracte pas la maladie d'Alzheimer – en fait, il est prouvé que les êtres humains eux-mêmes perdraient moins facilement leurs fonctions neuronales en vieillissant s'ils suivaient un régime à base d'exercices et de jeûne stochastiques, faisaient de longues promenades, évitaient le sucre, le pain, le riz blanc et les investissements en Bourse, et s'abstenaient de prendre des cours d'économie ou de lire des choses comme *The New York Times*.

Permettez-moi de résumer mes idées concernant la façon dont Mère Nature fait face au Cygne Noir, qu'il soit positif ou négatif – elle sait bien mieux que les êtres humains tirer parti des Cygnes Noirs positifs.

La redondance, une assurance

Tout d'abord, *Mère Nature aime les redondances* – trois sortes de redondances. La première, et la plus simple à comprendre, est la redondance

---

7. N.d.T. : Nous avons fait connaissance avec ce personnage à la page 173 du *Cygne Noir* ; pour mémoire, N. N. Taleb le présentait comme « la parfaite antithèse du gars de Brooklyn », c'est-à-dire de l'individu qui, parti de rien, parvient au sommet grâce à sa débrouillardise et à sa connaissance du terrain.

défensive, la redondance de type « assurance » qui permet de survivre dans l'adversité parce qu'on dispose de pièces de rechange. Regardez le corps humain. Nous avons deux yeux, deux poumons, deux reins, et même deux cerveaux (à l'exception, peut-être, des cadres des grandes entreprises) – et chacun de ces organes possède plus de capacités qu'il n'en faut dans des circonstances ordinaires. Ainsi « redondance » équivaut-il à « assurance », et les contre-performances apparentes sont liées au coût de maintenance de ces pièces de rechange et à l'énergie requise pour les entretenir même si elles ne servent pas.

L'exact opposé de la redondance est l'optimisation naïve. J'enjoins à tout le monde d'éviter d'assister à des cours d'économie (traditionnels), et je dis que l'économie nous décevra cruellement et nous mènera à la catastrophe (et, comme nous le verrons, nous avons des preuves qu'elle nous a cruellement déçus ; mais, comme je ne cesse de le dire dans *Le Cygne Noir*, nous n'avions pas besoin de ces preuves ; il nous suffisait simplement de regarder le manque de rigueur – et d'éthique). La raison en est la suivante : elle se fonde en grande partie sur des notions d'optimisation naïve, (mal) mathématisées par Paul Samuelson – et cette mathématique a contribué dans une très large mesure à la construction d'une société encline à l'erreur. Un économiste jugerait peu rentable de conserver deux poumons et deux reins : songez aux coûts nécessaires pour faire traverser la savane à des organes d'un tel poids. Au final, cette optimisation nous tuerait au premier accident, à la première « aberration ». En outre, songez que si l'on confiait Mère Nature aux économistes, elle supprimerait les reins individuels : comme ces organes ne nous sont pas utiles tout le temps, il serait plus « rentable » de vendre les nôtres et de recourir à un rein central sur la base d'un temps partagé. On pourrait aussi prêter ses yeux la nuit, puisqu'on n'en a pas besoin pour rêver.

Les idées majeures de l'économie traditionnelle, ou presque toutes (mais moins d'idées mineures), ne résistent pas à la modification d'une hypothèse ou à ce qu'on appelle une « perturbation » – quand on change un seul paramètre, ou que l'on prend un paramètre considéré jusqu'alors comme fixe et stable par la théorie et que l'on en fait un paramètre aléatoire. Dans notre jargon, nous nommons cela « randomisation ». Cela s'appelle l'étude de l'erreur de modèle et l'analyse des conséquences de tels changements (ma spécialité universitaire officielle est désormais l'erreur de modèle ou « risque de modèle »). Par exemple, si un modèle utilisé pour le risque prend pour hypothèse que le type de hasard à l'étude est d'origine médiocristanaise[8], il ne tiendra pas compte des écarts importants et encouragera une accumulation de risques considérables qui n'en tiendra pas compte non plus ; la gestion des risques sera par conséquent erronée – d'où la métaphore « être assis sur une poudrière » que j'ai employée à propos de Fannie Mae (qui a maintenant fait faillite)[9].

Pour prendre un autre exemple d'erreur de modèle flagrante, considérez la notion d'avantage comparatif, censément découverte par Ricardo et qui est le moteur de la globalisation. L'idée est que les pays doivent se concentrer, comme dirait un consultant, sur « ce qu'ils font le mieux » (ou plus exactement sur les domaines dans lesquels ils manquent le moins d'occasions) ; ainsi, un pays devrait se spécialiser dans le vin et un autre dans les vêtements, alors que l'un d'eux pourrait être le meilleur dans ces deux secteurs. Toutefois, introduisez quelques perturbations et scénarios alternatifs : songez à ce qui arriverait au pays spécialisé dans le vin si le prix de celui-ci fluctuait. Un simple changement qui déstabiliserait cette hypothèse (si l'on considère, disons, que le prix du vin est aléatoire et susceptible de connaître des écarts de type extrêmistanais[10]) nous conduit à une conclusion opposée à celle de Ricardo. Mère Nature n'aime pas la sur-spécialisation, car elle limite l'évolution et affaiblit les animaux.

Cela explique aussi pourquoi j'ai trouvé les idées actuelles sur la globalisation (comme celles promues par le journaliste Thomas

---

8. N.d.T. : Pour mémoire, l'auteur définit ainsi la notion de Médiocristan : « Province dominée par la médiocre, qui génère quelques réussites ou échec extrêmes. Aucun phénomène observé ne peut affecter l'ensemble de manière significative. La courbe en cloche est enracinée dans le Médiocristan. Il y a une différence quantitative entre loi de Gauss et loi scalable, assimilable à celle existant entre le gaz et l'eau. » (*Le Cygne Noir*, Glossaire, p. 392).

9. N.d.T. : La Federal National Mortgage Association (FNMA) est une société par actions créée par le gouvernement fédéral américain en 1938 dans le but d'augmenter la liquidité du marché des prêts hypothécaires ; son surnom Fannie Mae est une création phonétique à partir de son nom (FNMA), permettant de l'identifier plus facilement. En 2008, suite à la crise des *subprimes* aux États-Unis, la société subit des pertes de plusieurs milliards de dollars, au point d'être incapable d'assurer sa mission première : financer le secteur des prêts hypothécaires aux États-Unis. En 2009, suite à des performances financières catastrophiques, le gouvernement américain organise le sauvetage financier de Fannie Mae.

10. N.d.T. : Pour mémoire, l'auteur définit ainsi la notion d'Extrêmistan : « Province dans lequel un seul phénomène observé peut avoir un grand impact sur l'ensemble. » (*Op. cit.*, Glossaire, p. 391).

Friedman) un peu trop naïves, et trop dangereuses pour la société – à moins de prendre en compte les effets secondaires. La globalisation donne peut-être une impression d'efficacité, mais l'effet de levier à l'œuvre et les degrés d'interaction entre les différentes parties entraîneront la propagation dans tout le système des petites fêlures qui affectent un seul petit coin. Le résultat sera comparable à un cerveau victime d'une crise d'épilepsie parce qu'un trop grand nombre de cellules carburent en même temps. Songez que notre cerveau, système complexe qui fonctionne bien, n'est pas « globalisé » ou, du moins, pas naïvement « globalisé ».

La même idée s'applique aux dettes – elles fragilisent considérablement en cas de perturbations, surtout quand on passe de l'hypothèse du Médiocristan à celle de l'Extrêmistan. Actuellement, on apprend dans les écoles de commerce à se lancer dans les emprunts (sous la houlette des mêmes professeurs qui enseignent la courbe de Gauss, cette Grande Escroquerie Intellectuelle, entre autres pseudo-sciences), envers et contre toutes les traditions historiques, alors que toutes les cultures méditerranéennes ont élaboré au fil du temps un dogme hostile aux dettes. *Felix qui nihil debet*, dit le proverbe romain : « Heureux celui qui ne doit rien. » Les grands-mères qui survécurent à la Grande Dépression nous conseilleraient exactement le contraire : la redondance ; elles nous exhorteraient à posséder plusieurs années de revenus en liquide avant de courir un risque personnel quel qu'il soit – c'est exactement l'idée de la stratégie des haltères que j'ai développée au chapitre 11 du *Cygne Noir*, selon laquelle on conserve d'importantes réserves en liquide tout en prenant de plus grands risques, mais avec une petite partie de son portefeuille[11]. Si les banques avaient fait cela, il n'y aurait pas eu de crise bancaire dans l'histoire.

Nous avons des documents remontant aux Babyloniens, qui montrent les méfaits des dettes ; les religions proche-orientales les interdisaient. Cela me dit qu'un des objectifs de la religion et de la tradition a été de faire appliquer les interdits – simplement pour protéger les gens de leur propre arrogance épistémique. Pourquoi ? Les dettes impliquent une déclaration forte sur l'avenir, ainsi qu'un degré élevé de confiance

---

11. N.d.T. : N. N. Taleb définit ainsi cette stratégie : « Méthode consistant à adopter une attitude défensive et extrêmement offensive à la fois, en protégeant ses atouts de toutes les sources d'incertitude possibles tout en allouant une petite partie d'entre eux aux stratégies à hauts risques. » (*Op. cit.*, Glossaire, p. 393.)

dans les prévisions. Si vous empruntez cent dollars et investissez dans un projet, vous devez toujours cent dollars même si votre projet échoue (mais si vous réussissez, vous avez beaucoup plus). Les dettes sont donc dangereuses si l'on a trop confiance en l'avenir et que l'on est aveugle aux Cygnes Noirs – ce qui est généralement notre cas à tous. Et les prévisions sont préjudiciables, car les gens (surtout les gouvernements) réagissent à une prévision en *empruntant* (ou se servent de la prévision comme d'une excuse cognitive pour emprunter). Le Scandale des Prévisions (c'est-à-dire de fausses prévisions qui semblent destinées à satisfaire des besoins psychologiques), notion que j'ai développée dans le chapitre 10 du *Cygne Noir*, est aggravé par le Scandale de la Dette : emprunter rend plus vulnérable aux erreurs prévisionnelles.

Ce qui est grand est laid – et fragile

Deuxièmement, *Mère Nature n'aime pas ce qui est trop grand*. Le plus grand animal terrestre est l'éléphant, et il y a une raison à cela. Si je m'emportais et tuais un éléphant, je pourrais être mis en prison et me faire houspiller par ma mère, mais je perturberais à peine l'écologie de Mère Nature. D'un autre côté, ce que je dis des banques au chapitre 14 du *Cygne Noir* – si vous tuiez une grosse banque, je « frémirais en pensant aux conséquences » et « la chute d'une banque entraîne celle de toutes les autres[12] » –, ce que je dis, donc, a été illustré par les événements ultérieurs : une seule faillite bancaire, celle de Lehman Brothers, en septembre 2008, a provoqué l'effondrement de tout l'édifice. Mère Nature ne limite pas les interactions entre entités ; elle limite seulement la taille de ses unités (en conséquence, mon idée n'est pas de stopper la globalisation et d'interdire Internet ; comme nous le verrons, on parviendrait à une stabilité bien plus grande en supprimant l'aide des gouvernements aux sociétés quand elles prennent de l'ampleur et en reversant les bénéfices aux petites entreprises).

Mais il y a une autre raison d'empêcher les structures naturelles de trop grandir. La notion d'« économie d'échelle » – selon laquelle les sociétés économisent quand elles prennent de l'ampleur, et deviennent donc plus rentables – est souvent, semble-t-il, ce qui motive les agrandissements et les fusions d'entreprises. Elle prévaut dans la conscience collective sans qu'on en ait de preuves ; en fait, les preuves

---

12. N.d.T. : Voir p. 294, *op. cit.*

indiqueraient le contraire. Néanmoins, pour des raisons évidentes, on continue de procéder à ces fusions – elles ne sont pas bonnes pour les entreprises, elles le sont pour les primes à Wall Street ; une entreprise qui s'agrandit, c'est bon pour le PDG. En fait, je m'aperçois qu'en s'agrandissant les entreprises apparaissent plus « rentables », mais elles sont aussi beaucoup plus vulnérables aux contingences extérieures, ces contingences communément appelées « Cygnes Noirs », d'après un livre éponyme. Tout cela dans l'illusion d'une plus grande stabilité. Ajoutez à cela le fait que, lorsque les entreprises sont grandes, elles sont obligées d'optimiser leur activité pour satisfaire les analystes de Wall Street. Ces derniers (de type « MBA ») feront pression sur elles pour qu'elles se débarrassent de tous leurs filets de sécurité afin d'« augmenter leurs bénéfices par action » et d'« améliorer leurs résultats financiers » – contribuant ainsi finalement à les mener à la faillite.

Charles Tapiero et moi-même avons apporté la démonstration mathématique qu'une certaine catégorie d'erreurs imprévues et de chocs aléatoires frappaient beaucoup plus les grands organismes que les petits. Dans un autre article, nous avons calculé ce que des entreprises de cette taille coûtaient à la société ; car n'oubliez pas que les entreprises qui s'effondrent nous coûtent.

L'ennui, avec les gouvernements, c'est qu'ils soutiennent généralement ces organismes fragiles « parce que ce sont d'importants employeurs » et parce qu'ils ont des groupes d'influence – le genre de contributions, bidons mais faisant l'objet d'une publicité ostensible, tant décriées par Bastiat. Les grandes entreprises bénéficient du soutien gouvernemental et s'agrandissent et se fragilisent progressivement, et, d'une certaine manière, dirigent le gouvernement – autre vision prophétique de Karl Marx et de Friedrich Engels. De l'autre côté, les coiffeurs et les petites entreprises font faillite sans que nul ne s'en soucie ; ils doivent être performants et obéir aux lois de la nature.

Réchauffement climatique et pollueurs « trop grands »

On me demande souvent comment faire face au réchauffement climatique par rapport à l'idée de Cygne Noir et à mon travail concernant la prise de décision dans un contexte d'opacité. La position que je propose d'adopter doit se fonder à la fois sur l'ignorance et sur une déférence à l'égard de Mère Nature, puisqu'elle est plus vieille et donc plus sage que nous, et qu'elle a démontré qu'elle était beaucoup plus intelligente que les scientifiques. Nous ne comprenons pas suffisamment Mère Nature pour plaisanter avec elle – et je ne fais pas confiance aux modèles utilisés pour prévoir le réchauffement climatique. Simplement, nous sommes actuellement confrontés à des non-linéarités et à des amplifications d'erreurs dues au fameux effet papillon que nous avons vu au chapitre 11 du *Cygne Noir*[13], découvert, en fait, par Lorenz à l'aide de modèles de prévisions climatiques. Des changements mineurs, dus à une erreur de mesure dans les paramètres d'entrée, sont susceptibles d'entraîner des prévisions radicalement différentes – si l'on a la générosité de supposer que l'on dispose des bonnes équations.

Alors que nous polluons depuis des années, causant de lourds préjudices à l'environnement, les scientifiques qui élaborent aujourd'hui ces modèles prévisionnels complexes ne se sont jamais manifestés pour tenter de nous faire cesser d'accumuler ces risques (ils ressemblent à ces « experts du risque » qui dans le secteur économique ont un métro de retard) –, et ce sont eux qui essaient aujourd'hui de nous imposer la solution. Le scepticisme avec lequel je suggère d'appréhender ces modèles ne mène cependant pas aux conclusions professées par les anti-environnementalistes et les fondamentalistes pro-marché. C'est exactement le contraire : nous devons être hyperconservateurs sur le plan écologique, car nous ne savons pas ce que nous faisons aujourd'hui qui pourrait avoir des conséquences négatives demain. C'est la politique adéquate à adopter dans un contexte d'ignorance et d'opacité épistémique. À l'assertion : « Nous n'avons aucune preuve que nous portons préjudice à la nature » une bonne réponse serait : « Nous n'avons pas non plus de preuve que nous ne lui portons pas préjudice. » Le fardeau de la preuve ne pèse pas sur le conservateur en matière d'écologie, mais sur la personne qui dérange un système ancien. De plus, il serait préférable de ne pas « tenter de corriger » le mal qui a été fait, sous peine de créer un autre problème dont nous ne connaissons pas grand-chose actuellement.

Une solution pratique à laquelle je suis parvenu, fondée sur les non-linéarités des préjudices causés par des polluants (en supposant que le mal causé n'augmente pas en proportion des quantités libérées et en recourant au même raisonnement mathématique que celui qui m'a

---

13. N.d.T : « Effet papillon » dont le principe est le suivant : « Un papillon battant des ailes en Inde pourrait déclencher une tornade à New York deux ans plus tard. »

conduit à m'opposer à la notion de « trop grand »), consiste à répartir ces préjudices entre les polluants – si tant est qu'il nous faille polluer, bien sûr. Faisons une petite expérience.

Cas 1 : Vous administrez à un patient une dose de cyanure, de ciguë ou autre substance toxique, en supposant qu'elles aient la même nocivité – et que, dans le cas de cette expérience, il n'y ait aucune super-additivité (c'est-à-dire aucun effet synergétique).

Cas 2 : Vous administrez au patient un dixième d'une dose d'une dizaine de ce genre de substances, pour la même quantité totale de poison.

Il apparaît clairement que le cas n° 2, dans lequel il y a répartition du poison ingéré à travers différentes substances, est, au pire, aussi nocif (si toutes les substances toxiques agissent de la même façon), et, au mieux, quasiment inoffensif pour le patient.

La densité des espèces

Mère Nature n'aime pas la connectivité et la globalisation excessives (biologiques, culturelles ou économiques). Un des privilèges que me valut la publication du *Cygne Noir* fut de rencontrer Nathan Myrrhvold, le genre de personnes dont j'aimerais qu'elle soit clonée afin d'en avoir un exemplaire ici, à New York, un en Europe et un autre au Liban. Je me mis à le voir régulièrement ; chacune de nos rencontres sans exception donna naissance à une grande idée, ou à la redécouverte de mes propres idées à travers le cerveau d'une personne plus intelligente – il pourrait revendiquer sans problème la co-signature de mon prochain livre. L'ennui est que, contrairement à Spyros et à un tout petit nombre d'autres personnes, il ne converse pas en marchant (cela dit, nous nous retrouvions dans d'excellents restaurants).

N. Myrrhvold m'a éclairé sur une manière supplémentaire d'interpréter et de démontrer la façon dont la globalisation nous emmène en Extrêmistan : la notion de densité des espèces. Simplement, les environnements de grande taille sont plus scalables que les petits – permettant ainsi aux plus grands de le devenir encore plus, aux dépens des petits, et ce, à cause du mécanisme d'attachement préférentiel que nous avons vu au chapitre 14 du Cygne Noir[14]. Il est prouvé que les îles de petite taille abritent beaucoup plus d'espèces au mètre carré que les grandes, et, bien sûr, que les continents. Plus l'on voyagera sur cette planète, plus graves seront les épidémies – nous aurons une population de germes dominée par un petit nombre d'entre eux, et celui qui réussira à tuer se propagera beaucoup plus efficacement. La vie culturelle sera dominée par un nombre plus restreint de personnes : il y a moins de livres par lecteur en anglais qu'en italien (mauvais livres compris). La taille des entreprises sera plus inégale. Et les modes seront plus marquées. De même que les ruées sur les banques, bien sûr.

Une fois encore, je n'essaie pas de dire qu'il faut stopper la globalisation et empêcher les gens de voyager. Il faut simplement être conscient des effets secondaires, des compromis à faire – et peu de gens le sont. Je pressens le risque qu'un grave virus, très étrange, se répande à travers la planète.

Les autres types de redondances

Plus compliquées et plus subtiles, les autres catégories de redondances expliquent comment les éléments de la nature exploitent les Cygnes Noirs positifs (et fournissent en sus une « trousse de survie » aux Cygnes Noirs négatifs). Je n'en parlerai ici que très brièvement, car c'est en grande partie le sujet de mon prochain ouvrage, consacré à l'exploitation des Cygnes Noirs grâce au *bricolage* ou à la domestication de l'incertitude.

Étudiée par les biologistes, la redondance fonctionnelle consiste en cela : contrairement à ce qui se passe avec la redondance organique – la disponibilité de pièces de rechange qui permet à la même fonction d'être accomplie par des éléments identiques –, la même fonction peut très souvent être réalisée par deux structures différentes. Le

---

14. N.d.T. : « Ce qui est grand le devient encore plus et ce qui est petit le reste, ou le devient un peu plus. » Et N. N. Taleb de citer un exemple extrêmement représentatif de ce mécanisme : l'usage de plus en plus répandu de l'anglais, « non pour ses qualités intrinsèques, mais parce que les gens ont besoin d'utiliser une seule et unique langue, ou de s'en tenir à l'emploi d'une seule langue quand ils discutent ». Ainsi, quelle que soit la langue qui semble avoir le dessus, « son emploi va se propager comme une épidémie, et les autres langues vont être rapidement supplantées ». (*Op. cit.*, p. 286.)

terme « dégénérescence » est parfois employé (par Gerald Edelman et Joseph Gally).

Il existe une autre redondance : celle où un organe peut être employé pour assumer une certaine fonction qui n'est pas sa fonction principale actuelle. Mon ami Peter Bevelin lie cette idée aux « tympans de Saint-Marc », d'après le titre d'un essai de Stephen Jay Gould. Dans ce cas de redondance, l'espace nécessaire entre les voûtes de la cathédrale de saint Marc, à Venise, a donné naissance à un art aujourd'hui central dans l'expérience esthétique que l'on fait quand on visite ce lieu. Dans ce que l'on appelle maintenant « l'effet tympan », une conséquence annexe d'une certaine adaptation conduit à une nouvelle fonction. Je peux aussi voir cette adaptation comme possédant une fonction potentielle latente qui pourrait se manifester dans l'environnement adéquat.

La meilleure illustration de cette redondance est une dimension de l'histoire de la vie de Paul Feyerabend, philosophe des sciences haut en couleur. Bien que rendu à jamais impuissant par une blessure de guerre, il se maria quatre fois et fut un séducteur patenté, au point de laisser derrière lui une horde de petits amis et de maris désespérés parce qu'il leur avait volé leur compagne, et une horde tout aussi considérable de cœurs brisés, dont ceux de nombre de ses étudiantes (à son époque, les professeurs bénéficiaient de certains privilèges – surtout les professeurs de philosophie hauts en couleurs). Eu égard à son impuissance, c'était un exploit non négligeable. Il y avait donc d'autres parties de son corps qui parvenaient à satisfaire ce qui faisait que les femmes lui étaient attachées – quoi que ce fût.

À l'origine, Mère Nature créa la bouche pour manger, peut-être pour respirer, et peut-être pour une autre fonction liée à l'existence de la langue. Puis de nouvelles fonctions apparurent, qui ne faisaient probablement pas partie du projet initial. Certaines personnes se servent de la bouche et de la langue pour embrasser, ou pour faire quelque chose de plus intime à quoi Feyerabend avait notoirement recours.

Au cours des trois dernières années, je suis devenu obsédé par l'idée que dans des conditions de limitations épistémiques – une opacité quelconque concernant l'avenir – il ne pourrait y avoir évolution (et survie) sans la présence d'un de ces trois types de redondances. On ne sait pas aujourd'hui ce dont on pourra avoir besoin demain. Cela s'oppose radicalement à la notion de dessein téléologique que nous avons appris de la lecture d'Aristote et qui a façonné la pensée arabo-occidentale du Moyen Âge. Pour Aristote, un objet avait un but bien précis fixé par son créateur. Un œil était là pour voir, un nez pour sentir. C'est un argument rationaliste, une autre manifestation de ce que je nomme « platonicité ». Cependant, tout ce qui a un usage secondaire, et pour lequel on n'a pas payé, présentera une occasion supplémentaire dans le cas où une application jusque-là inconnue ou un nouvel environnement feraient leur apparition. L'organisme présentant le plus grand nombre d'usages secondaires est celui qui bénéficiera le plus du caractère aléatoire de l'environnement et de l'opacité épistémique !

Prenez l'aspirine. Il y a quarante ans, sa raison d'être était son effet antipyrétique (anti-fièvre). Plus tard, elle fut utilisée pour son effet analgésique (anti-douleur). Elle a également été employée pour ses propriétés anti-inflammatoires. Aujourd'hui, on l'utilise surtout pour fluidifier le sang afin d'éviter une seconde (ou première) crise cardiaque. La même chose vaut pour pratiquement tous les médicaments – beaucoup sont utilisés pour leurs propriétés secondaires et tertiaires.

Je viens de jeter un coup d'œil à la table de travail qui se trouve dans mon bureau d'affaires, celui où je n'écris pas mes ouvrages (je sépare le côté fonctionnel du côté esthétique). Un ordinateur portable est adossé à un livre, car j'aime que mon ordinateur soit un peu incliné. Ce livre est une biographie en français de l'impétueuse Lou Andreas Salomé (amie de Nietzsche et de Freud) dont je peux dire avec certitude que je ne la lirai jamais ; c'est pour son épaisseur, idéale pour la tâche qui lui est assignée, que je l'ai choisie. Cela me fait réfléchir à la bêtise consistant à penser que les livres sont là pour être lus et pourraient être remplacés par des fichiers électroniques. Songez à la série de redondances qu'offrent les livres. Impossible d'impressionner vos voisins avec des fichiers électroniques – impossible de valoriser votre *ego*. Les objets semblent posséder des fonctions annexes invisibles mais significatives dont nous n'avons pas conscience, mais qui leur permettent de prospérer – et à l'occasion, comme pour les livres qui servent de décoration, la fonction annexe devient la fonction principale.

Ainsi, quand on a beaucoup de redondances fonctionnelles, le hasard permet d'équilibrer les choses, mais à une condition – que l'on puisse tirer profit de ce hasard plutôt qu'en être victime (argument que j'appelle plus techniquement « convexité à l'incertitude »). C'est incontestablement le cas de nombreuses applications d'ingénierie, dans lesquelles certains outils en engendrent d'autres.

En outre, je suis actuellement plongé dans l'étude de l'histoire de la médecine, qui devait s'accommoder de cette illusion aristotélicienne de dessein, en recourant aux méthodes rationalistes de Galen qui tuèrent tant de gens alors que les médecins pensaient qu'ils les guérissaient. Notre psychologie conspire : les gens aiment se rendre à une destination précise plutôt qu'affronter un degré d'incertitude quelconque, même si cela peut leur rapporter. Et la recherche elle-même, la manière dont elle est conçue et fondée, semble téléologique : elle vise les résultats précis plus qu'elle ne recherche les expositions maximales aux bifurcations.

Outre « convexité », j'ai donné des noms plus compliqués à cette idée, tels qu'« optionalité » – car on a l'option de faire abstraction de la facilité liée au hasard –, mais pour moi il s'agit encore d'un travail en cours d'évolution. L'évolution vers le deuxième type de hasard, voilà ce que j'appelle « bricolage », et c'est le sujet de mon prochain livre.

Distinctions sans différence, différences sans distinction

Autre avantage de la duplication. Tout au long du *Cygne Noir*, je me concentre sur l'absence de distinctions pratiques entre les diverses notions de chance, d'incertitude, d'incomplétude des informations et d'occurrences fortuites, qui recourent au simple critère de prédictabilité, ce qui les met à égalité sur le plan fonctionnel. La probabilité peut correspondre à des degrés de croyance, à ce dont on se sert pour faire un pari, ou à quelque chose de plus physique associé au véritable hasard (appelé « ontique », et sur lequel je reviendrai plus tard). Pour paraphraser Gerd Gigerenzer[15], « 50 % de risque de pluie demain » peut signifier à Londres qu'il pleuvra la moitié de la journée et vouloir dire en Allemagne que la moitié des experts pensent qu'il pleuvra et (c'est moi qui ajoute cela), à Brooklyn, que le marché des paris au bar est tel que l'on paierait cinquante cents pour gagner un dollar s'il pleut.

Pour les scientifiques, le traitement est le même. On recourt à la même équation pour décrire une distribution des probabilités, indépendamment du fait de savoir si la probabilité est un degré de

---

15. N.d.T : Directeur de l'Institut Max-Planck de Berlin pour la recherche sur l'éducation, dont l'action en tant que psychologue jouit d'une réputation internationale, et auteur d'un ouvrage intitulé *L'Esprit d'ouverture*, paru en 2009 chez Belfond.

croyance ou le dessein de Zeus, qui, croyons-nous, fait la pluie et le beau temps. Pour nous praticiens de probabilités (c'est-à-dire personnes qui travaillons avec la probabilité dans un contexte scientifique et pratique), la probabilité d'un événement, quelle que soit sa définition, est simplement un nombre réel compris entre 0 et 1, appelé mesure de l'ensemble concerné. Lui attribuer d'autres noms et symboles serait gênant et empêcherait le transfert des résultats analytiques d'un domaine à un autre.

Pour un philosophe, c'est une tout autre histoire. J'ai déjeuné deux fois avec le philosophe (analytique) Paul Boghossian – et ce, à trois ans d'intervalle : la première après avoir achevé la première édition du *Cygne Noir*, la seconde après avoir terminé cet essai. Au cours de notre première conversation, il a déclaré que, d'un point de vue philosophique, c'était une erreur de faire l'amalgame entre la probabilité en tant que mesure du degré de croyance rationnel d'un individu et la probabilité en tant que propriété des événements qui se produisent dans le monde. Pour moi, cela impliquait qu'il valait mieux ne pas utiliser le même langage mathématique, mettons, le même symbole, « p », ni écrire la même équation pour traduire les différents types de probabilités. J'ai passé trois ans à me demander s'il avait raison ou tort, s'il s'agissait d'une bonne *redondance*. Puis j'ai redéjeuné avec lui, mais dans un meilleur (et même plus chaleureux) restaurant.

Il m'a mis en garde contre une formule employée par les philosophes : « distinction sans différence ». J'ai alors pris conscience de la chose suivante : il y a des distinctions utilisées par les philosophes qui ont un sens au plan philosophique, mais pas, semble-t-il, dans la pratique ; cependant, si l'on approfondit cette idée, elles sont peut-être nécessaires, et peuvent avoir un sens dans la pratique si l'environnement change.

De fait, prenez l'opposé de la formule citée ci-dessus : « différences sans distinction ». Ces différences peuvent être terriblement trompeuses. On emploie le même terme, « mesurer » en parlant de mesurer une table avec une règle et de mesurer un risque – alors que cette dernière expression fait référence à une prévision ou quelque chose du genre. Et le mot « mesurer » véhicule une illusion de connaissance qui peut être gravement déformante : comme nous le verrons, nous sommes très vulnérables psychologiquement aux termes employés et à la manière dont les choses sont formulées. En conséquence, si l'on utilisait le mot « mesurer » en parlant de la table et « prévoir » en parlant du risque, *les Cygnes Noirs généreraient moins de dindes.*

Les mélanges terminologiques sont très courants dans l'histoire. Permettez-moi de revenir sur l'idée de chance. À une époque, le mot latin *felix* (de *felicitas*) était employé à la fois pour qualifier quelqu'un de chanceux et quelqu'un d'heureux (cet amalgame entre le bonheur et la chance s'explique aisément dans le contexte de l'Antiquité, puisque la déesse Felicitas symbolisait les deux). Le mot anglais *luck* vient de l'allemand *Glück* : bonheur. Tous les gens qui ont de la chance ayant l'air heureux, un homme de l'Antiquité aurait jugé vaine cette distinction entre les deux concepts (sans penser qu'on pourrait être heureux sans nécessairement avoir de chance). Mais dans un contexte moderne il nous faut extraire la chance du bonheur – l'utilité de la probabilité – pour effectuer toute analyse psychologique de la prise de décision. (Bien sûr, il est difficile de dissocier les deux quand on voit les gens prendre des décisions dans un contexte probabiliste. Ils peuvent avoir tellement peur des mauvaises choses susceptibles de leur arriver qu'ils ont tendance à dépenser des fortunes en assurance, ce qui pourrait nous inciter à croire à tort qu'ils considèrent comme forte la probabilité qu'un événement contraire se produise.) Nous voyons donc que l'absence de précision en l'occurrence fait que le langage des Anciens nous semble très peu clair ; pour ces derniers, cependant, la distinction aurait été une redondance.

UNE SOCIÉTÉ AGUERRIE CONTRE L'ERREUR

Je n'aborderai que très brièvement la crise de 2008, laquelle s'est produite après la publication du *Cygne Noir*, et fut tout un tas de choses, mais pas un Cygne Noir, simplement le résultat de la fragilité des systèmes édifiés sur la non-prise en compte – et le déni – de la notion d'événements de type « Cygne Noir » (on sait avec quasi-certitude qu'un avion conduit par un pilote incompétent finira par s'écraser).

Pourquoi « très brièvement » ? *Primo*, *Le Cygne Noir* n'est pas un livre d'économie, mais un ouvrage sur l'incomplétude de la connaissance et sur les effets de l'incertitude à fort impact – les choses sont ainsi faites que les économistes sont l'espèce la plus aveugle aux Cygnes Noirs de la planète. *Deuxio*, je préfère parler des événements *avant* qu'ils aient lieu, non pas *après*. Mais le grand public confond le prospectif avec le rétrospectif. Les mêmes journalistes, économistes et experts politiques qui n'avaient pas vu venir la crise survenue en 2008, ont fourni *a posteriori* des analyses extrêmement détaillées sur son inévitabilité. L'autre raison, la vraie, est que cette crise ne m'intéressait pas assez sur le plan intellectuel – il n'y avait rien, dans les événements, qui ne se soit déjà produit avant, à une échelle moindre (par exemple, en 1982, les banques avaient perdu chaque centime qu'elles avaient gagné). Comme je le dirai plus bas, ce fut pour moi une simple opportunité financière. Franchement, j'ai relu *Le Cygne Noir* et je n'ai rien trouvé à y ajouter – rien que nous n'ayons déjà connu à un moment ou un autre de l'histoire, comme les débâcles financières précédentes, rien dont j'avais appris quoi que ce soit – rien, hélas.

Le corollaire est évident : comme il n'y a rien de nouveau dans la crise de 2008, nous n'en apprendrons rien et referons la même erreur dans le futur. Et en voilà des preuves patentes alors même que j'écris ces lignes : le FMI continue de publier des prévisions (sans se rendre compte que les précédentes n'ont pas fonctionné et que les pauvres pigeons qui se fieront à celles-là vont – une fois de plus – avoir des ennuis) ; les professeurs d'économie utilisent toujours la courbe de Gauss ; le gouvernement actuel est peuplé par ceux qui font prendre à l'erreur de modèle des proportions industrielles, nous amenant plus que jamais à nous appuyer sur des modèles[16].

Cette crise illustre cependant un besoin de force qui mérite qu'on s'y arrête ici.

Au cours des deux mille cinq cents dernières années d'idées connues, seuls les imbéciles et les platonistes (ou, pire encore, l'espèce qu'on appelle les banquiers centraux) ont cru dans des utopies échafaudées. Nous verrons que l'idée n'est pas de corriger les erreurs et d'éliminer le hasard de la vie économique et sociale au moyen d'une politique monétaire, de subsides, etc. *C'est simplement de circonscrire les erreurs et les mauvais calculs de l'homme* et d'empêcher qu'ils ne se propagent à travers le système, comme le fait Mère Nature. Réduire le hasard

---

16. Il est clair que tout l'*establishment* économique, soit environ un million de gens sur cette planète impliqués dans un aspect quelconque de l'analyse économique, la planification, la gestion de risques et la prévision, se sont avérés être les dindons de la farce simplement parce qu'ils ont fait l'erreur de ne pas comprendre la structure de l'Extrêmistan, les systèmes complexes et les risques cachés, tout en se fiant à d'absurdes mesures et prévisions des risques – et tout cela malgré l'expérience qu'on en a, car ces méthodes n'ont jamais fonctionné dans le passé.

volatil et ordinaire augmente l'exposition aux Cygnes Noirs – cela crée un calme artificiel.

Je rêve d'une véritable Épistémocratie – c'est-à-dire d'une société aguerrie contre les erreurs des experts, les erreurs de prévision et l'arrogance, une société capable de résister à l'incompétence des hommes politiques, des régulateurs, des économistes, des banquiers centraux, des banquiers tout court, des conseillers politiques et des épidémiologistes. Il est impossible de rendre les économistes plus scientifiques, les êtres humains plus rationnels (quoi que cela signifie), et de faire disparaître les modes. La solution est plutôt simple une fois qu'on isole les erreurs dommageables, comme nous le verrons avec le quatrième quadrant.

Ainsi suis-je actuellement écartelé entre a) mon désir de passer mon temps à réfléchir longuement à mes idées dans des cafés européens et dans le calme de mon bureau, ou à trouver quelqu'un avec qui converser tout en marchant lentement dans un cadre urbain agréable, et b) le sentiment d'être obligé de m'engager dans un activisme destiné à aguerrir la société, en parlant à des gens sans intérêt et en me plongeant dans la cacophonie du monde inesthétique du journalisme et des médias, en allant à Washington voir des types bidons en costume arpenter les rues, en devant défendre mes idées tout en m'efforçant de me montrer aimable et de dissimuler mon manque de respect. Cela s'est révélé très perturbant pour ma vie intellectuelle. Il existe cependant des subterfuges. Un subterfuge utile que j'ai découvert consiste à éviter d'écouter la question de l'interviewer et à répondre par une chose à laquelle je réfléchis depuis quelque temps. Fait extraordinaire, ni les interviewers ni le public ne remarquent l'absence de lien entre la question et la réponse.

Un jour, j'ai été sélectionné pour faire partie d'un groupe de cent personnes qui se rendaient à Washington pour passer deux jours à discuter de la façon de résoudre les problèmes de la crise qui a commencé en 2008. Toutes les grosses légumes, ou presque, étaient présentes. Après une heure de réunion, et pendant un discours du Premier ministre australien, j'ai quitté la salle, car ma souffrance devenait intolérable. Je regardais le visage de ces gens, et mon dos commençait à me faire mal. Le cœur du problème, c'est qu'aucun d'eux ne connaissait le cœur du problème.

Cela me convainc qu'il y a une solution unique pour le monde, qui doit être conçue selon des principes très simples de force face aux Cygnes Noirs – sans quoi il ira droit à la catastrophe.

Aujourd'hui, je ne suis donc plus engagé. Je suis de retour dans ma bibliothèque. Je n'éprouve même pas de frustration – peu m'importe, même, que les prévisionnistes plongent la société dans la crise ; quant aux dupes du hasard (au contraire), elles ne parviennent même plus à me contrarier – c'est peut-être grâce à une autre découverte liée à une application particulière de l'étude des systèmes complexes, l'Extrêmistan, et à cette science des longues promenades.

CHAPITRE 2

POURQUOI JE MARCHE AUTANT, OU COMMENT LES SYSTÈMES SE FRAGILISENT

Réapprendre à marcher – La tempérance, il ne connaissait pas –
Attraperai-je Bob Rubin ? Extrêmistan et voyage avec Air France

Quelques haltères de plus

Une fois encore, grâce à la médiatisation dont *Le Cygne Noir* a bénéficié, j'ai eu connaissance d'un nouvel aspect de force dans les systèmes complexes... de la manière la plus inattendue. L'idée est venue de deux auteurs et praticiens dans le domaine du *fitness*, qui ont intégré les notions de hasard et d'Extrêmistan (mais de type « Cygne Gris ») dans notre compréhension du régime et de l'activité physique. Curieusement, le premier des deux, Art de Vany, est la personne qui a étudié l'Extrêmistan dans les films (voir le chapitre 3 du *Cygne Noir*)[1].

---

1. N.d.T. : Art de Vany a étudié l'incertitude sauvage au cinéma et montré qu'une grande partie de ce que l'on attribuait aux compétences n'était qu'une attribution *a posteriori* ; il affirme que c'est le film qui fait l'acteur, et une bonne dose de chance non linéaire qui fait le film (*op. cit.* p. 63).

Le second, Doug McGuff, est médecin. Et tous deux savent ce qu'est la forme physique, surtout Art, qui, à soixante-douze ans, ressemble à ce à quoi un dieu grec voudrait ressembler à quarante-deux ans. Tous deux faisaient référence aux idées du *Cygne Noir* dans leur travail et s'identifiaient à elles ; et je l'ignorais.

Puis, à ma grande honte, j'ai découvert la chose suivante : j'avais passé ma vie à réfléchir sur le hasard, et écrit trois livres (dont un technique) sur le fait d'y faire face ; je me vantais d'être expert en la matière, de la statistique à la psychologie. Et une chose essentielle m'avait échappé : les organismes vivants (qu'il s'agisse du corps humain ou de l'économie) ont absolument besoin de la variabilité et du hasard. Qui plus est, ils ont besoin du type de variabilité extrêmistanaise, de certains facteurs de stress extrêmes, sans quoi ils se fragilisent. C'est cela qui m'avait complètement échappé[2].

Pour reprendre la métaphore employée par Marc Aurèle, les organismes ont besoin de transformer les obstacles en carburant – exactement comme le feu.

Endoctriné par l'environnement culturel et par mon éducation, je vivais dans l'illusion qu'exercice physique régulier et alimentation stable étaient bons pour la santé. Je ne me rendais pas compte que je tombais dans des arguments rationalistes dangereux, la projection platonique de ses désirs dans le monde. Pire, j'avais été endoctriné alors même que j'avais toutes les données en tête.

Grâce au modèle « proie-prédateur » (dit aussi de Lotka-Volterra, et qui décrit un type de dynamique de population), je savais que les populations connaîtront la variabilité de type extrêmistanais et que les prédateurs passeront donc nécessairement par des périodes d'extrême famine et par des périodes d'extrême abondance. Nous sommes ainsi, les êtres humains – il fallait que nous soyons conçus pour connaître la faim extrême et l'abondance extrême. Il fallait donc que notre consommation de nourriture soit fractale. Pas un seul défenseur des idées « trois repas par jour » et « mangez avec modération » ne les a testées de manière empirique pour vérifier que ces pratiques étaient

---

2. Il existe une différence entre les facteurs de stress et une exposition nocive qui affaiblit les organismes, telle la radiation dont j'avais parlé au chapitre 8 du *Cygne Noir*, avec l'histoire des rats (*op. cit.* p. 153-154).

effectivement plus saines que des jeûnes intermittents suivis d'agapes monumentales[3].

Cependant, les religions proche-orientales (le judaïsme, l'islam et le christianisme orthodoxe) le savaient, bien entendu – tout comme elles savaient la nécessité d'éviter de s'endetter –, et elles prévoyaient des jours de jeûne.

Je savais aussi que la taille des rochers et des arbres était, jusqu'à un certain point, fractale (j'ai même écrit sur ce point au chapitre 16 du *Cygne Noir*[4]). Nos ancêtres étaient essentiellement confrontés au fait de devoir soulever des rochers très légers – facteurs de stress peu importants ; une à deux fois par décennie, ils étaient obligés de soulever un énorme rocher. Alors, d'où cette idée d'exercice physique « régulier » peut-elle bien venir ? À la période du Pléistocène, personne ne faisait de *jogging* pendant quarante-deux minutes trois fois par semaine, ne soulevait de poids tous les mardis et les vendredis avec un *coach* privé intraitable (mais gentil, au demeurant) et ne jouait au tennis à onze heures le samedi matin. Des chasseurs n'auraient pas fait cela. On oscillait entre des extrêmes : on piquait un *sprint* quand on était poursuivi ou que l'on poursuivait soi-même (parfois jusqu'à l'épuisement), et on déambulait sans but le reste du temps. Le marathon est une abomination moderne (surtout pratiqué sans *stimuli* émotionnels).

La stratégie des haltères a une autre application : beaucoup d'oisiveté, et un degré élevé d'intensité. Les données montrent que de longues, très longues promenades associées à des exercices physiques intenses sont plus bénéfiques que le simple fait de courir.

---

3. Ce problème a une dimension « sociologie de la science. » Le journaliste scientifique américain Gary Taubes m'a convaincu que la majorité des conseils en matière de régime (concernant la diminution des graisses dans les régimes) allaient à l'encontre des preuves. Si je peux comprendre que l'on entretienne des croyances sur des choses naturelles sans les justifier de manière empirique, les croyances qui nient les preuves aussi bien naturelles que scientifiques dépassent mon entendement.

4. N.d.T. : « La fractalité est la répétition à des échelles différentes de modèles géométriques révélant des versions de plus en plus petites d'eux-mêmes. Dans une certaine mesure, ces petites parties ressemblent au tout. (…). Les veines des feuilles ressemblent à des branches ; les branches ressemblent à des arbres ; et les rochers, à de petites montagnes. Quand la taille d'un objet change, il n'y a pas de changement qualitatif. (…) C'est ainsi que fonctionne la nature. » (*Op. cit.*, p. 332-333.)

Je ne parle pas des « marches à vive allure » du genre de celles dont il est question dans la section Santé du *New York Times*. Je veux dire marcher sans faire aucun effort.

Qui plus est, songez à la corrélation négative entre la dépense et l'absorption de calories : nous chassions en réaction à la faim ; nous ne mangions pas de petit-déjeuner pour chasser, et la chasse augmentait notre déficit d'énergie.

Si l'on prive un organisme de facteurs de stress, on affecte son épigénétique et l'expression de ses gènes – certains gènes sont régulés à la hausse (ou à la baisse) par leur contact avec l'environnement. Un individu qui n'est pas confronté à des facteurs de stress ne survivra pas s'il en rencontre un jour. Songez simplement à ce qu'il reste de la force d'une personne qui a passé un an alitée, ou qui, ayant grandi dans un environnement stérile, prend un jour le métro de Tokyo, dans lequel les passagers sont serrés comme des sardines.

Pourquoi suis-je en train de recourir à des arguments évolutionnaires ? Ce n'est pas du fait de l'optimalité de l'évolution, mais exclusivement pour des raisons épistémologiques – comment faire face à un système complexe caractérisé par des liens causaux opaques et des interactions compliquées. Mère Nature n'est pas parfaite, mais s'est jusqu'à présent montrée plus intelligente que les êtres humains, et certainement beaucoup plus intelligente que les biologistes. Mon approche consiste donc à associer des recherches fondées sur des preuves (débarrassées de théorie biologique) à un *a priori* selon lequel Mère Nature a plus d'autorité que quiconque.

Après avoir eu cette illumination, je me lançai, sous la houlette d'Art de Vany, dans un style de vie façon « stratégie des haltères » extrémistanaise : longues, très longues, et lentes promenades méditatives (ou conversationnelles) dans un décor urbain stimulant, mais entrecoupées de *sprints* très brefs (et aléatoires) pendant lesquels je faisais en sorte d'éveiller ma colère en imaginant que je poursuivais ce *bankster* de Robert Rubin avec un grand bâton en essayant de l'attraper et de le traîner devant les tribunaux. Je me rendis de manière aléatoire dans trente-huit salles où l'on pouvait soulever des poids pour y effectuer un entraînement complètement stochastique – essentiellement dans les hôtels, quand j'étais en déplacement. À l'instar des Cygnes Gris, ces moments où je soulevais des poids étaient très, très rares mais extrêmement lourds de conséquences, arrivant au terme d'une journée où je n'avais quasiment rien mangé et me laissant complètement épuisé.

Puis, des semaines durant, je menais une vie complètement sédentaire et traînais dans les cafés. Même la durée des entraînements restait aléatoire – mais la plupart du temps elle était très courte, moins de quinze minutes. J'optais pour la solution de l'ennui minimal et restais très poli avec les employés du club de gym qui qualifiaient d'« irrégulières » mes séances d'entraînement. Je m'infligeais en outre des variations thermiques – m'exposant, à l'occasion, à un froid extrême sans porter de manteau. Grâce aux voyages transcontinentaux et aux décalages horaires, je subissais des périodes de privation de sommeil suivies d'un excès de repos. Quand j'allais dans des pays où l'on trouve de bons restaurants – en Italie, par exemple –, j'ingurgitais des quantités de nourriture qui auraient impressionné Gros Tony lui-même[5], puis sautais des repas pendant quelque temps sans en souffrir. Après deux ans et demis de ce régime apparemment « malsain », je constatai à tous égards des changements significatifs dans mon apparence physique : absence de tissu adipeux superflu, pression sanguine d'un jeune de vingt et un ans, etc. Mon esprit est également plus clair et beaucoup plus pénétrant.

L'idée essentielle est donc de troquer la durée contre l'intensité – contre un bénéfice hédoniste. Souvenez-vous du raisonnement que j'exposais dans le chapitre 6 du *Cygne Noir* : de même que les gens préfèrent les pertes importantes mais soudaines aux pertes modérées mais régulières, de même qu'il y a un stade au-delà duquel on s'ennuie à périr, les expériences désagréables, comme celle consistant à s'entraîner sans *stimuli* extérieurs (par exemple à la gym), ou à passer du temps dans le New Jersey, doivent être aussi concentrées et aussi intenses que possible.

Une autre manière de voir la relation avec l'idée de Cygne Noir est la suivante. La thermodynamique classique produit des variations

---

5. N.d.T. : « Gros Tony » est un personnage que Nassim Taleb introduit au chapitre 9 du *Cygne Noir* ; archétype du gars de Brooklyn débrouillard parti de presque rien, il a appris sur le tas à faire facilement des affaires juteuses sur la base d'un principe simple : « Trouver qui est le pigeon. » Il est aujourd'hui un des plus riches de Brooklyn, voyage en première classe et roule en Cadillac. Mais sa caractéristique principale, qui lui vaut son surnom, est son tour de taille impressionnant, même si Tony « n'est objectivement pas aussi gros que son surnom semble l'indiquer ; c'est juste que la forme de son corps donne l'impression qu'aucun de ses vêtements ne lui va » – un tour de taille dû manifestement à un appétit féroce, puisque, nous dit l'auteur, « Tony fait la fortune des restaurateurs ». (*Op. cit.*, p. 171-172.)

gaussiennes, tandis que les variations informationnelles sont de nature extrêmistanaise. Permettez-moi quelques explications. Si vous considérez votre régime et vos exercices physiques comme de simples déficits ou excès d'énergie, avec une équation stricte entre calories absorbées et calories dépensées, vous allez tomber dans le piège consistant à interpréter le système de manière erronée comme un ensemble de liens causaux et mécaniques. Votre consommation de nourriture équivaut alors à remplir le réservoir de votre nouvelle BMW. D'un autre côté, si vous considérez que la nourriture et l'exercice physique activent des signaux métaboliques accompagnés de cascades métaboliques et de non-linéarités dues aux effets de réseaux, et de liens récursifs, alors, bienvenue dans la complexité, c'est-à-dire en Extrêmistan. La nourriture comme les séances d'entraînement fournissent à votre corps des informations sur les facteurs de stress dans l'environnement. Comme je ne cesse de le répéter, le hasard informationnel est d'origine extrêmistanaise. La médecine est tombée dans le piège consistant à utiliser la thermodynamique simple, avec la même jalousie à l'égard de la physique, la même mentalité et les mêmes outils que les économistes quand ils considéraient l'économie comme une toile composée de liens simples[6]. Et les êtres humains comme les sociétés sont des systèmes complexes.

Toutefois, ces idées sur le mode de vie ne viennent pas seulement de l'expérience personnelle ou d'une théorie de charlatan. Au vu des recherches fondées sur des preuves et revues par les pairs dont on dispose, tous les résultats étaient complètement attendus. La faim (ou déficit d'énergie passager) renforce le corps et le système immunitaire, et favorise la régénération des cellules cervicales, affaiblit les cellules cancéreuses et prévient le diabète. C'est juste que la pensée actuelle – comme l'économie, d'une certaine manière – n'était pas en phase avec la recherche empirique. J'ai réussi à recréer 90 % des avantages du mode de vie chasseur-cueilleur et ce, avec le minimum d'efforts, sans faire de compromis par rapport à un style de vie moderne, et dans la beauté d'un cadre urbain (je m'ennuie à mourir dans la nature et préfère faire le tour du quartier juif de Venise que de passer du temps à Bora Bora)[7].

---

6. Les équations financières utilisées par ces escrocs pour la « marche aléatoire » sont fondées sur la diffusion de la chaleur.

7. L'argument, souvent entendu, selon lequel les peuples primitifs vivent *en moyenne* moins de trente ans ne tient pas compte de la distribution autour de cette

En vertu du même argument, on peut réduire de 90 % les risques de Cygne Noir dans la vie économique... il suffit d'éliminer la dette spéculative.

La seule chose qui manque actuellement à ma vie est la panique, due, disons, au fait de trouver un gigantesque serpent dans ma bibliothèque, ou de voir l'économiste Myron Scholes pénétrer dans ma chambre au beau milieu de la nuit, armé jusqu'aux dents. Je manque de ce que le biologiste Robert Sapolsky nomme « l'aspect bénéfique du stress aigu » par opposition à « l'effet délétère du stress chronique » – autre haltère, car pas de stress plus une quantité infime de stress extrême est infiniment préférable à une quantité de stress minime mais constante (comme celle qu'occasionnent les soucis liés à un remboursement de prêt).

D'aucuns m'ont opposé que ma santé était le fait de mes longues promenades, entre dix et quinze heures par semaine (mais personne ne m'a expliqué pourquoi elles auraient valeur de séances d'entraînement puisque je marche lentement), tandis que d'autres affirment qu'elle est due aux quelques minutes où je pique un *sprint* ; j'ai eu autant de mal à expliquer le caractère indissociable de ces deux extrêmes que les écarts économiques. Si l'on subit des facteurs de stress aigu suivis de moments de repos, comment dissocier les facteurs de stress de la guérison ? L'Extrêmistan se caractérise par les deux extrémités polaires, une forte dose de faible impact, une faible dose de fort impact. Songez que la présence de concentration, en l'occurrence de dépense d'énergie, nécessite qu'un nombre élevé d'éléments ne contribue à rien du tout... excepté à la dilution. Tout comme la condition qui fait que la volatilité du marché s'explique par des à-coups (disons qu'un jour en cinq ans représente la moitié de la variation) nécessite que la plupart des autres jours demeurent excessivement calmes. Sur un million d'auteurs, si un seul réalise la moitié des ventes de livres, il faut beaucoup d'auteurs pour ne vendre aucun livre.

C'est le piège de la dinde que j'aborderai plus tard : les philistins (et les présidents de la Réserve fédérale américaine) confondent périodes

---

moyenne ; il faut analyser l'espérance de vie de manière conditionnelle. Beaucoup mouraient jeunes, de blessures ; beaucoup vivaient très longtemps, et en bonne santé. C'est exactement l'erreur consistant à se laisser abuser par le hasard en se fiant à la notion de « moyenne » en présence de variations, qui incite les gens à sous-estimer les risques dans le domaine boursier.

de faible volatilité (causées par les politiques de stabilisation) avec périodes à faible risque, et non avec passages à l'Extrêmistan.

Bienvenue en Extrêmistan Gris. Gardez-vous de trop jouer avec le système complexe que Mère Nature vous a donné : votre corps.

Attention à la stabilité fabriquée

Une variante du même raisonnement nous permet de voir comment la peur de la volatilité que j'ai évoquée auparavant, qui conduit à intervenir dans la nature de façon à lui imposer une « régularité », nous fragilise dans de multiples domaines. Empêcher de petits incendies de forêt ouvre la voie à des incendies plus graves ; donner des antibiotiques quand ce n'est pas nécessaire nous rend plus vulnérables aux graves épidémies – et peut-être à celle-là, énorme, cette infection majeure qui résistera aux antibiotiques connus et voyagera sur Air France.

Ce qui m'amène à un autre organisme : la vie économique. Notre aversion pour la variabilité et notre désir d'ordre, et le fait que nous agissions en conséquence, ont contribué à précipiter de graves crises. Favoriser la croissance artificielle d'une chose (au lieu de la laisser mourir si elle ne peut pas survivre aux facteurs de stress) ne fait qu'augmenter sa vulnérabilité à un très grave effondrement – je l'ai montré avec la vulnérabilité du Cygne Noir liée à l'augmentation de sa taille. Autre chose que nous avons vue dans la débâcle de 2008 : le gouvernement américain (ou, plutôt, la Réserve fédérale américaine) essaie depuis des années de faire disparaître le cycle économique, nous exposant ainsi à une grave destruction. Voilà mon argument à l'encontre des politiques de « stabilisation » et de la fabrication d'un environnement non volatile. J'en dirai plus sur ce sujet ultérieurement. Je vais maintenant traiter de deux ou trois choses concernant l'idée de Cygne Noir, qui, comme on pouvait s'y attendre, semblent avoir quelque difficulté à pénétrer les consciences.

CHAPITRE 3

MARGARITAS ANTE PORCOS[1]

Comment ne pas vendre de livres dans les aéroports – De l'eau minérale dans le désert – Comment dénigrer les idées des gens et y parvenir

Permettez-moi de recommencer. *Le Cygne Noir* traite des limitations épistémiques importantes, des limites à la fois psychologiques (arrogance et biais) et philosophiques (mathématiques) de la connaissance, tant individuelle que collective. Si je dis « importantes », c'est parce que la cible de l'ouvrage concerne les événements rares à fort impact, car ils font s'écrouler nos connaissances empiriques et théoriques – plus ces événements sont éloignés dans le temps, moins nous pouvons les prédire, et pourtant ce sont ceux qui exercent l'impact le plus puissant. *Le Cygne Noir* traite donc de l'erreur humaine dans certains domaines, aggravée par une longue tradition de scientisme et une myriade d'informations qui alimentent la confiance sans augmenter la connaissance. Il couvre le problème des experts – les dégâts causés par la confiance que l'on accorde à des charlatans déguisés en scientifiques, avec ou

---

1. Locution latine ; en français : « Des perles aux pourceaux. »

sans équations, ou à des scientifiques classiques qui ne sont pas des charlatans, mais qui ont dans leurs méthodes une confiance un peu plus grande que les preuves ne le justifient. Le thème essentiel du livre est : ne pas être le dindon de la farce dans les domaines où cela importe – mais il n'y a pas de mal à être une dupe quand cela ne prête pas à conséquence.

Principales erreurs de compréhension du message

Je vais faire brièvement état de certaines difficultés de compréhension du message et des idées de ce livre, qui sont traditionnellement le fait de professionnels et étonnamment moins du lecteur *lambda* – l'amateur, mon ami. En voici une liste :

1)   Confondre le Cygne Noir (avec des majuscules) avec le problème logique. (Erreur commise par les intellectuels anglais – les intellectuels des autres pays ne connaissent pas suffisamment la philosophie analytique pour la faire[2].)

2)   Déclarer que les cartes que nous avions valaient mieux que pas de carte du tout. (Les gens qui n'ont aucune expérience en cartographie, les « experts » du risque, ou, pire encore, les employés de la Réserve fédérale américaine.)

C'est l'erreur la plus étrange. Je connais peu de gens qui embarqueraient à bord d'un avion à destination de l'aéroport de La Guardia à New York, dont le pilote se servirait d'une carte de l'aéroport d'Atlanta « parce qu'il n'y a rien d'autre ». Les gens dont le cerveau n'est pas hors service préféreraient prendre leur voiture, le train, ou rester chez eux. Pourtant, dès qu'ils s'occupent d'économie, ils préfèrent tous, sur le plan professionnel, recourir en Extrêmistan aux mesures destinées au Médiocristan en invoquant la raison qu' « ils n'ont rien à faire d'autre ». L'idée, volontiers acceptée par les grands-mères, que l'on devrait opter pour une destination pour laquelle on dispose d'une bonne carte, ne pas y aller, puis trouver « la meilleure » carte, est étrangère aux titulaires de doctorats d'universités américaines en sciences sociales.

---

2. Malgré la citation de Juvénal, la plupart des intellectuels persistent à attribuer l'expression « Cygne Noir » à Popper ou à Mill, parfois Hume. L'expression latine *niger cygnus* est peut-être encore plus ancienne – probablement d'origine étrusque.

3)   Penser qu'un Cygne Noir doit être un Cygne Noir pour tous les observateurs. (Erreur commise par les gens qui n'ont pas passé beaucoup de temps à Brooklyn et manquent de la débrouillardise et de l'intelligence sociale qui leur permettraient de s'apercevoir que certaines personnes sont des pigeons.)

4)   Ne pas comprendre la valeur des conseils négatifs (« Ne faites pas... ») et m'écrire pour me demander quelque chose de « constructif » ou une « étape suivante ». (Erreur généralement commise par les présidents de grandes sociétés et ceux qui aimeraient le devenir un jour[3].)

5)   Ne pas comprendre que ne rien faire peut être préférable, et de beaucoup, à faire quelque chose de potentiellement néfaste. (Erreur commise par la plupart des gens qui ne sont pas des grands-mères.)

6)   Coller sur mes idées des étiquettes toutes faites (« scepticisme », « longues queues de distribution », « lois de puissance »), et assimiler ces idées à des traditions de recherche inappropriées (ou, pire, affirmer que la logique à laquelle j'ai recouru était une « logique modale », une « logique confuse », ou tout ce dont la personne a vaguement entendu parler). (Erreur commise par les titulaires de licences des côtes est et ouest des États-Unis.)

7)   Penser que *Le Cygne Noir* traite des erreurs dues à l'utilisation de la courbe en cloche, que tout le monde connaissait, apparemment, et qu'il est possible de remédier à ces erreurs en substituant un nombre mandelbrotien à un autre. (Erreur commise par l'engeance pseudo-scientifique des professeurs titulaires de finance tels que Kenneth French.)

8)   Affirmer tout au long de 2008 que « nous savions tout ça » et qu'« il n'y a rien de nouveau » dans mes idées, et puis, bien sûr, être ruiné par la crise. (Erreur commise par les mêmes

---

3. Méprise fréquente : quand je dis que l'on devrait éviter la catastrophe si un Cygne Noir survenait, on croit que je laisse entendre qu'on devrait parier sur les Cygnes Noirs qui se produisent. Comme nous le verrons au chapitre 4, je préconise l'omission, pas la commission. La différence est énorme, et je suis littéralement assiégé par des gens qui se demandent si l'on peut être détruit en faisant des paris sur la survenue de Cygnes Noirs (comme Néron, Giovanni Drogo, ou le pauvre scientifique qui a un beau-frère riche). Ces gens ont fait leur choix pour des raisons existentielles, pas nécessairement économiques, même si l'économie d'une telle stratégie fait sens pour un groupe d'individus.

professeurs titulaires de finance que précédemment, mais qui sont allés travailler à Wall Street et se retrouvent maintenant sur la paille.)

9)   Confondre mon idée avec celle de la falsification selon Popper – ou prendre n'importe quelle idée venant de moi et la faire entrer dans une catégorie préconçue aux accents bien familiers. (Erreurs commises le plus souvent par les sociologues, les professeurs de science sociale à l'université de Columbia et d'autres qui tentent d'être des intellectuels pluridisciplinaires et d'apprendre des mots à la mode sur Wikipedia.)

10)   Considérer comme mesurables les probabilités (d'états futurs) – par exemple la température, ou le poids de votre sœur. (Gens qui ont passé un doctorat à l'Institut de technologie du Massachusetts ou quelque chose comme cela, puis sont allés travailler quelque part, et passent maintenant leur temps à lire des *blogs*.)

11)   Dépenser de l'énergie à comprendre la différence entre hasard ontique et hasard épistémique – le véritable hasard, et le hasard occasionné par des informations incomplètes – au lieu de se concentrer sur les différences plus importantes entre Médiocristan et Extrêmistan. (Les gens qui n'ont pas de *hobby*, pas de problèmes personnels, pas d'amour, et trop de temps libre.)

12)   Penser que je dis « Ne faites pas de prévisions » ou « N'utilisez pas de modèles » au lieu de « N'utilisez pas de prévisions stériles terriblement erronées » et « Ne recourez pas à des modèles du quatrième quadrant ». (Erreur commise par la plupart des gens qui gagnent leur vie en faisant des prévisions.)

13)   Confondre ce que je dis avec « C'est la catastrophe » plutôt que « Voilà les cas où c'est la catastrophe ». (Nombre d'ex-bénéficiaires de bonus)[4].

De fait, l'amateur intelligent, curieux et ouvert est mon ami. J'ai eu l'agréable surprise de découvrir que l'amateur raffiné qui se sert des livres pour sa propre gouverne et le journaliste (sauf, bien sûr, s'il est employé par le *New York Times*) pouvaient comprendre mes idées

---

4. Si la plupart des gens que ce message laisse perplexes s'avèrent s'occuper d'économie et de sciences sociales – et il se trouve que les lecteurs issus de ces secteurs sont bien moins nombreux que les autres – c'est parce que d'autres membres de la société qui ne possèdent pas ce bagage comprennent presque instantanément le message du livre.

bien mieux que les professionnels. Moins authentiques, les lecteurs professionnels lisent trop vite ou ont des *a priori*. Quand ils lisent pour le « travail » ou dans le but d'asseoir leur position (en écrivant un article, par exemple) plutôt que de satisfaire une véritable curiosité, les lecteurs qui possèdent un bagage trop (ou peut-être pas assez) important ont tendance à lire rapidement et avec efficacité, passant le jargon technique au peigne fin et ne tardant pas à faire des associations avec des idées préconçues. Cela a très vite donné lieu à une compression des idées exposées dans *Le Cygne Noir* pour les faire entrer dans un cadre marchandisé et familier, comme si mes positions pouvaient être réduites à des notions classiques telles que scepticisme, empirisme, essentialisme, pragmatisme, falsification popperienne, incertitude knightienne, économie comportementale, lois de puissance, théorie du chaos, etc. Mais l'amateur a sauvé mes idées. Merci, lecteur.

Comme je l'ai écrit, manquer un train n'est pénible que si l'on court après[5]. Comme je ne recherchais pas le *best-seller* (je pensais en avoir déjà fait un avec mon ouvrage précédent et voulais simplement produire un vrai livre), il me fallut faire face à toute une myriade d'effets secondaires accablants. Je vis le livre traité dès le départ – en raison de sa condition de *best-seller* – comme les « livres d'idées » non fictionnels, journalistiques de A à Z, amputé par un réviseur méticuleux et « compétent » et vendu dans les aéroports à des hommes d'affaires « intelligents ». Donner un vrai livre à ces *Bildungsphilisters* éclairés que l'on appelle couramment lecteurs de livres d'idées, c'est donner un bordeaux millésimé à des buveurs de Diet Coke et écouter ce qu'ils ont à en dire. Leur doléance classique : ils veulent des « mesures à mettre en œuvre » du genre « livre de régime » ou « de meilleurs outils prévisionnels », confirmant ainsi leur statut d'éventuelles victimes d'un Cygne Noir. Nous verrons plus loin que, succombant à un mal identique au biais de confirmation, les charlatans fournissent les conseils positifs très demandés (ce qu'il faut faire), car les gens n'apprécient pas les conseils négatifs (ce qu'il ne faut pas faire). Bon, « comment ne pas faire faillite » ne semble pas un conseil valable, et pourtant, étant donné qu'au fil du temps seule une petite minorité d'entreprises ne font pas faillite, éviter la mort est le meilleur conseil possible – et le plus solide. (Il est particulièrement bon une fois que vos concurrents se mettent à avoir des ennuis et que vous pouvez procéder à un pillage

5. N.d.T. : *Op. cit.*, chap. 19, p. 379.

légal de leur affaire[6].) En outre, très rares sont les lecteurs (disons, ceux qui travaillent dans la prévision ou la banque) qui comprennent que, pour eux, « la mesure à mettre en œuvre » consiste simplement à quitter leur profession et à faire quelque chose de plus moral.

Hormis le fait d'influencer nos préjugés intellectuels et de dire aux gens ce qu'ils veulent entendre, ces « livres d'idées » délivrent souvent leur message sur un ton d'investigation péremptoire qui est odieux, comme les rapports de ces conseillers en gestion qui essaient de vous faire croire qu'ils vous en ont dit plus que ce n'est réellement le cas. J'ai élaboré un test de compression simple à l'aide d'une version de ce que l'on appelle la complexité de Kolmogorov, qui permet de mesurer à quel point un message peut être réduit sans perdre son intégrité : essayez de réduire le plus possible la taille d'un livre sans rien sacrifier du message qu'il voulait délivrer et de son essence. Mon ami, le romancier Rolf Dobelli (lequel n'apprécie manifestement pas de marcher lentement et m'entraîne dans des randonnées dans les Alpes), propriétaire d'une société qui effectue des résumés de livres et les vend à des hommes d'affaires affairés, m'a convaincu de la noblesse de cette mission, les livres de commerce pouvant presque tous être réduits à quelques pages sans rien perdre de leur message et de leur essence – ce qui n'est pas le cas des romans et des textes philosophiques.

Ainsi un essai philosophique est-il un début, non une fin. Pour moi, c'est exactement la même méditation qui se poursuit de livre en livre, contrairement au travail d'un écrivain d'ouvrages non fictionnels, qui, disons, passera à chaque fois à un sujet complètement différent, circonscrit pour des besoins journalistiques. Je veux que mon travail soit une nouvelle façon de voir la connaissance, le tout début d'une longue recherche, les prémices de quelque chose d'authentique. De fait, à l'heure où j'écris ces lignes, quelques années après la publication

---

6. Voici par exemple une anecdote qui contribue à expliquer la crise de 2008 : un certain Matthew Barrett, ancien président de la Barclays Bank et de la Banque de Montréal (toutes deux ont été victimes de catastrophes financières pour s'être exposées à l'Extrêmistan parce qu'elles avaient utilisé des méthodes de gestion de risques adaptées au Médiocristan), s'est plaint, après tous les événements qui ont marqué 2008 et 2009, du fait que *Le Cygne Noir* ne lui disait pas ce qu'il devait faire pour régler la situation et qu'il ne pouvait pas diriger une société en s'inquiétant des risques de Cygne Noir. Ce monsieur n'a jamais entendu parler des notions de fragilité et de force face aux écarts extrêmes – ce qui illustre mon idée selon laquelle l'évolution ne fonctionne pas par l'enseignement, mais par la destruction.

du *Cygne Noir*, je suis content de voir l'idée se répandre parmi des lecteurs intelligents, inciter des universitaires la partageant à aller plus loin en initiant des recherches dans les domaines de l'épistémologie, l'ingénierie, l'éducation, la défense, la recherche d'opérations, les statistiques, la théorie politique, la sociologie, les études climatiques, la médecine, le droit, l'esthétique et l'assurance (mais pas tant dans le domaine dans lequel *Le Cygne Noir* a trouvé une confirmation quasi immédiate, de type « Cygne Noir » : l'économie).

J'ai eu la chance de n'avoir à attendre qu'un ou deux ans (et une grave crise financière) pour que la République des Lettres s'aperçoive que *Le Cygne Noir* était un conte philosophique.

Comment effacer ses crimes

Après la publication du livre, l'accueil réservé à mes idées a connu deux phases distinctes. Lors de la première – *Le Cygne Noir* étant entré dans la liste des *best-sellers* de tous les pays, ou presque, dans lesquels il avait paru –, nombre de spécialistes des sciences sociales et de praticiens de la finance tombèrent dans le piège consistant à le critiquer au seul motif que je vendais trop d'exemplaires et que mon livre était accessible aux lecteurs ; il ne pouvait par conséquent pas refléter une pensée originale et systématique, et n'était qu'une « vulgarisation » qui ne valait pas la peine d'être lue, et encore moins d'être commentée.

Le premier changement de régime se produisit lorsque je fis état de mon travail mathématique, empirique et universitaire plus difficile sous la forme d'une dizaine d'articles parus dans diverses revues pour tenter d'expier mon crime : avoir vendu trop de livres[7]. Puis, plus rien.

Toujours aucune critique au moment où j'écris ces lignes ; de fait, mon article sur le quatrième quadrant paru dans l'*International Journal of Forecasting* (et que je simplifie dans cet essai) apporta la preuve irréfutable que la plupart des articles d'économie « rigoureux » utilisant des statistiques sophistiquées (ou peut-être tous) n'étaient que

---

7. Environ quatorze articles universitaires (mais très, très ennuyeux) à ce jour. (Ils sont aussi ennuyeux à écrire qu'à lire !) Leur nombre ne cesse cependant de croître, et ils sont publiés au rythme de trois par an. Taleb (2007), Taleb et Pilpel (2007), Goldstein et Taleb (2007), Taleb (2008), Taleb (2009), Taleb, Goldstein et Spitznagel (2009), Taleb et Pilpel (2009), Mandelbrot et Taleb (2010), Makridakis et Taleb (2010), Taleb et Tapiero (2010a), Taleb et Tapiero (2010b), Taleb et Douady (2010), et Goldstein et Taleb (2010).

du bla-bla, participaient d'une arnaque collective (avec dilution des responsabilités) et étaient inutilisables pour toute forme de gestion de risques. À ce jour, il est clair que, malgré quelques campagnes de diffamation, ou, plutôt, quelques tentatives de campagne de diffamation (généralement menées par d'anciens employés de Wall Street ou des buveurs de Diet Coke), nul n'a réussi à présenter de réfutation formelle (ou même informelle) de cette idée – ni des arguments logiques-mathématiques, ni des arguments empiriques.

Néanmoins, je compris entre-temps une chose très précieuse concernant la manière de présenter l'idée de Cygne Noir. De même que, dans *Le Hasard sauvage*[8], j'avais soutenu (initialement, sur la base de mon expérience personnelle), qu'il existait une différence considérable entre « une probabilité de survivre de 70 % » et « une probabilité de mourir de 30 % », je découvris qu'il valait infiniment mieux dire aux chercheurs : « C'est là que vos méthodes fonctionnent très bien » que « Voilà ce que vous ignorez, les gars. » Si bien que, lorsque je présentai une carte des quatre quadrants à ce qui était jusqu'alors l'assemblée la plus hostile au monde, celle des membres de l'Association américaine de statistiques, et que je dis à ses membres : « Vos connaissances fonctionnent à merveille dans ces trois quadrants, mais prenez garde au quatrième, car c'est là que les Cygnes Noirs se reproduisent », je reçus aussitôt approbation, soutien, propositions d'amitié éternelle, rafraîchissements (Diet Coke), invitations à assister à leurs séances, accolades même. En fait, c'est comme cela qu'une série d'articles de recherche se mit à utiliser mon travail sur la localisation du quatrième quadrant, etc. Ils tentèrent de me convaincre que les statisticiens n'étaient pas responsables de ces aberrations, imputables à des gens des sciences sociales qui appliquaient des méthodes statistiques sans les comprendre (chose, nous le verrons plus loin, que je fus absolument horrifié de vérifier plus tard dans le cadre d'expériences formelles).

Le second changement de régime survint avec la crise de 2008. Je continuai à être invité à des débats mais cessai d'honorer ces invitations, car cela devenait difficile pour moi d'entendre des arguments compliqués et de m'empêcher de sourire, parfois en coin. Pourquoi sourire ? Eh bien, parce que j'avais eu raison. Ce n'était pas la satisfaction intellectuelle d'avoir gain de cause – non ; comme je le découvris, le monde

---

8. N.d.T. : Titre original : *Fooled by Randomness*. La version française a paru aux Belles Lettres en 2005.

universitaire ne change pas volontairement d'avis, excepté, peut-être, dans certaines sciences du réel comme la physique. J'éprouvai un sentiment différent : il est difficile de se concentrer sur une discussion, surtout économique, quand on vient de gagner plusieurs centaines de fois le salaire annuel du chercheur qui essaie de vous démontrer que vous avez tort, en défendant une représentation du monde contraire à la sienne.

Une traversée du désert

Car après la publication du *Cygne Noir*, j'avais connu une période difficile sur le plan psychologique – ce que les Français appellent une *traversée du désert*[9] ; j'éprouvais, de fait, la démoralisante sensation d'assèchement et de désorientation de qui traverse un désert en quête d'une destination inconnue ou d'une terre plus ou moins promise. J'en avais vu de toutes les couleurs, à m'écrier . « Au feu ! Au feu ! Au feu ! » pour prévenir des risques cachés du système face à des gens qui ne tenaient pas compte du contenu de mon message et se contentaient d'en critiquer la présentation, comme s'ils me disaient : « Quand vous criez "Au feu ! Au feu ! Au feu !", votre prononciation n'est pas exacte. » Ainsi, l'organisateur d'une conférence connue sous le sigle TED (une monstruosité qui transforme les scientifiques et les penseurs en animateurs de bas étage – en gens du cirque) se plaignit que le style de ma présentation n'était pas conforme à son goût pour les choses trop lisses, et ne publia pas sur le Web ma conférence sur « Cygnes Noirs et fragilité ». Bien sûr, il essaya ensuite de s'attribuer le mérite des mises en garde que j'avais exprimées avant la crise de 2008[10].

La plupart des arguments avancés étaient que « les temps ont changé », invoquant « la grande modération » d'un certain Ben Bernanke (président de la Réserve fédérale américaine au moment où j'écris ces lignes) qui tomba dans le piège de la dinde-avant-*Thanksgiving* – piège

---

9. N.d.T : En français dans le texte.
10. Même si c'en est ici une manifestation un peu extrême, cette malhonnêteté n'est pas inhabituelle du tout. Nombre de personnes intellectuellement honnêtes que j'avais averties et qui avaient lu mon livre me reprochèrent après coup de ne pas les avoir tenues au courant de la crise – elles étaient tout simplement incapables de s'en souvenir. Pour un pourceau qui vient tout juste d'être éclairé, il est pénible de se rappeler qu'il a vu une perle dans le passé sans savoir que c'en était une.

consistant à ne pas comprendre que l'on peut passer à l'Extrêmistan suite à une baisse de la volatilité quotidienne.

En outre, quand je m'insurgeais contre les modèles, les spécialistes des sciences sociales ne cessaient de répéter qu'ils connaissaient les limites de ceux-ci et qu'il existe un dicton qui dit que « tous les modèles sont faux, mais [que] certains sont utiles » – sans comprendre que le vrai problème est que « certains sont nocifs ». Très nocifs. Comme dirait Gros Tony : « Ça coûte rien de parler. » Mark Spitznagel et moi-même nous sommes donc de nouveau attelés à la tâche consistant à « aguerrir » nos clients contre le Cygne Noir (à aider les gens à se rapprocher de la stratégie des haltères dont j'ai reparlé plus haut). Nous étions convaincus que le système bancaire allait s'effondrer sous le poids de risques cachés – qu'un tel événement serait un Cygne Blanc. Sa couleur virait du gris au blanc à mesure que le système accumulait les risques. Plus nous serions obligés de l'attendre, et plus il serait grave. L'effondrement eut lieu environ un an et demi après la publication du livre. Cela faisait longtemps que nous l'attendions et parions contre le système bancaire (et que nous protégions les clients en les aguerrissant contre le Cygne Noir), mais l'accueil réservé au *Cygne Noir* – et l'absence de réfutations qui ne fussent pas *ad hominem* – nous alerta beaucoup plus que par le passé sur la nécessité de se protéger.

À l'instar d'Antaeus, qui perdit sa force en se coupant de tout contact avec la Terre, j'avais plus besoin d'un lien avec le monde réel, de quelque chose de réel et d'appliqué, que de me concentrer sur des arguments susceptibles de me donner gain de cause et d'essayer de convaincre les gens de mon point de vue (les gens sont presque toujours convaincus de ce qu'ils savent déjà). Sans même parler de satisfaction intellectuelle, le fait de mettre le nez dans le monde réel, de faire coïncider ma vie avec mes idées en me frottant au *trading* eut un effet thérapeutique ; le seul fait d'avoir placé une transaction me donna la force de ne pas m'en faire. Quelques mois avant le début de la crise de 2008, je fus pris à parti lors d'une réception par un psychologue de Harvard qui, bien qu'ignorant la théorie de la probabilité, semblait avoir des comptes à régler avec moi et mon livre (les détracteurs les plus mauvais et les plus amers sont généralement ceux qui ont un ouvrage concurrent dans les rayons des librairies). Avoir une transaction en cours me permit de me moquer de lui – ou, ce qui est encore pire, d'éprouver une certaine complicité avec lui, grâce à sa colère. Je me demande ce qui serait advenu de l'état psychologique d'un autre auteur qui aurait été ma copie conforme à tous égards excepté celui d'être impliqué dans les transactions boursières et la prise de risque. Quand on met vraiment en pratique ce que l'on dit, que l'on y parvienne ou non, on est plus indifférent et moins sensible à l'opinion des gens, on se sent plus libre, plus ancré dans la réalité.

Finalement, ces débats m'apportèrent une chose : la preuve que les événements de type « Cygne Noir » sont très souvent causés par des individus qui recourent à des mesures qu'ils ne maîtrisent pas, donnant ainsi une confiance erronée fondée sur des résultats bidons. Outre ma profonde perplexité concernant la raison pour laquelle les gens utilisent des mesures de nature médiocristanaise en dehors du rayon d'applicabilité de ces dernières, et y croient, j'eus l'intuition d'un problème beaucoup plus vaste : quasiment aucune des personnes qui travaillaient dans le cadre de leur profession avec des mesures probabilistes ne savait ce dont elle parlait, ce dont j'eus confirmation lorsque je participai à des débats et à des commissions avec nombre de gros bonnets, dont au moins quatre étaient titulaires du Nobel d'économie. Véridique. Et ce problème pouvait être mesuré, vérifié très facilement. Il pouvait y avoir des *quants*, des universitaires et des étudiants qui utilisaient et écrivaient des tonnes d'articles en faisant appel à la notion d'« écart type », mais ils ne comprenaient pas intuitivement ce qu'elle signifiait, de sorte qu'on pouvait les coincer en leur posant des questions élémentaires sur la signification non mathématique, la véritable signification conceptuelle de leurs nombres. Et pour les coincer, nous les coinçâmes ! Dan Goldstein et moi-même effectuâmes des expériences sur des professionnels à l'aide d'outils probabilistes, et nous eûmes un choc en découvrant que 97 % d'entre eux, pas moins, échouaient à répondre à des questions élémentaires[11]. Par la suite, Emre Soyer et Robin Hogarth acceptèrent la validité de cette initiative et la testèrent dans l'utilisation d'un domaine détestable appelé économétrie (domaine qui, s'il faisait l'objet de la moindre observation scientifique, n'existerait pas) – encore une fois, la plupart des chercheurs ne comprennent pas les outils qu'ils utilisent.

Maintenant que je me suis libéré du récit de l'accueil réservé à mon livre, pénétrons en territoire plus analytique.

---

11. Dan Goldstein et moi-même collaborons et réalisons des expériences sur les intuitions humaines concernant différentes catégories de hasard. Dan Goldstein ne marche pas lentement.

CHAPITRE 4

ASPERGER ET LE CYGNE NOIR ONTOLOGIQUE

Les polards sont-ils plus aveugles aux Cygnes ? Compétences sociales en Extrêmistan – De l'immortalité du Dr. Greenspan

Si *Le Cygne Noir* traite des limitations épistémiques, eh bien, en partant de cette définition, on voit qu'il ne traite pas d'un phénomène défini de manière objective, comme la pluie ou un accident de voiture – c'est simplement une chose à laquelle un observateur *en particulier* ne s'attendait pas.

Je me demandais donc pourquoi tant de gens par ailleurs intelligents avaient pu douter avec tant de désinvolture du fait que certains événements, comme la Grande Guerre ou l'attentat du 11-Septembre contre les tours du World Trade Center, étaient des Cygnes Noirs, sous prétexte que *certains* les avaient prédits. Bien sûr que le 11 septembre fut un Cygne Noir pour les personnes qui moururent dans cet attentat, sans quoi elles ne se seraient pas exposées à ce risque. Mais ce n'en fut certainement pas un pour les terroristes qui planifièrent et perpétrèrent l'attentat. Désertant la salle d'haltérophilie, j'ai passé un temps fou à répéter qu'un Cygne Noir pour la dinde n'en était pas un pour le boucher.

La même chose vaut pour la crise de 2008, qui fut sans doute un Cygne Noir pour presque tous les économistes, journalistes et financiers de cette planète (dont – c'était prévisible – Robert Merton et Myron Scholes, les dindes du chapitre 17[1] du *Cygne Noir*), mais certainement pas pour l'auteur de ce livre. (Soit dit en passant, pour illustrer une autre erreur courante, quasiment aucun de ceux – très rares – qui semblaient avoir « prédit » cet événement avait prédit sa profondeur. Nous verrons en effet qu'en raison de l'atypisme des événements qui se produisent en Extrêmistan il ne s'agit pas simplement, avec le Cygne Noir, de la survenue d'un événement quelconque, mais également de sa profondeur et de ses conséquences.)

La probabilité d'Asperger

Hormis le fait qu'elle témoigne d'une incompréhension totale de mes idées sur le Cygne Noir, cette notion d'un Cygne Noir objectif qui serait le même pour tous ses observateurs semble dangereusement liée au problème de l'atrophie d'une faculté humaine appelée « théorie de l'esprit » ou « psychologie populaire ». Certaines personnes, par ailleurs intelligentes, présentent une faiblesse de cette capacité humaine à imputer aux autres une connaissance différente de la leur. Selon les chercheurs, ce sont les gens que l'on rencontre fréquemment dans le secteur de l'ingénierie ou dans les départements de physique, à l'université. Nous en avons vu un exemple avec Dr. John au chapitre 9 du *Cygne Noir*[2].

---

1. N.d.T. : Pour mémoire : « Myron Scholes et Robert C. Merton avaient amélioré une vieille formule mathématique et l'avaient rendue compatible avec les grandes théories gaussiennes sur l'équilibre financier général – et donc par l'*establishment* économique. Cette formule était maintenant "utilisable". Scholes et Merton avaient sur le sujet une liste de "prédécesseurs" oubliés depuis longtemps (...). Si Scholes et Merton faisaient dépendre cette formule du système gaussien, leurs "précurseurs", eux, ne la soumettaient à aucune restriction de ce genre. » (*Op. cit.*, p. 358-359.)

2. N.d.T. : N. N. Taleb nous présentait le personnage de Dr. John, titulaire d'un doctorat de l'université du Texas, à Austin, et ancien ingénieur travaillant comme actuaire dans une compagnie d'assurances où l'essentiel de sa tâche consistait à exécuter des programmes informatiques de gestion de risques, comme « un gars consciencieux, raisonnable et calme, qui prend son travail au sérieux (...) et l'image même du "polard", c'est-à-dire quelqu'un dont la pensée est beaucoup trop conforme au moule ». (*Op. cit*, p. 173-174.)

On peut contrôler chez un enfant l'existence d'une atrophie de la théorie de l'esprit à l'aide d'une variante du « test de la fausse croyance ». On prend deux enfants. L'un d'eux place un jouet sous le lit et quitte la pièce. En son absence, le second enfant – le sujet – le ramasse et le cache dans une boîte. On demande au sujet : « Quand il reviendra dans la chambre, où l'autre enfant cherchera-t-il le jouet ? » Les enfants au-dessous de quatre ans, disons (âge auquel la théorie de l'esprit commence à se développer), optent pour la boîte, alors que ceux qui sont plus âgés donnent la bonne réponse : l'enfant cherchera sous le lit. Vers cet âge-là, les enfants commencent à se rendre compte qu'une autre personne peut être démunie d'une partie des informations dont ils disposent eux-mêmes et avoir des convictions autres que les leurs. Eh bien, ce test permet de détecter des formes d'autisme légères : aussi grande soit leur intelligence, beaucoup peuvent avoir du mal à se mettre à la place des autres et à imaginer le monde à partir des informations d'autrui. En fait, il existe un terme pour qualifier la situation d'une personne qui peut fonctionner normalement mais souffre d'une forme d'autisme légère : le syndrome d'Asperger.

Le psychologue Simon Baron-Cohen a effectué de nombreuses recherches qui font la distinction entre les extrêmes dans le tempérament des gens par rapport à deux facultés : capacité à systématiser, et capacité à être en empathie avec les autres et à les comprendre. D'après ces recherches, les individus qui sont uniquement dans la systématisation souffrent d'un manque de théorie de l'esprit ; ils sont attirés vers l'ingénierie et activités similaires (et quand ils échouent, vers l'économie mathématique, par exemple) ; les esprits empathiques sont attirés vers des professions plus sociales (ou littéraires). Gros Tony, lui, appartiendrait bien sûr à la seconde catégorie. Les hommes sont surreprésentés dans la catégorie de ceux qui systématisent, alors que les femmes prédominent dans la catégorie opposée.

Il faut noter le fait, nullement surprenant mais très important, que les gens atteints du syndrome d'Asperger sont extrêmement réfractaires à l'ambiguïté.

Les recherches montrent que les universitaires sont surreprésentés dans la catégorie des gens qui systématisent et sont aveugles aux Cygnes Noirs ; ce sont eux que j'ai appelés « Fous de Locke » dans le chapitre 17 du *Cygne Noir*[3]. À ma connaissance, il n'existe aucun test

---

3. N.d.T. : L'auteur explique que le fou selon Locke « raisonne correctement à partir de suppositions erronées ». (*Op. cit.*, p. 364.)

formel direct de cécité face au Cygne Noir et d'esprit enclin à la systématisation, à l'exception d'un calcul que George Martin et moi-même effectuâmes en 1998 et qui nous démontra que tous les professeurs de finance et d'économie quantitative des grandes universités que nous avions suivis et qui s'étaient lancés dans le commerce de fonds de couverture avaient fini par parier *contre* les Cygnes Noirs, s'exposant ainsi à des catastrophes financières. Cette préférence n'était pas aléatoire puisque à l'époque, entre le tiers et la moitié des gens qui n'étaient pas professeurs avaient ce genre d'investissement. Les plus célèbres de ces universitaires étaient, une fois de plus, les « nobélisés » Myron Scholes et Robert C. Merton, que Dieu a créés afin de me permettre d'illustrer ma théorie sur la cécité face aux Cygnes Noirs[4]. Pendant la crise, tous ces universitaires ont connu des problèmes dont je parle dans le chapitre cité plus haut, qui ont entraîné la faillite de leur société, Long Term Capital Management. Remarquez que les personnes qui font tout un plat de discussions sur l'incompatibilité du syndrome d'Asperger avec la prise de risques et l'analyse des risques qui n'ont pas pu être pris en compte dans les modèles, avec tous les dangers que ce syndrome implique pour la société – ces mêmes personnes s'opposeraient à ce que quelqu'un dont la vue est gravement endommagée conduise un car d'écoliers. Ce que je suis en train de dire, c'est simplement que, de même que j'ai lu Milton, Homère, Taha Husain et Borges (qui étaient aveugles) mais aimerais autant ne pas les avoir comme conducteurs pour effectuer Nice-Marseille par l'autoroute, je choisis de recourir à des outils conçus par des ingénieurs, mais préfère voir les décisions délicates de la société gérées par quelqu'un qui ne souffre pas de cécité face aux risques.

---

4. Robert Merton, le méchant du chapitre 17, homme doté d'un esprit extrêmement mécaniste (jusque dans son intérêt pour les machines et son emploi de métaphores empruntées au domaine de la mécanique pour décrire l'incertitude), semble effectivement avoir été créé dans le seul but d'illustrer les dangers de la cécité face au Cygne Noir. Après la crise de 2008, il a défendu la prise de risques encouragée par les économistes, en arguant qu'« il s'agissait d'un Cygne Noir » simplement parce qu'il ne l'avait pas vu venir ; c'est pourquoi, a-t-il dit, les théories ne posaient aucun problème. Il n'en a pas conclu que, comme nous ne voyons pas venir ces événements, il nous faut nous aguerrir contre eux. Généralement, les gens comme lui ne restent pas dans le patrimoine héréditaire de l'espèce humaine ; la titularisation universitaire les y maintient un peu.

REPARLONS DE NOTRE CÉCITÉ FUTURE

Souvenez-vous maintenant de la situation, exposée au chapitre 12 du *Cygne Noir*, consistant à ne pas circuler correctement entre le passé et le futur, situation semblable à l'autisme dans laquelle on ne voit pas les relations de second ordre – le sujet ne se sert pas de la relation entre le passé du passé et le futur du passé pour projeter la relation entre le passé d'aujourd'hui et le futur d'aujourd'hui. Eh bien, un monsieur nommé Alan Greenspan, ancien président de la banque de la Réserve fédérale américaine, est allé expliquer devant le Congrès américain que la crise bancaire que lui et son successeur B. Bernanke avaient contribué à provoquer n'aurait pu être prévue parce qu'elle « ne s'était jamais produite auparavant ». Pas un seul membre du Congrès n'a eu l'intelligence de s'écrier : « Alan Greenspan, vous n'avez jamais été mort – jamais en quatre-vingts ans, pas même une fois ; cela fait-il de vous quelqu'un d'immortel ? » L'abject Robert Rubin, le *bankster* que je poursuivais au chapitre 2 de cet essai, qui est un ancien ministre des Finances, a recouru au même argument – mais ce type avait écrit un gros livre sur l'incertitude (paru, ironie du sort, chez l'éditeur qui a publié mes livres, et avec le concours de l'équipe qui a travaillé sur *Le Cygne Noir*[5]).

J'ai découvert (mais à ce stade, je n'en ai même pas été surpris) qu'aucun chercheur n'avait vérifié s'il était possible de prévoir les écarts importants en économie en se basant sur ceux qui s'étaient produits dans le passé – c'est-à-dire, si les écarts importants avaient des précédents. C'est un des tests élémentaires qui manquent dans le domaine – aussi élémentaire que de vérifier qu'un patient respire ou qu'une lampe comporte bien une ampoule, mais, comme on pouvait

---

5. En fait, on peut employer cet argument pour justifier le risque moral et la réalisation de bénéfices excessifs et malhonnêtes (sous couvert de probabilisme). R. Rubin avait empoché plus de cent millions de dollars des bénéfices réalisés par Citigroup grâce aux risques cachés qui ne provoquent une crise qu'occasionnellement. Après avoir fait faillite, il avait une excuse : « Cela ne s'est jamais produit auparavant ». Il a conservé son argent. Nous, les contribuables, maîtres d'école et coiffeurs compris, avons dû venir à la rescousse de sa société et financer ses pertes. C'est cela que j'appelle l'élément de risque moral : payer des bonus à des gens qui ne sont pas aguerris contre les Cygnes Noirs et dont nous savions avant qu'ils ne l'étaient pas ; c'est cet « avant » qui me met en colère.

s'y attendre, nul ne semble avoir essayé de le faire. Point n'est besoin d'être tellement porté sur l'introspection pour comprendre que les événements importants n'ont pas des parents importants : la Grande Guerre n'avait pas d'ascendant ; on n'aurait pu supputer la survenue du *krach* boursier de 1987, qui vit le marché dégringoler de près de 23 % en un seul jour, sur la base de son pire antécédent, une perte d'environ 10 % en l'espace d'une seule journée – et, bien sûr, cela s'applique à presque tous les événements de cet acabit. J'en ai conclu que les événements ordinaires peuvent permettre de prédire des événements ordinaires, mais qu'on ne prédit quasiment jamais les événements extrêmes en se fondant strictement sur le passé, peut-être parce que ceux-ci sont plus intenses quand les gens n'y sont pas préparés.

Que cette notion ne semble pas évidente me choque. Et il est particulièrement choquant que des individus effectuent ce que l'on appelle des « tests d'effort » en prenant pour point d'ancrage le pire écart qui soit survenu dans le *passé* pour projeter le pire écart qui puisse survenir dans le futur, sans penser qu'ils auraient échoué à justifier cet écart passé s'ils avaient employé la même méthode la veille du jour où cet événement passé a eu lieu[6].

Ces gens-là ont des doctorats d'économie ; certains sont professeurs – l'un d'eux est le président de la Réserve fédérale américaine (au moment où j'écris ces lignes). Les diplômes de haut niveau rendraient-ils aveugle à ces notions élémentaires ?

De fait, le philosophe (et poète) latin Lucrèce, qui n'avait pas fréquenté d'école de commerce, a écrit que nous considérions le plus gros objet – de quelque nature que ce soit – que nous ayons vu dans notre vie comme le plus gros qui existait : *et omnia de genere omni/Maxima quae vivit quisque, haec ingentia fingit.*

---

6. De fait, c'est l'absence de représentation d'ordre supérieur – l'incapacité d'accepter des assertions telles que : « La méthode que j'emploie pour estimer ce qui est bon ou mauvais est-elle bonne ou mauvaise ? » (laquelle, comme nous le verrons dans le paragraphe suivant, est centrale quand on traite de probabilités), et c'est cette absence qui pousse les gens comme Dr. John à être dupes des mesures et à y croire sans mettre leurs croyances en doute. Ils n'arrivent pas à comprendre la méta-probabilité, la probabilité d'ordre supérieur – c'est-à-dire, la probabilité que la probabilité qu'ils utilisent peut ne pas être bonne.

La probabilité doit être subjective[7]

Cela soulève un problème qui vaut la peine d'être examiné en profondeur. Le fait que nombre de chercheurs ne s'aperçoivent pas immédiatement que le Cygne Noir correspond surtout à une carte du monde incomplète, ou que certains chercheurs soient obligés de souligner cette qualité subjective (Jochen Runde, par exemple, a écrit un essai judicieux sur l'idée de Cygne Noir, mais dans lequel il s'est senti obligé de se donner la peine d'insister sur son aspect subjectif), nous conduit au problème historique dans la définition même de la probabilité. Historiquement, il y a eu quantité d'approches de la philosophie de la probabilité. L'idée que deux personnes peuvent avoir deux visions différentes du monde, puis les exprimer en tant que probabilités différentes, est restée étrangère à la recherche. C'est pourquoi les chercheurs scientifiques ont mis un certain temps à accepter l'idée contraire au syndrome d'Asperger que des gens différents, tout en étant sensés, pouvaient assigner des probabilités différentes à des états futurs du monde différents. C'est ce qu'on appelle la « probabilité subjective ».

La probabilité subjective fut formulée par Frank Plumpton Ramsey en 1925 et Bruno de Finetti en 1937. La conception de la probabilité de ces deux pointures intellectuelles est qu'elle peut être représentée comme une mesure du degré de croyance (on définit un nombre entre 0 et 1 correspondant à la force de sa conviction qu'un événement donné va se produire) personnelle à chaque observateur – et donc subjective –, qui l'exprime aussi rationnellement qu'il le souhaite sous certaines contraintes. Ces contraintes de cohérence dans la prise de décision sont évidentes : on ne peut parier *à la fois* qu'il y a 60 % de chances qu'il neige demain et 50 % de chances qu'il ne neige pas. Il faut éviter de violer ce que l'on appelle la contrainte du livre hollandais : c'est-à-dire qu'on ne peut exprimer ses probabilités de manière incohérente en se lançant dans une série de paris qui renferment une certaine perte, par exemple, en agissant comme si les probabilités de contingences dissociables pouvaient s'élever à plus de 100 %.

Il existe ici une autre différence, entre le hasard « véritable » (disons, l'équivalent d'un lancé de dés divin) et le hasard résultant de ce que

---

7. Il est conseillé au lecteur néophyte dans ce domaine de sauter cette section.

j'appelle « limites épistémiques », c'est-à-dire, manque de connaissance. Ce que l'on appelle incertitude ontologique (ou ontique), par opposition à épistémique, est la forme de hasard dans lequel le futur n'est pas sous-entendu par le passé (ni par quoi que ce soit d'autre, d'ailleurs). Il est créé à chaque minute par la complexité de nos actions, ce qui rend l'incertitude beaucoup plus fondamentale que celle, épistémique, due à une connaissance imparfaite.

Cela veut dire que ce que l'on qualifie de « long terme » n'existe pas dans le cas de ces systèmes, dits « non ergodiques », par opposition aux systèmes ergodiques. Dans un système ergodique, les probabilités de ce qui est susceptible de se produire à long terme ne sont pas affectées par les événements qui peuvent avoir lieu, disons, l'année suivante. Quelqu'un qui joue à la roulette au casino peut devenir très riche, mais, s'il continue à jouer, étant donné que l'établissement à plus de chances de gagner, il finira par faire faillite. Quelqu'un qui n'est pas très compétent finira par échouer. Les systèmes ergodiques se caractérisent donc en moyenne par une indépendance de pas – c'est ce que les chercheurs nomment « absence de dépendance de pas ». Un système non ergodique n'a pas de véritable propriété à long terme – il est sujet à la dépendance de pas.

Je crois que la distinction entre incertitude épistémique et incertitude ontique est importante sur le plan philosophique, mais absolument pas pertinente dans le monde réel. Il est tellement difficile de démêler l'incertitude épistémique de l'incertitude plus profonde. C'est le cas d'une « distinction sans différence » qui (contrairement à celles mentionnées précédemment) peut induire en erreur parce qu'elle détourne l'attention des vrais problèmes ; les praticiens en font tout un plat au lieu de se concentrer sur les contraintes épistémiques. Souvenons-nous que le scepticisme est précieux et qu'on devrait pouvoir y avoir recours quand c'est nécessaire.

En pratique, le « long terme » n'existe pas ; ce qui compte, c'est ce qui se produit avant le long terme. Le problème, avec le fait de recourir à l'idée de « long terme », ou à ce que les mathématiciens appellent la propriété asymptotique (ce qui arrive quand on étend quelque chose à l'infini), est que cela nous rend généralement aveugles à ce qui se produit avant le long terme – j'en reparlerai plus loin en abordant l'asymptote. Des fonctions différentes ont des pré-asymptotes différentes, en fonction de la vitesse de convergence vers cette asymptote. Mais malheureusement, comme je ne cesse de le répéter à mes étudiants, *la vie se déroule dans la pré-asymptote,* non dans quelque long terme platonique, et certaines propriétés qui valent pour la pré-asymptote (ou le court terme) peuvent diverger sensiblement de celles qui se produisent dans le long terme. En conséquence, même si elle fonctionne, la théorie se heurte à une réalité à court terme qui a plus de substance. Rares sont les personnes qui comprennent qu'en général il n'existe pas de long terme atteignable, excepté en tant que construction mathématique permettant de résoudre des équations ; pour faire l'hypothèse d'un long terme dans un système complexe, il faut également faire le postulat que rien de nouveau ne va apparaître. En outre, on peut avoir un modèle du monde parfait, dépourvu de toute incertitude concernant l'analytique de la représentation, mais avoir une petite imprécision dans l'un des paramètres à entrer dans ce modèle. Souvenez-vous de l'effet papillon de Lorenz que nous avons vu au chapitre 11 du *Cygne Noir*[8]. À cause des non-linéarités, une incertitude aussi infime au niveau du moindre paramètre est susceptible d'entraîner une incertitude considérable au niveau des résultats du modèle. Les modèles climatiques, par exemple, pâtissent de ces non-linéarités, et, même si l'on possédait le bon modèle (ce qui n'est évidemment pas le cas), une modification mineure d'un des paramètres, appelée calibration, pourrait inverser complètement les conclusions.

Nous reparlerons plus avant du pré-asymptotique quand nous examinerons la distinction entre les différentes catégories de distributions de probabilités. Pour l'heure, je dirai que nombre de ces distinctions mathématiques et philosophiques sont complètement exagérées, dans le style harvardien à la soviétique, *top-down,* quand on part d'un modèle, qu'on le plaque sur la réalité et qu'on commence à établir des catégories, au lieu de partir de la réalité et de regarder ce qui colle avec elle, de manière *bottom-up.*

Probabilité sur un thermomètre

Employée à mauvais escient dans la pratique, cette distinction est similaire à une autre séparation lacunaire abordée plus haut, entre ce que les économistes nomment le risque knightien (calculable) et l'incertitude knightienne (incalculable). Cela suppose qu'une chose peut être calculée, alors qu'en réalité tout est plus ou moins incalculable (et

---

8. N.d.T. : Voir N.d.T. p. 503.

les événements rares en particulier). Il faut être mentalement dérangé pour penser que les probabilités d'événements futurs sont « mesurables », au sens où la température est mesurable par un thermomètre. Nous verrons dans la section suivante que les petites probabilités sont moins calculables, et que cela a une importance quand les bénéfices associés sont conséquents.

Une autre faiblesse qu'il me faut souligner concerne une tradition de recherche en sciences sociales étrangement irréaliste et approximative ; il s'agit des « espérances rationnelles », dans lesquelles on indique aux observateurs de converger rationnellement vers la même déduction quand on leur fournit les mêmes données, et ce même si leurs hypothèses de départ diffèrent sensiblement (par un mécanisme de mise à jour appelé inférence bayésienne). Pourquoi « approximative » ? Parce qu'il suffit d'une vérification rapide pour constater que dans la réalité les gens ne convergent pas vers les mêmes opinions. Comme nous l'avons vu au chapitre 6 du *Cygne Noir*, cela est dû en partie à des déformations psychologiques telles que le biais de confirmation, qui entraîne une interprétation divergente des données. Il y a cependant une raison mathématique au fait que les gens ne convergent pas vers la même opinion : si vous recourez à une distribution des probabilités de nature extrêmistanaise, et moi à une distribution médiocristanaise (ou extrêmistanaise, mais différente de la vôtre), alors nous ne convergerons jamais, simplement parce que, si vous faites le postulat de l'Extrêmistan, vous ne mettez pas cette donnée à jour (ou ne changez pas d'avis) aussi facilement. Par exemple, si vous prenez le Médiocristan comme hypothèse de départ et ne rencontrez pas de Cygnes Noirs, vous pourrez en arriver à les exclure. Pas si vous supposez que nous sommes en Extrêmistan.

Pour conclure, supposer que le « hasard » n'est pas épistémique et subjectif, ou faire tout un plat de la distinction entre « hasard ontologique » et « hasard épistémique » implique une certaine dose d'autisme scientifique, ce désir de systématiser, et un manque fondamental de compréhension du hasard lui-même. Cela suppose qu'un observateur peut accéder à l'omniscience et calculer les chances de manière parfaitement réaliste, et sans violer les règles de cohérence. Ce qui reste devient le « hasard », ou quelque chose qui s'appelle autrement et qui est imputable à des forces aléatoires que la connaissance et l'analyse ne peuvent réduire.

Un aspect mérite d'être exploré : pourquoi diable des adultes acceptent-ils sans rire des méthodes *top-down* de type « harvardien à la soviétique » et vont-ils à Washington élaborer des politiques fondées sur ces méthodes, contrairement à ce que l'histoire nous a enseigné – sinon, peut-être, parce qu'ils veulent que les lecteurs de cette dernière se moquent d'eux et diagnostiquent de nouvelles maladies psychiatriques ? De même, pourquoi présupposons-nous automatiquement que les événements sont vécus de la même manière par tout le monde ? Pourquoi avons-nous pris au sérieux les notions de probabilité « objective » ?

Après cette incursion dans la psychologie de la perception de la dynamique du temps et des événements, passons maintenant au cœur même de notre programme, en explorant ce que j'ai qualifié de manière un peu provocante de « problème le plus utile de la philosophie ». Le plus utile, hélas.

CHAPITRE 5

(PEUT-ÊTRE) LE PROBLÈME
LE PLUS UTILE DE L'HISTOIRE
DE LA PHILOSOPHIE MODERNE

*Petit n'est peut-être pas une bonne idée, après tout – Prédire et
périr – Des cars de ramassage scolaire et des manuels intelligents*

Je n'irai pas par quatre chemins. Avant *Le Cygne Noir* (et articles sur
le même sujet), l'épistémologie et la théorie de la décision n'étaient
essentiellement, pour un acteur du monde réel, que jeux intellectuels
et préliminaires stériles. L'histoire de la pensée concerne presque
exclusivement ce que nous savons, ou croyons savoir. *Le Cygne Noir*
est (à ma connaissance) *la toute première tentative* dans l'histoire de la
pensée de dresser la carte des lieux où nous pâtissons de ce que nous
ne connaissons pas, de poser des limites systématiques à la fragilité de
la connaissance – et de fournir la liste exacte des lieux pour lesquels
ces cartes ne sont plus valables.

Pour répondre à la « critique » la plus courante formulée par les
économistes et les banquiers (désormais en faillite), je ne suis pas en
train de dire que « c'est la catastrophe », mais que « c'est la catastrophe
dans le quatrième quadrant ».

Qui plus est, pour être encore plus direct, je dirai qu'alors que les limites comme celles attribuées à Gödel ont des conséquences philosophiques considérables, mais auxquelles nous ne pouvons pas grand-chose, j'ai la conviction que les limites de la connaissance empirique et statistique que j'ai exposées ont une importance significative (sinon vitale) *et* que nous pouvons faire beaucoup avec elles en termes de solutions, en catégorisant les décisions fondées sur la gravité de l'erreur d'estimation potentielle du couple « probabilité × conséquence ». Par exemple, nous pouvons utiliser ce couple pour édifier une société plus sûre – pour renforcer ce qui se trouve dans le quatrième quadrant.

Vivre en deux dimensions

Un problème fastidieux, dans l'histoire de la pensée, consiste à trouver sa position sur la frontière entre scepticisme et ingénuité, ou comment croire et *ne pas* croire. Et comment prendre des décisions fondées sur ces croyances, puisque des croyances sans décision sont tout simplement stériles. Il ne s'agit donc pas d'un problème épistémologique (c'est-à-dire se concentrant sur ce qui est vrai ou faux), mais de décision, d'action et d'engagement.

Il est clair qu'on ne peut fonctionner en doutant de tout ; et qu'il est impossible de survivre si l'on croit à tout. Mais la façon dont ce problème a été traité sur un plan philosophique s'est révélée extrêmement incomplète et, ce qui est pire, n'a pas beaucoup progressé au fil des siècles – en admettant qu'elle ait progressé. Une catégorie de penseurs – les cartésiens, par exemple, ou, quelque dix-huit siècles avant eux, les académiciens sceptiques, à leur façon – commença par rejeter tout ce qui existait en amont ; plus radicaux encore, certains, comme les pyrrhoniens, rejetèrent tant de choses qu'ils refusent même le scepticisme parce qu'ils le trouvent trop dogmatique. L'autre catégorie – disons, les représentants de la scolastique médiévale ou du pragmatisme moderne – commence par la fixation des croyances, ou de certaines croyances. Alors que les penseurs médiévaux s'arrêtèrent là à la manière d'Aristote, les premiers pragmatiques, avec le grand penseur Charles Sanders Peirce, apportèrent un rayon d'espoir. Ils proposèrent de mettre à jour et de corriger les croyances, sorte de travail perpétuellement en cours (quoique dans le cadre d'une structure de probabilité connue, car Peirce croyait à l'existence et au caractère accessible à long terme d'un état de convergence ergodique vers la vérité). Cette forme de pragmatisme (initialement appelée « pragmaticisme ») considérait la connaissance comme une interaction rigoureuse entre anti-scepticisme et faillibilité, c'est-à-dire entre ces deux catégories : ce dont il fallait douter et ce qu'il fallait accepter. L'application à mon domaine, la probabilité, et peut-être la version la plus complexe du programme, réside dans les incursions denses, difficiles, profondes et brillantes d'Isaac Levi dans la théorie de la décision avec la notion de corpus de croyances, l'engagement doxastique, de distance par rapport à l'espérance, et les probabilités crédales.

Rayon d'espoir, peut-être, mais encore bien éloigné de quoi que ce soit d'utile.

Imaginez que vous viviez dans un espace en trois dimensions en croyant vous trouver en deux dimensions. Cela peut bien se passer si vous êtes un ver de terre, mais certainement pas si vous êtes un oiseau. Bien sûr, vous n'aurez pas conscience de la troncature, et vous serez confronté à quantité de mystères – des mystères qu'il vous sera impossible d'éclaircir sans ajouter une dimension, aussi pointues soient vos tentatives. Et bien sûr il y a des fois où vous vous sentirez désemparé. Tel était le sort de la connaissance pendant tous ces siècles où elle était enfermée en deux dimensions trop simplistes pour être d'une quelconque utilité en dehors des salles de cours. Depuis Platon, seuls les philosophes ont passé du temps à discuter de ce qu'était la Vérité, et pour une raison très simple : il est impossible de la mettre en pratique. En se focalisant sur la distinction entre Vrai et Faux, l'épistémologie, à de très rares exceptions, est restée prisonnière d'une structure 2D sans importance et extrêmement incomplète. La troisième dimension manquante est, bien sûr, les conséquences du Vrai, et l'ampleur du Faux, l'espérance. En d'autres termes, le bénéfice des décisions, l'impact et l'ampleur du résultat de ces décisions. Il peut arriver que l'on se trompe, et l'erreur peut se révéler sans importance. Ou l'on peut avoir raison sur un sujet comme celui du sexe des anges, mettons, et cela ne s'avérera d'aucune utilité par-delà la pure satisfaction intellectuelle.

La notion simplifiée, « philistinifiée », « académifiée » et glorifiée de « preuve » devient inutile. En ce qui concerne les Cygnes Noirs, on fait en sorte de se protéger de ceux qui sont négatifs (ou de s'exposer à ceux qui sont positifs), même si l'on n'a peut-être aucune preuve qu'ils peuvent se produire, tout comme on vérifie que les gens ne sont pas armés avant qu'ils embarquent à bord d'un avion, quand bien même on n'a *aucune preuve* que ce sont des terroristes. Se focaliser ainsi sur des notions marchandisées prêtes à l'emploi telles que celle de « preuves » pose problème avec les gens qui se prétendent « rigoureux », mais auxquels il arrive de faire faillite.

Un monde probabiliste a déjà du mal avec cette notion, mais la situation est bien pire dans un monde marqué par le Cygne Noir.

De fait, je n'ai quasiment connaissance d'aucune décision qui soit fondée sur les notions de Vrai/Faux.

Une fois que l'on commence à examiner les bénéfices, le résultat des décisions, on voit clairement que les conséquences de certaines erreurs peuvent être bénignes, alors que d'autres peuvent être graves. Et je peux vous assurer qu'on sait parfaitement à l'avance dans quel cas de figure on va se trouver. On sait les erreurs qui sont importantes et celles qui ne le sont pas tant que cela.

Mais commençons par nous intéresser à un problème grave concernant l'origine de la connaissance en matière de probabilités.

LA DÉPENDANCE À LA THÉORIE POUR LES ÉVÉNEMENTS RARES

Pendant ma période de traversée du désert, alors que je recevais des insultes graves mais divertissantes, je fus amené à débattre avec un monsieur qui était alors employé par une société appelée Lehman Brothers. Ce monsieur avait déclaré dans *The Wall Street Journal* que les événements auxquels nous avions assisté en août 2007 auraient dû se produire tous les dix mille ans. Et cela ne manqua pas : nous eûmes droit à trois événements de ce type pendant trois jours d'affilée. *The Wall Street Journal* publia sa photo ; en la regardant, on pouvait affirmer sans risque de se tromper qu'il n'avait pas l'air d'avoir dix mille ans. Alors, d'où sortait-il sa probabilité d'« une fois tous les dix mille ans » ? Certainement pas de son expérience personnelle ; certainement pas non plus des archives de Lehman Brothers – sa société n'existait pas depuis dix mille ans, et bien sûr elle ne survécut pas dix mille ans de plus puisqu'elle se cassa la figure immédiatement après notre débat. On sait donc qu'il tire ses petites probabilités d'une théorie. *Plus un événement est éloigné dans le temps, moins il est possible d'avoir des données empiriques (si l'on est assez généreux pour supposer que le futur ressemblera au passé), et plus on a besoin de s'en remettre à la théorie.*

Songez que l'observation empirique ne peut permettre d'estimer la fréquence des événements rares, précisément parce qu'ils *sont rares*. Nous avons donc besoin pour ce faire d'une représentation de modèles *a priori* ; plus un événement est rare, et plus l'erreur d'estimation à partir de méthodes inductives classiques (échantillonnage de la fréquence fondé sur les événements passés, par exemple) risque d'être importante et, en conséquence, plus la dépendance à une représentation *a priori* qui est extrapolée vers le domaine des événements à faible probabilité (lesquels, nécessairement, ne se rencontrent pas souvent) – plus cette dépendance est forte[1].

Mais même en dehors des petites probabilités le problème *a priori* est toujours présent. S'il semble particulièrement significatif par rapport aux événements rares, il imprègne la connaissance probabiliste. Je vais présenter deux versions sur lesquelles j'ai travaillé avec deux collaborateurs, Avital Pilpel, philosophe des sciences (il marche vite), et Raphaël Douady, mathématicien (il peut être bon marcheur quand il n'est pas trop occupé).

Épiménide le Crétois

Avital Pilpel et moi-même avons formulé l'argument de régression de la manière suivante, comme le problème épistémique de la gestion de risques, mais il peut être généralisé à n'importe quelle forme de connaissance probabiliste. C'est un problème d'*autoréférence* par les mesures de probabilité.

Nous pouvons l'exposer de la manière suivante. Si nous avons besoin à la fois de données pour obtenir une distribution des probabilités afin d'évaluer les connaissances sur le comportement futur de la distribution à partir de ses résultats passés, et d'une distribution des probabilités pour évaluer si les données sont suffisantes et si oui ou non elles permettent de prédire le futur, nous sommes alors confrontés à une grave boucle de régression. Il s'agit d'un problème d'autoréférence semblable à celui d'Épiménide le Crétois quand il essayait de déterminer si, oui ou non, les Crétois étaient menteurs. De fait, ce problème présente une proximité trop inconfortable avec

---

1. N.d.T. : Le terme *a priori* que j'emploie ici ne fait pas référence à la même chose que lorsqu'on parle de croyance philosophique *a priori*, dans le sens où il s'agit d'un point de départ théorique, non d'une croyance indéfectible par l'expérience.

la situation d'Épiménide, car une distribution des probabilités est utilisée pour estimer le degré de vérité, mais ne peut réfléchir sur son propre degré de vérité et de validité. Et, contrairement à nombre de problèmes d'autoréférence, ceux qui sont liés à l'estimation des risques ont de graves conséquences. Le problème est plus sérieux pour les petites probabilités.

Un théorème de l'indécidabilité

Ce problème philosophique d'autoréférence, publié avec A. Pilpel après *Le Cygne Noir*, passa inaperçu en tant que tel. Raphaël Douady et moi-même le reformulâmes donc mathématiquement, et il semble beaucoup plus dévastateur, dans ses implications pratiques, que le problème de Gödel.

Parmi tous les gens que je connais, Raphaël est probablement celui qui possède la plus grande culture mathématique – son érudition dans le domaine est sans doute plus importante que celle de quiconque à l'époque moderne, excepté peut-être de son père, le défunt Adrien Douady.

Au moment où j'écris ces lignes, nous avons peut-être produit une preuve formelle à l'aide des mathématiques et d'une branche des mathématiques appelée « théorie de la mesure » à laquelle les Français recoururent pour mettre un peu de rigueur derrière les mathématiques des probabilités. Le titre provisoire de l'article est : « L'indécidabilité : sur l'incohérence consistant à estimer des probabilités à partir d'un échantillon sans relier *a priori* ses suppositions à la catégorie des probabilités acceptables. »

Ce sont les conséquences qui importent

De plus, dans la vraie vie, nous nous moquons de la probabilité simple et crue (le fait qu'un événement se produit ou non) ; ce qui nous importe, ce sont les conséquences (l'ampleur de l'événement ; le nombre total de vies ou de richesses détruites ou autres pertes qui en résulteront ; l'importance du bénéfice qu'un événement favorable apportera). Étant donné que moins l'événement est fréquent, plus ses conséquences sont graves (songez simplement que la crue qui se produit tous les cent ans est plus grave, et moins fréquente, que celle qui a lieu tous les dix ans ; le *best-seller* de la décennie tire à plus d'exemplaires que celui de l'année), notre estimation de la *contribution* de l'événement rare va être lourde d'erreurs (la contribution correspond à la probabilité multipliée par l'effet ; multipliez cela par l'erreur d'estimation) ; et rien ne peut y remédier[2].

Ainsi, plus l'événement est rare, moins nous en savons sur son rôle – et plus nous avons besoin de compenser cette lacune par une théorie « extrapolative », généralisante, dont le manque de rigueur sera proportionnel à l'affirmation de la rareté de cet événement. En conséquence, l'erreur théorique et l'erreur de modèle sont plus importantes dans les queues de distribution ; et la bonne nouvelle, c'est que *certaines représentations sont plus fragiles que d'autres.*

J'ai montré que cette erreur était plus grave en Extrêmistan, où les événements rares sont plus importants, en raison de l'absence d'échelle ou de plafond asymptotique à la variable aléatoire. Par comparaison, l'effet collectif des événements ordinaires domine au Médiocristan, et les exceptions y sont plutôt sans importance on connaît leur impact, et il est très modéré parce qu'on peut diversifier grâce à la « loi des grands nombres ». Permettez-moi de donner une autre illustration de l'Extrêmistan. Moins de 0,25 % du nombre total de sociétés listées dans le monde représentent environ la moitié de la capitalisation du marché, un pourcentage moins qu'infime de romans sur cette planète constituent approximativement la moitié des ventes d'œuvres de fiction, un pourcentage de médicaments inférieur à 0,1 génère un peu plus de la moitié des ventes de l'industrie pharmaceutique – et un pourcentage inférieur à 0,1 d'événements à risques sera à l'origine d'au moins la moitié des préjudices et des pertes.

---

2. Il est intéressant de constater que le célèbre article du révérend Bayes qui a conduit à ce que nous appelons l'« inférence bayésienne » ne nous donne pas de « probabilité » mais une attente (moyenne attendue). Les statisticiens ayant des difficultés avec ce concept, ils ont extrait la probabilité du bénéfice – hélas, car cela conduisit à la réification du concept de probabilité, les partisans de ce dernier ayant oublié que ce n'était pas un concept naturel.

De la réalité à la représentation[3]

Permettez-moi d'adopter un autre point de vue. Le passage de la théorie au monde réel présente deux difficultés distinctes : les problèmes inverses et la pré-asymptote.

Problèmes inverses. Souvenez-vous à quel point il est beaucoup plus difficile de recréer un glaçon à partir d'une flaque (ingénierie inverse) que de prévoir la forme de la flaque. En fait, il n'y a pas qu'une seule et unique solution : le glaçon peut avoir de multiples formes. J'ai découvert que la méthode harvardienne à la soviétique de voir le monde (par opposition à celle de Gros Tony) nous faisait commettre l'erreur de confondre les deux flèches (du glaçon à la flaque ; de la flaque au glaçon). Penser que la forme platonique que l'on a à l'esprit est celle que l'on observe par la fenêtre est une autre manifestation de l'erreur de platonicité. Nous voyons quantité de preuves de confusion entre les deux flèches dans l'histoire de la médecine, la médecine rationaliste fondée sur la téléologie artistotélicienne que j'ai abordée précédemment. Cette confusion est fondée sur la logique suivante. Nous supposons que nous connaissons la logique d'un organe, ce pour quoi il est fait, et que nous pouvons par conséquent nous servir de cette logique pour traiter le patient. Nous avons toujours eu beaucoup de mal, en médecine, à nous défaire de nos théories sur le corps humain. De même, il est facile de construire une théorie dans sa tête, ou de la pêcher à Harvard, puis d'aller la projeter sur le monde. Les choses sont alors très simples.

Le problème de cette confusion entre les deux flèches est très grave en ce qui concerne la probabilité, et particulièrement les petites probabilités[4].

---

3. Le lecteur intelligent qui comprend l'idée selon laquelle les événements rares ne sont pas calculables peut sauter le reste de ce paragraphe, qui est extrêmement technique. Son but est de convaincre ceux qui ont trop étudié pour être en mesure de voir les choses clairement.

4. Il s'agit ici d'un point extrêmement technique (à sauter). Le problème de la distribution inconnue ressemble à la difficulté de logique centrale de Bertrand Russell avec le problème de l'assertion « cette phrase est vraie » – une phrase ne pouvant contenir son propre prédicat de vérité. Il nous faut appliquer la solution de Tarski : pour chaque langue, une métalangue se chargera des prédicats, vrais et faux, concernant cette langue. Avec la probabilité, simplement, une méta-probabilité

Comme nous l'avons montré avec le théorème de l'indécidabilité et l'argument d'autoréférence, on ne rencontre pas les distributions des probabilités dans la vraie vie ; on ne rencontre que des événements. Je peux donc reformuler les résultats comme suit : nous ne connaissons pas les propriétés statistiques – jusqu'à ce que le fait se soit produit, bien sûr. Étant donné un ensemble d'observations, quantité de distributions statistiques peuvent correspondre exactement aux mêmes faits – chacune d'elle serait extrapolée différemment à l'extérieur de l'ensemble d'événements dont elle découle. Le problème inverse est plus grave quand un plus grand nombre de théories, de distributions, peuvent correspondre à un ensemble de données, particulièrement en présence de non-linéarités et de distributions non parcimonieuses[5]. En présence de non-linéarités, le nombre de familles de modèles et/ou de paramétrages possibles explose[6].

Cependant, le problème devient plus intéressant dans certains domaines. Souvenez-vous du problème de Diagoras, au chapitre 8 du *Cygne Noir*[7]. Pour les environnements enclins à générer des Cygnes

---

assigne des degrés de créance à chaque probabilité – ou, plus généralement, une distribution des probabilités nécessite d'être subordonnée à une distribution des méta-probabilités si l'on admet, par exemple, que la probabilité d'une distribution des probabilités ne soit pas la bonne. Mais par chance j'ai réussi à exprimer cela à l'aide des outils mathématiques disponibles. J'ai essayé dans le passé de résoudre ce problème de méta-distribution, dans mon livre *Dynamic Hedging* (1997). J'ai commencé à attribuer un taux d'erreur à la courbe de Gauss (en basant ma véritable distribution sur au moins deux courbes de Gauss, chacune dotée de paramètres différents), ce qui fait que des distributions imbriquées produisaient invariablement une catégorie ou une autre de l'Extrêmistan. Pour moi, la variance de la distribution représente au plan épistémologique une mesure du manque de connaissance de la moyenne ; il en découle que la variance de la variance représente, en termes épistémologiques, une mesure du manque de connaissance du manque de connaissance de la moyenne – et la variance des cartes de variance est analogue au quatrième moment de la distribution, et son coefficient d'aplatissement, qui facilite l'expression mathématique de cette incertitude, démontre que : longues queues de distribution = manque de connaissance du manque de connaissance.

5. Une distribution gaussienne est parcimonieuse (avec seulement deux paramètres à appliquer). Néanmoins, le problème concernant l'ajout de couches de sauts possibles, chacun possédant une probabilité différente, ouvre des possibilités infinies de combinaisons de paramètres.

6. Un des commentaires les plus courants (mais inutiles) que j'entends est que certaines solutions peuvent venir de « statistiques solides ». Je me demande comment l'utilisation de ces techniques peut créer des informations là où il n'y en a aucune.

7. N.d.T. : N. N. Taleb formule ainsi le « problème de Diagoras », sur la base d'une histoire racontée par Cicéron, reprise par Montaigne : « On montra à un cer-

Noirs négatifs, mais aucun Cygne Noir positif (ces environnements sont dits « orientés négativement »), le problème des petites probabilités est pire. Pourquoi ? Clairement, les événements catastrophiques seront nécessairement absents des données puisque la capacité de survie de la variable même dépendra de cet effet. Ces distributions feront donc que l'observateur sera enclin à surestimer la stabilité et à sous-estimer l'instabilité et le risque potentiels.

Ce point – selon lequel les choses ont tendance à paraître plus stables et moins risquées que dans le passé, nous réservant ainsi des surprises – doit être pris au sérieux, surtout dans le domaine médical. Quand on l'étudie de près, l'histoire des épidémies ne permet pas de soupçonner les risques de la gigantesque épidémie de peste à venir qui va régner sur la planète. En outre, je suis convaincu qu'en faisant ce que nous faisons à l'environnement, nous sous-estimons considérablement l'instabilité potentielle que nous connaîtrons dans un domaine ou un autre à cause de l'accumulation des préjudices que nous avons portés à la nature.

Une illustration de ce point nous est donnée en ce moment même. Alors que j'écris ces lignes, le marché boursier s'est révélé beaucoup, beaucoup plus risqué que des discours historiques exposant cent ans de données avaient incité d'innocents retraités à le croire. Il accuse une baisse de près de 23 % pour la décennie qui prendra fin en 2010, alors que des charlatans de la finance avaient assuré aux retraités qu'une augmentation d'environ 75 % était attendue au cours de ce laps de temps. Cela a entraîné la faillite de nombre de plans de pension (et du plus grand constructeur automobile mondial), car ils ont vraiment cru à cette histoire « empirique » – et bien sûr cela a obligé quantité de déçus à différer leur retraite. N'oubliez pas que nous sommes des dupes et que nous gravitons toujours vers les variables qui sont instables mais paraissent stables.

Le pré-asymptotique. Revenons à la platonicité en abordant le pré-asymptotique, c'est-à-dire ce qui se produit à court terme. Si les

---

tain Diagoras, un athée, des tablettes peintes représentant des dévots qui avaient prié et survécu à un naufrage qui leur était arrivé ensuite. Sous-entendu : "Prier protège de la noyade." Diagoras demanda alors : "Où sont les portraits de ceux qui avaient prié et qui sont morts ?" » Et N. N. Taleb de conclure : « Le problème de Diagoras, c'est ce que les événements utilisent pour dissimuler leur caractère aléatoire, particulièrement l'aléatoire de type "Cygne Noir". » (*Op. cit.*, chap. 8, p. 145-147.)

théories sont, bien entendu, un mauvais point de départ, elles peuvent être encore pires dans certains cas quand elles sont nées dans des situations idéalisées, l'asymptote, mais sont employées en dehors de cette dernière (sa limite, disons l'infinité ou l'infinitésimal). B. Mandelbrot et moi-même avons montré que certaines propriétés asymptotiques fonctionnaient bien de manière pré-asymptotique au Médiocristan, ce qui explique pourquoi les casinos marchent bien ; c'est autre chose en Extrêmistan.

La majeure partie de l'enseignement des statistiques est fondée sur des propriétés asymptotiques, platoniques, mais nous vivons dans le monde réel, lequel ressemble rarement à l'asymptote. Les théoriciens des statistiques le savent, ou affirment le savoir, mais pas votre utilisateur de statistiques *lambda* qui parle de « preuves » dans les articles qu'il écrit. De plus, cela aggrave ce que j'appelle l'erreur ludique : ce que font la plupart des étudiants en statistiques mathématiques, c'est prendre pour hypothèse une structure similaire aux structures de jeux fermés, avec, comme on pouvait s'y attendre, une probabilité connue *a priori*. Mais le problème auquel on est confronté n'est pas tant de faire des calculs une fois que l'on connaît les probabilités, mais de trouver la véritable distribution pour l'horizon concerné. Nombre de nos problèmes de connaissance proviennent de cette tension entre l'*a priori* et l'*a posteriori*.

Preuve vivante

Il n'existe pas de manière fiable de calculer les petites probabilités. J'ai exposé des arguments philosophiques quant à la difficulté de calculer les chances de survenue des événements rares. À l'aide de toutes les données économiques disponibles, ou presque – et j'ai recouru à des données économiques parce que c'étaient les seules fiables –, j'ai montré l'impossibilité de calculer *à partir de ces données* le degré d'éloignement par rapport à la courbe de Gauss. Il existe une mesure appelée coefficient d'aplatissement dont le lecteur n'a pas besoin de se soucier, mais qui représente « la longueur des queues de distribution », c'est-à-dire l'importance du rôle des événements rares. Eh bien, souvent, avec dix mille données, quarante années d'observation quotidienne, une seule et unique observation représente 90 % du coefficient d'aplatissement ! L'erreur d'échantillonnage est trop importante pour qu'on puisse se livrer à une quelconque déduction statistique sur le caractère gaussien ou non d'une chose, ce qui signifie que, si on manque un seul chiffre, on manque tout. L'instabilité du coefficient d'aplatissement implique qu'une certaine catégorie de mesures statistiques devrait être totalement interdite. Cela prouve que tout ce qui se fonde sur l'« écart type », la « variance », « la méthode des moindres carrés », etc. est bidon.

En outre, j'ai montré qu'il était impossible d'utiliser des fractales pour obtenir des probabilités d'une précision acceptable – tout simplement parce qu'un changement infime dans ce que j'appelle « l'exposant de traîne » au chapitre 16 du *Cygne Noir*, dû à une erreur d'observation, ferait changer les probabilités d'un facteur de 10, peut-être plus.

Implication : la nécessité d'éviter l'exposition à de petites probabilités dans certains domaines. Il est tout bonnement impossible de les calculer.

ERREUR DE LA PROBABILITÉ DE L'ÉVÉNEMENT UNIQUE

Souvenez-vous : au chapitre 10 du *Cygne Noir*, nous avons vu avec l'exemple de l'espérance de vie que l'espérance conditionnelle d'années de vie supplémentaires diminuait à mesure qu'une personne prenait de l'âge[8] (à mesure que vous vieillissez, on s'attend à ce que le nombre d'années qu'il vous reste à vivre soit plus limité ; cela vient du fait qu'il existe un plafond asymptotique « modéré » à l'âge que peut atteindre un être humain). Exprimée en unités d'écarts types, l'espérance conditionnelle d'une variable gaussienne médiocristanaise, à condition d'être supérieure à un seuil de 0, est de .8 (écarts types). Si elle est supérieure à un seuil de 1, elle sera de 1,52. Si elle est supérieure à 2, elle sera de 2,37. Comme on le voit, les deux nombres devraient converger à mesure que les écarts deviennent importants, de sorte que, si une variable aléatoire est conditionnelle au fait d'être supérieure à dix écarts types, on s'attendra à ce qu'elle soit simplement de 10.

En Extrêmistan, les choses fonctionnent différemment. L'espérance conditionnelle de l'augmentation d'une variable aléatoire ne converge pas vers le seuil à mesure que celle-ci augmente. Dans le monde réel, avec, disons, des rendements du capital (et toutes les variables économiques) conditionnels à une perte plus importante que 5 unités, quelle

---

8. N.d.T. : Voir la section intitulée « Le caractère des erreurs de prévision » (*op. cit.*, chap. 10, p. 216).

que soit l'unité de mesure utilisée (cela ne fait pas grande différence), elle sera d'environ 8 unités. Si une évolution est supérieure à 50 unités, elle devrait être d'environ 80 unités, et, si l'on continue jusqu'à ce que l'échantillon soit épuisé, l'évolution moyenne plus importante que 100 unités est 250 unités ! Cela s'étend a tous les domaines dans lesquels j'ai trouvé des échantillons suffisants. Cela nous apprend qu'il n'existe « pas » d'échec type, et « pas » de réussite type. On peut être capable de prédire qu'une guerre va se produire, mais non d'estimer son impact ! Si un conflit fait plus de cinq millions de morts, il devrait en faire autour de dix millions (ou plus). S'il fait plus de cinq cents millions de morts, il devrait en faire un milliard (ou plus, on ne sait pas). On peut prédire à raison qu'une personne compétente deviendra « riche », mais, si elle y parvient, sa fortune pourra atteindre un million, dix millions, un milliard, dix milliards de dollars – il n'y a pas de nombre typique. Nous disposons, par exemple, de données permettant de prevoir les ventes de médicaments, à condition de disposer de données justes. Les estimations des ventes sont totalement déconnectées des ventes effectives – certains médicaments dont on avait prédit à raison qu'ils se vendraient bien ont vu leurs ventes sous-estimées de vingt-deux fois.

L'absence d'événements « typique » en Extrêmistan est ce qui fait le ridicule de ce qu'on appelle les marchés prévisionnels (où les gens sont censés parier sur les événements), car ils considèrent les événements comme binaires. La notion de guerre en elle-même n'a pas de sens : il faut estimer les dégâts de cette dernière – et il n'y a pas de dégât type. Si nombre de gens avaient prédit que la Première Guerre mondiale aurait lieu, personne n'avait réellement prévu son ampleur. Une des raisons pour lesquelles l'économie ne fonctionne pas est que la littérature est presque complètement aveugle à cela.

En conséquence, la méthodologie employée par N. Ferguson (mentionnée au chapitre 1 du *Cygne Noir*[9]) pour étudier la prévision des

---

9. N.d.T. : L'historien Niall Ferguson a montré qu'en dépit de tous les récits officiels racontant comment on s'était acheminé vers la Grande Guerre et évoquant la « montée des tensions » et l'« intensification de la crise » le conflit fit l'effet d'une surprise. Ce n'est que rétrospectivement que les historiens, en se penchant sur le passé, le considérèrent comme inévitable. Pour étayer sa position, N. Ferguson recourt à un argument empirique habile : il observe le prix des titres impériaux, qui inclut normalement les expectations des investisseurs concernant les besoins financiers du gouvernement et la diminution de l'attente d'un conflit potentiel, puisque

événements en se fondant sur l'observation du prix des titres impériaux de guerre est plus solide qu'un simple recensement des prévisions, parce que le prix d'un titre, qui reflète ce qu'un conflit coûte aux gouvernements qui se sont engagés dedans, est fixé de manière à couvrir la probabilité d'un événement multiplié par ses conséquences, et pas simplement la probabilité d'un événement.

Il est donc préférable de ne pas se focaliser sur le fait de savoir si quelqu'un « avait prédit » un événement sans que cette prédiction ne soit suivie de conséquences.

Une erreur liée à la précédente consiste à penser que mon message est le suivant : les Cygnes Noirs sont nécessairement plus probables que ne le supposent les méthodes traditionnelles. Ils sont pour la plupart *moins* probables, mais leurs effets sont plus importants. Songez que, dans un environnement de type « le gagnant rafle tout », comme celui de l'art, les chances de succès sont faibles puisqu'il y a moins de gens qui y parviennent, mais les bénéfices sont d'une importance disproportionnée. Ainsi, dans un environnement de type « longue queue de distribution », les événements rares sont peut-être moins fréquents (leur probabilité est plus faible), mais leur impact est tellement puissant qu'ils participent de manière plus substantielle à l'ensemble de la situation.

Bien que simple au plan mathématique, ce fait n'est pas facile à intégrer. Je me suis amusé à donner à des étudiants licenciés en mathématiques le jeu de questions-réponses suivant (à résoudre intuitivement, sur-le-champ). Dans un monde gaussien, la probabilité d'excéder un écart type est d'environ 16 %. Quelles sont les chances de le dépasser dans un contexte de queues de distribution plus longues (avec la même moyenne et la même variance) ? La bonne réponse : ces chances sont plus faibles, et non plus élevées – le nombre d'écarts chute, mais ceux, rares, qui se produisent, ont plus d'importance. J'ai constaté avec perplexité que la plupart de ces étudiants s'étaient trompés.

Revenons au *stress-testing* ; alors que j'écris ces lignes, le gouvernement américain fait subir aux institutions financières des simulations de catastrophes financières en prenant pour postulat des écarts importants et en vérifiant les résultats par rapport à la capitalisation de ces

---

les guerres entraînent de graves déficits. Or, le prix de ces titres ne reflétait pas une telle attente. Notez que cette analyse montre aussi que l'étude des prix peut permettre de bien comprendre l'histoire.

sociétés. Mais la question est « Où sont-ils allés puiser leurs chiffres ? » Dans le passé ? C'est une telle source d'erreur ! De fait, comme nous l'avons vu, en Extrêmistan, le passé ne renseigne absolument pas sur les écarts futurs – et cela en raison de l'atypisme des écarts extrêmes. Selon mon expérience, le *stress-testing* en dit très peu sur les risques – mais ceux-ci peuvent servir à estimer le degré d'erreur de modèle.

Psychologie de la perception des écarts

Fragilité des intuitions sur le caractère typique de l'évolution. Dan Goldstein et moi-même avons conduit une série d'expériences qui portent sur les intuitions relatives à ce genre d'espérances condition-nelles. Nous avons posé des questions du type suivant : Quelle est la taille moyenne des êtres humains qui mesurent plus d'un mètre quatre-vingt ? Quel est le poids moyen des personnes qui pèsent plus de cent quinze kilos ? Nous avons essayé avec toute une myriade de variables du Médiocristan, dont les taille et poids mentionnés ci-dessus, auxquelles nous avons ajouté l'âge, et nous avons demandé aux parti-cipants de deviner des variables de nature extrêmistanaise, telles que capitalisation du marché (quelle est la taille moyenne des entreprises dont la capitalisation excède cinq milliards de dollars ?) et évolution des actions. Les résultats montrent que nos intuitions sont incontes-tablement bonnes quand il s'agit du Médiocristan, mais terriblement mauvaises quand il s'agit de l'Extrêmistan – or, la vie économique est presque exclusivement extrêmistanaise. Nous n'avons pas de bonnes intuitions concernant cet atypisme des écarts élevés. Cela explique à la fois les prises de risques inconsidérés et la manière dont les gens peuvent sous-estimer les opportunités.

Formulation des risques. Les déclarations équivalentes au plan mathé-matique, que j'ai montrées précédemment avec mon exemple des taux de survie, ne le sont pas au plan psychologique. Pire encore, même les professionnels se font berner et fondent leurs décisions sur leurs erreurs de perception. Nos recherches montrent que la manière dont un risque est formulé influence vivement la compréhension que les gens en ont. Si vous dites qu'en moyenne les investisseurs perdront tout leur argent tous les trente ans, il y a plus de chances qu'ils investissent que si vous leur dites qu'ils ont 3,3 % de risques de perdre chaque année une certaine somme d'argent.

La même chose vaut pour les trajets en avion. Nous avons posé la question suivante à des participants à une expérience : « Vous êtes en vacances dans un pays étranger et envisagez de voyager avec une compagnie aérienne locale pour découvrir une île en particulier. Des statistiques fiables montrent qu'en volant une fois par an avec cette compagnie il y aura en moyenne un accident tous les mille ans. Si vous n'effectuez pas ce trajet, il y a peu de chances que vous ayez l'occasion de revisiter cette partie du monde. Allez-vous prendre ce vol ? » Toutes les personnes interrogées ont répondu par l'affirmative. Mais quand nous avons changé la deuxième phrase en : « Des statistiques fiables montrent qu'un vol sur mille en moyenne avec cette compagnie s'est soldé par un accident », seuls 70 % des participants ont répondu qu'ils le feraient quand même. Or, dans les deux cas, le risque d'accident est de un sur mille ; la seconde formulation donne tout simplement le sentiment que le risque est plus grand.

LE PROBLÈME DE L'INDUCTION ET DE LA CAUSATION DANS LE DOMAINE COMPLEXE

Qu'est-ce que la complexité ?

Je simplifierai ici avec une définition fonctionnelle de la complexité – entre autres beaucoup plus complètes. Un domaine complexe se caractérise par la chose suivante : il existe un degré considérable d'interdépendance entre ses éléments, à la fois temporelle (une variable dépend de ses changements passés), horizontale (les variables dépendent l'une de l'autre) et diagonale (la variable A dépend de l'histoire passée de la variable B). Conséquence de cette interdépendance, les mécanismes sont soumis à des boucles de retour d'informations positives qui ont un effet de renforcement et engendrent des queues de distribution épaisses. C'est-à-dire qu'elles empêchent le fonctionnement du Théorème de la Limite Centrale qui, ainsi que nous l'avons vu au chapitre 15 du *Cygne Noir*, établit des queues de distribution médiocristanaises minces dans un contexte d'addition et d'agrégation d'éléments, et entraîne une « convergence vers le gaussien ». Pour le dire simplement, les évolutions sont exacerbées au fil du temps au lieu d'être atténuées par des forces qui viendraient les compenser. Au final, on a des non-linéarités qui accentuent les queues de distribution épaisses.

Qui dit « complexité » dit donc « Extrêmistan ». (L'inverse n'est pas nécessairement vrai.)

En tant que chercheur, je me suis concentré uniquement sur la composante extrêmistanaise de la théorie de la complexité, en ne prenant en compte les autres éléments que pour étayer mes considérations sur l'imprédictabilité. Mais la complexité a d'autres conséquences pour les analyses conventionnelles, et pour la causation.

L'induction

Examinons de nouveau, sous un certain angle, le problème de l'« induction ». Dans un environnement moderne, il dépasse légèrement le stade de l'archaïque, aggravant ainsi le problème du Cygne Noir. Simplement, dans un domaine complexe, le débat « induction *versus* déduction » devient trop marginal au regard des problèmes réels (à l'exception d'un sous-ensemble limité de variables, et encore). Toute la distinction aristotélicienne passe à côté d'une dimension importante (similaire à celle que nous avons abordée précédemment concernant l'atypisme des événements en Extrêmistan). Même d'autres notions comme la « cause » prennent un autre sens, surtout en présence de la causalité et de l'interdépendance circulaires[10]. L'équivalent probabiliste est le passage d'un modèle traditionnel de marche aléatoire (avec une variable aléatoire évoluant sur un terrain déterminé et n'interagissant pas avec les variables qui l'entourent) à des modèles de percolation (où le terrain lui-même est stochastique, avec des variables différentes agissant l'une sur l'autre).

Conduire le car de ramassage scolaire les yeux bandés

Hélas, à l'heure où j'écris ce livre, l'*establishment* économique est toujours dans l'ignorance de la présence de la complexité, ce qui

---

10. Une conséquence de l'absence de « typicalité » pour un événement sur la causalité est la suivante : mettons qu'un événement cause une « guerre ». Comme nous l'avons vu, cette guerre restera malgré tout indéfinie puisqu'elle peut tuer trois personnes ou un milliard. Ainsi, même dans les situations où il nous est possible d'identifier la cause et l'effet, nous en saurons peu puisque l'effet restera atypique. J'ai eu énormément de mal à expliquer cela aux historiens (à l'exception de Niall Ferguson) et aux spécialistes des sciences politiques (à l'exception de Jon Elster). Veuillez s'il vous plaît expliquer (très poliment) ce point à votre professeur d'études sur le Proche et le Moyen-Orient.

porte préjudice à la prédictabilité. Je ne pousserai pas trop loin mon indignation – au lieu d'entamer une seconde traversée du désert, Mark Spitznagel et moi-même sommes en train de concevoir un autre programme de gestion des risques pour aguerrir les portefeuilles contre l'erreur de modèle – erreur provenant essentiellement de celle du gouvernement en matière de projection des déficits, laquelle conduit à des emprunts excessifs et à une hyperinflation potentielle.

J'assistais un jour au Forum économique mondial de Davos ; dans une de mes conférences, j'illustrai l'interdépendance dans un système complexe et la dégradation des prévisions par la situation (imaginaire) suivante : le chômage déclenché à New York par les pertes boursières à Wall Street, entraînant par effet de cascade du chômage en Chine, par exemple, lequel provoque en retour du chômage à New York, est impossible à analyser de manière analytique, parce que les boucles de retour d'informations ont produit des erreurs d'estimation monstrueuses. J'employai la notion de « convexité », réaction non linéaire disproportionnée découlant des données entrées (les outils de mesure des taux d'erreur n'étant pas fiables dans un contexte de convexité). Stanley Fisher, le directeur de la banque centrale d'Israël, ancien gros bonnet du FMI, co-auteur d'un manuel de macro-économie classique, vint me parler à la fin de la conférence et critiqua mon point de vue sur le fait que ces boucles de retour d'informations étaient cause d'imprédictabilité. Il m'expliqua que l'on disposait de matrices d'entrée-sortie des données qui étaient performantes pour le calcul de ces retours, et il cita des travaux récompensés par le Nobel d'économie. L'économiste en question était un certain Vassili Leontieff, je suppose. Je le regardai avec l'air de dire : « Il est arrogant mais n'en sait pas assez pour comprendre qu'il n'a même pas tort » (inutile de préciser que S. Fisher a fait partie de ceux qui n'avaient pas vu venir la crise). Il fut difficile de lui faire passer le message que, même si les méthodes de l'économétrie parviennent à suivre les effets des boucles de retour d'informations en temps normal (évidemment, puisque les erreurs sont minimes), ces modèles ne disent rien des perturbations importantes. Et je le répète encore : en Extrêmistan, les perturbations importantes sont tout.

Le problème est que, si j'ai raison, il faudrait supprimer le manuel de S. Fisher et ceux de ses collègues, ainsi que pratiquement toute méthode prévisionnelle utilisant des équations mathématiques.

J'ai essayé d'expliquer les problèmes d'erreurs de politique monétaire dans un contexte de non-linéarités : on continue à ajouter de l'argent sans résultat... jusqu'à ce qu'il y ait hyperinflation. Ou rien. On ne devrait pas mettre entre les mains des gouvernements des jouets qu'ils ne comprennent pas.

CHAPITRE 6

LE QUATRIÈME QUADRANT,
LA SOLUTION À CE PROBLÈME
UTILE ENTRE TOUS[1]

Aristote marchait-il lentement ? – Suivront-ils les principes ? – Comment créer une pyramide de Ponzi et en tirer une reconnaissance

Il est beaucoup plus intelligent de prendre des risques que l'on peut mesurer que de mesurer les risques que l'on prend.

Il y a un endroit précis sur la carte, le quatrième quadrant, dans lequel le problème de l'induction, les chausse-trapes de l'empirisme se font jour – l'endroit où, je le répète, « absence de preuves » n'équivaut pas à « preuves de l'absence ». Ce chapitre va nous permettre de fonder nos décisions sur des bases épistémologiques plus solides.

---

1. Ceux qui ne travaillent pas dans les sciences sociales, les affaires, ou, pire encore, la politique publique, devraient sauter ce chapitre. Le chapitre 7 sera moins terre à terre.

Que David Freedman repose en paix

Il me faut tout d'abord rendre hommage à une personne à laquelle la connaissance est largement redevable. Feu David Freedman, statisticien à Berkeley, qui dévoila peut-être mieux que personne les lacunes de la connaissance statistique et l'inapplicabilité de certaines de ses méthodes, m'a envoyé un cadeau d'adieu. Il aurait dû assister à la réunion de l'Association américaine de statistiques que j'ai mentionnée précédemment, mais la maladie l'a contraint à annuler. Il m'avait cependant préparé à la réunion, me faisant passer un message qui changea le cours de l'idée de Cygne Noir : ils vous présenteront un ensemble d'arguments bien précis qui servent leurs propres intérêts et vous devrez y répondre. Ces arguments étaient listés dans son livre dans un chapitre intitulé : « La réponse des modeleurs ». En voici la liste presque exhaustive :

La réponse des modeleurs : Nous savons tout cela. Rien n'est parfait. Les hypothèses sont raisonnables. Les hypothèses n'ont pas d'importance. Les hypothèses sont conservatrices. Vous ne pouvez pas prouver que les hypothèses sont fausses. Nous ne faisons que ce que tout le monde fait. Le décisionnaire doit mieux se porter avec nous que sans nous. Les modèles ne sont pas complètement inutiles. On doit faire du mieux qu'on peut avec les données. On doit faire des hypothèses pour évoluer. On doit donner aux modèles le bénéfice du doute. Où est le mal ?

Cela me donna l'idée de recourir à l'approche « Voici les points pour lesquels vos outils fonctionnent » au lieu de celle que j'utilisais habituellement, c'est-à-dire « Vous avez tort ». C'est ce changement de style qui me valut les accolades, l'abreuvement de Diet Coke, et qui m'aida à faire passer mon message. Les commentaires de David m'incitèrent également à me concentrer davantage sur l'iatrogénie, c'est-à-dire le préjudice causé par le besoin d'utiliser des modèles quantitatifs.

David Freedman décéda quelques semaines après la réunion[2]. Merci, David. Vous avez été là quand le Cygne Noir avait besoin de vous. Puissiez-vous, ainsi que votre mémoire, reposer en paix.

---

2. En partant, David me fit un second cadeau surprise – le plus beau que l'on m'ait fait pendant ma traversée du désert : dans un article posthume, il écrivit que

... Ce qui nous amène à la solution. Malgré toute cette indécidabilité, la situation n'est pas désastreuse du tout. Pourquoi ? Il nous suffit d'établir une carte des lieux où ces erreurs sont plus graves, de ce dont il faut se méfier.

DÉCISIONS

Quand on regarde le générateur d'événements, on peut dire *a priori* quel environnement est susceptible de générer des événements importants (l'Extrêmistan) et quel environnement ne l'est pas (Médiocristan). C'est la seule hypothèse *a priori* qu'il nous est nécessaire de faire – la seule.

Alors, voilà.

1. Le premier type de décision est simple et conduit à une exposition « binaire » : c'est à dire que, ce qui nous importe, c'est uniquement de savoir si une chose est vraie ou fausse. Le fait qu'elle soit très vraie ou très fausse ne vous apporte pas de bénéfices ou de préjudices supplémentaires. Les expositions binaires ne dépendent pas d'événements à impact élevé, car leurs bénéfices sont limités. Comme une femme est soit enceinte soit pas enceinte, si elle était « extrêmement enceinte », le bénéfice serait le même que si elle était « légèrement enceinte ». Une déclaration est « vraie » ou « fausse » avec un certain intervalle de confiance (j'appelle ces expositions M0, car, plus techniquement, elles dépendent de ce que l'on appelle le zéroième moment, c'est-à-dire de la probabilité des événements, et non de leur ampleur – la seule chose qui importe, c'est la probabilité « pure et dure »/« brute »). Une expérience biologique en laboratoire ou un pari avec un ami sur l'issue d'un match de foot font partie de cette catégorie.

Il est clair que les issues binaires ne prédominent pas tellement dans la vie ; elles existent surtout dans les expériences de labora-

---

« les efforts des statisticiens pour réfuter Taleb ne [s'avéraient] pas convaincants », une seule phrase qui inversait la vapeur et annulait des centaines de pages d'attaques en majorité *ad hominem* puisqu'elle mettait en garde le lecteur contre le fait qu'il n'y avait pas de réfutation, que les critiques n'avaient aucune substance. Il suffit d'une seule phrase comme celle-là pour remettre le message à sa place.

toire et dans les articles de recherche. Dans la vie, les bénéfices sont généralement indéterminés, ou du moins variables.

2. Le deuxième type de décision est plus complexe et s'accompagne de risques plus indéterminés. Ce qui importe, ce n'est pas seulement la fréquence ou la probabilité, mais également l'impact, ou, encore plus complexe, une certaine fonction de l'impact. Il existe donc une autre couche d'incertitude de l'impact. Une épidémie ou une guerre peut être bénigne ou grave. Quand on investit, on ne se soucie pas du nombre de fois où l'on gagne et où l'on perd, on se soucie du cumulatif, de l'espérance : du nombre de fois où l'on gagne ou perd multiplié par la somme gagnée ou perdue. Il existe des décisions encore plus complexes (quand on est endetté, par exemple), mais je n'en parlerai pas ici.

Ce qui importe, ce sont également :

A. Les générateurs d'événements qui appartiennent au Médiocristan (c'est-à-dire qu'il est quasiment impossible que des écarts très importants se produisent), une hypothèse *a priori*.

B. Les générateurs d'événements qui appartiennent à l'Extrêmistan (c'est-à-dire qu'il est possible, ou même probable, que des écarts très importants se produisent).

Ce qui constitue les quatre quadrants de la carte.

LE QUATRIÈME QUADRANT : CARTE

Premier quadrant

Bénéfices binaires simples, au Médiocristan : la prévision est fiable, la vie est facile, les modèles fonctionnent, tout le monde devrait être heureux. Malheureusement, ces situations sont plus courantes dans les laboratoires et les jeux que dans la vraie vie. Elles contribuent rarement aux bénéfices qui découlent de la prise de décision économique. Exemples : certaines décisions médicales (concernant un seul patient, non une population entière), les paris de casino, les marchés prévisionnels.

Tableau n°1 : Tableau des décisions en fonction des bénéfices

M0	M1
« Vrai/Faux »	Espérances
Résultats médicaux pour une seule personne (santé, pas épidémie)	Épidémie (nombre de personnes contaminées)
Expériences psychologiques (réponses par oui/non)	Réussite intellectuelle et artistique (définie en termes de ventes de livres, citations, etc.)
Vie/mort (pour une seule personne, non pour *n* personnes)	Effets climatiques (n'importe quelle mesure quantitative)
Paris symétriques à la roulette	Dégâts causés par la guerre (nombre de victimes)
Marchés prévisionnels	Sécurité, terrorisme, catastrophes naturelles (nombre de victimes) Gestion générale des risques Finance : performances d'un investissement sans emprunt Assurance (mesures des pertes attendues) Économie (politique) Casinos

Deuxième quadrant

Expositions complexes au Médiocristan : les méthodes statistiques peuvent fonctionner de manière satisfaisante, mais il existe certains risques. Bien sûr, l'utilisation de modèles médiocristanais n'est peut-être pas la panacée, à cause de la pré-asymptote, du manque d'indépendance et de l'erreur de modèle. Ceux-ci posent de réels problèmes, mais ils ont été traités de manière exhaustive dans la littérature, surtout par David Freedman.

Troisième quadrant

Expositions simples en Extrêmistan : se tromper n'est pas très préjudiciable, car la possibilité d'événements extrêmes n'a pas de répercussion sur les bénéfices. Ne vous inquiétez pas trop des Cygnes Noirs.

Quatrième quadrant, le domaine des Cygnes Noirs

Expositions complexes en Extrêmistan : c'est là que réside le problème ; il y a également des opportunités. Il faut éviter les prédictions de bénéfices et risques simples éloignés, mais pas nécessairement de bénéfices ordinaires. Les bénéfices des parties éloignées de la distribution sont plus difficiles à prévoir que ceux des parties plus proches[3].

En fait, le Quatrième quadrant comprend deux parties : expositions aux Cygnes Noirs positifs et expositions aux Cygnes Noirs négatifs. Je me concentrerai ici sur la partie négative (l'exploitation de la partie positive coule par trop de source et a été abordée à travers l'histoire du peintre Apelle dans le chapitre 13 du *Cygne Noir*)[4].

---

3. Il s'agit d'un véritable *a priori* philosophique ; en effet, quand on suppose que des événements sont de nature extrêmistanaise (en raison de leur manque de structure par rapport au hasard), aucune observation empirique supplémentaire ne peut nous faire changer d'avis puisque la caractéristique de l'Extrêmistan est de dissimuler la possibilité d'événements de type « Cygne Noir » – ce que j'ai appelé auparavant le problème de la mascarade.

4. N.d.T. : Rappelons que la stratégie d'Apelle consiste à essayer de profiter de l'accumulation d'accidents positifs dus à une exposition maximale aux « bons Cygnes Noirs ».

Tableau n° 2 : Les quatre quadrants

	I Expositions simples	II Expositions complexes
A Médiocristan	Premier quadrant *Extrêmement sûr*	Deuxième quadrant *(Assez) sûr*
B Extrêmistan	Troisième quadrant *Sûr*	Quatrième quadrant *Domaine du Cygne Noir*

La recommandation est de passer du quatrième au troisième quadrant. Il n'est pas possible de modifier la distribution ; il l'est en revanche de modifier l'exposant, comme nous allons le voir dans la section suivante.

Ce que je peux dire rapidement du quatrième quadrant, c'est que c'est là que devrait se concentrer tout le scepticisme associé au problème du Cygne Noir. Il y a un principe général : alors que dans les trois premiers quadrants il est possible d'utiliser *le meilleur* modèle ou *la meilleure* théorie que l'on puisse trouver, et de s'y fier, il est dangereux de faire de même dans le quatrième : aucun modèle et aucune théorie ne devraient être meilleurs que n'importe quel modèle ou n'importe quelle théorie.

En d'autres termes, le quatrième quadrant est *le lieu où la différence entre absence de preuve et preuve d'absence devient patente.*

Voyons maintenant comment on peut sortir du quatrième quadrant ou atténuer ses effets.

CHAPITRE 7

QUE FAIRE
AVEC LE QUATRIÈME QUADRANT ?

Ne pas utiliser la mauvaise carte : la notion de iatrogénie

Ainsi, pour le moment, je peux créer des règles de *phronesis* (au sens aristotélicien du concept de *phronesis*, c'est-à-dire une sagesse permettant de prendre des décisions). Peut-être l'histoire de ma vie se trouve-t-elle dans le dilemme suivant. Pour paraphraser Danny Kahneman, certaines personnes, si elles sont perdues dans les Alpes, préféreront par confort psychologique recourir à une carte des Pyrénées plutôt qu'à rien du tout. Même si ce n'est pas explicite, elles font en fait pire que cela quand il s'agit du futur et qu'elles ont recours à des mesures de risques. Elles préfèrent une prévision erronée plutôt que rien du tout. C'est pourquoi fournir une mesure probabiliste à un pigeon parvient à merveille à lui faire prendre plus de risques. Je projetais d'effectuer un test avec Dan Goldstein (dans le cadre de nos programmes de recherche générale destinés à comprendre les intuitions des êtres humains en Extrêmistan). Danny (compagnon de marche formidable, même s'il ne sait pas *flâner*[1]) insista sur le fait qu'il n'était pas nécessaire de réaliser

---

1. N.d.T. : En français dans le texte original.

nos propres expériences. Il existe pléthore de recherches sur l'ancrage qui démontrent qu'il est nocif de donner à quelqu'un une évaluation chiffrée des risques erronée. De nombreuses expériences apportent la preuve que les professionnels sont sensiblement influencés par des chiffres qu'ils savent ne pas avoir de pertinence par rapport à leur décision – par exemple, quand ils écrivent les quatre derniers chiffres de leur numéro de sécurité sociale avant d'effectuer une estimation numérique des mouvements de marché potentiels. Les juges allemands – des gens très respectables – qui jetaient des dés avant de rendre leur jugement infligeaient des peines deux fois plus longues quand les dés indiquaient un nombre élevé – ce, sans en avoir conscience.

Conseils négatifs

Simplement, n'allez pas vous mettre dans le quatrième quadrant, le Domaine du Cygne Noir. Mais il est difficile de tenir compte de ce conseil judicieux.

Les psychologues font la distinction entre actes de commission (ce que nous faisons) et actes d'omission. Bien que du point de vue économique ces deux types d'actes soient équivalents pour le bilan (un dollar qui n'est pas perdu est un dollar gagné), notre esprit ne va pas les traiter de la même manière. Cependant, comme je l'ai dit, les recommandations du style « Ne faites pas » sont plus solides au plan empirique. Comment vivre longtemps ? En évitant la mort. Mais les gens ne se rendent pas compte que la réussite consiste essentiellement à éviter les pertes, non à tenter de réaliser des bénéfices.

Les conseils positifs sont généralement l'affaire des charlatans. Les librairies sont remplies de livres expliquant comment réussir ; il n'y a pratiquement aucun ouvrage intitulé « Ce que ma faillite m'a appris », ou « Dix erreurs à éviter dans la vie ».

Ce besoin de conseils positifs est lié au fait que *nous préférons faire quelque chose plutôt que rien*, même dans les cas où cela peut être dangereux.

Dernièrement, je suis passé à la télé, et un représentant de l'espèce « costume vide[2] » n'a cessé de m'asticoter pour que je donne des conseils

---

2. N.d.T. : N. N. Taleb définit ainsi le problème du costume vide (ou « problème de l'expert ») : « Certains professionnels ne possèdent pas d'aptitudes qui les différencient par rapport au reste de la population, mais pour une raison inconnue, et malgré

précis sur la manière de sortir de la crise. Il m'a été impossible de faire entendre mes conseils sur « ce qu'il ne faut pas faire », ou de faire remarquer que mon domaine concernait le fait d'éviter les erreurs, non la chirurgie des urgences, et que ce pouvait être une discipline indépendante, tout aussi valable. De fait, j'ai passé douze ans à essayer d'expliquer que dans bien des cas il était préférable – et plus sage – de ne pas avoir de modèle plutôt que les élucubrations mathématiques dont nous disposions.

Malheureusement, ce manque de rigueur est omniprésent dans un domaine où nous nous attendons le moins à le rencontrer : la science institutionnelle. La science, particulièrement dans sa version académique, n'a jamais aimé les résultats négatifs, et encore moins faire état de ses propres limites et communiquer sur ce sujet. Le système de récompense n'est pas adapté à cela. On se fait respecter en pratiquant le funambulisme ou les sports populaires – en suivant les étapes qui permettent de devenir « l'Einstein de l'économie » ou « le prochain Darwin », au lieu de proposer à la société quelque chose de réel en déboulonnant les mythes ou en recensant les endroits où finit notre connaissance.

Permettez-moi de revenir à la limite de Gödel. Il y a des cas où nous acceptons les limites de la connaissance, en claironnant sur tous les toits la limite mathématique « révolutionnaire » de Gödel, par exemple, parce que sa formulation est élégante et qu'elle témoigne d'un extraordinaire brio mathématique – mais l'importance de cette limite est éclipsée par nos limites pratiques dans la prévision des changements climatiques, des crises, des tourmentes sociales, ou du devenir des fonds de dotation qui financeront les recherches destinées à découvrir de futures limites, aussi « élégantes » que celle de Gödel. C'est pourquoi j'affirme que ma solution du quatrième quadrant est la plus appliquée de ces limites.

L'iatrogénie et l'étiquette du nihilisme

Prenons la médecine (cette sœur de la philosophie), qui commença à sauver des vies il y a seulement moins d'un siècle (et je suis généreux),

---

les résultats qu'ils obtiennent, ils passent pour des experts : psychologues cliniciens, psychologues, universitaires en économie, "experts" du risque, statisticiens, analystes politiques, "experts" financiers, analystes militaires, directeurs généraux, etc. Ils traduisent leur expertise par de belles paroles, un jargon, des mathématiques, et portent souvent des costumes chers ». (*Op. cit.*, Glossaire, p. 392.)

et dans une moindre mesure que la littérature populaire, dans un souci de promotion, ne le fit croire à l'origine, les baisses du taux de mortalité semblant provenir beaucoup plus d'une conscience de l'hygiène et de la découverte (aléatoire) des antibiotiques que de contributions thérapeutiques. Mus par une abominable illusion de contrôle, les médecins passèrent beaucoup de temps à tuer les patients, sans penser que « ne rien faire » pouvait être une option valide (c'était « nihiliste ») – et les recherches accumulées par Spyros Makridakis montrent que c'est toujours le cas, dans une certaine mesure, particulièrement dans le sur-diagnostic de certaines maladies.

Le qualificatif de nihilisme a toujours été employé dans le but de nuire. Jusqu'aux années 1960, les praticiens qui étaient conservateurs et envisageaient la possibilité de laisser la nature faire son travail, ou qui faisaient état des limites de notre compréhension dans le domaine médical – ces praticiens se voyaient accusés de « nihilisme thérapeutique ». On estimait « non scientifique » d'éviter de se lancer dans un plan d'action fondé sur une connaissance incomplète du corps humain – de dire « Voici la limite ; voici le point où s'arrête ce que je sais. » Cet argument a été utilisé contre l'auteur de ce livre par des escrocs intellectuels qui essayaient de vendre leurs produits.

Le terme même de iatrogénie, c'est-à-dire l'étude du mal causé par le soignant, n'est pas répandu – je ne l'ai jamais rencontré en dehors de la médecine. Bien qu'ayant été obsédé toute ma vie par ce qu'on appelle l'erreur de type 1, ou le faux positif, je n'ai eu connaissance que très récemment du concept de mal iatrogénique, grâce à une discussion avec l'essayiste Bryan Appleyard. Comment une idée aussi capitale peut-elle demeurer cachée à notre conscience ? Même en médecine – je veux dire, en médecine moderne –, le concept antique « Ne fais pas de mal » est apparu très tardivement – et très discrètement. Le philosophe des sciences Georges Canguilhem s'est demandé pourquoi nous avions dû attendre les années 1950 pour avoir cette idée. Comment des professionnels peuvent-ils faire du mal pendant aussi longtemps au nom de la connaissance et s'en tirer à bon compte ? Voilà qui reste pour moi un mystère.

Malheureusement, des recherches plus poussées montrent que cette iatrogénie était une simple redécouverte, les Lumières ayant rendu la science trop arrogante. Une fois de plus, hélas, les Anciens savaient mieux que nous – les Grecs, les Romains, les Byzantins et les Arabes avaient un respect inné pour les limites de la connaissance. Un traité du philosophe et médecin arabe du Moyen Âge Al-Ruhawi témoigne de la proximité de ces cultures méditerranéennes avec l'iatrogénie. Dans le passé, j'ai aussi émis la supposition que la religion avait sauvé des vies en éloignant le patient du médecin. On pouvait satisfaire son illusion de contrôle en se rendant au temple d'Apollon plutôt que chez le médecin. Ce qui est intéressant, c'est que les Méditerranéens de l'Antiquité avaient probablement très bien compris ce compromis et accepté que la religion soit en partie un outil destiné à maîtriser l'illusion de contrôle.

On ne peut rien faire de la connaissance si l'on ne sait pas où elle s'arrête et ce que cela coûte de l'utiliser. La science d'après les Lumières et sa fille la science superstar, ont eu la chance d'effectuer des progrès en physique (linéaire), en chimie et en ingénierie. Mais il y a un stade où il est nécessaire de renoncer à l'élégance pour se concentrer sur quelque chose que l'on a expédié sans ménagement depuis très longtemps : les cartes montrant ce que les connaissances et les méthodes actuelles ne font pas pour nous ; et une étude rigoureuse de l'iatrogénie scientifique généralisée, du mal que la science peut causer (ou, mieux, une exposition du mal que la science a causé). Je trouve cette activité éminemment respectable.

Iatrogénie des régulateurs

Hélas, la demande consistant à instaurer plus de régulation (inconditionnelle) de l'activité économique semble une réaction normale. C'est aux régulateurs que je dois mes pires cauchemars. Ce sont eux qui avaient vanté les avantages de s'en remettre aux notations des agences du même nom et aux « mesures des risques » qui ont fragilisé le système alors que les banquiers y recouraient pour s'implanter sur le terrain jusqu'à ce que cela tourne au vinaigre. Pourtant, à chaque fois qu'il y a un problème, nous recourons au truc harvardien à la soviétique consistant à instaurer plus de régulation, ce qui enrichit les banquiers d'investissement, les avocats et les anciens-régulateurs-reconvertis-en-conseillers-boursiers. Ils servent aussi les intérêts d'autres groupes.

RÈGLES DE *PHRONESIS* : CE QU'IL EST SAGE DE FAIRE (OU NON) DANS LA VRAIE VIE POUR ATTÉNUER LE QUATRIÈME QUADRANT SI L'ON NE PEUT RECOURIR À LA STRATÉGIE DES HALTÈRES

Le moyen le plus évident de sortir du quatrième quadrant est d'effectuer une « troncature », c'est-à-dire de supprimer certaines expositions en achetant des assurances, quand il y en a de disponibles, en se mettant dans la situation de « stratégie des haltères » telle que je l'ai décrite au chapitre 13 du *Cygne Noir*. Toutefois, si l'on ne peut recourir à cette stratégie et éviter l'exposition, comme c'est le cas, par exemple, avec les notions climatiques, l'exposition aux épidémies et autres cas similaires listés dans le tableau précédent, alors il est possible de souscrire aux règles de « sagesse » suivantes pour accroître sa force.

1. Respecter le temps et la connaissance non démonstrative.

Rappelez-vous le respect que j'ai pour Mère Nature – simplement à cause de son âge. Une succession de données dans le quatrième quadrant met beaucoup, beaucoup plus de temps à révéler ses propriétés. Je vitupérais contre le fait que les indemnisations des cadres bancaires, qui se situent carrément dans le quatrième quadrant, étaient versées sur une fenêtre à court terme, mettons annuellement, pour des choses qui explosent tous les cinq, dix, ou quinze ans, entraînant une disparité entre fenêtre d'observation et fenêtre d'une longueur suffisante pour révéler les propriétés. Les banquiers s'enrichissent en dépit de bénéfices à long terme négatifs.

Les choses qui fonctionnent depuis longtemps sont préférables – elles sont plus enclines à avoir atteint leur état ergodique. Au pire, on ne sait pas combien de temps elles dureront[3].

---

3. La majeure partie de la campagne de diffamation que j'ai mentionnée plus haut tourne autour d'une représentation erronée des propriétés de style assurance et des performances des stratégies de couverture pour les haltères et le « renforcement du portefeuille » associé aux idées de Cygne Noir – représentation erronée qui peut-être rendue crédible par le fait que, lorsqu'on observe les bénéfices à court terme, on ne voit rien de pertinent, excepté de fréquentes variations superficielles (surtout des pertes). Les gens oublient simplement de cumuler correctement et se souviennent plus de la fréquence que du total. Selon la presse, les bénéfices réels étaient d'environ 60 % en 2000, et de plus de 100 % en 2008, avec des pertes relativement superficielles et des profits d'autre part ; du coup, en déduire que les bénéfices seraient à trois chiffres au cours de la précédente décennie (il suffit simplement d'un bon saut)

Souvenez-vous que le fardeau de la preuve pèse sur quelqu'un qui perturbe un système complexe, non sur la personne qui protège le *statu quo*.

2. Éviter l'optimisation ; apprendre à aimer la redondance.

J'ai parlé de la redondance et de l'optimisation dans le chapitre 1 ; j'ai quelques mots de plus à en dire.

La redondance (le fait d'avoir des économies en liquide sous son matelas) est l'opposé de la dette. Les psychologues nous disent que la richesse ne fait pas le bonheur – si l'on dépense ses économies ! Mais, si on les cache sous son matelas, on est moins vulnérable à un Cygne Noir.

De même, par exemple, on peut acheter une assurance ou la construire pour renforcer un portefeuille.

La sur-spécialisation n'est pas une bonne idée non plus. Songez à ce qui pourrait vous arriver si votre métier disparaissait. En temps de crise, un analyste à Wall Street (du genre prévisionnel) qui travaillerait au noir comme danseur du ventre s'en sortirait beaucoup mieux qu'en étant seulement analyste.

3. Éviter de prédire les bénéfices de petites probabilités – mais pas nécessairement les bénéfices ordinaires.

C'est une évidence : les bénéfices éloignés dans le temps sont plus difficiles à prédire.

4. Se méfier de l'atypisme des événements éloignés.

Il existe des méthodes « attrape-pigeons » appelées « analyse de scénario » et *stress-testing* – généralement fondées sur le passé (ou sur quelque théorie « sensée ») –, mais (j'ai montré précédemment de quelle façon) les déficits passés ne permettent pas de prédire les déficits futurs, de sorte que nous ne savons pas exactement que soumettre au *stress-testing*. De même, « les marchés prévisionnels » ne fonctionnent pas ici puisque les paris ne protègent pas des risques multiples. Ils peuvent peut-être fonctionner si le choix est binaire, mais pas dans le quatrième quadrant.

5. Prendre garde au risque moral assorti de bonus.

La meilleure solution consiste à créer une série de bonus en pariant sur les risques cachés dans le quatrième quadrant, puis à faire faillite et à tirer sa révérence. C'est ce qu'on appelle

---

serait un jeu d'enfant. Selon le palmarès des Standard and Poor's 500, ils avaient baissé de 23 % au cours de la même décennie.

l'argument du risque moral. Si les banquiers sont toujours riches, c'est à cause de ce décalage entre leurs performances et le montant de leurs bonus. En fait, la société finit par le payer. La même chose vaut pour les cadres d'entreprises.

6. Éviter les mesures risquées

Les mesures traditionnelles fondées sur le Médiocristan et faites pour les écarts importants ne fonctionnent pas. C'est là que les pigeons tombent dans le piège – cela va bien plus loin que le simple fait de prendre pour hypothèse autre chose que la courbe en cloche de Gauss. Les notions comme celles d'« écart type » ne sont pas stables et ne mesurent rien dans le quatrième quadrant, pas plus que celles de « régression linéaire » (les erreurs sont dans le quatrième quadrant), de « ratio de Sharpe », de « modèle de choix de portefeuille de Markowitz », d'« ANOVA… mon œil ! », de « moindre carré », et pratiquement tout ce que l'on tire mécaniquement d'un manuel de statistiques. Mon problème est que les gens peuvent accepter le rôle des événements rares, être d'accord avec moi, tout en continuant à utiliser ces mesures, ce qui m'incite à me demander s'ils ont des troubles psychologiques.

7. Cygne Noir positif ou négatif ?

Il est clair que le quatrième quadrant peut présenter des expositions positives ou négatives au Cygne Noir ; si l'exposition est négative, il y a plus de risques de sous-estimer la véritable moyenne en mesurant les réalisations passées, et le potentiel global sera lui aussi mal évalué.

L'espérance de vie de l'être humain n'est pas aussi longue que nous le pensons (dans un contexte de globalisation), parce que les données ne tiennent pas compte d'un paramètre capital : la grande épidémie (à côté de laquelle les bénéfices des remèdes ne font pas le poids). Comme nous l'avons vu, la même chose vaut pour les retours sur investissements risqués.

D'un autre côté, les projets de la recherche dévoilent une histoire passée moins rose. Une société *biotech* est (généralement) confrontée à une incertitude positive, alors qu'une banque doit presque exclusivement faire face à des chocs négatifs.

Les erreurs de modèles profitent à ceux qui sont exposés aux Cygnes Noirs positifs. Dans le cadre de mes nouvelles recherches, j'appelle cela être « concave » ou « convexe » à l'erreur de modèle.

8. Ne pas confondre absence de volatilité avec absence de risque.

   Les mesures classiques qui utilisent la volatilité comme indicateur de stabilité nous trompent, parce que le passage à l'Extrêmistan se caractérise par une baisse de la volatilité – et par une augmentation des risques de sauts importants. Cela a trompé un président de la Réserve fédérale américaine nommé Ben Bernanke – ainsi que l'intégralité du système bancaire. Et ce n'est pas la dernière fois que cela se produit.

9. Prendre garde aux présentations de nombres risqués.

   J'ai présenté plus haut des résultats montrant comment la perception des risques est soumise à des problèmes de formulation particulièrement marqués dans le quatrième quadrant. Ils sont beaucoup plus bénins ailleurs.

CHAPITRE 8

LES DIX PRINCIPES
POUR UNE SOCIÉTÉ AGUERRIE
CONTRE LES CYGNES NOIRS[1]

J'ai essentiellement rédigé les « dix principes » suivants pour que la vie économique puisse affronter le quatrième quadrant, au lendemain de la crise.

1. Une chose fragile doit se casser tôt, tant qu'elle est encore petite.

   Rien ne devrait jamais devenir trop grand pour faire faillite. L'évolution de la vie économique aide ceux qui ont le maximum de risques cachés à devenir les plus grands.

2. Pas de socialisation des pertes et de privatisation des gains.

   Toute entreprise nécessitant d'être renflouée devrait être nationalisée ; toute entreprise qui n'en a pas besoin devrait être libre, de petite taille, et résister aux risques. Nous nous sommes

---

1. Ce passage a été publié en 2009, dans un éditorial du *Financial Times*. Un éditeur – qui n'avait sans aucun doute pas lu *Le Cygne Noir* – a transformé mon « aguerri contre le Cygne Noir (*Black Swan Robust*) » en « complètement isolé contre le Cygne Noir (*Black Swan Proof*) ». « Complètement isolé contre le Cygne Noir » n'existe pas, mais « aguerri » n'est pas mal.

fourrés dans le pire capitalisme et le pire socialisme qui soient. En France, dans les années 1980, les socialistes avaient pris le contrôle des banques. Aux États-Unis, dans les années 2000, les banques ont pris le contrôle du gouvernement. C'est surréaliste.

3. Il ne faudrait jamais remettre un autobus entre les mains des gens qui en conduisaient un les yeux bandés (et ont eu un accident).

L'*establishment* économique (universités, régulateurs, banquiers centraux, membres du gouvernement, organisations diverses dont les membres sont des économistes) a perdu sa légitimité avec l'échec du système en 2008. Il est stupide et irresponsable de faire confiance à sa capacité de nous sortir de ce pétrin. Il est également irresponsable d'écouter les conseils d'« experts du risque » et autres pontes des écoles de commerce qui continuent à faire la promotion de leurs mesures qui nous ont cruellement déçus (telles que la Valeur à Risque). Trouvons des gens intelligents qui ont les mains propres.

4. Ne pas laisser quelqu'un qui instaure un bonus d'« encouragement » gérer une centrale nucléaire – ou nos risques financiers.

Il y a de fortes chances que cette personne ne respecte absolument pas les normes de sécurité pour faire des « bénéfices » grâce aux économies réalisées suite à ce non-respect, tout en se disant « conservatrice ». Les bonus ne font pas bon ménage avec les risques cachés des faillites. C'est l'asymétrie du système de bonus qui nous a mis dans la situation dans laquelle nous nous trouvons. Pas de mesures d'incitation sans mesures de dissuasion : le capitalisme est affaire de récompenses et de punitions, pas seulement de récompenses.

5. Compenser la complexité par la simplicité.

La complexité due à la globalisation et à une vie économique composée de multiples réseaux doit être compensée par la simplicité des produits financiers. L'économie complexe est déjà une forme d'effet de levier. C'est le levier de l'efficacité. Ajouter des dettes à ce système engendre des girations sauvages et dangereuses, et ne laisse pas place à l'erreur. Les systèmes complexes survivent grâce à la marge et à la redondance, non à l'endettement et à l'optimisation. Le capitalisme ne peut éviter les modes éphémères et les bulles. Les bulles boursières (comme en l'an 2000) se sont avérées bénignes ; les bulles spéculatives sur les actions sont nocives.

6. Ne pas donner aux enfants des bâtons de dynamite, même s'ils sont vendus avec un avertissement.

Les produits financiers complexes doivent être bannis, car personne ne les comprend, et bien peu de gens sont assez rationnels pour le savoir. Il nous faut protéger les citoyens d'eux-mêmes, des banquiers qui leur vendent des produits de couverture et des régulateurs naïfs qui écoutent les théoriciens de l'économie.

7. Seules les pyramides de Ponzi devraient dépendre de la confiance. Les gouvernements ne devraient jamais être obligés de « restaurer la confiance ».

Dans une pyramide de Ponzi (la plus célèbre étant celle réalisée par Bernard Madoff), une personne emprunte ou prend des fonds à un nouvel investisseur afin de rembourser un investisseur existant qui essaie de sortir de l'investissement.

Les cascades de rumeurs sont le produit de systèmes complexes. Les gouvernements ne peuvent faire cesser les rumeurs. Simplement, nous devons être en mesure de faire fi de ces dernières, d'être aguerris contre elles.

8. Ne pas donner plus de drogue à un drogué qui éprouve les douleurs du manque.

Recourir à l'effet de levier pour résoudre les problèmes d'excès d'effet de levier n'est pas de l'homéopathie, c'est du déni. La crise de l'endettement n'est pas un problème temporaire, mais structurel. C'est d'une désintoxication dont nous avons besoin.

9. Les citoyens ne devraient pas dépendre d'actifs financiers comme source de valeur, ni compter sur des conseils d'experts « faillibles » pour leur retraite.

La vie économique ne devrait pas dépendre de tout ce qui est boursier et financier. On devrait apprendre à ne pas utiliser les marchés comme des entrepôts de valeur : ils n'abritent pas les certitudes que des citoyens normaux peuvent requérir, malgré les opinions des « experts ». C'est pour s'amuser que l'on devrait investir. Les citoyens devraient s'inquiéter pour leurs propres affaires (qu'ils contrôlent), non pour leurs investissements (qu'ils ne contrôlent pas).

10. Faire une omelette avec les œufs cassés.

Finalement, la crise de 2008 ne fut pas plus difficile à colmater avec des moyens de fortune qu'un bateau à la coque cassée peut l'être avec des réparations *ad hoc*. Il nous faut reconstruire une coque avec des matériaux nouveaux (plus solides) ; il va nous falloir recréer le système avant qu'il ne le fasse lui-même. Passons volontairement à une économie forte en aidant ce qui a besoin d'être cassé à se casser soi-même, en convertissant les dettes en actifs, en marginalisant les écoles d'économie et de commerce, en supprimant le Nobel d'économie, en bannissant les achats à effet de levier, en mettant les banquiers à la place qui leur revient, en reprenant leurs bonus à ceux qui nous ont mis dans cette situation (en exigeant la restitution des fonds versés, par exemple, à Robert Rubin ou autres *bansksters* dont la santé a été subventionnée par des contribuables instituteurs), et en apprenant aux gens à s'y retrouver dans un monde qui comporte moins de certitudes.

Nous verrons alors advenir une vie économique plus proche de notre environnement biologique : entreprises plus petites, écologie plus riche, pas d'effet de levier spéculatif – un monde dans lequel ce seront des entrepreneurs, et non des banquiers, qui prendront les risques, et dans lequel des sociétés naîtront et mourront chaque jour sans faire la une des journaux.

Après cette incursion dans l'économie des affaires, passons maintenant à quelque chose de moins vulgaire.

CHAPITRE 9

AMOR FATI : COMMENT DEVENIR INDESTRUCTIBLE[1]

Et maintenant, lecteur, voici de nouveau venu le moment de nous séparer.

Je me trouve à Amioun, le village de mes ancêtres. Seize de mes arrière-arrière-grands-parents sur seize, huit de mes arrière-grands-parents sur huit et quatre de mes grands-parents sur quatre sont enterrés dans cette région, quasiment tous dans un rayon d'un peu plus de six kilomètres. Sans compter les grands oncles, les cousins et autres parents. Tous reposent dans des cimetières situés au milieu d'oliveraies dans la vallée de Koura au pied du mont Liban, qui se dresse de manière tellement impressionnante que l'on peut voir la neige au-dessus de soi à trente kilomètres de là.

---

1. N.d.T. : *Amor fati* est une locution latine qui fut introduite par Nietzsche, et qui signifie « l'amour du destin » ou « l'amour de la destinée ». L'*amor fati* est la conviction profondément ancrée en soi que le devenir et le chaos sont bénéfiques, car ils nous permettent d'exprimer notre puissance afin de nous épanouir. Ce concept s'illustre par cette citation : « Tout ce qui ne nous tue pas nous rend plus fort » (*Le Crépuscule des Idoles*, F. Nietzsche) – d'où le titre de ce chapitre : « Comment devenir indestructible ».

Aujourd'hui, au crépuscule, je suis allé à Saint-Serge, appelé ici Mar Sarkis, de l'araméen, le cimetière de mon côté de la famille, dire bonjour à mon père et à mon oncle Dédé, qui détestait tellement ma manière négligée de m'habiller à l'époque où je participais à des émeutes. Je suis sûr que Dédé est toujours fâché contre moi ; la dernière fois qu'il m'avait vu à Paris, il avait lâché calmement que j'étais vêtu comme un Australien ; c'est pourquoi la vraie raison de ma visite au cimetière était plus intéressée. Je voulais me préparer pour ma prochaine destination.

C'est mon plan B. J'ai longuement regardé la position de ma propre tombe. Un Cygne Noir ne peut anéantir aussi facilement un homme qui a une idée de sa destination finale.

Je me suis senti fort.

J'emporte Sénèque avec moi dans tous mes voyages, dans le texte, car je me suis remis au latin – le lire en anglais, cette langue désacralisée par les économistes et les bureaucrates de la banque de la Réserve fédérale américaine, ne me semblait pas convenir en pareille circonstance. Cela serait revenu à lire Yeats en swahili.

Sénèque était le grand professeur et praticien du stoïcisme qui, du discours métaphysique et théorique qu'elle était, transforma cette philosophie gréco-phénicienne en un programme de vie pratique et moral, une façon d'atteindre au *summum bonum*, expression intraduisible signifiant une vie de qualités morales suprêmes telle que la concevaient les Romains. Mais indépendamment, même, de cet objectif inatteignable il donne des conseils pratiques – les seuls, peut-être, dont je vois qu'ils peuvent être mis en pratique. Sénèque est l'homme qui (avec l'aide de Cicéron) apprit à Montaigne que « philosopher, c'est apprendre à mourir ». C'est l'homme qui enseigna l'*amor fati*, « l'amour de la destinée » à Nietzsche, incitant celui-ci à accueillir avec des haussements d'épaule et de l'indifférence l'adversité, la méchanceté de ses critiques ainsi que sa maladie, au point que ces réalités l'assommaient.

Pour Sénèque, le stoïcisme consiste à composer avec la perte et à trouver des moyens de surmonter notre peur de cette dernière – de devenir moins dépendant de ce que nous possédons. Souvenez-vous de la « théorie des perspectives » de Danny Kahneman et ses collègues : si je vous donnais une belle maison et une Lamborghini, versais un million de dollars sur votre compte et vous procurais un réseau social, puis, quelques mois plus tard, vous retirais tout cela, vous seriez beaucoup plus mal en point que si rien ne s'était passé.

La crédibilité de Sénèque en tant que philosophe moral (selon moi) venait du fait que, contrairement à d'autres philosophes, il ne dénigrait pas la valeur de la richesse, des possessions et de la propriété parce qu'il était pauvre. On disait que Sénèque était parmi les plus riches de son temps. Simplement, chaque jour, il se préparait à tout perdre. Chaque jour. Ses détracteurs ont beau affirmer que dans la vraie vie il n'était pas le sage stoïcien qu'il prétendait, surtout parce qu'il avait coutume de séduire les femmes mariées (avec des hommes qui n'étaient pas stoïciens), il en était malgré tout très proche. Homme puissant, il avait tout simplement beaucoup de détracteurs – et, s'il ne parvenait pas à atteindre son idéal stoïcien, il était beaucoup plus à sa hauteur que ses contemporains. Et, de même qu'il est plus difficile d'avoir des qualités quand on est riche que quand on est pauvre, il est plus dur d'être stoïcien quand on est riche, puissant et respecté que lorsqu'on est sans ressources, malheureux et seul.

NIHIL PERDITI

Dans la lettre IX de Sénèque, le pays de Stilbo a été pris par Demetrius, surnommé le « preneur des villes ». Les enfants de Stilbo et son épouse ont été tués. On demande à Stilbo ce qu'il a perdu. *Nihil perditi* – « Je n'ai rien perdu » –, répond-il. *Omnia mea mecum sunt* ! « Tous mes biens sont avec moi. » Cet homme était parvenu à l'autonomie stoïcienne, à la force face à l'adversité – ce que l'on nomme *apatheia* dans le jargon stoïcien. Autrement dit, *tout ce qui pouvait lui être retiré, il ne le considérait pas comme un bien.*

Ce qui, pour chacun, inclut sa propre vie. Sénèque était prêt à tout perdre, y compris sa propre vie. Il fut suspecté d'avoir participé à un complot, et l'empereur Néron lui demander de se suicider. L'histoire raconte qu'il s'acquitta de ce suicide de manière exemplaire, calmement, comme s'il s'y était préparé tous les jours.

Sénèque achève ses essais (écrits sous forme de lettres) par le mot *Vale*, souvent traduit à tort par « adieu ». Ce mot a la même racine que « valeur » ou « valeureux », et signifie à la fois « sois fort » et « sois digne ». *Vale.*

TABLE DES MATIÈRES

LE CYGNE NOIR

PREMIÈRE PARTIE

L'ANTIBIBLIOTHÈQUE D'UMBERTO ECO,
OU COMMENT NOUS RECHERCHONS LA VALIDATION
DE NOTRE SAVOIR

DEUXIÈME PARTIE

LES PRÉVISIONS SONT TOUT BONNEMENT IMPOSSIBLES

TROISIÈME PARTIE

CES CYGNES GRIS DE L'EXTRÊMISTAN

QUATRIÈME PARTIE

FIN

FORCE ET FRAGILITÉ

Ce volume,
publié aux Éditions Les Belles Lettres
a été imprimé en France
par CPI
en mai 2022

N° d'éditeur : 10226
N° d'imprimeur : 169410
Dépôt légal : mai 2022
Imprimé en France